Londres

Ph. Gajic/MICHELIN

« Quoique frappé d'un cachet d'unité,
Londres diffère beaucoup d'un quartier
à l'autre ; c'est un composé de villes,
... une histoire en chair et en os de
l'économie des sociétés ».

A. Esquiros

D0544285

Ph. Cajic/MICHELIN

Grande capitale et place mondiale de la finance, Londres est également l'un des plus grands centres internationaux de la mode et des loisirs. Une telle combinaison n'a rien d'extraordinaire si ce n'est qu'à Londres les deux types d'activités s'effectuent parallèlement dans deux cités différentes. Centre commercial actif dès avant le Moyen Âge, la Cité de Londres – la City – reste la plaque tournante des affaires et de la finance, auxquelles la mémoire collective associe les chapeaux melon et les parapluies qu'ont pourtant abandonnés les « businessmen », tandis que la Cité de Westminster – le West End – se caractérise par ses magasins élégants, ses théâtres, ses clubs, ses parcs, ses traditions monarchiques et politiques symbolisées par les « Guards ».

Ph. Cajic/MICHELIN

Sommaire

Légende

★★★ Très vivement recommandé

★★ Recommandé

★ Intéressant

Curiosités

⊘	Conditions de visite en fin de volume	►►	Si vous le pouvez : voyez encore…
	Itinéraire décrit Départ de la visite	AZ B	Localisation d'une curiosité sur le plan
	Église – Temple		Information touristique
	Synagogue – Mosquée		Château – Ruines
	Bâtiment		Barrage – Usine
■	Statue, petit bâtiment		Fort – Grotte
⊤	Calvaire		Monument mégalithique
◎	Fontaine		Table d'orientation – Vue
	Rempart – Tour – Porte	▲	Curiosités diverses

Sports et loisirs

	Hippodrome		Sentier balisé
	Patinoire	◊	Base de loisirs
	Piscine : de plein air, couverte		Parc d'attractions
	Port de plaisance		Parc animalier, zoo
	Refuge		Parc floral, arboretum
	Téléphérique, télécabine		Parc ornithologique, réserve d'oiseaux
	Chemin de fer touristique		

Autres symboles

	Autoroute ou assimilée		Poste restante – Téléphone
❶ ❶	Échangeur : complet, partiel		Marché couvert
	Rue piétonne		Caserne
	Rue impraticable, réglementée	△	Pont mobile
	Escalier – Sentier	B F	Bacs
	Gare – Gare routière		Transport des voitures et des passagers
	Funiculaire – Voie à crémaillère		Transport des passagers
	Tramway – Métro	③	Sortie de ville identique sur les plans et les cartes MICHELIN
Bert (R.)…	Rue commerçante sur les plans de ville		

Abréviations et signes particuliers

C	Administration du Comté (County council offices)	M3	Autoroute (Motorway)
H	Hôtel de ville (Town hall)	A2	Itinéraire principal (Primary route)
M	Musée (Museum)	ⓐ	Hôtel
POL.	Police		Mur de Londres
T	Théâtre (Theatre)		Limites de la City
U	Université (University)	● ●	Pub
		⊖	Station de métro

4

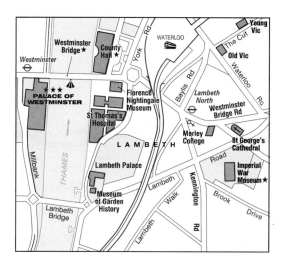

Vous trouverez dans ce guide :
– 21 plans détaillés de quartiers, dont 1 plan d'ensemble de la Cité de Londres ;
– 21 plans de monuments, parcs et sites. Le guide Rouge Michelin Great Britain and Ireland présente un plan d'ensemble de la capitale britannique et la carte Michelin n° 404 contient un encart à 1/200 000 de l'agglomération londonienne.

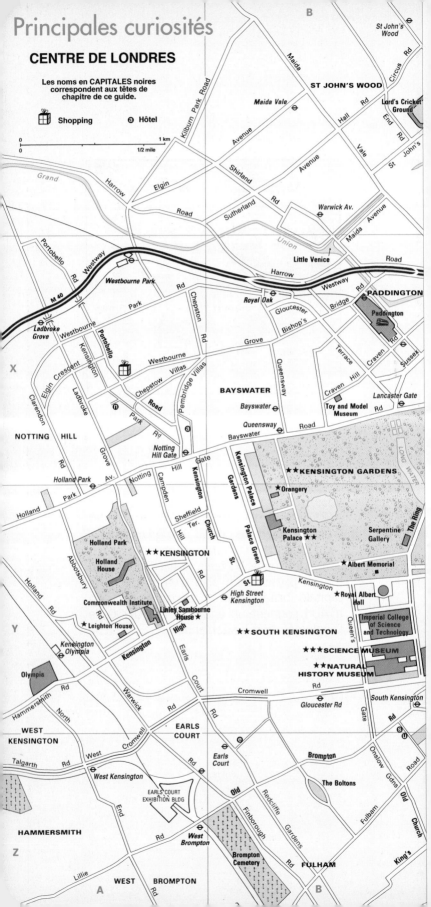

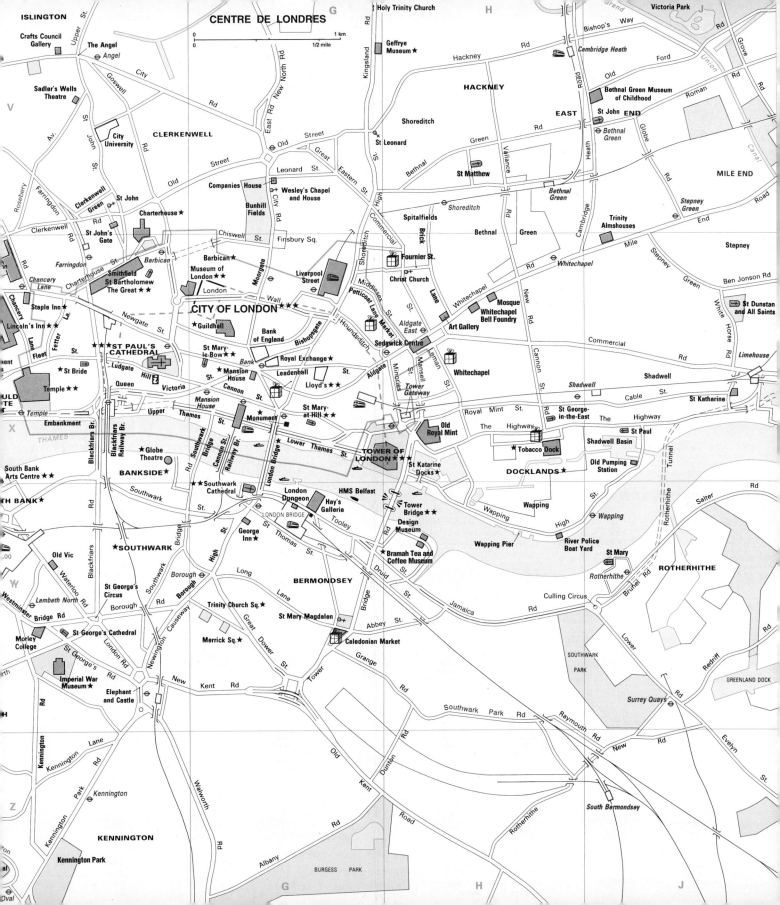

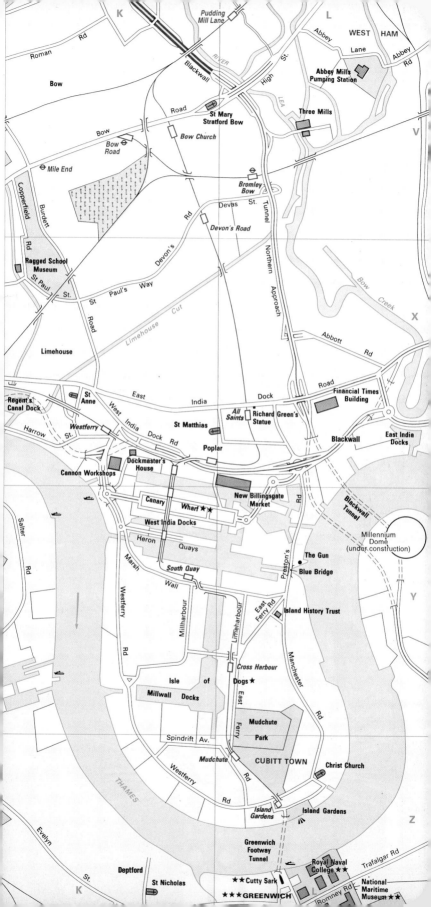

Grilles du Palais de Buckingham

© ANGUS TAVERNER

Introduction

Repères chronologiques

43	Fondation de la Londinium romaine.
61	Soulèvement de la reine Boadicée contre les Romains : pillage de Londinium.
2e s.	Construction du mur romain.
5e s.	Londinium est évacuée par les Romains.
8e-10e s.	Raids vikings et invasions barbares.

Dynastie saxonne

1016	Edmond « Côte de fer », élu roi par le Parlement (Witenagemot), meurt la même année ; Canut le Grand lui succède.
1042-1066	Règne d'**Édouard le Confesseur.**
1065	Fondation de l'abbaye de Westminster.
1066	Invasion normande.

Dynastie normande

1066-1087	Règne de **Guillaume Ier** (Guillaume le Conquérant).
1066	Couronnement de Guillaume Ier qui accorde une charte aux habitants de la Cité.
1067-1097	Construction de la Tour de Londres.
1087-1100	Règne de Guillaume II le Roux.
1087	Construction de la grande salle de Westminster.
1100-1136	Règne d'Henri Ier qui accorde une charte aux habitants de la Cité.
1135-1154	Règne d'Étienne, comte de Blois.
1136	La cathédrale St-Paul et de nombreux édifices en bois sont détruits par un incendie.

Dynastie des Plantagenêts

1154-1189	Règne de Henri II.
1157	Installation des marchands de la Hanse dans la Cité de Londres.
1189-1199	Règne de Richard Ier Cœur de Lion.
1192	Élection du premier maire de la Cité, Henry Fitzailwin.
1199-1216	Règne de Jean sans Terre ; charte accordée aux habitants de la Cité.
1209	Achèvement du premier pont de pierre (London Bridge) remplaçant le pont romain.
1216	Les barons obligent Jean à ratifier la **Grande Charte** (Magna Carta), fondement des institutions anglaises, à Runnymede.
1216-1272	Règne de Henri III.
1224	Institution des tribunaux de justice à Westminster.
1290	Bannissement des juifs de la Cité de Londres.
1272-1377	Règnes d'Édouard Ier, « le Justinien britannique » (1272-1307), d'Édouard II (1307-1327) et d'Édouard III (1327-1377)
1349	La peste noire dévaste Londres, décimant la moitié de la population.
1377-1399	Règne de Richard II.
1381	Une bande de paysans conduite par Wat Tyler envahit Londres.

Maison de Lancastre

1399-1461	Règnes d'Henri IV (1399-1413), Henri V (1413-1422) et Henri VI (1422-1461).
1450	Rébellion des hommes du Kent, conduits par Jake Cade ; ils occupent Londres pendant 3 jours.
1453	Guerre des Deux Roses entre Lancastre et York ; Henri VI est détenu dans la Tour de Londres.

Maison d'York

1461-1485	Règnes d'Édouard IV (1461-1483), d'Édouard V (1483) et Richard III (1483-1485).
1476	William Caxton établit à Westminster les premières presses d'imprimerie anglaises.
1483	Les enfants d'Édouard IV sont assassinés dans la Tour.

Dynastie des Tudors

1485-1509	Règne d'Henri VII.
1497	Rébellion des Cornouaillais menés par Audley.
1499	Perkin Waerbeck, prétendant au trône, est pendu à Tyburn.
1509-1547	Règne d'Henri VIII.
1530	Construction du palais St-James.
1536	Anne Boleyn, seconde femme d'Henri VIII, est décapitée dans la Tour.
1536-1539	**Réforme** : rupture de l'Église anglaise avec la papauté ; dissolution de tous les ordres religieux.
1547-1558	Règnes d'Édouard VI (1547-1553) et Marie Ire la Sanglante (1553-1558).
1555	Rétablissement du catholicisme : 300 protestants périssent sur le bûcher à Smithfield. Fondation de la Compagnie anglaise de Moscou.
1558	*La population de Londres atteint 100 000 habitants.*
1558-1603	Règne d'Élisabeth Ire
1567	Création de la première **Bourse.**
1581	Fondation de la Compagnie anglaise de Turquie (plus tard Compagnie du Levant).
1599	Inauguration du Globe Theater à Southwark.
1600	Création de la Compagnie anglaise des Indes orientales.

Dynastie des Stuarts

1603-1625	Règne de Jacques Ier (Jacques VI d'Écosse).
1603	*La population de Londres atteint 200 000 habitants.*

En 1605, la **Conspiration des poudres** réunit un groupe de catholiques – Robert Catesby, Thomas Winter, Thomas Percy, John Wright et Guy Fawkes – qui, sous prétexte d'intolérance religieuse, trament un complot visant la Chambre des Lords, le roi, la reine et le dauphin. Ils louent une cave située sous le Parlement et choisissent Guy Fawkes pour poser la charge dans la cave : pas moins de 20 tonneaux de poudre à canon camouflés sous du charbon et des fagots. Cherchant à étendre le cercle des conjurés, Catesby informe Francis Tresham qui prévient Lord Monteagle, son beau-frère, de ne pas assister à la séance du Parlement. Monteagle alerte le gouvernement. Guy Fawkes, découvert dans la cave le 4 novembre, révèle sous la torture les noms des autres conspirateurs. Catesby et Percy sont tués lors de leur arrestation, leurs comparses jugés et exécutés le 31 janvier 1606. Le Parlement déclare le 5 novembre journée du souvenir.

1615	Inigo Jones intendant des Bâtiments royaux.
1616	Construction du Pavillon de la Reine (Queen's House) à Greenwich, premier bâtiment classique en Angleterre, selon les plans d'Inigo Jones.
1625-1649	Règne de Charles Ier.
1635	Achèvement du quartier de Covent Garden.
1642	Début de la **guerre civile.** Charles Ier et le Parlement s'opposent. Cavaliers et Têtes rondes s'affrontent à Turnham Green.

Le mardi 30 janvier 1649, devant Whitehall, a lieu l'**exécution de Charles Ier**. Il sera enterré une semaine plus tard à Windsor après avoir été condamné le 20 janvier à Westminster pour haute trahison et «autres hauts crimes contre le royaume d'Angleterre.» Il refusa de reconnaître la légitimité du tribunal de justice constitué pour le juger, invoquant «qu'aucune juridiction supérieure sur terre ne peut juger le roi». Convaincu de défendre la «liberté du peuple anglais», le roi refusa de plaider. Le 27 janvier, condamné à mort aux chefs de «tyran, traître, assassin et ennemi public», il se déclara martyr pour la cause du peuple.

1649-1660	**République,** dite «Commonwealth of England».
1653	Cromwell devient Lord Protecteur de la République.
1660	**Restauration**
1660-1685	Règne de Charles II.
1660	Le roi autorise les représentations théâtrales à Covent Garden.
1661	Plan de Bloomsbury Square, la première place de ce genre à Londres.

En **1665** se répand la dernière et la plus terrible des épidémies qui aient ravagé Londres : la **Grande Peste.** Elle se déclara à St Giles-in-the-Fields et toucha gravement les quartiers surpeuplés jouxtant la Cité : Stepney, Shoreditch, Clerkenwell, Cripplegate et Westminster. En juin, le roi et la cour quittent Londres et ne reviennent qu'en février 1666 ; le Parlement se réunit brièvement à Oxford. Les événements sont décrits avec beaucoup de réalisme par Daniel Defoe dans son *Journal de l'année de la peste* (1722). Selon les registres, l'épidémie aurait fait 75 000 victimes pour une population de 460 000 habitants.

L'année suivante, 1666, voit la Cité ravagée par le **Grand Incendie**. Il dure 3 jours, du 2 au 5 septembre, et détruit les 4/5 de la Cité : la cathédrale St-Paul, 87 églises paroissiales, la plupart des bâtiments civils et 13 000 maisons. La **colonne commémorative** fut érigée près de l'endroit où le feu avait pris, la maison du boulanger du Roi, dans Pudding Lane, près du Pont de Londres. Le feu s'est éteint à Pie Corner près de Smithfield. Les flammes attisées par un fort vent d'Est avaient fait rage toute la journée du lundi et une partie du mardi. Le mercredi, le feu s'était calmé, et le jeudi il était considéré comme éteint. Quand il reprit ce soir-là, au Temple, les maisons avoisinantes furent abattues pour l'empêcher de se propager. Les habitants s'échappèrent par bateau ou à pied jusqu'à Moorfields ou sur les collines de Hampstead et Highgate. Le commentaire qui accompagne le diorama du Grand Incendie au musée de Londres est composé d'extraits du *Journal* de Samuel Pepys.

1666	Publication du premier journal londonien.
1666-1723	Reconstruction de la cathédrale St-Paul et des églises de la Cité par Sir Christopher Wren.
1670	Fondation de la Compagnie de la Baie d'Hudson.
1682	L'Hôpital royal destiné aux invalides et vétérans de l'armée est créé à Chelsea.
1685-1688	Règne de Jacques II.
1685	Arrivée de nombreux huguenots français après la révocation de l'édit de Nantes.
1688	Guerre civile **(Glorious Revolution)** : exil de Jacques II ; le trône est offert à Guillaume d'Orange.
1689-1702	Règnes de Guillaume III et Marie II jusqu'à sa mort en 1694, puis de Guillaume III seul.
1694	Fondation de la Banque d'Angleterre.
1700	*La population de Londres atteint 670 000 habitants.*
1702	Le journal *Daily Courant* paraît pour la première fois..
1702-1714	Règne de la reine Anne.

Maison de Hanovre

1714-1760	Règnes de George Ier (1714-1727) et de George II (1727-1760).
1750	Construction du pont de Westminster.
1753	Fondation du British Museum.
1756-1763	Guerre de Sept Ans qui oppose la Grande-Bretagne et la Prusse à la France et à l'Autriche.
1760-1820	Règne de George III.
1775-1783	Guerre de l'Indépendance américaine.
1780	Gordon Riots contre catholiques.
1801	Premier recensement de la population : 1 100 000 habitants.
1811-1820	Règne du prince régent, le futur George IV.
1812	John Nash conçoit et construit Regent Street.
1820-1830	Règne de George IV.
1824	Ouverture de la National Gallery.
1828	University College est fondé.
1830-1837	Règne de Guillaume IV.
1831	Fondation du King's College.
1832	Reform Bill : acte de réforme électorale.
1836	Fondation de l'**Université de Londres.**
1835-1860	Reconstruction du palais de Westminster (Houses of Parliament).
1837-1901	Règne de la reine **Victoria.**
1851	Première Exposition universelle à Hyde Park. La population de Londres atteint 2 700 000 habitants.
1852	Fondation du Victoria and Albert Museum.
1856-1909	Construction des musées de South Kensington.
1860	Les premiers omnibus à chevaux.
1863	La première ligne de métro est percée.
1894	Inauguration du Tower Bridge.
1897	Les premiers bus sont mis en service.

ANGUS TAVERNER

La reine Victoria

Tableau simplifié de la succession au trône

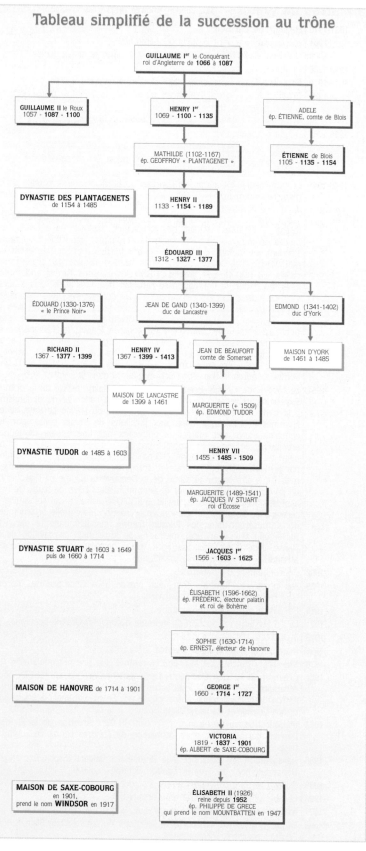

GUILLAUME Ier le Conquérant
roi d'Angleterre de **1066** à **1087**

GUILLAUME II le Roux
1057 - **1087 - 1100**

HENRY Ier
1069 - **1100 - 1135**

ADELE
ép. ÉTIENNE, comte de Blois

MATHILDE (1102-1167)
ép. GEOFFROY « PLANTAGENET »

ÉTIENNE de Blois
1105 - **1135 - 1154**

DYNASTIE DES PLANTAGENETS
de 1154 à 1485

HENRY II
1133 - **1154 - 1189**

ÉDOUARD III
1312 - **1327 - 1377**

ÉDOUARD (1330-1376)
« le Prince Noir»

JEAN DE GAND (1340-1399)
duc de Lancastre

EDMOND (1341-1402)
duc d'York

RICHARD II
1367 - **1377 - 1399**

HENRY IV
1367 - **1399 - 1413**

JEAN DE BEAUFORT
comte de Somerset

MAISON D'YORK
de 1461 à 1485

MAISON DE LANCASTRE
de 1399 à 1461

MARGUERITE (+ 1509)
ép. EDMOND TUDOR

DYNASTIE TUDOR de 1485 à 1603

HENRY VII
1455 - **1485 - 1509**

MARGUERITE (1489-1541)
ép. JACQUES IV STUART
roi d'Écosse

DYNASTIE STUART de 1603 à 1649
puis de 1660 à 1714

JACQUES Ier
1566 - **1603 - 1625**

ÉLISABETH (1596-1662)
ép. FRÉDÉRIC, électeur palatin
et roi de Bohême

SOPHIE (1630-1714)
ép. ERNEST, électeur de Hanovre

MAISON DE HANOVRE de 1714 à 1901

GEORGE Ier
1660 - **1714 - 1727**

VICTORIA
1819 - **1837 - 1901**
ép. ALBERT de SAXE-COBOURG

MAISON DE SAXE-COBOURG
en 1901,
prend le nom **WINDSOR** en 1917

ÉLISABETH II (1926)
reine depuis **1952**
ép. PHILIPPE DE GRECE
qui prend le nom MOUNTBATTEN en 1947

17

La Maison de Windsor (Saxe-Cobourg jusqu'en 1917)

1901-1910	Règne d'Édouard VII.
1901	La population atteint 6 600 000 habitants.
1909	Création du **Port of London Authority** (PLO) pour gérer les docks.
1910-1936	Règne de George V.
1914-1918	Première Guerre mondiale, raids de zeppelins sur Londres.
1933	Création du London Transport pour coordonner les transports en commun (métro, bus et train).
1936	Accession au trône et abdication d'Édouard VIII.
1936-1952	Règne de George VI.
1938	Création de la **Green Belt** (ceinture verte autour de Londres).
1939	La population de Londres atteint son maximum de 8 610 000 habitants.
1940-1941	Le bombardement aérien de Londres (le **Blitz**) lors de la bataille d'Angleterre commença en 1940 après la retraite britannique de Dunkerque. Les premières attaques par la Luftwaffe commencèrent le 7 septembre. Pendant 57 nuits consécutives, 163 bombardiers survolèrent la capitale, lâchant des projectiles explosifs et incendiaires. Seules les mauvaises conditions météorologiques apportaient un répit. Pendant les 8 mois qu'ont duré les bombardements, qui cessèrent en mai 1941, 190 000 bombes furent lâchées faisant 43 000 victimes civiles, 61 000 blessés graves. 1 250 000 maisons furent endommagées. Au début, la population se réfugiait dans des abris, certes sûrs, mais humides et bondés. Plus tard, les Londoniens s'abritèrent dans les stations de métro où des couchettes et des sanitaires furent installés. À trois reprises seulement, des morts furent à déplorer dans des stations. La cathédrale Saint-Paul fut touchée 2 fois ; le 12 septembre, une bombe se logea dans la tour de l'horloge : elle fut retirée par le corps royal d'artificiers et mise à feu dans les marais de Hackney, formant un cratère de 30 m de diamètre ; les 16 et 17 avril 1941, une bombe traversa le transept Nord et explosa dans la crypte.
1951	Le festival de Grande-Bretagne **(Festival of Britain)**, inspiré de la grande Exposition universelle de 1851, fut destiné à redonner du dynamisme à la nation après la guerre. La présentation du thème Le Pays et les Hommes fut déclinée dans des pavillons de styles contemporains construits avec des matériaux nouveaux par une équipe de jeunes architectes débutants et embellie par des œuvres de sculpteurs et de peintres. Le site peu étendu (13 ha) sur la South Bank était dominé par le Skylon, masse verticale en forme de cigare semblant flotter au milieu des airs et par le dôme de la Découverte (Dome of Discovery), un pavillon circulaire en acier et aluminium de 110 m de haut. De mai à septembre, le festival accueillit 8 500 000 visiteurs qui se familiarisèrent avec les arts, les sciences et la création industrielle britanniques ou s'amusèrent dans les **Pleasure Gardens** installés dans le parc de Battersea : feux d'artifice, spectacles de music-hall, un pavillon de la Danse, festival de musique rock, train fantôme, navire à aube du Mississippi et nombreuses distractions.
1952	Couronnement d'Élisabeth II.
1958	Les premières femmes font leur entrée à la Chambre des Lords. Ouverture de l'aéroport de Gatwick.
1966	Fondation de la Cité universitaire.
1971	Le 15 février, introduction du système décimal en Grande-Bretagne.
1975	*7 000 000 d'habitants à Londres.*
1976	Inauguration du National Theatre.
1979	Margaret Thatcher est la première femme élue Premier ministre.
1981	Création du London Docklands Development Corporation (LDDC) pour réhabiliter les docks désaffectés. Premier marathon de Londres. Affrontements violents entre punks et Front national. Mariage du prince Charles et de Lady Diana Spencer à la cathédrale Saint-Paul.
1982	Inauguration du Barbican Centre dans la City. Érection de la Thames Barrier, barrage mobile de protection de Londres contre les inondations.
1986	Dérégulation des échanges à la Bourse des valeurs (Stock Exchange). Démantèlement du Greater London Council.
1988	Ouverture du City Airport aux longs courriers.
1996	Elisabeth II célèbre son 70e anniversaire.
1997	Inauguration de la British Library dans le quartier de St Pancras.
1er mai	Le parti travailliste remporte les élections législatives. **Tony Blair** devient Premier ministre.

DÉVELOPPEMENT URBAIN

Site – Chevauchant l'estuaire du plus grand fleuve britannique, Londres est nichée au Sud-Est de l'Angleterre, à proximité des ports de la Manche qui la relient au continent. Même si les Romains choisirent Verulanium (St Albans), puis Camulodunum (Colchester) pour capitale, ils reconnurent l'importance militaire, stratégique et commerciale de Londres.

Dès le 13e s., la **Cité de Londres** était devenue un port très riche et la **capitale** du royaume. La **bipolarité** – particularité unique au monde – fut le fait d'**Édouard le Confesseur**. Après avoir été élu roi par les habitants de la Cité, il décida de s'installer à 3 km à l'Ouest, à **Westminster**, où il fit reconstruire l'abbaye et ériger un palais royal. Depuis cette époque, la monarchie et le parlement sont séparés des affaires et de la finance, établis dans la Cité.

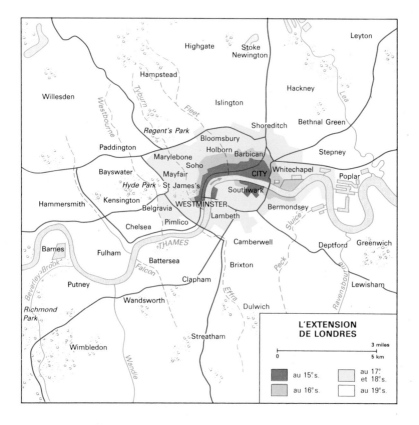

L'expansion de Londres – Après l'offensive de la reine Boadicée en 61, les Romains protégèrent la ville par un mur de défense. Mais les agresseurs arrivant le plus souvent en bateau par la Tamise, le mur, négligé, tomba en ruine. Il fut reconstruit au Moyen Âge, en grande partie sur ses fondations d'origine, et étendu vers l'Ouest. Il en subsiste des vestiges à London Wall et près de la Tour.

Des fortifications furent dressées pendant la guerre civile en 1643 sur la rive Nord entre Wapping et Westminster via Spitalfields et St Giles-in-the-Fields, et sur la rive Sud entre Rotherhithe et Lambeth. Mais jamais aucune de ces barrières n'empêcha l'extension de la ville.

La reine Élisabeth, en raison du doublement de la population, fit voter la première d'une série de lois interdisant la construction de toute habitation dans un rayon de 6 km autour des portes de la Cité. Cette interdiction reposait sur une double préoccupation : les pauvres venus des régions rurales pouvaient constituer un terrain propice à l'éclosion de rébellions, et la ville manquait d'eau, d'égouts et de cimetières pour ces nouvelles âmes. Toutefois, ces décrets et les suivants furent largement ignorés. Sachant pertinemment que leurs maisons pouvaient être détruites à tout moment par les autorités, les habitants des quartiers pauvres vivaient dans des baraques faites de matériaux bon marché. Les plus riches cependant achetaient un permis de construire ou acquittaient une compensation.

À partir du 16e s., la haute société vint s'installer plus à l'Ouest dans les nouveaux quartiers élégants de **West End**. Par contre, les vagues successives de nouveaux arrivants, anglais ou étrangers, s'établirent dans les quartiers à l'Est de la Cité, connus au 19e s. sous le nom de **East End**.

La révolution industrielle – Tandis que les marchands londoniens établissaient des comptoirs commerciaux à l'étranger, de profonds changements intervenaient dans la ville du fait de la révolution industrielle. Au milieu du 18ᵉ s., l'exode rural commença : les paysans en quête de travail s'installèrent à Londres et dans les villes du Nord et des Midlands. Les textiles et d'autres produits envahirent l'Angleterre puis les marchés à l'export. Les moyens de transport furent améliorés pour acheminer les biens et les matières premières : des **canaux** furent creusés; de grands groupes de travaux publics furent créés qui, au milieu du 19ᵉ s., construisirent plus de 32 000 km de **routes** carrossables et près de 8 000 barrières de péage (dont celles de Dulwich, Marble Arch et Hyde Park Corner); des voies de **chemin de fer** furent posées. Toutes les routes et voies ferrées convergeaient vers Londres. Le développement du transport favorisa la « **saison londonienne** » : les hommes d'affaires de province venaient à Londres avec leurs épouses et leurs filles, qu'ils cherchaient à établir... Cette évolution sociale fut sanctionnée par la réforme électorale de 1832 qui permit de voir arriver au Parlement une nouvelle catégorie de députés, recrutés dans les milieux industriels et sans attaches avec le monde des grands propriétaires fonciers.

Londres aujourd'hui – À la fin du 20ᵉ s., le visage de Londres continue de changer. La division en deux pôles a été conservée : la Cité est le haut lieu des affaires et Westminster le centre politique. À l'extérieur, les villages auraient pu se fondre en une grande masse urbaine, mais leurs habitants mirent leur orgueil à préserver la couleur locale. Pendant la Seconde Guerre mondiale, la Cité et l'East End ont été en grande partie détruits, et des centres commerciaux et résidentiels, des écoles, des musées et des salles de concert ont pris la place des ruines, faisant entrer la métropole dans l'ère du modernisme. Les docks, qui participaient à la croissance de la Cité, sont actuellement remplacés par des industries de pointe.

Mais, bien entendu, ce sont les habitants de Londres eux-mêmes qui donnent son caractère particulier à la ville : Londoniens de souche, Londoniens d'adoption venus des provinces ou réfugiés politiques (huguenots flamands et français aux 16ᵉ et 17ᵉ s., théoriciens comme Marx et Engels, rois exilés de l'après-guerre, Chiliens, Ougandais et Asiatiques au 20ᵉ s.), travailleurs immigrés en quête de meilleures conditions de vie (issus du Commonwealth), hommes et femmes en quête de reconnaissance de la part des nations, ces millions d'inconnus vaquent à leurs occupations quotidiennes avec tout l'esprit et l'humour qui les caractérisent.

La Cité, centre des affaires et du commerce

La Cité de Londres et son port ont connu un développement parallèle jusqu'au milieu du 20ᵉ s., époque où le port fut déplacé en aval de la Tamise à Tilbury.

Londinium – Lorsque les Romains conquirent la Grande-Bretagne, un village de pêcheurs celte existait déjà depuis le 5ᵉ s. sur la rive Nord de la Tamise, en bordure d'une plage de graviers qui constituait le premier gué. Là fut construit plus tard le premier pont. Les Romains établirent leurs maisons sur les buttes jumelles qui surplombaient le gué. La communauté se développa pour former bientôt une ville importante renfermant quelques-uns des plus grands bâtiments au Nord des Alpes ; un pont de pierre et un mur de défense furent édifiés après l'attaque de Boadicée et de ses guerriers en 61. Lors de fouilles archéologiques ont été découvertes une basilique et un forum entre Cornhill, Leadenhall Street et Fenchurch Street, un grand amphithéâtre sous le Guildhall, de belles villas en pierre du Kent au sol recouvert de mosaïques sous Poultry. À l'Ouest se dressait le temple de Mithra *(voir City : Queen Victoria Street)* et au Sud, en bordure de la Tamise, le palais du gouverneur.

Les légionnaires et les marchandises arrivaient dans les ports secondaires du Kent ou de la côte Sud, ou à Londres même, et traversaient la ville pour rallier la capitale romaine (St Albans ou Colchester) ou des villes et des campements plus au Nord. La plus grande partie de Londinium fut détruite par un incendie en 125 et les bâtiments restants ne résistèrent pas à l'occupation saxonne au milieu du 5ᵉ s.

Londres au Moyen Âge – Les échanges commerciaux se poursuivirent tout au long du haut Moyen Âge malgré les sièges et les incendies que la ville eut à subir de la part des Germains et des Vikings. Bien que la *Chronique anglo-saxonne* ne mentionne pas Londres, la ville était reconnue au 8ᵉ s. comme le « centre commercial de plusieurs nations par voie de terre et voie de mer ». Sous le règne d'Alfred le Grand, le royaume fut brièvement unifié, et Londres devint une ville importante. Toutefois, une tentative visant à en faire un archevêché métropolitain resta infructueuse.

Lentement, la **Cité** se développa en une communauté structurée et riche : en 1016, l'assemblée (gemut) de Londres élut roi Edmond « Côte de Fer ». Lorsque son successeur, Canut, imposa des taxes, les citoyens versèrent 10 500 livres, somme correspondant au huitième des deniers collectés dans toute l'Angleterre.

Deux mois après la bataille d'Hastings (1066), les habitants de Londres se soumirent à Guillaume Iᵉʳ qui fit construire la Tour et les châteaux Baynard et Mountfichet sur les rives Est et Ouest de la Cité, moins pour la défendre contre de futurs envahisseurs que pour dissuader les Londoniens de reconsidérer leur soumission. La Cité demanda et obtint une **Charte**, la première de celles octroyées par le monarque, accordant aux

Marchands de soie

Épiciers

Drapiers

Poissonniers

Orfèvres

Les corporations

Il existe 100 associations de corps de métier, dont les 12 principales sont appelées « Greater Companies » : marchands de soie, épiciers, drapiers, poissonniers, orfèvres, pelletiers, tailleurs, merciers, sauniers, ferroniers, négociants en vin et fabricants de drap. La plupart remontent aux confréries religieuses et aux guildes médiévales, possèdent souvent des uniformes et ont reçu le titre de « Livery Companies. » Les maisons de corporation (Guild Hall) de la Cité, épargnées par le Grand Incendie, les vicissitudes et la guerre sont au nombre de 25, certaines associations ayant choisi aussi d'installer leur Maison dans des locaux plus appropriés. Les maîtres marins, par exemple, ont opté pour une maison flottante, la frégate *HMS Wellington*, amarrée sur la Tamise à Victoria Embankment, en aval du Strand.

De nouvelles guildes ont été créées avec l'apparition des professions modernes. L'Honorable Compagnie des Techniciens de l'Information, par exemple, qui est la centième association enregistrée, a tenu ses premières assises en 1992. Les conditions à réunir pour fonder une nouvelle corporation exigent au minimum 100 membres en exercice, une trésorerie de 100 000 livres et un registre d'œuvres charitables et de formation.

Bien que Henri VIII ait ordonné en 1523 de remettre à Sa Majesté tout argent ou toute pièce d'orfèvrerie, certaines ont conservé ou racheté leur trésor, dont certaines pièces remontent au 15ᵉ s.

Les grandes collections sont présentées dans les Maisons : Clothworkers' Hall (fabricants de drap, *Mincing Lane*), Founders's Hall, Fishmongers' Hall et Tallow Chandlers' Hall (fondeurs, poissonniers et fabricants de chandelle, *Dowgate Hill*), Skinners' Hall (pelletiers, *Dowgate Hill*), Innholders' Hall (aubergistes, *College Street*), Vintners' Hall (marchands de vin, *Upper Thames Street*), Mercers' Hall (marchands de soie, *Ironmonger Lane*), Haberdashers' Hall (merciers, *Staining Lane*), Ironmongers' Hall (ferroniers, *Adersgate Street*), Barber-Surgeons' Hall (chirurgiens-barbiers, *Monkwell Square*).

Pelletiers

Tailleurs

Merciers

Sauniers

Ferronniers

citoyens le droit de se gouverner, de rendre justice et de prélever un impôt. En 1215, le roi Jean autorisa les Londoniens à élire tous les ans leur Lord-maire (nommé par le roi dans tous les autres comtés) qui devait recevoir l'approbation royale à Westminster. Cette cérémonie est à l'origine du Lord Mayor's Show *(voir City of London)*.

Les marchands de la Cité s'enrichirent. Ils prêtèrent ou donnèrent des fonds à Édouard III et à Henri V pour conduire leurs guerres sur le continent et, à l'exception des soulèvements de Wat Tyler en 1381 et de Jack Cade *(voir index)* en 1450, évitèrent les conflits, même pendant la guerre des Deux-Roses. En effet, la Cité n'empiéta jamais sur les prérogatives de Westminster : à quelques rares exceptions près, les citoyens n'exerçaient aucune fonction auprès de la couronne ou du Parlement. De nombreux marchands, assureurs ou banquiers qui remplacèrent plus tard les négociants étaient liés aux familles de propriétaires terriens. Les fils cadets des familles, comme Richard Whittington *(voir index)*, et les commerçants de la Hanse, qui arrivèrent vers 1157, venaient à Londres pour faire fortune. Ils vendaient tout et n'importe quoi, mais le plus souvent de la laine et des vêtements. Ils se faisaient construire de grandes maisons de bois à pignons en encorbellement et achetaient des propriétés dans West End ou aux abords de la ville. Les rues étroites étaient bordées de hautes maisons au pinacle incliné.

Les maisons religieuses – Les ordres religieux érigèrent de nombreux monastères et églises d'une grande splendeur. Les dominicains, arrivés en Angleterre en 1221, construisirent Blackfriars en 1276 ; les franciscains (1224) commencèrent l'église de Greyfriars à Newgate en 1306 ; les carmes (1241) avaient une maison non loin de

Fleet Street, tandis que les augustins (1253) s'établissaient près de Moorgate. Le prieuré St John, la Chartreuse et le prieuré Rahere, avec l'école de médecine Saint-Barthélemy, furent érigés au Nord de la Cité. À la **dissolution des monastères** (1539), Henri VIII confisqua leurs biens, détruisit les bâtiments et se désigna «nouveau fondateur» des hospices Saint-Barthélemy et de Bedlam. Cet acte ne nuisit en rien à ses relations avec la Cité qui accueillit bientôt la garde-robe royale. Sous Édouard VI, la cathédrale St-Paul, l'un des chefs-d'œuvre gothiques européens, fut vidée de toutes ses saintes statues et autres richesses.

Londres élisabéthaine – La reine Élisabeth, qui fit en sorte de faire financer ses expéditions maritimes par la Cité au lieu de puiser dans les coffres royaux, tenta en vain d'endiguer l'expansion des banlieues hors du mur d'enceinte. Jacques Ier, pour sa part, favorisa le projet « New River » destiné à alimenter la ville en eau potable. Charles Ier, par contre, ne cessa d'emprunter des fonds, imposant des restrictions commerciales et exigeant des présents ou de l'argent pour ses navires. Les relations avec la couronne se détériorèrent à tel point que lorsque le roi se rendit à Westminster en 1642 pour arrêter cinq membres du Parlement, la Cité leur donna asile. Les juifs qui avaient été bannis à la fin du 13e s. revinrent en force sous la république de Cromwell (1649-1660).

Au siècle des Lumières, la Cité, qui s'était développée grâce à la communauté de marchands, de banquiers et d'artisans, devint un forum pour hommes de lettres et artistes.

Expéditions maritimes – À l'époque des explorations, la Cité rassembla des fonds pour équiper des navires et financer des expéditions : c'est elle qui fournit l'argent nécessaire aux voyages des Drake, Frobisher, Hawkins et Raleigh. Les aventuriers, partis dans le but de faire fortune, étaient à leur retour faits chevaliers par la reine Élisabeth, ravie de les voir naviguer dans les eaux espagnoles à la barbe du roi d'Espagne et rallier la Virginie, tandis que les marchands de la Cité se réjouissaient de voir établis des comptoirs commerciaux. De cette façon fut fondé un empire à l'échelle mondiale. En 1600, une charte accordée par la reine constituait la **Compagnie des Indes orientales** et lui donnait le monopole du commerce entre l'Angleterre et les Indes. Au début du 18e s., la compagnie contrôlait une grande partie du territoire indien dont l'administration, après la révolte des cipayes en 1858, passa à la Couronne. La création en 1670 de la **Compagnie de la Baie d'Hudson**, qui parvint à s'octroyer le monopole du commerce de la fourrure avec les Indiens jusqu'en 1859, conduisit à la domination britannique sur le Canada. Le siège de toutes ces compagnies se trouvait dans la Cité.

Le Grand Incendie (1666) – Il exerça ses ravages pendant quatre jours et détruisit les quatre cinquièmes des bâtiments situés dans la Cité. L'architecte Christopher Wren présenta cinq jours plus tard, le 11 septembre, un plan de reconstruction. Le 13 septembre, c'était au tour de l'architecte Evelyn de soumettre sa proposition au roi. La Cité fut en grande partie reconstruite selon l'ancien plan de rues, mais les nouveaux bâtiments, conformément au Décret de reconstruction de la Cité de Londres de 1667, furent édifiés en briques afin de réduire les risques d'un nouvel incendie. 76 des 87 églises de la Cité avaient été détruites, et seulement 51 furent reconstruites sur leur site d'origine, aussi de nombreuses paroisses fusionnèrent-elles. Pour financer la reconstruction, le Parlement décida de lever des taxes supplémentaires sur le charbon entrant dans le port de Londres. Les nombreuses prisons, où régnaient insalubrité, corruption et cruauté, furent elles aussi rapidement reconstruites.

Le siècle de Victoria – Au 19e s., la multiplication des ponts et l'augmentation du trafic rendirent nécessaire la création de larges rues pour éviter les encombrements. C'est ainsi que furent tracées King William Street (1829-1835), reliant directement la Banque d'Angleterre au nouveau Pont de Londres, et Queen Victoria Street (1867-1871), première artère éclairée à l'électricité.

Administration de la Cité au 20e s. – La Cité est gouvernée par la Corporation de Londres, agissant par le biais du Conseil Communal (Common Council). Celui-ci comprend 25 échevins (aldermen) et 159 conseillers (councilmen) représentant les différents quartiers (wards). Il est présidé par le Lord-maire (Lord Mayor) et se réunit au Guildhall. Il dispose de sa propre force de police dont le casque diffère de celui porté par la police métropolitaine en charge des autres quartiers de Londres. Les limites territoriales sont marquées par le dragon ailé de saint Georges et des panneaux portant les armoiries de la Cité.

Capitale financière – Dans les années 50, Londres perd son rang de premier port mondial. Les usines, sources de fumées, brouillards et pollutions de toutes sortes, sont transférées et les docks et entrepôts désaffectés. Une mutation s'opère vers les services : administrations, banques, commerces, assurances...

Succès, richesse et tradition sont toujours présents dans les rues de la Cité. Les employés en complet sombre, au service des multinationales, des sociétés privées ou des banques commerciales, jouent des coudes avec les négociants portant, tels des jockeys, des casaques multicolores. Ceux de la **London Metal Exchange** (Bourse des métaux non ferreux : plomb, cuivre, zinc, étain, aluminium, à l'exclusion des métaux

Ph. Gajic/MICHELIN

précieux comme l'argent, l'or et le platine qui s'échangent directement avec des investisseurs financiers), côtoient ceux de la **London International Financial Futures Exchange** (Bourse des emprunts à long terme) ou ceux de la **London Traded Option Market** (Marché des obligations et valeurs boursières). Grâce à sa situation stratégique entre Tokyo et New York, Londres se taille la part du lion dans les échanges financiers réalisés pendant les heures ouvrables en Europe.

Autre institution majeure, BIFEX négocie le fret maritime. Ces activités prospèrent en partie grâce à la bonne santé de la branche des assurances et des souscriptions londonienne.

Westminster, centre politique

Le royaume – La Grande-Bretagne se compose de l'Angleterre, du Pays de Galles, de l'Écosse, des îles Anglo-Normandes et de l'île de Man. Le Royaume-Uni, qui est gouverné depuis le palais de Westminster, comprend lui l'Angleterre, le Pays de Galles, l'Écosse et l'Irlande du Nord, sans toutefois s'étendre aux îles Anglo-Normandes ni à l'île de Man, dotées de leurs propres parlements et directement rattachées à la Couronne.

La monarchie – Le Royaume-Uni est une monarchie constitutionnelle, forme de gouvernement où le **souverain**, s'il est investi du pouvoir suprême, est en fait une autorité symbolique. Le gouvernement, qui contrôle l'administration publique, est assuré par le Premier ministre, chef du parti majoritaire à la Chambre des Communes devant laquelle il est responsable. Le roi – ou la reine – est à la tête de l'**exécutif**, fait partie intégrante du **corps législatif** (la Chambre des Communes et la Chambre des Lords votant les lois), dirige le **corps judiciaire** (la Cour suprême, la Cour criminelle), est commandant en chef des armées, chef temporel de l'Église anglicane et chef symbolique du Commonwealth. Sous le règne de Victoria (1837-1901), le rôle du souverain vis-à-vis du gouvernement fut redéfini comme « le droit d'être consulté, d'encourager et de mettre en garde ».

© Crown copyright: HRP

La couronne impériale

Le Parlement – Le Royaume-Uni n'a pas de Constitution écrite, mais plusieurs lois fondamentales légitiment les institutions et les règles de gouvernement. La **Grande Charte** (Magna Carta) de 1215 scella la promesse faite par le roi de ne plus imposer de taxes arbitraires sans l'assentiment du Conseil des Communes du Royaume (Common Council of the Realm) et institua un droit fondamental de l'homme, celui de défendre son droit et de demander justice. La **Pétition des Droits** (Petition of Right Act) de 1628 confirme que le roi doit demander l'accord du Parlement pour lever l'impôt et protège l'individu de toute arrestation arbitraire sans raison valable. En 1689, la **Déclaration des Droits** (Bill of Rights) concrétise définitivement la suprématie du Parlement sur la Couronne. Puis en 1701, l'**Acte d'Établissement** (Act of Settlement) définit les rapports du législatif et de l'exécutif et règle l'ordre de succession au trône. Plus récemment ont été votés des textes comme la loi sur les relations interraciales (Race Relations Act) de 1968, visant à interdire toute discrimination raciale ou ethnique, ou la loi de représentation du peuple (Representation of the People Act) de 1969, abaissant le droit de vote à 18 ans pour tout citoyen inscrit sur les registres électoraux, à l'exception des membres de la Chambre des Lords, des détenus et des personnes déchues du droit électoral.

L'élément législatif est constitué par le Parlement qui comprend une Chambre Haute (Chambre des Lords) et une Chambre Basse (Chambre des Communes) réunies au palais de Westminster *(voir à ce nom)*. Au Moyen Âge, le roi réunissait les seigneurs, mais le peuple était rarement consulté et ses élus ne disposèrent pas de lieu de rassemblement jusqu'au 16ᵉ s. Des réunions régulières du Parlement ne furent instituées qu'après la révolution de 1688, qui vit le Parlement révoquer Jacques II et appeler sur le trône Guillaume d'Orange et Marie II. Les deux Chambres restèrent dominées par l'aristocratie terrienne jusqu'au 19ᵉ s. (les députés sont rémunérés depuis 1911).

House of Commons (Chambre des Communes) – Depuis le 17ᵉ s., le Parlement est dominé par deux grands partis, l'un au pouvoir, et dit gouvernement de Sa Majesté, l'autre, opposition de Sa Majesté ; les partis conservateur (Tory) et libéral (Whig) puis travailliste (Labour) ont à tour de rôle constitué majorité et opposition. Les élus de petits partis contribuent aux débats et font pencher la balance en faveur de l'un ou l'autre des grands partis quand ceux-ci sont représentés en nombre à peu près égal à la Chambre.

Depuis 1992, le Royaume-Uni est divisé en 651 circonscriptions regroupant chacune environ 65 000 électeurs. Les députés (Members of Parliament) sont élus au scrutin majoritaire dans le cadre d'élections législatives (General Election) pour désigner le nouveau gouvernement, ou dans le cadre d'élections partielles si une vacance intervient pendant la législature. Le mandat du gouvernement est limité à cinq ans. Les élections se déroulent traditionnellement un jeudi.

La Chambre est présidée par le « Speaker », désigné au début de chaque session. Les députés se font face sur des bancs parallèles, le premier rang étant occupé d'un côté par le gouvernement et de l'autre par les membres du « cabinet fantôme » (shadow cabinet), tandis que les autres représentants de leurs partis respectifs (backbenchers) sont assis derrière. Les membres du Parlement ont pour mission de voter les lois : chaque texte est soumis à deux lectures, passe devant un comité, est présenté devant le Parlement, puis soumis à une troisième lecture avant de parvenir à la deuxième Chambre et d'obtenir l'assentiment royal.

House of Lords (Chambre des Lords) – La Chambre Haute est composée de 1 200 membres, laïques **(Lords Temporal)** pour la plupart car possédant des titres héréditaires (par ordre de rang : ducs, marquis, comtes, vicomtes et barons), ou nommés pairs du royaume à vie **(Life Peers)** en tant que juristes membres de la Chambre (Lords of Appeal) ou pour services rendus à la patrie (depuis 1958). La seconde catégorie regroupe les dignitaires ecclésiastiques et évêques **(Lords Spiritual)**.

Cette Chambre, composée d'hommes et de femmes bénéficiant d'une grande expérience professionnelle dans tous les

domaines publics, débat des questions actuelles à l'abri des partis pris politiques. Elle fait également fonction de Cour d'appel suprême ; dans ce cas, seuls les Lords of Appeal sont habilités à voter. Éléments essentiels du corps judiciaire, le Palais de justice (Royal Courts of Justice) et les chambres de justice sont situés entre Westminster et la Cité, à l'angle du Strand et de Fleet Street.

Administration régionale – Les conseils de comté (County Councils) ont la responsabilité de l'éducation (à l'exception des universités), des services sociaux, du logement, de la santé publique, de l'environnement et des transports.

ADMINISTRATION DE LONDRES

Gouvernement – Depuis le début du Moyen Âge, la Cité est administrée par la Corporation de la Cité de Londres. Après la dissolution des ordres religieux, les faubourgs de Westminster et Southwark furent placés sous la responsabilité de **conseils paroissiaux**, dont les pouvoirs étaient mal définis et insuffisamment contrôlés. Les spéculateurs profitèrent de cette faiblesse pour construire illégalement des baraques dans le centre et aux abords de la Cité. Les constructions étaient hautes et chaque pièce occupée par une ou plusieurs familles. L'insalubrité due au manque de sanitaires entraînait la pollution de l'eau potable. Au 18ᵉ s., Hogarth illustra ces scènes dans ses tableaux. Au 19ᵉ s., Mayhew et Dickens les décrivirent dans les journaux. Bien entendu, les conditions de vie n'étaient pas aussi mauvaises partout et de beaux quartiers s'élevaient à St James's et Whitehall, Mayfair, Marylebone, Knightsbridge, Kensington et à l'Ouest.

Une réforme urbaine fut engagée au 19ᵉ s. car la circulation était devenue pratiquement impossible et l'insalubrité menaçait la santé publique. En 1855, le gouvernement institua une administration centrale appelée **Commission métropolitaine de travaux** (Metropolitan Board of Works), spécialement responsable de l'installation des égouts. Elle coordonnait également l'action des administrateurs paroissiaux (désormais élus) en matière de canalisations, de pavage, d'éclairage et d'entretien des rues.

L'assainissement des taudis fut entamée parallèlement à la construction de nouvelles artères facilitant la circulation : Victoria Street, Northumberland Avenue, Trafalgar Square, Shaftesbury Avenue, Charing Cross Road, New Oxford Street, Queen Victoria Street et Southwark Street. Sous l'impulsion de son ingénieur en chef, **Joseph Bazalgette**, la Commission modernisa le système d'assainissement du centre de Londres, supprimant les rejets dans la Tamise et créant notamment les quais (embankments) Victoria (1864-1870), Albert (1866-1869) et Chelsea (1871-1874).

En 1888 fut créé le comté de Londres, placé sous l'autorité du **London County Council** (LCC). Il administrait une zone équivalente aux 12 circonscriptions (boroughs) qui forment actuellement le Centre de Londres (Inner London).

Le LCC poursuivit la construction de nouvelles rues dans les années 20 et 30. Les bombardements de la Seconde Guerre mondiale et les démolitions entreprises dans les années 60 dégagèrent également de larges espaces pour tracer de vastes artères. Les logements sociaux sont un phénomène du 20ᵉ s. : les premières habitations à loyer modéré furent construites par le LCC, puis par son successeur, le GLC, et les circonscriptions.

En 1965, après la création du Grand Londres (Greater London), le LCC céda la place à une autorité régionale, le **Greater London Council** (GLC). Le Grand Londres, qui couvrait 1 600 km² et comptait près de 6,7 millions d'habitants, comprenait l'ancien comté de Londres et les anciennes circonscriptions de la banlieue londonienne.

Après les élections législatives de 1983, le gouvernement décida de réformer la structure des administrations locales et une loi décréta la dissolution du GLC et des autres conseils métropolitains le 1ᵉʳ avril 1986. Les responsabilités du GLC furent transférées aux circonscriptions administratives, nommées « boroughs. »

De nouvelles administrations furent créées pour assurer la gestion des services communs comme le transport, les corps de sapeurs-pompiers, les égouts, la voirie et la protection contre les inondations. Le **London Residuary Body** fut chargé d'expédier les affaires du GLC durant les cinq années suivantes. Toutes les circonscriptions sont représentées au sein du **Comité consultatif de Londres** (London Consultative Committee) qui discute et décide de la stratégie à suivre dans les questions les concernant. Le London Boroughs Grants Scheme, auquel tous les « boroughs » participants versent une taxe, est coiffé par un comité composé d'un représentant de chacun d'eux. Ce comité décide des subventions à accorder aux organisations bénévoles.

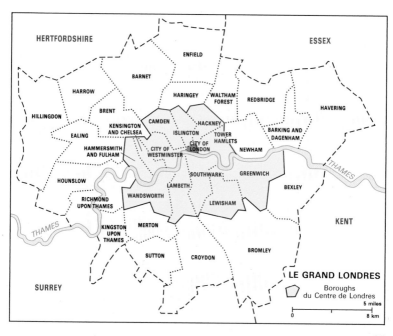

Taxes locales – En 1601, une loi décida que les ménages devaient verser une **contribution** destinée à aider les vagabonds et les démunis, que les ordres religieux ne recueillaient plus depuis leur dissolution par Henri VIII en 1539. Pendant des siècles, la plus grande partie des contributions fut employée à aider les pauvres. En 1813, sur 8,5 millions de livres collectés, 7 millions furent consacrés aux œuvres sociales et seulement 1,5 million aux autres besoins publics.

En 1993, la **redevance publique** (Community Charge) fut remplacée par une taxe locale, la **Council Tax**, établie sur la valeur mobilière des propriétés et collectée localement par les conseils des « boroughs » et l'administration de la Cité. Les collectivités disposent aussi du **Block Grant**, subvention versée par le Gouvernement, ainsi que d'aides, allocations, rétributions de services et d'une part de la Council Tax.

Modernisation urbaine – En 1762, les **lois d'amélioration** (Improvement Acts) engagèrent la transformation de toutes les rues de la capitale. Nombre d'entre elles étaient pires qu'au Moyen Âge tandis que d'autres, malgré leur aspect élégant, étaient piteusement pavées et mal éclairées. Le **pavage** relevait des administrateurs paroissiaux (voir plus haut), qui constatèrent qu'il était de leur intérêt d'assurer l'entretien de la voirie, jusqu'alors dévolu aux habitants : chacun pouvait paver (ou non) devant chez lui dans un matériau de son choix et au niveau de sa convenance, sans respecter de plan général.

Les administrateurs paroissiaux remplacèrent les profonds caniveaux qui occupaient le centre des rues par un système de collecte latérale et de tout-à-l'égout. Ils engagèrent éboueurs et balayeurs pour débarrasser les rues des détritus et ordures qu'on jetait encore devant la porte.

Dès le 17ᵉ s., les maisons furent construites en brique et en tuile. On abandonna l'usage qui consistait à construire les étages supérieurs en encorbellement, ce qui rétrécissait les ruelles. Les lois ordonnèrent la suppression des balcons et des saillies, des réduits à charbon et autres remises à hauteur de chaussée, et des enseignes pendues aux maisons, auberges et commerces. Toutefois, les cours et allées exiguës ne furent pas affectées par ces mesures, et on maintint les abattoirs à côté des habitations privées. Les problèmes de surpeuplement des cimetières persistèrent aussi : épidémie ou non, les fosses communes utilisées pour les pauvres n'étaient couvertes de terre qu'une fois pleines... Malgré tout, en dehors des quartiers les plus défavorisés, la propreté des rues s'améliora, et les places furent débarrassées des déchets qui s'y accumulaient, clôturées et plantées.

La loi de 1762 institua également la **numérotation des maisons** et l'**éclairage des rues**. Depuis 1416, les habitants avaient l'obligation de faire brûler une chandelle la nuit devant leurs portes. Depuis 1716, les citoyens de la Cité devaient éclairer les rues au cours des 18 nuits sombres de chaque lune d'hiver, mais les éteignoirs et chandeliers disposés devant les maisons georgiennes de St James's et Mayfair montrent bien que les piétons se déplaçaient à la torche tandis que les carrosses et voitures étaient précédées d'un « éclaireur. » Le changement intervint en 1738 lorsque les administrateurs paroissiaux installèrent 15 000 lampes à huile qui brûlaient du coucher au lever du soleil dans les grandes artères comme Oxford Street. En 1807, une nouvelle amélioration fut enregistrée avec l'installation dans Pall Mall de 13 lampadaires à gaz, précédemment testés devant Carlton House. Soixante-dix années plus tard (1878) arrivait l'électricité, utilisée pour la première fois dans l'éclairage des quais.

Les « boroughs » du centre de Londres sont aujourd'hui responsables de près de 1 500 km de voies métropolitaines et ceux du Grand Londres de plus de 10 000 km de routes locales. Ils coopèrent avec le ministère des Transports et de l'Environnement dans les questions touchant la circulation et les routes.

En 1956 et 1962 furent votées des **lois anti-pollution** (Clean Air Acts) limitant la combustion du charbon et dissipant à jamais la légendaire purée de pois londonienne.

Éducation – Au siècle dernier, il n'existait dans la capitale que les institutions ancestrales comme Westminster (1371) et St-Paul (fondé par le doyen Colet dans le cimetière de la cathédrale en 1510), les écoles des œuvres de charité, les catéchismes et patronages et un petit groupe créé par la Ragged School's Union sous la houlette de Lord Shaftesbury en 1844. Le Gouvernement était en charge de l'inspection de 258 de ces institutions et faisait état en 1854 de 57 000 élèves, soit environ 12,5 % de la population en âge scolaire. Les lois d'éducation de 1870 et 1876 instituèrent les écoles et le devoir pour les parents de veiller à ce que leurs enfants « reçoivent une éducation élémentaire en lecture, écriture et arithmétique ». Plus tard, cette responsabilité incomba au LCC (1903) puis, en 1965, à l'Inner London Education Authority (ILEA) pour le centre de Londres. Lorsque l'ILEA fut dissoute en 1986, l'éducation dans le centre de Londres fut placée sous la responsabilité des différents « boroughs. » Une loi récente autorise les écoles à choisir une gestion indépendante des autorités locales.

Espaces publics – Londres est une ville très verte possédant au moins cinq millions d'arbres (plus ceux des jardins privés) : cyprès (12,8 %), sycomores (6,7 %), frênes (3,5 %), platanes et cerisiers (2,6 %).

Les parcs royaux – St James's Park, Green Park, Hyde Park et Kensington Gardens sont situés en plein cœur de Londres tandis que Regent's Park, Greenwich Park, Richmond Park et Bushy Park s'étendent en périphérie.

Les anciens terrains communaux – Aux espaces publics de la capitale viennent s'ajouter près de 1 500 hectares de **«commons»**, espaces communautaires qui ont échappé à la convoitise des paysans, grands exploitants, propriétaires terriens, puis, au 19e s., à celle des spéculateurs fonciers et constructeurs de routes. Dans les faubourgs Nord s'étendent Hackney Marshes (138 ha), Hampstead Heath (84 ha), Wormwood Scrubs (80 ha, limités par la construction d'une prison), dans la banlieue Sud, Wimbledon Common et Putney Heath (485 ha), Clapham (83 ha), Wandsworth (70 ha, limités par la présence d'une maison de détention), Streatham (23 ha), Tooting Bec (88 ha) – ces quatre derniers étaient probablement d'un seul tenant à l'origine – et, plus à l'Est, Peckham Rye (26 ha), Plumstead (42 ha), Woolwich (97 ha) et le site historique de Blackheath (110 ha).

Les autres parcs – La plupart sont entretenus par les conseils des «boroughs» et plusieurs valent une visite : Kenwood, Lesnes Abbey Woods (Bexley), Crystal Palace (Bromley), Alexandra Park (Haringey) et Jubilee Gardens (South Bank Board). Outre les pelouses et massifs, ils disposent de terrains destinés à la pratique de sports comme le football, le cricket, le bowling, le golf ou le tennis, ainsi que de kiosques à musique, de jardins zoologiques et d'aires de jeu pour les enfants.

En 1977 fut créé le premier **parc écologique** sur des terrains vagues du centre-ville. La faune et la flore urbaines y sont protégées dans le but de familiariser les citadins avec leur environnement naturel. Les **fermes modèles** s'inscrivent dans la même volonté.

Les années 30 ont vu se réaliser une idée visionnaire en matière d'environnement : une **ceinture verte** de plus de 2 000 km^2, encerclant Londres et ses circonscriptions dans un rayon de 30 à 50 km. Bien que la ceinture ait disparu à certains endroits et que des constructions aient été érigées çà et là, cette réalisation reste une réussite puisqu'elle a contenu l'extension urbaine et défini les limites de la capitale.

La Cité – Son exiguïté laisse peu de place à l'aménagement de parcs, mais depuis 1878 la Cité a acquis de superbes espaces de «récréation et de loisirs pour le public» : Epping Forest (2 428 ha), Burnham Beeches (204 ha), Coulsdon Commons (174 ha), Highgate Wood (28 ha), Queen's Park à Kilburn (12 ha), West Ham Park (31 ha), Spring Park et West Wickham dans le Kent (30 ha). La Corporation, qui entretient une piste de bowling à Finsbury Circus, a également converti Bunhill Fields en jardin, transformé d'anciens cimetières en parcs (Postman's Park près de St Botolph) et créé 142 oasis de verdure sur les sites d'églises bombardées ou desaffectées.

ANGUS TAVERNER

Flânerie dans Regent's Park

Les Arts et les Lettres

ARCHITECTURE

Le mur et les portes fortifiées de la cité romaine – Aucune des portes fortifiées de la ville n'a survécu à l'épreuve du temps, mais les noms portés par certaines rues et églises actuelles évoquent encore leur existence : Ludgate, Newgate, Aldersgate, Cripplegate, Moorgate, Bishopsgate, Aldgate. Le mur, érigé par les Romains au 2ᵉ s., fut en partie reconstruit sur ses fondations entre les 12ᵉ et 17ᵉ s. Sa démolition commença au 18ᵉ s. et cent ans plus tard il avait presque totalement disparu. Des excavations ont mis au jour son tracé. La couche supérieure se compose de constructions médiévales assises sur une base romaine (visible à Barbican, St Alphege's Church, All Hallows Church, Sir John Cass College et à la Tour de Londres). La rue baptisée « London Wall » en suit plus ou moins la ligne entre Aldersgate et Bishopsgate. Houndsditch marque l'emplacement des anciennes douves.

La **Promenade du mur** (London Wall Walk – *env. 3 km ; visite : 2 h*) conduit de la Tour au Musée de Londres. 21 panneaux explicatifs jalonnent l'itinéraire.

Matériaux – Pendant longtemps, le bois a constitué le type de matériau le moins cher. La pierre, extraite des carrières du Kent ou importée de Normandie, était acheminée par la Tamise jusqu'à la Tour de Londres. La pierre de Portland fut utilisée pour la première fois dans l'édification de la cathédrale St-Paul (17ᵉ s.), celle du Yorkshire dans la construction du Parlement (1835-1860). Les briques sortaient de fours locaux situés à Kensington et Islington. La plupart des toits de la Cité furent couverts de chaume jusqu'aux 15ᵉ et 16ᵉ s. et ce n'est qu'après le Grand Incendie que la tuile et l'ardoise le remplacèrent définitivement.

L'art normand – Édouard le Confesseur vécut toute sa jeunesse en exil en Normandie avant de monter sur le trône d'Angleterre (1042-1066). Lorsqu'il fit construire l'abbaye de Westminster, il s'inspira tout naturellement de Jumièges en Normandie, qu'il connaissait bien. L'église St Bartholomew-the-Great, la chapelle St John de la Tour de Londres et les extensions apportées avant l'arrivée de Guillaume de Conquérant par Édouard le Confesseur à l'abbaye de Westminster constituent les plus beaux exemples d'architecture normande à Londres. L'audace et la majesté de l'architecture normande se reflètent dans la Tour Blanche (White Tower), commencée par Guillaume Iᵉʳ, et dans la Grande Salle du palais de Westminster (Westminster Hall), la plus vaste salle jamais construite au Nord des Alpes (72 m de long), élevée par Guillaume II le Roux et dotée d'une magnifique charpente à diaphragmes par Richard II.

Le style gothique – Il franchit la Manche au 12ᵉ s. avec l'expansion de l'ordre bénédictin et, au Nord, de l'ordre cistercien. Il fut prédominant pendant plus de 4 siècles et connut trois grandes phases successives.

Early English – Ce style, que l'on appelle maladroitement le **gothique primitif anglais**, apparaît pour la première fois dans la cathédrale de Salisbury pour se confirmer par la suite à Westminster (1220) où l'édifice est essentiellement conçu comme cadre pour les fenêtres lancéolées. Lorsqu'en 1245 Henri III finance la transformation de Westminster, il assume son rôle de protecteur de l'architecture nationale, exemple suivi par ses descendants jusqu'au règne de Henri VIII. Alors qu'abbés et cardinaux ne pouvaient que faire appel aux matériaux et ouvriers locaux, forgeant ainsi les styles régionaux, le roi à Londres pouvait faire venir les meilleurs artisans anglais et étrangers. Cette pratique déboucha sur une interprétation anglaise du gothique français : Westminster n'aspira jamais à rivaliser avec les dimensions des cathédrales de Beauvais ou d'Amiens, mais fut malgré tout consolidé par des arcs-boutants (aile du cloître de la nef). L'élévation consiste en une haute arcade, un triforium élancé et une verrière élevée. Les rosaces ont été copiées sur celles de la basilique de Saint-Denis, en banlieue parisienne, où elles venaient d'être inventées. Néanmoins, l'église se distingue par la délicatesse du remplage des vitraux, si fluide qu'on ne peut plus le considérer comme partie de la maçonnerie, par l'utilisation de la pierre polie dans les colonnes, par la richesse de la décoration et par l'utilisation de tirants métalliques pour remplacer les arcs-boutants. En outre, on limite la profondeur d'embrasement des portails et on fait de la salle capitulaire voûtée et centralisée une pièce fonctionnelle pour le clergé et les chanoines.

Decorated – Le **Gothique décoré** débute à la fin du 13ᵉ s. et se distingue par la richesse de la décoration et l'abondance des motifs, d'abord géométriques, puis curvilignes. Cette phase de transition est essentiellement marquée par un esprit d'expérimentation et une variété des approches.

Perpendicular – Apparu en même temps que le gothique Decorated, le **gothique perpendiculaire** se caractérise par l'abandon des formes quadrangulaires en faveur du polygone, de façon à augmenter les surfaces vitrées et donner l'illusion d'une plus grande cohésion spatiale. En certains cas, cela conduisit à employer le bois pour les voûtes au lieu de la pierre. Dans la chapelle St Stephen, entreprise par Édouard Iᵉʳ après un long séjour en France, éléments structurels et décoration s'inscrivent pour la première fois dans une volonté d'homogénéité, et le savoir-faire des constructeurs prend en compte l'aspect esthétique. Malheureusement, cette chapelle royale fut détruite en 1834, tout comme le chapitre de l'ancienne cathédrale St-Paul, érigé dans les années 1330. Comme le démontrent les réalisations de cette époque, notamment le chœur de la cathédrale de Gloucester, ce style se caractérise par l'utilisation de lambris décoratifs comme articulation de la structure afin d'obtenir ordre et clarté. Ces procédés visuels, repris dans l'espace tridimensionnel, accélérèrent l'avènement de la voûte en éventail, probablement déjà utilisée pour le chapitre de St-Paul.

Au 15ᵉ s., la guerre de Cent Ans et la guerre des Deux-Roses drainèrent les ressources tant financières qu'humaines. Avec le retour de la paix sous Édouard IV, la couronne redevint le grand maître d'œuvre avec l'édification de trois chapelles royales dans le Sud-Est de l'Angleterre : St-Georges à Windsor (1474 croisée et bas-côtés), le King's College de Cambridge (1446, 1508-1515) et la chapelle Henri VII de l'abbaye de Westminster (1503-1519), la plus encombrée et surchargée de toutes.

National Portrait Gallery

Sir Christopher Wren

Cette période coïncida avec la grande époque de construction séculière et d'édification d'églises paroissiales dont beaucoup furent endommagées à la Réforme ou détruites par le Grand Incendie. Pendant les 45 années qui suivirent, la cathédrale St-Paul et 51 des églises ravagées par les flammes furent reconstruites sous la direction de **Christopher Wren** (1632-1723), mettant un terme définitif à l'évolution de l'architecture gothique, déjà délaissée sous les règnes des Tudors et des premiers Stuarts, et annonçant la venue d'une nouvelle tendance, née sur le continent.

Les styles Tudor et Jacques Iᵉʳ – Les plus beaux exemples sont les palais royaux de St James et de Hampton Court. Derrière sa grande entrée typique à plusieurs étages, Hampton Court possède des cheminées ornementales, des cours intérieures et une grande salle avec charpente à diaphragmes, excellemment conservés. Mais la plus impressionnante de toutes les charpentes à diaphragmes est celle de la Grande Salle du Palais de Westminster, avec une portée de 20 m. De belles réalisations ornent également Middle Temple Hall (style élisabéthain), Charterhouse et Eltham Palace (vers 1479). Les pendentifs décorés utilisés à Hampton Court se retrouvent aussi dans Crosby Hall à Chelsea. Le style de maçonnerie Tudor avec motifs en nids d'abeille est visible à la Chartreuse et au palais de Fulham.

Le Classicisme palladien – Le tournant dans l'histoire de l'architecture anglaise intervient au milieu du 16ᵉ s. À cette époque, le duc de Northumberland dépêche un certain John Shute en Italie avec la mission de s'enquérir des techniques des grands architectes transalpins. Toutefois, les connaissances qu'il rapporte avec le traité de Serlio *Regole generali di architettura* ne sont assimilées que superficiellement dans les motifs décoratifs ornant les résidences de campagne élisabéthaines.

Au début du 17ᵉ s., **Inigo Jones** (1573-1652) émerge comme la première personnalité de l'architecture britannique. Il est marqué non seulement par son éducation humaniste, mais également par son interprétation intelligente de l'architecture italienne, puisée dans l'œuvre de Palladio *I Quatro Libri dell'Architettura* publiée à Venise en 1570, et dans son expérience personnelle recueillie lors de voyages à Venise (1601 et 1605), Padoue et Rome (1613). Jones réalisa pour la couronne d'importants projets qui ont résisté à l'épreuve du temps : Banqueting House, achevée en 1622 *(voir Whitehall)*, et Queen's House *(voir Greenwich)*.

Baroque anglais et le néo-classicisme (17ᵉ-18ᵉ s.) – Émule d'Inigo Jones, **Sir Christopher Wren** est peut-être l'un des trois ou quatre plus grands hommes de l'histoire britannique. Son chef-d'œuvre, le dôme de la cathédrale St-Paul, est comparable par sa beauté aux plus grandes tragédies shakespeariennes. Wren ne quitta qu'une seule fois le sol anglais pour se rendre en 1665 à Paris, où il rencontra le grand créateur baroque, le Cavalier Bernin, alors engagé par Louis XIV pour modifier le Louvre. À son retour à Londres, Wren, s'inspirant du dôme de la Sorbonne conçu par Lemercier, dessina une série de plans pour la reconstruction de St-Paul. Les plans furent acceptés le 27 août 1666, mais une semaine plus tard le Grand Incendie détruisait l'ancienne cathédrale gothique. Le projet soumis par Wren pour la reconstruction de la Cité ne put être mené à son terme en raison des difficultés d'acquisition des sols. Finalement, les maisons et boutiques furent reconstruites aux frais de leurs propriétaires à l'endroit qu'elles avaient toujours occupé. Les bâtiments publics furent commandités par la Cité et les Corporations, tandis que les églises étaient financées par une taxe sur le charbon.

Les églises de la Cité – Bien que Wren n'ait entièrement conçu que quelques églises, il ébaucha les plans de la plupart d'entre elles, les dotant plus tard de clochers. Son souci principal fut de les rendre distinctes les unes des autres, de dégager l'espace (la congrégation doit voir et entendre le prédicateur) et de leur conférer une bonne acoustique.

Les églises de Wren les mieux conservées sont St Bride, St Mary-le-Bow, St Stephen Walbrook, St Vedast, St Clement Danes et St James à Picadilly.

En général, les églises de la Cité adoptent un plan rectangulaire et symétrique et leur orientation dépend de l'espace disponible au sol. Le chœur jouant un rôle limité dans le culte protestant, plutôt marqué par les longs sermons, de longues galeries ouvertes furent conçues pour augmenter le nombre de places assises tandis que les chapelles latérales, les transepts et les bas-côtés disparaissaient. Véritables « halls », ces églises claires et spacieuses s'inspirent en partie des temples calvinistes hollandais, en partie des églises jésuites où l'autel est placé contre le mur Est. Font exception à ce schéma les églises conçues en croix grecque (St Martin Ludgate, St Anne et St Agnes, St Mary at Hill), en octogones voûtés ou en carré surmonté d'un dôme (St Mary Abchurch). La plus originale d'entre elles est certainement St Stephen Walbrook, accomplissement d'un esprit véritablement baroque jusqu'alors inconnu dans l'Angleterre puritaine.

La cathédrale St-Paul – Fait remarquable, Wren vécut assez longtemps pour assister à l'achèvement en 1710 de son chef-d'œuvre, entrepris en 1675. Les plans originaux s'inspirèrent incontestablement des plans de Michel-Ange pour St-Pierre de Rome, comme le montre la Grande Maquette. Toutefois, Wren s'aperçut rapidement qu'il serait plus pratique de concevoir la construction par étapes successives. Il reçut la garantie que l'aide nécessaire serait fournie pour résoudre les problèmes rencontrés et que les travaux reprendraient s'ils se trouvaient interrompus faute d'argent. Les générations suivantes d'architectes ont longtemps trouvé inspiration et réponse à leurs problèmes dans la richesse des détails et la combinaison des éléments, imaginés avec le plus grand soin.

Pendant l'érection de la cathédrale, Wren s'engagea parallèlement dans d'autres projets : outre la bibliothèque du Trinity College de Cambridge et Christ Church à Oxford, il travailla à la construction du palais de Hampton Court (ailes Sud et Est), de l'hôpital de Chelsea et de l'hôpital de Greenwich, aujourd'hui Royal Naval College, une imitation de l'Hôtel des Invalides, où, vraisemblablement, il fut assisté par Nicholas Hawksmoor et Sir John Vanbrugh (1664-1726).

Wren eut pour successeur **Nicholas Hawksmoor** (1661-1736), moins bien familiarisé avec la mise en pratique formelle du vocabulaire classique, qui développa par conséquent sa forme personnelle de maniérisme anglais (St Mary Woolnoth dans la Cité, St Alphege à Greenwich, St Anne à Limehouse, St George-in-the-East à Stepney, St George à Bloomsbury, les tours Ouest de l'abbaye de Westminster).

Le Néo-classicisme – L'avènement d'une nouvelle classe aristocratique et les grandes victoires militaires du duc de Marlborough ouvrirent de nouvelles opportunités pour les mécènes et popularisèrent les voyages sur le continent. Les jeunes gentlemen partaient faire le « Grand Tour » de l'Europe, s'arrêtant en France, à Venise, Florence, Rome et Naples. Ces voyages ravivèrent l'intérêt porté à Vitruve et suscitèrent le besoin de collectionner, d'acquérir et d'accumuler les œuvres d'art, que l'on faisait envoyer en Angleterre. Les premières décennies du 18e s. furent marquées par la publication par **Colen Campbell** de *Vitruvius Britannicus*, répertoire à la manière antique des bâtiments britanniques et véritable manifeste en faveur du palladianisme. Les deux autres grands instigateurs de ce courant étaient **Lord Burlington** (1694-1753) et **William Kent** (1685-1748), tous deux partenaires dans la conception architecturale, la décoration intérieure et l'aménagement de grands parcs dans le style des villas de Palladio sur la Riviera de Brenta (Chiswick Villa).

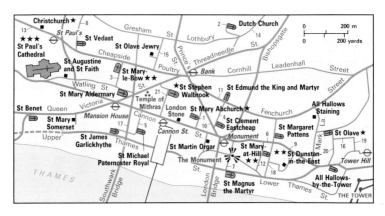

1 Abchurch Lane
2 Austin Friars
3 Bow Lane
4 Clement's Lane
5 College Hill
6 Eastcheap
7 Fish Street Hill

8 Foster Lane
9 Great Tower Street
10 King William Street
11 Lombard Street
12 Lovat Lane
13 Newgate Street
14 Old Broad Street

15 Old Jewry
16 Pepys Street
17 Queen Street
18 St Mary at Hill
19 Savage Gardens
20 Seething Lane
21 Walbrook

Chiswick House

C'est l'architecte de St Martin in the Fields, **James Gibbs** (1682-1754), qui constitue le maillon entre Wren et le néo-palladianisme. Après avoir étudié auprès de Carlo Fontana à Rome, il revint à Londres où il devint un grand admirateur de Wren (sa conception de St Mary le Strand est un vibrant hommage au Wren de St Clement-the-Danes). St Martin in the Fields procède d'une utilisation audacieuse d'éléments classiques qui, maintenant encore, choque les puristes : un clocher a-t-il jamais, en effet, orné un portique classique ? Mais, comme le succès dépendait invariablement du climat politique du moment, Gibbs, parce qu'Écossais, vit passer à sa barbe plusieurs commandes. Aussi doit-il surtout sa réputation à ses ouvrages : *A Book of Architecture* (1728) et *Rules for Drawing the Several Parts of Architecture* (1732), qui reçurent un bon accueil et eurent beaucoup d'influence en Amérique.

Le style georgien – La génération suivante d'architectes, remarquables par leur éclectisme et s'inscrivant dans le courant classique, est dominée par deux rivaux : **William Chambers**, de la Royal Academy (1723-1796), un défenseur de la tradition, et **Robert Adam** (1728-1792), plus novateur.

Chambers naquit en Suède, reçut une éducation britannique, puis s'embarqua pour l'Extrême-Orient avec la Compagnie suédoise des Indes orientales. Après la publication de ses observations sur la Chine, on lui proposa de réaménager les jardins royaux de Kew qu'il embellit de temples exotiques et d'une pagode. Il jouissait de l'entière confiance de George III qui lui laissa toute liberté de choix dans des constructions de l'importance de Somerset House *(voir The Strand)*.

Adam voyagea lui aussi longtemps, en France, en Italie et en Dalmatie, où il mesura et dessina méticuleusement les ruines du palais de Dioclétien (284-305). Son intention était d'étudier l'architecture classique hors des limites de la Rome impériale et de s'inspirer directement de l'architecture domestique antique. Dans la décoration intérieure, il emprunta en grande partie aux descriptions de Pompéi et d'Herculanum – que l'on venait de découvrir –, aux ruines mises au jour à Palmyre et en Grèce, et plus spécialement au décor des vases grecs. Il développa un style léger et délicat qui, reconnu dans les réalisations d'Osterley Park et de Syon House, fut rapidement assimilé dans le mouvement esthétique du 18e s. La plupart des maisons conçues par Adam n'ont pas traversé le temps, mais il faut citer : Home House au n° 20 Portman Square, les façades Sud et Est de Fitzroy Square, quelques maisons bordant St James's Square (n° 20), Chandos Street et derrière les Adelphi.

Maison Adam,
7 Adam Street

Dans son essence, le **néo-classicisme** anglais évolua vers une réinterprétation informelle de l'Antiquité : dans sa forme la plus pure, ce courant est limité à l'architecture, mais il affecta cependant l'ensemble des arts décoratifs et appliqués. Les sujets peints par **Reynolds** adoptaient l'allure ou la posture des statues classiques, les argentiers ciselaient leurs motifs d'après les vases antiques, **Josiah Wedgwood** inventa ses célèbres poteries «Etruria», les tapis étaient tissés pour s'harmoniser avec les plafonds, les meubles pour s'assortir avec la dernière mode vestimentaire, les accessoires reflétaient l'influence d'objets amenés au British Museum. Les artistes pluridisciplinaires, comme Adam et Chambers, se réjouissaient de pouvoir refaire vivre à leur façon d'autres styles anciens, créant folies, tonnelles et kiosques à musique. Le néo-gothique, encensé par les nouvelles d'Horace Walpole, se limita à des résidences privées (Strawberry Hill), le style chinois à des pagodes de jardin (Kew), le néo-rococo à des folies ou des jardins de plaisir (Vauxhall), le style pittoresque à planter des arbres morts et assembler artificiellement des ruines dans les jardins.

À la fin de l'époque georgienne, les architectes commencèrent à adapter librement les principes du style classique, comme le met en évidence l'église All Souls bâtie par **John Nash** à Portland Place (1822-1824).

Le style Regency (1811-1830) – Le personnage clé de cette période est probablement **Henry Holland** (1745-1806), architecte du Brooks's Club, quartier général des Whigs auxquels le Prince Régent était attaché. Le style Regency s'inspire en grande partie de la France pré-révolutionnaire, les artisans copiant et interprétant des motifs représentés dans des livres d'images.

La période Regency, qui prendra fin à la mort de George IV, est dominée par trois hommes. **Sir John Soane** (1753-1837), issu de la première génération d'architectes professionnels et éclectiques formés à la Royal Academy, laissa surtout la Banque d'Angleterre, aujourd'hui en grande partie détruite. **John Nash**, architecte attitré de George IV, urbaniste et visionnaire, responsable de l'aménagement de Regent Street, est l'auteur des élégantes «terraces» entourant Regent's Park (1810-1811), de la grande et monumentale Carlton House Terrace, de Buckingham Palace, depuis largement modifié, du Pavillon de Brighton et de nombreuses maisons de campagne. **Thomas Cubitt**, constructeur et promoteur immobilier, travailla à partir des projets de George Basevi pour concevoir Belgrave Square et de vastes sections de Belgravia (1825) et Pelham Crescent (1820-1830). On lui doit d'autres places, des «crescents» et des rues, s'étendant entre Putney et Clapham, vers Islington, Kensington et Isle of Dogs.

Maison Regency,
Wilton Crescent

Le style victorien (19ᵉ s.) – L'urbanisation et le développement industriel entraînent des mutations sociales. L'explosion de la population provoque un besoin accru de logements urbains, nécessitant à son tour un changement dans les pratiques de construction, faisant disparaître les petits artisans au profit des puissants promoteurs. Les matériaux commencent à être fabriqués à l'échelle industrielle (le fer à la fin du 18ᵉ s., les vitres au milieu du 19ᵉ s., vers 1840 des immeubles entiers étaient préfabriqués, le béton fut testé vers 1860) et transportés à peu de frais par le chemin de fer. Les classes moyennes, mieux éduquées, commencent à voyager et faire preuve d'un certain goût. L'époque victorienne peut être divisée en trois phases : le **victorien primitif**, caractérisé par un historicisme austère et l'utilisation de matériaux simples, le **haut victorien** (1850-1870), réaction contre la bienséance archéologique par des couleurs vives, des matériaux contrastants et des effets sculpturaux marqués, et le **victorien tardif**, revenant à des contours lisses et des textures souples, des décorations imbriquées et des couleurs délicates.

Une des figures marquantes de ces trois phases fut **George Gilbert Scott** (1811-1878). Fils d'un pasteur, il se considérait comme l'architecte des masses. Il ne se contenta pas de restaurer des bâtiments (notamment l'abbaye de Westminster en 1849), et appliqua sa glorieuse empreinte gothique aussi bien à des édifices religieux (St Mary Abbots à Kensington) qu'à des constructions séculaires : gare et hôtel St Pancras, Albert Memorial, Broad Sanctuary à l'Ouest de l'abbaye de Wetsminster. Les bâtiments gouvernementaux de Whitehall révèlent un style Renaissance plus posé, contraint et dénué d'imagination. Son fils, **Giles Gilbert Scott** (1880-1960), fit preuve d'une inspiration plus personnelle en signant plusieurs édifices de style victorien tardif. Il légua des constructions marquantes de l'ère post-industrielle comme la centrale électrique de Battersea (1932-1934), le pont de Waterloo (1939-1945) et la centrale électrique de Bankside. Les constructions fonctionnelles en acier devinrent un art à part entière (Palm House à Kew, Crystal Palace par Joseph Paxton, gare de King's Cross par Lewis Cubitt) tandis que dans d'autres domaines, la mode de l'éclectisme et les mouvements de renouveau faisaient fleurir tourelles, gâbles, tiers point et vitraux dans les propriétés néogothiques et dans les rues anonymes des banlieues.

Les constructions de briques rouges furent répandues par le London County Council qui confia à **Philip Webb** la réalisation des quartiers de Bethnal Green et de Millbank. **Richard Norman Shaw** (1831-1912) fit preuve de réussite en adoptant ce style dépouillé, sans fioritures, pour concevoir Lowther Lodge à Kensington (1873, aujourd'hui la Geographical Society), Swan House à Chelsea (1876) et quatre maisons bordant Cadogan Square (n° 60a, 62, 68 et 72). À Bedford Park, près de Turnham Green, Norman Shaw, assisté de E. W. Godwin et d'Eden Nesfield (1835-1888), construisit dans le style Queen Anne un groupe de maisons fonctionnelles avec jardin privatif. Elles possèdent des toits couverts de tuiles, des enduits rugueux et des boiseries blanches et gravitent autour d'une église, d'une boutique et d'une auberge. La décoration intérieure, assurée par l'entreprise du socialiste **William Morris** (1834-1896), s'inscrit dans la lignée du **Mouvement Arts and Crafts** dont faisaient partie John Ruskin (1819-1900), Philip Webb, C. V. A. Voysey et W. R. Lethaby. À contre-courant de la production de masse apparut un renouveau de l'artisanat dans la sculpture décorative, les vitraux, les meubles faits à la main, les tissus et papiers peints imprimés. Tandis qu'**Alfred Waterhouse** (1830-1905) concevait le Museum d'histoire naturelle, associant observation naturaliste et animaux imaginaires inspirés du romantisme allemand, les carrelages de De Morgan et les tentures de Morris rejetaient avec dédain l'Art nouveau.

Édifices religieux – Le développement des nouvelles banlieues entraîna la construction de nombreuses églises. Des flèches de style Perpendicular ornèrent bientôt l'horizon, signe du regain d'intérêt porté au Gothique. Empreinte d'un profond respect pour le passé et l'érudition, cette tendance fut lancée par **John Ruskin** et trouva son apogée dans la reconstruction du palais de Westminster. Les plans détaillés de Gilbert Scott et Augustus Pugin contenaient la description précise de chaque élément à réaliser. Tout comme au 18ᵉ s., les courants et modes proliférèrent, suscitant une réapparition du néo-normand, néo-paléochrétien, et, au milieu du siècle, du néo-roman italien.

Cadogan Square

Architecture contemporaine, 20ᵉ s. – Le Style International formalisé par deux peintres devenus créateurs et architectes – le Belge **Henri van der Velde** (1863-1957) et l'Allemand **Peter Behrens** (1868-1940) – fut repris par **Walter Gropius** (1883-1969) dans sa volonté de nier l'impact des antécédents historiques et d'associer style et fonction (utilisation de la fonte signifiant construction de gares et de serres). Ces architectes défendirent qualité et fonctionnalisme : usines et centrales électriques ne devaient pas être confondues avec écoles ou cathédrales. Entre-temps, l'acier (le Ritz par Mewes et Davies en 1904) et le béton avaient révolutionné le bâtiment et considérablement réduit la durée des travaux de construction.

Églises – L'Angleterre ne rompit pas avec le style néo-gothique avant les années 20. Edward Maufe fut l'instigateur d'un nouveau courant moderniste illustré dans des constructions nouvelles et dans la reconstruction d'églises anciennes : St Columba dans Pont Street, St John à Peckham, les églises de l'Annonciation et de la Résurrection à Beckenham et, en dehors de Londres, les nouvelles cathédrales de Coventry, Guildford, Bristol et Liverpool.

Urbanisme résidentiel – Londres ne compte que quelques rares réalisations modernistes de renom : le n° 64-66 Old Church Street à Chelsea (1934 env.) conçu par **Mendelsohn** et Chernayeff, la Sun House à Hampstead (1935) par **Maxwell Fry**, les cités-jardins High-Point One and Two à Highgate (1936-1938) par **Berthold Lubetkin** et Tecton, le n° 2 Willow Road et Cheltenham Estate (Kensal Rise) par **Goldfinger**, qui comprend le gratte-ciel le plus populaire de Londres : Trellick Tower. Les jardins Lillington, Pimlico (1960) et le parc Aberdeen à Islington (1980) par Darbourne et Darke démontrent que les cités d'habitation ne sont pas forcément vouées à la laideur. Aujourd'hui, d'importants projets de construction contemporaine ont été menés à terme à South Bank, dans la Cité, les Docklands, autour des aéroports d'Heathrow, Gatwick et Stansted, tandis que d'imaginatives réhabilitations prolifèrent le long de la Tamise et à l'intérieur des grandes gares londoniennes. L'horizon de la capitale est ponctué de plusieurs tours et immeubles remarquables : South Bank Complex, Barbican, Telecom Tower, Lloyd's Building par Richard Roger, Nat West Tower, Chelsea Harbour, Vauxhall Cross et n°1 Canada Square, connu sous le nom de Canary Wharf.

Quelques termes d'architecture et d'urbanisme

Quelques termes anglais ont été ajoutés à la liste ci-dessous. Ils figurent en italique dans leur ordre alphabétique.

Abside : extrémité arrondie ou polygonale du chœur d'une église.

Arc de décharge : arc situé dans un mur plein destiné à soulager les parties inférieures.

Arc en lancette : arc brisé en fer de lance, typique du gothique Early English (13ᵉ s.), appelé aussi arc en tiers-point.

Arc en plein cintre : en demi-circonférence, en demi-cercle.

Arcature aveugle : série décorative de petites arcades obstruées, typique du néo-roman et du gothique de transition.

Arc-boutant : maçonnerie en forme d'arc, décorée de pinacles, élevée à l'extérieur d'un édifice pour le soutenir et s'appuyant sur un contrefort.

Arc-diaphragme : voir charpente à diaphragmes.

Archivolte : bande moulurée verticale et concentrique décorant la face externe d'un arc.

Arrière-chœur : espace situé derrière le maître-autel.

Atlante : statue masculine faisant fonction de colonne ou de pilier.

Attique : couronnement horizontal décoratif ou petit étage terminal d'une construction placés au-dessus d'une corniche ou d'une frise importante.

Baldaquin : dais reposant sur des colonnes et surmontant un autel, un trône ou une tombe.

Baptistère : bâtiment annexe ou chapelle d'une église conçu pour l'administration du baptême.

Barbacane : ouvrage extérieur d'un château fort, généralement circulaire, chargé de défendre une porte ou un pont.

Bossage : saillie laissée à la surface d'un moellon comme ornement d'un mur (vermiculé, en pointes de diamant) à la Renaissance.

Caisson : compartiment creux d'une voûte ou d'un plafond décoré de moulures ou de peintures.

Cannelures : étroits sillons verticaux ou en hélice creusés sur le fût d'une colonne ou le plat d'un pilastre.

Cariatide : statue féminine faisant fonction de colonne ou de pilier.

Chapelle votive : chapelle vouée aux services religieux consacrés au salut de l'âme du fondateur.

Chapiteau : élément élargi couronnant une colonne ou un pilier.

Charpente à diaphragmes : forme gothique tardive de construction de toit sans ancrage dans le mur. Les arcs-diaphragmes reposent sur des corbeaux et de petites poutres qui les lient aux murs et aux avant-toits.

Chevet : partie extérieure du chœur d'une église.

Chevron : moulures ornementales romanes en forme de V, formant avec d'autres un zigzag ; utilisées autour des fenêtres et des portails.

Chœur : espace d'une église autour du maître-autel, réservé au clergé et séparé de la nef par des marches ou une clôture.

Claire-voie : désigne tout ouvrage ajouré.

Claveau : chacune des pierres constituant un arc ou une voûte, taillée en forme de coin.

Clef de voûte : claveau central formant le faîte d'une voûte.

Colonne : élément de pierre cylindrique et vertical comprenant une base, un fût et un chapiteau et destiné à supporter un entablement.

Common : terrain communal à l'origine ; le terme désigne aujourd'hui un espace vert, aménagé.

Contrefort : renfort de maçonnerie appliqué sur les murs extérieurs pour diminuer les effets de la poussée d'un arc.

Corbeau : pierre ou support engagés dans un mur dont la saillie, souvent sculptée, porte une poutre ou toute autre charge.

Corinthien : le plus fin des trois ordres d'architecture grecque, caractérisé par des chapiteaux généralement ornés de feuilles d'acanthe. Style abondamment utilisé durant la Renaissance.

Corniche : dans l'architecture classique, couronnement allongé formé de moulures en saillie. Désigne également toute décoration en saillie autour d'un plafond, d'une façade, d'un piédestal, d'un meuble, etc.

Cottage : chaumière, petite maison de campagne à toit de chaume.

Crédence : dans une église, niche aménagée dans le mur ou table, près de l'autel, où l'on place les objets nécessaires au culte.

Créneau : dans un parapet, entaille rectangulaire entre deux merlons, d'où les archers peuvent tirer à l'abri des merlons.

Crescent : rue ou côté de rue en arc de cercle.

Croisée : point central des églises où se croisent la nef et le transept.

Crypte : chapelle construite sous le sol d'une église.

Déambulatoire *(ambulatory)* **:** galerie prolongeant les nefs latérales d'une église et faisant le tour du chœur.

Dorique : le premier et le plus simple des trois ordres d'architecture grecque.

Entablement : dans l'architecture classique, partie supérieure d'une colonne et superposant l'architrave, la frise et la corniche.

Exèdre : banc adossé au fond de l'abside d'une église ou édicule formant banquette semi-circulaire.

Flèche : partie pyramidale ou conique effilée couronnant une tour, un clocher, etc.

Feston : ornement en forme de guirlande de feuilles et de fleurs liées en cordon.

Fleuron : ornement en forme de fleur ou de bouquet de feuilles stylisés.

Fresque : peinture murale exécutée sur un plâtre encore frais.

Frise : partie centrale de l'entablement ; tout motif décoratif long et horizontal, en hauteur.

Fronton : ornement habituellement triangulaire qui couronne l'entrée principale d'un édifice classique.

Gâble : partie supérieure triangulaire d'un mur supportant le toit ou surface décorative en forme de pyramide qui surmonte l'arc de certains portails.

Gargouille : conduit en saillie souvent orné de figures grotesques, homme ou animal.

Green : vaste espace gazonné servant de place et de promenade.

Ground : terrain, parc.

Imposte : poutre ou pierre en saillie couronnant une porte, une fenêtre.

Ionique : second ordre d'architecture grecque, caractérisé par des chapiteaux aux angles ornés de volutes.

Jubé : clôture monumentale souvent richement sculptée séparant la nef du chœur et parfois surmontée d'une galerie.

Lierne : dans les voûtes gothiques, petite nervure intermédiaire reliée à la clef de voûte.

Mâchicoulis : dans l'architecture militaire médiévale, galerie en encorbellement en haut d'une muraille et comportant des ouvertures à la base par lesquelles on peut faire tomber des projectiles sur l'ennemi.

Miséricorde : dans les stalles du chœur, saillie sur laquelle peut se reposer une personne qui doit rester debout pendant un long office.

Meneau : montant ou traverse divisant une ouverture en deux ou plusieurs compartiments.

Minster : cathédrale ; église abbatiale.

Obélisque : colonne de pierre quadrangulaire terminée en petite pyramide.

Ogive : arc diagonal d'une voûte gothique, partagé en deux branches par la clef.

Ove : ornement en forme d'œuf.

Péristyle : colonnade disposée autour ou sur la façade d'un édifice.

Pilastre : faible saillie verticale d'un mur généralement munie d'une base et d'un chapiteau.

Pinacle : couronnement en pointe – typique du gothique – d'un contrefort, d'un arc-boutant ou de la flèche d'une tour ; il est généralement ajouré et décoré.

Piscine : bassin dans lequel est administré le baptême par immersion.

Portique : galerie soutenue par des colonnes ornant une façade ou une cour intérieure.

Remplage : réseau de pierre garnissant l'intérieur d'une fenêtre ou d'une rosace dans le style gothique.

Retable : cloison ou panneau décoratif placé au-dessus et derrière l'autel.

Rococo : style altéré de décorations de la fin de l'âge baroque qui se caractérise par des assemblages abstraits de coquilles et de volutes.

Rosace : grande verrière circulaire.

Salle capitulaire : endroit où se réunit le chapitre qui administre une chapelle ou une cathédrale.

Sanctuaire : partie de l'église située autour du maître-autel.

Square : place carrée ornée en son centre d'un jardin.

Stalles : sièges de bois réservés au clergé et garnissant les deux côtés du chœur.

Stuc : composition de plâtre et de colle abondamment utilisée à partir de la Renaissance pour la décoration en relief des murs et des plafonds.

Terme : statue sans bras ni jambes dont la partie inférieure est terminée en gaine.

Terrace : alignement continu de maisons de style uniforme.

Tierceron : dans les voûtes gothiques, demi-arc en nervure reliant une lierne à l'un des angles de la voûte.

Tour lanterne : tour portée sur quatre grands arcs et percée de baies éclairant l'église. Elle s'élève sur la croisée du transept.

Transept : corps transversal séparant le chœur de la nef et formant les bras de la croix dans une église en croix latine.

Tribune : galerie pratiquée au-dessus des collatéraux d'une église ou supportant le buffet d'orgues.

Triforium : étroite galerie circulant au-dessus des collatéraux et s'ouvrant sur la nef.

Triptyque : ouvrage composé d'un panneau central et de deux volets, principalement utilisé comme retable.

Tympan : surface intérieure d'un fronton. Espace généralement décoré, délimité par les archivoltes et le linteau dans les porches des églises.

Volute : enroulement sculpté en spirale aux angles des chapiteaux ioniques, conrinthiens ou composites.

Voussoir : pierre taillée entrant dans la construction d'une voûte ou d'un arc.

Voûte d'arêtes : voûte formée par la pénétration de deux voûtes en berceau de même diamètre se coupant à angle droit.

Voûte en berceau : voûte formée d'une succession d'arcs en plein cintre le long d'un axe longitudinal.

Voûte en éventail : voûte propre au style gothique Perpendicular, où toutes les nervures ont la même courbe, ce qui les fait ressembler à un éventail.

PEINTURE

Le patronage des Tudors – **Hans Holbein le Jeune** (1497 ou 1498-1543) vint pour la première fois à Londres en 1526 avec une lettre d'introduction auprès du cardinal Warham et de Thomas More, signée de la main du grand humaniste Érasme. Il y revint en 1532, fuyant les troubles religieux causés par la Réforme en Allemagne. Sa grande maîtrise du dessin alliée à un coup d'oeil perçant et la délicatesse des couleurs suggèrent son souhait de rendre fidèlement la physionomie et de percer la personnalité du modèle. Aussi Henri VIII l'envoya-t-il faire les portraits de ses possibles épouses *(La Duchesse de Milan)*. Ses portraits montrent également sa capacité à souligner le dessin d'un bijou, d'une broche, d'un brocart, d'une soie, d'une fourrure ou de tout autre détail révélant le rang du dignitaire *(Les Ambassadeurs* – 1533), à la manière du maître du 15e s. Jan Van Eyck *(Les Époux Arnolfini)*. Arrivé d'Anvers en 1549, **Hans Eworth** adapta son propre style *(Sir John Luttrell)* à celui de Holbein afin d'obtenir le statut de peintre officiel de Marie Ire et influença le peintre britannique **Nicholas Hilliard** (1547-1619) qui devint le portraitiste le plus éminent de la cour d'Élisabeth Ire vers 1570. Ayant été apprenti chez un orfèvre, Hilliard développa un style d'une exceptionnelle précision qui s'épanouit dans l'art de la miniature. Il conforta sa position en écrivant un traité technique intitulé *The Arte of Limning* (publié pour la première fois en 1912), où il relate ses discussions avec la reine Élisabeth sur l'art du portrait et souligne la dimension intellectuelle de cet art sophistiqué. Son plus grand disciple et rival fut **Isaac Oliver** (mort en 1617), qui voyagea dans toute l'Europe, fuyant la persécution exercée contre les huguenots ou cherchant du travail à Londres, en France ou en Italie (Venise).

Les Stuarts – La peinture s'éloigna des miniatures élisabéthaines avec l'avènement des Stuarts. Cette période connaît trois grands mécènes : Thomas Howard, comte d'Arundel, Charles Ier et George Villiers, duc de Buckingham. Guidés par leur passion pour l'art, ils vont parrainer l'architecte Inigo Jones et les peintres Paul Van Somer, Daniel Mytens et Cornelius Johnson avant l'arrivée de Van Dyck en Angleterre en 1632. L'intérêt de Charles Ier fut avivé lors du voyage qu'il fit en Espagne en 1623 pour demander la main de l'infante. Accompagné du duc de Buckingham, le futur roi fut subjugué par la puissance des tableaux de maîtres comme Titien, Vélasquez ou Rubens. À cette occasion, il acquit la collection des ducs de Mantoue dans laquelle figurait le *Triomphe de César* par Mantegna.

La Réforme continuait de susciter des troubles sur le continent, forçant nombre d'artistes à rechercher la protection de mécènes à l'étranger. Ainsi, **Van Somer** vint s'installer à Londres en 1616 et trouva rapidement les faveurs de la cour *(La Reine Anne de Danemark*, 1617, collection royale). **Daniel Mytens** quitta La Haye pour l'Angleterre vers 1618, y introduisant un style audacieux et une façon différente de présenter ses sujets. Charles Ier le nomma peintre officiel en 1625 puis le renvoya aux Pays-Bas se familiariser avec les nouvelles règles du portrait royal. Autre maître de la technique, le Londonien **Cornelius Johnson** (1593-1661) s'engagea dans la voie de la vérité et du naturalisme dans ses portraits en buste présentés comme des camées. Tout comme Mytens, il ne put rivaliser en popularité avec **Anton Van Dyck** (1599-1641) dont les portraits officiels en pied se révèlent pleins de grâce, d'aisance et d'élégance. Les compositions baroques de Van Dyck sont des symphonies de couleurs et d'agencements où soiries chatoyantes viennent s'opposer aux teints mats, tandis que de lourdes tentures contrastent avec des attributs distinctifs du rang du modèle. Ses coups de pinceau sont moins audacieux que ceux de son maître, Rubens, dont il fut le principal assistant avant sa venue à Londres en 1620. Peut-être les quatre années passées en Italie à étudier les grandes collections (Rome, Florence, Venise, Palerme et Gênes) et à perfectionner sa technique ont-elles tempéré ses élans ? Les portraits qu'il réalisa de la famille royale anglaise ont certainement été la référence pour les générations suivantes de portraitistes, les Dobson, Lely, Reynolds, Gainsborough, Romney et autre Lawrence. Considéré à son époque comme le meilleur portraitiste anglais, le Londonien **William Dobson** (1610-1646) était un fervent Cavalier royaliste. Ses œuvres sont moins raffinées que celles de Van Dyck, auquel il succéda comme peintre officiel, mais il développa son style naturel énergique en étudiant la collection de tableaux italiens de Charles Ier. Pour son portrait d'*Endymion Porter* (Tate Gallery), il adopte la pose donnée par Titien à l'empereur romain Vespasien ; la présence d'Apollon, d'Athéna, d'allégories de la peinture, de la sculpture et de la poésie sur la frise où s'appuie Porter indiquent qu'il était un grand mécène alors que la diagonale opposée illustre les prouesses et réalisations du chasseur et seigneur.

Peter Lely (1618-1680) naquit en Allemagne de parents hollandais. Les thèmes de ses premières œuvres anglaises, vers 1640, étaient religieux. À la Restauration, il succéda à Van Dyck comme peintre officiel de Charles II et produisit alors des portraits stylisés, typiques de cette époque, où l'image de la beauté langoureuse (*Les Beautés de Windsor,* à Hampton Court), symbole de la vertu, côtoie celle des militaires en habit, symbole de la victoire. Sa réputation lui valut succès et commandes : son atelier préparait un canevas selon une formule numérotée et le maître parachevait le portrait en peignant le visage et les mains. Ses tableaux «historiques» consacrés aux beautés voluptueuses dans des poses plus sensuelles (*Nymphes endormies,* à Dulwich) satisfaisaient une clientèle moins prude. Le 7 décembre 1680, il fut enterré au cimetière St-Paul de Covent Garden.

Le règne de Jacques II vit la nomination d'un nouveau peintre officiel, **Godfrey Kneller** (1646 ou 1649-1723) qui avait étudié en Hollande chez un élève de Rembrandt, puis voyagé en Italie avant de s'installer à Londres en 1676. Les portraits officiels successifs qu'il réalisa dans le style de Lely sont solennels, sans toutefois atteindre la beauté au sens classique. Bien exécutés, ils s'attachent à un souci de formalisme et de noblesse des attitudes (*série des 42 portraits du «Kit Cat Club», voir National Portrait Gallery*). Pour l'anecdote, il faut rappeler que trois des rois (George Ier, II et III) sous lesquels servit Kneller n'étaient pas réputés pour leur belle physionomie et leur bon goût. Toutefois, la demande de portraits étaient si forte au 18e s. que le maître dut former et employer un grand nombre d'assistants dans son atelier, dont l'organisation servit de modèle quand fut instituée l'Académie Royale en 1711.

Peinture décorative – En 1635, Pierre Paul Rubens (1577-1640) acheva les plafonds de Banqueting House à Whitehall : cette allégorie complexe commandée par Charles Ier fut la seule œuvre réalisée en Angleterre par le grand maître. Il trouva son style, baroque et vigoureux, en étudiant les œuvres de Titien, Raphaël et Vélasquez dans les collections royales de Mantoue, Rome, Gênes, Milan ou Madrid. Il incarna dès lors ce que l'art continental de l'époque produisait de mieux. Il ne faut pas sous-estimer l'influence de cet événement sur la cour d'Angleterre et sur le style des peintres officiels successifs.

Ornant cages d'escalier ou plafonds, des peintures décoratives plus modestes furent exécutées par des artistes étrangers rémunérés au mètre carré. **Antonio Verrio,** à la personnalité vulgaire, prétentieuse et extravagante et qui s'enorgueillissait d'être napolitain, travailla pour la Couronne de 1676 à 1688 (décoration de Windsor, St James's Palace et Whitehall), puis à Chatsworth (Burghley House) avant de revenir à Windsor et à Hampton Court où il mourut en 1705. **Louis Laguerre** avait un caractère plus réservé. Né à Versailles, il fut formé dans la plus pure tradition classique française avant de venir en Angleterre à la demande du duc de Montagu, ambassadeur extraordinaire à Paris, qui faisait construire Montagu House à Bloomsbury. **Pellegrini,** disciple de Ricci et beau-frère de Rosalba Carriera, fut invité en Angleterre par le comte de Manchester, futur ambassadeur à Venise, pour travailler à Castle Howard avec John Vanbrugh. Il devint par la suite un membre fondateur de l'Académie Royale. Le Vénitien **Sebastiano Ricci** décora le dôme de l'hôpital de Chelsea et réalisa deux fresques mythologiques exposées à Burlington House. La grande maîtrise de ces artistes, leur habileté à suggérer la luminosité et le mouvement ont assuré leur réputation, tout comme celle de **James Thornhill** (1675 ou 1676-1734), maître baroque anglais de la peinture décorative, qui suivit leur exemple dans ses réalisations du Painted Hall à Greenwich, des Prince's Apartments à Hampton Court et du dôme de la cathédrale St-Paul (dont les esquisses sont exposées à la Tate Gallery). L'art officiel n'échappa à l'influence française de Lebrun qu'après que le dessinateur néo-classique **William Kent** eut obtenu la commande de décoration de Kensington Palace sur l'intervention de Lord Burlington.

Paysagisme – **Willem van de Velde** était un peintre de guerre officiel employé par la marine hollandaise pour consigner les batailles contre la flotte britannique. Ses œuvres exposées à Greenwich confirment son habileté à rendre toute la précision des détails, qualité qui le rendit cher aux autorités anglaises. Celles-ci finirent par le persuader de changer de camp et de travailler pour elles. En 1674, van de Velde et son fils Willem le Jeune se virent attribuer un atelier dans Queen's House à Greenwich. C'est le fils qui influença le plus durablement l'évolution de la peinture maritime en Angleterre, tout heureux qu'il était de peindre des vues paisibles de la côte ou des navires de guerre au large (*collection du National Maritime Museum*). À cette époque, d'autres artistes hollandais s'étaient spécialisés dans la représentation d'événements de société comme les scènes de chasse ou la construction de grands édifices. Ce courant suscita une mode pour les images de chasse, les natures mortes, les paysages topographiques, genre qui allait fleurir tout au long du 18e s.

Le 18e siècle – Le mouvement des Lumières encouragea les intellectuels anglais à redécouvrir l'art italien de la Renaissance et l'art classique de l'Antiquité, soit en voyageant sur le continent, soit en consultant les dessins, gravures et folios qui proliféraient à l'époque. Un autre courant, moins intellectuel mais éminemment décoratif, arriva de Versailles sous la forme du Baroque français. Le goût, tout comme la politique, faisait l'objet de fervents débats. Chaque mécène possédait une préférence particulière pour tel ou tel style. En 1757, cette liberté de choix fut renforcée par la publication du traité d'**Edmund Burke** *Enquête philosophique sur l'origine de nos idées du sublime et du beau.* Le **sublime** était défini comme un effet artistique pouvant inciter l'esprit à répondre par un sentiment émotionnel profond. La portée de cette œuvre fut considérable tant sur l'époque de Burke que sur les générations suivantes. À l'époque romantique, elle déboucha sur la reconnaissance de la vulnérabilité et de la sensibilité de l'homme face aux forces extérieures. Dans le contexte moderne, la théorie a entériné la liberté de l'artiste à considérer son art (poésie, prose, art virtuel) comme une expression personnelle de ses émotions, soumis à son propre sens de l'esthétique.

William Hogarth (1697-1764) – Après son apprentissage de la gravure, Hogarth se battit pour obtenir la reconnaissance et le respect de son œuvre. En dépit de sa lutte pour établir ce qu'il appelait « l'art élevé » ou la peinture « historique », ce sont ses tableaux de genre (Conversation Pieces), tel *L'Opéra des Gueux*, qui les rendirent célèbre. Dans son traité intitulé *L'Analyse de la beauté* (1753), il souligne l'importance d'un style national à une époque où les artistes étrangers obtenaient les plus grands succès. Il énonça des théories sur le naturalisme, observant que les personnages se conformaient à des expressions, des gestes et des poses variant en fonction de leur âge (les sept âges décrits par Shakespeare dans *Comme il vous plaira*, par exemple). Il préconisa l'usage de la ligne serpentine comme base de l'harmonie et de la beauté artistique dans la composition (gravée sur sa palette dans son auto-portrait exposé à la Tate Gallery). Bien que mal accueillies en Angleterre, ses théories furent traduites en allemand durant le mois qui suivit leur parution.

Le principal successeur de Hogarth fut certainement **Thomas Rowlandson** (1756-1827), excellent caricaturiste et dessinateur, qui partit à Paris à 16 ans avant de s'inscrire à la Royal Academy. Joueur invétéré, il dilapida la fortune que lui avait léguée sa tante de Paris et, contraint de travailler, peignit les bas quartiers ou des sujets populaires. Son talent affiche une fraîcheur rococo, mais son humour et son esprit sont purement anglais.

George Lambert (1700-1765) – Précurseur de Richard Wilson, il est considéré comme le « père du paysagisme britannique » même si ses tableaux sont souvent le fruit d'une collaboration avec un spécialiste du portrait (Hogarth) ou des marines (Scott), chargé de peindre les détails. Cette pratique était probablement jugée acceptable à l'époque puisque Lambert fut engagé comme décorateur à Covent Garden. On considérait alors le paysage comme un artifice pittoresque que l'on adaptait au sujet. Comme Kent, beaucoup remettaient de l'ordre dans les paysages « indomptés » de Mère Nature en imaginant parcs et jardins dont les tonnelles, perspectives et dédales étaient ramenés à l'échelle humaine.

Richard Wilson (vers 1713-1782) – Après avoir reçu une éducation classique, il vint à Londres vers 1740 et réalisa d'abord des portraits avant de s'intéresser aux paysages (Coram Foundling Hospital Collection). En 1750, il est à Rome où il forge un style dans la tradition de **Claude Lorrain** et de Vernet : paysages idylliques composés de bouquets d'arbres et d'édifices, où serpentent chemins et rivières et que peuplent des personnages empruntés à la littérature ou la mythologie classiques. À son retour en Angleterre, la campagne romaine laisse la place à des vues de son vert et aimable pays, admirées par Sir Horace Walpole. Dans son ouvrage *Anecdotes sur la peinture en Angleterre* (1765), celui-ci s'était plaint du manque de bons peintres capables de représenter les prés verdoyants de l'Angleterre, ses riches vallées, ses champs de foin…

Joshua Reynolds (1723-1792) – C'est un personnage clé du développement de la peinture britannique. Fils d'une famille cultivée du Devon, il fut le premier peintre à ne pas jouir simplement du statut d'artisan pseudo-marchand, mais à être respecté comme un grand homme, côtoyant les cercles du Dr Johnson, de David Garrick, Goldsmith et Burke. Il apprit son art chez Thomas Hudson, un portraitiste de province, puis travailla à Londres, s'inspirant de Van Dyck et de Rembrandt et faisant poser ses modèles comme les statues classiques de l'Antiquité (Apollon du Belvédère). Il séjourna à Rome de 1752 à 1754 avec son ami, le futur amiral vicomte Keppel, où il put étudier les fondements intellectuels de l'art de la Haute Renaissance. À son retour à Londres via Venise, il résolut d'associer son goût pour le « grand style » italien et la demande de « portrait de face » en vogue dans son pays natal.

En 1768, il fut récompensé par la présidence de la nouvelle Académie Royale. Il préconisa une étude poussée pour comprendre les règles de l'art et analyser les idées des peintres précédents pour parvenir à une composition moderne. Les portraits *(Trois Femmes ornant un terme d'hymen, Les Sœurs Montgomery)* qu'il présenta à l'Académie Royale étayèrent ses théories et provoquèrent un changement dans la mode vers un néo-classicisme plus humble.

À sa mort, la fonction de Peintre du Roi fut attribuée à **Thomas Lawrence** (1769-1830). Le régent et futur George IV lui commanda les portraits de tous les hommes politiques opposés à Napoléon : cette vaste collection de souverains et hommes d'État est aujourd'hui exposée au château de Windsor.

Thomas Gainsborough (1727-1788) – Principal rival de Reynolds, Gainsborough trouva son propre style très naturel de portraits en commençant par peindre des paysages et des tableaux fantaisistes pour son plaisir personnel. Peu après son mariage (1740), il revint dans sa ville natale de Sudbury dans le Suffolk, puis s'installa successivement à Ipswich et à Bath (1759) avant de venir à Londres (1774) dans le sillage de la société élégante. Lors de son séjour à Bath, il commence à imposer son style de portraits en pied, grandeur nature, posés dans des jardins arcadiens. À cette époque, ses paysages imitent le style hollandais de Hobbema et Ruysdael dont il avait été chargé de restaurer les œuvres pendant ses jeunes années à Londres. La richesse des couleurs utilisées dans

Gainsborough : *Les Époux Andrews*

ses scènes de campagne est puisée de toute évidence chez Rubens. À première vue, ces petits tableaux, dits «scènes de fantaisie», semblent exalter le naturalisme bien qu'en réalité la composition soit soigneusement imaginée afin que les chemins débouchent sur des perspectives. L'agencement des feuillages chez Gainsborough est avant-coureur de Constable tandis que son habileté à diluer l'huile dans la térébenthine et à l'utiliser pour capturer la brume et la lueur vacillante est annonciatrice de Turner.

George Stubbs (1724-1806) – Il débuta comme portraitiste tout en étudiant l'anatomie à York où il enseigna la médecine aux étudiants et publia un livre sur l'obstétrique. Il se rendit à Rome en 1754 afin de démontrer que l'étude de l'art était secondaire par rapport à l'observation de la nature. Là, il fut le témoin d'une scène où un lion dévorait un cheval. Cette vision le hanta longtemps et lui fournit l'inspiration pour plusieurs œuvres. À son retour en Angleterre, il s'astreignit à l'étude du squelette et de la musculature du cheval par l'observation minutieuse, la dissection et la consultation de dessins réalisés à la Renaissance. En 1766, il publia un ouvrage intitulé *Anatomie du cheval*. En 1795, il commença une étude analytique et comparative du tigre, de l'homme et des volailles, après s'être brouillé avec les autorités de la Royal Academy.

Stubbs utilisait l'huile mais préférait l'émail pour sa résistance affirmée, même si celui-ci exigeait une technique précise et méticuleuse, associée plus traditionnellement aux miniatures. L'utilisation des plaques de cuivre limitant la taille de ses œuvres, il demanda à l'industriel Wedgwood de l'aider à mettre au point une forme de panneau de céramique ne se déformant pas à haute température.

19e siècle – La fin du 18e s. marque la reconnaissance définitive de l'indépendance des États-Unis, l'union parlementaire de la Grande-Bretagne et de l'Irlande (1800), la fin (momentanée) de la guerre contre la France par la signature du traité d'Amiens en 1802 et l'abolition de l'esclavage dans toutes les colonies britanniques en 1807. L'Angleterre entre ainsi dans l'ère de la réforme et du développement.

John Constable (1776-1834) – Constable affina son style personnel et sa technique à partir d'observations et d'expérimentations. Ses paysages suggèrent une précision topographique *(Cathédrale de Salisbury, Hampstead Heath)*, pourtant l'artiste s'autorise certaines concessions avec la réalité par égard pour l'art. Arbres, perspective ou autres éléments de ce genre sont imaginés afin d'embellir la composition générale, elle-même unifiée par la technique du *clair-obscur* à la manière du Lorrain et de Gainsborough. Constable refusa de dépendre du mécénat. Il explora cependant une nouvelle relation, presque révolutionnaire, entre l'homme et le paysage, en contradiction avec la conception de la nature au 18e s. Pour lui, il ne s'agissait pas d'une force à apaiser ou à dompter mais plutôt à accepter et à admirer en soi : «Nous existons, mais à l'intérieur d'un paysage, et nous sommes les créatures d'un paysage.» Que ce soit par la représentation d'un paysage pastoral *(Hay Wain*, National Gallery) ou par le déchaînement d'une tempête sur l'océan, il chercha à exprimer l'atmosphère à la façon d'un écrivain. Il est intéressant de constater qu'à partir de la mort de sa femme Maria en 1828, Constable semble trahir une fascination pour les cieux sombres et les flots agités, comme s'il s'élevait contre les forces de la nature. Dès lors, il exprime par le paysage l'ampleur dramatique des émotions de l'art noble. Il appliqua sa théorie par l'exécution d'ébauches à l'huile, substance qui mettait longtemps à sécher et rendait évidents les changements de lumière, phénomène aussi éphémère que les arcs-en-ciel et les nuages passagers. Il exposa ses œuvres pour la première fois à l'Académie Royale en 1802, mais ne connut pas immédiatement le succès. Il décida néanmoins de créer des tableaux de plus grande taille et réalisa une série d'œuvres monumentales *(Flatford Mill*, Tate Gallery). En 1816, il s'installa définitivement à Londres, passant l'été à Hampstead où il capturait des scènes de cerfs-volants dominant les landes.

En 1824, il reçut deux médailles d'or pour des œuvres exposées au Salon de Paris (*Hay Wain*, National Gallery, *View of the Stour*). Ces tableaux suscitèrent un grand intérêt auprès des membres de l'école de Barbizon et des artistes associés au mouvement romantique, notamment Delacroix. En 1825, ce dernier se rendit même en Angleterre pour discuter avec Constable de ses observations sur l'utilisation de la couleur : « Constable affirme que le vert de ses prairies est supérieur parce qu'il est composé d'une multitude de verts différents. Chez la plupart des paysagistes, les feuillages manquent d'intensité et de vie car ils sont habituellement peints dans un ton uniforme... », effets intensifiés encore par des touches de rouge et de blanc pur.

L'**aquarelle** est une technique qui rencontra la faveur des artistes anglais. Ils y virent un moyen de capturer les qualités changeantes de la lumière ou de rendre la distance entre de vertes prairies et l'horizon. En route pour leur « Grand Tour », les voyageurs l'utilisaient pour enregistrer les détails atmosphériques, complétant ainsi les crayons topographiques ou les esquisses (d'où le réalisme presque obsessionnel de **John Ruskin**). Contrairement à leurs prédécesseurs européens, les artistes anglais se servaient d'une qualité de papier blanc opaque qui, vierge de tout dessin, produisait un éclat lumineux. Les chefs de file de ce groupe d'aquarellistes sont Paul Sandby (1725-1809), Cozens (1752-1797), Turner (1775-1851) et **Thomas Girtin** (1775-1802) qui, dans sa jeunesse, copia Canaletto et étudia le dessin avec Turner dans la classe du Dr Munro avant de partir pour Paris. La grande vue panoramique de Londres qu'il exposa en 1802 sous le titre *The Eidometropolis* est aujourd'hui égarée, mais un certain nombre de ses esquisses sont encore conservées au British Museum. Asthmatique et tuberculeux, Girtin mourut jeune. Après son décès, Turner aurait déclaré : « Si Tom Girtin avait vécu, je serais mort de faim. »

Dessins et illustrations – La poésie romantique et l'attachement aux forces de la nature furent popularisés par les traductions en anglais de la littérature étrangère : Winckelmann, Goethe, Voltaire, Rousseau, Baudelaire, Poe. De leur côté, Beethoven et Wagner reprenaient des thèmes similaires dans leur musique. **Henry Fuseli** (1741-1825) explora le royaume de l'imagination, du rêve et du cauchemar, dramatique et extravagant à souhait, stylisé par des détails saisissants ou même effrayants (*Lady Macbeth s'emparant des poignards*). En 1787, il fit la rencontre du poète visionnaire **William Blake** (1757-1827) dont l'esprit s'opposait au Siècle de la Raison et annonçait l'avènement du romantisme. Une importante collection d'œuvres sur papier de Blake est exposée à la Tate Gallery.

Joseph Mallord William Turner (1775-1851) – Fils d'un barbier londonien, Turner révéla très tôt son talent en réalisant des paysages par aquarelle. Dès 1790, son œuvre était présentée à l'Académie Royale. Six ans plus tard, son huile *Pêcheurs sur la mer* démontre déjà sa maîtrise de cette technique, présentant l'homme dans un monde naturel baigné de lumière, sur des eaux en mouvement et un ciel changeant. Dans les années suivantes, les tableaux qu'il exécute sur les mêmes thèmes confirment sa préoccupation : *Tempête de neige, Épave* (1805), *Tempête de neige, Hannibal et son armée franchissant les Alpes.* Parallèlement, il continue à produire des études de paysage (*Londres vu de Greenwich* 1809).

Il se rendit en France et en Suisse, consignant en chemin ses impressions pour un usage ultérieur. En 1819, il fit un premier voyage en Italie, expérience qu'il réitéra en 1828, 1833, 1840... Les livres d'esquisses qu'il réalisa en ces occasions contiennent des études d'ambiance évocatrices, Turner parvenant à suggérer la réflexion de la lumière, sa brillance aveuglante, sa transparence et même son caractère éphémère (*Lever de soleil à Norham Castle*). En 1842, il poussa à l'extrême sa prédisposition romantique à faire lui-même l'expérience de « l'ambiance » avant de la rendre en peinture : pour peindre *Vapeur au large de l'embouchure d'un port*, il exigea d'être attaché au mât d'un navire en pleine tempête.

Turner étudia également les œuvres du Lorrain, premier artiste à avoir essayé de peindre le soleil couchant. Dans son testament, il exigea que ses toiles monumentales *La Fondation de Carthage par Didon* (*L'Avènement de l'Empire carthaginois*) et *Soleil levant à travers la vapeur* ou *Pêcheurs au nettoyage* et *Vente de poissons* soient accrochées à côté de deux tableaux de Claude Lorrain : *L'Embarquement de la Reine de Saba* et *Le Mariage d'Isaac et de Rébecca*, dit *Le Moulin*, ce qui est réalisé à la National Gallery.

Pre-Raphaelite Brotherhood – Les initiales PRB de la **Confrérie préraphaélite** apparurent pour la première fois en 1849 derrière la signature de Rossetti. Elle réunissait des membres de l'Académie Royale comme **Holman Hunt** (1827-1910), **Gabriel Rossetti** (1828-1882), son frère William, **John Everett Millais** (1829-1896) et Collinson, et les sculpteurs Woolner et Stephens. Tous jeunes et de tempérament romantique, les préraphaélites estimaient les tableaux de Raphaël trop sophistiqués et trop encensés. Ils voulaient retrouver un art plus spontané et inspiré de la nature, comparable à celui des primitifs italiens, fondé sur des thèmes plus graves, un symbolisme empreint d'allusions poétiques, des couleurs vives (pigments purs appliqués sur surface blanche) réhaussées par la lumière naturelle et des détails minutieux. Au lieu d'utiliser des pigments de base sur un plâtre humide (fresque), ils appliquaient leur peinture sur des toiles blanches, préalablement humidifiées. Ils connurent la notoriété quand John Ruskin prit leur défense contre les attaques véhémentes de Charles Dickens (spécialement dirigées contre l'œuvre de Millais intitulée *Le Christ dans la maison de ses parents*, plus connue sous le titre *La Boutique du charpentier*, Tate Gallery).

Au début des années 1850, le groupe éclata : Millais aspirait à la présidence de l'Académie, Rossetti s'associa à William Morris et Burne-Jones, et Hunt partit pour l'Égypte, la Palestine et la Terre Sainte à la recherche de sites pour ses sujets bibliques (une version de *La Lumière du monde* est accrochée dans la cathédrale St-Paul).

Étranger au cercle mais s'y apparentant par le style, **Edward Burne-Jones** (1833-1898) était un admirable technicien dont la vision s'était affinée lors de voyages en Italie en compagnie de Ruskin pour lequel il exécuta plusieurs études du Tintoret (1862). Les motifs linéaires qu'il utilisa dans ses tapisseries et vitraux trahissent Mantegna et Botticelli. Dans ce sillage vint s'inscrire le courant de l'esthétisme *(voir Tate Gallery)*, immortalisé par **Oscar Wilde** dans *Le Portrait de Dorian Gray* et représenté en peinture par Frederic, Leighton (1830-1896), Albert Moore (1841-1893) et Whistler.

Peintres étrangers – Un début de carrière en tant que cartographe explique les talents de graveur de **James Whistler** (1834-1903). Après des études de peinture à Paris, il s'installe en 1859 à Londres où il acquiert la notoriété en se brouillant tout d'abord avec son mécène à propos de la décoration de Peacock Room (aujourd'hui à la Freer Gallery de Washington), et plus tard avec Ruskin, qui l'accusa de « jeter un pot de peinture à la tête du public » en exposant *Nocturne en noir et or* (aujourd'hui à Detroit). Il gagna le procès qui s'ensuivit et obtint un quart de penny de dommages et intérêts. Cette somme ne suffit pas à couvrir ses frais de justice et, ruiné, il dut partir pour Venise. Ayant subi l'influence de Courbet, Fantin-Latour, Degas et Manet pendant son séjour à Paris, Whistler introduisit de nouvelles perspectives dans l'Angleterre victorienne, dérivées notamment de l'art japonais.

John Singer Sargent (1856-1925) possédait à la fois talent et force de travail. Né en Italie de parents américains, il vint finalement s'installer à Londres où il réalisa des portraits vivants et capta l'élégance de la haute société édouardienne avec toute sa splendeur et son faste.

L'**impressionnisme français** arriva en Angleterre dans le cadre d'une grande exposition organisée à Londres en 1883. Les impressionnistes utilisaient des pigments purs pour rendre l'effet des rayons de soleil sur des formes colorées. L'emploi de touches superposées complémentaires (vert et rouge, magenta et jaune, orange et bleu) leur permettait de faire vibrer les couleurs. La profondeur et le mouvement étaient suggérés par des touches brossées rapidement. Leur motifs favoris représentaient des scènes de famille, des portraits informels et des paysages. Degas, Seurat et Toulouse-Lautrec composèrent des portraits sur le vif d'artistes de cirque et de music-hall, sujets repris par la suite par Walter Sickert et Aubrey Beardsley.

La rébellion – En 1886 fut fondé le New English Art Club afin de constituer un tremplin pour les artistes exclus de l'Académie Royale : **Philip Steer** (1860-1942) et **Walter Sickert** (1860-1942) en vinrent à organiser une exposition alternative à la Goupil Gallery, intitulée London Impressionists.

Le 20ᵉ siècle – En 1910, le peintre et critique **Roger Fry** organisa une grande exposition d'art français moderne : *Manet et les post-impressionnistes* qui regroupait 21 œuvres de Cézanne, 37 de Gauguin, 20 de Van Gogh et plusieurs autres de Manet, Matisse et Picasso. En 1912, il en organisa une seconde, consacrée au Cubisme et aux compositions monumentales de Matisse *(Second Post-Impressionist Exhibition)*.

Augustus John se forgea une réputation de chef de file de l'art britannique moderne en exposant en 1909 un portrait de sa maîtresse intitulé *La Femme souriante*. Il donna par la suite une série célèbre de portraits de célébrités contemporaines.

Sickert se conforma à la philosophie impressionniste qu'il assimila lors d'un séjour à Paris. En 1905, il revient à Londres, s'installe au n° 8 Fitzroy Street et fonde en 1907 au n° 19 de la même rue le Fitzroy Street Group. Trois ans plus tard, ayant été éloigné de ses quartiers favoris à Camden et Islington, il produisit une série consacrée à l'Old Bedford Music Hall, représentant les artistes, la scène et le public avec le même intérêt qu'un Degas et un Toulouse-Lautrec pour leurs sujets *(Ennui, La Hollandaise)*. En 1911, il fonda le **Camden Town Group** auquel adhérèrent Robert Bevan, Spencer Gore, Harold Gilman, Charles Ginner. Couleurs audacieuses, contours marqués et larges coups de pinceaux étaient voués à peindre le paysage urbain.

Le **Bloomsbury Group** réunissait écrivains et artistes, notamment le biographe Lytton Strachey, l'économiste Keynes, la romancière Virginia Woolf, son mari et éditeur Leonard Woolf, Clive Belle, Henry Tonks, Marc Gertler et les membres de l'**Omega Workshop** : Vanessa Bell, Roger Fry et Duncan Grant qui utilisaient tous des couleurs vives pour esquisser des formes audacieuses à la manière de Matisse. À partir de 1914, ils commencèrent à se diriger vers l'abstraction.

Les **Vorticistes**, menés par Wyndham Lewis et acclamés par Ezra Pound, se firent l'écho dans leurs peintures et leurs sculptures du cubisme et du futurisme. Jessica Desmorr, Epstein, Gaudier-Brzeska furent rejoints plus tard, mais seulement par l'esprit, par David Bomberg. Axes marqués, lignes parallèles, angles vifs, formes géométriques graduelles, couleurs tapageuses prolifèrent, hypnotisant l'œil.

L'**abstraction pure** inspira Nicholson, Moore, Hepworth et Nash qui explorèrent la forme en relation avec le paysage ; pour eux, Stonehenge symbolisait l'insularité de l'Angleterre, les galets suggéraient la puissance et l'étendue de l'océan... En 1936 se tint à Londres l'International Surrealist Exhibition, grand lieu de rencontre de l'avant-garde londonienne dont Ivon Hitchens faisait également partie à l'époque.

SCULPTURE

En sculpture, l'évolution depuis les pierres tombales gothiques jusqu'à l'art abstrait contemporain commence par William **Torel**, citoyen et orfèvre londonien, qui exécuta les effigies de Henri III et d'Éléonore de Castille (1291-1292), et par le Florentin **Torrigiano**, qui séjourna à Londres au début de la Renaissance (1511-1520) pour couler les figures de bronze de Henri VII (Victoria and Albert Museum), de son épouse Élisabeth d'York, et de sa mère

Sculpture de Grinling Gibbons

Margaret Beaufort, comtesse de Richmond. Après la Réforme, les liens avec l'Italie furent coupés et la sculpture subit l'influence de la France et des Flandres.

Des portraits concrets apparaissent au 17e s. dans les œuvres de Nicholas Stone (John Donne), du huguenot français **Le Sueur** (bronzes de Charles Ier et Jacques Ier) et de **Grinling Gibbons** (statues de Charles II et Jacques II). Gibbons est plus connu et apprécié comme sculpteur décoratif de génie et de grande finesse. Il signait souvent ses œuvres d'une cosse de petits pois.

Au 18e s., lorsque les voyageurs du « Grand Tour » commencèrent à adhérer au néo-classicisme, les sculpteurs comme Fleming, Michael Rysbrack et Peter Scheemakers, le Français François **Roubillac**, les Anglais John Bacon, John **Flaxman** et Nollekens réalisèrent des centaines de statues, dont beaucoup révèlent une grande force de caractère, jusqu'à ce que ce genre soit stylisé et exsangue au 19e s. De nombreux exemples de leurs œuvres ornent la nef et le transept Nord de l'abbaye de Westminster.

C'est au 20e s. qu'un nouvel élan fut insufflé à la sculpture tant séculière que religieuse. Jacob **Epstein** conçut des œuvres proches de l'abstrait, Henry **Moore** traita des thèmes abstraits et Barbara **Hepworth** s'attacha à l'abstraction pure. Dans les années 30, après le raz-de-marée provoqué à Paris par le dadaïsme et le surréalisme, nombre de peintres, de sculpteurs et d'architectes émigrèrent, tandis que d'autres s'installaient à Hampstead, centre d'un mouvement visant l'abstraction pure : Roland Penrose, Lee Miller, Henry Moore, Barbara Hepworth, Ben Nicholson (la maison d'Erno Goldfinger au n° 2 Willow Road fournit un excellent aperçu de l'esprit de cette époque).

Quelques belles sculptures contemporaines ornent les espaces publics créés par les urbanistes de notre temps : *Les Chevaux d'Hélios*, le dieu grec du soleil surmonté des trois Grâces, par Rudi Weller (angle de Haymarket et de Piccadilly Circus), *Garçon au dauphin*, bronze de David Wynne (extrémité Nord du pont Albert à Chelsea et devant le Tower Hotel à Wapping), *Fulcrum* de Richard Serra (Broadgate), *Berger et mouton* (1975) d'Elisabeth Frink (Paternoster Square), un *Danseur* (Bow Street en face du Royal Opera House), *Cheval* de Shirley Pace (The Circle, Bermondsey), *Les Navigateurs* de David Kemp (Hays Galleria, Southwark).

Des monuments commémoratifs sont disposés le long des quais, à Parliament Square (Général de Gaulle, Winston Churchill) et Leicester Square (Charlie Chaplin).

Les sculptures d'Henry Moore à Londres

West Wind (Vent d'Ouest) 1928-1929, métro St James's Park) fut la première sculpture de plein air et la première commande officielle réalisée par Moore : reflétant sa réceptivité pour l'art mexicain, elle contraste avec *Night*, une œuvre d'Epstein couronnant l'entrée. Pour *Three Standing Figures* (*Trois personnages debout* 1947-1948, extrémité Ouest du lac de Battersea Park), Moore utilisa une pierre résistant aux intempéries car la commande était à l'origine destinée à la ville de New York. Moore explore ici l'unité spatiale du groupe tridimensionnel à une période où il travaillait sur les dessins d'abri commandés par l'Imperial War Museum. *Time-Life Screen* 1952-1953 (New Bond Street, au second étage de l'ancien immeuble Time-Life). Le bronze haut de 33 m intitulé *Upright Motives 1, 2 et 7* (1955-1956, Battersea Park) est représentatif du travail de l'artiste sur une œuvre monumentale spécifiquement conçue pour le plein air et soumise aux changements causés par les intempéries. *Two Piece Reclining Figure N° 1* (*Deux personnages étendus n° 1*, 1959, Chelsea School of Art, Manresa Road) ; *Knife Edge Two Piece* (*Lame de couteau deux pièces*, 1962-1965, Abingdon Gardens devant la Chambre des Lords, en face des *Bourgeois de Calais* de Rodin) ; *Locking Piece* (1963-1964, Millbank), inspiré par deux cailloux ; *Two Piece Reclining Figure N° 5* (1963-1964, Kenwood House) ; *Circular Alter* (*Autel circulaire*, 1972, St Stephen Walbrook dans la City) ; *Large Spindle Piece* (*Grand pivot* 1974, British Council, Spring Gardens, surplombant le Mall) ; *The Arch* (1979-1980, Kensington Gardens) ; *Mother and Child : Hood* (*Mère et enfant : capuche*, 1983, cathédrale St Paul).

ARTS DÉCORATIFS
Mobilier

Le mobilier ancien anglais a toujours été très apprécié. Les genres ont évolué pour s'adapter aux transformations du style de vie et des goûts vestimentaires. Les modes ont également été influencées par les vagues d'artisans huguenots émigrant de Hollande ou de France ainsi que par l'arrivée d'œuvres étrangères ramenées du Japon, de Chine, d'Inde ou d'autres contrées lointaines de l'Empire britannique. La collection la plus complète se trouve au Victoria and Albert Museum tandis que la plupart des grandes demeures de style servent de cadre pour la présentation d'accessoires, de décorations et de meubles originaux (Ham, Osterley, Kenwood, Fenton).

Le 18e s. constitue une apogée dans la fabrication de meubles en Angleterre. À cette époque en effet, les importations d'acajou et de bois satiné vinrent remplacer le chêne. Ces nouvelles variétés de bois étaient embellies, non seulement par des sculptures, mais également par des ornementations de cuivre sous forme d'inscrustations et d'encadrements dorés, de placages de bois plein et de marqueterie.

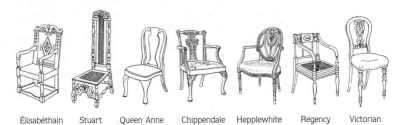

Élisabéthain Stuart Queen Anne Chippendale Hepplewhite Regency Victorian

Quelques grands ébénistes ont dominé leur époque. **Thomas Chippendale** (1718-1779), fils d'un charpentier, s'installa à St Martin's Lane après son mariage, important des meubles français inachevés pour leur donner la dernière touche dans son atelier (1769). La publication de son ouvrage *The Gentleman and Cabinet Maker's Director* en 1754 lui assura la réputation de plus grand ébéniste de son temps. Le recueil en question présentait des illustrations d'un grand nombre de meubles domestiques, essentiellement de style Rococo, et jugeait inacceptables les conceptions de ses rivaux et des créateurs du continent. Chippendale réalisa ses créations les plus originales pour les grandes demeures néo-classiques dessinées ou remodelées par Robert Adam et ses contemporains. Son fils, Thomas (1749-1822), évolua vers une version anglicisée du style Louis XVI et ouvrit la voie au style Regency. **John Linnel** (1729-1796) hérita lui aussi du fonds de commerce de ses parents. Il fut tout d'abord sculpteur sur bois avant d'agrandir ses ateliers à Berkeley Square pour se lancer dans l'ébénisterie et la tapisserie. Son association avec William Kent, Robert Adam et Henry Holland (miroirs et chaises) lui assura une grande notoriété.

William Vile (1700-1767) et **John Cobb** (1751-1778) travaillèrent en commun pour produire les pièces les plus marquantes, certainement mieux travaillées, mais moins originales que les réalisations de Chippendale. Vile était l'artiste favori du prince de Galles qui, lorsqu'il accéda au trône, le nomma ébéniste de la Maison royale.

George Hepplewhite (mort en 1786) obtint la reconnaissance du public deux ans après sa mort, lorsque fut publié son ouvrage *The Cabinet Maker and Upholsterer's Guide* (Le guide de l'ébéniste et du tapissier). Ce recueil de 300 modèles codifiant le style néo-classique pour la décoration intérieure illustre le mieux, certains le disent, l'application des principes d'Adam, alliant l'élégance à l'utilité. Fidèle à son inspiration, ce manuel devint le livre de référence des gentlemen-farmers pour commander leurs meubles chez les artisans. Les meubles Hepplewhite sont considérés comme campagnards, simples, rationnels, d'un style et d'une élégance extrêmes. Les commodes ont des lignes courbes, les chaises, des dossiers ovales sculptés en forme de cœur, les pieds sont cannelés. Les plumes Prince de Galles et les épis de blé sont également des ornements caractéristiques de ce style.

John Adam : décor étrusque (Osterley)

Entre Hepplewhite et les créateurs du style Regency s'intercale **Thomas Sheraton** (1751-1806) dont les concepts rectilignes dominent les années 1790 et reflètent parfaitement le mariage de finesse et de complexité qui marquait les œuvres en stuc conçues par Adam pour les décors d'intérieur. Ses créations sont rassemblées dans l'ouvrage *The Cabinet-Maker and Upholsterer's Drawing-Book* (L'album de dessin de l'ébéniste et du tapissier, 1791-1794), publié à l'origine à l'intention des marchands, et dans deux autres publications moins connues. Il s'est surtout attaché à mettre en valeur le grain et la texture du bois à l'aide d'incrustations contrastées, de reliefs sculptés et de surfaces hautement polies.Il tire son inspiration du mobilier Louis XVI, notamment pour des pièces comme ses petites tables de travail, aux contours plutôt féminins, ses merveilleux bureaux, secrétaires et hautes bibliothèques. Il produit également de nombreux «harlequins», meubles à double usage comme ces tables de bibliothèque dissimulant des escabeaux.

La grande figure du courant victorien fut sans nul doute **William Morris** (1834-1896). Son entreprise de décoration d'art à Merton Abbey fournissait tout ce qui touchait de près ou de loin à l'aménagement intérieur : meubles – pour la plupart conçus par Philip Webb –, textiles, papiers peints, tapis, rideaux, tapisseries – souvent en collaboration avec Burne-Jones, carreaux, bougeoirs et cuivres. De nombreuses créations émanaient de Morris lui-même, qui tirait son inspiration de motifs historiques vus dans les églises, les peintures, les enluminures, ou de formes naturelles. La William Morris Gallery *(voir index)* présente quelques-unes de œuvres Arts and Crafts, conçues à la fois selon le savoir artisanal ancestral et selon les techniques pré-industrielles.

La génération suivante de créateurs fut marquée par Ambrose Heal (1872-1959). Collaborant fréquemment avec Charles Voysey, il dessina des meubles en chêne simples et solides, parfois incrustés d'étain et d'ébène. Il mit à la portée des classes moyennes des reproductions d'originaux fragiles ou de créations Arts and Crafts, à prix inabordables pour elles : en quelque sorte le précurseur d'Habitat.

Céramique

La faïence – Les **poteries de Lambeth**, fondées vers 1601, sont célèbres pour leurs grès bleu foncé à reliefs blancs, connues sous l'appellation **«Lambeth delft»**; au 18e s., une faïence à décor chinois lui succède.

Le début du 17e s. avait été dominé par les **poteries de Southwark**, créées en 1618 par le Hollandais Christian Wilhelm. De 1628 à 1642, il détint le monopole de la fabrication de faïence en bleu et blanc, imitant les motifs de la porcelaine chinoise Ming. En général, les réalisations manquent toutefois de finesse.

La porcelaine – La **manufacture de Bow**, que l'on authentifie par une grande variété de marques incisées, imprimées ou peintes dans le bleu et/ou le rouge de la glaçure, constitue avec celle de Chelsea la première fabrique de porcelaines en Angleterre. Elle fut fondée par le peintre irlandais Thomas Frye et le marchand de verrerie Edward Heylyn dans un faubourg de l'Est londonien (Stratford Langthorne). En 1744 est enregistré le premier brevet de fabrication à partir d'argile blanche importée d'Amérique. Les annales relatent également vers 1748 la production de **porcelaine tendre** selon une méthode brevetée par Frye utilisant des os pulvérisés et conférant à la matière plus de finesse à un coût plus avantageux que la pâte tendre traditionnelle. Les records de production (1750-1759) sont réalisés peu avant le départ de Frye. Parmi les premières pièces figurent des statuettes entièrement blanches. Puis viennent des récipients décorés de brins de fleurs et de feuilles, peints en bleu, émaillés de couleurs (cailles inspirées du potier japonais Kakiemon) ou de transferts. En 1775, la manufacture est rachetée par William Duesbury et regroupée avec celle de Derby.

Les pièces les plus anciennes authentifiées de la **manufacture de Chelsea** (portant un triangle incisé) remontent à 1745. Leurs formes s'inspirent des pièces d'argenterie répandues à l'époque. La dénomination «porcelaine tendre» a été donnée en raison de la texture et de la transparence du matériau, ressemblant à du verre blanc – un procédé démontré dès 1742 par Thomas Briand devant la Royal Society. Après le départ du premier directeur, Charles Gouyon, c'est l'orfèvre huguenot flamand Nicolas Sprimont qui prend la tête du groupe de manufactures. Il introduit la célèbre ancre qui marquera les porcelaines de Chelsea, tout d'abord en relief de 1749 à 1752, puis rouge de 1752 à 1758 et dorée de 1758 à 1769. La période 1750-1770 est caractérisée par une prospérité commerciale, entretenue par la qualité de la technique et par l'adoption de coloris nouveaux, tel ce ton de rouge baptisé «claret» par la dénomination anglaise des vins de Bordeaux. Les ateliers subissent ensuite l'influence de Meissen – couleurs vives mais teintées d'un naturalisme plus britannique – puis celle de la manufacture de Sèvres. Le rococo est adapté à la mode anglaise, produisant des pièces d'une grande variété inspirées de la nature : soupières en forme de légume, coupes en forme de fruit, vases, chandeliers, figurines, bustes, etc.

En 1770, William Duesbury devient propriétaire de la manufacture et transfère les ateliers de Chelsea à Derby (période Chelsea-Derby de 1770 à 1784, caractérisée par l'ancre mêlée à la majuscule D).

Pour une définition plus complète des types de céramique voir Victoria and Albert Museum.

Travail des métaux

Orfèvrerie et argenterie – Célèbres déjà au Moyen Âge, les orfèvres britanniques ont une corporation à Londres dès 1180. Des pièces aux lignes pures deviennent d'une élégance audacieuse à l'époque élisabéthaine pour tendre vers plus d'austérité sous le règne de Jacques Ier. Les étains reflètent les mêmes caractères que l'argenterie.

Le 17e s. reste la période faste de l'orfèvrerie londonienne qui subit surtout l'influence baroque hollandaise. Mais le goût français s'affirme sous Charles II avec l'arrivée des huguenots chassés de France par la révocation de l'édit de Nantes.

À l'époque de la reine Anne, au début du 18e s., les formes s'épanouissent avec une ornementation de rinceaux, godrons, blasons très variés. Puis la tendance Rocaille où se distingue le Français Paul de Lamerie (1688-1741) précède une ère de sobriété avec William Kent (1684-1748) et le style Adam.

D'importantes collections d'argenterie (récipients de métal, vaisselle d'apparat, objets de culte, pièces commémoratives) sont visibles à la Tour de Londres, au Victoria and Albert Museum, à Apsley House, au Courtauld Institute of Art, à la Banque d'Angleterre, au National Maritime Museum de Greenwich et dans divers musées militaires. Mansion House et les Maisons des corporations possèdent également plusieurs collections privées, soumises à des conditions de visite particulières.

Travail du fer – Londres possède de beaux exemples de portes, grilles, balcons et balustrades décoratifs, signés de grands maîtres, comme **Jean Tijou** (1689-1712) à Hampton Court. Parmi les réalisations contemporaines figurent les portes de la reine Élisabeth (Queen Elizabeth Gates), à Hyde Park.

Les **porte-épée** (Sword rest) se rencontrent fréquemment dans les églises de la Cité. Leur origine remonterait au règne d'Élisabeth Ire. La coutume était alors qu'un banc, dans l'église paroissiale où le Lord-maire avait sa résidence privée, soit pourvu d'une armature en fer forgé, merveilleusement ouvragée, pour y suspendre l'épée d'état pendant l'office. Le renouvellement annuel du titulaire eut pour effet que chaque église, ou presque, eut son porte-épée.

Au 19e s., les artisans font appel au fer forgé et à leur esprit créateur pour produire un magnifique **mobilier urbain** : bancs d'inspiration égyptienne le long de Victoria Embankment, merveilleux lampadaires en fonte ornés à la base de dauphins entrelacés (1870) qui bordent Albert Embankment, réverbères George III éclairant Marlborough Road à St James's... Les appliques couronnées d'or à St James's Palace, faites de métal forgé et non fondu, sont de conception antérieure.

Porte-épée, St Magnus

Les fameuses **boîtes aux lettres** (pillar-box) font leur apparition en 1855 sur les trottoirs londoniens de Fleet Street, Strand, Pall Mall, Piccadilly, Grosvenor Place et Rutland Gate. Lancées par Anthony Trollope, elles seront peintes en rouge en 1874. De formes variables (rectangulaires, rondes), cannelées ou lisses, elles devinrent hexagonales entre 1866 et 1879, portant le chiffre royal, certaines sans mention datent de 1880. Plus tard, une boîte double, légèrement bombée mais encore victorienne, annonce les boîtes à lettres jumelées, plus rectilignes.

Le cuivre – Les **plaques tombales en cuivre** furent très populaires en Europe du Moyen Âge au 17[e]s et l'on en rencontre dans nombre d'églises londoniennes.

Gravé avec un burin en forme de triangle, le tracé était à l'origine accentué par une touche d'émail ou des incrustations de cire noire ou colorée. Les personnages dessinés en costume d'époque permettent de suivre l'évolution de la mode à travers les siècles. Les plus anciens sont des chevaliers revêtus de la cotte de mailles de la tête aux pieds, portant au côté bouclier et lourde épée, puis viennent les seigneurs en armure, la tête protégée par un casque. Les dames de ces nobles guerriers ont des atours variés : extrême simplicité au 14e s., riches toilettes au 15e s., tenue plus sage sous les Tudors. Les hommes d'Église, très souvent représentés autrefois, ont vu leurs plaques disparaître avec la destruction des monastères au 16e s. Les civils, la plupart marchands opulents, portent au 15e s. cheveux courts et joues rasées, puis cheveux longs ; à l'époque élisabéthaine la barbe est à la mode. Il y a, depuis l'époque victorienne, une possibilité de reproduire sur place le dessin de ces plaques en les calquant par frottement sur un papier avec une craie spéciale : il s'agit du **Brass Rubbing**, passe-temps artistique très apprécié outre-Manche. Il existe à Londres des centres où sont rassemblés des répliques de plaques : le London Brass Rubbing Centre de St Martin-in-the-Fields, celui de All Hallows-by-the-Tower et celui de l'abbaye de Westminster.

MUSIQUE

Les airs frivoles de l'Angleterre des Tudors (*Greeensleeves* est attribué à Henri VIII) se transforment en rondes, puis en canons, pour finalement déboucher à l'Age d'or (1588-1630) sur les madrigaux de Thomas Morley, qui publia la première collection de ces pièces signées John Wilbye, Thomas Weelkes, Orlando Gibbons ou Thomas Tompkins. La musique était écrite pour accompagner les danses et démontrer la virtuosité de l'exécutant. **John Dowland** excellait dans l'exercice du chant en solo avec accompagnement de luth et de viole. Dans le registre religieux, **Thomas Tallis** et **William Byrd** composent à cette époque des messes et hymnes pour orgue et voix, écrites en latin ou transcrites dans la liturgie anglaise. Ce n'est qu'avec le règne d'Élisabeth qu'émerge un style anglican distinctif.

Dans la deuxième moitié du 17ᵉ s., les compositeurs étendent leur répertoire aux *Te Deum* et aux chansons et musique pour le théâtre. **Henry Purcell** (1659-1696) domina son époque et influença les générations futures de musiciens en composant le premier opéra, *Didon et Énée*, en 1689. Puis vint la mode de l'opéra italien que **Georg Friedrich Haendel** (1685-1759) finit d'établir en Angleterre avec la création de *Rinaldo* en 1711. D'origine allemande, Haendel émigra à Londres dans le sillage du futur George Iᵉʳ dont il avait été maître de chapelle à Hanovre.

Haendel

Haendel s'installa à Mayfair et résida au nº 25 Brooke Street jusqu'à sa mort en 1759. Durant cette période faste, il composa des opéras en empruntant des thèmes à la mythologie, des œuvres de circonstance comme *Fireworks* et *The Water Music* (pour les Fêtes de la Tamise), et de nombreux oratorios sur les personnages bibliques : *Esther, Israël en Égypte, le Messie, Judas Macchabée*.

Mozart n'avait que 8 ans lorsqu'il fit sa première tournée en Angleterre. Il composa sa première symphonie en 1764 alors qu'il résidait au nº 180 Ebury Street. Une « terrace » de Pimlico a été baptisée en son honneur. **Haydn** séjourna dans la capitale vers 1790, à l'apogée de sa gloire. Au début du 19ᵉ s., **Félix Mendelssohn-Bartholdy** y commença la composition de *La Symphonie écossaise* et de l'ouverture du *Songe d'une nuit d'été*, mais n'acheva ces œuvres que 20 ans plus tard.

La musique anglaise prend un nouveau tournant à la fin du 19ᵉ s. en s'ouvrant à un plus large public. Les opérettes créées, sur un livret de **William Gilbert,** par **Arthur Sullivan** (1875-1899) rencontrent un grand succès populaire. Avec l'avènement de la radio dans les années 1930, la BBC commence à diffuser les **Concerts-promenades** ou **« Proms »** qui avaient été inaugurés en 1895 par le chef d'orchestre Henry Wood à Queen's Hall. Les programmes, choisis par la BBC, comprennent des œuvres orchestrales et des opéras de compositeurs classiques et modernes, donnés· par des musiciens et chefs d'orchestre anglais ou étrangers. Depuis 1941, ces concerts ont lieu à l'Albert Hall. À l'occasion du dernier concert de la saison (The Last Night), un public jeune et enthousiaste manifeste avec, humour et force bruits son amour de la musique tandis que résonnent des morceaux traditionnels (*Pomp and Circumstance*).

Les premières décennies du 20ᵉ s. ont vu la naissance d'une nouvelle vague de compositeurs britanniques. Dans leurs rangs : **Edward Elgar** (*Enigma Variations* 1899, *Rêve de Géronte*, en 1900), **Vaughan Williams** (auteur de 9 symphonies et du ballet *Job*) et **Gustav Holst** (*Les Planètes*, 1914-1916). Dans les années 20 apparaissent des créateurs comme Bantock, Bax, Bliss (*Échec et mat*, 1937) et William Walton (*Belshazzar's Feast*, 1931). La période d'après-guerre est marquée par **Michael Tippett** (*Un enfant de notre temps*, 1941 et *Le Mariage estival*, 1955) et **Benjamin Britten** auquel on doit de nombreux opéras (*Peter Grimes*, 1945 ; *Albert Herring*, 1947, d'après *Le Rosier de madame Husson*, de Guy de Maupassant ; *Billy Budd*, 1951, et de nombreux autres ainsi que l'opérette *Paul Bunyan*).

La seconde moitié du 20ᵉ s. a vu l'installation définitive de l'opéra royal à Covent Garden et de l'opéra national au London Coliseum ainsi que la construction de salles de concert à South Bank et Barbican et la création de nombreux festivals musicaux (d'été) en province.

LITTÉRATURE

De nombreux écrivains vécurent à Londres à un moment ou un autre de leur carrière et furent inspirés par la capitale, tel le poète écossais William Dunbar : « Londres, tu es la fleur de toutes les villes », ou Samuel Johnson « Il y a à Londres tout ce que la vie peut réserver ». Certains ont détesté Londres, d'autres ont développé à son égard un sentiment mêlé de haine et d'amour, d'autres encore la considéraient comme le seul endroit au monde où il faisait bon vivre. Aussi la littérature anglaise, tous genres confondus, regorge-t-elle de scènes de la vie londonienne. Aujourd'hui, les moyens de communication, de quelque nature qu'ils soient, permettent aux écrivains de vivre et travailler hors de la capitale.

Même si les écrivains étaient nombreux à vivre à Londres, ils ne se rencontraient pas pour autant dans le cadre de débats organisés. Certains se retrouvaient dans les pubs voisins du Blackfriars Theatre, de Bankside ou environnant le Globe, d'autres à Highgate, Chelsea ou Bloomsbury. Au début du siècle, un groupe comprenant entre autres Aubrey Beardsley et Max Beerbohm se forma autour d'**Oscar Wilde**, qui avait ses habitudes au Café Royal. Beaucoup d'écrivains exerçant aussi le métier de journaliste, les premiers points de rencontre réguliers furent les cafés de Fleet Street. Joseph Addison et Richard Steele fréquentèrent le George and Vulture puis le Button's et y rédigèrent leurs articles pour le *Tatler* et le *Spectator*, journaux qu'ils avaient fondés. **Samuel Johnson** était un grand habitué des cafés et tavernes, mais c'est au Cheschire Cheese, non loin de chez lui, qu'il rencontrait ses interlocuteurs.

Poésie – Courtisan et diplomate à la fois, **Geoffrey Chaucer** (1340-1400) puise dans la riche tradition des littératures française, latine et italienne pour écrire ses *Contes de Cantorbéry*, qui mettent en scène un groupe de pèlerins allant de Southwark à Canterbury. Le long poème d'Edmund Spenser, *Faerie Queene*, peuplé d'allégories de la justice, de la tempérance, de la sainteté, de la chasteté, vertus prisées à la fin du 16e s., rend l'ambiance de l'Age d'Élisabeth. Les artistes affectionnaient alors les « concetti », brillants traits d'esprit exprimés sous forme de sonnets. Les techniques utilisées à cette époque (allitération, assonance, rythme et rime) sont reprises en prose par les deux grands maîtres du théâtre, **Christopher Marlowe** (1564-1593) et **William Shakespeare** (1564-1616), qui enrichissent le vers libre de puissantes métaphores et d'une syntaxe variée.

Le poème passe de mode jusqu'à ce qu'au milieu du 16e s. John Milton (1608-1674) n'annonce le Siècle des Lumières. Ses pamphlets en prose exposent avec brio ses opinions politiques puritaines et anti-royalistes. Ses poèmes (*Le Paradis perdu, Côme, Lycidas*) expriment les déceptions de son existence.

Le premier poète officiel de la cour, **John Dryden** (1631-1700), consigne les événements du moment dans ses poèmes, critiques, tragédies et traductions. Le sujet est souvent « de circonstance », mais le style précis et clair annonce le climat rationnel qui marquera la période d'**Alexander Pope**, de **Jonathan Swift** (*Les Voyages de Gulliver*) et **Samuel Johnson** (auteur du premier *Dictionnaire de la langue anglaise* en 1755).

À l'instar des sœurs Brontë, de Thomas Hardy et de George Eliot, les grands noms de la poésie **romantique** : Blake, Burns, Wordsworth et Coleridge, trouvèrent leur inspiration en dehors de Londres, se tournant vers le spiritualisme, le patriotisme écossais et la nature. Venu à Londres avec l'intention d'étudier la médecine, **John Keats** (1795-1821) fut rapidement attiré par le lyrisme. Par la brièveté tragique de son existence et son aspiration à la beauté universelle, il incarne la quintessence même du romantisme. Ses vers sensuels regorgent d'images, prennent des formes variées (sonnets, odes), dégagent spontanéité et contemplation. **William Wordsworth**, qui chante dans ses œuvres le pont de Westminster, habitait la région des Lacs. **Lord Byron** fréquentait la haute société.

À l'ère victorienne, l'imagination l'emporte sur la raison. Ainsi, le poète officiel **Alfred Tennyson** (*La Mort d'Arthur*) se spécialise dans les vers euphoniques, **Robert Browning** développe la disjonction et l'exclamation et **Matthew Arnold** fait l'éloge du moralisme. Le mouvement préraphaélite suscite en poésie un retour aux mêmes valeurs : images picturales, thèmes empruntés aux mythes et légendes antiques, formes adaptées des anciennes ballades. Parmi les poètes de ce courant figurent **Dante Gabriel Rossetti**, sa sœur Christina, William Morris et **Charles Swinburne.**

Vers 1890 naît l'**esthétisme** dont les instigateurs, Oscar Wilde (1854-1900), **Beerbohm** et **Aubrey Beardsley** parmi d'autres, admiraient la sensualité de Proust et le symbolisme de Huysmans (auquel Wilde fait allusion dans *Le Portrait de Dorian Gray*). En réaction apparaît un courant réaliste emmené par Rudyard Kipling, dont les vers puisent directement dans le langage familier, le rythme naturel et le dynamisme des chansons populaires du music-hall, et par le dramaturge **William B. Yeats** (1865-1939). L'époque géorgienne, dominée par T. S. Eliot (*La Terre désolée, Meurtre dans la cathédrale*), D. H. Lawrence et Walter de la Mare, marque une transition vers le modernisme. Les œuvres sont hantées par l'horreur de la guerre, traduite de manière réaliste et poignante par les poètes de la Première Guerre mondiale (Siegfried Sassoon, Wilfred Owen et Brooke), qui retrouvèrent espoir et éloquence à leur retour au front.

La grande dépression des années 30 se reflète chez **W. H. Auden, Cecil Day Lewis, Louis MacNiece** et **Spender** qui étudièrent en même temps à Oxford. Leurs vers, directs, familiers, s'élèvent contre les classes dirigeantes. Dans un autre registre, **Dylan Thomas** (1914-1953) explore poétiquement l'enfance et l'innocence tandis que **Ted Hughes** (né en 1930) décrit la violence intrinsèque de la nature.

Les « fantaisies » – Forme littéraire anglaise par excellence, les fantaisies sont des pièces légères, humoristiques et distrayantes. Les grands maîtres de cet art, **Edward Lear** (1812-1888 – *Livre du non-sens*) et **Lewis Carroll** (1832-1898 – *Alice au pays des merveilles*), consacrèrent le « nonsense » et le poème dit « limerick » (poème en cinq vers, comique et absurde). **Hilaire Belloc** (1870-1953 – *Cautionary Tales*) et A. A. Milne

(1882-1956 – *Winnie the Pooh*) publièrent leurs œuvres dans le magazine *Punch*, qui avait déjà mis au point le genre graphique de la caricature. Dans cette tradtion s'inscrivent également les chansons en vers en forme de ballades de W. S. Gilbert qui, mises en musique par Sullivan pour une opérette, connurent un grand succès populaire.

Roman – Comme le remarque Anthony Trollope, «l'objet d'un roman doit être d'instruire moralement tout en amusant». La première génération de grands romanciers est celle de **Daniel Defoe** (1661-1731) qui, dans *Robinson Crusoé* ou *Moll Flanders*, peint avec réalisme des gens ordinaires. **Samuel Richardson** (1689-1761), créateur du roman épistolaire sentimental avec *Paméla ou la vertu récompensée* et *Clarisse Harlowe*, explore les émotions humaines. Dramaturge reconnu, **Henry Fielding** (1701-1754) renoue avec la tradition picaresque en écrivant *Histoire de Tom Jones, enfant trouvé* (1749). À la fin du 18ᵉ s., Oliver Goldsmith, Fanny Burney et Horace Walpole rencontrent le succès avec des œuvres individuelles s'intéressant au pittoresque, au mystérieux et à l'horreur, tradition qui inspira plus tard *Frankenstein ou le Prométhée moderne* à Mary Shelley (1818).

Le mouvement romantique est dominé par le prolifique **Walter Scott** (1771-1832), spécialisé dans la fresque historique, dont les personnages, quelle que soit leur naissance, semblent les jouets de circonstances politiques extérieures *(Waverley, Rob Roy, Ivanhoé)*. À l'inverse, **Jane Austen** (1775-1817) puise dans son expérience personnelle l'inspiration pour ses six romans – notamment au chapitre amour et mariage. Son humour grinçant et sa sensibilité ont assuré à son œuvre un succès durable.

La grande figure littéraire de l'ère victorienne est **Charles Dickens** (1812-1870). Ses nombreux romans, situés dans Londres et ses faubourgs, évoquent avec verve, invention, humour et pathétisme des personnages hauts en couleurs *(Les Aventures de M. Pickwick, Oliver Twist, Nicolas Nickleby, David Copperfield, Les Grandes Espérances...)*. Publiés sous forme de feuilletons, ils touchèrent bientôt un large public et incitèrent les humanistes de l'époque à plaider pour l'amélioration du statut social des enfants, des pauvres et des démunis. Dans un registre plus féroce, **William Thackeray** (1811-1863) s'attaque également à l'hypocrisie de la société britannique à l'époque de la Régence, notamment dans son roman *La Foire aux vanités*.

H. G. Wells (1866-1946) tire son inspiration de ses études scientifiques à l'Université de Londres. Il crée des romans d'anticipation, ouvrant la voie à des auteurs de science-fiction comme John Wyndham (1903-1969).

National Portrait Gallery

Charles Dickens

Le voyage et la liberté d'esprit constituent les thèmes principaux d'une nouvelle vague d'écrivains britanniques, initiateurs du roman moderne. **E. M. Forster** (1879-1970) explore la fragilité de la nature humaine tandis que **Virginia Woolf** (1882-1941) s'élève contre l'étroitesse d'esprit victorienne avec des œuvres privilégiant le monologue intérieur. **Evelyn Waugh** (1903-1966) dépeint le climat social de l'Angleterre avec esprit, humour noir et facétie, puis, confrontée à la menace de la guerre, s'oriente vers un réalisme dont est imprégnée l'œuvre de **George Orwell** (1903-1950), habitée par les images d'un monde futuriste insensible.

Le 20ᵉ s. est marqué par plusieurs figures littéraires vivant à Londres et ses environs, mais trouvant leur source d'inspiration dans leurs expériences provinciales et voyageant au loin dans leurs romans : Graham Greene, Kingsley Amis, Muriel Spark, Doris Lessing, Iris Murdoch, Anthony Burgess..

Théâtre – Au Moyen Age, les pièces de théâtre se jouaient en dehors des limites de la Cité car toute représentation était formellement interdite dans la juridiction de Londres. Les premières représentations publiques régulières furent données à Clerkenwell et Shoreditch, où **James Burbage** fonda le premier théâtre anglais, puis au Sud de la Tamise, à Southwark.

Les cours de Henri VIII et Élisabeth Iʳᵉ furent les premières à attirer des dramaturges et artistes pour des représentations privées à Nonesuch Palace et Hampton Court. Les mascarades données à cette époque étaient des divertissements dramatiques en costumes, mis en musique souvent pour célébrer une occasion particulière. La corporation des gens de loi organisait elle aussi des représentations de pièces, mascarades et divertissements. À la fin du 16e s., *La Comédie des erreurs* fut donnée à l'École de droit (Gray's Inn) et *La Nuit des rois* fut jouée sous la charpente à diaphragmes du Middle Temple Hall.

La véritable tradition théâtrale, telle que nous la connaissons aujourd'hui, est issue du genre populaire dont les plus grands représentants furent **Christopher Marlowe** (1564-1593), **William Shakespeare** (1564-1616), Ben Jonson (1572 ou 1573-1637), Wycherley, Congreve, Sheridan, Oscar Wilde...

CINÉMA

Le kinétoscope de Thomas Edison ouvrit ses portes à Londres en octobre 1894 au n° 70 Oxford Street. Cet appareil américain projetait des images en mouvement, mais Edison omit de faire breveter son invention en Grande-Bretagne... Deux Grecs décidèrent alors de financer le projet de Robert Paul, un ingénieur électricien désireux de mettre au point son propre cinématographe. Le premier film fut produit en collaboration avec Birt Acres, et montré à l'Exposition de l'Empire des Indes à Earl's Court en 1895.

Les plus anciens films conservés sont des bobines d'actualités et des documentaires historiques : les Jeux Olympiques de 1908 à White City, les émeutes, défilés et manifestations de l'après-guerre, la vie dans les bas quartiers, la construction des banlieues, la première finale de la Coupe d'Angleterre à Wembley (1923)... À cette époque, les maisons de production et de distribution, comme **Pathé News**, sont concentrées autour de Charing Cross Road. Soho ne devint le poumon de l'industrie cinématographique que dans les années 20.

Les studios – En 1927, le gouvernement adopta le Cinematograph Films Act destiné à soutenir l'industrie cinématographique anglaise. Il fallut implanter les studios de l'« Âge d'Or » loin du « fog » londonien, qui gênait tout tournage extérieur : ceux de **Ealing** furent transférés à la BBC en 1955 avant de devenir en 1995 l'École nationale du cinéma et de la télévision ; **Elstree** vit le tournage de *La Guerre des étoiles* et de *Indiana Jones* ; **Pinewood** fut fondé en 1936 ; **Shepperton** ; **Denham**, démoli en 1981 ; **Hammersmith**, aujourd'hui Riverside Studios ; **Gaumont** à Lime Grove, Shepherd's Bush ; **Stoll** à Cricklewood... Pendant la guerre, ces vastes installations furent transformées en usines ou magasins, et Pinewood abrita une annexe de la Lloyd's, la Bourse et la Monnaie.

Londres sur les écrans

1926 *Les cheveux d'or/Meurtres* (The Lodger – A story of the London Fog), d'Alfred Hitchcock, raconte l'histoire des meurtres de Whitechapel en 1888.

1942 *Madame Miniver* (Mrs Miniver), am. de William Wyler, avec Walter Pidgeon et Greer Garson : peinture de Londres pendant la guerre.

1948 *Oliver Twist*, de David Lean, dans un Londres reconstitué d'après des illustrations de Gustave Doré.

1949 *Le grand alibi* (Stagefright), d'Alfred Hitchcock, où Marlene Dietrich chante *La vie en rose*, se déroule à Londres.
          Passeport pour Pimlico, de Henry Cornelius, où le quartier de Pimlico s'érige en État indépendant.

1955 *Tueurs de dames* (The Ladykillers), d'Alexander Mackendrick, tourné aux abords de King's Cross.

1964 *Mary Poppins*, am. de Robert Stevenson, met en scène l'archétype de la gouvernante anglaise, supposée vivre à St John's Wood.
          My Fair Lady, am. de George Cukor d'après *Pygmalion* de G. B. Shaw, recrée de façon sentimentale la séparation des classes sociales à Londres.
          Quatre garçons dans le vent (A Hard Day's Night), de Richard Lester, avec les Beatles.

1965 *Blow-Up*, de Michelangelo Antonioni, le meilleur film à propos de la vie londonienne.

1971 *Orange mécanique* (A Clockwork Orange), de Stanley Kubrick, film culte sur le thème de la violence.

1979 *Le long Vendredi saint*, de John Mackenzie, brosse le déclin des Docklands.

1980 *Elephant Man*, de David Lynch, se déroule dans l'Angleterre victorienne.

1985 *My Beautiful Laundrette*, de Stephen Frears, tableau des tensions raciales dans le Sud de Londres.

1987 *Hope and Glory*, de John Boorman, vision de Londres sous les bombardements allemands.

1988 *Un poisson nommé Wanda* (A Fish called Wanda), de Charles Crichton, se déroule à Londres et dans les Docklands.

1992 *Chaplin*, de Richard Attenborough, retrace la vie de Charlie Chaplin à Londres vers 1880.

1994 *La folie du roi George*, de Nicholas Mytner, d'après la pièce d'Alan Bennett, évoque la cour et la société londoniennes au début du 19e s.

La Tamise

Principale voie de communication de Londres – Jusqu'à la fin du 17e s., la Tamise constitua la principale voie de desserte de la capitale. La Maison du roi, la Corporation de la Cité et les guildes possédaient leurs propres barges tandis que le commun des mortels avait recours aux services des fameux coches d'eau, postés aux nombreux débarcadères. À ce grouillement d'embarcations venaient s'ajouter cargos et navires de guerre. Les premiers bateaux à vapeur apparurent en 1816 et eurent tôt fait de détrôner les barques à rames. Au milieu du 19e s., les bacs transportaient plusieurs millions de passagers par an, pour la plupart ouvriers se rendant aux docks, aux chantiers navals, à l'arsenal et aux fabriques de South Bank. Les passeurs de l'époque demandaient un penny pour aller d'un ponton à l'autre. Le week-end, les bateaux étaient utilisés pour se rendre en excursion dans les villes de l'estuaire et du bord de mer.

Alors que les vieilles gravures montrent la Tamise sillonnée d'embarcations, aujourd'hui le fleuve n'est plus emprunté que par les bateaux de croisière car la violence et la hauteur des marées entravent considérablement son aménagement. Cependant, le fleuve reste le terrain de prédilection des canoteurs, des yachtmen et des vapeurs emmenant les touristes pour un dîner dansant ou se rendant à la Tour, à Greenwich, Kew ou Hampton Court *(voir au chapitre des Renseignements pratiques)*. Les grèves vaseuses sont fréquentées à marée basse par les archéologues et les chercheurs de trésor en quête de souvenirs rejetés par les flots, de vieilles charpentes de navire...

Le port de Londres – Arrosée par le plus grand fleuve d'Angleterre, la Tamise (346 km), Londres vit son port se développer rapidement. Du 16e s. jusqu'au milieu du 20e s., la ville tira sa prospérité commerciale des quais et des entrepôts du Port de Londres (Pool of London) et des chantiers navals. Les marchands qui ne pouvaient passer sous le Pont de Londres ni approcher des appontements à travers la vase, amarraient au milieu du fleuve et faisaient charger et décharger leurs navires par une flottille de quelque 3 500 péniches. Ce système faisait le bonheur des pirates, pilleurs noctures, fauteurs de troubles ou autres chapardeurs.

La Tamise et ses affluents londoniens

La plupart des affluents de la Tamise coulent dans des canaux souterrains ou bien ont été endigués pour former des lacs. À part le nom évocateur de quelques rues, rien n'indique où coulaient autrefois ces rivières oubliées.

Au Nord de Londres, la Tamise est alimentée par la Lea, la Walbrook (au Nord de la Cité), la Fleet (2 branches) à Hampstead et Highgate, la Tyburn à Westminster (parallèle à Marylebone Lane), la Westbourne à Pimlico (via Paddington et Kensington), la Stamford Brook à Hammersmith et la Brent à Kew. Sur sa rive Sud, la Tamise reçoit la Ravensbourne à Deptford Creek, l'Effra à Brixton, la Falcon Brook à Battersea, la Wandle (en surface) à Wandsworth.

Ed. Pritchard/FOTOGRAM-STONE

Vue aérienne de la City

LES PONTS DE LONDRES

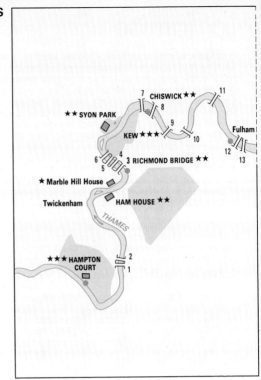

- **Débarcadère**

Les docks commerciaux – Les entrepôts furent dotés de murs d'enceinte au début du 19e s. pour mettre fin au vol et au chapardage. Quelques années plus tard, ces docks entourés de hauts murs de brique étaient au nombre de quatre : London Docks (1864), Surrey Commercial Docks (1864), East and West India Docks (1838) et Royal Docks (1855-1880). Chacun avait été formé par regroupement de petites compagnies marchandes et, au total, ils occupaient une superficie de 1 200 ha pour 58 km de quais et 270 ha de bassins.

En 1909, l'ensemble des docks, qu'il était devenu urgent de moderniser, fut placé sous la tutelle de la toute récente **Port of London Authority**, qui eut à gérer les 151 km du fleuve compris entre l'estuaire (à hauteur de Margate, dans le Kent) et Teddington Lock en amont. Les docks furent sévèrement endommagés par les bombes allemandes durant la Seconde Guerre mondiale.

La baisse de fréquentation des installations portuaires dans les années 60 contraignit l'administration du Port de Londres à désaffecter les docks et à les transférer à Tilbury. Aujourd'hui, le port de commerce de Londres reste le plus important du Royaume-Uni, traitant 45 à 50 millions de tonnes de marchandises par an, dont 6 millions en amont du barrage de la Tamise.

Au cours des années 90, une judicieuse récupération des docks a permis l'implantation de diverses activités sportives à caractère nautique.

L'approvisionnement en eau – Au Moyen Âge, Londres était alimentée en eau par la Tamise, ses affluents et plusieurs sources ou «wells» (Clerkenwell, Sadler's Wells, Muswell Hill). Après 1285, les autorités de la Cité firent installer des conduites de cuir ou des troncs d'arbres évidés pour amener l'eau des rivières Tyburn, Westbourne et Lea jusqu'aux citernes de la ville, où venaient s'approvisionner les habitants et les porteurs d'eau, organisés en corporations. Durant les trois siècles qui suivirent, ce réseau fut étendu par des particuliers. Six moulins marémoteurs patentés existèrent ainsi sous les arches Nord du Pont de Londres entre 1582 et 1822. La première pompe entraînée par des chevaux fut installée dans Upper Thames Street en 1594. Le projet le plus ambitieux fut réalisé de 1609 à 1613 avec la dérivation (New River) du fleuve.

La révolution industrielle vit apparaître toute une série d'innovations : pompes à vapeur, progressivement introduites à partir de 1750 après de premiers essais infructueux en 1712, et conduites en fonte pour remplacer le réseau de bois, trop fragile pour résister aux hautes pressions de pompage. À partir de 1820, la généralisation des cabinets de toilette directement reliés par le réseau d'égouts aux fleuves et rivières eut pour effet de contaminer bientôt l'eau potable, provoquant les épidémies de fièvre typhoïde et de choléra de 1832 et 1848. En 1858, la Tamise était si nauséabonde que des linges imprégnés de désinfectant furent accrochés aux fenêtres du Parlement pour contenir la puanteur.

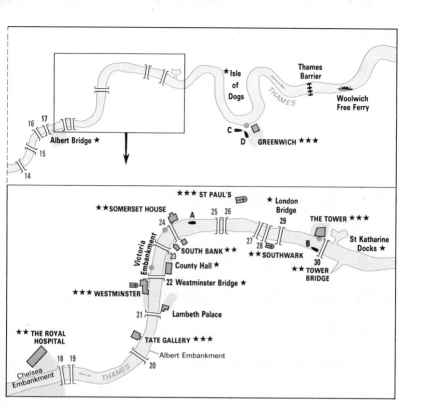

Le filtrage (1829), l'obligation de puiser l'eau des rivières en amont de Teddington (1856) et la chloration (1916) redonnèrent à Londres une eau parfaitement potable. Aujourd'hui, l'approvisionnement est assuré par des réservoirs situés dans la périphérie londonienne, à Datchet (37 millions de litres), Staines, Chingford et Walthamstow. En 1974 fut créée la Thames Water Authority en remplacement du Metropolitan Water Board de 1903. Elle fixe ses propres tarifs et assure l'entretien de la Tamise sur toute sa longueur et des égouts de la capitale, l'approvisionnement en eau ainsi que la lutte contre la pollution. Dans les années 80, la pollution d'origine marine a nettement reculé et de nombreux poissons ont retrouvé le chemin de la Tamise : les permis de pêche à l'anguille se vendent à nouveau et les saumons ont fait leur réapparition après plus de 150 ans d'absence. Autrefois, ils étaient si abondants et leur prix si modique que les apprentis se plaignaient d'en avoir tous les jours au menu...

Carnet d'adresses

Se loger à Londres...

Le choix d'un hôtel pour un court séjour de 2 ou 3 nuits à Londres s'effectue souvent au moment de l'achat du billet de train ou d'avion. Les brochures des agences de voyage sont suffisamment détaillées pour choisir une résidence en fonction des prix pratiqués (attention, à Londres les hôtels sont relativement chers!) et de la situation.

Mais grâce au tunnel sous la Manche, Londres est à environ 400 km de Paris et à 320 km de Bruxelles... et l'on ne quitte pas sa voiture! Il est tout à fait possible de réserver sa chambre d'hôtel comme on le ferait dans n'importe quelle ville du continent : le téléphone, un peu d'anglais (consulter le petit lexique ci-dessous), un peu de français, une lettre de confirmation par prudence (ou son numéro de carte bancaire) et le week-end peut commencer...

Pour un premier voyage et après avoir bravé la conduite à gauche et les «roundabouts», certains trouveront plus prudent d'avoir un toit aux environs de Londres près d'une gare ou d'une station de métro. Après tout, une fois qu'on a garé son véhicule, on apprécie encore mieux son séjour londonien. Voici quelques adresses au Sud et au Sud-Est de Londres. La plupart des établissements cités disposent d'un parking. Les prix s'entendent pour une chambre double mais sont toujours susceptibles de modifications. Il convient de bien se renseigner avant le départ.

SUR LA ROUTE DE LONDRES

(CB) : règlement par carte bancaire accepté

SEVENOAKS (Kent) – 41 km au Sud-Est de Londres par les routes A 20 et A 224.

Royal Oak – Upper High Street, TN13 1HY ; ☎ 01732 451109 – Fax 01732 740187 ; Parking ; 37 chambres ; 65 à 85 £ service et TVA compris (CB).
Restaurant

BOROUGH GREEN – 12 km à l'Est de Sevenoaks par l'A 25.

Stone Ridge – 168 Maidstone Road, Borough Green, TN15 8JD – ☎ 01732 882053 ; Parking ; 25 à 45 £ (CB)

MAIDSTONE (Kent) – 58 km au Sud-Est de Londres par la M 20.

Grangemoor – 4-8 St. Michael's Road, ME16 8BS ; ☎ 01622 677623 – Fax 01622 678246 ; Parking ; 47 chambres ; 45 à 52 £ TVA comprise (CB)
Restaurant

Travel Inn – London Road, ME 16 OHG. Sur la route A 20, 3 km au Nord-Ouest ; ☎ 01622 752 515 – Fax 01622 672 469 ; Parking ; 40 chambres ; 36 £ TVA comprise (CB)
Restaurant

GUILDFORD (Surrey) – 53 km au Sud-Ouest de Londres par l'A 3.

Posthouse – Egerton Road, GU2 5XZ ; ☎ 01483 574 444 – Fax 01483 302 960 ; Parking ; 109 chambres ; 99 à 109 £ service et TVA compris (CB)
Restaurant

Travel Inn – Stoke Road, GU1 1UP ; ☎ 01483 304 932 – Fax 01483 304 935 ; Parking ; 60 chambres ; 35,50 £ TVA comprise (CB)
Restaurant

DORKING (Surrey) – 42 km au Sud de Londres par l'A 24.

Burford Bridge – Box Hill, RH5 6BX (2 km au Nord sur l'A 24) ; ☎ 01306 884 561 – Fax 01306 880 386 Parking ; 48 chambres ; 100 £ service et TVA compris (CB)
Restaurant

Travelodge – Reigate Road, RH4 1QB (1 km à l'Est sur l'A 25) ; ☎ 01306 740 361 – réservations 0800 850 950 ; Parking ; 29 chambres ; 45 £ TVA comprise (CB)
Pas de restaurant

Petit lexique

A l'hôtel

Avez-vous une chambre pour une personne, s.v.p. ?	*Do you have a single room, please?*
Avez-vous une chambre double, s.v.p. ?	*Do you have a double room, please?*
Avez-vous une chambre pour une famille, s.v.p. ?	*Do you have a family room, please?*
A quel prix ?	*What do you charge?*
Le petit déjeuner est-il compris dans le prix ?	*Does that include breakfast?*
A quelle heure servez-vous le petit déjeuner ?	*What time do you serve breakfast?*
Je cherche un bed and breakfast pour moins de X livres, pour une nuit	*I am looking for a bed and breakfast for not more than X pounds a night.*

White Horse – High Street, RH4
1BE; ☎ 01306 881 138 –
Fax 01306 887 241 ; Parking ;
68 chambres ; 78 £ service et TVA
compris (CB)
Restaurant

REIGATE (Surrey) – 42 km au Sud
de Londres par les A 24 et 217.

Bridge House – Reigate Hill, RH2
9RP (2 km au Nord sur l'A 217) ;
☎ 01737 246 801 – Fax 01737
223 756 ; Parking ; 37 chambres ; 52
à 77 £ TVA comprise (CB)
Restaurant

Cranleigh – 41 West Street, RH2
9BL ; ☎ 01737 223 417 –
Fax 01737 223 734 ; Parking ;
9 chambres ; 60 à 90 £ TVA comprise
(CB)
Restaurant uniquement le soir

REDHILL (Surrey) – 35 km au Sud
de Londres par l'A 23.

Ashleigh House – 39 Redstone Hill,
RH1 4BG (sur l'A 25) ; ☎ 01737
764 763 – Fax 01737 780 308 ;
Parking ; 8 chambres ; 28 à 50 £ TVA
comprise (CB)
Sans restaurant

Nutfield Priory – Nutfield, RH1 4EN
(3 km à l'Est par l'A 25). ; ☎ 01737
244 626/244 433 ; Parking ; 59
chambres ; 110 à 135 £ service et
TVA compris (CB)
Restaurant

Travel Inn – Brighton Road, RH1
5BT ; ☎ 01737 767 277 –
Fax 01737 778 099 ; Parking ;
42 chambres ; 35,50 £ TVA comprise
(CB)
Restaurant

LES BED AND BREAKFAST

Mode traditionnel d'hébergement familial en Grande-Bretagne, ces établissements ne sont pas légion à Londres. Beaucoup laissent à désirer quant au
confort et à la qualité de l'accueil... Il vaut mieux faire confiance aux agences
spécialisées, qui ne divulguent pas les adresses des établissements qu'elles ont
sélectionnés. S'adresser aux centrales de réservation suivantes :

London Home-to-Home – 19 Mount
Park Crescent, London W5 2RN ;
☎ 0181 567 2998 – Fax 0181 566
7976

Bed and Breakfast – PO Box 66,
Henley-on-Thames, Oxon RG9 1XS ;
☎ 01491 578803 – Fax 01491 410
806

Très proches de la formule Bed and Breakfast, nous recommandons deux petits
hôtels situés près de la gare de Euston (proche du British Museum et à
3 stations de métro de Leicester Square et Piccadilly Circus) :

Harlingford – 61-63 Cartwright
Gardens, WC1H 9EL ; ☎ 0171 387
1551 – Fax 0171 387 4616 ; Pas de
parking ; 43 chambres ; 59 à 75 £
service et TVA compris (CB)

Mabledon Court – 10-11 Mabledon
Place, WC1H 9BA ; ☎ 0171 388
3866 – Fax 0171 387 5686 ; Pas de
parking ; 31 chambres (fermé 1
semaine à Noël) ; 58 à 68 £ service et
TVA compris (CB)
Pas de restaurant

AUBERGES DE JEUNESSE

L'Association des Auberges de Jeunesse (Youth Hostels Association – 14 Southampton Street, Covent Garden, London WCE 7HA – ☎ 0171 836 1036 ou
0171 248 6547) gère 7 établissements à Londres et environs :

– 14 Noel Street, London W1V 3PD –
☎ 0171 734 1618.

– 36 Bolton Gardens, Old Brompton
Road, SW5 0AQ – ☎ 0171 373
7083.

– Holland House, 6 Holland Walk,
Kensington W8 7QU – ☎ 0171 937
0748.

– 4 Wellgarth Road, Hampstead
Heath, NW11 7HR – ☎ 0181 458
9054.

– 84 Highgate West Hill, Highgate,
N6 6LU – ☎ 0181 340 1831.

– 36 Carter Lane, EC 4 (près du
cimetière de St Paul) – ☎ 0171 236
4965.

– Island Yard, 20 Salter Road,
Rotherhithe, SE 16 – ☎ 0171 232
2114.

Les **étudiants** peuvent aussi s'adresser à la cité universitaire :
– International Students House, 229 Great Portland Street, W1N 5HD –
☎ 0171 631 3223, Fax 0171 636 5565.

CAMPING

Plusieurs terrains sont localisés à une distance raisonnable du centre de Londres. Il est prudent de réserver. Les prix varient selon la saison.

Abbey Wood – A Bexley (périphérie Est de Londres), à 19 km du centre ; 360 places ; ouvert toute l'année. Federation Road, Abbey Wood, London SE2 0LS – ☎ 0181 310 2233.

Crystal Palace Caravan Club – A la limite de Dulwich (périphérie Sud-Est de Londres), à 13 km du centre ; 150 places ; ouvert toute l'année. Crystal Palace Parade, London SE19 1UF – ☎ 0181 778 7155.

Eastway Cycle Circuit and Campsite – A Stratford (quartier de Hackney, périphérie Nord-Est de Londres), à 6 km du centre ; 80 places ; ouvert de mars à octobre. Temple Mill Lane, Stratford, London E15 2EN – ☎ 0181 534 6085.

Hackney Camping – A Hackney comme le précédent et à la même distance du centre de Londres ; 200 places ; ouvert de mi-juin à mi-août. Millfields Road, London E5 – ☎ 0181 985 7656.

Lea Valley Campsite – A Chingford (quartier de Waltham Forest, périphérie Nord de Londres), à 19 km du centre ; 180 places ; ouvert de Pâques à octobre. Sewardstone Road, Chingford, London E4 – ☎ 0181 529 5689.

Picketts Lock Sport and Leisure Centre – A Edmonton, (quartier de Enfield, périphérie Nord de Londres), à 16 km du centre ; ouvert toute l'année. Picketts Lock Lane, Edmonton, London N9 0AS – ☎ 0181 345 6666.

Riverside Mobil Home and Touring Park – A West Drayton, près de l'aéroport d'Heathrow (banlieue Est de Londres), à 20 km du centre ; 33 places ; ouvert toute l'année. Thorney Mill Road, West Drayton, Middlesex – ☎ 0188 544 6520.

Tent City – A East Acton (à la limite de Ealing et Hammersmith, périphérie Ouest de Londres), à 10 km du centre ; 240 places ; ouvert de juin à août. Old Oak Common Lane, East Acton, London W3 – ☎ 0181 749 9074.

QUELQUES HÔTELS TRADITIONNELS À LONDRES

La plaquette London « Hôtels-Restaurants » extraite du guide Rouge Michelin « Great Britain and Ireland » offre un large choix d'hôtels classés par quartiers. La courte sélection qui suit ne saurait la remplacer.

Notre choix d'hôtels a été ordonné en trois catégories :
– Les **hôtels « Budget »** proposent des chambres à moins de 60 £. Ce sont de petits établissements simples mais avec tout le confort.
– **« Notre sélection »** concerne des hôtels dont le prix des chambres s'échelonne entre 60 et 150 £ la nuit. Souvent le prix minimum ne concerne que quelques chambres de l'établissement. Il est donc préférable de réserver suffisamment tôt pour bénéficier de tarifs correspondant à son budget vacances !
– Dans la rubrique **« Une petite folie ! »**, on trouvera quelques établissements classiques, confortables, bien situés mais qui pratiquent des prix à la hauteur de ces agréments.

Hôtels « Budget »

La chaîne **Travel Inns** procède actuellement à l'installation dans Londres et ses environs d'établissements simples et confortables proposant des chambres au tarif unique de 49,50 £ (service et TVA compris, centrale de réservation : 01582 414 341). Hors du centre de Londres, des hôtels de ce type sont déjà en service à **Putney** (périphérie Sud-Ouest), **Kenton** (quartier de Harrow, à la périphérie Nord-Ouest), **Hayes** (quartier de Hillingdon, à la périphérie Ouest), **Chessington** (quartier de Kingston-upon-Thames, à la périphérie Sud-Ouest) et **Croydon** (banlieue Sud). Deux autres ouvrent dans la partie centrale de Londres à l'hiver 1997 : **Euston** (dans Camden) et **County Hall**. Ce dernier occupera une partie de l'ancien County Hall édifiée entre 1912 et 1922 dans le style classique face à la Tamise *(voir South Bank)*.

« Notre sélection »

Academy – 17-21 Gower Street, WC1E 6HG ; ☎ 0171 631 4115 – Fax 0171 636 3442 ; Pas de parking ; 33 chambres : 90 à 160 £ (CB) Repas sauf samedi et dimanche

Situé dans Bloomsbury, à deux pas de Bedford Square, le plus beau et le mieux conservé des squares de ce prestigieux quartier, l'hôtel Academy occupe 5 maisons georgiennes. Le restaurant de style Arts déco donne sur un agréable jardin amoureusement entretenu.

Aster House – 3 Sumner Place, SW7 3EE; ☎ 0171 581 5888 – Fax 0171 584 4925; Pas de parking; 12 chambres : 70 à 120 £ (CB)
Sans restaurant
Voisin du Five Sumner House dont il se distingue par sa façade tapissée de plantes grimpantes, il offre les mêmes facilités d'accès aux musées et magasins et un accueil familial dans un cadre charmant de plantes et de fleurs.

Durrants – 26-32 George Street, W1H 6BJ; ☎ 0171 935 8131 – Fax 0171 487 3510; Pas de parking; 90 chambres : 90 à 110 £ (CB)
Depuis deux siècles, l'hôtel occupe les 4 maisons d'une « terrace » georgienne immédiatement derrière Hertford House et la collection Wallace. On peut éventuellement dîner dans l'un des petits salons intimes de cet établissement très traditionnel, dont l'un était autrefois interdit aux dames, susceptibles d'être choquées par les nus qui y étaient peints...

Five Sumner Place – 5 Sumner Place, SW7 3EE; ☎ 0171 584 7586 – Fax 0171 823 9962; Pas de parking; 13 chambres; 80 à 120 £ (CB)
Sans restaurant
A la limite de South Kensington et de Chelsea, ce petit hôtel de style victorien encastré dans une « terrace » de même époque se trouve tout près des trois grands musées londoniens et des magasins de Old Brompton Road.

Résidences londoniennes

ANGUS TAVERNER

Hart House – 51 Gloucester Place, W1H 3PE; ☎ 0171 935 2288 – Fax 0171 935 8516; Pas de parking; 16 chambres; 50 à 80 £ (CB)
Sans restaurant
Hôtel sympathique, l'un des moins chers de sa catégorie, établi dans une maison georgienne et décoré à la façon des salons de thé situé à égale distance de Regent's Park et des grands magasins d'Oxford Street.

Henley House – 30 Barkston Gardens, SE5 0EN; ☎ 0171 370 4111 – Fax 0171 370 0026; Pas de parking; 20 chambres; 60 à 95 £ (CB)
Sans restaurant, mais il est possible de dîner après accord
Petit hôtel agréable et bien tenu situé dans Earl's Court, à l'écart des grands axes. Situation idéale pour apprécier l'atmosphère de « village » qui règne à Earl's Court et South Kensington.

Knightsbridge Green – 159 Knightsbridge, SW1X 7PD; ☎ 0171 584 6274 – Fax 0171 225 1635; Pas de parking; 13 chambres et 12 suites; 85 à 120 £ (CB) Sans restaurant
Cet établissement est situé au cœur du quartier élégant de Knightsbridge et Hyde Park. Commerces mais aussi Hyde Park et Park Lane sont à deux pas.

Portobello – 22 Stanley Gardens, W11 2NG; ☎ 0171 727 2777 – Fax 0171 792 9641; Fermé du 23 décembre au 2 janvier; pas de parking; 22 chambres; 95 à 210 £ (CB)
Restaurant réservé à la clientèle
Installé dans une maison faisant partie d'une « terrace » victorienne, dans le secteur Nord de Kensington à Notting Hill, à deux pas du célèbre marché aux puces. L'hôtel est aménagé dans le même style victorien, et certaines de ses chambres sont de véritables attractions en soi.

Sandringham – 3 Holford Road, NW3 1AD; ☏ 0171 435 1569 – Fax 0171 431 5932; Parking; 17 chambres; 65 à 130 £ (CB)
Cet élégant petit établissement s'est récemment installé dans un hôtel particulier de Hampstead Heath. Il surprend par son calme extrême, la variété de ses petits déjeuners et une cuisine à dominante italienne... avec, en prime, l'atmosphère d'un village aux portes de Londres.

« Une petite folie ! »

Beaufort – 33 Beaufort Gardens, SW3 1PP; ☏ 0171 584 5252 – Fax 0171 589 2834; Pas de parking; 28 chambres; 150 à 220 £ (CB), incluant le petit déjeuner servi dans la chambre, les consommations au bar et la disposition du club de mise en forme.
Sans restaurant
A la limite de Chelsea, ce superbe établissement, convivial et élégant, vous transporte à la campagne autant par son calme absolu que par ses aquarelles alors qu'Harrods et les grands musées sont à quelques minutes de marche.

Hazlitt's – 6 Frith Street, W1V 5TZ; ☏ 0171 434 1771 – Fax 0171 439 1524; Pas de parking; 22 chambres; 100 à 150 £ (CB)
Sans restaurant
C'est le seul hôtel au centre de Soho. Décoré avec goût, cet étonnant petit établissement a vu naître William Hazlitt en 1778. Peintre puis essayiste, il a consacré quatre volumes à la vie de son héros : Napoléon.

Pembridge Court – 34 Pembridge Gardens, W2 4DX; ☏ 0171 229 9977 – Fax 0171 727 4982; Pas de parking; 20 chambres; 105 à 165 £ (CB)
Restaurant (dîner pour les clients de l'hôtel uniquement)
Petit et élégant établissement de Kensington établi dans une jolie maison du 19e s. au cœur d'une zone extrêmement calme, à portée en quelques minutes de marche de Portobello et de son marché, de Hyde Park et du palais de Kensington. Pembridge Court expose une belle collection de vêtements anciens.
Quand les hôtels se transforment en musées !

Londres vous plaît.
Vous désirez en savoir plus sur la Grande-Bretagne ?
Le guide Vert Michelin Grande-Bretagne devrait répondre à votre curiosité :
– les grands faits historiques.
– l'originalité de l'art au Royaume-Uni.
– les principales curiosités du Royaume-Uni.

Se restaurer...

« CONTINENTAL » OR « ENGLISH BREAKFAST »

Un séjour londonien ne saurait se comprendre sans commencer la journée par un solide petit déjeuner à l'anglaise. Café et thé sont servis à la table tandis que chacun va se servir au buffet : céréales, œufs (brouillés, frits, en omelette accompagnés de petites saucisses de porc, bacon et tomates). Des fruits rafraîchis, des toasts terminent ce qu'il faut bien appeler un véritable repas.

PUBS ET BARS À VIN

Quelques-uns des pubs les plus typiques sont répertoriés en tête ou en cours de description des quartiers retenus dans ce guide ; ils sont repérés en rouge sur les plans et schémas. Heures d'ouverture légales : du lundi au samedi de 11 h à 23 h et le dimanche de 12 h à 15 h et de 19 h à 22 h 30.
Les **pubs**, abréviation de « public houses », sont les représentants modernes des auberges et tavernes médiévales. Aussi cette filiation explique-t-elle d'une part l'attachement, lié aux souvenirs littéraires, historiques ou anecdotiques, que leur manifestent les Anglais, d'autre part que bon nombre d'entre eux, fondés depuis plusieurs siècles, ont gardé intacte leur décoration d'origine. Leur renommée est avant tout due au rôle social qu'ils ont joué et jouent encore. Si jadis les Britanniques venaient y oublier un quotidien souvent difficile, si aujourd'hui on peut y trouver des repas simples, ils ont toujours accueilli assemblées d'amis, discussions d'affaires, réunions de joueurs (on y pratique toujours avec acharnement le jeu de fléchettes) autour d'une pinte de bière ou d'un verre de whisky.

Terrasse de pub à Bayswater

Ils proposent des repas simples : **pies** (pork pies, longe de porc en croûte, ou steak and kidney pies, bifteck et rognons en croûte), le **ploughman's** (cheddar ou stilton avec salades, pickles, pain et beurre), le **shepherd's pie** (agneau haché avec carotte et purée), les **jacket potatoes** ou le célèbre **Lancashire hot-pot** (bœuf mijoté) et les divers **puddings**. Le tout est, bien sûr, arrosé de **bière pression**, lager ou bitter (pint ou half pint, c'est-à-dire environ 60 cl ou 30 cl).

La bière – Londres possède de nombreuses brasseries locales. Grand choix de bières pression ou en bouteille. Chaque établissement attire son type de clientèle : habitués du quartier, étrangers, couches sociales bien définies ou gens branchés.
La bière en tonneau fut brassée pour la première fois par la Bell Brewhouse à Shoreditch (1722). Il s'agissait d'un breuvage bon marché, fort en goût et de couleur noire à base de gros grains d'orge. Sa seconde dénomination, « porter », lui

Choisir sa bière
Pale ale, bière pâle, blonde, légère et peu amère.
Bitter, bière blonde plus amère que la Pale ale.
Stout, bière brune, forte et nourrissante. La Guinness en est le type le plus connu.
Porter, variété de Stout, mais d'une saveur plus légère.
Lager, bière blonde et légère de type continental, servie fraîche.
Ginger ale, bière au gingembre.

fut donnée parce qu'elle était surtout consommée par les ouvriers de Smithfield et Billingsgate (porteurs de marché).
Dans les **wine-bars**, autour d'un buffet généralement bien garni, on déguste le vin, vendu au verre ou à la bouteille. Les Anglais nomment le bordeaux **« claret »**. On savourera d'autres boissons appréciées depuis des siècles par les Britanniques et souvent d'excellente qualité : ce sont des portos expédiés du Portugal par « pipes » de 534 litres et débités directement du tonneau (from the wood), les madères, les xérès (sherry) venus d'Espagne, et les cognacs (brandy) dont les fournisseurs portent fréquemment des noms à consonance britannique (Martell, Hine...).
A la recherche d'une restauration rapide pour le déjeuner, on peut aussi adopter la formule, jadis très populaire, du **Fish and Chips** : poisson pané frit accompagné de frites.

Petit lexique	Au restaurant
Pourrais-je avoir le menu, s.v.p. ?	*Could I have the menu, please?*
Une table non fumeur, s.v.p.	*I would like a non-smoking table, please.*
L'addition, s.v.p. ?	*Could I have the bill, please?*
Avez-vous un menu à prix fixe, s.v.p. ?	*Do you have a set price menu?*

DÉJEUNER DANS LE MUSÉE DE SON CHOIX

Pour les amateurs d'art, un séjour à Londres comprend obligatoirement la visite de l'un des prestigieux musées de la capitale, qui offrent souvent des possibilités de restauration :

British Museum – Restaurant très populaire géré par « Hilburns ».

National Gallery – Deux types de restauration : le self-service « Prêt à manger » avec café, potages, sandwichs et salades variées, et une brasserie dans l'aile Sainsbury, qui sert des repas à la table au déjeuner et le thé l'après-midi.

Science Museum – Le café du musée sert des plats chauds et froids.

Tate Gallery – Restaurant confortable ouvert au déjeuner seulement, où il est préférable de réserver dès l'arrivée. Un café plus simple est aussi à la disposition des visiteurs.

Victoria and Albert – Le « New Restaurant » est ouvert dans l'aile Henry Cole. Le dimanche on appréciera son jazz brunch (buffet, self-service).

LE THÉ

A partir de 16 heures, ne pas hésiter à observer une pause dans un confortable salon de thé afin de sacrifier à la cérémonie du thé. Pour goûter à l'ambiance feutrée des salons de thé anglais, essayer le Fountain Restaurant chez **Fortnum & Mason** ou le Ritz Hotel à Piccadilly, le Brown's Hotel dans Dover Street, le Lanesborough Hotel à Hyde Park Corner (lait caillé au citron, confitures et marmelades faits maison) ainsi que les autres institutions au passé prestigieux comme le Savoy, le Dorchester (s'habiller selon le code de l'établissement), le jardin d'hiver du Regent Hotel dans Marylebone Road... Commander un choix de sandwiches au concombre, des galettes au lait avec de la crème caillée et de la confiture, des petites crêpes (crumpets) et des muffins chauds au beurre, du cake et des pâtisseries aux fruits, accompagnés de thé de qualité Indian (Darjeeling) ou China (vert ou parfumé comme Lapsang Souchong ou Earl Grey).

LE CHOIX D'UN RESTAURANT A...

La sélection suivante est fondée sur le prix moyen d'un repas : « Budget » repas à moins de 20 £, « Notre sélection » entre 20 et 30 £ et « Une petie folie ! ». Il convient toutefois de souligner que ce classement est sujet à bien des interprétations en fonction du nombre de plats commandés et des boissons qui accompagnent le repas. Une bouteille de vin augmente notablement le prix d'un repas et on se souviendra que souvent le client britannique termine son repas simplement avec « a cup of coffee » au lieu du dessert traditionnel. Le café est servi black (sans lait) ou white (avec).

© The Savoy Archive

Dîner au Savoy

... KENSINGTON AND CHELSEA

A l'Ouest de Londres, cet ensemble de plusieurs quartiers englobe North Kensington, au Nord de Notting Hill, Kensington à l'Ouest de Hyde Park, le quartier des musées à South Kensington, Earl's Court et Chelsea. Kensington High Street, Old Brompton Road, Fulham Road et King's Road sont autant d'axes qui quadrillent ce secteur.

De vastes demeures cossues, élégantes et confortables alternent avec les boutiques spécialisées dans le vêtement, les antiquités, les arts décoratifs et les livres. Les trottoirs d'**Earl's Court** sont animés jusque tard dans la nuit par les clients des restaurants orientaux et des pâtisseries ouvertes toute la nuit, des pubs, des hôtels bon marché et des bed-and-breakfast ouverts aux visiteurs du centre d'expositions.

South Kensington est un quartier agréable à vivre, décontracté, à deux pas de plusieurs grands musées, de l'Albert Hall, de Knightsbridge et du West End.

Restaurants « Budget »

Bombay Brasserie – Courtfield Close, 140 Gloucester Road ; ☎ 0171 370 4040 ; Fermé les 25 et 26 décembre (CB)
Restaurant indien dont on admirera le décor et les serres.

Café Lazeez – 93-95 Old Brompton Road ; ☎ 0171 581 9993 (CB)
Spécialités du Nord de l'Inde. Pour ceux qui voudront mieux découvrir l'ambiance de South Kensington.

Chutney Mary – 535 King's Road ; ☎ 0171 351 3113 (CB) ; Fermé les 25 et 26 décembre
Repas soigné avec un rapport qualité-prix intéressant. Spécialités anglaises ou indiennes.

English Garden – 10 Lincoln Street ; ☎ 0171 584 7272 ; Fermé les 25 et 26 décembre (CB)
Propose un menu typiquement anglais à moins de 16 £ au déjeuner. Situé non loin du Royal Hospital de Chelsea, un peu au Nord de King's Road.

Good Earth – 233 Brompton Road ; ☎ 0171 584 3658 ; Fermé du 23 au 27 décembre (CB)
Restaurant chinois à égale distance des musées de South Kensington... et de Harrod's

Kensington Place – 201 Kensington Church Street ; Metro : Notting Hill Gate ; ☎ 0171 727 3184 ; Fermé les 25 et les 26 décembre, le 1er janvier (CB)
Cet établissement modeste propose d'excellents menus avec un raport qualité-prix que l'on appréciera.

Malabar – 27 Oxbridge Street ; ⊖ Notting Hill Gate ; ☎ 0171 727 8800 ; Fermé la deuxième semaine d'août et quatre jours à Noël (CB).
Il est préférable de réserver sa table. Cuisine indienne d'excellente qualité. Le dimanche, ce restaurant propose un buffet au déjeuner.

« Notre sélection »

Belvedere in Holland Park – Holland House sur Abbotsbury Road ; ☎ 0171 602 1238 ; Fermé le dimanche soir, les 25 décembre et 1er janvier (CB)
Restaurant au cadre agréable. Jardin-orangerie en bordure de Holland Park, jadis propriété de Charles James Fox (1719-1806).

Goring – Beeston Place, près de Grosvenor Gardens ; ☎ 0171 396 9000
Goring est un hôtel très confortable et tranquille. Le restaurant de l'hôtel offre des menus abordables. Situé au Sud de Buckingham Palace, non loin des Écuries Royales (Royal Mews), il est tout à fait indiqué pour faire suite à une visite du palais !

Leith's – 92 Kensington Park ; ☎ 0171 229 4481 ; Fermé le midi du samedi au lundi ainsi que le dimanche soir. Fermé du 10 au 26 août du 24 décembre au 4 janvier (CB)
Au Nord de Holland Park, il s'agit là d'un restaurant très confortable proposant une cuisine très soignée. Veiller à ce que Notre Sélection ne devienne pas une Petite Folie.

Star of India – 154 Old Brompton Road ; ☎ 0171 373 2901
Fermé le 25 décembre et les Bank Holidays
Spécialités indiennes

« Une petite folie ! »

Bibendum – Michelin House 81 Fulham Road ; ☎ 0171 581 5817 ; Fermé les 25 et 26 décembre (CB)
Ce restaurant doit son nom au fait qu'il occupe l'immeuble qui fut jusqu'en 1985 le siège de la Société des Pneumatiques Michelin. Son décor est avec le Harrod's Meat Hall l'un des meilleurs exemples londoniens du style « Art Nouveau ». Bar à huîtres au rez-de-chaussée et restaurant au premier étage.

... SOHO – PICCADILLY – LE STRAND – COVENT GARDEN

Soho est considéré par certains comme « l'un des lieux les plus chaleureux et les plus mal compris de Londres. » Bien plus que le quartier chinois, Soho est celui des inconditionnels du jazz et des restaurants cosmopolites hauts de gamme alternant avec les lieux plus simples, les bistrots pleins d'atmosphère, les théâtres de West End et les établissements « chauds » de la capitale.

Célèbres pour leurs théâtres et leurs cinémas, le **Strand** et **Covent Garden** sont les quartiers de West End les plus proches du cœur de la capitale, à deux pas seulement de toutes les curiosités.

A l'Ouest du très fameux Piccadilly Circus, Piccadilly, entre Mayfair et St James, est bordé de luxueux magasins, hôtels de prestige et somptueuses résidences.

Restaurants « Budget »

Alfred – 245 Shaftesbury Avenue ;
℡ 0171 240 2566 ; Fermé le samedi
midi et le dimanche ainsi que le jour
de Noël et jour de l'an (CB)
*Au Nord dans le quartier de
Bloomsbury, cet établissement sert des
repas typiquement anglais.*

Atelier – 41 Beak Street ; ℡ 0171
287 2057 ; Fermé le samedi midi, le
dimanche, 2 semaines en août et
2 semaines en fin d'année. Fermé
durant les Bank Holidays.
*A l'Ouest de Soho, non loin de Regent
Street, l'Atelier propose un menu à
20 £ qui se distingue par son rapport
qualité-prix.*

Critérion – 224 Piccadilly ; ℡ 0171
930 0488 (CB)
*La brasserie Criterion est, en fait,
localisée au Sud de Piccadilly Circus.*

*Lieu à la mode, beau décor néo-
byzantin du 19e s. en plein cœur du
Londres touristique. On admirera le
magnifique plafond de l'établissement.*

Fung Shing – 15 Lisle Street ;
℡ 0171 734 0284 ; Fermé du 24 au
26 décembre (CB)
Cuisine chinoise cantonaise

Langan's Brasserie – Stratton
Street ; ℡ 0171 491 8822 ; Fermé
samedi midi, le dimanche, le Vendredi
saint, le jour de Noël et les Bank
Holidays (CB)
*Brasserie de style français, très à la
mode et élégante*

Red Fort – 77 Dean Street ; ℡ 0171
437 2115 (CB)
*Cuisine indienne. Au déjeuner, un
buffet est proposé*

« Notre sélection »

Rules – 35 Maiden Lane ; ℡ 0171
836 5314 ; Fermé du 23 au
26 décembre (CB)
*Dans un cadre unique, celui du plus
ancien restaurant de Londres, le Rules
offre, dans une atmosphère
chaleureuse une cuisine anglaise de
qualité. Une soirée typiquement
londonienne.*

Simpson's in the Strand –
100 Strand ; ℡ 0171 836 9112
*De préférence, demander une table
dans la grande salle du rez-de-
chaussée. Réputé pour ses chariots de
pièces de bœuf, de gigots d'agneau ou
de dinde.*

« Une petite folie ! »

Café Royal Grill Room – 68 Regent
Street ; ℡ 0171 437 9090 ; Fermé
samedi midi, le dimanche, du 26 au
30 décembre et les jours de Bank
Holidays

*Décor rococo inoubliable. Cuisine de
très grande qualité... le tout à deux
pas de Piccadilly Circus.*

... AU NORD DE BAYSWATER – OXFORD STREET – NEW OXFORD STREET – HOLBORN

Restaurants « Budget »

Union Café – 96 Marylebone Lane ;
℡ 0171 486 4860 ; Fermé samedi,
dimanche, dernière semaine d'août et
2 semaines à Noël (CB)
*Bonne adresse non loin de la Wallace
Collection.*

Museum Street Café – 43 Museum
Street ; ℡ 0171 405 3211 ; Fermé le
samedi et le dimanche
*Dans le quartier de Bloomsbury proche
du British Museum.*

« Notre sélection »

Quality Chop House – 94 Farrington
Road ; ℡ 0171 837 5093 ; Fermé
samedi, dimanche midi, les jours de
Bank Holidays et une semaine à Noël

St John – 26 St John Street ;
℡ 0171 251 0848 ; Fermé samedi
midi et les dimanches de juillet

et août, le dimanche soir, les jours de
Pâques et de Noël, ainsi que les jours
de Bank Holidays (CB)
*Ce restaurant comme le précédent est
localisé à Finsbury, quartier au Nord
de Londres. Une occasion de découvrir
un quartier un peu éloigné des grands
sites touristiques.*

... MAYFAIR

Mayfair renferme les grands hôtels
londoniens, les plus luxueux et les plus
élégants : Grosvenor House,
Dorchester, London Hilton, Claridge's,
Connaught, Browns, Méridien,

Athenaeum, Inter-Continental... Les
tarifs sont élevés et les établissements
abordables rares, ...risquons
cependant trois adresses :

Tamarind – 20 Queen street ; ☎ 0171 629 3561 ; Fermé le samedi midi, à Noël, au jour de l'an et les jours de Bank Holidays (CB)
Cuisine indienne

« Une petite folie ! »

Greenhouse – 27a Hay's Mews ; ☎ 0171 199 33331 ; Fermé le samedi midi, à Noël et aux Bank Holidays
Cadre agréable, reposant, dans une ancienne ruelle de la Londres georgienne que l'on appelait des «mews», bordées d'écuries et de remises.

Grill Room du Dorchester – Park Lane ; ☎ 0171 317 6336 (CB)
Rêver l'espace d'un repas ! Le grill du Dorchester propose un repas, le midi, à moins de 30 £. Le cadre, le service, la qualité des plats servis rendront cette halte inoubliable.

... AU SUD DE LA TAMISE

« Notre sélection »

People's Palace – 3e niveau du Royal Festival Hall ; ☎ 0171 928 9999 ; Fermé le 25 décembre et aux Bank Holidays
Prix modéré et vue sur la Tamise

Butlers Wharf Chop House – 36e Shad Thames ; ☎ 0171 403 3403 ; Fermé le samedi midi, le dimanche soir et la 1re semaine de janvier
En bordure de la Tamise, vue sur Tower Bridge. L'occasion de visiter les anciens docks réhabilités de cette rive Sud de la Tamise.

Vivre à Londres...

THÉÂTRES

La Royal Shakespeare Company, le Royal Opera, le Royal Ballet et l'English National Opera comptent parmi les compagnies classiques de renommée internationale. Dans un autre registre, les comédies musicales d'Andrew Lloyd Weber et Stephen Sondheim connaissent, elles aussi, un très grand succès. En été se déroulent des représentations en plein air à Holland Park, Regent's Park et au Globe Theatre.

ANGUS TAVERNER

Le pays du théâtre

Royal National Theatre – *South Bank.* La **National Theatre Company,** fondée par Laurence Olivier en 1962, réside depuis 1976 dans ce bâtiment conçu par Deny Lasdun. Auparavant, elle se partageait l'Old Vic avec des troupes musicales et dramatiques, notamment celle de Lilian Baylis (1937), spécialiste de Shakespeare, qui compta dans ses rangs tous les acteurs britanniques de renom. L'ensemble moderne abrite trois grandes scènes : l'**Olivier,** la **Lyttelton,** et la **Cottesloe.** Pour chaque salle, des tickets sont réservés à la vente le jour de la représentation (40 pour Olivier et Lyttelton, 20 pour Cottesloe). Les portes s'ouvrent à 20 h pour la majorité des représentations. Visite guidée quotidienne des coulisses. Renseignements : ☎ 0171 633 0880 ; réservation des billets : ☎ 0171 928 2252.

Barbican Arts Centre – *Barbican Centre, Silk Street, EC2.* La **Royal Shakespeare Company** (RCS) se produit dans deux salles différentes : le Swan Theatre à Stratford-upon-Avon (patrie de William Shakespeare) et à Londres. Dans la capitale, les représentations eurent lieu jusqu'en 1982 à l'Aldwych Theatre. Aujourd'hui, elles sont données au **Barbican** et au **Pit.** La troupe maîtrise un large répertoire et jouit d'une excellente renommée, notamment pour ses interprétations de Shakespeare. Elle constitue également une pépinière de jeunes talents.

L'ensemble architectural conçu par Chamberlin, Powell et Bon comprend cinq étages d'aménagements abritant une salle de concert, un cinéma, des espaces d'exposition et de restauration. ☎ 0171 638 8891

Théâtres et comédies musicales dans West End – La comédie musicale est une forme de divertissement londonienne par excellence. Au 19e s., les music-halls donnaient des spectacles de « variétés ». C'était la grande époque des opérettes de Gilbert et Sullivan (1897-1899), dont la popularité s'est quelque peu amoindrie depuis. En revanche, les comédies musicales britanniques connaissent un succès sans égal, nombre d'entre elles passant même l'Atlantique pour être produites à Broadway.

Les billets des théâtres et music-halls de West End sont distribués par l'entremise de revendeurs qui peuvent majorer le prix d'une commission de 10 %. Pour éviter de payer ce supplément, il est recommandé d'acheter les billets directement à la caisse, mais la plupart du temps les salles affichent complet pour les représentations du jour même. Les matinées peuvent constituer une solution de remplacement, même si les vedettes s'y font remplacer par des doublures.

Ticketmaster – ☎ 0171 344 4444 et **First Call** : ☎ 0171 497 9977.

Half-Price Ticket Booth – *Leicester Square.* Géré par la Society of London Theatres, ce kiosque offre un nombre limité de places à demi-tarif dans la plupart des théâtres de West End pour le jour même. Le paiement s'effectue en liquide uniquement, et les billets, non remboursables, sont vendus au nombre de quatre maximum par personne. Ouvert du lundi au samedi jusqu'à 12 h pour les matinées et de 13 h à 18 h 30 pour les représentations du soir, le dimanche de 12 h à 18 h 30. Pour plus de renseignements, s'adresser à : SOLT, Bedford Chambers, The Piazza, Covent Garden WC2. ☎ 0171 836 0971.

Artsline (☎ 0171 388 2227) est un service gratuit d'assistance aux personnes handicapées souhaitant sortir dans la capitale.

Quelques salles...

The Adelphi – *The Strand.* Les romans de Dickens y furent portés à la scène presque immédiatement après leur parution (1837-1845). Apprécié du public pour ses représentations de comédies musicales *(Words and Music* de Noel Coward, *Me and My Girl, Sunset Boulevard).* ☎ 0171 344 0055.

The Ambassadors – *West Street.* Ce théâtre conçu en 1913 par W. G. R. Sprague vit les débuts de Vivien Leigh et Ivor Novello à West End. En 1952 fut donnée la première de *La Souricière* d'Agatha Christie, pièce qui resta à l'affiche pendant vingt années avant d'être reprise par le St Martin's Theatre. *Les Liaisons Dangereuses* connurent un succès similaire. ☎ 0171 836 6111 / 1171.

The Apollo-Victoria – *Wilton Road.* Conçu en 1930 comme cinéma, puis transformé en théâtre en 1979, cette salle de spectacle a vu défiler beaucoup d'artistes célèbres comme Shirley Bassey, Cliff Richards et Sammi Davis Jr. Aujourd'hui, elle sert aux représentations de *Starlight Express* d'Andrew Lloyd Webber. ☎ 0171 416 5070.

The Dominion – *Tottenham Court Road*. Conçu comme salle de concert dans une ancienne léproserie et brasserie. Réputé pour ses comédies musicales, notamment *Grease*. ☎ 0171 580 8845.

The London Palladium – *Argyll Street*. Somptueux théâtre accueillant des spectacles de variétés et des reprises de comédies musicales *(Crazy for You)*. ☎ 0171 494 5020.

The New London – *167 Drury Lane*. Bâti sur le site du Winter Garden Theatre, salle de divertissement datant du règne d'Élisabeth Ire. On y donne depuis 1980 la comédie musicale *Cats* d'Andrew Lloyd Webber. ☎ 0171 405 0072/404 4079.

Old Vic – *Waterloo Road*. Berceau du National Theatre, il fut inauguré en 1818 sous le nom de Coburg Theatre. Repris en 1880 par Emma Cons, il fut rebaptisé Royal Victoria Music Hall and Coffee Tavern. A la mort d'Emma Cons en 1912, sa nièce **Lilian Baylis** prit les rênes de l'établissement, dès lors connu sous le nom « Old Vic », et en fit un espace pour la musique, l'opéra et la tragédie (notamment shakespearienne). En 1940, le Vic fut bombardé et la troupe déménagea au New Theatre pour ne réinvestir les lieux qu'en 1976. Dirigé par Sir Peter Hall depuis 1996, il est redevenu une scène consacrée au grand répertoire. ☎ 0171 928 7616.

The Palace – *Cambridge Circus*. Inauguré comme opéra sous la direction de Richard D'Oyly Carte, cette grandiose bâtisse a conservé son air typiquement victorien. Aujourd'hui y sont produites des comédies musicales *(The Entertainer, Jésus Christ Superstar)* et plus récemment une adaptation des *Misérables* de Victor Hugo par Alain Boublil et Claude Michel Schonberg. ☎ 0171 434 0909.

The Queen's – *Shaftesbury Avenue*. L'extérieur moderne conçu par Bryan Westwood et Hugh Casson a beaucoup souffert des bombardements de 1940. Parmi les noms à son affiche, on citera Gielgud, Vanessa Redgrave et Nigel Hawthorne. ☎ 0171 494 5040.

Regent's Park Open Air Theatre – *Inner Circle, Regent's Park*. Fondée en 1932, la New Shakespeare Company y donne des représentations de mai à septembre. Régulièrement se trouvent à l'affiche des classiques comme *Le Songe d'une nuit d'été*. Emmener quelque chose de chaud, un coussin, un parapluie en cas d'averse, et un pique-nique. Barbecue et buffet froid sur place. Pavillon avec bar et boissons chaudes. ☎ 0171 486 2431 / 1933.

St Martin's – *West Street*. Pendant de l'Ambassadors adjacent. Depuis vingt ans y est donnée **La Souricière** (The Mouse Trap), d'après le roman d'Agatha Christie. ☎ 0171 836 1443.

The Savoy – *The Strand*. Construit par Richard d'Oyly Carte en 1881 pour les opéras de Gilbert et Sullivan (dont 13 furent représentés entre 1875 et 1896). En 1929, il fut redécoré dans le style Art déco par Frank Tugwell et Basil Ionides pour Rupert D'Oyly Carte et surnommé le « théâtre du rayon de soleil » en raison de son intérieur jaune citron. Détruit par un incendie en 1990, le théâtre a été reconstruit depuis. ☎ 0171 836 8888.

Daphnis et Chloé, par le Royal Ballet

The Theatre Royal, Drury Lane *(Covent Garden)* – La présence d'un théâtre sur ce site remonte à 1633. Le bâtiment actuel fut conçu par Benjamin Wyatt (1812) pour des productions mettant en vedette Nell Gwynne, Mrs Jordan, David Garrick, Edmund Keane et le célèbre clown Grimaldi. Aujourd'hui, les lieux accueillent des comédies musicales à succès *(Oklahoma, My Fair Lady, Miss Saïgon)*. ☎ 0171 494 5000. Visites guidées quotidiennes au départ du foyer ☎ 0171 240 5357.

Victoria Palace – *Victoria Street.* Une comédie musicale y chasse l'autre : *Me And My Girl, The Lambeth Walk, Black and White Minstrels' Show, Annie, Charlie Girl, High Society, Buddy.* ☎ 0171 834 1317.

The Wyndham's – *Charing Cross Road.* Grand établissement de la fin de l'ère victorienne accueillant œuvres policières et comédies musicales *(Gospell* avec David Essex et Jeremy Irons). L'un des plus beaux auditoriums de West End. ☎ 0171 369 1736.

OPÉRA ET BALLET

The Opera House, Covent Garden – *Bow Street.* Fondé en 1956 avec les membres de l'ancien Sadler's Wells Ballet, le **Royal Ballet** fut transféré à Covent Garden en 1946, où le rejoignit bientôt le **Royal Opera**, détenteur de la charte royale depuis 1968.
La petite histoire de la maison est riche en anecdotes. En 1895, Adelina Patti, pour chanter Violetta, portait une robe resplendissant de 3 700 diamants ; aussi était-elle escortée sur la scène dans l'acte 3 par deux policiers qui avaient intégré la troupe. La reine Victoria, assistant à une représentation de *Fidelio* et jugeant la tenue des choristes italiens trop éloignée de la chose militaire, décida de leur adjoindre quelques hommes de sa Brigade des Gardes pour rehausser les défilés. Cette coutume fut maintenue jusqu'en 1978. De grands interprètes s'y sont succédé : Melba, Caruso, Thomas Beecham, Lotte Lehman, Elizabeth Schumann... ☎ 0171 304 4000.

London Coliseum – *St Martin's Lane.* Ce grand théâtre édouardien fut construit en 1904 par Oswald Stoll pour concurrencer Drury Lane. Ses sobres piliers de marbre, sa façade de terre cuite, ses globes lumineux scintillant dans la nuit et sa décoration intérieure (plafond en mosaïque, lambris et portraits monumentaux) accueillent depuis 1968 l'ancienne Sadler's Wells Company, aujourd'hui **English National Opera**. La salle, qui à l'époque édouardienne avait accueilli Sarah Bernhardt et les Ballets Russes, servit un temps de salle de cinéma. Les œuvres du répertoire sont chantées en anglais. ☎ 0171 632 8300 ; informations handicapés ☎ 0171 836 7666.

MUSIQUE CLASSIQUE

Albert Hall – *Kensington Gore, SW7.* Salle du **Royal Philharmonic Orchestra** (fondé en 1946 par Thomas Beecham), Kensington Bowl sert également de cadre aux fameux «Proms» ou Promenade Concerts de mi-juillet à mi-septembre. ☎ 0171 589 8212. Entre 1997 et 2003, l'Albert Hall sera soumis à des travaux de rénovation qui le doteront d'une plate-forme de scène ultramoderne.

Barbican – *Silk Street, EC1.* Salle du **London Symphony Orchestra** (fondé en 1904), le Barbican accueille également des orchestres en tournée comme le Bournemouth Symphony et le City of Birmingham Symphony Orchestra. ☎ 0171 638 8891.

South Bank – *Belvedere Road, SE1.* Le **Royal Festival Hall** est la salle de concert attitrée du **London Philharmonic Orchestra**. Construit en 1951 dans le cadre du Festival of Britain, ce nouvel auditorium était destiné à remplacer Queen's Hall, ravagé par un incendie, et Albert Hall, dont l'acoustique laissait à désirer. Réservation ☎ 0171 928 8800 ; information sur répondeur ☎ 0171 633 0932.
Des concerts sont également donnés au **Queen Elizabeth Hall** et dans la **Purcell Room**.

Wigmore Hall – *36 Wigmore Street, W1.* Salle intimiste pour récitals solo et petits orchestres de chambre ; acoustique excellente, ambiance parfaite. Les cafés-concerts du dimanche matin sont une véritable institution. ☎ 0171 935 2141.

Églises – L'abbaye de Westminster, la cathédrale de Westminster et la cathédrale St-Paul possèdent toutes des chœurs somptueux.
L'église **St James** à Piccadilly accueille tous les ans le Festival Lufthansa de musique baroque. ☎ 0171 734 4511.
L'église **St John** à Smith Square organise régulièrement des déjeuners-concerts le lundi (13 h) ; cycle de musique de chambre et de pièces vocales en soirée à 19 h 30. ☎ 0171 222 1061.

L'église **St Martin's in the Fields** à Trafalgar Square donne des déjeuners-concerts pour jeunes talents (lundi, mardi, mercredi, vendredi à 13 h 05) et des concerts en soirée à la lumière des bougies (jeudi, vendredi, samedi) réservés aux membres de la célèbre Academy of St Martin in the Fields. ☎ 0171 930 0089.

Les **églises de la Cité** organisent des déjeuners-concerts : St Bride's, St Anne and St Agnes, St Lawrence Jewry, St Margaret Lothbury, St Martin within Ludgate, St Mary le Bow, St Michael's Cornhill, St Olave Hart Street.

ROCK, MUSIQUES TRADITIONNELLES ET JAZZ

Comme la scène londonienne passe sans sourciller d'un genre à un autre, il est conseillé de se renseigner dans la presse (**Time Out** ou **Evening Standard Hot Tickets**).

Academy Brixton – *211 Stockwell Road, SW9.* ⊖ *Brixton.* Espace immense au décor étonnant. ☎ 0171 924 9999.

Africa Centre – *38 King Street, WC2.* Orchestres africains en tournée, son groove. Vendredi et samedi de 21 h 30 à 3 h du matin. Musique à partir de 22 h 30. ☎ 0171 836 1973.

Apollo Hammersmith – *Queen Caroline Street, W6.* ⊖ *Hammersmith.* Grands noms de la musique. ☎ 0171 416 6080.

Astoria – *157 Charing Cross Road, WC2.* ⊖ *Tottenham Court Road.* Mélanges de style, grande scène. Du lundi au jeudi de 19 h à 23 h, le vendredi de 23 h à 3 h 30 du matin, le samedi de 22 h à 6 h du matin. ☎ 0171 434 0403.

Blue Note – *Hoxton Square, N1* – Jazz, musique d'Afrique, d'Asie, d'Amérique latine dans un endroit exigu mais populaire. Tous les jours de 20 h à 2 h du matin. ☎ 0171 729 2476.

Bull's Head, Barnes – *Lonsdale Road, SW13.* Endroit sympathique pour jazzmen britanniques. Pub ouvert aux heures habituelles ; concerts tous les soirs à 20 h 30. ☎ 0181 876 5241.

Cecil Sharp House – *2 Regent's Park Road, NW1.* Danse, chant et musique folk. Du jeudi au samedi de 19 h 30 à 23 h. Musique à partir de 19 h 30. ☎ 0171 485 2206.

100 Club – *100 Oxford Street, W1.* Ce sous-sol qui a vu les débuts des Sex Pistols présente aujourd'hui du jazz, du modern-jazz, du blues et du swing. Du lundi au mercredi de 20 h à minuit ; le jeudi de 20 h à 1 h du matin ; le vendredi de 20 h 30 à 3 h du matin ; le samedi de 19 h 30 à 1 h du matin et le dimanche de 19 h 30 à 23 h 30. ☎ 0171 636 0933.

606 Club – *90 Lots Road, SW10.* Petit sous-sol, mais bonne musique par des musiciens en herbe. Du lundi au samedi de 20 h 30 à 2 h 30 du matin ; le dimanche de 20 h 30 à 1 h 30 du matin. ☎ 0171 352 5953.

Forum – *9-17 Highgate Road, NW5.* ⊖ *Kentish Town.* Le meilleur de la musique nouvelle. Du lundi au jeudi et le dimanche de 19 h à 23 h ; le vendredi et le samedi de 19 h à 2 h du matin. ☎ 0171 284 2200.

Jazz Café – *5 Parkway, NW1.* Jazz, soul, Amérique latine, rap africain tous les soirs. Du lundi au jeudi de 19 h à minuit ; le vendredi et le samedi de midi à 16 h et le dimanche de midi à 16 h et de 19 h à 22 h 30. ☎ 0171 344 0044.

Mean Fiddler – *22-28a High Street, Harlesden, NW10.* Parfait pour le son, la bière et la musique, par l'organisateur du festival folk de Reading. Du lundi au jeudi de 20 h à 2 h du matin ; le vendredi et le samedi de 20 h à 3 h du matin et le dimanche de 19 h 30 à 1 h du matin. Concert à 21 h 30. ☎ 0171 344 0044.

Pizza Express – *10 Dean Street, W1.* Musiciens maison. Concerts de groupes en tournée au rez-de-chaussée ou au sous-sol ; pizzéria obligatoire. Tous les jours de 20 h à 0 h 30 du matin. Musique du lundi au jeudi et le dimanche de 20 h 30 à minuit, le vendredi et le samedi de 21 h à minuit. ☎ 0171 437 9595.

Pizza on the Park – *11 Knightsbridge, Hyde Park Corner, W1.* Jazz traditionnel dans l'établissement phare de la chaîne Pizza Express. Tous les jours de 20 h à minuit. Musique à 21 h 15. ☎ 0171 235 5550.

Ronnie Scotts – *47 Frith Street, W1.* Club de jazz légendaire de Soho, son et atmosphère excellents. Repas et consommations chers, réservation conseillée. Du lundi au samedi de 20 h 30 à 3 h du matin. Musique à 21 h 30. ☎ 0171 439 0747.

Shepherd's Bush Empire – *Shepherd's Bush Green, W12.* ⊖ *Shepherds Bush.* Grande scène de l'Ouest londonien. ☎ 0181 740 7474.

South Bank – Festivals de jazz et concerts occasionnels. Groupes de jazz en représentation le midi au foyer du Festival Hall. Consulter les journaux pour plus de détails.

Wembley Arena – *Empire Way, Wembley.* ⊖ *Wembley Park ou Wembley Central.* La plus grande salle de spectacle londonienne où viennent se produire les grands groupes. ☏ 0181 900 1234.

Wembley Stadium – *Empire Way, Wembley.* ⊖ *Wembley Park ou Wembley Central.* Acoustique désastreuse et espace trop vaste pour voir quelque chose du spectacle, sauf évidemment s'il s'agit d'un match de football; se renseigner sur la météo au préalable. ☏ 0181 900 1234.

CABARETS ET NIGHT-CLUBS

Depuis 1990, les boîtes de nuit ont le droit d'ouvrir jusqu'au petit matin, mais la législation sur les alcools interdit toujours la consommation à partir de 3 h. La vente d'alcool après 23 h est interdite dans les établissements ne possédant pas la licence.

Stringfellows – *16 Upper St Martin's Lane, WC2.* Très glamour, ce night-club est l'endroit où l'on peut voir les stars de près. Du lundi au samedi de 21 h à 3 h 30 du matin.

Madame Jo Jo – *8-10 Brewer Street, W1.* Cabaret chaleureux pour les couche-tard, fréquenté par les drag queens. Atmosphère parfois «cage aux folles», mais changeante selon l'humeur du jour. Du lundi au samedi de 22 h à 3 h 30 et le dimanche de 14 h à minuit.

Carwash – *Le Scandale, 53 Berwick Street.* Canapés velours et grands miroirs, tout droit empruntés au monde de Starsky et Hutch; musique disco standard. Samedi de 22 h à 2 h 30 du matin. ☏ 0171 437 6830.

Legends – *29 Old Burlington Street, W1.* Bonne musique, décoration signée par un designer, bar extrêmement riche. Mercredi et jeudi de 22 h à 3 h du matin; vendredi de 22 h à 6 h du matin et dimanche de 22 h 30 à 4 h 30 du matin. ☏ 0171 437 9933.

Cuba – *11-13 Kensington High Street, W8.* Bar et restaurant au rez-de-chaussée; club au sous-sol, petit et parfois bondé. Tous les jours de 18 h à 2 h du matin. ☏ 0171 938 4137.

Ministry of Sound – *103 Gaunt Street, SE1.* «Rave» dans la démesure, «garage» et «house music», très branché, grandes attractions et bonne ambiance. Seulement le week-end: vendredi de 22 h 30 à 6 h 30 du matin; samedi de 23 h à 9 h du matin. ☏ 0171 378 6528.

Le Palais – *242 Shepherds Bush Road, W6.* Dancing favori des Londoniens, ouvert depuis 1919. Discothèque animée avec flash de lumière et murs vidéo pour bien danser. Mercredi de 21 h 30 à 2 h 30 du matin; jeudi de 21 h 30 à 3 h du matin; vendredi et samedi de 21 h à 3 h du matin. ☏ 0181 748 2812.

Rock Garden – *The Piazza, Covent Garden, WC2.* Tremplin pour les nouveaux groupes. Club le vendredi soir. Du lundi au jeudi de 20 h à 3 h du matin; samedi de 16 h à 22 h et dimanche de 12 h à 15 h et de 20 h à minuit. ☏ 0171 836 4052.

CINÉMA

Sans entrer dans le détail des salles existant à Londres, sachez que les nouveaux films sortent en général dans les grandes salles autour de Leicester Square. C'est là que se trouve la salle **Odeon**, le plus grand cinéma de Londres, l'adresse de prestige pour les premières de films britanniques.

Le **London Film Festival** se déroule chaque année en novembre au National Film Theatre *(South Bank, SE1 – ☏ 0171 928 3232).*

Petit lexique   Au spectacle

Avez-vous des places pour ce soir?.......	*Do you have any seats for tonight?*
A combien?........................	*How much do they cost?*
Où sont-elles situées?..............	*Where are they?*
au poulailler =	*in the gods*
à l'orchestre =	*the stalls*
1er balcon =	*dress circle*
2e balcon =	*upper circle*

A quelle heure commence le spectacle? ...	*What time does the performance start?*
Combien de temps dure l'entr'acte?......	*How long is the interval?*

Faire du shopping...

GRANDS MAGASINS

Disposant d'une large gamme d'articles spécialisés, ils peuvent vous faire gagner du temps car on y trouve tout sous un même toit – spécialement si vous cherchez un maillot de bain en plein hiver pour passer Noël sous les tropiques !

Harrods – *Knightsbridge SW1*. Harrods se targue de pouvoir tout fournir, même un animal domestique avec pédigree ! Les rayons alimentaires sont particulièrement impressionnants (étals de poisson, de fromage), le boucher se flattant de proposer même des steaks d'alligator et d'autruche. Volailles et gibiers d'excellente qualité. Salon de coiffure, institut de beauté, agence de voyages et service d'expédition. C'est un monde d'élégance et de confort, à visiter... comme un musée.

Selfridges – *400 Oxford Street, W1*. Rayon alimentaire très réputé, à l'instar du rayon d'articles ménagers (cuisine, jardin), de produits de beauté et de papeterie.

Liberty – *Regent Street, W1*. Ce grand magasin a un caractère tout particulier, issu de son ancrage dans l'Est londonien : soieries de marque Liberty ou indiennes, batiste délicat, céramiques de Chine, mobilier Arts and Craft, verrerie contemporaine, vêtements de créateurs.

Harvey Nichols – *109 Knightsbridge, SW1*. Sa politique de marketing suscite plutôt la controverse. Ses vitrines sont souvent insolites et aiguisent la curiosité. Au cinquième étage se trouve un restaurant, aujourd'hui réputé. Grands couturiers, spécialement en petites tailles, excellent choix de chapeaux pour se rendre à Ascot et belle bijouterie (luxueuses babioles signées Christian Lacroix, bijoux modernes en argent).

John Lewis – *Oxford Street, W1*. Fournisseur d'uniformes scolaires et autres vêtements fonctionnels, d'équipement ménager, de linge de maison, de papeterie... Magasin disposant de tout le nécessaire pour faire face aux nécessités pratiques de la vie : fils à repriser invisibles, abat-jour assortis et gants pour se rendre à Ascot ou aux garden-parties ! Son jumeau, **Peter Jones**, est situé à Sloane Square.

Il existe d'autres magasins franchisés par des marques, notamment les **Army and Navy Stores** (à Victoria, Fenwicks près de Bond Street, Barkers à Kensington High Street). **Marks and Spencer** a sa plus grande filiale à Marble Arch et différents autres magasins dans toute la métropole, tout comme Debenhams, D H Evans...

ARTS ET ANTIQUITÉS

Le commerce de l'art et des antiquités a une grande tradition à Londres, où des salons tenus régulièrement dans les hôtels attirent les marchands de province. Pour plus de renseignements sur les dates d'organisation de ces salons, consulter **Antiques Trade Gazette** qui paraît tous les mercredis. La **British Antique Dealers Association**, 20 Rutland Gate, SW7 ☎ 0171 589 4128, fournit des renseignements sur les grandes foires internationales.

Galeries d'art – Wildenstein, the Fine Art Society, Colnarghi, entre autres, ont pignon sur rue à Bond Street et St James's. Les principales galeries d'art contemporain sont regroupées autour des rues Cork et Davies (Wildenstein, Waddington, Gimpel Fils). Au nombre des salons d'art contemporain comptent le Royal Academy Summer Show (fin mai et juin) et la Contemporary Arts Fair, au Business Design Centre d'Islington.

Maisons d'adjudication – Pour plus de détails sur les ventes aux enchères et les heures de visite, contacter la maison d'adjudication ou consulter l'Antiques Trade Gazette.

Bonhams – *Montpelier Street, SW7*, ☎ 0171 393 3900 et New Chelsea Galleries, *Lots Road SW10*, ☎ 0171 351 711.

Christies – *8-10 Kings Street, SW1*, ☎ 0171 839 9060 et à South Kensington au *85 Brompton Road, SW7*, ☎ 0171 581 7611.

Harmers of London (timbres) – *91 New Bond Street, W1*, ☎ 0171 629 0218.

Phillip Fine Art – *101 New Bond Street, W1*, ☎ 0171 629 6602 et aussi au *18 Hayes Place Lisson Grove, NW1*, ☎ 0171 723 2647 et au *10 Salem Road W2*, ☎ 0171 229 9090.

Sotheby's – *34-35 New Bond Street, W1*, ☎ 0171 493 8080.

Spink & Son (monnaies, médailles) – *5-7 King Street, W1*, ☎ 0171 930 7888.

Stanley Gibbons (timbres) – **399 Strand, WC2**, ☎ 0171 836 8444.

Antiquités et marchés aux puces – Évidemment, plus vous arrivez tôt et plus le choix est grand. Les brocanteurs sont souvent des amateurs, mais les vraies affaires sont rares.

Alfie's – *13-25 Church Street, NW8*. Cadre légèrement délabré où l'on trouve de tout, mais il est bon de savoir ce que l'on cherche. Du mardi au samedi de 10 h à 18 h.

Antiquarius – *131-141 King's Road, SW3*. Art déco, boutons, textiles, argent, verre, bijoux, versions commerciales d'accessoires élégants, 120 stands. Du lundi au samedi de 10 h à 18 h.

Brick Lane – *Au Nord du pont ferroviaire en haut de Bethnal Green Road*. Grand fouillis sale et désorganisé de bric-à-brac et de matériaux. Cuir et vêtements neufs aux boutiques de l'extrémité Nord de Brick Lane. Le dimanche de 6 h à 13 h.

Camberwell Antique Market – *159-161 Camberwell Road*. Brocante, fripes et porcelaine bas de gamme.

Camden Passage – *Entre Essex Road et Upper Street*. Depuis les années 60. Brocante le mercredi de 7 h à 14 h, le samedi de 8 h à 16 h. Livres le jeudi de 7 h à 16 h.

Charing Cross Collectors Market – *Villiers Street, sous la station de métro Embankment*. Monnaies, médailles et badges. Le samedi de 8 h 30 à 17 h.

Bermondsey (New Caledonian) Market – *Bermondsey Square, au Sud du Tower Bridge*. Repris sur ce site en 1950, le commerce de l'argent, du cuivre, des bijoux victoriens, du mobilier et autres objets d'art démarre très tôt à la lueur des lampes torches pour les connaisseurs. Pour certains les affaires sont faites dès 9 h et la marchandise déjà expédiée vers le continent. Le vendredi de 5 h à 13 h.

Grays Antique Market – *1-7 Davies Mews* et *58 Davies Street*. Abrite plus de 170 stands permanents. Du lundi au vendredi de 10 h à 18 h.

Greenwich Antiques Market – *Greenwich High Road*. Le samedi et le dimanche de 9 h à 17 h. Marché aux puces le dimanche seulement de 8 h à 16 h.

Petticoat Lane – *Angle Middlesex Street et Wentworth Street*. Le plus célèbre marché londonien d'articles courants et de vêtements, neufs et d'occasion. Le dimanche de 9 h à 14 h. Wentworth Street du lundi au vendredi de 10 h 30 à 14 h 30.

Un samedi matin à Portobello Road

Portobello Road – *Entre Chepstow Villas et Lonsdale Road*. Marchands spécialisés et brocanteurs, boutiques, arcades couvertes et vendeurs de rue proposant une grande variété d'articles : boutons, porcelaine, verre georgien, dentelle, bagages de cuir, bijoux, engins de pêche, souvenirs victoriens, antiquités orientales, etc. Le samedi seulement de 8 h 30 à 17 h 30. Bric-à-brac et articles d'occasion derrière Westway, entre Oxford Gardens et Warrington Road.

Stables Market à Camden *(à moins d'1 km au Nord-Est de Regent's Park par le sentier inférieur du canal. Le samedi et le dimanche de 9 h à 17 h.* ☎ *0171 486 9957)* est un bon endroit pour fureter à la recherche d'articles ménagers et d'accessoires d'occasion : couteaux, ustensiles de cuisine, appareils récupérés, abat-jour et lampes des années 1950, catalogues des maisons d'adjudication, mode des années 60.

Brocanteurs – De nombreux marchands sont regroupés autour d'Islington et de Portobello mais si vous êtes à la recherche de **porcelaine, verrerie**, chandeliers et mobilier, faites un détour par Kensington Church Street (⊖ *Kensington High Street, Notting Hill Gate)*, Pimlico Road (⊖ *Sloane Square)*, Wandsworth Bridge Road (⊖ *Parsons Green)*, White Hart Lane *(bus : Barnes)* et Lavender Hill *(bus : Clapham Junction)*.
Les foires à la brocante les plus importantes se déroulent à la fin du printemps (mai-juin) à Olympia, Grosvenor House.

Meubles de créateurs – Les quartiers dans lesquels on peut dénicher du beau mobilier, des meubles de créateurs et des meubles anciens sont situés au Nord de Tottenham Court Road (Heal's, Habitat, Sanderson, Maples), autour de Fulham Road et King's Road. Les magasins les mieux achalandés en équipements standard sont John Lewis et Peter Jones.
Pour les listes de mariage, le verre et la porcelaine, essayer chez GTC (General Trading Company dans Sloane Street) ou Thomas Goode and Co au n° 19 South Audley Street.

MODE ET HABILLEMENT

La garde-robe de la reine a été créée en majeure partie par feu Sir Norman Hartnell, comme l'exposition à Kensington Palace le confirme. En entrant dans la famille royale, Lady Diana a beaucoup contribué à relancer l'industrie de la mode britannique. Elle provoqua un retour à la belle confection avec une touche d'insolite et d'éclat pour trouver un savant équilibre entre élégance formelle et chic. Le raffinement ancien, le pastel et les imprimés Liberty se mêlent et se marient avec des accessoires plus traditionnels : chapeaux, gants, chaussures et sacs à main assortis. Le style à la Eliza Doolittle *(My Fair Lady)* apparaît dans les mariages estivaux, à Ascot, Henley et aux garden-parties royales tandis que l'organdi et le taffetas parent les belles demoiselles aux bals de charité !
Le Victoria and Albert Museum présente une rétrospective du goût britannique en matière de mode vestimentaire, mentionnant même des « looks » branchés, comme ceux des punks, rockers ou autres skinheads.

Prêt-à-porter – Les boutiques de créateurs étrangers sont regroupées dans Bond Street et aux alentours de Knightsbridge (Maud Frizon, Stephan Kélian, Kenzo, Prada, Ungaro, Steiger, Yves Saint Laurent Rive Gauche, Chanel, Ferré, Joseph, Dior, Céline, Browns, Cartier, Hermès, Louis Vuitton), à deux pas des magasins Armani Emporium et **Harvey Nichols**.
Les créateurs britanniques sont concentrés à Beauchamp Place (Ken Jay, Paddy Campbell, Caroline Charles, Bruce Oldfield) et autour de Covent Garden (Paul Smith). **Vivienne Westwood**, qui s'inspire à l'occasion de la Wallace Collection, a installé sa filiale principale près de Bond Street, au n° 40-41 Conduit Street. Les jeunes créateurs fraîchement sortis du collège font leurs premiers pas au **Hyper Hyper**, 26-40 Kensington High Street, avant de partir à la conquête de **Carnaby Street**.

Marchés – **Camden Market**, à l'angle de Camden High Street et Buck Street (du jeudi au dimanche de 9 h à 17 h), est le paradis du vêtement de cuir : vestes, boots, panoplie du motard. Vêtements d'occasion à **Covent Garden** (le lundi de 9 h à 16 h), **Greenwich** (le samedi et le dimanche de 9 h à 17 h) ; « grunge » à Brick Lane.

Cuir – Grandes marques à King's Road (Harley Davidson), prix plus abordables autour du marché de Brick Lane.
Dr Martens distribué au n°1-4 King Street, Covent Garden Piazza.

Le parfait gentleman – Le style classique britannique, dont l'image même est personnifiée par James Bond (élégance, chic et « look » soigné), atteint son paroxysme chez Simpson's à Piccadilly : costume de soirée, smoking, blazer de sport, jaquette et pantalon. Un service de location est disponible chez **Moss Bros Hire Warehouse**, 27 King Street à Covent Garden et 88 Regent Street.

Les classiques « british »

Le trenchcoat – En 1856, un certain Burberry perfectionna une matière destinée à remplacer le ciré « Mackintosh », alors en usage pour protéger des vicissitudes du climat anglais. A cette invention, il donna le nom de gabardine. Mais il fallut attendre la Première Guerre mondiale et ses tranchées (trenches) pour voir apparaître le célèbre imperméable sous sa dénomination actuelle. Puis, dans les années 50, le trenchcoat fut brusquement hissé au rang de vêtement culte par l'acteur Humphrey Bogart. Le célèbre fabricant Burberry possède des filiales à Haymarket et dans Regent Street.

L'imprimé « Liberty » – Inspiré par les étoffes créées au Japon, Arthur Lazenby Liberty occidentalisa les motifs floraux pour les adapter au courant Art Nouveau, alors très en vogue. Plusieurs générations plus tard naissait le « pea-style » (pois). Constitué d'une dense répétitition de gerbes de fleurs, de fruits et de feuilles entrelacés, inspiré par la campagne anglaise et imprimé dans des coloris délicats, il définit le tissu qui devint synonyme de la « beauté anglaise » : la batiste.

Le twin-set et les perles – Si l'expression « porter le pantalon » relève d'une certaine phallocratie, le kilt, mis à la mode par le prince Albert, perd toute masculinité s'il est porté avec un twin-set en cashmere ou en lambswool rehaussé d'un collier de perles. Les sweaters à manches courtes avec cardigans assortis ont longtemps constitué le fondement de toute garde-robe féminine respectable. Indémodables, ils autorisent les décolletés audacieux aussi bien que la discrétion.

Attention, ne vous trompez pas !

Robes et costumes femmes

Tailles U.K.	10	12	14	16	18		
Tailles continentales	38	40	42	44	46		

Chaussures femmes

Tailles U.K.	4	4 1/2	5	5 1/2	6	6 1/2	7
Tailles continentales	37	37 1/2	38	39	39 1/2	40	40 1/2

Costumes, manteaux hommes

Tailles U.K.	36	38	40	42	44	46	48
Tailles continentales	46	48	50	52	54	56	58

Chemises hommes

Tailles U.K.	14	14 1/2	15	15 1/2	16	16 1/2	17
Tailles continentales	36	37	38	39/40	41	42	43

Chaussures hommes

Tailles U.K.	7	8	9	10	11	
Tailles continentales	40 1/2	42	43	44 1/2	45 1/2	

Tailleurs – Les maisons de confection sur mesure ont survécu de part et d'autre de Piccadilly, dans Savile Row et Jermyn Street. On est tailleur de père en fils. L'apprentissage commence dans la boutique familiale, puis le futur tailleur se perfectionne chez Moss Bros ou Simpson's. Les costumes sur mesure sont confortables et pratiquement inusables, tout en avantageant la silhouette.

John Galiano, dont la famille s'installa au Sud de Londres alors qu'il n'avait que six ans, est aujourd'hui le concepteur des collections de la prestigieuse maison Christian Dior. Il fit ses classes à Savile Row où il apprit toutes les astuces de la coupe. Son habileté se retrouve dans ses créations, taillées en biais dans les étoffes pour que les vêtements restent collés au corps et gardent leur fluidité.

Le long de Savile Row, on trouvera Kilgour, French and Stansbury (n° 8), Huntsmann (n° 11), Henry Poole (n° 15, la plus ancienne maison de Savile Row) et Anderson & Sheppard (n° 30).

Chemisiers – Les chemises de Jermyn Street sont fabriquées à partir des popelines les plus fines à double armature. Le patron se compose en moyenne de 35 pièces, les boutons sont en nacre et chaque couture est finie à la main. La qualité est capitale : les chemises présentées sous le label Lagerfeld sortent des ateliers de Hilditch & Key.

Le long de Jermyn Street se succèdent Hawes & Curtis au n° 23, New & Lingwood au n° 53, Turnbull & Asser au n° 71-72, Hilditch & Key au n° 73, Harvie & Hudson aux n° 77 et 97, Thomas Pink au n° 85 et TM Lewin au n° 106.

Chausseurs sur mesure – Bottes et chaussures peuvent également être confectionnées sur mesure, se moulant parfaitement au pied, offrant robustesse et confort, surtout à ceux qui ont un pied plus grand que l'autre. Les formes sont conservées à perpétuité de sorte qu'il est possible de passer des commandes ultérieurement sans se déplacer à St James's.

Les plus célèbres chausseurs sont Cleverley, 12 Royal Arcade et 28 Old Bond Street, Foster & Son, 83 Jermyn Street, Grenson Bespoke Shoemaking Service, 70 Burlington Arcade, John Lobb, 9 St James's Street, Henry Maxwell & Co, 29 South Audley Street, Poulson & Skone, 53 Jermyn Street, et James Taylor & Son, 4 Paddington Street.

Équipements de sport – Le spécialiste le plus réputé est Lillywhites à Piccadilly Circus *(24-36 Lower Regent Street)*. Pour la chasse, le tir et la pêche, essayez Harrods *(87 Brompton Road)*, Farlow's dans Pall Mall *(n° 5)*, House of Hardy *(61 Pall Mall)*, Orvis Inc *(27 Sackville Street)* ou les armuriers Purdey James & Son *(57 South Audley Street)*, Holland & Holland *(31-33 Bruton Street)*.

Petit lexique   Shopping

Quelle taille dois-je prendre ? . . . . *Which size should I have ?*
Est-ce que je peux essayer ? . . . . *Could I try this on, please ?*
Où est la cabine d'essayage ? . . . . *Where are the changing rooms ?*
Combien est-ce que cela coûte ? . . . . *How much does this cost ?*
Est-ce que je peux régler avec ma carte de crédit ? . . . . *Can I pay by credit card ?*
Acceptez-vous la carte Visa ou les chèques de
voyage ? . . . . *Do you accept Visa card or travellers cheques ?*
Si cela ne me va pas, est-ce que je pourrai
l'échanger ? . . . . *If this doesn't fit, will I be able to change it ?*
A quelle heure ouvrez-vous ? . . . . *What time do you open ?*
(fermez-vous) . . . . *(close)*
Avez-vous un représentant en France ? . . . . *Do you have an agent in France ?*

MAGASINS SPÉCIALISÉS

Libraires – A Mayfair et St James's sont installés les boutiques renommées de livres anciens et les vendeurs de beaux manuscrits, comme Maggs.

Pour trouver des livres d'**occasion**, fureter autour de Museum Street à Bloomsbury ou descendre Charing Cross Road.

Des bouquinistes ouvrent leurs stands à Camden Passage le jeudi de 7 h à 16 h, à Farringdon Road, EC1, du lundi au vendredi de 10 h à 14 h et à Greenwich le week-end.

Librairies générales : Waterstones, 121-125 Charing Cross Road, WC2. **Foyles**, 113-115 Charing Cross Road, WC2. **Hatchards**, 187 Piccadilly, W1. **Dillons**, 82 Gower Street, WC1 : situé au cœur du quartier universitaire, publications spécialisées et manuels.

Librairies spécialisées : livres d'art aux boutiques des musées (National Gallery, Courtauld Institute, Wallace Collection, Victoria and Albert Museum, National Theatre, Museum of the Moving Image) ou chez Zwemmer, 24 Litchfield Street, WC2. **Livres de cuisine :** Books for Cooks, 4 Blendheim Crescent, W11. **Fantastique, épouvante, science-fiction, B.D. :** Forbidden Planet, 71-73 New Oxford Street, W1. **Langues étrangères :** Grant & Cutler, 55-57 Great Marlborough Street, W1. **Cartes :** Stanfords, 12-14 Longacre, Covent Garden. **Voyages :** The Travel Bookshop, 13-15 Blendheim Crescent, W11.

Timbres – **Stanley Gibbons**, boutique et galerie de timbres au n° 339 Strand.

Artisanat – Marché couvert de **Covent Garden**; Canal Market à **Camden** (le samedi et le dimanche de 10 h à 18 h) ; Bosuns Yard Market à **Greenwich**, à deux pas de High Street (le samedi et le dimanche de 9 h à 17 h) ; St James's Church Yard, Piccadilly (le vendredi et le samedi de 10 h à 17 h).

Fleurs et plantes – Pour un gros achat à l'occasion d'un anniversaire, d'un mariage, d'un baptême ou pour planter un grand jardin, se rendre au marché central de gros de Londres à Nine Elms (près de Vauxhall). **New Covent Garden**, du lundi au vendredi de 3 h 30 à 10 h 30.

Columbia Road, E2 (le dimanche de 8 h à 12 h 30) : pour éviter les heures de pointe, partir de bonne heure ; toutefois, les meilleures affaires se font peu avant la clôture.

Boutique florale « Wild at Heart »

Des stands de fleuristes parsèment également les rues de la capitale : devant l'ambassade du Danemark dans Sloane Street, devant le pub Queen's Elm dans Fulham Road, **Gilding the Lily** devant le métro South Kensington, **Wild at Heart** au 222 Westbourne Grove...

Alimentation – Même si les **saumons fumés** londoniens font l'objet d'un traitement moindre que leurs congénères écossais, H. Forman & Son, 6 Queen's Yard, Whitepost Lane, Hackney Wick, E9 (☎ 0181 985 0378) fournit les meilleurs produits disponibles sur le marché.

Si vous souhaitez rapporter des échantillons de **fromages** britanniques, **Neal's Yard Dairy,** 17 Shorts Gardens, Covent Garden, WC2, **Paxton & Whitfield**, 93 Jermyn Street, SW1, spécialiste du stilton, et **Jeroboams**, 24 Bute Street, South Kensington, SW7 ou 51 Elizabeth Street, SW1, sont les adresses à ne pas manquer.

Harrods : le « Meat Hall »

Si l'atmosphère des **marchés** vous tente, n'hésitez pas à parcourir les étals du marché de **Berwick Street** (entre Broadwich Street et Rupert Street, du lundi au samedi de 9 h à 17 h), de **Brixton Market** (Brixton Station Road, Pope's Road, Electric Avenue ; le plus beau marché de produits frais au Sud de la Tamise du lundi au samedi de 8 h à 17 h 30, le mercredi de 8 h à 13 h), de **Leadenhall** (du lundi au vendredi de 7 h à 16 h), de **Leather Lane** (Clerkenwell Road et Greville Street, du lundi au vendredi de 10 h 30 à 14 h), de **Portobello** (tous les jours sauf le jeudi de 9 h à 17 h) ou de **Spitalfields** (Ouest de Commercial Street entre Folgate et Brushfield Street, du lundi au vendredi de 9 h à 18 h, le dimanche de 11 h à 15 h). C'est là que vous trouverez les plus beaux fruits et légumes ou les produits biologiques.

Thé – La maison Twinings est installée dans The Strand ; Fortnum et Mason ont leur magasin à Piccadilly. Whittards of Chelsea possède des filiales partout et on peut toujours faire un détour par le Bramah Tea and Coffee Museum dans le Cardamon Building à Shad Thames.

Vins fins – Les marchands de vin de grande tradition sont regroupés autour de St James's : Berry Bros, Hugh Johnson, Justerini & Brooks (J & B)...

Musique – Vente de disques de musique classique à la Royal Opera House (Covent Garden), au Colosseum (St Martin's Lane) et au Royal Festival Hall.
Les trois grands disquaires londoniens sont : **HMV** (150 Oxford Street), **Virgin** Megastore (14-30 Oxford Street) et **Tower** Records (1 Piccadilly Circus). Ils proposent un vaste choix de tous les genres musicaux : populaire, jazz, blues, country, western, rock, funk reggae...
Ray's Jazz Shop, 180 Shaftesbury Avenue, WC2. ☎ 0171 240 3969.
Black Music Centre, 12 Berwick Street, W1. ☎ 0171 494 1081.
50 Dean Street Records, 58 Dean Street, W1. ☎ 0171 437 4500. Bandes originales de musique de film et clips.
Harold Moore's Records, 2 Great Marlborough Street, W1. ☎ 0171 437 1576.

Jouets – Hamleys regorge de trésors pour petits et grands, au milieu de Regent Street. Des jouets artisanaux sont vendus au Covent Garden Market.

Visages et parfums londoniens

Londres est fière de posséder une population multiethnique. Historiquement, la capitale britannique a toujours constitué une terre d'asile pour les Européens du continent frappés par les persécutions religieuses. Plus tard, elle a accueilli des milliers de travailleurs immigrés. Ils furent tout d'abord employés dans les docks, par lesquels transitaient des biens venus des quatre coins de l'Empire britannique. A l'époque de la révolution industrielle, des fabricants peu scrupuleux de l'East End exploitaient une main-d'œuvre bon marché. Après les deux guerres mondiales, les transports publics firent appel aux populations des anciennes colonies des Indes occidentales pour remplacer les hommes tombés au front.
Les artistes étrangers ont toujours trouvé à Londres des mécènes généreux et loyaux. Les rois et les guildes ont fait travailler peintres, orfèvres ou compositeurs, tandis que les rapatriés des colonies ramenaient avec eux esclaves et serviteurs.

INDE ET PAKISTAN

On trouve à Londres toute la gamme des produits, vêtements et objets artisanaux d'Asie du Sud-Ouest : Inde, Pakistan, Cachemire, Népal, Bangladesh, Sri Lanka.

Supermarchés – Les plus grandes communautés d'Asie méridionale sont localisées dans l'East End (Shoreditch et Whitechapel), à Shepherd's Bush, Southall et Ealing.
La plupart des supermarchés pratiquent la vente en gros : riz, dahl, arachides et épices sur le principe du « cash and carry ».
Ali Bros, 41 Fashion Street, E1. Crochets de tandooris, louches et plats en inox.
Dadu's et **Patel Bros**, 190-198 et 187-191 Upper Tooting Road, SW17. Galettes et pains indiens.
Dakan & Sons, 133-135 The Broadway, Southall (le plus grand choix de pickles et d'épices).
Deepak Cash & Carry Grocers, 953 Garrett Lane, SW17. Équipements pour la grande restauration.
Fudgo, 184 Ealing Road, Wembley. Épices maison. **Spice Shop**, 115-117 Drummond Street, NW1.
Taj Stores, 112 Brick Lane, E1. Viande halal.

Neasden Temple – *Sri Swaminarayan Mandir, près du boulevard périphérique Nord.* Premier temple Mandir traditionnel en Europe, il a ouvert ses portes en 1995. Entièrement sculpté et bâti selon les anciens Shilpashastras (pas d'acier, blocs de grès et marbre de Carrare sculpté en Inde, piliers en chêne anglais, bois de teck de Birmanie), il marque un retour aux méthodes artisanales traditionnelles. Excellente présentation de l'hindouisme, endroit merveilleux à l'ambiance chaleureuse.

Artisanat – Collection de bijoux et vestiges de la plus grande splendeur au **Victoria and Albert Museum**; exposition sur l'hindouisme – vie quotidienne, lieux sacrés et pratiques de dévotion au Sud de l'Inde au **Horniman Museum** *(voir index).*

AFRIQUE ET ANTILLES

Alimentation – Les traditions créoles ont été largement influencées par la cuisine du Nigéria, du Ghana et de la Sierra Leone : patate douce, chèvre, poivrons, bananes plantains vendus tous les jours sur les marchés de Brixton, Shepherd's Bush, Nord de Portobello et Tooting.
Charlie's West African Food Shop, 56-58 Esmond Road, NW6.
Eunice Tropical Food Shop, 133 Deptford High Street, SE8.
Robinson's, 50-51 Third Avenue, Granville Arcade, Coldharbour Lane, SW9.

Arts – Le **Musée de l'homme** (Museum of Mankind) présente les collections ethnologiques du British Museum. L'**Africa Centre**, 38 King Street à Covent Garden, possède une scène de concert pour les représentations musicales, les concerts et divertissements. Boutique d'artisanat africain.

Le **carnaval de Notting Hill**, la parade la plus chaude de toute l'Europe, fut fondé par des immigrés hindous, arrivés à Londres dans les années 40 pour travailler dans les transports publics. Dans sa forme actuelle, son organisation remonte aux émeutes raciales de 1958. Aujourd'hui, il est le plus grand carnaval européen, attirant des gens de partout durant le dernier week-end d'août (Bank Holiday). Le carnaval des enfants se déroule le dimanche, celui des adultes le lundi. La musique rythmée (calypso, soca, reggae, jerk, groupes de percussions) accompagne le défilé costumé, les chars, les policiers souriants, la profusion de bière et de nourriture. Soyez prêt à affronter une foule immense (jusqu'à 2 millions de participants), une musique frénétique (diffusée par haut-parleurs ou jouée par les groupes) et... la pluie !

K. Brett

Carnaval de Notting Hill

EXTRÊME-ORIENT

Les supermarchés de **Soho** regorgent de spécialités chinoises, thaïlandaises, vietnamiennes ou philippines, présentées sous divers conditionnements : surgelés, produits frais, lyophilisés ou en conserve. A Chinatown, on trouve des ustensiles de cuisine pas chers, des woks, de la porcelaine de Chine, des produits alimentaires et des restaurants de vente à emporter. Le Nouvel An chinois y est célébré chaque année.

Supermarchés chinois – **Cheong Leen**, 4-10 Tower Street, WC2. Ouvert tous les jours de 10 h à 18 h. ☎ 0171 836 5378. Métro : Leicester Square.
Loon Fung, 42 Gerrards Street, W1. Le plus vaste de tous. **Loon Moon**, 9 Gerrards Street, W1.
Peking Supermarket, 61 Westbourne Grove, W2.
Sound of China, musique chinoise contemporaine, 6 Gerrard Street.

Spécialités indonésiennes – Feuilles de lime fraîche, coriandre, feuilles de palmier et lemon-grass, nouilles, sauces, riz et épices sont vendus aux adresses suivantes :

Un aspect traditionnel de Soho

Hopeweel Emporium, 2F Dyne Road, NW6.
Maysun Food Market, 869 Fincley Road, NW11. Pas de rayon fruits et légumes frais.
Talad Thai, 320 Upper Richmond Road.
Towana Oriental Supermarket, 18-20 Chepstow Road, W2. Spécialités thaïlandaises, pickles de Birmanie, vidéos, magazines, journaux...

Produits japonais – L'étiquetage est souvent sommaire : soupes lyophilisées, viandes et poissons finement tranchés, fruits magnifiques.
J A Centre, 348-356 Regent's Park Road, N3.
Ninjin Food Shop, 244 Great Portland Street, W1.
Teriyaki Japan and Oriental World, 25-26 Newport Court, WC2. Plats à emporter.
Yaohan Plaza, 399 Edgeware Road, NW9. « Tout le Japon sous un toit » : barracuda, poulpe, viande toute préparée.
Muji – Boutique de création japonaise : simplicité des formes, agrément des matières premières, couleurs discrètes, excellents systèmes de rangement : 26 Great Marlborough Street. ☎ 0171 494 1197 ; 38 Shelton Street. ☎ 0171 379 1331 ; 157 Kensington High Street. ☎ 0171 376 2484.

Porcelaine de Chine et du Japon – La **Percival David Foundation** se consacre à faire connaître et mieux apprécier l'art et la culture chinois. Sa collection de porcelaine et de céramique n'a d'égale que celle du palais Topkapi à Istanbul. Aujourd'hui administrée par la SOAS et intégrée à l'université de Londres, située au 53 Gordon Square. Autres collections importantes : **British Museum** et **Victoria and Albert Museum** (voir index).

MÉDITERRANÉE

Italie, Grèce, Chypre, Espagne et Portugal sont représentés à Londres.

Italie – **Plats cuisinés italiens :** Lina Stores, 18 Brewer Street, W1 ; Camisa and Son, Old Compton Street ; Luigi Terroni & Sons, 138 Clerkenwell Road, EC1 ; Luigi's, 349 Fulham Road, SW10.

Bar Italia, 22 Frith Street, W1 est le café italien le plus renommé de Londres. Ouvert 24 heures sur 24 et particulièrement bondé lors des matches de l'équipe nationale de football.
Italian Trade Centre, 37 Sackville Street, W1.
Italian Bookshop, 7 Cecil Court, WC2. ☎ 0171 240 1634.

Grèce – La cathédrale grecque **Aghia Sophia,** Moscow Road, W2, est construite sur le modèle de Sainte-Sophie à Istanbul. De nombreux commerces grecs sont venus s'implanter à proximité immédiate de l'église orthodoxe.
Lemonia, 89 Regents Park Road, NW1 est un établissement à l'ambiance gréco-cypriote. Réservation recommandée car très fréquenté par les gens du quartier. ☎ 0171 586 7454.
Grecian Foods, 355 Green Lanes, N4. Halvas, huile d'olive, souchets.

Espagne et Portugal – Les Espagnols et les Portugais ont établi leurs communautés dans le haut de Portobello Road. Au cœur de ce quartier se trouvent bon nombre d'épiceries ainsi que le Café Lisboa (57 Goldborne Road, W10) qui sert en abondance des flancs caramélisés. R Garcia & Son, 249 Portobello Road, W11, est le restaurant de plats cuisinés espagnols qui offre le plus grand choix.

MOYEN-ORIENT

Spécialités turques, libanaises, syriennes ou iraniennes – nourriture de base pour certains, délices pour d'autres (loukoums turcs, noix salées, safran et eau de rose) – aux abords de Edgeware Road, Shepherds Market, Kensington High Street et Westbourne Grove.

Fadil, Catford Bridge, SE6. Boulangerie et épiceries adjacentes.

Turkish Food Centre, 385-387 Green Lanes, N4.

Shammiss Abbas, 74 Green Lanes, N4. Beaux fruits et légumes frais.

Green Valley, 36 Upper Berkeley Street, W1. Fabuleux magasin libanais.

Roushan's Patisserie, 14 Connaught Street, W2.

Algerian Coffee Stores, 52 Old Compton Street. Fondé en 1887.

Centre culturel islamique et mosquée centrale – 146 Park Road, NW8. ☎ 0171 724 3363. ⊖ Regent's Park. Ensemble moderne avec vaste hall de prière.
Bibliothèque de consultation sur place. Prières du vendredi en arabe et en anglais, forum et événements culturels tous les samedis à 15 h.

Forum islamique et mosquée de l'Est londonien – 94 et 82-92 Whitechapel Road, E1. ☎ 0171 375 3844. « M » Whitechapel.

Al Saqi Books – *25 Westbourne Grove, W2.* ☎ *0171 229 8543.* Grand choix d'ouvrages de référence, de livres de voyage, romans. Commande par correspondance.

Islamic Arts Foundation – 144 Kings Cross Road, WC1. ☎ 0171 833 3218. Éditeurs d'Arts and The Islamic World.

CULTURE ISRAÉLITE

Les origines de la communauté juive de Londres sont difficiles à retracer avec exactitude, mais les registres de l'époque de Guillaume le Conquérant indiquent qu'elle était déjà bien établie en 1066. Au Moyen Age, interdiction était faite aux chrétiens de prêter de l'argent, une pratique alors assurée par les Juifs qui devinrent bientôt les banquiers de la Couronne. Les reçus du trésorier royal se présentaient sous forme de bordereaux en bois gravés, puis coupés en deux. Toutefois, en 1290, Édouard Ier décida de chasser les Juifs, mettant un terme à leur présence dans la Cité. Suite aux persécutions dont ils étaient l'objet en Espagne, les Séfarades (de l'hébreu « Espagne ») fuirent au Portugal et aux Pays-Bas. Dès 1540, ils trouvèrent également refuge à Bristol et Londres. Sans argent et ne maîtrisant pas l'anglais, ils prétendaient être des Chrétiens convertis. Devenus brocanteurs, les Juifs parvinrent à force de travail et de persévérance à se hisser parmi les classes corporatives, se voyant finalement octroyer la liberté de culte par Olivier Cromwell en 1656. Le deuxième grand flux de réfugiés arriva d'Europe du Nord (Pologne, Allemagne et Autriche), formant une importante communauté d'ashkénazes dont étaient issues des grandes familles comme les Goldsmith, Salomon et Rothschild. Se spécialisant dans le commerce des diamants et des métaux précieux, les marchands et courtiers encourageèrent l'expansion coloniale, tandis que l'East End, Whitechapel, Commercial Road, Spitalfields, Stepney Green et Brick Lanes voyaient fleurir les boutiques de tailleurs, ébénistes, chausseurs et bottiers, satisfaisant la demande des détaillants de West End.
Aujourd'hui, les principales communautés juives résident dans la banlieue Nord de Londres : Golders Green, Hendon, Brent, Barnet, Harrow et Redbridge. Elles sont en majorité constituées d'ashkénazes orthodoxes nés en Angleterre et de petits groupes de séfarades subsistant toujours.

Synagogues – La plus ancienne, et peut-être la plus authentique, synagogue **séfarade** orthodoxe fut fondée en 1701 : Spanish & Portuguese Synagoge, Bevis Marks, EC3. ☎ 0171 626 1274.
La communauté **ashkénaze** possède plusieurs synagogues : United Synagogue, constituant la plus grande organisation, présidée par le rabbin et regroupant trois anciennes institutions, la Great Synagogue de Mitre Court, la Hambro Synagogue (1724) et la New Synagogue (1761). Pour tous renseignements, s'adresser à Raymond Burton House, 129-131 Albert Road, NW1 7NB.
Dans la Cité se trouve la Sandys Row Synagogue, 4 Sandys Row, Artillery Lane, Bishopsgate E1.
West End compte plusieurs centres importants : Marble Arch Synagogue (construite en 1961), Great Cumberland Place, W1 ; New West End Synagogue (érigée en 1879), St Petersburg Place, W2 et son cimetière à Islington, décrit comme « l'abbaye de Westminster juive » (y reposent notamment le fondateur du University College, Sir Isaac Goldsmid et son fils, Frances Henry, le premier avocat juif).

Les adeptes de la branche **libérale et progressiste** (culte américain réformé) et de la branche **réformée** (culte américain conservateur) se rassemblent respectivement à la Liberal Jewish Synagogue, 28 St John's Wood Road, NW8 et à la Westminster Synagogue, Rutland Gardens, SW7.

Jewish Museum– *Raymond Burton House, 129-131 Albert Road, NW1*. Le musée Juif propose une introduction chaleureuse et amicale à l'histoire et à la culture de la communauté juive londonienne. Les aspects socio-historiques sont exposés au centre de Finchley Road, 80 East End Road, N3. Les deux instituts organisent en commun des visites à pied, des représentations théâtrales yiddish et des expositions temporaires.

Jewish Memorial Council (siège social et librairie), 25 Enford Street, W1. ☎ 0171 724 7778.

Restaurants kachers – Hendon Green et Golders Green. Pour la nourriture traditionnelle, aller voir chez Blooms, 130 Golders Green Road, NW11. ☎ 0181 455 1338.

La dynastie des **Rothschild** remonte à Mayer Amschel (1744-1812), le banquier du prince Guillaume, qui habitait dans un ghetto de Francfort. Il envoya ses fils fonder des succursales dans les grandes métropoles européennes, Vienne, Naples, Paris et Londres, où débarqua **Nathan Mayer** en 1798 *(voir City – Monument)*. **Lionel** (1808-1879) fut élu député à quatre reprises entre 1847 et 1857, mais, sa religion lui interdisant de prononcer le serment chrétien, ne put occuper son siège qu'après le vote d'une résolution spéciale. **Nathan Mayer** (1840-1915), créé pair par le Premier ministre William Gladstone, fut le premier Juif à accéder à cette distinction. Le grand biologiste **Lionel Walter** (1868-1937), enfin, rassembla une collection de plus de 280 000 peaux exposée au muséum d'Histoire naturelle de New York (Tring Park Collection, 1932). Ses papillons et phalènes ont été légués au British Museum.

Sports

Un séjour à Londres est aussi l'occasion de se familiariser avec quelques pratiques sportives spécifiquement britanniques.

CRICKET

Sport des gentlemen anglais par excellence, le cricket, exporté dans les colonies afin d'y encourager l'esprit d'équipe, la discipline et le fair-play, y a fait tellement d'adeptes que les « visiteurs » semblent aujourd'hui prendre le dessus.

Petit glossaire fondamental du cricket

Le jeu se pratique sur un terrain d'au moins 135 m sur 155 m avec des battes de bois de 96 cm de long et des balles de son recouvertes de cuir. Au centre, deux lignes d'envoi distantes de 20 m l'une de l'autre sont matérialisées par des **guichets** (wicket) constitués de trois piquets verticaux (stumps) de 70 cm reliés par une **barre** (bale) horizontale que le lanceur (bowler) essaie de faire tomber.

Une équipe est composée de 11 joueurs : 4 lanceurs, 1 gardien de guichet, 5 batteurs (batsmen) chargés d'arrêter la balle et 1 joueur polyvalent. Le batteur doit renvoyer la balle le plus loin possible et courir d'un guichet à l'autre pendant que son adversaire essaie de la récupérer. Chaque trajet vaut un point, appelé **bye**. Si la balle renvoyée par le batteur franchit les limites du terrain après avoir rebondi à l'intérieur, l'équipe marque **quatre** points. **Six** points sont accordés si la balle franchit la limite sans rebond. 6 lancers de balle constituent un **over** et on change de lanceur après chaque over. Quand un batteur manque une balle, il est remplacé par un coéquipier.

Un **test-match** est une rencontre internationale sur 5 jours se décomposant en quatre **innings**, période de temps nécessaire pour que chaque batteur ait pu jouer deux fois à son poste. Les deux premiers batteurs sont en général des joueurs expérimentés, capables d'affronter des balles arrivant parfois à plus de 160 km/h. Saviez-vous que c'est une balle de cricket qui tua le prince Frédéric ?

Le **Lord's Cricket Ground** *(voir St John's Wood)* est le siège de plusieurs institutions indépendantes : l'International Cricket Council, qui supervise ce sport, le Marylebone Cricket Club, fondé en 1787 et portant les couleurs rouge et jaune, qui institua le Test and County Cricket Board chargé d'administrer la première division et les matches professionnels au Royaume-Uni, et le Middlesex County Cricket Club, fondé en 1877. Il va sans dire que le Lord's est également le principal stade de cricket londonien.

Le deuxième terrain de cricket londonien, l'**Oval**, se situe au Sud de la Tamise à Kennington et accueille les matches du comté de Surrey.

COURSES DE LÉVRIERS

Importées des États-Unis dans les années 20, elles attirent le plus de spectateurs à Londres après le football et se déroulent dans le stade de Hackney depuis 1932. Mais attention, les paris pris auprès de bookmakers ne sont pas toujours garantis d'honnêteté...

London Stadium Hackney, *Waterden Road*, *E15*. ☎ 0181 986 3511. Courses à 19 h 45 les mercredis, vendredis et samedis ainsi que le mardi après-midi et le dimanche matin. Entrée payante le vendredi et le samedi soir seulement. Bière et repas en promotion le mercredi. ⊖ Stratford et navette toutes les 20 mn entre 18 h 30 et 20 h 30.

Wimbledon Stadium, *Plough Lane*, *SW17*. ☎ 0181 946 5361. Courses à 19 h 30 les mardis, vendredis et samedis. ⊖ Wimbledon Park.

Walthamstow Stadium, *Chingford Road*, *E4*. ☎ 0181 531 4255. Courses à 19 h 30 les mardis, jeudis, samedis et à midi le dimanche. ⊖ Walthamstow Central.

FOOTBALL

La saison de « soccer » commence fin août et se termine fin mai avec la finale de la Coupe d'Angleterre à Wembley. Londres est fière de compter plusieurs équipes de Première division, dont les plus connues sont **Arsenal** (maillot rouge et short blanc), dont les joueurs sont surnommés les « Gunners » en raison de leur emblème représentant un canon, **Chelsea** (maillot et short bleus ; emblème : le lion), qui recrute ses fans (les plus violents surnommés les « Headhunters » – chasseurs de tête) parmi les habitants aisés du quartier et les chauffeurs de taxi londoniens, et **Tottenham Hotspur**, ou simplement Spurs (maillot blanc et short noir ; emblème : un coquelet), qui autrefois recrutait ses joueurs parmi la population juive du Nord de Londres.

Parmi les autres grandes équipes londoniennes figurent **Brentford Town**, **Charlton Athletic**, **Crystal Palace**, **Fulham**, **Leyton Orient**, **Millwall** (éviter les matches entre Millwall et son rival de toujours West Ham, car la confrontation entre les supporters peut tourner à l'échauffourée), **Queen's Park Rangers**, **West Ham** (bandes de hooligans violents surnommées « InterCity Firm ou ICF »), **Wimbledon**...

Les matches vedettes se déroulent au stade de **Wembley**, Stadium Way (⊖ Wembley Park).

SPORTS ÉQUESTRES

Plusieurs centres équestres sont exploités à Londres à proximité des grands parcs (Hyde Park et Richmond), ou encore sur l'Isle of Dogs (Mudchute Park, *voir Docklands*).

Hyde Park Stables, 63 Bathurst Mews, W2. ☎ 0171 723 2813.

Hippisme – Les paris sont pris soit au totalisateur géré par l'État, qui n'indique les cotes qu'une fois tous les paris enregistrés, soit auprès des bookmakers postés au bord de l'hippodrome. Ces derniers fixent leurs propres cotes, exigent une mise minimum élevée et ne paient les gains que sur le « gagnant ». Le calendrier des principales manifestations est publié dans les journaux populaires.

Sandown Park, The Racecourse, Esher Station Road, Surrey. ☎ 01372 470 047. Train express : Esher.

Kemptom Park, Sunbury-on-Thames, Middlesex. ☎ 01372 470 047. Train express : Kempton Park. Meetings en soirée le mercredi pendant l'été.

Ascot, High Street, Ascot. ☎ 01344 22211. Train express : Ascot. Réunions tout au long de l'été.

Windsor, Maidenhead Road, Windsor. ☎ 01753 865 234. Train express : Windsor. La course en nocturne par excellence ; hippodrome au bord de la Tamise ; les réunions ont lieu le lundi de 18 h à 21 h ; cravates et robes de cocktail exigées.

Epsom, Epsom Drowns, Surrey. ☎ 01372 470 047. Train express : Epsom. C'est ici que se déroulent les célèbres prix du Derby (10 juin) et des Oaks (en juin également).

Polo – Guard's Club à Windsor Great Park (Smiths Lawn, Englefield Green, Egham. ☎ 01784 437 797). Matches tous les samedis et dimanches à 15 h. Tournoi Cartier International en juillet. Le tournoi national de polo féminin se déroule à Ascot Park (Sunningdale) début juillet.

RUGBY

Le plus beau stade de Grande-Bretagne est celui de Twickenham, siège de la Rugby Football Union (Whitton Road, Twickenham ; train : Twickenham au départ de Waterloo). Sa pelouse voit se dérouler les grandes rencontres internationales, y compris le Tournoi des Cinq Nations. Il a été récemment rénové, les anciens bancs et tribunes de bois laissant la place à 75 000 sièges au design futuriste. Le **musée du Rugby** (Museum of Rugby) propose **Twickenham Experience**, visite guidée à travers 14 salles thématiques, les vestiaires, les bains vieux d'un demi-siècle et conservés à la demande des joueurs.

Parmi les clubs de rugby londoniens figurent les **Harlequins**, qui jouent au Stoop, près de Twickenham, les **Wasps** dont le stade se trouve à Sudbury et les **Saracens**, installés à Cockfosters.

TENNIS

Les premières règles du tennis sur herbe furent rédigées par le MCC *(voir plus haut cricket)* en 1875. Plus tard, c'est un club de croquet de Wimbledon qui endossa la responsabilité de l'organisation et du développement de ce sport. Plusieurs tournois sur herbe ont lieu chaque année en préparation de Wimbledon, notamment celui du Queen's Club. Le Hurlingham Club organise également des rencontres importantes. La plupart des parcs (Hyde, Battersea, Holland, Islington Tennis Centre) disposent de courts publics : s'adresser à la Lawn Tennis Association pour obtenir le dépliant *Where to Play Tennis in London* : LTA Trust, Queen's Club, W14 9EG.

Jeu de paume – Également appelé « tennis royal », ce sport, précurseur du tennis en salle, fut inventé en France. On y joue à Hampton Court depuis 1530 et au Lord's Cricket Ground depuis 1838. Pratiqué à l'origine dans les monastères, il s'exerce sur des terrains rappelant la forme des cloîtres. Les raquettes s'adaptent à la paume de la main et les services s'effectuent toujours du même côté. Les balles sont composées d'un noyau dur recouvert de feutre blanc.

SPORTS NAUTIQUES

Quelques adresses utiles :

Brockwell Lido, Dulwich Road, SE24. ☎ 0171 274 3088. Grande piscine en plein air des années 30. Se renseigner par téléphone sur les horaires d'ouverture.

Hampstead and Highgate Swimming Ponds : trois lacs ouverts à la baignade mixte (East Heath Road, NW3. ☎ 0171 485 4491, de mai à septembre de 10 h à 18 h et d'octobre à février de 10 h à 15 h) ou aux baigneurs du même sexe (Millfield Lane, N6. ☎ 0171 485 4491 – tous les jours de 7 h à 20 h 30). En plein air, alimentation en eau douce, entrée gratuite.

Piscines publiques : Marshall Street Leisure Centre, 14-16 Marshall Street, W1. ☎ 0171 287 1022 ; The Oasis, 32 Endell Street, WC2. ☎ 0171 831 1804. Se renseigner par téléphone sur les horaires.

Aviron – Il se pratique dans des clubs privés à Chiswick et dans les docks. Pour plus de détails sur les courses de dragon et les compétitions organisées dans les Docklands, contacter **The Royal Albert Dock Trust**, ☎ 0171 474 1111 ou le Poplar, Blackwall and District Rowing Club, ☎ 0171 987 3071 pour une initiation.

Un nouveau concept d'aide au voyage

Que vous souhaitiez connaître une simple distance ou visualiser un itinéraire détaillé, disposer de toutes les précisions sur un hôtel, un restaurant ou un camping, les Services de Tourisme Michelin mettent désormais à votre disposition une rubrique couplant toutes ces informations dans leur univers Internet

http ://www.michelin-travel.com

Ph. Gajic

Panorama nocturne sur la Cité

Centre de Londres

BAKER STREET

Cette grande artère était déjà centenaire lorsque Conan Doyle fit du 221B Baker Street l'adresse du célèbre détective Sherlock Holmes. En réalité, la numérotation de la rue s'arrêtait alors au 85. Les fiacres, les lampadaires à gaz et les brumes qui font tout le charme des romans de Doyle ont disparu depuis longtemps. En revanche, le n° 221B existe bien aujourd'hui, un nouveau numérotage ayant été réalisé en 1930.

★**Madame Tussaud's Waxworks** ⊘ – Des figures de cire émane une fascination intrinsèque pour le genre humain. Les grands de ce monde ainsi ramenés à une échelle humaine, le visiteur est frappé par la petite taille d'une personnalité aussi puissante que la reine Victoria, par la ressemblance remarquable d'Édouard VII et de George V. Pour obtenir de tels résultats, chaque portrait grandeur nature est élaboré avec le plus grand soin : on part de la photographie du modèle, pour étudier son attitude et son comportement, donner l'aspect de ses dents, rendre la couleur et la nuance de la peau en combinant peinture à l'huile et acrylique, choisir minutieusement des yeux en céramique, comparer les mèches de cheveux humains à celles du modèle, prendre les mensurations (oreilles, nez, bouche, poitrine, taille, hanches, etc.) à l'aide d'un calibre, exécuter une copie des vêtements originaux (la robe de mariée de la princesse Diana a été commandée auprès des créateurs David et Elizabeth Emanuel) ou emprunter des accessoires lui ayant appartenu (la montre de Gandhi, les chaussures de Pavarotti). À intervalles réguliers, les vêtements sont nettoyés, les cheveux lavés et recoiffés, les visages de cire nettoyés et remaquillés.

Les personnages sont répartis dans différentes salles sur plusieurs étages. Les présentations dites **The Garden Party** et des **Hollywood Legends and Superstars** sont régulièrement remises à jour pour suivre l'actualité. Vous pouvez vous mêler aux statues et vous faire photographier à côté des personnalités riches et célèbres du moment, et évoluer ainsi dans le monde du show-business, du divertissement ou du sport (musique, télévision, cinéma, tennis, football, cricket, sumo) avec les Navratilova, Becker, Gooch, Venables, Gazza, Torvill et Dean, Michael Jackson, Madonna, Superman, James Bond, Dame Edna...

Les effigies des grands de la noblesse, de la politique et de l'histoire sont rassemblées dans le **Grand Hall** : Henri VIII et ses femmes, les familles royales d'Europe, les Premiers ministres et les hommes d'État étrangers passés et présents.

À l'étage inférieur, la **Chambre des Horreurs,** dont la visite est déconseillée aux jeunes enfants et aux personnes sensibles, présente une série de tableaux illustrant plusieurs modes d'exécution (Jeanne d'Arc périssant sur le bûcher) et les portraits de grands criminels et meurtriers en série. **Spirit of London** vous entraîne *(5 mn)* dans

---

Qui êtes-vous Madame Tussaud ?

Je suis née en 1761 et mon patronyme est Marie Grosholz. Dès l'âge de 6 ans, je fus envoyée à Paris chez mon oncle, le Bernois Philippe Creutz, qui en 1770 allait ouvrir son premier Cabinet de cire. Devenue l'élève de mon oncle, je fis à 17 ans mon premier portrait, celui de Voltaire, et je commençai peu après à enseigner les rudiments de la sculpture en cire à Madame Élisabeth, sœur du roi ; j'eus alors l'occasion de réaliser les figures de la famille royale, effigies que le peuple parisien jeta dans la Seine lors de la Révolution.

Mais mon oncle était attiré par les idées nouvelles. Le 12 juillet 1789, à la suite du renvoi de Necker, un cortège conduit par Camille Desmoulins vint quérir chez lui le buste de ce ministre et celui du duc d'Orléans, qui furent promenés voilés de noir à travers Paris. Deux jours plus tard, il participait à la prise de la Bastille et je pus prendre le masque mortuaire du gouverneur, monsieur de Launay.

Vint la Terreur. Il fallait vivre. Avec mon oncle, nous modelâmes les masques des victimes de cette époque : Louis Capet et sa veuve, Marat, Hébert, Robespierre, Fouquier-Tinville. À la mort de mon oncle, j'héritai de son cabinet puis épousai un ingénieur de Mâcon, monsieur Tussaud. J'avais 34 ans, lui 26 ; deux fils et une fille naquirent. Mais, en 1802, nous nous séparâmes : tandis que mon mari restait à Paris, je partis sillonner l'Angleterre durant 33 années, présentant mes cires avec mes fils.

En 1835, lasse de mes pérégrinations, je m'établis à Londres, Baker Street, et je perfectionnai le procédé de fabrication de mes personnages. J'entrepris mon propre portrait en 1842, alors que j'atteignais mes 81 ans : voyez comme ma physionomie reste, malgré l'âge, aiguë et déterminée. Aujourd'hui encore, en cette année 1850, je surveille les entrées des curieux dans mon musée. Et croyez que je contrôle la comptabilité de fort près !

Cependant, j'ai fait préparer ma tombe dans le cimetière St Mary, Cadogan Gardens, près de Sloane Square, où sont enterrés maints émigrés français. Les temps sont proches... Adieu monsieur !

un taxi londonien reconstitué pour une visite mouvementée à travers l'histoire de la capitale : depuis le règne d'Élisabeth Ire jusqu'à nos jours en passant par la peste, le Grand Incendie, le règne de la reine Victoria et la Seconde Guerre mondiale.

★Planétarium – Dans un ancien cinéma bombardé pendant le Blitz, l'exposition s'étend sur trois étages dits zone de lancement (Launch Zone), zone planète (Planet Zone) et zone espace (Space Zone), et utilise le Digistar II, projecteur de la plus haute technicité. À l'aide de panneaux explicatifs, de simulations sur ordinateur, de vidéos et de stands interactifs, sont expliqués les développements de l'astronomie ainsi que les phénomènes cosmiques : le soleil, les galaxies, les planètes, les étoiles, les comètes, les trous noirs...

Le court-métrage *Cosmic Perceptions (30 mn)* est projeté dans le dôme du planétarium. Des effets spéciaux transportent les spectateurs à travers le temps, du site préhistorique de Stonehenge jusqu'à la sonde spatiale en passant par les observations et découvertes faites par Ptolémée, Copernic, Galilée, Newton, Hubble, Einstein et Hawking.

Sherlock Holmes Museum ⊙ – *221B Baker Street*. Bâtie en 1815, hôtel garni de 1860 à 1934, cette maison a été aménagée selon les descriptions faites par Sir Arthur Conan Doyle. Le cabinet de travail présente les objets familiers du célèbre détective, ainsi que d'anciens exemplaires du *Times*. La chambre de Watson permet au visiteur de se plonger dans l'atmosphère de l'époque.

BANKSIDE ★

Plan p. 9, **FHXY** – Schéma : SOUTHWARK
⊖ Blackfriars Bridge

L'histoire de cette étroite bande de terre bordant la Tamise est inextricablement liée à celle de Souhtwark *(voir à ce nom)*. La partie Ouest fut louée aux évêques de Winchester, qui y érigèrent un véritable palais baptisé **Winchester House**, et une prison, le célèbre Clink. Le long du quai principal se trouvaient des maisons closes dont les occupantes étaient surnommées les « oies de Winchester » ; la partie Est appartenait à l'abbaye de Bermondsey. Après la dissolution des monastères, le site fut attribué aux chevaliers du Temple, puis à ceux de Saint-Jean-de-Jérusalem. N'appartenant pas au domaine public, il n'entrait pas dans la juridiction de la Cité.

Au 16e s., les tavernes, maisons closes (une rue du quartier s'appelle encore Love Lane), tripots organisant combats d'ours ou de coqs, et autres établissements de ce genre étaient localisés entre la prison, à l'angle de Gravel et Maiden Lanes, et le jardin Paris, du nom d'un gentilhomme du 14e s., Robert de Paris. Au 16e s. encore, l'autorisation fut donnée d'ouvrir deux théâtres dans l'enceinte de l'ancien monastère de Blackfriars. Les plans de Londres relevés vers 1550 par Braun et Hogenberg signalent deux théâtres de forme circulaire à Bankside : The Bear Baiting et The Bull Baiting (l'arène aux Ours et l'arène aux Taureaux). Plus tard furent créés le **Rose** (1587), le **Swan** (1596) le **Globe** (1599) et le **Hope** (1613), scènes qui firent la renommée de Bankside. Mais leur succès fut éphémère, et, l'un après l'autre, ces théâtres redevinrent des arènes pour les combats d'animaux jusqu'à ce qu'en 1642, les puritains de la République n'en décident la fermeture définitive.

Au n° 49 Bankside se dresse un vestige du vieux Londres, un bâtiment passant pour avoir abrité consécutivement une maison close, un café, puis l'atelier de Sir Christopher Wren ; elle offre une perspective imprenable sur le site de la cathédrale St-Paul. Aujourdhui propriété privée, le bâtiment bénéficie de belles vues sur l'horizon londonien et sur Queenhithe, autrefois le dock le plus important en amont du pont de Londres. Récemment, le paysage urbain du quartier a été réhabilité et, bientôt, des constructions s'élèveront aux abords de la nouvelle Tate Gallery.

> **Anchor Tavern** – *1 Bankside*. Pub historique où Shakespeare venait boire.

Une façon d'explorer Bankside consiste à emprunter la voie piétonne longeant la Tamise et reliant le pont de Westminster à Bermondsey par la cathédrale de Southwark et le pont de la Tour *(compter 1 h 1/2 entre Bankside et Rotherhithe)*.

Bankside Power Station – La masse de la centrale électrique (1957-1960), surnommée par les Londoniens la « cathédrale de l'âge de l'électricité », fut dessinée par Giles Gilbert Scott. Elle possède une seule cheminée (99 m) et une façade de briques disposées en gradins à la manière des temples aztèques. La centrale, désaffectée en 1981, est en cours de réaménagement pour fournir un cadre spacieux aux collections d'art contemporain de la Tate Gallery.

Bankside Gallery ⊙ – La galerie, qui ouvrit ses portes en 1980 dans ces locaux modernes bordant la Tamise, présente des expositions temporaires. Elle appartient en commun à la Société royale des aquarellistes, fondée en 1804, et à la Société royale des aquafortistes et graveurs, fondée en 1881.

★International Shakespeare Globe Centre ⊙ – *Bear Gardens*. Le plus grand dramaturge britannique est enveloppé d'une aura unique car, bien qu'il n'existe aucun manuscrit autographe de ses pièces, il est considéré comme le plus remarquable interprète de la langue anglaise. C'est le metteur en scène et acteur américain Sam Wanamaker qui suggéra de bâtir un centre pour encourager l'étude et l'interprétation dramatique de l'œuvre de Shakespeare. Trouver les fonds pour la réalisation d'un tel rêve ne fut pas tâche facile, et une campagne fut même lancée pour que chacun paie sa propre brique de l'édifice.

Globe Theatre – Le Wooden O (Le O de bois ; 10 m de haut, 30 m de diamètre et 90 m de circonférence) a été construit sur le modèle du théâtre original, fondé par Cuthbert **Burbage** *(voir East End – Shoreditch)* et démoli en 1644, à partir de croquis d'époque et de fouilles archéologiques conduites à proximité. Partout où cela était possible, les architectes ont employé des matériaux (chêne non traité, chaume de roseau) et des techniques de construction similaires à ceux d'origine afin de recréer ce théâtre à demi couvert, comprenant une scène élevée et un orchestre à découvert bordé de trois côtés par des gradins abrités. Par souci d'authenticité, les représentations sont données l'après-midi comme au temps de Shakespeare, sans éclairage artificiel ni assurance contre les intempéries !

Inigo Jones Theatre – Le long de l'amphithéâtre principal s'élève cette petite salle intime, construite d'après les plans d'Inigo Jones. Elle sert aujourd'hui de cadre à des concerts privés, des lectures de poésie et des productions d'ateliers.

Globe Education Centre – Ce centre d'enseignement porte en lui l'idée qui fut à l'origine de la création de l'ensemble. Il s'attache à promouvoir les œuvres de Shakespeare en les rendant plus accessibles à un large public, en explorant la signification, l'appréciation et l'interprétation pratique des drames élisabéthains et jacobites. Mais son objectif majeur consiste à souligner l'intérêt du théâtre en tant que divertissement, tant pour les acteurs que pour le public. L'ensemble comprend également un hall d'exposition permanente, un petit cinéma et une salle de conférences, des archives et une bibliothèque audiovisuelles.

Maisons anciennes – Sur chacun des trottoirs de Cardinal Cap Alley, il y a une belle demeure privée du 18e s. La première, au n° 49, est la plus ancienne maison de Bankside ; elle fut bâtie environ 50 ans après le Grand Feu de 1666 et occupe l'emplacement d'une maison close exploitée au 16e s. à l'enseigne du « Chapeau de cardinal ». Il convient donc d'émettre quelque réserve quant à l'authenticité de l'information gravée sur la plaque, indiquant qu'en ces lieux « en 1502, Catherine, infante d'Aragon et de Castille, future première épouse de Henri VIII, trouva logis lors de son arrivée à Londres ».
Les maisons situées à l'Ouest de cette artère, légèrement plus imposantes et plus stylisées, furent érigées quelque trente années plus tard. Aujourd'hui, elles constituent les appartements du prévôt de la cathédrale de Southwark.

Southwark Bridge – Ce pont métallique à trois arches conçu par Ernest George vint remplacer en 1919 le pont édifié (1815-1819) par Rennie, auquel Dickens fait référence dans *La Petite Dorrit*.

The Anchor – *1 Bankside*. La taverne de l'Ancre fut érigée entre 1770 et 1775 sur le site occupé successivement par plusieurs auberges au riche passé. Elles furent non seulement fréquentées par les mariniers et le personnel pénitentiaire *(matraques, menottes, etc., dans un bar)*, mais également par William Shakespeare, le lexicographe Johnson et son biographe Boswell. Des fouilles aux abords de Park Street ont révélé les traces d'un entrepôt romain.

Clink Exhibition ⊙ – *1 Clink Street*. Cette exposition présente un historique de l'emprisonnement et des tortures, ainsi que des maisons mal famées des bords de la Tamise. L'armurerie est la seule d'Angleterre à fabriquer des armures allant de l'an 125 à la guerre civile.

Winchester Palace – De ce palais des évêques, incendié en 1814, il ne reste que la clôture du **Grand Hall** du 12e s. percée d'une gracieuse **rose** du 14e s., et trois arcades qui ouvraient sur les cuisines. Sa présence est rappelée par les noms de Winchester Walk et Winchester Square.
L'enceinte comprenait une prison pour moines et religieuses, placée sous la juridiction des évêques et située sous le niveau des marées hautes. Au 15e s., elle fut connue sous le nom de **Clink**, d'où l'expression « to be in the clink » (être au bloc). De 1630 à sa fermeture en 1780, elle servit de prison pour dettes.

St Mary Overie Dock – Ces docks abritent une réplique grandeur nature du galion de Francis Drake, le *Golden Hinde* ⊙, construite à Appledore, dans le Devon, en bois d'iroko d'Afrique et calfeutrée avec de la filasse selon la méthode d'antan. Son baptême à l'hydromel et son lancement eurent lieu le 5 avril 1973. Lorsque le navire ne sillonne pas les mers (il a déjà accompli plusieurs traversées de l'Atlantique et un tour du monde), il peut être visité. Sous la conduite d'un membre d'équipage, on voit les cabines et les quartiers, les cuisines et la cale.

En 1577, **Francis Drake** (vers 1540-1596) embarqua sur le *Pelican* pour une destination inconnue ; trois ans plus tard, après avoir découvert Nova Albion (la Californie) et Port of Sir Francis Drake (San Francisco), il revint du Pacifique sur le *Golden Hinde*, ainsi rebaptisé à l'approche du détroit de Magellan. Le corsaire avait choisi ce nom en s'inspirant des armoiries de Sir Christopher Hatton, le financier de son expédition *(voir Introduction – Londres élisabéthaine)*, qui représentaient une biche d'or. À son arrivée, le navire mouilla à Deptford *(voir Greenwich)* et eut l'honneur d'une visite d'Élisabeth Ire, qui arma Drake chevalier.

Un **tableau panoramique** sur la berge permet d'identifier les bâtiments de la rive Nord. Les pavillons jumeaux qui ornent la tête Nord du pont ferroviaire de Cannon Street furent construits en même temps que le pont (1866) par J. W. Barry et J. Hawkshaw et que le hangar des machines (reconstruit). L'architecture moderne a ajouté récemment deux silhouettes à cet horizon, le London International Financial Futures Exchange et le London Traded Option Market.

★★**Cathédrale de Southwark** – *Voir Southwark.*

Borough High Street – *Voir Southwark.*

★**London Bridge** – *Voir City.*

London Bridge City – ⊖ *London Bridge.* L'immeuble du n° 1 **London Bridge** fut érigé lors de la vague de spéculation immobilière qui secoua la ville au milieu des années 80. Sa réalisation fut si rapide et si bon marché qu'il est considéré comme l'archétype des constructions nées pendant le grand « boum » immobilier. Contrastant avec les façades de granit poli de ce bâtiment, **St Olaf House** *(Hays Wharf)* semble posséder son propre style.

Cette demeure fut conçue par Goodhart-Rendel (musicien devenu architecte par aversion pour Brahms, dit-on, il fut ensuite président de l'Institut royal des architectes britanniques). D'inspiration Art déco, la maison est construite en pierre de Portland ; sa façade sur la Tamise est ornée de superbes bas-reliefs en faïence dorée, signés Frank Dobson. Les battants en bronze des fenêtres sur Tooley Street auraient autrefois été dorés à la feuille (les armoiries sont celles des familles Smith, Humphrey et Magniac, fondatrices de la société commerciale de Hay's Wharf en 1862).

Hay's Galleria – Une voûte en berceau, vitrée, couronne à 27 m la galerie recouvrant le bassin de Hay's Dock, aujourd'hui comblé. Les anciens entrepôts de thé, d'épices et autres denrées exotiques abritent des boutiques, des cafés et des restaurants. Une sculpture cinétique

Hay's Galleria

monumentale de David Kemp, *The Navigators*, rappelle les voiliers qui accostaient au quai.

HMS Belfast ⊙ – Ce croiseur se distingua lors des convois dans l'Arctique et au cours du débarquement en Normandie. Du pont supérieur jusqu'à la coque, il est entièrement peint dans des couleurs de camouflage spécifiques à la Marine. Sept ponts sont ouverts aux visiteurs. Une animation est proposée dans la salle des opérations et dans le poste de commandement avant. La boulangerie, l'infirmerie et la laverie se reconnaissent à l'odeur. Un film retrace l'histoire des convois en Atlantique Nord durant la Seconde Guerre mondiale, une exposition évoque la guerre des Malouines (Falkland) en 1982.

London Dungeon ⊙ – *34 Tooley Street.* Le **Cachot de Londres** abrite une galerie macabre et sombre de tableaux dépeignant, sur fond sonore d'ambiance, des scènes de mort par épidémie (lèpre et peste), diverses méthodes de torture et d'exécution (pendaison, guillotine ; une tête parlante raconte le décès d'Anne Boleyn) et des techniques chirurgicales pratiquées autrefois. Dans une salle séparée est retracée l'histoire de Jack l'Éventreur avec force effets spéciaux *(en option).* L'espace est efficacement utilisé, mais cette visite est déconseillée aux personnes sensibles et aux jeunes enfants.

Winston Churchill's Britain at War ⊘ – *64 Tooley Street.* Un vieil ascenseur permet d'atteindre une reconstitution de station de métro pendant la Seconde Guerre mondiale, avec ses couchettes, ses tables et ses chaises, sa cantine et son samovar, sa bibliothèque de prêt tenue par les femmes du service volontaire. Un programme vidéo, régulièrement interrompu par le bruit d'une rame, montre des scènes tournées à l'époque. L'exposition nostalgique, agrémentée d'une musique de ralliement, se poursuit par la présentation de la mode, du rationnement, des attaques aériennes, des abris, de l'évacuation, du travail des femmes dans les usines, de la vie de Sir Winston Churchill et d'une reconstitution très évocatrice des dégâts causés par les bombardements.

Des fouilles archéologiques entreprises sur le vaste site vis-à-vis de la Tour ont mis au jour l'enceinte du Rosary Palace, construit sous Édouard II au 14e s.

BAYSWATER – PADDINGTON

Plan p. 6, **BX**
⊖ Lancaster Gate ; Queensway ; Bayswater ; Paddington

Le nom de Bayswater est dérivé de l'appellation «Baynards Watering», donnée à l'endroit où Uxbridge Road rencontrait la Westbourne, rivière souterraine qui se jette dans la Serpentine (à l'endroit actuel de Lancaster Gate). Cette intersection fut, plus tard, le site des Bayswater Tea-Gardens. Le Swan Pub évoque des instants macabres du passé puisqu'il constituait une halte pour les condamnés à mort et leur escorte sur le chemin qui les menait des tribunaux à la potence de Tyburn.

Le développement de Bayswater comme quartier résidentiel au Nord de Hyde Park, entre Bayswater Road et Edgeware Road, remonte à 1827, c'est-à-dire après que la potence eut été déplacée de Tyburn (aujourd'hui Marble Arch). L'urbanisme a fait la part belle aux «crescents , squares, terraces», rénovés et restaurés dans les années 1960. Quelques beaux exemples de ces fronts d'immeubles ornent encore Hyde Park Gate, tandis qu'à Gloucester Terrace les bow-windows sont moins ostentatoires.

Whiteley's – En 1863, William Whiteley ouvrit un magasin de nouveautés au n° 31 Westbourne Grove, une rue alors surnommée «Bankruptcy Row» (allée de la Faillite). Les affaires florissant, cette boutique devint bientôt le premier grand magasin londonien. Mais, en 1981, la baisse des ventes contraignit Whiteley's à fermer ses portes. Le bâtiment a conservé toute sa splendeur, notamment la cage d'escalier, copiée sur celle du théâtre de la Scala de Milan.

Bayswater Road Art Exhibition – Le dimanche, le long des grilles Nord de Hyde Park et de Kensington Gardens, on pourra admirer et acheter les toiles et les œuvres de plus de 300 aspirants artistes.

London Toy and Model Museum ⊘ – *23 Craven Hill.* Un vrai paradis pour enfants occupe deux maisons de style victorien : une collection de jouets comprenant maquettes de locomotives, Meccano et autres, animaux, ours en peluche, poupées et maisons de poupées ainsi qu'un fort avec des soldats, un manège et un train miniature fonctionnant dans le jardin.

PADDINGTON

De part et d'autre de Praed Street se trouvaient autrefois de grands réservoirs d'eau destinés à alimenter Kensington Palace. En 1800, Paddington ne dénombrait même pas 2 000 âmes, mais un siècle plus tard la population dépassait déjà 125 000 habitants. En effet, en l'espace d'une centaine d'années, le quartier avait été doté d'un accès au canal et d'une gare terminale de la Great Western Railway. Une ligne d'omnibus avait également été inaugurée, ainsi qu'une section du métro.

Paddington Station – Le chemin de fer desservant l'Ouest de l'Angleterre et son terminus londonien furent construits par Isambard Kingdom Brunel *(voir index).* Sous sa large coupole de verre et de fer forgé reposant sur des piliers métalliques, la gare de Paddington (1850) prouve la hardiesse du siècle dernier. Elle comptait quatre plates-formes desservies par dix voies.

L'hôtel adjacent, érigé entre 1850 et 1852 par Hardwick le Jeune, mêle les styles Renaissance et baroque français et recourt à des sculptures allégoriques.

St Mary's Hospital – Cet hôpital tourné vers la recherche fut inauguré en 1851. C'est ici que Sir Almoth Wright développa la science de la prophylaxie et que fut découverte la pénicilline en 1928. Le **laboratoire de Sir Alexander Fleming** ⊘ a été reconstruit, et une exposition explique le rôle vital des antibiotiques dans la médecine moderne.

Derrière le saut-de-mouton se dresse la chapelle **St Peter's of Paddington Green,** où le peintre William Hogarth épousa secrètement Jane Thornhill en 1729. Dans le cimetière repose l'actrice Sarah Siddons *(voir index)* qui résida non loin de là, dans une ferme de Westbourne Green.

La « Petite Venise »

LITTLE VENICE

La **Petite Venise** est le nom d'un séduisant bassin triangulaire bordé de saules pleureurs à la jonction du Regent's Canal et de Paddington Basin. Ses eaux reflètent des demeures georgiennes alternant avec des immeubles modernes, et le Bureau des mariniers (ancien octroi).

Originaire de Cornouailles, William Praed entreprit en 1795 la construction d'un canal destiné à relier Paddington au Grand Junction Canal allant de Brentford à Uxbridge. Dès 1801, les produits des bourgs environnants y étaient convoyés vers les marchés de Londres et de nombreux promeneurs naviguaient vers leurs excursions.

En 1812, pour relier Paddington à la Tamise, on entreprit la construction du **Regent's Canal** *(chemin de halage ouvert de 9 h au coucher du soleil; promenades en bateau : voir au chapitre des Renseignements pratiques)*. Le long des 13 kilomètres unissant Little Venice aux docks de Limehouse et à la vallée de la Lea *(voir Docklands)*, 12 écluses et 2 tunnels permettent de franchir 26 m de dénivelée. Le canal emprunte le Maida Tunnel, où les hommes d'équipage, allongés sur le côté ou sur le dos, faisaient avancer leur chaland par pression des pieds sur la voûte, longe Regent's Park où il passe sous le pont de Macclesfield, connu sous le nom de « Blow up » Bridge (le pont qui saute) parce qu'un navire chargé de poudre et de pétrole y avait explosé en 1874, poursuit sa course entre les pavillons du zoo de Londres et à travers **Camden Lock,** bordé autrefois de chantiers navals et d'écuries, et prend le tunnel d'Islington.

BLOOMSBURY ★

Ce quartier jadis résidentiel renferme de nombreuses places des 18ᵉ et 19ᵉ s. et deux institutions : l'Université de Londres et le British Museum *(voir à ce nom)*.

Les places – L'aménagement de **Bloomsbury Square**, entrepris en 1661, révolutionna la conception urbaine de l'époque. Le 4ᵉ comte de Southampton, descendant du Lord-chancelier auquel Henri VIII avait accordé le manoir féodal en 1545, fit ériger des maisons pour familles patriciennes sur trois côtés de la place et un hôtel particulier à son usage sur le quatrième. Et la grande innovation fut d'y adjoindre un réseau de rues de service bien ordonnées et un marché. La réussite fut telle qu'à sa mort, en 1667, il possédait une magnifique résidence, une grande renommée mondaine et une immense fortune. Sa fille unique, Lady Rachel, épousa le futur duc de Bedford, unissant ainsi deux grandes propriétés.

Aucune des maisons d'origine n'a résisté au temps, mais au Sud-Ouest de la place subsistent encore deux résidences du 18ᵉ s., dont l'une, arborant une plaque ornée d'un chérubin, fut habitée par Isaac et Benjamin Disraeli de 1818 à 1826.

Les autres places, aujourd'hui intégrées en tout ou partie dans l'Université, datent du 19ᵉ s. : **Russell Square** fut construite en 1800, **Tavistock Square** entre 1806 et 1826, **Torrington Square** en 1825, **Woburn Square** en 1829 et l'aménagement de **Gordon Square** fut entrepris en 1850 par Thomas Cubitt *(voir index)*.

Une tradition artistique – Le quartier de Bloomsbury fut fréquenté par les artistes et les écrivains de la fin du 18ᵉ au début du 20ᵉ s. Richard Wilson et le paysagiste Constable habitaient au nº 76 dans Charlotte Street, renommée pour ses restaurants. Madox Brown et Bernard Shaw, les peintres Whistler et Sickert résidaient à Fitzroy Square, tandis que Verlaine et Rimbaud hantaient Howland Street. Le vorticiste Wyndham Lewis s'était installé dans Percy Street et David Garnet à Bedford Square. Mais les résidents les plus célèbres furent les membres du **Bloomsbury Group** *(voir en Introduction : La Peinture)* réunissant Virginia Woolf *(voir plus loin Fitzroy Square)*, Vanessa Bell, Roger Fry (critique d'art qui organisa en 1910 la première exposition post-impressionniste à Londres), Clive Bell, E. M. Forster, Lytton Strachey (ami et mentor de Dora Carrington), Duncan Grant et Maynard Keynes, dont l'adresse se situait à Bedford Square.

Autour de Gordon Square habitaient Rupert Brooke (poète de guerre), D. H. Lawrence, le philosophe **Bertrand Russell** et sa maîtresse, Lady Ottoline Morrell (grande protectrice des arts). Leurs idées et leurs œuvres, qui, dès le début des années 30, avaient trouvé une large reconnaissance, s'inscrivent aujourd'hui dans la tradition artistique britannique.

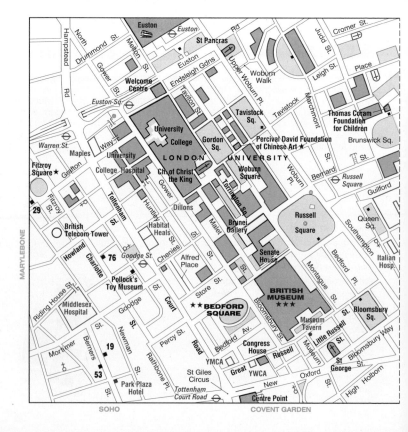

Le mouvement esthétique, en plein essor lorsque le quartier se développa, a laissé en héritage plusieurs **magasins d'ameublement et de décoration intérieure**, installés au Nord de Tottenham Court Road : **Maples** au n° 145, **Habitat** et **Heal's** au n° 191-196. Dans Berners Street se trouvent les salles d'exposition des fabricants de meubles, de papiers peints et de tissus Parker Knoll (n° 19) et Sanderson (n° 53), qui utilisent encore les pochoirs de William Morris *(voir index)* pour décorer à la main les papiers peints. Un superbe exemple du style de cette époque est visible au Park Plaza Hotel de Berners Street, avec sa décoration intérieure arborant plâtres sculptés, vitres peintes à la main, piliers et escaliers de marbre.

Le quartier des hôpitaux – Bloomsbury regroupe un grand nombre d'établissements médicaux. Le plus renommé, l'hôpital des Enfants malades, **Hospital for Sick Children**, fut inauguré 20 ans seulement après la Fondation Thomas Coram. Dans le périmètre alentour se situent des instituts de recherche et des cliniques : l'hôpital homéopathique et l'hôpital italien, tous deux fondés au 19e s., et l'hôpital national des troubles nerveux, élevé sur le site d'un autre hôpital pour enfants du siècle dernier. L'actuel **Middlesex Hospital**, reconstruit entre 1925 et 1936 et agrandi dans les années 60, occupait en 1745 des locaux situés Windmill Street, avant de déménager Mortimer Street 9 années plus tard. Le **University College Hospital**, dessiné par A. Waterhouse en 1897, borde Gower Street. Le **Eastman Dental Hospital**, le **Royal National Throat, Nose and Ear Hospital** (O.R.L.) et le **Royal Free Hospital** sont disséminés aux abords de Gray's Inn Road.

   Coram's Fields – *Guildford Street.* Ce vaste terrain de jeux (les adultes n'y sont admis que s'ils sont accompagnés par un enfant !) s'étend à l'endroit où s'élevait l'hôpital des Enfants Trouvés (Founding Hospital), démoli en 1926. Il avait été fondé en 1739 par un capitaine de vaisseau marchand, **Thomas Coram**, fondateur et administrateur de la colonie de Géorgie, et construit de 1742 à 1752 par Jacobsen. Dès sa fondation, il fut soutenu par les dons de nombreux artistes, parmi lesquels figuraient le compositeur Haendel, maître de chapelle de l'hôpital, et le peintre Hogarth.

Thomas Coram Foundation for Children ⊘ – *40 Brunswick Square.* A l'entrée se dresse la statue de Thomas Coram d'après Hogarth. Dans les bâtiments modernes du collège de Pharmacie de l'Université de Londres a été remontée la grande salle de l'ancien hôpital avec ses boiseries et ses stucs d'origine. Cette salle et les voisines recèlent des souvenirs émouvants, tels le bol à punch de Hogarth, une partition du *Messie* ayant appartenu à Haendel, un buste du même Haendel par Roubillac,

et une collection de peintures : portrait de Thomas Coram par Hogarth, *La Marche des gardes vers Finchley,* aussi par Hogarth, des œuvres de Gainsborough, Reynolds, Ramsay, Benjamin West. On peut voir, en outre, une maquette de l'ancien hôpital et un fragment d'un carton du *Massacre des Innocents* de l'école de Raphaël.

Dickens House ⊘ – *48 Doughty Street.* Charles Dickens emménagea, peu après son mariage avec Catherine Hogarth, dans cette maison de la fin du 18e s. alors située dans une voie privée que fermait une grille. La famille vécut ici près de trois ans, d'avril 1837 à décembre 1839. Dickens y acheva *Les Aventures de M. Pickwick* et y écrivit *Oliver Twist* et *Nicolas Nickleby,* ainsi que de nombreux articles, essais, sketches et lettres. C'est aussi dans cette maison que mourut sa belle-sœur, Mary Hogarth. On peut y voir portraits, souvenirs, manuscrits, ainsi que les premiers exemplaires brochés de ses romans, alors publiés en feuilletons, les notes qu'il utilisait pour ses lectures publiques, et de nombreuses illustrations originales de ses œuvres. Le salon,

Charles Dickens (1812-1870)

Pour écrire ses romans, Dickens faisait appel autant à sa fertile imagination qu'à ses expériences personnelles et ses personnages s'inspirent de ses intimes et des relations qu'il entretenait dans le monde du théâtre, où il se complaisait, et dans les milieux caritatifs.

Il avait connu à Chatham une enfance heureuse, subitement brisée, alors qu'il avait 12 ans, par l'emprisonnement de son père pour dettes. Il se mit alors au travail comme cireur de chaussures. Devenu coursier, il fit de brèves études et fut engagé au *Morning Chronicle* comme chroniqueur parlementaire. C'est ainsi qu'il développa son sens de l'observation et son humour incisif.

Sa femme Catherine (1815-1879) était une jeune journaliste pleine d'avenir lorsqu'elle épousa en 1836 le romancier débutant (il venait de faire paraître *Sketches by Boz*, qui lui apporta un début de notoriété). Elle lui donna 10 enfants, mais dut accepter au foyer la présence de sa sœur, Mary, puis de son autre sœur Georgina, avant une séparation en 1858, conséquence de la liaison de Dickens avec une jeune et belle actrice, Ellen Ternan.

Dickens comptait parmi ses relations et admirateurs Thackeray, Wilkie Collins, Hans Christian Andersen...

encombré de meubles en bois de rose et de gravures signées Hogarth, a retrouvé son décor d'origine. Au sous-sol, la salle d'eau et le cellier rendent à merveille l'atmosphère londonienne du siècle dernier. Cette maison abrite également l'Association des amis de Dickens.

St George's Bloomsbury ⊘ – Achevée en 1731 sur des plans de **Hawksmoor**, cette église présente une spectaculaire façade d'ordre corinthien que domine un clocher pyramidal à gradins, inspiré du tombeau du roi Mausole à Halicarnasse ; une statue du roi George Ier couronne, fâcheusement, le tout.

Great Russell Street – L'extrémité Ouest de la rue est marquée par les auberges de jeunesse pour garçons et filles : YMCA datant des années 1970, et YWCA. La masse de **Congress House**, siège de la confédération syndicale Trade Union Congress, est allégée par un mur de verre sur la façade Est, donnant vue sur la cour intérieure et le hall. Ici se dresse un mémorial de guerre, immense écran de marbre ophite, sculpté sur place par Jacob Epstein en 1958 à partir d'un bloc de 10 t. Plus bas, à l'angle de Tottenham Court Road, se dresse **Centre Point**, haute tour de 34 étages conçue dans les années 60 par Richard Seifert.

★★**Bedford Square** – La plus belle et la mieux conservée des places de Bloomsbury fut aménagée à partir de 1775 sur le domaine du duc de Bedford par l'architecte Thomas Leverton. Autour d'un jardin planté de majestueux platanes, un cadre homogène de demeures du 18e s. présente notamment des entourages de portes à bossages vermiculés et à clef figurant une tête humaine.

Bedford Square

Contemporary Applied Arts ⊘ – *2 Percy Street.* Expositions et informations sur l'artisanat et les arts appliqués (poterie, céramique, verre, bois, métal, bijoux, textiles et meubles).

Pollock's Toy Museum and Shop ⊘ – *1 Scala Street.* Les théâtres de marionnettes qui firent le ravissement de Robert Louis Stevenson au siècle dernier sont exposés parmi une multitude d'autres jouets des 19ᵉ et 20ᵉ s. : poupées de cire, d'étain ou de porcelaine, ours en peluche, animaux en bois sculpté, jouets optiques, maisons de poupée. Des représentations théâtrales sont données pendant les vacances scolaires.

British Telecom Tower – Cette gigantesque tour de verre et d'acier, autrefois appelée Post Office Tower, fut érigée en 1965 pour faciliter l'installation du système de télécommunication de la capitale.

★**Fitzroy Square** – Les côtés Est et Sud de la place furent édifiés en pierre de Portland dans le style Adam de 1790 à 1793 ; on la compléta 40 ans plus tard en stuc. Bernard Shaw vécut de 1887 à 1898 au nᵒ 29. A la même adresse, de 1907 à 1911, se tenaient les réunions du Bloomsbury Group autour de deux égéries, les sœurs Vanessa et Virginia Stephen, cette dernière plus connue sous son nom de femme, Virginia Woolf (1882-1941).

London University – Fondée en 1836, l'Université de Londres n'est à Bloomsbury que depuis la fin de la Seconde Guerre mondiale et dispose d'importantes antennes tant à South Kensington (Sciences et Beaux-Arts) qu'à Aldwych (Kings College et London School of Economics) et ailleurs.
Principal foyer de l'Université, **Senate House** a sa grande entrée sur Malet Street. Le building, édifié en 1932, abrite notamment les services administratifs, la bibliothèque (plus de 800 000 volumes) et la vaste salle où sont décernés les diplômes supérieurs.

University College – Remontant à 1826, il a été incorporé à l'Université de Londres. Le bâtiment le plus ancien est dû à William Wilkins ; il comporte un portique corinthien et un dôme majestueux abritant la **Flaxman Sculpture Gallery**, où sont exposés modèles et dessins du grand sculpteur et illustrateur néo-classique John Flaxman, qui a beaucoup influencé les artistes français parmi lesquels Ingres, Géricault, David d'Angers, Seurat.

Brunei Gallery ⊘ – L'École d'études orientales et africaines s'enorgueillit de recevoir des expositions d'arts appliqués et décoratifs et de beaux-arts.

★**Percival David Foundation of Chinese Art** ⊘ – Cette fondation située Gordon Square, bâtie par Thomas Cubitt en 1850 mais reconstruite à l'exception du bloc Est, présente une exceptionnelle collection de porcelaines chinoises. Aux pièces monochromes de l'époque Song (11ᵉ au 13ᵉ s.) se mêlent les porcelaines polychromes du 14ᵉ au 18ᵉ s.

Church of Christ the King ⊘ – *Gordon Square.* L'église de l'Université, de style néo-gothique primitif et de vastes proportions, fut élevée en 1853.

Les universités

Jusqu'en 1828, il n'y avait que deux universités, Oxford et Cambridge, qui toutes deux relevaient de l'Église d'Angleterre et fonctionnaient en internats. Cette année-là, un groupe de radicaux et de dissidents fonda University College afin de dispenser un enseignement des lettres, des sciences et de la médecine à des externes laïques. En réaction contre « l'institution impie de Gower Street », comme la nommaient les partisans de l'Église, celle-ci fonda en 1831 King's College, sur le Strand, dans un solide esprit théologique. Aucun des collèges n'était cependant habilité à décerner des diplômes. Une charte de 1836 constitua l'Université de Londres, lui accordant le droit d'organiser des examens. Elle comprend aujourd'hui de nombreux collèges, répartis dans toute la capitale et la banlieue, et accueillant aussi bien des étudiants internes qu'externes ou à temps partiel.

L'université de la Cité *(voir Clerkenwell : City University)* fut créée en 1966 autour de l'École polytechnique de Northampton. Elle fonctionne en association avec le collège Gresham *(voir City : Guildhall, Gresham Street)* et en liaison avec les institutions financières de la Cité ; de nombreux étudiants soutenus financièrement par des entreprises privées alternent théorie et pratique.

En fin de volume figurent d'indispensables **Renseignements pratiques :**
– Organismes habilités à fournir toutes informations ;
– Manifestations touristiques ;
– Conditions de visite des sites et des monuments...

BRITISH MUSEUM★★★

Plan p. 8, **EX** – Schéma : BLOOMSBURY
⊖ Tottenham Court Road ; Russell Square

Naissance du musée – La fondation du **British Museum** ⊙ fut stimulée en 1753 lorsque **Sir Hans Sloane**, un médecin, naturaliste et voyageur à ses heures, légua ses immenses collections à la nation. Déjà, en 1700, le Parlement s'était porté acquéreur de l'inestimable collection de manuscrits médiévaux de Sir Robert Cotton (1570-1631), qui reposait depuis sous les voûtes de Westminster. Une autre collection de manuscrits, chartes et rouleaux, constituée par les comtes d'Oxford, Robert Harley (mort en 1724) et son fils Edward (mort en 1741), était également mise à la disposition publique en 1753. En 1756, George II fit officiellement don au musée de l'ancienne Bibliothèque royale, comprenant 12 000 volumes rassemblés depuis l'époque des Tudors (ils furent déposés à Westminster en 1823).
Pour accueillir des collections aussi vastes et aussi magnifiques, on se mit à la recherche d'un édifice qui en fût digne et on lança une loterie pour recueillir les fonds nécessaires à l'achat, pour la somme de 21 000 £, de **Montagu House**. Cette résidence avait été édifiée en 1675 pour le duc de Montagu (1638-1709), ambassadeur auprès de la cour de Louis XIV, puis, après un incendie, reconstruite en 1686 par l'architecte Pierre Puget, le Roi-Soleil ayant participé pour moitié aux frais à condition que des artistes français fussent employés aux travaux. On modifia le bâtiment, qui, en 1759, ouvrit ses portes une partie de la semaine seulement aux seuls détenteurs de billets, obtenus gratuitement. Rapidement, la fréquentation avoisina 10 000 visiteurs par an. Les gravures de l'époque montrent des collections présentées au petit bonheur et sans informations : girafes empaillées, portraits, fossiles, manuscrits, livres, plantes séchées, bustes de marbre, pièces de monnaie, céramiques, bouddhas, pêle-mêle sur fond de fresques historiques et de plafonds de plâtre. Cobbett qualifiait le musée de « boutique des vieilles curiosités ».

Les collections – Elles proviennent de dons, de legs et d'acquisitions faites par le Parlement. Les pièces essentielles sont les Thomason Tracts, pamphlets publiés pendant la guerre civile et la République entre 1642 et 1660 (don de George III en 1762), la bibliothèque de David Garrick (1 000 pièces de théâtre imprimées, dont de premiers tirages, léguées en 1779), la collection de vases antiques de Sir William Hamilton (achetée en 1772 pour 8 400 £), la collection Cracherode (livres, dessins, monnaies grecques et romaines reçus en 1799), des antiquités égyptiennes (telle la pierre de Rosette, découverte par un officier de Bonaparte, et saisie en 1801 par les Anglais après la capitulation de Menou), des sculptures, bronzes et terres cuites grecques et romaines (les marbres de Townley acquis en 1804 pour 20 000 £, les sculptures du temple d'Apollon à Bassae en 1815, les sculptures du Parthénon et les marbres d'Elgin achetés en 1816 pour 35 000 £). D'autres acquisitions permirent de rassembler des manuscrits, des minéraux (Grenville), des bibliothèques (juridiques, Hargrave), des collections de partitions (Burney), des collections d'histoire naturelle, des tracts et souvenirs de la Révolution française. En 1823, George IV fit don de la bibliothèque de son père, riche de 65 000 volumes, 19 000 pamphlets, cartes terrestres et marines. En 1824 vint s'ajouter le legs Payne-Knight, regroupant antiquités classiques, bronzes et dessins, puis, en 1827, le legs Banks, constitué de livres, spécimens botaniques et pièces ethnographiques.

Les bâtiments – En 1824, l'architecte **Robert Smirke** fut choisi pour dessiner un bâtiment destiné à remplacer Montagu House, qui se délabrait et n'offrait pas assez d'espace pour présenter toutes les collections. Le nouveau British Museum, à façade néoclassique ornée de colonnades, fut achevé 20 années plus tard. La salle de lecture fut ajoutée en 1857, l'aile Édouard VII en 1914, les galeries grecques dites Duveen en 1938. En 1978, une extension fut aménagée sur l'espace restant et un étage ajouté en 1991 aux Duveen Galleries. Des contraintes de place ont nécessité le déplacement de certaines collections : depuis 1881, le département d'Histoire naturelle est à South Kensington *(voir Natural History Museum)*, les journaux furent transférés en 1905 à Colindale et les collections d'ethnographie au musée de l'Homme en 1970 *(voir Piccadilly : Museum of Mankind)*.

Old British Library – En 1973, les départements de la **Bibliothèque britannique** furent placés sous une autorité séparée et des crédits alloués pour construire de nouveaux locaux à St Pancras *(voir à ce nom)*.
La **salle de lecture** circulaire date de 1857. Antonio Panizzi, carbonaro réfugié à Londres, fut nommé conservateur des imprimés en 1837, puis directeur en 1856. Il fit de la bibliothèque un lieu ouvert sans discrimination « au plus pauvre des étudiants comme aux hommes de lettres ». Les anciennes salles du sous-sol, puis du rez-de-chaussée (King's Library), devinrent trop exiguës pour accueillir tous ces lecteurs et abriter la collection Grenville, léguée en 1847. Panizzi dessina alors, en collaboration avec Sidney Smirke (frère cadet de Robert Smirke), l'actuelle salle de lecture aménagée dans la cour intérieure centrale coiffée d'une vaste coupole. Elle peut accueillir 400 lecteurs et abriter 34 km de rayonnages ou 1 300 000 livres. L'autre grande réalisation de Panizzi, moins spectaculaire mais tout aussi utile sinon plus, fut d'établir une compilation du catalogue.

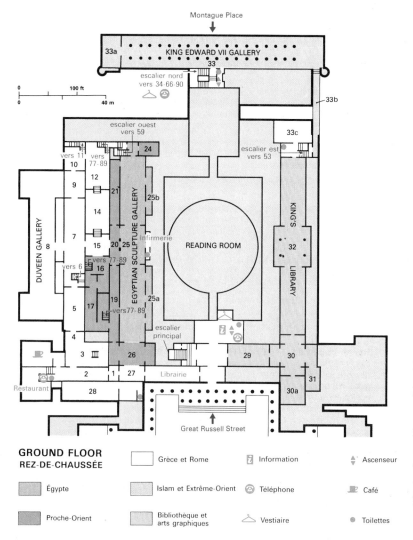

GROUND FLOOR
REZ-DE-CHAUSSÉE

Grèce et Rome	Information	Ascenseur
Égypte	Islam et Extrême-Orient	Téléphone	Café
Proche-Orient	Bibliothèque et arts graphiques	Vestiaire	Toilettes

Les collections classiques

Traverser la librairie au rez-de-chaussée.

Antiquités grecques et romaines – Trésors de la Grèce et de la Rome antiques du début de l'âge du bronze (3200 av. J.-C.) jusqu'à l'avènement du christianisme comme religion officielle de l'Empire romain (édit de Milan en 313).

De la préhistoire à la Grèce archaïque – (**1**) **Idoles cycladiques** en marbre sculpté : figurines représentant des femmes nues, découvertes vers 1880. (**2**) Poteries, bijoux, maçonnerie de l'**âge du bronze** et de l'**âge du fer**, évoluant vers (**3**) les poteries à silhouettes en noir de la période **archaïque**. (**3a**) Premiers vases grecs à présenter des scènes empruntées à la mythologie. (**4**) La salle Andokidès abrite un nouveau type de poteries décorées de silhouettes rouges.

5ᵉ s. av. J.-C. – (**5**) Vases, bronzes, terres cuites provenant du tombeau des **Harpies** ; tête d'Apollon dite de Chatsworth et Apollon de Strangford. (**6**) Frise en marbre du temple d'Apollon à **Bassae** : Centauromachie et Amazonomachie (vers 400 av. J.-C.). (**7**) Reconstitution du **tombeau des Néréides** de Xanthos (au Sud-Ouest de l'actuelle Turquie) ; lions gardiens. (**8**) La galerie Duveen est consacrée aux seules **sculptures du Parthénon**, dites marbres d'Elgin, apogée de l'art hellénique du 5ᵉ s. av. J.-C., célébrant la victoire de la Grèce sur la Perse : métopes du combat des Lapithes et des Centaures ; cheval du quadrige de Séléné. (**9**) **Salle de la Caryatide** rassemblant des sculptures de l'Acropole d'Athènes, des poteries, des figurines en terre cuite et des bronzes (430-400 av. J.-C.).

4ᵉ s. av. J.-C. – (**10**) Vestiges de la tombe de **Payava** trouvée à Xanthos (430-330 av. J.-C.) : cratères, petits bronzes ; vaisselle d'argile. (**11**) Vases à figures rouges du Sud de l'Italie, vases à figures sur fond blanc (vers 440 av. J.-C.). (**12**) Sculptures du mausolée d'Halicarnasse, l'une des sept merveilles du monde antique : Amazonomachie. (**14**) Objets archéologiques **hellénistiques** provenant d'Éphèse, Cnide et Priène ; (**15**) Sculpture grecque et romaine : monument chorégique de Thrasyllos (320 av. J.-C.) ; Déméter de Cnide ; tête de Sophocle en bronze (3ᵉ s. av. J.-C.) ; sceptre incrusté.

Descendre l'escalier partant de la salle 16.

Wolfson Galleries – (**82**) Éphèse : collection Townley. Épitaphes romaines. (**83**) Fragments de temples romains. (**84**) Sculptures rassemblées par Charles Townley. (**85**) Portraits, têtes de divinités et de héros de la Rome antique.

Traverser la salle 82.

(**81**) Monuments d'Asie Mineure à la fin de l'Antiquité : Mausolée, temple d'Artémis, temple d'Athéna à Priène ; (**80**) sculpture archaïque et classique de Grèce et d'Asie Mineure ; (**79**) sculpture de Lycie ; (**78**) épitaphes grecques et latines. (**77**) Architecture grecque et romaine.

Monter l'escalier Ouest jusqu'au premier étage.

L'influence grecque – (**73**) Poteries, terres cuites et bronzes découverts en Italie du Sud : urnes funéraires, sarcophages, statuettes de bronze, tête d'athlète coiffé d'un casque de cuir (300-200 av. J.-C.) ; sarcophage de pierre de Tarquinia vers 250 av. J.-C. ; mors en bronze et harnachement du début du 7ᵉ s. av. J.-C ; **cavaliers en bronze** (vers 550 av. J.-C.)

Antiquités cypriotes – (**72**) A. G. Leventis Gallery : vases incisés et peints de 4500 av. J.-C. à 300 apr. J.-C. ; figurine en terre cuite aux boucles d'oreille (1400-1200 av. J.-C.) ; statue en calcaire (575-550 av. J.-C.).

L'Italie avant l'Empire romain – (**71**) Étrusques et autres peuples au 4ᵉ s. av. J.-C. : figurines, objets d'art ; bijoux provenant de la tombe d(une prêtresse, à Tarente (vers 350-340 av. J.-C.) ; chaudron en bronze et coupe à figures rouges de Bérone (5ᵉ s. av. J.-C.).

Rome impériale – (**70**) Wolfson Gallery : peintures, portraits, bijoux, sceaux, camées, monnaies, mosaïques, épitaphes, verres, **vase de Portland** (d'un rarissime état de conservation, il a grandement inspiré les décorateurs néoclassiques), **tête d'Auguste** en bronze découverte au Soudan. (**69**) Objets de la vie quotidienne : outils agricoles, instruments d'écriture, poids et mesures, jetons de jeu ; bijoux ; verres soufflés, moulés, gravés. Fragment de roue hydraulique romaine.

Monnaies et médailles

Prendre l'escalier principal et traverser les salles anglo-romaines 35 et 37.

Monnaies – Hong Kong Shanghai Bank Money Gallery (**68**) : l'histoire de la monnaie est retracée à travers plus d'un million d'objets, depuis les tablettes cunéiformes de la Mésopotamie antique, les pièces de monnaie turques et chinoises du 7ᵉ s. av. J.-C., les trésors, papiers-monnaies de différents pays, jusqu'au transfert d'argent des temps modernes par des moyens électroniques. **Premier penny d'or** frappé en 1257 sous le règne de Henri III.
(**69a**) Cette salle accueille des expositions temporaires.

Préhistoire anglaise et occupation romaine

Prendre l'escalier principal jusqu'au premier étage.

De l'âge de la pierre à l'art celtique – (**36** à **39**) Outils de l'âge du fer : haches en silex ; objets en or de l'âge du bronze trouvés en Irlande et en Cornouailles (2ᵉ millénaire av. J.-C.) ; les Celtes en Europe de l'Angleterre jusqu'en Roumanie : **homme de Lindow** découvert dans une tourbière en 1984 ; armure, miroirs et torques ; coupe de Rillaton, boucliers de Witham et de Battersea, tombe de Welwyn Garden vers 100 av. J.-C.

Art anglo-romain – (**40**) Les Romains envahirent l'Angleterre en 43. Les empereurs Claude, Néron et Hadrien exercèrent une très grande influence. La **mosaïque** du 4ᵉ s. découverte à **Hinton St Mary** dans le Dorset (**35**) est l'un des vestiges chrétiens primitifs les plus remarquables (la tête d'homme au centre devant le monogramme grec cr pourrait représenter le Christ) ; trésor de Mildenhall, de Thetford, fresques de Lullingstone, trésor de Water Newton illustrent le mode de vie somptueux des classes aisées.
La **Weston Gallery of Roman Britain** (**49**) accueille la plus grande exposition permanente d'objets se rapportant à la Bretagne romaine. Constitué de milliers de pièces de monnaie, de bijoux et de pièces d'argenterie, le trésor de **Hoxne Hoard**, acquis en 1994, est l'un des plus précieux jamais découvert en Grande-Bretagne. Parmi les autres œuvres exposées figurent la façade d'une maison de Meonstoke dans le Hampshire et les tablettes de Vindolanda, rare témoignage de la vie quotidienne des militaires romains postés le long du mur d'Hadrien.

Moyen Âge, Renaissance et Temps modernes

Monter l'escalier principal et traverser les salles anglo-romaines 35 et 40.

Influences étrangères – (**41**) Antiquités anglo-saxonnes et romanes (4e au 11e s.) découvertes dans les îles britanniques : le **bateau funéraire de Sutton Hoo** montre la richesse des objets trouvés dans une tombe royale ; trésor viking découvert dans le Lancashire. (**42**) Art religieux et séculier (9e au 15e s.) d'Europe occidentale et de Byzance : icônes, ivoires, émaux, reliquaires, bijoux ; coffret Franks ; **pièces d'échecs de Lewis** (ces 80 pièces du milieu du 12e s. trouvées en 1831 dans un banc de sable de l'île de Lewis sont peut-être d'origine scandinave) ; coupe de Lycurgue (à reflets changeants, vers 1300) ; coupe royale en or (vers 1380) décorée d'émaux sur basse-taille à Paris ; Dunstable Swan Jewel (cygne serti du début du 15e s.) ; épée d'État de Westminster du 15e s. ; cor de Savernake.

Poteries et céramiques médiévales – (**43**) Carrelages et poteries britanniques (13e au 16e s.), majoliques italiennes, verrerie vénitienne, porcelaine de Delft ; **Canynges pavement** (carrelage provenant de la maison d'un marchand ; vers 1461).

Horlogerie – (**44**) Pendules, montres, régulateurs de précision (16e au 20e s.), **horloge de Strasbourg**, pendule de navigation fabriquée à Prague (vers 1585). (**45**) **Legs Waddesdon** : ces trésors du Moyen Âge et de la Renaissance incluent le superbe reliquaire contenant une épine de la couronne du Christ, réalisé pour le duc de Berry (vers 1400).

Arts décoratifs britanniques et continentaux – (**46**) Orfèvrerie de la Renaissance à la fin du 18e s. : **service de l'Armada** ; legs Wilding : médaillon Lyte (miniature de Jacques Ier) ; émaux de Limoges ; bouclier de 1554 ; sceaux royaux ; émaux de Battersea ; argenterie huguenote. (**47**) Céramiques européennes (copie par Wedgwood du vase de Portland et d'objets d'art en jaspe) et verreries du 19e s. ; **donation Hull Grundy** : superbes bijoux, pierres précieuses gravées et orfèvrerie. (**48**) La galerie moderne est consacrée aux arts décoratifs européens et américains des 19e et

British Museum

L'une des pièces d'échecs de Lewis

20e s., représentés par des œuvres de René Lalique, Christopher Dresser, C. R. Mackintosh, Henry Van de Velde et du Bauhaus.

Antiquités égyptiennes

Traverser la librairie du rez-de-chaussée et tourner à droite avant les collections classiques.

Galerie de sculpture égyptienne (**25**) – Obélisques, stèles, statues de pharaons, sarcophages, statues colossales en granit rouge (1360 av. J.-C.), un poing géant, petits bronzes de divinités. La pierre de Rosette, lions et statue d'Aménophis III (vers 1400 av. J.-C.), Ramsès II (vers 1270 av. J.-C.).

Gagner le premier étage par l'escalier Ouest.

La **pierre de Rosette** est un fragment d'une stèle de basalte noir de près de 2 m découverte à Rashid, ou Rosette (Ouest du delta du Nil), par des soldats français lors de la campagne d'Égypte. Une clause du traité d'Alexandrie (1801), qui mettait fin à la campagne, contraignit les Français à céder aux Anglais la pierre, qui était exposée au British Museum dès 1802.
Elle doit son intérêt au fait qu'un décret de Ptolémée V, en date du 27 mars 196 av. J.-C., y est trancrit à la fois en grec ancien et sous deux formes d'écriture égyptiennes. Les égyptologues, et en particulier Champollion, furent ainsi en mesure de déchiffrer les hiéroglyphes en usage depuis le troisième millénaire av. J.-C. et l'écriture démotique utilisée depuis le 7e s. av. J.-C.

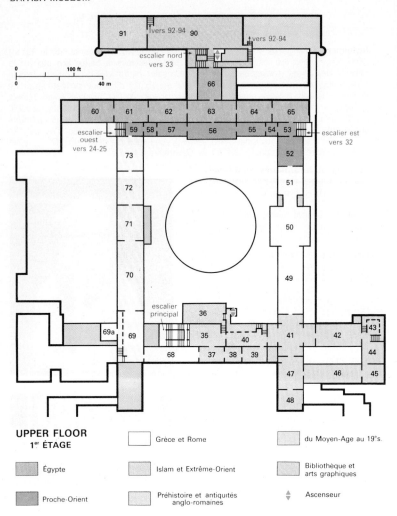

UPPER FLOOR
1er ÉTAGE

- Grèce et Rome
- du Moyen-Age au 19e s.
- Égypte
- Islam et Extrême-Orient
- Bibliothèque et arts graphiques
- Proche-Orient
- Préhistoire et antiquités anglo-romaines
- ↕ Ascenseur

Tombeaux égyptiens – Des **momies** (**60, 61**) dans leurs sarcophages et des cercueils contenant des restes humains, d'oiseaux et d'animaux, mettent en lumière les rites (amulettes, vêtements, coiffures) et les progrès scientifiques (yeux artificiels) de l'époque; le Livre des Morts. (**62**) Peintures tombales et papyrus. (**63**) Objets se rapportant à la vie quotidienne : mobilier, outils agricoles, vases tournés, instruments de musique. (**64, 65**) **Galeries Raymond et Beverley Sackler** consacrées à l'Égypte, de la Haute Antiquité à l'ère des pyramides, à ses relations avec les contrées africaines voisines (Nubie) et à l'introduction de la religion copte; «**Ginger**»: dépouille vieille de 5 000 ans, antérieure aux pratiques de momification; textiles.

Antiquités d'Asie occidentale

Traverser la librairie pour gagner ce département, situé au rez-de-chaussée entre les galeries égyptiennes et de sculpture classique.

Sculpture assyrienne – (**16, 17**) Statues colossales de taureau ailé à tête humaine du palais de Sargon II à Khorsabad; bas-reliefs (chasse au lion) provenant du palais d'Assourbanipal à Ninive. (**19, 20**) Reliefs du palais de Nimroud. (**21**) Reliefs du palais de Ninive; obélisque noir. (**24**) Palestine ancienne : poteries, bijoux, ivoires, ossuaires, travail des métaux. (**26**) Sculpture assyrienne : portes, statues, stèles.
Sous-sol *(escalier dans la salle 16)* – (**88**) Expositions temporaires d'œuvres d'Asie occidentale. **Art assyrien** : (**88a**) temple d'Ishtar; (**89**) sculptures de Sennachérib et d'Assourbanipal.

Par les escaliers Est ou Ouest, aller à l'extrémité Nord du premier étage.

Iran Ancien – (**52**) Trésor dOxus (5e-4e s. av. J.-C.); tombeau doré (605 av. J.-C.); bronzes du Luristan (vers 1200 av. J.-C.); reliefs de Persépolis (6e-5e s. av. J.-C.); poteries parthes; art achéménide; vaisselles sassanides.

Anatolie et Mésopotamie – Galeries Raymond et Beverly Sackler consacrées aux antiquités d'Anatolie (6000-536 av. J.-C.), notamment de l'empire hittite et du royaume ourartou (**53, 54**) ; bronzes d'Ourartou, d'Ararat (vers 700 av. J.-C.) et de Carchemish (10ᵉ-8ᵉ s. av. J.-C.). (**55**) Royaumes de Babylone et d'Assyrie de 1600 à 539 av. J.-C. : sceaux-cylindres de la bibliothèque royale de Ninive. (**56**) Essor de la Mésopotamie : antiquités sumériennes et babyloniennes jusqu'à 1600 av. J.-C., trésor de Chaldée comprenant des bijoux, des « lyres » et des objets du cimetière royal d'Ur (vers 2600 av. J.-C.).

Syrie – (**57**) Antiquités syriennes, phéniciennes et puniques (de 4000 av. J.-C. à l'époque romaine) : stèles, poteries, bijoux, sceaux, bustes funéraires de Palmyre (50-217 ap. J.-C.), bronzes et reliefs (2ᵉ s.). (**58**) Ivoires phéniciens, syriens, assyriens et ourartou du palais de Nimroud (vers 9ᵉ-7ᵉ s. av. J.-C.).

Arabie méridionale – (**59**) Sculptures, stèles, sceaux, figurines de bronze, monuments funéraires du 2ᵉ s. av. J.-C. au 1ᵉʳ s. apr. J.-C. ; tête d'albâtre (2ᵉ-1ᵉʳ s. av. J.-C.).

Collections ethnographiques

En 1970, par manque de place, le département d'Ethnographie, à l'exception de la galerie mexicaine, fut transféré au musée de l'Homme à Burlington Gardens (voir Piccadilly). De nouvelles galeries, dont les travaux seront achevés fin 1997, permettront d'accueillir à nouveau ces immenses collections.

Galerie mexicaine – Rez-de-chaussée. (**33c**) Aperçu de l'art mexicain avant la conquête espagnole (16ᵉ s.) avec de superbes mosaïques turquoises aztèques (14ᵉ-16ᵉ s.), des sculptures de temple maya (8ᵉ s.), des figures huaxtèques (10ᵉ-15ᵉ s.) des côtes du golfe du Mexique.

Dans l'escalier Est se dresse un **totem** canadien, haut de 88 marches.

Lithographies et dessins

Collection nationale d'art graphique occidental – (**91**) Expositions temporaires de dessins, aquarelles, eaux-fortes, estampes, lithographies modernes sélectionnés parmi la vaste collection d'œuvres du 15ᵉ s. à nos jours. Parmi les artistes représentés figurent, Botticelli, Léonard de Vinci, Bellini, Michel-Ange, Tiepolo, Piranèse ; Dürer, Holbein, Bosch, Rubens, Rembrandt ; Claude Lorrain, Watteau, Ingres, Rousseau, Corot, Bonnard, Matisse, Picasso ; Goya, Gainsborough, Turner, Blake, Henry Moore, Piper, Sutherland.

Antiquités orientales

Rez-de-chaussée, entrée Montague Place.

Art de l'Islam – (**34**) La galerie John Addis abrite des antiquités provenant des collections islamiques : carreaux d'Ispahan (Iran), poteries d'Iznik (Turquie), poteries lustrées d'Espagne, lampes de mosquée en verre émaillé d'Égypte.

Prendre l'escalier Nord jusqu'au niveau 2.

Les objets **coréens** sont exposés dans l'escalier et l'entrée Nord.

Chine, Asie méridionale et Asie du Sud-Est – (**33**) Dans la galerie Joseph E. Hotung sont exposées selon un ordre chronologique des sculptures d'Asie méridionale et d'Asie du Sud-Est : bronzes et superbes jades chinois (depuis 3500 av. J.-C.), céramiques. Le style des pièces anciennes montre une certaine homogénéité à partir de 200 av. J.-C., lorsque se forme un État centralisé. Tombeaux Tang (8ᵉ s.) avec représentation d'une caravane. Argenterie passant pour avoir inspiré des formes reprises par les potiers.

L'art bouddhique de Gandhara (Pakistan) reflète l'importance de cette religion à partir du 5ᵉ s. av. J.-C. (**33a**) La galerie Asahi Shimbun renferme des objets du grand stupa bouddhiste d'Amaravati au Sud-Est de l'Inde. Dans la galerie principale sont exposées de superbes œuvres du Népal, du Tibet et de Sri Lanka.

(**33b**) Expositions temporaires d'ornements, céramiques, manuscrits et peintures d'Extrême-Orient.

Emprunter l'escalier Nord jusqu'au niveau 5.

Japon – Merveilleuse collection de netsuke dans le couloir de la salle (**92**). La galerie Urasenke présente la porcelaine associée à la traditionnelle cérémonie du thé. La galerie principale (**93**) et la galerie Konica (**94**) accueillent des expositions temporaires d'objets de la vaste collection d'art japonais.

Centre d'études du British Museum

21-31 New Oxford Street.

Dans l'enceinte d'un ancien centre de tri postal, le musée aménage actuellement des locaux pour l'étude des réserves des collections anthropologiques et d'importants vestiges archéologiques internationaux. Ce centre ouvrira ses portes en 1999.

BUCKINGHAM PALACE★★

Plan p. 7 et 8, **DEY**
⊖ Green Park ; St James's Park

Fermant la perspective du Mall qui lui sert d'allée triomphale, le palais de Buckingham est, depuis la reine Victoria, résidence officielle des souverains britanniques : lorsque Sa Gracieuse Majesté est présente, son étendard flotte au-dessus du palais.

De Buckingham House à Buckingham Palace – La première construction d'importance édifiée en ce lieu remplaça une maison de campagne que Lord Goring possédait en lisière du jardin de mûriers plantés par Jacques Ier pour encourager l'industrie de la soie.
Un nouveau propriétaire, John Sheffield, duc de Buckingham, dont la hautaine épouse était fille naturelle de Jacques II, fit construire Buckingham House en 1702, dans l'axe du Mall. C'était à l'époque un manoir de briques dont les murs portaient des inscriptions latines propitiatoires en lettres dorées ; il était couronné par une terrasse à l'italienne.
En 1762, **George III** acheta Buckingham House pour sa jeune épouse, Charlotte, alors âgée de 18 ans. Le roi aménagea, sur le côté Sud, des pièces destinées à loger sa bibliothèque, léguée ensuite au British Museum (King's Library) par son fils aîné, George IV. A l'exception de ce dernier, les quinze enfants de Charlotte devaient naître à Buckingham House.
Charlotte et George III morts, respectivement en 1818 et 1820, **George IV** aurait voulu conserver à Buckingham House son caractère de grand manoir et l'utiliser comme pied-à-terre. Mais il se laissa circonvenir par son architecte favori, **John Nash**, qui, à partir de 1825, édifia un vaste palais, d'un élégant style néoclassique, incorporant le manoir original.
En 1837, **Victoria**, jeune reine de 18 ans, décida d'y transporter sa maison. Son architecte, Blore, suréleva les construction de Nash, exila Marble Arch (voir Hyde Park) et ferma la cour d'honneur par une aile formant façade, longue de 110 m, pastiche de la Renaissance italienne.
C'est à ce dernier bâtiment que Sir Aston Webb substitua, en 1912, l'austère façade que l'on voit aujourd'hui, peu après qu'eut été érigé, face aux grilles, le Mémorial de Victoria.

Réceptions et festivités – Dans la salle de bal ont lieu les cérémonies d'investiture et les grands banquets pour lesquels est utilisé le fameux service de table, en or, de George IV.
Les réceptions moins solennelles se tiennent dans le « Salon 1844 », ainsi nommé à cause d'un séjour du tsar Nicolas Ier cette année-là ; la reine y accueille les ambassadeurs venus apporter leurs lettres de créance, préside le Conseil privé et y donne ses audiences.
Parmi les autres festivités on peut citer, en juillet, les très recherchées « Garden Parties » de Sa Majesté, où environ 9 000 personnes sont conviées.
H. G. Wells racontait un jour à Paul Morand que le leader socialiste Ramsay Mac-Donald, passant avec lui devant le palais où la garde rendait les honneurs, s'était écrié : « Il faudra balayer tout cela. » Quelques années plus tard, passant au même endroit, Wells vit « la Garde présenter les armes à un Monsieur en habit de cour... Ramsay MacDonald ! »

LE PALAIS ⊙

L'intérieur présente une succession de salles d'apparat conçues par Nash, qui substitua un style édouardien tardif au décor polychrome du règne de Victoria, de souvenirs de l'Empire britannique et de pièces magnifiques appartenant à la collection royale dont la plupart furent acquises par George IV pour Carlton House : porcelaine de Sèvres, horlogerie et mobilier français du 18e s., portraits royaux, lustres.

Le palais de Buckingham vu de St James's Park

ANGUS TAVERNER

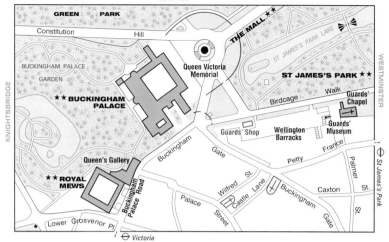

L'**entrée des Ambassadeurs** est garnie de portraits de la famille de Hanovre tandis que la cour intérieure est dominée par un **portique** à deux niveaux ajouté par Nash : l'Angleterre sur son char au fronton, panneaux sculptés par Richard Westmacott à l'attique. Le **vestibule** est une pièce basse décorée de crème et or, combinaison introduite en 1902 par C. Bessant qui fut chargé de redécorer une grande partie du palais. Le **Grand Escalier**, éclairé par une coupole translucide composée de 80 panneaux gravés, est embelli de tableaux représentant les ancêtres de la reine Victoria ; les quatre vases chinois se trouvaient, jadis, à Carlton House. La **salle des Gardes** abrite des tapisseries des Gobelins (18e s.) et de splendides lustres. Dans le **Salon Vert**, on admirera deux cabinets 18e, l'un d'Adam Weisweiler *(extrême gauche)*, l'autre de Martin Carlin *(extrême droite)*, tous deux enrichis de *pietre dure* (pierres dures).

Le plafond à voussures et la frise dorée de lauriers et de festons sont l'œuvre de Nash. Le rouge et l'or dominent une **Salle du Trône** dont le plafond à voussures est décoré d'écussons frappés aux armes de l'Angleterre, de l'Écosse, de l'Irlande et de Hanovre. Les deux sièges placés sous le dais furent utilisés par la reine et le duc d'Édimbourg lors du couronnement ; ils sont flanqués de boiseries et de trophées dorés dus à Henry Holland.

La **galerie de peinture** occupe le centre du palais, sous une verrière courbe placée en 1914. Parmi les chefs-d'œuvre de la collection royale : deux portraits de Charles Ier – à cheval et avec sa famille – par Van Dyck ; portraits par Rembrandt et Frans Hals ; marines de Van de Velde ; œuvres de Vermeer, De Hooch, Rubens, Cuyp, Poussin, Guido Reni. Les trois salles attenantes abritent des horloges françaises du 18e s., du mobilier de Weisweiler, des tapisseries de soie et un tableau de Benjamin West ayant pour sujet le couronnement de la reine Victoria.

La succession des salles d'apparat du côté Ouest commence par la **salle à manger** dont les rouges et les ors resplendissent sous le plafond doré dû à Blore ; les portraits royaux sont de Kneller, Van Loo, Allan Ramsay et Lawrence (George IV, dont la main repose sur la «table des Grands Capitaines» commandée par Napoléon en 1806 et terminée six ans plus tard, puis offerte en 1817 à George IV, alors prince-régent, par Louis XVIII). Les arches du plafond du **Salon Bleu** commémorent Shakespeare, Milton et Spencer. Le décor est articulé par 30 colonnes imitant l'onyx et couronnées par des chapiteaux corinthiens dorés. C'est là que se trouve la **table des Grands Capitaines** dont le plateau en porcelaine de Sèvres vert et or est enrichi de médaillons figurant Alexandre le Grand et 12 grands hommes de l'Antiquité. Les quatre tables qui la flanquent, en marbre et dorées, sont de Bellange (1823). Le **Salon de Musique** en rotonde est dominé par des colonnes imitant le lapis-lazuli ; sur le plafond voûté à la bordure fleurdelisée, on peut voir la rose de l'Angleterre, le chardon de l'Écosse et le trèfle de l'Irlande. Plus intime, le **Salon Blanc** fut décoré en 1831. De part et d'autre de la cheminée se trouvent des candélabres en bronze doré façonnés par Thomire ; le coffrage doré du piano est peint de figures dues à Érard. Le bureau à glissière est de Riesener. Deux sculptures de Canova, *Mars et Vénus* et *Une Nymphe*, sont visibles au bas de l'escalier des Ministres et dans le hall de Marbre. La **Bow Room** tient son nom de la porcelaine de Bow disposée dans les vitrines et non du bow-window.

Les appartements de la famille royale se trouvent au Nord. Depuis le jardin, on jouit d'une magnifique vue sur le flanc Ouest du palais ; le dôme qui dominait la partie centrale fut remplacé en 1832 par un étage supplémentaire qui n'est donc pas dû à Nash.

Les jardins à l'anglaise (16 ha), clos par un haut mur de briques protégeant des regards, alternent arbres majestueux et pelouses impeccables, et comprennent une roseraie et une vaste pièce d'eau peuplée de flamants roses.

★★ **Royal Mews** ⊘ – Jusqu'au règne de George IV, les **Écuries royales** se trouvaient à Charing Cross à l'endroit occupé maintenant par la National Gallery. C'est Nash qui aménagea les actuels bâtiments où sont royalement installés les équipages de la reine dirigés par un Grand Écuyer et groupant chevaux de trait dits « gris de Windsor », voitures hippomobiles ou automobiles.

Signalons au premier chef le **carrosse du Couronnement** (Gold State Coach) à 8 chevaux et pesant près de 4 tonnes ; il fut exécuté en 1762 d'après les dessins du grand architecte William Chambers et décoré de scènes allégoriques par un peintre florentin établi à Londres, G. B. Cipriani (1727-1785). Mais il faut noter aussi quantité de carrosses utilisés pour les cérémonies, dont le plus connu est le carrosse de Verre (Glass Coach), pour les mariages princiers, à parois latérales de glaces transparentes, ainsi que des landaus, broughams (du nom de leur inventeur), phaétons, traîneaux et même un char à bancs à courtine offert par Louis-Philippe à Victoria. Intéressante sellerie. Les automobiles peintes aux couleurs royales, marron pourpré et noir, vont de la Daimler 1903 jusqu'à la Rolls Phantom de 1961.

La longue frise (près de 40 m) retrace en 6 panneaux la procession du couronnement de Guillaume IV et de la reine Adélaïde en 1831. Le modeste prédécesseur de la reine Victoria était peu disposé à avoir une telle pompe, mais il fut convaincu par le duc de Wellington. La frise fut manifestement peinte d'après la vision obtenue de l'avant du carrosse du couronnement par Richard Barrett Davis.

Dans la galerie de la Reine, **Queen's Gallery** ⊘, édifiée en 1962 à la place de la chapelle privée de la famille royale détruite lors des bombardements, est présentée par roulement une sélection de peintures, sculptures, dessins, meubles appartenant à la collection royale, l'une des plus riches du monde.

La relève de la Garde (Changing of the Guard) – *A l'entrée principale du palais chaque matin à 11 h 30 de mai à début août (tous les deux jours le reste de l'année) ; arriver tôt pour avoir une bonne place derrière les grilles ou sur les marches du mémorial de la reine Victoria. La relève n'a pas lieu par temps de pluie ou pour raison d'État.*

Parti à 11 h de St James's Palace, le détachement de la **nouvelle garde** passe par le Mall, tambours en tête, contourne le mémorial de la reine Victoria, surmonté d'une Victoire dorée, pour pénétrer par la porte centrale Sud du palais de Buckingham.

A 11 h 30, l'**ancienne garde** arrive au son de la fanfare et pénètre dans l'avant-cour par la porte centrale Nord. Les deux détachements se mettent face à face.

A 11 h 33 a lieu le changement des deux gardes en faction. Les officiers saluent le capitaine de la parade avec leur épée. L'orchestre joue pendant 1/2 heure.

A 12 h 05, l'ancienne garde s'apprête à regagner la caserne. La nouvelle garde, arme à la bretelle, se tient sous les ordres du capitaine et se rend à la salle de garde.

A 12 h 07, l'ancienne garde franchit la grille Nord et contourne le mémorial pour regagner St James. Les bonnets à poils défilent gaillardement au son des cuivres et des tambours.

Les fantassins de la brigade des « Guards » appartiennent à la Maison de la Reine et sont sous le commandement de la souveraine elle-même, ainsi que les cavaliers des Horse Guards *(voir à Whitehall).* Les cinq régiments à pied portent la tunique rouge à collet bleu foncé et le bonnet en poil d'ours ; ils se distinguent par la disposition des boutons, la couleur

La relève de la Garde

Ph. Gajic/MICHELIN

du plumet et les badges : grenade avec flamme, étoile de l'ordre de la Jarretière, chardon d'Écosse, trèfle d'Irlande, poireau des Galles. Ce sont, classés par régiment, avec leur date de formation :
- les Grenadiers (1656), plumet blanc à gauche, boutons espacés régulièrement ;
- les Coldstream (1650), plumet rouge à droite, boutons groupés par deux ;
- les Scots (Écossais, 1642), pas de plumet, boutons par trois ;
- les Irish (Irlandais, 1900), plumet bleu à droite, boutons par quatre ;
- les Welsh (Gallois, 1915), plumet vert et blanc à gauche, boutons par cinq.

DEVANT LE PALAIS

Wellington Barracks – Sur le côté Sud du terrain de parade s'élèvent les **casernes Wellington**, édifiées par Sir Francis Smith et Philip Hardwick en 1833.

Guards' Museum ⊘ – Le musée retrace l'histoire des régiments de la Garde et de leurs faits d'armes dans les conflits en Europe et à travers le monde.

Guards' Chapel – La chapelle se trouve le long de Birdcage Walk, avenue dont le nom rappelle que Charles Ier avait établi là une volière. Après avoir reçu le 18 juin 1944, pendant l'office, un V2 qui tua 180 personnes, elle a été reconstruite en 1963.

Guards' Shop – Ancien piquet de garde (1833) de la caserne, ce bâtiment rénové abrite une boutique diffusant des documents concernant les compagnies de la Maison de la Reine.

St James's Park – S'étendant légèrement en contrebas du quartier St James dont il est séparé par le Mall, ce joli parc est dessiné dans le style dit « pittoresque ». Par ses bouquets d'arbres d'essences variées, son vaste lac et ses séduisantes perspectives sur les monuments de Londres, il constitue une des promenades les plus agréables et les plus fréquentées de la capitale.

Le plus ancien parc londonien – C'est en effet dès 1532 que Henri VIII acquit de l'hôpital St James le terrain marécageux destiné à servir de parc au palais qu'il projetait d'établir.

Mais la vogue de l'endroit commença seulement sous le règne de Charles II qui en fit, d'après un projet de Le Nôtre, dit-on, un jardin régulier dans le goût français, planté de peupliers, de saules, d'arbres fruitiers, et peuplé de daims. Trois perspectives ornées de statues de Hubert Le Sueur et convergeant vers Buckingham Palace traversaient le parc dans toute sa longueur : le Mall, encadré de quatre rangées d'arbres ; à l'emplacement du lac actuel, le canal, où le roi entretenait une armée de canards dont le philosophe français Saint-Évremond avait été nommé surintendant ; Birdcage Walk, grande allée ombragée, qui tenait son nom de la volière aménagée à proximité.

D'autres scènes étaient, il est vrai, moins édifiantes comme ces cruels combats de coqs qui se déroulaient dans la Fosse aux coqs, arène couverte et ceinte de gradins sur lesquels s'égosillaient d'acharnés parieurs. Quant aux péripatéticiennes, elles pullulaient : les grilles étaient certes closes à la tombée de la nuit, mais 6 500 personnes étaient autorisées à en détenir les clefs et plusieurs milliers d'autres en possédaient de fausses !

Le parc paysager actuel fut créé sous le règne de George IV, de 1827 à 1829, dans le cadre des opérations d'urbanisme entreprises par Nash : le lac en « serpentine », les bosquets, les allées sinueuses sont typiques du goût de l'époque.

Le lac – Asséché durant la Première Guerre mondiale pour éviter de faire repérer le proche palais royal par les zeppelins, il est redevenu ensuite le domaine des oiseaux aquatiques ou migrateurs dont on peut identifier de nombreuses espèces : les Londoniens ont un faible pour les pélicans dont il est possible de voir encore quelques sujets.

Depuis le pont, les **vues** en direction du palais d'un côté et des bâtiments de Whitehall de l'autre plongent le promeneur au cœur de ce que fut l'Empire britannique.

★★ **Le Mall** – Tracée au temps des Stuarts et transformée en 1910 par **Sir Aston Webb**, cette large promenade bordée de platanes ouvre une perspective d'un côté sur **Queen Victoria Memorial** et Buckingham Palace et de l'autre sur Admiralty Arch, constituant en quelque sorte l'allée d'honneur du palais.

Utilisé du temps de Charles II pour jouer au paille-maille, le Mall assume de nos jours le rôle d'artère triomphale servant de cadre aux grands défilés traditionnels du couronnement, de l'anniversaire de la reine (Trooping the Colour), de l'ouverture du Parlement.

Pour organiser vous-même votre voyage
vous trouverez, au début de ce guide,
le plan de la ville situant les principales curiosités.

Au Moyen Age, ce territoire qui entourait le palais des évêques d'Ely relevait de la seigneurie d'Holborn. A la fin du 16ᵉ s. y furent établies les quatre « Inns of Court » (Écoles de droit de Londres) et leurs annexes, les « Inns of Chancery », aujourd'hui disparues. Le terme « Inn » impliquait que les élèves étaient logés et nourris sur place, à l'exclusion de toute autre profession ; de nos jours d'ailleurs les postulants à la carrière d'avocat sont tenus d'assister aux repas de la corporation, organisés à intervalles réguliers.

Ces institutions constituèrent pendant près de trois cents ans les grandes associations de juristes du pays. De nombreux avocats étaient employés par les tribunaux de Westminster Hall, au tribunal de la Chambre étoilée, qui jugeait les cas « d'émeutes, attroupements et mauvaise conduite », ou à White Hall, la future Chambre des Lords, où siégeait la Chambre des requêtes civiles. L'arbitrage des litiges procédait de beaucoup de sérieux : les contestations de titres fonciers et d'héritage donnaient lieu à d'interminables débats, tandis que les plaintes pour affronts et insultes, réels ou imaginaires, constituaient pour beaucoup un passe-temps relevant de l'idée fixe. Domaine ô combien lucratif, ces procès offraient également un excellent tremplin pour accéder aux sommets de la hiérarchie. A partir du 16ᵉ s., quelque 2 000 étudiants dînaient dans les réfectoires de ces écoles.

La confrérie des juristes a toujours constitué un groupe professionnel très soudé, attirant et fournissant à travers les âges quelques-unes des têtes les plus érudites de l'Angleterre : Thomas More, Thomas Cromwell, Francis Bacon, William Cecil (Lord Burghley), H. H. Asquith, F. E. Smith (Lord Birkenhead), Lord Birkett, Lord Denning...

Cittie of York – *22 High Holborn.* Poêle du 19ᵉ s. ; ambiance juridique.

Ye Olde Mitre Tavern – *1 Ely Court.* Ouvert en 1546 pour les serviteurs de l'évêque d'Ely.

Seven Stars – *Carey Street.* Pub remontant à 1594 ; ambiance juridique.

Printer's Devil – *98 Fetter Lane.* Symbolise le lien ancestral de ce quartier avec le monde de l'imprimerie et de l'édition.

White Horse – *90 Fetter Lane.* Dans une vieille auberge de rouliers.

HOLBORN

Au Moyen Age, à la croisée des routes vers le Nord, vers la Cité à l'Est et vers Oxford à l'Ouest, Holborn était un village édifié autour du palais des évêques d'Ely, de quelques manoirs et de sa place du marché, entouré de champs de libre pâturage où se retrouvaient tireurs à l'arc et duellistes. Les manoirs ont depuis longtemps été transformés en écoles de droit ; de la chapelle et de l'enceinte épiscopale ne subsiste que le nom. Les terrains communaux ont vu fondre leur superficie, mais sont restés ouverts ; le marché s'est transformé en un centre mondial du commerce des diamants...

Hatton Garden – Ely Place évoque la résidence londonienne des évêques d'Ely, habitée, après la destruction par le feu du Palais de Savoie en 1381, par Jean de Gand, duc de Lancastre et frère du Prince Noir, jusqu'à sa mort en 1399.
En 1576, la propriété, qui s'étendait de Holborn à Hatton Wall et de Leather Lane à Saffron Hill, fut cédée sur ordre de la reine Élisabeth à **Sir Christopher Hatton,** son maître à danser, contre une rente annuelle de dix livres, une rose rouge et dix charretées de foin. Hatton, dont les biens incluaient les célèbres jardins d'Ely, se fit bâtir une magnifique maison et procéda à des embellissements si coûteux qu'à sa mort, en 1591, il devait 40 000 livres à la couronne. Son petit-fils, qui suivit Charles II en exil, vendit la propriété à des entrepreneurs qui la couvrirent de taudis...
Bientôt, le domaine se détériora, sauf entre 1620 et 1624, lorsqu'il fut loué à l'ambassadeur d'Espagne. Sous la République, Ely Place fut transformée en prison et en hôpital militaire. Un siècle plus tard, un certain Mr Cole s'en porta acquéreur, fit démolir la résidence et édifier l'agréable ensemble aux entrées flanquées de pilastres qui orne encore le côté Est d'Ely Place.
Les maisons édifiées vers 1680 dans les jardins sont aujourd'hui occupées par des diamantaires et des joailliers. Au n° 87, sur le côté Ouest, se dresse le London Diamond Club, maison de stuc blanc dont la porte est surmontée d'un fronton triangulaire. En face, au n° 43, s'élève une ancienne église, attribuée à Christopher Wren, construite en 1666 par Lord Hatton. Elle devint une école de charité en 1696 et, aujourd'hui encore, des figures d'écoliers du 17ᵉ s. flanquent l'entrée ornée d'un fronton.

St Etheldreda's – L'église, qui était à l'origine une chapelle rattachée à la maison de l'évêque d'Ely, fut placée sous le vocable de la fondatrice du monastère d'Ely. Au début du 17ᵉ s., la crypte devint une « cave publique servant de débit de boisson ».

Le Mr Cole qui avait acheté le domaine conserva l'église pour la louer, mais la débarrassa de tout le mobilier médiéval qui s'y trouvait encore. En 1873, Ely Place fut à nouveau vendue aux enchères, et l'église retrouva sa vocation initiale. Elle fut la première chapelle d'avant la Réforme à abriter de nouveau le culte catholique romain ; elle appartient à l'Institut de la Charité.

La négligence et les bombardements ont eu raison de la plupart des bâtiments du 13ᵉ s. Seuls subsistent encore les murs extérieurs et la crypte. De nouveaux vitraux racontent l'histoire de cinq martyrs anglais sous la potence de Tyburn. Dans les bas-côtés, on aperçoit les armes qu'arboraient les évêques d'Ely avant la Réforme (remarquer les quatre chapeaux de cardinaux). Contre le mur Est se trouve un reliquaire du Moyen Age en bois sculpté. La **crypte** a des murs de près de 2,50 m d'épaisseur, des vitraux monochromes modernes d'inspiration abstraite, une charpente médiévale noircie et un sol constitué de pavés londoniens. Les colonnes qui étayent le centre de la crypte furent rajoutées au 19ᵉ s. La Sainte-Etheldreda donne lieu tous les ans à une kermesse de rue : la Strawberrie Fayre (le samedi le plus proche du 23 juin).

Holborn Circus est aujourd'hui ponctué d'un refuge pour piétons où trône le prince Albert, perché sur sa monture et coiffé d'un couvre-chef.

Le **Daily Mirror Building** se distingue par sa façade de pierre, haute de plus de 50 m, épaulée et dominée par des bâtiments de verre (1957-1960) s'étendant entre Fetter Lane et New Fetter Lane. Sur le site de Furnival's Inn s'élève le massif **Prudential Assurance Building**, entièrement rouge, conçu par Alfred Waterhouse au début du 20ᵉ siècle.

St Andrew Holborn ⊘ – Cette église de la Cité échappa au Grand Incendie, mais fut malgré tout reconstruite. Le site a été successivement occupé par des églises de style saxon, roman, puis gothique. Toutefois, au début du 17ᵉ s., l'édifice médiéval où Henry Wriothesley, futur comte de Southampton et protecteur de Shakespeare, avait été tenu sur les fonts baptismaux par Henri VIII en 1545 était tombé en ruine. Pour le remplacer, Christopher Wren dessina une longue basilique de pierre avec deux niveaux de fenêtres, couronnés par une balustrade. Noter la pierre de la Résurrection (mur extérieur Nord) et les figures de deux enfants pauvres au-dessus de l'entrée.

La massive tour carrée, cantonnée de contreforts, est ornée d'une corniche en encorbellement et d'une balustrade surmontée de grands vases à chaque angle.

L'église fut ravagée par un incendie en 1941. La restauration a remis en valeur la décoration intérieure : lambris, piliers supportant la galerie puis se transforment en colonnes corinthiennes s'élançant jusqu'au plafond vert et or. L'extrémité Est est ornée d'une lunette à vitrail. Dans une niche côté Ouest se trouve le tombeau – avec une charmante figure d'enfant – de **Thomas Coram** (voir index), capitaine au long cours et fervent croyant. Ses restes furent transférés de l'hôpital des Enfants trouvés (voir Bloomsbury) en 1961, tout comme le bénitier (1804), la chaire (1752), et l'orgue dont Haendel avait fait don à Coram en 1750.

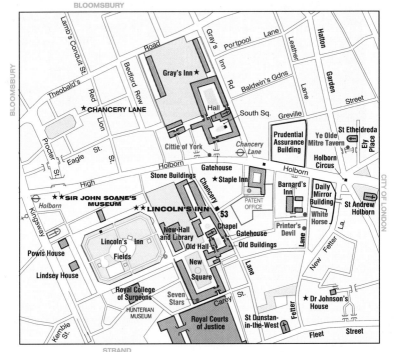

★Gray's Inn  – Les fondations de cette école de droit remontent au 14ᵉ s., tandis que les bâtiments datent du 16ᵉ s., même si la plupart ont dû être réhabilités depuis la guerre.

L'entrée principale, dans High Holborn, est marquée par un élégant corps de garde de 1688, dont la grande arche est surplombée par un oriel flanqué de niches. L'éditeur de John Dryden ouvrit une librairie en ces murs à la fin du 17ᵉ s. A l'intérieur de l'enceinte, **South Square**, entièrement reconstruite à l'exception du n° 1 qui date de 1685, est ornée d'une belle statue en bronze du philosophe **Francis Bacon**, le membre le plus illustre de Gray's Inn.

Les jardins, qui charmèrent Samuel Pepys et Joseph Addison, étaient l'une des promenades favorites des Londoniens. Les magnifiques grilles en fer forgé datent du début du 18ᵉ s.

Le hall, entièrement détruit par le feu, fut reconstruit dans le style du 16ᵉ s. avec des gables aux rampants étagés sur chaque pignon et un remplage Perpendicular tardif. Les lambris intérieurs mettent en valeur le jubé de la fin du 16ᵉ s., que l'on dit taillé dans la charpente d'un galion de l'Invincible Armada et offert à l'école par la reine Elisabeth Iʳᵉ.

★Staple Inn – A la limite de la Cité, Staple Inn est l'une des neuf « Inns of Chancery » de Londres, où les étudiants en droit passaient leur première année ; elle dépendait de Gray's Inn. C'est aujourd'hui le siège de la Chambre des assureurs.

La façade sur Holborn, à pans et balcons en encorbellement, a été bâtie dans les années 1586-1596 et constitue le seul exemple d'architecture urbaine élisabéthaine subsistant à Londres.

Un passage voûté donne accès à une charmante cour entourée de bâtiments du 18ᵉ s. ; le hall, au fond et à droite, conserve pourtant quelques éléments du 16ᵉ s. Au-delà s'étend un jardin.

Barnard's Inn – Autre « Inn of Chancery » reconstruite au 19ᵉ s., maintenant vouée au commerce. La grande salle est ornée de boiseries « à plis de serviette » du 16ᵉ s. et de vitraux.

Staple Inn, Holborn

CHANCERY LANE

La rue doit son nom au fait que la terre fut octroyée par Henri III à son lord-chancelier, l'évêque de Chichester, en 1227 ; elle est bordée de commerces et de bureaux d'hommes de loi.

Les amateurs d'orfèvrerie et d'argenterie ancienne pourront visiter, au n° **53**, les **London Silver Vaults** ⊘, qui rassemblent sous terre quelque 40 boutiques d'orfèvres construites comme des caves de banque.

★★Lincoln's Inn ⊘ – Retirée et tranquille, cette école fait partie des quatre Écoles de droit de Londres et s'étend à l'Ouest de Chancery Lane, près des Royal Courts of Justice. Avocats et avoués, parfois dans le costume de leur charge, hantent sa succession de bâtiments, de cours, de passages et de galeries.

Elle porte le nom du comte de Lincoln, propriétaire du terrain au 14ᵉ s, qui fit construire une grande demeure qu'il légua pour en faire une résidence pour étudiants en droit. Parmi ses membres ont figuré Thomas More, Richard Cromwell, Horace Walpole, William Pitt, Lord Brougham, Disraeli, Gladstone...

Les bâtiments – Ils ont été édifiés en briques et décorés de motifs en pierre à la fin du 15ᵉ s. Une porte principale donne accès à l'enchevêtrement de cours et de bâtiments mis en valeur par un environnement de jardins ornés de remises gothiques.

Le **pavillon d'entrée** sur Chancery Lane en briques et à tourelles d'angle date de 1518. Les massives portes de chêne qui ferment l'arche à quatre cintres sont d'origine. Au-dessus de l'arche figurent les armes de Henri VIII, du comte de Lincoln et de Sir Thomas Lovell. On pénètre dans l'ancienne cour d'entrée, dont la partie Sud est fermée par des bâtiments de brique à pignons, de style Tudor (reconstruits en 1609), connus sous le nom de **Old Buildings**, où Disraeli vécut quelque temps. La **chapelle** est de style gothique bien que reconstruite entre 1619 et 1623 ; les vitraux de la même époque sont dus à des artistes flamands, les frères Van Linge. Dans la galerie basse, les avocats recevaient jadis leur clientèle.

Old Hall est le bâtiment le plus ancien de Lincoln's Inn : il date de 1490. A l'intérieur, clôture en chêne sculpté du début du 17ᵉ s., remarquable pour ses bustes sur les pilastres, et tableau de Hogarth, *Saint Paul devant Félix* (1748).

New Square est encadrée de bâtiments du 17ᵉ s., en briques, occupés surtout par des études d'avocats. Les **Stone Buildings**, construits en pierre, comme leur nom l'indique, ont été édifiés vers 1775 dans le style classique. Le **New Hall** et la **Bibliothèque** (Library) occupent un grand bâtiment de style Tudor, édifié en 1845 et agrandi en 1873. Celle-ci, fondée en 1497, est la plus ancienne bibliothèque juridique de Londres ; elle conserve plus de 100 000 livres de droit.

LINCOLN'S INN FIELDS

Vers 1650, un lotisseur, qui avait acquis 20 ans auparavant les terrains communaux s'étendant à l'Ouest de Lincoln's Inn, entreprit d'édifier des maisons sur trois des côtés. L'une d'elles, **Lindsey House**, probablement dessinée par Inigo Jones, existe encore, bien que divisée aujourd'hui (nᵒˢ 59 et 60). L'édifice de brique, à l'origine bien mis en valeur, était souligné par un fronton surbaissé, des fenêtres accentuées et de grands pilastres à volutes. Plusieurs maisons datent du 18ᵉ s., telles les nᵒˢ 57-58, construite en 1730 dans le style palladien, et **Powis House** (1777), dont la baie centrale est surmontée d'un fronton. Sur le côté Nord, les nᵒˢ 1-2 sont du début du 18ᵉ s., les nᵒˢ 5-9, de style georgien, et le nᵒ 15, avec son fronton, sa frise et ses colonnes ioniques, du milieu du siècle.

Au Sud s'élèvent des bâtiments officiels : le Cadastre (Land Registry) de style Jacques Iᵉʳ, le néo-georgien (1956-1958) Collège Nuffield de Chirurgie (Surgical Sciences), le Collège Royal des Chirurgiens (fin 19ᵉ-début 20ᵉ s.), qui abrite le **musée Hunter** (Hunterian Museum ⊘, consacré à l'étude de l'anatomie et des pathologies), et l'état-major (années 60) de la Fondation Impériale de recherche sur le cancer.

★★**Sir John Soane's Museum** ⊘ – En 1833, le Parlement britannique vota une résolution garantissant à l'architecte John Soane la pérennité de son musée après sa mort. L'un des points stipulait qu'aucune modification ne serait apportée à l'aménagement interne. Aussi, les collections, outre leur intérêt propre, permettent-elles aux visiteurs de pénétrer dans l'univers d'un grand amateur et collectionneur de cette époque.

En 1792, Soane se porta acquéreur du nᵒ 12 Lincoln's Inn Fields pour en faire sa résidence londonienne, puis, en 1805, du nᵒ 13 pour en faire son musée, et, en 1824, il fit construire le nᵒ 14.

Intérieur – Les pièces sont petites, les couloirs étroits, les escaliers tout sauf «grandioses» (noter la forme de l'escalier au nᵒ 13), mais la disposition ingénieuse des miroirs, des cloisons mobiles, des éclairages et des fenêtres sur cours intérieures ainsi que la décoration choisie semblent augmenter volumes, surfaces et perspectives.

Fragments, moulages et modèles sont exposés de part et d'autre des galeries, tandis qu'au sous-sol se trouvent la Crypte, le Parloir du moine et la Chambre sépulcrale contenant l'énorme sarcophage de Seti Iᵉʳ (vers 1300 av. J.-C.) ; lorsqu'il en fit l'acquisition en 1824, Soane organisa une réception qui dura 3 jours.

Au premier étage sont exposés maquettes, estampes et plans d'architecture (8 000 par Robert et James Adam, 12 000 de Soane), livres rares, et une collection de médailles napoléoniennes. Le salon Sud contient du mobilier d'époque et un tableau de Turner, accroché en face de la cheminée comme à l'origine. Le rez-de-chaussée avec la salle à manger, le bureau meublé de fauteuils de cuir, la salle à coupole réservée au petit déjeuner et le portrait de Soane à 75 ans peint par Lawrence, sont très évocateurs. La **collection de tableaux**★★, pour la plupart réunis dans la salle des peintures, comprend des dessins originaux de Piranèse, les épisodes de *La Carrière d'un roué (Rake's Progress)* et la série des *Élections* par **Hogarth**. On peut encore contempler des toiles de **Canaletto**, **Reynolds** et **Turner**.

Au 13-14 Portsmouth Street *(angle Sud-Ouest de Lincoln's Inn Fields)*, une petite échoppe daterait de 1567 et serait l'une des plus anciennes de Londres.

Dans le pourtour néo-gothique des anciennes **Archives nationales** (Public Record Office), transférées à Kew *(voir à ce nom)*, subsistent les traces d'une chapelle médiévale construite en 1232 pour les juifs convertis, remise sous le contrôle du « Maître des Rôles » en 1377 et détruite en 1896.

FLEET STREET

Longtemps associée au monde de l'imprimerie, Fleet Street constitue le lien entre la Cité et Westminster. Charnière stratégique entre les sphères du commerce et du gouvernement, elle fut la terre de prédilection des journalistes jusqu'à ce que les moyens de communication modernes ne transforment la production des grands quotidiens *(pour la section Est de Fleet Street, voir La City)*.

St Dunstan-in-the-West ⊙ – Cette église fut construite en 1833 par John Shaw, légèrement en retrait vers le Nord par rapport aux édifices religieux successivement érigés ici depuis 1237, afin de ne pas faire saillie sur Fleet Street. Elle fut sévèrement touchée par les bombardements en 1944.

Hormis la tour néo-gothique, qui s'élève au-dessus du porche en une lanterne octogonale ajou-

---

Cock Tavern (ou **Ye Olde Cocke Tavern**)- *22 Fleet Street*. Décor intérieur «vieux Londres», en particulier du 17e s. Comptoir de bar lambrissé et salles de restaurant à l'étage fréquentées par les associations Dickens et Thackeray

Cheshire Cheese – *145 Fleet Street*. Taverne du 17e s.

Punch Tavern – *99 Fleet Street*. Pub victorien très fréquenté jadis par les reporters.

---

rée, les ajouts extérieurs sont étroitement associés à l'histoire de la rue : le buste de **Lord Northcliffe** (1930), l'**horloge** publique avec son jaquemart en chêne (première horloge à marquer les minutes, elle fut réalisée en 1671 par Thomas Harrys pour la somme mirifique de 35 livres), les **statues** provenant de Lud Gate, porte d'enceinte de 1586, et représentant Elizabeth Ire (aujourd'hui placée dans une niche surmontant le porche, elle fut achetée en 1786 pour 15 £ et 10 s et ornait précédemment la façade Ouest) ainsi que le légendaire roi Lud et ses deux fils (sculptés en 1586). Les corbeaux de l'entrée principale représentent Tyndale (Ouest) et John Donne (Est), tous deux liés à St Dunstan, à l'instar de l'éditeur Isaac Walton *(Le Parfait Pêcheur à la ligne*, comme *Le Paradis perdu* du poète John Milton furent imprimés dans la sacristie) et de la famille de banquiers Hoare.

Dédiée au saint patron des orfèvres, joailliers et serruriers, St Dunstan est bâtie sur un plan octogonal avec une haute voûte en étoile. Le maître-autel, orienté au Nord, est lambrissé dans le style flamand flamboyant du 17e s.

Depuis les années 60, une baie a été fermée par un jubé très orné du 19e s. qui provient du monastère Antim à Bucarest. La chapelle adjacente à la chaire est utilisée par les Églises orientales (copte), tandis qu'une autre chapelle, contenant une belle plaque funéraire en cuivre de 1530, est réservée aux Anciennes Églises catholiques de l'Union d'Utrecht.

Au Nord de Fleet Street s'étend un réseau de ruelles, plus connu sous la dénomination «**The Courts**». Malheureusement, ces voies ont été victimes de la modernisation et seuls leurs noms évoquent encore le passé : Crane, Red Lion, Johnson's, St Dunstan's, Bolt, Three Kings, Hind, Wine Office, Cheshire et Peterborough.

★**Dr Johnson's House** (**KX** du schéma : La CITY) ⊙ – *17 Gough Square*. Cette maison discrète, typique de la fin du 17e s., est celle qu'occupa de 1749 à 1759 le fameux écrivain et lexicographe Samuel Johnson (1709-1784). Modeste par la taille et les proportions, elle fut certainement choisie par Johnson pour son vaste grenier bien éclairé où il travailla avec ses cinq secrétaires à la rédaction de son célèbre *Dictionnaire de la langue anglaise*, publié en 1755. Les petites pièces des autres étages contiennent quelques tables et chaises en chêne du 18e s., des tirages de l'époque, des souvenirs et une collection de livres sur la vie de l'irascible essayiste, notamment sa biographie signée James Boswell.

Une fois son dictionnaire achevé, Johnson déménagea dans le quartier du Temple, puis en 1765 au n° 7 Fleet Street (dont le nom Johnson's Court n'est que pure coïncidence), et finalement à Bold Court où il mourut en 1784.

Sur le côté Sud de Fleet Street se trouve la **Cock Tavern** (ou Ye Olde Cocke Tavern) qui a conservé son enseigne du 17e s.. Au premier étage du n° 17, on peut visiter la **chambre du prince Henri** (Prince Henry's Room ⊙). Cette pièce d'une taverne que fréquentait le fils de Jacques Ier est ornée de panneaux de bois et d'un plafond avec une décoration centrale portant les initiales PH. Aujourd'hui, on y expose des souvenirs de l'écrivain Samuel Pepys.

Child & Co – *1 Fleet Street*. L'une des plus anciennes banques anglaises (maintenant Royal Bank of Scotland) « à l'enseigne de la fleur du souci » *(voir Osterley Park)* fut également connue comme taverne à l'enseigne de « La taverne du Diable »... En face s'élève le tribunal d'instance (Royal Courts of Justice – *voir Strand*).

★★TEMPLE

Voué aux activités juridiques et formant enclos aux confins de la Cité, entre Fleet Street et la Tamise, le Temple constitue un monde à part.

L'ordre des Templiers, à la fois militaire et religieux, fut fondé en 1119 au Temple de Jérusalem. Ses membres, vêtus d'un manteau blanc à croix rouge, étaient chargés d'assurer la protection des Lieux saints et des routes de pèlerinage. Amenés à prêter de l'argent aux pèlerins, aux croisés, bientôt aux princes, aux rois, au pape même, ils devinrent les banquiers du monde chrétien, acquérant une richesse et une influence considérables qui leur attirèrent l'ire du roi de France Philippe le Bel. Le souverain obtint alors du pape que les principaux dignitaires du Temple fussent traduits devant des tribunaux spéciaux : 54 d'entre eux, parmi lesquels le grand maître Jacques de Molay, furent livrés au bûcher et l'ordre, qui avait compté jusqu'à 15 000 chevaliers, fut supprimé en 1313 et remplacé par celui de Saint-Jean-de-Jérusalem.

La maison londonienne du Temple s'installa ici au milieu du 12ᵉ s. sous le règne de Henri II Plantagenêt. Les chevaliers de Saint-Jean-de-Jérusalem louèrent ensuite une partie des bâtiments aux clercs laïques qui avaient succédé aux religieux jusqu'alors chargés de rendre la justice. Après la dissolution des monastères par Henri VIII, en 1539, le Temple suivit donc, tout naturellement, sa vocation juridique : les écoles et les cabinets d'avocats occupèrent totalement l'enclos qui devint leur entière propriété en 1608, par la grâce de Jacques Iᵉʳ Stuart ; c'est encore aujourd'hui un domaine privé.

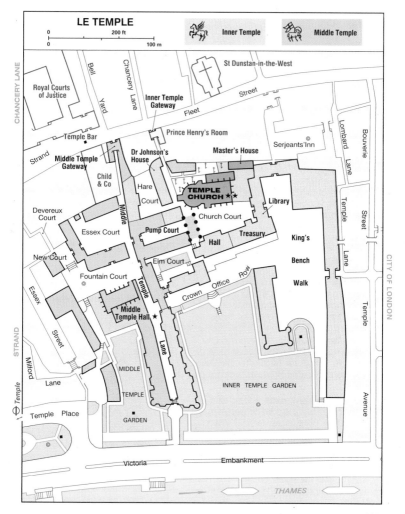

Le Temple accueille en son enceinte deux des quatre Écoles de droit dites « Inns of Court ». Dirigées par des doyens, les « benchers », elles rassemblent avocats en exercice, stagiaires et étudiants. Les avocats jouent un grand rôle dans l'ordre social britannique. Leur indépendance est garantie par l'absence de contact direct avec leurs clients, les causes leur étant soumises par le truchement des avoués (solicitors). Aussi les juges, dont le prestige est grand, sont-ils choisis dans leurs rangs.

Le Temple est divisé en Inner Temple (Temple intérieur), ainsi nommé parce qu'il se trouvait à l'intérieur de la Cité, et en Middle Temple (Temple central), dessinant un dédale très pittoresque de cours, de voûtes, de passages, de jardinets. Inner Temple a pour emblème Pégase, Middle Temple un Agneau pascal. Depuis longtemps disparu, Outer Temple (Temple extérieur) se trouvait à l'emplacement actuel d'Essex Street.

Inner Temple – De Fleet Street, pénétrer par **Inner Temple Gateway**, vieux porche du 17ᵉ s. passant sous la chambre du prince Henri. Ce porche donne accès à Inner Temple Lane qui conduit à l'église des Templiers ; à droite, une maison où résida le Docteur Johnson de 1760 à 1765.

★★**Temple Church** ⊙ – Bâtie au 12ᵉ s. sur le plan circulaire traditionnel aux églises de l'ordre, sur le modèle du Saint-Sépulcre de Jérusalem, la chapelle primitive fut augmentée au siècle suivant d'un chœur à chevet plat. L'ensemble, qui a été fortement restauré à plusieurs reprises, comprend :

- un porche roman sous lequel était rendue la justice au début du Moyen Age ;
- une rotonde, dans le style transition romano-gothique, consacrée en 1185 par Héraclius, patriarche de Jérusalem ; remarquer, à l'extérieur, le couronnement crénelé et, à l'intérieur, la voûte gothique reposant sur de beaux piliers en marbre : gisants de chevaliers (12ᵉ-13ᵉ s.) armés de pied en cap, parmi lesquels figure celui du beau-frère de Jean sans Terre, Guillaume Maréchal, comte de Prembroke, mort en 1219 et représenté les jambes croisées, symbole selon certains d'une participation aux croisades.
- un chœur, terminé en 1240, qui offre un élégant exemple de style gothique anglais primitif avec sa voûte élancée reposant sur des piliers de marbre, comme ceux de la rotonde ; dans l'angle Nord-Ouest, un escalier conduit à la cellule de pénitence d'où les Templiers emprisonnés assistaient à l'office ; le retable a été fait d'après un dessin de Wren et sculpté par William Emett, en 1682.

A gauche de l'église se trouvait un cimetière où fut enterré Oliver Goldsmith (1728-1774), auteur d'un roman sentimental, *Le Vicaire de Wakefield*, qui eut un grand succès à l'époque (son monument funéraire subsiste) ; un peu plus loin, la maison du Maître du Temple (Master's House), édifiée par Wren, a été restaurée après les bombardements de la dernière guerre.

King's Bench Walk – Belles maisons des 17ᵉ et 18ᵉ s.

Middle Temple – Par Pump Court, dont les côtés Nord et Ouest sont bordés de façades du 17ᵉ s., on atteint Fountain Court, ornée d'une fontaine datant de 1681 ; sur le côté Sud s'élève Middle Temple Hall ; sur le côté Nord, un escalier mène à New Court, entourée d'édifices construits par Wren en 1676.

★★**Middle Temple Hall** ⊙ – Inauguré en 1575 par la Grande Élisabeth Iʳᵉ, ce hall, vaste bâtiment en briques de style Tudor, présente une splendide charpente de chêne à double diaphragme (1574) et des vitraux décorés de motifs héraldiques. Les petits panneaux des hautes boiseries sont éclairés des blasons des professeurs qui instruisaient les étudiants du Moyen Age. La vaste pièce servait à la fois de salle d'études, de réfectoire et de dortoir. Le fond Ouest est orné de portraits parmi lesquels celui de Charles Iᵉʳ à cheval d'après Van Dyck.

C'est là, dit-on, que Shakespeare fit représenter pour la première fois, le 2 février 1602, devant Élisabeth et les doyens *La Nuit des Rois*.

Quand le spectaculaire jubé du 16ᵉ s. du bout Est du Hall fut fracassé par une bombe, les éclats furent extraits des décombres et soigneusement assemblés. La charpente avait par chance échappé au désastre.

Middle Temple Gateway – Traverser Essex Court, suivre Middle Temple Lane afin de sortir du Temple par Middle Temple Gateway, porte à froton et pilastres datant de 1684.

★**Victoria Embankment** – Dessinant un arc de cercle entre le pont de Westminster et celui de Blackfriars, le quai Victoria, long de plus de 2 km, constitue une agréable promenade ombragée le long de la Tamise ; sont amarrés de-ci, de-là quelques vaisseaux du début du siècle, dont la frégate *HMS Wellington*, qui sert aux réunions de l'Honorable Société des Maîtres Marins.

Banc sur le quai Victoria

CHELSEA★★

Plan p. 7, **BCZ**
⊖ Sloane Square

Faubourg Ouest de Londres, Chelsea, limité au Nord par Fulham Road, s'étend parallèlement à la Tamise, de la gare Victoria à Fulham ; King's Road constitue son axe
principal. Épargné par les tours, Chelsea conserve un aspect de grand village résidentiel
et cossu.

C'est l'après-midi, spécialement le samedi, qu'il faut voir King's Road, bruyante d'une
foule disparate. Le soir s'emplissent pubs, bistrots et restaurants exotiques au cadre
insolite. Néanmoins, si l'on s'écarte un peu de cette rue animée, l'atmosphère change
du tout au tout : au bruit succède la tranquillité des ruelles, des «crescents» et des
places bordés de maisons blanches georgiennes des 18e et 19e s., à portique dorique,
que précède un petit jardin ornemental, souvent fleuri.

Chelsea Potter – *119 King's Road*. Décor original de céramiques, malheureusement noirci par la fumée.

King's Head and Eight Bells – *50 Cheyne Walk*. Style georgien. Il fut bâti à
l'époque de Charles II qui le fréquentait, ainsi que des artistes, dont Dylan
Thomas, résidant dans le quartier.

Markham Arms – *Angle de King's Road et de Markham Street*. Pub victorien,
ambiance jeune.

UN PEU D'HISTOIRE

Les délices de Chelsea – Bourg campagnard jusque dans le courant du 19e s., Chelsea
fut en même temps une villégiature recherchée des Londoniens pour ses perspectives
sur la Tamise, son calme et son bon air.

En 1524, **Thomas More** y acheta un terrain où il fit édifier, approximativement à
l'emplacement de Beaufort Street, un manoir où il recevait régulièrement **Érasme** et où
il se fit peindre, entouré de sa famille, par **Holbein** en 1527. Nommé Lord-chancelier
par Henri VIII en 1529 après le cardinal Wolsey *(voir Hampton Court)*, et resté
catholique, il désavoua le divorce du roi, qui, toujours partisan de mesures expéditives,
le disgrâcia en 1532, le fit emprisonner, puis exécuter en 1535.

Sur le site aujourd'hui occupé par Cheyne Walk, et par conséquent à quelques pas du
manoir de son ex-chancelier, Henri VIII fit construire en 1537 **New Manorhouse**, nouveau
manoir qui fut la résidence du jeune prince Édouard, de la princesse Élisabeth, de leur
cousine Jane Grey, puis, après la mort du roi, de Catherine Parr, sa veuve. Celle-ci
mourut en 1548, et le palais fut attribué à Anne de Clèves, quatrième épouse du
défunt roi. Au 17e s., il fut acquis par la famille Cheyne puis, en 1712, par le célèbre
médecin **Hans Sloane** qui y entreposa ses collections. A sa mort, en 1753, la demeure
fut détruite.

En 1699 trépassa dans sa maison de Paradise Row (Royal Hospital Road) très haute et
puissante Dame **Hortense Mancini**, nièce du cardinal Mazarin, et un temps maîtresse du
roi Charles II. Elle tenait à Chelsea, entourée d'une ménagerie, un salon littéraire et
musical avec l'aide du philosophe français **Saint-Évremond** qui lui rendit cet hommage :
« Mme Mazarin n'est pas plus tôt arrivée en quelque lieu qu'elle y établit une maison
qui fait abandonner toutes les autres ; on y trouve la plus grande liberté, on y vit avec
une égale discrétion, chacun y est plus agréablement que chez soi et plus commodé-
ment qu'à la Cour. »

Les citoyens d'extraction plus modeste vinrent, surtout à partir du 18e s., goûter aux
plaisirs frivoles dispensés dans les jardins de **Lord Ranelagh** puis, à l'Ouest de Chelsea,
dans ceux de **Cremorne** dont la piste de danse pouvait accueillir 2 000 couples. Pour se
restaurer il y avait les fameux «buns» (sorte de brioches) : en 1839, le Vendredi saint,
240 000 buns furent vendus à la Chelsea Bun House située non loin de la Tamise.

Un Parnasse anglais – Nombre de peintres et écrivains se sont épris des sites
pittoresques de Chelsea et particulièrement de Cheyne Walk. C'est ainsi que **Turner**, sur
la fin de sa vie, se retira, sous un nom d'emprunt, dans une maison qui porte
actuellement le no 119 Cheyne Walk. Ignoré de tous, il passait son temps à rêver à son
passé devant le cours de la Tamise, à courir les cabarets et rédiger le testament par
lequel il laissa à la nation son œuvre et ses collections.

Trois ans avant la mort de Turner, en 1848, avait été instituée à Londres la Confrérie
des **préraphaélites** (Preraphaelite Brotherhood) dont le chef, Dante-Gabriel **Rossetti**
(1828-1882), peintre et poète né à Londres, fils d'un carbonaro italien réfugié en
Angleterre, a longtemps vécu à Cheyne Walk où il recevait ses disciples, **Holman Hunt** et
Millais auxquels s'adjoignit **Burne-Jones** (1833-1898) qui avait failli devenir clergyman et
affirmait : « Je ne suis pas anglais, je suis un Italien du 15e s. ».

S'opposant à la peinture littéraire des préraphaélites, **Whistler** (1834-1903), d'origine
américaine, insista au contraire sur le rôle de l'artiste comme témoin de la vie
contemporaine. Après Turner, il a peint le vieux pont en bois de Battersea, qu'il pouvait
contempler de sa fenêtre du 96 Cheyne Walk (Lindsey House).

Chelsea fut aussi chère aux hommes de lettres ou de sciences. Outre **Thomas Carlyle** (1795-1881), le «sage de Chelsea» qui y écrivit son *Histoire de la Révolution française*, y vécurent les romanciers George Eliot (Mary Ann Evans, 1819-1880) au 4 Cheyne Walk, George Meredith (1828-1909), Oscar Wilde (1854-1900) 34 Tite Street, les Américains **Henry James**, naturalisé anglais, mort en 1916 au n° 21 Cheyne Row, et Mark Twain (1835-1910), D.H. Lawrence, l'humoriste G.K. Chesterton (1874-1936), le philosophe Bertrand Russell, le savant **Alexander Fleming** (1881-1955), inventeur de la pénicilline...

SLOANE SQUARE – KING'S ROAD

Chelsea a constitué à travers les âges le berceau des nouvelles modes ou de la remise au goût du jour d'anciennes tendances : après-midi dansants des jardins du Ranelagh et de Cremorne au 18ᵉ s., mouvement artistique des préraphaélites au 19ᵉ s., résidence d'Oscar Wilde. En 1955, la créatrice **Mary Quant** inaugura la boutique Bazaar qui lança la minijupe. Dans les années 1960, Chelsea devint le «nombril du swinging London» et King's Road, la Mecque de l'avant-garde. En 1971, Vivienne Westwood ouvrit une boutique au n° 430 King's Road pour vendre ses vêtements. Avec le soutien de Malcolm McLaren, membre du groupe pop Sex Pistols, ce magasin servit de tremplin à la mode punk. Aujourd'hui bordée de magasins de cuir et de boutiques de mode, de grands magasins comme Marks and Spencer et Waitrose, King's Road s'est transformée en une artère commerçante fréquentée par les habitants du quartier...

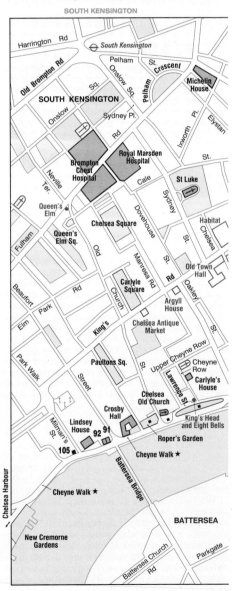

Sloane Square – Carrefour animé avec le **Royal Court Theatre** (répertoire d'avant-garde depuis 1870), les magasins modernes Peter Jones (1936), la grande librairie (journaux et magazines étrangers) Smith's. Plaque commémorative de l'inventeur de l'heure d'été (adoptée en 1916), William Willett.

Holy Trinity ⊘ – L'**église de la Sainte-Trinité** fut rebâtie en 1888 lorsque les préraphaélites étaient au sommet de leur art. Les 48 vitraux du chœur réalisés par William Morris *(voir index)* sont l'œuvre de **Burne-Jones**. La décoration et l'architecture parviennent ici à une rare unité.

King's Road – A l'origine simple sentier, King's Road doit son nom à Charles II qui l'élargit pour pouvoir se rendre rapidement à Fulham où demeurait sa belle amie Nell Gwynn; la nouvelle route resta d'ailleurs voie privée jusqu'en 1830. C'est maintenant une grande artère commerçante connue pour ses boutiques de mode, ses antiquaires, ses restaurants et ses pubs. Les petites rues situées au Nord de King's Road sont bordées de maisons traditionnelles construites pour des artisans.

En parcourant King's Road, on trouve :
- n° 135 : Antiquarius Centre, passage aux nombreux antiquaires.
- n° 152 : **The Pheasantry**, ancienne faisanderie du 18ᵉ s. au portique surmonté d'un quadrige.
- Habitat : magasin spécialisé en mobilier et décoration modernes.
- Old Town Hall : l'ancien hôtel de ville (1885-1907) de style classique abrite une foire d'antiquités très courue.
- n° 181-183 : Chenil Galleries – passage avec antiquaires.
- n° 211 : Argyll House, bâtie en 1723 par le Vénitien Giacomo Leoni.
- n° 245-253 : Chelsea Antique Market, marché d'antiquités.
- **Royal Avenue** : avenue double plantée d'arbres en 1692-1694, qui devait se prolonger au Nord jusqu'à Kensington Palace ; elle ouvre une perspective sur le pavillon central de Royal Hospital par une allée coupant le terrain verdoyant de **Burton's Court**, traversé au Sud par Royal Hospital Road et limité au Nord par **St Leonard's Terrace** (belles façades georgiennes aux nᵒˢ 14-31).

St Luke's ⊘ – *Sydney Street.* Dans un cadre de verdure s'élève l'église paroissiale de Chelsea, bâtie de 1820 à 1824 par James Savage dans le style Gothic Revival ; Dickens y épousa, en 1836, Catherine Hogarth.

Carlyle Square – (milieu 19ᵉ s.). Avec **Paultons Square** (1830-1840) et **Chelsea Square** (du 18ᵉ au 20ᵉ s.), cette place illustre l'évolution des styles de l'architecture à caractère résidentiel.

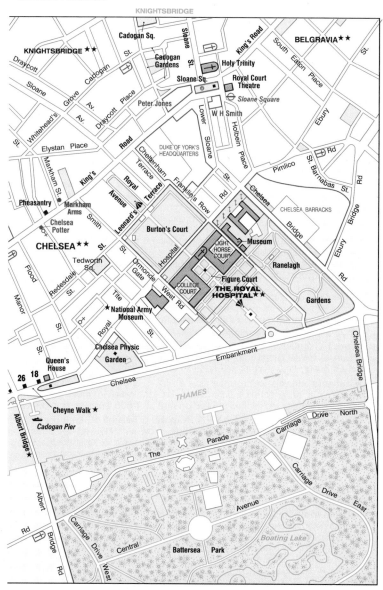

★★THE ROYAL HOSPITAL ⊙

Il s'agit là d'un des plus beaux ensembles d'architecture classique subsistant à Londres (restauré après les bombardements).

C'est au roi **Charles II**, et non à sa favorite Nell Gwynn comme le veut une tradition populaire, que revint la décision de créer un établissement calqué sur le modèle de l'Hôtel Royal des Invalides, fondé en 1670 à Paris par Louis XIV et dont les plans furent prêtés par Louvois.

Stephen Fox, trésorier général de l'Armée, collecta les fonds, le chroniqueur John Evelyn traça le plan général et **Christopher Wren** choisit, à proximité de la Tamise, le site du monument dont il devait diriger la construction.

Achevé en 1692 sous le règne de Guillaume III, l'Hôpital Royal, dirigé par un gouverneur, accueillit cette année-là environ 500 pensionnaires. Des bâtiments annexes furent ajoutés à l'Est en 1819 sur les plans de John Soane *(voir index)*.

Les pensionnaires — Ces soldats au nombre de 400, âgés d'au moins 65 ans, logés, chauffés, vêtus, blanchis, reçoivent une allocation de bière et de tabac et un peu d'argent de poche. Leurs obligations militaires sont limitées à l'assistance aux offices religieux et aux parades. Leur uniforme date du temps (début 18ᵉ s.) où le duc de Marlborough était gouverneur. Bleu foncé, il comporte une tunique de sortie rouge au col marqué des initiales R.H. Le képi noir est remplacé par un tricorne dans les occasions solennelles, telle, en mai, la fête du Gland **(Oak Apple Day)** rappelant qu'après la bataille de Worcester (1651), Charles II échappa aux parlementaires en se réfugiant dans un vieux chêne.

Les jardins — Les prairies descendent en pente douce vers la Tamise. Là se tient, en mai, un des grands événements de la vie londonienne, le **Chelsea Flower Show** qu'inaugure la reine en personne. La Royal Horticultural Society expose, sur les parterres ou à l'intérieur de vastes tentes, les envois de ses membres qui peuvent se les acheter mutuellement ; le dernier jour, vente à bas prix à la foule des visiteurs.

Des jardins se découvre une vue d'ensemble sur l'hôpital dont les bâtiments de briques à chaînages de pierre s'ordonnent, avec une majestueuse simplicité, de part et d'autre de la chapelle dont l'austère portique dorique est surmonté d'une lanterne un peu grêle. Une longue inscription latine évoque les buts de l'institution et cite ses souverains fondateurs et bienfaiteurs. Face à la chapelle, au centre de la cour principale, qui lui doit son nom de **Figure Court**, une statue de bronze, œuvre de **Grinling Gibbons**, représente Charles II, vêtu à la romaine. Au fond de la cour, sous le porche octogonal surmonté de la lanterne, se trouve l'entrée principale.

Chapelle et Grand Hall — De part et d'autre du porche, des marches donnent accès à la chapelle et au grand hall, lambrissés sous de grandes fenêtres arrondies. Élevée entre 1681 et 1692, la chapelle conçue par Wren présente une voûte en berceau et une abside que surmonte une coupole décorée, entre 1709 et 1716, par le peintre vénitien Sebastiano Ricci et son neveu Marco ; la scène, qui représente la Résurrection, s'inspire d'une composition analogue traitée par Charles de La Fosse dans la chapelle du palais de Versailles.

Les bancs ont été sculptés par Grinling Gibbons dont on peut voir la marque de fabrique (2 cosses de pois, une ouverte, une fermée) à l'extrémité droite du second banc de gauche. Une chorale de qualité se produit lors des offices dominicaux.

Le grand hall, ou réfectoire des soldats, possède encore ses brocs de cuir bouilli vieux de trois siècles. Aux murs sont pendues les répliques de drapeaux pris notamment aux Français (côté droit) durant les guerres de la Révolution et de l'Empire. Une peinture allégorique (début 18ᵉ s.) de Verrio, consacrée à Charles II, orne la salle.

Council Chamber — Située dans l'hôtel du Gouverneur, à l'extrémité Sud de l'aile orientale, cette Chambre du Conseil a été décorée partie par Wren, partie par Robert Adam ; beau portrait de Charles Iᵉʳ et sa famille par Van Dyck.

Bâtiments annexes — L'ensemble situé à l'Est, près du cimetière du Royal Hospital, est pour l'essentiel dû à John Soane. Un petit *musée*, consacré à l'histoire de l'institution, comprend aussi une collection rare de 1 600 médailles et décorations.

Ranelagh Gardens — Tracés en 1860, les **jardins du Ranelagh** occupent une partie de l'ancien domaine du richissime **Lord Ranelagh**, mort en 1712, qui fut trésorier du Royal Hospital. De 1742 à 1805, année de leur achat par le Royal Hospital, il y eut là un lieu de plaisir à la mode dont l'entrée était coûteuse mais donnait droit à une consommation de café et de punch. Certains jours, on put y voir une affluence de plus de 400 carrosses. Au centre se trouvait une grande rotonde aménagée pour la danse et les concerts, que Canaletto a figurée dans un tableau célèbre, aujourd'hui à la National Gallery.

★National Army Museum ⊙ — Aménagé en 1971 dans un bâtiment moderne de Royal Hospital Road, ce musée évoque l'histoire de l'armée du Royaume-Uni de 1485 à nos jours. Diverses galeries sont consacrées aux uniformes, aux armes et aux peintures, et reconstituent la vie quotidienne du soldat. Dans la salle près du hall d'entrée, squelette de Marengo, cheval favori de Napoléon, et trophées capturés par les Anglais à Waterloo (vitrine 44 A). Enfin, la galerie d'Art abrite plusieurs portraits réalisés par des peintres tels Reynolds, Romney, Gainsborough et Lawrence.

CHELSEA EMBANKMENT

Chelsea Physic Garden ⊙ – Le **jardin botanique**, que fréquentèrent des sommités comme Linné, fut fondé en 1673 par l'Honorable Société des Apothicaires de Londres sur un terrain loué à **Hans Sloane**, qui l'offrit ensuite en 1722, et auquel on éleva en 1737 une statue due à Rysbrack.

C'est là que germa en 1732 la première graîne de coton venue des mers du Sud avant que sa culture ne fût acclimatée en Géorgie. Il en alla de même pour le thé de Chine, transplanté ensuite en Inde, pour l'hévéa d'Amérique du Sud cultivé ensuite en Malaisie et de la quinine, venue aussi d'Amérique du Sud et adaptée au climat local... Le jardin poursuit un important programme de recherches sur les plantes médicinales utilisées par les Chinois, les Indiens d'Amérique du Nord, ou encore les Maoris.

★**Cheyne Walk** – Avant la construction du quai en 1874, Cheyne Walk formait une délicieuse promenade ombragée en bordure de la Tamise et à proximité du débarcadère des bateaux de Londres.

Désormais en retrait par rapport au fleuve, elle n'en est pas moins évocatrice de l'ambiance georgienne grâce à son alignement de maisons de briques roses dont quelques-unes, du 18ᵉ s., sont agrémentées de grilles et de balcons de fer forgé.

Au n° 4, beaux pilastres corinthiens à l'entrée d'une demeure où vécut le peintre Daniel Maclise, et où George Eliot passa ses dernières semaines.

Au n° 6, remarquable grille Chippendale d'inspiration chinoise (1750).

Au n° 16, il faut distinguer **Queen's House** où vécut, de 1862 à 1882, **Rossetti** qui entretenait une ménagerie dans son jardin, et où aimaient à se réunir les préraphaélites ; le buste du peintre orne la fontaine du square voisin.

Au n° 17, Old Swan House, la gracieuse maison du Vieux Cygne, fut construite en 1876 par Norman Shaw, avec des fenêtres de style Queen Anne.

Aux nᵒˢ 19-26, constructions datant d'environ 1765, à l'emplacement du palais d'Henri VIII *(voir plus haut)*.

Houseboats – Amarrées sur la rivière, des péniches plus larges et plus spacieuses que des chalands sont là à demeure. Elles servent aujourd'hui de résidences à la bohème de Chelsea.

Carlyle's House ⊙ – *24 Cheyne Row*. De 1834 à sa mort en 1881, l'historien **Thomas Carlyle** habita cette modeste maison de style «Queen Anne». Il occupait au grenier une pièce entièrement insonorisée où il rédigea sa biographie de Pierre le Grand. Il vivait reclus, sans prêter attention à sa femme Jane Welsh, qui adorait pourtant la compagnie, mais avait une nature maladive. Cette dernière relatait sa vie misérable et solitaire dans de longues lettres à sa famille et dans son journal intime. En découvrant ces écrits à sa mort, Carlyle prit conscience de son comportement odieux, et la fin de sa vie fut assombrie par la culpabilité et la honte. La maison contient des portraits de Carlyle, sa bibliothèque, ses manuscrits et souvenirs ainsi que la porcelaine bleu et blanc de sa femme. Elle est meublée simplement, reflétant le style de vie confortable mais sans prétention du couple.

Dans le jardin de Cheyne Walk, face à la Tamise, une statue de Boehm commémore le «sage de Chelsea».

Lawrence Street – C'est dans cette rue que la célèbre manufacture de Chelsea, dont les porcelaines étaient marquées d'une ancre, prospéra avant d'être transférée à Derby. Aux nᵒˢ 23 et 24 se trouvent les Duke et Monmouth Houses, belles demeures georgiennes du 18ᵉ s., dont on observera les porches à fronton et leurs consoles sculptées.

Chelsea Old Church (All Saints) ⊙ – Église campagnarde de briques roses du 12ᵉ s. mais modifiée aux 16ᵉ-17ᵉ s. et remise à neuf après les bombardements de 1941, entre 1950 et 1958, à l'exception de la chapelle Sud (début 14ᵉ s.), épargnée par les bombes.

Celle-ci avait été remodelée en 1528 à l'initiative de Thomas More et sa belle arcade Renaissance ouvrant sur le chœur aurait été dessinée par Holbein. En 1532, Thomas More avait fait ériger pour sa femme un monument funéraire où il désirait être lui-même enseveli ; mais la dépouille de Thomas ne s'y trouve pas car son corps décapité fut inhumé à St Peter ad Vincula *(voir Tower of London)*, alors que sa tête était, selon l'usage de l'époque, fichée à l'entrée du pont de Londres. Gisants de Lord et Lady Dacre (1595) dans un enfeu le long du mur droit de la nef, de Lady Cheyne (1699), d'après un projet du Bernin, le long du mur gauche, et surtout de Sarah Colville, morte en 1631, dans la chapelle Lawrence *(à gauche du chœur)* où, selon la tradition, se serait déroulé, en 1536, le mariage secret de Henri VIII et Jane Seymour. Le romancier Henry James est également enterré dans l'église. Remarquer aussi l'autel et la grille (17ᵉ s.), les fonts baptismaux en marbre (1673) et les **livres liturgiques à chaîne**, offerts par Sir Hans Sloane. Ce sont les seuls dans une église londonienne : il s'agit d'une Bible abrégée (1717), d'un livre de prières (1717), d'homélies (1683) et de deux volumes du *Livre des Martyrs* (1684) de John Foxe.

Dans le cimetière attenant l'angle Sud-Est, une urne marque le tombeau de Hans Sloane. En sortant de l'église, voir la statue de Thomas More qui fait face à la Tamise.

Roper's Garden – Ce jardin clos occupe une partie de l'ancien verger de Thomas More et porte le nom de son gendre, William Roper. Un relief sculpté par **Jacob Epstein** qui vécut à Chelsea de 1909 à 1914 représente *Une femme marchant contre le vent*.

Crosby Hall – Une malheureuse annexe relativement récente et des bâtiments néo-Tudor de 1926 apparaissent bien chétifs auprès du grand hall construit entre 1466 et 1475 pour le riche marchand de laine, Sir John Crosby. Cette résidence se situait initialement dans Bishopsgate; démolie en 1910, ses lambris, sa charpente à diaphragmes peinte, trois étages d'oriels et le contre-chœur estampillé furent déplacés à Chelsea, sur les anciens jardins du manoir de Thomas More.

A l'intérieur, sous le beau plafond de chêne d'origine, est disposée une table du début 17e s. près de laquelle est suspendue une peinture représentant Thomas More et sa famille, copie du tableau d'Holbein, aujourd'hui disparu.

91-96 Cheyne Walk – Aux nos 91 et 92, deux maisons construites en 1771 comportent de belles fenêtres vénitiennes, 5 (dont 2 aveugles) au no 91, et 2 au no 92. Les nos 93 et 94 datent de 1777. Whistler résida au no 96.

Lindsey House – Remontant à 1674, la noble demeure des comtes de Lindsey, construite à l'emplacement de la ferme de Thomas More, fut divisée *(nos 96-100)* en appartements au siècle suivant (1752) alors qu'elle était le siège de la secte protestante des Frères Moraves. Le grand ingénieur Marc Brunel *(voir à Rotherhithe)* vécut au 98 de 1811 à 1826, puis son fils. Leur souvenir est commémoré par une maison moderne de style georgien, **Brunel House** (no 105).

104-120 Cheyne Walk – Adresse de plusieurs hommes de lettres et artistes : **Hilaire Belloc** (1873-1953), essayiste et historien catholique, auteur des *Contes de prudence à l'usage des enfants* et du *Bestiaire d'un méchant enfant*; **P.W. Steer** (1860-1942), fils d'un portraitiste et lui-même paysagiste reconnu, avait étudié à Paris au début des années 1880, mais ne découvrit que plus tard Degas et les impressionnistes, ce qui donna plus de liberté et de fermeté à son style proche de Constable; **Turner** (1775-1851) vécut ses dernières années en solitaire au no 119 tandis que l'engouement pour son style disparaissait au profit du courant préraphaélite; **Sylvia Pankhurst** était une suffragette qui participa à l'organisation de la Women's Social and Political Union.

Chelsea Wharf – Côte à côte se dressent immeubles modernes, entrepôts anciens ainsi que la centrale électrique et l'usine à gaz des transports londoniens.

Chelsea Harbour – Jusque dans les années 1960, les péniches pleines du charbon destiné à la centrale électrique du métro londonien de Lots Road amarraient ici. Que ces temps paraissent éloignés à la vue des façades modernes et luxueuses qui bordent aujourd'hui la Tamise, à l'instar de Belvedere Tower! Ce complexe immobilier fut réalisé en un temps record : le permis de construire fut accordé le 15 avril 1986 et un an plus tard les premiers habitants emménageaient. Bâti autour d'un port de plaisance, il abrite d'élégants appartements, des bureaux, un hôtel, des boutiques et plusieurs restaurants. Les bâtiments en bordure de la Tamise jouissent d'une belle vue sur l'église St Mary située sur la rive gauche *(voir Battersea)*.

Chelsea Harbour

En Angleterre, on désigne les heures de la matinée « ante meridiem » par am et celles de l'après-midi « post meridiem » par pm.

La City of London (Cité de Londres), également connue sous le nom de « square mile » (mile carré), s'étend sur la rive Nord de la Tamise, limitée par le tracé de l'ancien mur de Londres dont il ne reste que peu de vestiges. Aujourd'hui synonyme d'affaires et de finances, la Cité est redessinée par le béton et le verre.

Le tracé des rues médiévales se retrouve dans l'enchevêtrement de cours, d'allées et d'escaliers, qui permettent souvent de s'isoler du trafic intense et de découvrir ici une ancienne taverne, là une statue ou une fontaine près d'un banc ombragé.

De la Tour au Temple, la Cité évoque la naissance de Londres dont, deux mois après la bataille d'Hastings (1066), les habitants obtinrent de Guillaume le Conquérant une charte. Confirmée en 1215 par la Grande Charte, elle les autorisait à élire chaque année un lord-maire (le Lord Mayor's Show s'est perpétué jusqu'à nos jours).

Les ordres religieux fondèrent de nombreux et superbes monastères et églises, croissance qu'interrompit la dissolution des monastères (1539) décidée par Henri VIII. Le négoce prospéra, tout comme les puissantes corporations, et, au 16ᵉ s., la Cité comptait commerçants, banquiers et artisans, et attirait écrivains, artistes et imprimeurs (Fleet Street). Malheureusement, survint le Grand Incendie.

Le Grand Incendie – Après la peste qui avait exercé ses ravages l'année précédente, les Londoniens eurent à subir, à la fin de l'été 1666, un gigantesque incendie dont les péripéties nous sont connues par le rapport d'enquête remis à Charles II et par le témoignage de chroniqueurs de talent comme John Evelyn et Samuel Pepys.

Le feu prit accidentellement le dimanche 2 septembre 1666, à 1 h du matin, dans le fournil du boulanger du roi, Faryner, qui demeurait dans Pudding Lane, non loin du pont de Londres. Favorisées par la sécheresse qui régnait depuis de longues semaines et attisées par un fort vent d'Est, les flammes gagnèrent rapidement les abords de Saint-Paul, trouvant un aliment de choix dans les maisons de bois ainsi que dans les marchandises entassées à l'intérieur des docks du port et les entrepôts des corporations. De l'autre rive de la Tamise, le spectacle était à la fois terrible et magnifique comme le note le même Pepys : « A mesure que l'obscurité se faisait, il surgissait au-dessus des clochers, entre les maisons et les églises, aussi loin que le regard s'étendait sur la colline de la Cité, une horrible flamme maléfique, sanglante. Quand nous sommes partis, l'incendie ne formait plus qu'une vaste arche de feu de part et d'autre du pont et, sur la colline, une autre arche d'au moins un mille de longueur. Je fondis en larmes à cette vue. »

L'incendie put être circonscrit au bout de 4 jours alors qu'il atteignait le Temple. Il avait fait peu de victimes mais causé des dégâts considérables : la cathédrale Saint-Paul et 89 églises détruites, 13 200 maisons en ruine, 400 rues dévastées, bref les 4/5 de la Cité anéantis.

Cependant la réaction de Charles II fut prompte, le souverain prenant la direction des travaux en faveur desquels fut instituée une taxe sur le charbon. Six jours après la fin du fléau, **Wren** proposait déjà un plan, concurremment avec John Evelyn, plan qui aurait fait de Londres un modèle d'urbanisme aéré, à l'instar des nouveaux quartiers de Paris qu'il avait visités quelques mois auparavant. Hélas ! La réalisation ne put être menée à son terme, en raison des difficultés d'acquisition des sols et seules deux rues, King Street et Queen Street, furent tracées. En revanche, Wren put se consacrer à la reconstruction de 51 églises et de la cathédrale Saint-Paul.

Percée de grandes artères au 19ᵉ s., reconstruite après les bombardements de 1941, modernisée au 20ᵉ s., la Cité accueille chaque jour quelque 4 millions de travailleurs alors que sa population réelle est de 8 000 habitants, dont la moitié pour le seul quartier de Barbican.

La City financière – Depuis des siècles, la Cité compte parmi les principales places financières au monde. Son rôle financier est assumé au premier chef par les trois grandes institutions nationales que sont la Banque d'Angleterre ou **Bank of England**, la Bourse des valeurs ou **Stock Exchange**, et la **Lloyd's** « qui assure tout sauf la vie. » Mais à côté de cette trinité gravitent une infinité d'organismes complémentaires.

C'est ainsi que 200 banques environ peuvent être dénombrées, tant en banques de dépôts (Barclay's ou National Westminster par exemple) qu'en banques d'affaires dites « Merchant Banks » (Rothschild and Sons entre autres) spécialisées dans les opérations d'achat ou de vente de sociétés, d'échanges et de fusions ; en outre, elles contrôlent un peu plus de la moitié des mouvements sur l'eurodollar.

Parmi les autres moteurs de l'activité financière figurent les sociétés d'assurances et d'investissement. Les premières, disposant de l'argent frais procuré en abondance par les assurances-vie, largement répandues dans le public, peuvent investir 30 % de leurs

Si vous visitez la Cité pour la première fois, vous pouvez entreprendre votre parcours à la cathédrale St-Paul *(voir à ce nom)*, entrer en passant dans St Mary le Bow, descendre vers la Banque d'Angleterre, Mansion House et le Royal Exchange pour rejoindre l'immeuble de la Lloyd's. Vous obtiendrez ainsi une vision globale des principales institutions de la Cité.

disponibilités en actions, 20 % dans l'immobilier, et le reste dans diverses valeurs à revenu fixe. Les secondes constituent une association de 270 membres rassemblés au sein d'« Investment Trust Companies. »

Les Bourses de commerce revêtent aussi une grande importance car elles établissent les cours d'un certain nombre des principales matières premières produites dans le monde. A cet égard, Londres reste le premier marché mondial de l'or dont le cours est fixé au London Bullion Market. Le quotidien *Financial Times* et l'hebdomadaire *The Economist* participent à la force d'impact du marché financier londonien.

Simpson's Tavern – *38 Cornhill*. Pub du 18ᵉ s.

George and Vulture – *Castle Court, Cornhill*. Pub du 17ᵉ s. du vieux quartier, derrière l'église St-Michel.

The Lamb Tavern – *Leadenhall Market*. Décor 1900.

Ye Olde Wine Shades – *6 Martin Lane*. Pub de 1663 survivant du Grand Feu.

BANK (CY) ⊖ *Bank*

La Banque d'Angleterre est à ce point évocatrice pour les Britanniques que le carrefour où elle s'élève est désormais désigné sous ce raccourci, repris pour baptiser la station de métro. Autour du carrefour sont établies « la » banque, la Bourse et la résidence officielle des Lords-maires, Mansion House.

Bank of England ⊘ – Massive et austère comme une forteresse, la Banque d'Angleterre ou, mieux, la Banque tout court, occupe depuis 1734 une surface d'un hectare et demi environ au Nord de Threadneedle Street (rue de l'Aiguille à tricoter), où se trouve son entrée principale. Complètement dénaturée dans ses proportions par la construction, entre 1924 et 1939, de sept étages de bureaux, elle a cependant conservé l'enceinte que lui avait donnée, à la fin du 18ᵉ s., le célèbre architecte **John Soane** *(voir à Holborn)* : baies aveugles, colonnes corinthiennes et, à l'angle Nord-Ouest, le curieux Tivoli Corner, pavillon circulaire inspiré du temple de la Sibylle à Tivoli et surmonté d'une statue d'Ariel, l'esprit éthéré de *La tempête* de Shakespeare.

Affectueusement surnommée par le peuple anglais « La vieille dame de Threadneedle Street », la banque fut fondée en 1694 par un marchand écossais, William Paterson. C'est la plus ancienne entreprise par actions d'Angleterre, restée par privilège royal la seule banque par actions de Londres jusqu'en 1834, époque de la fondation de la Westminster. Son premier directeur fut un nommé Houblon, fils d'un réfugié protestant français. De 1780 à 1973, elle fut gardée chaque nuit par un détachement de la brigade des Guards.

Nationalisée en 1945, la Banque, administrée par un gouverneur, un sous-gouverneur et seize directeurs, abrite une partie des réserves monétaires de la zone sterling et constitue l'autorité centrale pour l'émission des billets de banque.

The Royal Exchange

★**Bank of England Museum** (**CY**) ⊘ – *Bartholomew Lane*. Le musée retrace l'histoire de cette vénérable institution et expose, entre autres, des documents rares, des lingots d'or, des billets et des pièces de monnaie ainsi que leurs contrefaçons. Des écrans vidéo et un bureau reconstitué initient le visiteur au monde de la finance.

★**Royal Exchange** – La première Bourse de Londres a été construite ici même de 1566 à 1567 par des ouvriers flamands, sur le modèle de la Bourse d'Anvers. Le promoteur en fut un riche marchand mercier de Bishopsgate, **Thomas Gresham** (1519-1579), qui, après avoir voyagé en Flandre, était devenu conseiller financier de la Couronne, contribuant à faire de Londres un centre de la draperie et un pôle d'attraction pour les capitaux détournés d'Anvers au moment des troubles causés par la « Furie espagnole. » Le bâtiment qui brûla en 1666 lors du Grand Incendie comportait une galerie ouverte au rez-de-chaussée et des boutiques au premier étage ; les statues des rois d'Angleterre garnissaient les niches.

De style néo-classique, l'actuel Royal Exchange, inauguré en 1844 par la reine Victoria, a cessé son activité en 1939. La cour reproduit celle de la Bourse primitive dont subsiste le pavage ; sur les murs de la galerie, des fresques (vers 1900) retracent l'histoire politique et commerciale de l'Angleterre.

Donnant sur une sorte de patio, la façade postérieure est dominée par une haute lanterne que couronne l'emblème héraldique de Thomas Gresham, une sauterelle dorée, formant girouette : on raconte que Gresham, enfant, s'égara dans la campagne et fut retrouvé grâce à une sauterelle qui, par ses crissements répétés, conduisit ses parents auprès de lui.

Sur l'esplanade précédant le monumental portique corinthien de la façade est érigée une statue équestre de **Wellington**, coulée (1844) de son vivant, à laquelle manquent les étriers !

★**Mansion House** ⊘ – Résidence officielle des lords-maires qui s'y succèdent chaque année, Mansion House a été construite de 1739 à 1752 par l'architecte de la ville, **George Dance l'Aîné**. Celui-ci s'est inspiré des villas vénitiennes de Palladio, comme on peut l'observer dans l'imposante façade à colonnade d'ordre colossal que surmonte un fronton triangulaire sculpté par Robert Taylor d'une allégorie symbolisant la Grandeur de Londres.

Intérieur – Outre les appartements du lord-maire, Mansion House comprend un tribunal de police et des salons de réception richement ornés et meublés (portraits par Lely et Kneller).

L'**orfèvrerie** et les **insignes★★** du lord-maire sont remarquables. La vaisselle d'argent des corporations datant du 17e s. est d'une grande richesse. Les insignes comprennent des pièces plus anciennes : la **chaîne** du lord-maire (vers 1535), constituée d'un collier d'or à maillons en forme de double S d'où pendent des bouquets de roses émaillées, avec un pendentif, le Diamond Jewel, en onyx gravé en 1802 aux armes de la Cité et serti de diamants ; l'**épée de perles** (Pearl Sword) offerte par la reine Élisabeth Ière lors de l'inauguration de la Bourse en 1571 ; le sceptre de cristal (Crystal Sceptre), l'**épée d'État** (Sword of State) du 17e s. et la **grande masse d'armes** (Great Mace) du 18e s. en vermeil.

Le « hall égyptien » n'a d'égyptien que le nom : il est inspiré d'une description d'intérieur faite par Vitruve, architecte romain du siècle d'Auguste. En fait, par ses dimensions impressionnantes (27 m sur 18), ses majestueuses colonnes cannelées portant un promenoir, sa voûte à caissons refaite en 1795 par Dance le Jeune, il apparaît plus italien qu'égyptien. Utilisé pour les banquets, il peut recevoir 400 personnes.

DE THROGMORTON STREET A BROADGATE

★**Stock Exchange** (**CY**) – Le commerce des valeurs et des titres prit naissance en Angleterre au 17e s. Les négociations s'effectuèrent d'abord dans les cafés de **Change Alley** et la première **Bourse des valeurs** proprement dite fut inaugurée en 1773 avant de s'agrandir sur place en 1801 puis 1971. Une salle de transactions, le Floor ou Parquet, est munie de moyens de transmission perfectionnés et surmontée d'une tour moderne de 24 étages.

Une grande vedette – Tant par le poids que par le fonctionnement, la Bourse de Londres est un exemple pour les principaux marchés mondiaux. Sa capitalisation, c'est-à-dire la valeur totale des effets faisant l'objet de transactions, est largement supérieure à celle de la Bourse de Paris, qui est pourtant la première Bourse d'Europe continentale.

Il n'y a pas, comme à Paris, de « corbeille » autour de laquelle les agents de change font les cours des principales valeurs en menant grand tapage. Ici, tout est calme, les accords se faisant sur un signe de tête. Les opérations s'effectuent sans document écrit. Jusqu'à la fin de 1986, les agents de change, ou « brokers », n'étaient que les intermédiaires entre leurs clients et les marchands d'actions, ou « jobbers », qui déterminaient les cotations, chacun dans sa spécialité. Une nouvelle réglementation a mis fin à cette distinction.

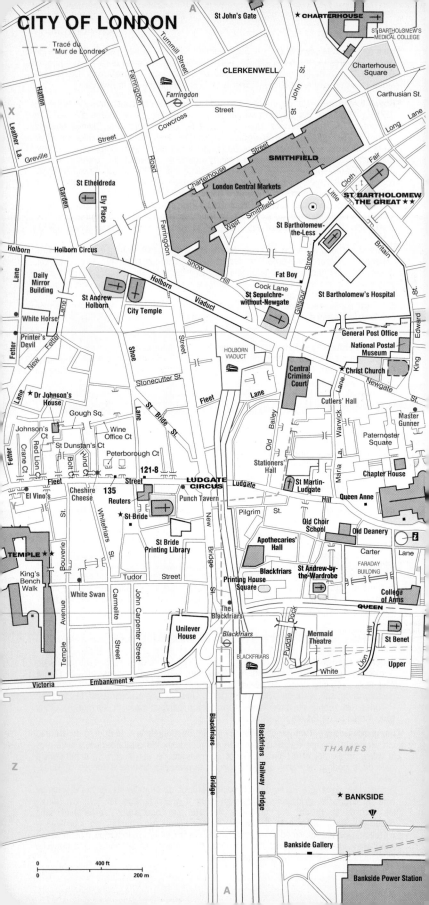

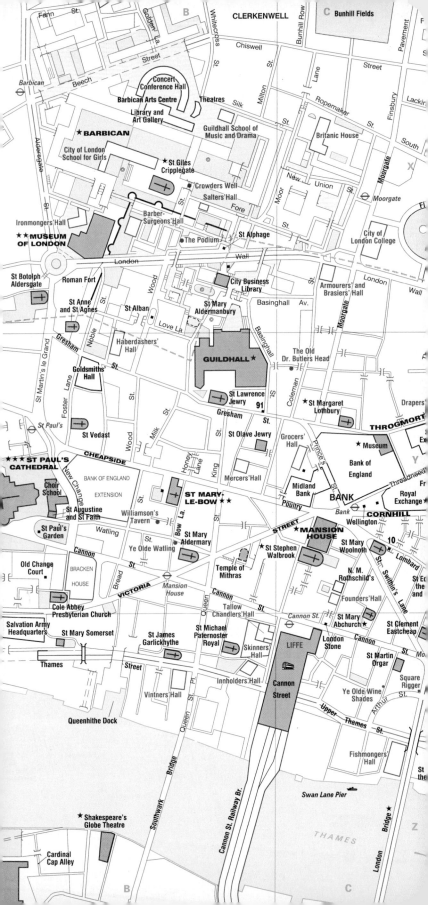

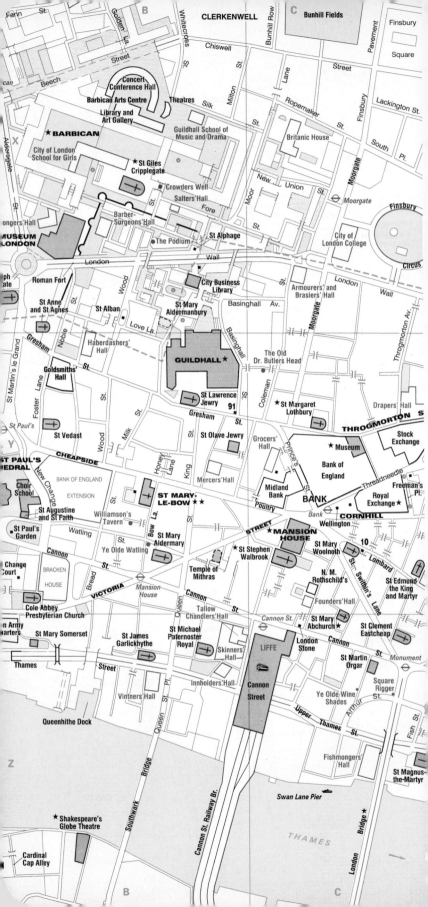

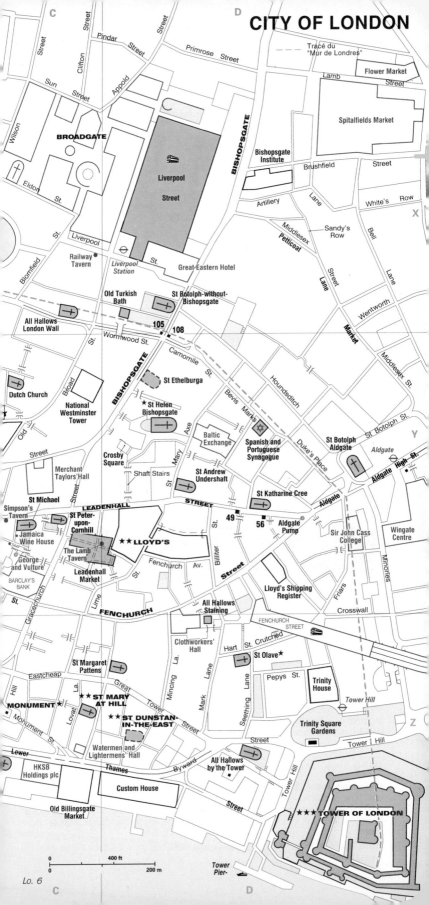

CITY OF LONDON

Trace du "Mur de Londres"

Flower Market

Street

Spitalfields Market

Bishopsgate
Institute

Brushfield   Street

Artillery

White's   Row

Sandy's
Row

Petticoat

Middlesex

Bell

Lane

Lane

Wentworth

Market

Middlesex

BISHOPSGATE

Liverpool

Street

St.

Railway
Tavern

Liverpool
Station

Great Eastern Hotel

Old Turkish
Bath

St Botolph-without-
Bishopsgate

All Hallows
London Wall

Wormwood St.

105

108

Camomile

St.

Houndsditch

St Ethelburga

Dutch Church

St Helen
Bishopsgate

Bevis
Marks

St Botolph
Aldgate

St Botolph St.

National
Westminster
Tower

BISHOPSGATE

Baltic
Exchange

Spanish and
Portuguese
Synagogue

Duke's
Place

Aldgate

Aldgate High St.

Crosby
Square

Mary

Ave

St Andrew
Undershaft

St Katharine
Cree

Aldgate

Sir John Cass
College

Wingate
Centre

Shaft Stairs

St.

STREET

Merchant
Taylors' Hall

St Michael

LEADENHALL

St Peter-
upon-
Cornhill

49

56

Aldgate
Pump

Minories

Simpson's
Tavern

Jamaica
Wine House

★★ LLOYD'S

The Lamb
Tavern

STREET

Fenchurch   Av.

Billiter

Street

Lloyd's Shipping
Register

Friars

George
and Vulture

BARCLAY'S
BANK

Leadenhall
Market

St.

St.

Crosswall

Gracechurch

Lime

St.

FENCHURCH

All Hallows
Staining

FENCHURCH
STREET

St.

Clothworkers'
Hall

Hart   St. Crutched

Lane

St Margaret
Pattens

Mincing

Mark

Seething

St Olave ★

Pepys   St.

Trinity
House

Eastcheap

Great

La.

Lane

Lane

Lane

MONUMENT ★

★★ ST MARY
AT HILL

Tower

Trinity Square
Gardens

Tower Hill

Monument St.

★★ ST DUNSTAN-
IN-THE-EAST

Street

Tower   Hill

Lower

Watermen and
Lightermens' Hall

Byward

All Hallows
by the Tower

Tower Hill

HKSB
Holdings plc

Thames

Custom House

Street

Old Billingsgate
Market

★★★ TOWER OF LONDON

0   400 ft

0   200 m

Lo. 6

Tower
Pier-

C   D

Dutch Church (CY) ⊘ – *Austin Friars.* La fondation de l'**église hollandaise** remonte à 1253. Reconstruite au 14ᵉ s. et concédée aux réfugiés des Pays-Bas en 1550, l'église fut réédifiée en 1955 par Ansell et Bailey après que le bombardement de 1940 eut frappé l'édifice. La svelte lanterne couronnée d'une flèche est due à J. Skeeping.

National Westminster Tower (CY) – *Broad Street.* Siège de la National West-minster Bank, cet immeuble de 52 étages et 180 m de haut fut inauguré en 1980. Dévasté par un attentat en 1993, il a été en grande partie reconstruit.

All Hallows (CX) ⊘ – *London Wall.* S'appuyant sur la face intérieure du vieux mur d'enceinte visible dans le jardin attenant, l'actuelle église (1765) est due à George Dance le Jeune : élégant intérieur crème qu'éclairent de hautes baies ; retable d'autel de Nathaniel Dance, frère de George. La chaire communique avec la sacristie par un escalier percé dans le mur qui est, en fait, le mur médiéval. Elle abrite maintenant la Bibliothèque du Conseil des Églises.

Finsbury Circus (CX) – Cette place ovale du milieu du 19ᵉ s. à l'atmosphère « Vieille Angleterre » est la seule de la Cité à avoir gardé son « green », où les employés viennent jouer aux boules à l'heure du lunch.

Broadgate (CDX) – La vaste opération d'urbanisme entreprise sur le site de l'ancienne gare de Broad Street en 1985 a amené la réalisation de 39 immeubles de style différent groupés autour de places, d'espaces ouverts et de jardins ornés de fontaines et de sculptures monumentales. A Broadgate Square, The Arena est le cadre de nombreuses manifestations culturelles.

Broadgate Arena

Liverpool Street Station – Cette gare, érigée en 1875 sur le site d'origine de l'hôpital Bethlehem (fondé en 1247 et transféré en 1676), est une immense cathédrale gothique métallique, romantique pour les uns et incommode pour les autres. Elle jouxte les pignons et les meneaux du Great Eastern Hotel. Récemment rénovée après un attentat, la gare apparaît plus aérée et spacieuse.

Petticoat Lane Market (DXY) – *Middlesex et Wentworth Streets.* Célèbre marché aux puces où se côtoient vêtements neufs ou d'occasion, articles ménagers et les anguilles en aspic, spécialité traditionnelle de l'East End. Bien qu'il soit ouvert toute la semaine, les meilleures affaires se font le dimanche. Au 17ᵉ s., ce marché existait déjà le long de la ruelle qui marque la limite entre Spitalfields et la Cité et qui reçut en 1836 le nom de Middlesex Street.

DE BANK A BISHOPSGATE

Freeman's Place (CY) – En passant derrière le Royal Exchange, on parvient dans une zone piétonne, embellie par des fontaines, l'une ornée d'une statue de femme en bronze et l'autre d'une Maternité, groupe réalisé en 1879 par le sculpteur français Dalou, et d'une statue du philanthrope américain **George Peabody** *(voir index).*

Crosby Square se trouve sur le site de Crosby Hall, transféré à Chelsea Embankment *(voir Chelsea).*

★St Helen Bishopsgate (DY) ⊘ – Derrière un îlot de verdure se dresse cette église gothique dont la façade de pierre présente un double fronton à gâbles crénelés, surmontée d'une tourelle carrée à lanterne (17ᵉ s) couronnée d'une girouette.

Au 13ᵉ s. un couvent de bénédictines, aujourd'hui disparu, s'installa à côté d'une église romane (1150). Une église conventuelle, probablement plus longue que l'église existante, lui fut accolée au Nord. Ste-Hélène fut agrandie alors pour qu'une façade double puisse être réalisée. Des arches percées entre les deux églises au 15ᵉ s. furent supprimées à la dissolution du couvent et l'église conventuelle détruite en 1874. L'église comprend deux nefs dont l'une, au Nord, était réservée aux religieuses, l'autre étant laissée à la paroisse.

Mobilier – Dans l'aile Nord, l'**escalier** dit **de nuit** (vers 1500) permettait aux nonnes de venir du dortoir assister aux offices de nuit, l'**entrée processionnelle** (Processional Entrance) date du 13ᵉ s. et le **guichet des nonnes** (Nuns' Squint) a été aménagé en mémorial en 1525. Dans l'aile Sud, belles portes de bois du 17ᵉ s. Dans le chœur, noter le dais sculpté de la chaire, un rare porte-épée en bois, de 1665, et dans le croisillon droit, deux piscines de la fin du 14ᵉ s.

★★Monuments funéraires – Les riches tombeaux de notables qu'abrite St Helen l'ont fait surnommer «le Westminster de la Cité.» Les plus intéressants sont ceux de John Crosby (1475) et de William Pickering (1574) qui fut ambassadeur à la cour d'Espagne (dans le chœur paroissial), de **Thomas Gresham** (1579), fondateur du Royal Exchange, et de Julius Caesar Aldemare (1636), conseiller privé de Jacques Iᵉʳ (chœur des religieuses). Dans le transept et l'aile Nord, les plaques funéraires en cuivre des 15ᵉ et 17ᵉ s. proviennent de l'église St Martin Outwich (1796), détruite en 1874 (elles sont protégées par un tapis).

Vitraux – Le troisième et le cinquième vitrail Nord ainsi que ceux de la chapelle du Saint-Esprit (Holy Ghost Chapel) datent des 15ᵉ et 17ᵉ s. En 1597, Shakespeare fut assigné par la paroisse pour une dette de 5 livres 6 shillings (s) et 8 pence (d), mais il déménagea après n'avoir «payé que les s et les d»!

Bishopsgate (DXY) – Romaine à l'origine, la porte passe pour avoir été reconstruite légèrement à l'Ouest de son site original par l'évêque Erkenwald à l'époque saxonne. Rénovée à plusieurs reprises, notamment par les marchands hanséatiques, elle fut démolie en 1760. Noter les mitres dorées de l'ancienne Bishop's Gate qui ornent les murs des nᵒˢ 105 et 108 (premier étage et angle de Wormwood et de Camomile Streets). La rue Bishopsgate, l'une des plus longues de la Cité, était pendant l'Antiquité et au Moyen Age la principale voie conduisant à l'East Anglia.

St Botolph-without-Bishopsgate ⊘ – Cette église fut reconstruite entre 1725 et 1729 sur un site du 13ᵉ s. Chose inhabituelle, la tour-clocher en brique a été érigée à l'extrémité Est. Son sommet porte une balustrade, une horloge, une tourelle, une coupole et une urne. La façade Sud qui donne sur l'ancien cimetière est parée de pierres. A l'intérieur, d'immenses colonnes corinthiennes supportent les galeries et un large plafond à coffrage. Une coupole en forme de tambour fut ajoutée en 1821, tandis que le vitrail Est date de l'époque victorienne tout comme les bancs. Le poète John Keats fut baptisé sur les fonts de St Botolph en 1795. Le hall à l'Ouest fut construit en 1861 pour s'harmoniser avec l'église, et restauré après la dernière guerre. La porte est ornée de chaque côté par des figures d'écoliers pauvres du 19ᵉ s, en pierre de Coade.

Au centre du cimetière de Bishopsgate se dresse sous une coupole en forme de bulbe un petit bâtiment exotique, recouvert de carreaux décoratifs et de panneaux de bois de rose. Autrefois, il servait d'entrée à un établissement de bain turc souterrain : **Old Turkish Bath** (1895).

Bishopsgate Institute – *230 Bishopsgate*. L'Institut, ouvert en 1894, comprend une bibliothèque contenant 30 000 volumes dont 6 000 concernant l'histoire de Londres. Dans le hall, l'exposition d'aquarelles et de gravures évoque des aspects de Bishopsgate et du vieux Londres.

CORNHILL – LEADENHALL STREET ⊖ Bank ; Aldgate

Cornhill doit son nom au marché au grain qui, au Moyen Age, se tenait à cet endroit, l'un des deux coteaux sur lesquels Londres fut primitivement édifiée. La jonction de Leadenhall Street et de Cornhill constituait autrefois le centre de Londres.

St Michael's (CY) ⊘ – La tour (1718-1724) fut conçue par Hawksmoor pour remplacer celle épargnée par le Grand Incendie, mais frappée de vétusté. Composée de quatre étages, elle est couronnée par des pinacles, cantonnés d'une balustrade. L'entrée néo-gothique, encadrée de colonnettes de marbre, ainsi que les corniches de pierre et le tympan sculptés, sont l'œuvre de Giles Gilbert Scott lors de travaux de modification entrepris entre 1857 et 1860. A l'intérieur, la voûte de Wren repose sur de hautes colonnes toscanes (1670-1677). Les vitraux vénitiens ont été dessinés par Scott, tandis que la chaire et le lutrin (19e s.) sont dus à W. Gibbs Rogers, tout comme les extrémités des stalles réalisées dans le style de Wren. Les fonts baptismaux datent du 17e s. et le grand pélican en bois du 18e s.

Anciens cafés – La Jamaïca Wine House, qui ouvrit ses portes en 1652 à l'enseigne de Pasqua Rosee Wine House, fut le premier établissement londonien habilité à vendre du café. Noter le vieux percolateur.

Le George and Vulture, que Dickens faisait fréquenter par Mr Pickwick, a été détruit à deux reprises par un incendie au cours de ses 600 ans d'existence. A l'introduction du café en 1652, une partie de la taverne de l'époque fut convertie en salon où étaient servis chocolat, thé et café. D'autres établissements célèbres de Change Alley ont depuis longtemps disparu, notamment Garraways, premier salon de thé, et Jonathan's, l'antre des financiers.

St Peter upon Cornhill ⊘ – *Accès par St Peter's Alley.* Cette église occuperait le plus haut et le plus ancien site consacré à une église dans la Cité.

L'édifice fut conçu par Wren (1677-1687). La flèche en forme d'obélisque, surmontée par une girouette en forme de clef (2,50 m de long pour un poids de 100 kg), n'est visible que depuis le cimetière (Sud) et Gracechurch Street (Est). Elle repose sur un petit dôme de cuivre verdissant, surmontant une tour de brique rectangulaire. Actuellement, l'église abrite un centre d'études chrétiennes.

A l'intérieur, la basilique est éclairée par des fenêtres cintrées ; des piliers rectangulaires s'élèvent vers des voûtes en berceau, les arcs articulés par un double listel de stuc se fondant avec les contours du jubé. La partie supérieure est légère, la décoration réduite au minimum. La partie inférieure, au niveau du seuil, est lambrissée de panneaux sombres. Les bancs d'œuvre ont été réduits en petit bois au 19e s., sauf deux réservés aux dignitaires (dans le fond). L'élégante **clôture★** de bois finement sculpté, qu'auraient dessinée l'architecte et sa jeune fille, est l'une des deux seules à orner une église de Wren *(voir Introduction – Architecture).* Les piliers centraux supportent un lion et une licorne ; l'arche centrale est frappée des armes de Charles II. Les orgues, sur lesquelles Mendelssohn aurait joué au moins à deux reprises, sont d'origine, tout comme l'encadrement de porte (Ouest), l'abat-voix à têtes de chérubins, la chaire surmontée d'un dôme aux panneaux ornés de guirlandes de fruits et de feuillages. Les fonts baptismaux datent de 1681.

Leadenhall Market (CDY) – *Gracechurch Street.* Leadenhall, halle spécialisée dans la vente au détail de gibier, volaille, viande, poisson, fruits et fromages, est particulièrement pittoresque à l'ouverture de la chasse, lorsqu'elle regorge de grouses, de perdrix, de faisans et autres gibiers, ainsi qu'à Noël. A l'époque romaine, le site était occupé par une basilique, où se réunissaient les citoyens pour discuter des affaires locales, et par un marché central. Au 14e s., le lord-maire Richard Whittington *(voir plus loin Guildhall)* acheta le terrain et le manoir qui s'y trouvait, pour le reconvertir partiellement en marché. La halle tire son nom du plomb (lead en anglais) qui recouvre son toit. Détruits par le Grand Incendie, les bâtiments furent progressivement reconstruits jusqu'à prendre leur forme définitive en 1881.

London Metal Exchange ⊘ – *56 Leadenhall Street.* Transférée de Plantation House, la **Bourse des métaux** est spécialisée dans les métaux non ferreux.

★★**Lloyd's** (DY) – Les activités commerciales du plus grand groupe d'assurances mondial sont dirigées depuis cette tour de béton habillée de verre, conçue en 1986 par **Richard Rogers**, l'un des deux architectes du Centre Georges-Pompidou à Paris. Le bâtiment s'articule autour d'un immense espace ouvert dans lequel huit colonnes centrales

L'immeuble de la Lloyd's

Ph. Gajic/MICHELIN

portent les galeries de bureaux. Six tours encerclent un atrium, couronné par une voûte en berceau vitrée à une hauteur de 60 m. De longs escaliers roulants divisent l'espace, reliant le rez-de-chaussée aux étages supérieurs ouverts où sont réalisées les transactions des assureurs maritimes, dans un brouhaha général. La façade du bâtiment est parcourue par d'élégants ascenseurs transparents. Les installations de chauffage et de ventilation, les conduites d'eau, les escaliers sont également situés à l'extérieur.

Au onzième étage, la **salle du Capitaine**, ou salle Adam, renferme une longue table d'acajou George III, des marines et des chandeliers de cristal provenant de White Lodge, le pavillon de chasse de George II à Richmond Park. La décoration des années 1760 fut méticuleusement transférée de Bowood House (aujourd'hui démolie) en souvenir de l'architecte Robert Adam qui rénova les nouveaux locaux de la « New » Lloyd's Coffee House, située en 1769 dans Pope's Head Alley.

Un peu d'histoire – En 1691, le cafetier Edward Lloyd reprit la taverne Pontaq's au n° 16 Lombard Street (plaque commémorative sur la façade de la banque Coutts), un établissement où l'on mangeait de la cuisine française et fréquenté alors par Pepys, Wren, Dryden, Swift... Malgré la concurrence féroce de plus d'une centaine d'autres cafés alentour, Lloyd transforma sa taverne en lieu de rencontre obligé des navigateurs, armateurs, banquiers, assureurs et marchands engagés dans le trafic maritime. Pour eux, il monta une sorte de club où il affichait toute une série de renseignements et d'informations sur les navires et leur cargaison, système toujours en pratique aujourd'hui.

A partir de 1734 fut éditée la fameuse **Lloyd's List**, donnant au jour le jour la nomenclature de la plupart des navires faisant mouvement dans le monde, puis à partir de 1760 le *Lloyd's Register* annuel. Edward Lloyd mourut en 1713 (plaque commémorative dans l'église St Mary Woolnoth) et ses successeurs se séparèrent en 1769. La « New Lloyd's » s'établit dans les locaux au n° 5 Pope's Head Alley, tandis que l'établissement de Lombard Street fermait en 1785.

En 1771, l'association s'institutionnalisa par l'établissement d'un acte authentique. En 1774, la Lloyd's s'installa dans les locaux du Royal Exchange qu'elle allait occuper jusqu'en 1928, date à laquelle elle déménagea pour son emplacement actuel. La Lloyd's se constitua en société en 1871 et créa en 1900 la « Lloyd's Register of Shipping », société de classification des navires.

Outre la collection Nelson, les archives comprennent une police d'assurance conclue en 1680 à 4 % sur le *Golden Fleece* qui reliait Venise à Lisbonne.

L'Association des membres de la Lloyd's – La couverture de l'assurance est fournie par une association d'assureurs, les « underwriters », qui s'engagent à verser une somme d'argent en cas de réalisation du risque : cette police est ensuite vendue par des courtiers à un nombre d'assurés aussi grand que possible. Si le risque ne se réalise pas, les underwriters ayant pris le risque de fournir l'apport retirent tous les bénéfices de l'opération. Par le passé, les grands noms de Lloyd's étaient des personnes privées, prêtes à fournir un apport de 10 000 £, disposant de ressources importantes et s'engageant personnellement à répondre sans réserve des dettes de l'association. Pendant les années 70, les assurances furent largement bénéficiaires, mais cette tendance s'inversa à la fin des années 80 après plusieurs grandes catastrophes maritimes. De nombreux grands noms y perdirent leurs économies et même leur toit si bien qu'en 1993 fut introduite une nouvelle réglementation, autorisant les sociétés à responsabilité limitée à adhérer à l'association de la Lloyd's.

La **Lloyd's Register of Shipping** possède son propre siège au n° 71 Fenchurch Street. Conçu par Sir Thomas Colcutt, ce bâtiment néo-baroque possède une façade à colonnes et à tourelles, surmontée par une girouette dorée en forme de bateau. Sa décoration Art nouveau comporte des outils et des frises à connotation maritime.

Institute of London Underwriters (DY) – *49 Leadenhall Street*. Fondée en 1884, cet institut regroupe seulement des compagnies d'assurance maritimes et aéronautiques ainsi que des réassureurs.

St Andrew Undershaft (DY) ⊘ – A côté du building de verre de la Lloyd's, cette église désaffectée de style gothique tardif, rebâtie de 1520 à 1532, paraît minuscule. De fait elle tient son surnom « undershaft » (sous l'arbre) du Mai que l'on plantait au printemps et dont la hauteur devait dépasser le faîte de sa tour (on peut en voir une réplique dans Shaft Stairs qui mène à la plate-forme de l'immeuble P & O) ; cette tour, crénelée au 19e s., date probablement du 14e s.

St Andrew abrite d'intéressants **monuments**★ funéraires des 16e et 17e s., parmi lesquels, au fond de la nef gauche, celui de **John Stow** (1525-1605), premier historien de Londres : la plume qu'il tient est renouvelée deux fois par an par le lord-maire. Une plaque rappelle que Holbein, victime de la peste de 1543, habitait la paroisse et est peut-être enterré ici. Le mobilier n'est pas sans intérêt, de même que les fonts baptismaux (1631) dus à Stone, les orgues du 17e s. et la table de communion forgée par le Français **Tijou** (1704).

St Katharine Cree (DY) ⏱ – L'actuelle église, lumineuse et spacieuse, qui passe pour être la troisième érigée sur ce site, marque la limite du prieuré augustin de la Sainte-Trinité, fondé en 1108 par la reine Mathilde et dissous en 1539.

La tour à angles de pierre, datant pour sa partie basse de la fin du 15ᵉ s. et pour sa partie haute du 16ᵉ s., se termine par une tourelle à colonnettes blanches et un parapet. Noter les deux niveaux de fenêtres dans le mur donnant sur Leadenhall Street, et, directement au-dessus, les clefs de voûte conçues pour recevoir trois suspensions chacune. Dans la nef, de hautes colonnes corinthiennes supportent une série d'arcs en plein cintre au-dessous de la claire-voie. Le retable se trouve sous une rosace à remplage, dont le vitrail remonte au 17ᵉ s. et passe pour ressembler à celui de l'ancienne cathédrale St-Paul. La lierne centrale de la voûte gothique est décorée d'une rangée de clefs colorées, portant les insignes de 17 corporations de la Cité. Noter les fonts baptismaux en albâtre du 17ᵉ s., la chaire et l'autel du 18ᵉ s. et l'effigie de Throgmorton (1571) dans la chapelle Laud.

Depuis 1960, St Katharine est l'église de la guilde de l'Industrie, du Commerce et de la Finance.

Spanish and Portuguese Synagogue (DY) ⏱ – *12 Bevis Marks*. Reste merveilleusement préservé de la Cité, cette synagogue construite en 1701 est la plus ancienne d'Angleterre et la seule de la Cité. Elle remplaça la synagogue de Creechurch Lane (plaque commémorative), premier édifice consacré au culte israélite après que Cromwell eut invité les Juifs à revenir en 1657.

Situé en retrait de la rue, ce petit bâtiment fonctionnel possède des vitraux clairs, des meubles en chêne foncé et sept magnifiques chandeliers hollandais en cuivre que la communauté allume à Yom Kippur, Simhat Torah, aux mariages et lors de diverses cérémonies. Noter également : l'Arche où est conservé le parchemin de la Thora, le Tebah encadré de balustres entrelacés. A la fête d'Ab (été), l'Haphtarah est lu en ladino (espagnol médiéval).

Bevis Marks – Le nom de cette rue est une déformation de « Burries Marks », désignation abrégée de l'hôtel édifié au 12ᵉ s. par les abbés de Bury St Edmunds.

Aldgate (DY) – Ce nom est dérivé du terme anglo-saxon « aelgate » signifiant libre ou ouvert à tous. Les Romains construisirent ici une porte sur la route de Colchester. Au 14ᵉ s., Chaucer loua la propriété limitrophe et, au 16ᵉ s., Marie Tudor y passa à cheval lorsqu'elle fut proclamée reine. La porte a été démolie en 1761. A l'extrémité Ouest de la rue, **Aldgate Pump** a résisté à l'épreuve du temps. Cette pompe a donné naissance à une expression ironique des Londoniens, signifiant qu'aller y chercher de l'eau c'est vouloir faire illusion.

St Botolph Aldgate ⏱ – Le site, situé hors des murs de la Cité, fut occupé sans interruption à partir du 7ᵉ s. par une église. L'édifice actuel fut construit (1741-1744) par George Dance l'Aîné. La flèche de pierre est assise sur une tour de brique à quatre niveaux avec des pierres d'angle. La décoration intérieure fut remaniée en 1889 par J. F. Bentley qui dota les galeries de balustres, modifia la géométrie des fenêtres, excepté la fenêtre Est, ajouta au plafond une frise de stuc représentant des anges debout et des boucliers mêlés à des festons. Le couvercle des fonts baptismaux, les balustrades et la chaire sont tous du 19ᵉ s.

Dans l'avant-cour du Wingate Centre s'élève un bronze (1980) de K. McCarter.

A l'Est, la maison de brique rouge du 17ᵉ s. avec une baie en bois abrite le pub **Hoop and Grapes**.

FENCHURCH STREET

St Mary Woolnoth of the Nativity (CY) ⏱ – Détruite lors du Grand Incendie, cette église fut rebâtie par Hawksmoor, élève de Wren, entre 1716 et 1727. Couronnée par deux tourelles reliées par une balustrade, la tour de pierre présente un bossage rustique associé à des colonnes corinthiennes.

A l'intérieur, les massives colonnes cannelées de la nef de plan carré supportent une corniche lourdement ornée sous les grandes baies semi-circulaires dispensant une lumière particulièrement agréable. Hawksmoor a également conçu le retable aux colonnes torses ; remarquer aussi la marqueterie de la chaire. Sur le mur droit, plaque à la mémoire d'Edward Lloyd, mort en 1713.

Lombard Street (CY) – Tenant son nom des prêteurs lombards installés là au 13ᵉ s., cette rue, très animée dans la journée, est bordée de banques renommées dont certaines ont conservé leur vieille enseigne de fer forgé.

Clearing House – *10 Lombard Street*. C'est une institution du 18ᵉ s. qui réunissait les commis de banque, appelés « clearers ». Ils s'installèrent au n° 10 en 1833. Le bâtiment actuel fut élevé après la dernière guerre.

St Edmund the King and Martyr (CY) ⏱ – Saint Edmond, né en 840, fut un roi saxon martyrisé par des pirates danois en 870. L'église édifiée (1670-1679) par Wren sur un terrain inégal n'est pas orientée. Au Sud, la façade étroite à clocherporche (visible de Clement's Lane) se distingue par la courbe adoucie des consoles latérales et la **flèche★** hexagonale couverte de plomb, entourée à la base par des pots à feu (1706-1707).

L'intérieur fut modifié au 19ᵉ s. mais reste remarquable par ses boiseries. Le chœur se raccorde étrangement à la nef rectangulaire par un mouvement arrondi de style victorien. Le grand vitrail de la baie Est, réalisé à Munich vers 1880 et prévu initialement pour la cathédrale Saint-Paul, éclaire le retable doré (17ᵉ s.) du maître-autel avec deux peintures (1833) représentant Moïse et Aaron. Les fonts baptismaux aux 4 Évangélistes sont entourés d'une belle balustrade semi-circulaire du 17ᵉ s.

Quand l'**église** (1671) **de Tous les Saints**, de Staining (All Hallows Staining), fut démolie en 1870, la tour crénelée fut préservée. Les immeubles de bureaux qui la couvrent de leur ombre la font paraître encore plus petite.

★**St Olave's** (DZ) ⊙ – Édifiée au 15ᵉ s. sur une crypte du 13ᵉ s., rescapée du Grand Incendie, elle a subi les bombardements de 1941 ; restaurée en 1953, elle garde le charme d'une église rurale avec sa girouette et son cimetière. Vers Hart Street, un porche (1658) hérissé de piques de fer et orné d'un motif macabre avait impressionné Dickens (1860) : « C'est un tout petit cimetière avec une féroce porte grillagée d'acier piquant, comme une prison. Elle est ornée de crânes et d'ossements plus grands que nature, sculptés dans la pierre. »

L'église est placée sous le vocable d'un saint norvégien, Olaf (995-1030), roi martyr ayant combattu les Danois à la bataille du Pont de Londres. Les murs blanchis à la chaux mettent en valeur les arches gothiques en pierre et les monuments funéraires du 16ᵉ au 18ᵉ s. dont certains sont polychromes. Remarquer dans le sanctuaire le buste de la jeune Elizabeth Pepys, mariée à 15 ans à Samuel en 1655, morte en 1669 ; dans l'aile Sud, mémorial de Samuel Pepys érigé en 1884. Porte-épée du 18ᵉ s. et chaire du 17ᵉ s.

MONUMENT ⊖ *Bank ; Monument*

St Swithin's Lane – Les façades propres et bien alignées ont été construites après la dernière guerre. La vieille ruelle n'a pas été élargie si bien qu'elle est souvent embouteillée, notamment par les Rolls-Royce, Bentley et autres Jaguar...

★**St Mary Abchurch** (CYZ) ⊙ – Fondée au 12ᵉ s. par un certain Abba d'où le nom de Abchurch est sans doute dérivé, devenue Upchurch (église sur la colline) au 15ᵉ s., cette église fut reconstruite (1681-1686) par Wren sur un espace réduit. L'édifice est flanqué au Nord-Ouest d'un **clocher**★ dont les briques roses sont surmontées d'une coupole à lanternon et flèche en plomb. On en a une bonne vue de Sherborne Lane.

L'intérieur surprend. Un **dôme**★ percé de lucarnes ovales repose sur une base carrée avec de gracieuses retombées en arcade sur des chapiteaux dorés corinthiens. Peint de 1708 à 1714 par William Snow, il a été restauré après 1940 ainsi que le superbe **retable**★★, réalisé par **Grinling Gibbons** en 1686, qui occupe, austère et majestueux, le mur Est ; il est rehaussé de sculptures délicates d'un bois plus clair

formant de gracieuses arabesques fleuries. Au centre, un pélican d'or déploie ses ailes depuis 1764 ; l'original, l'ancienne girouette due à Robert Bird, se trouve au-dessus de la porte Ouest. Les bancs sculptés s'alignent sur trois côtés, comme à l'origine, mais, côté Sud, les niches prévues pour les chiens des fidèles ont disparu ! Porte-épée de 1812 et 1814. Remarquer aussi la balustrade et le couvercle des fonts baptismaux, la chaire ornée de guirlandes et d'angelots et les armoiries royales.

St Clement Eastcheap (CZ) ⊙ – Elle fut la première à brûler, en 1666, dans ce quartier d'« East Cheap », célèbre au Moyen Age pour ses marchés et en particulier pour ses vendeurs d'oranges. Reconstruite (1683-1687) par Wren, cette église de modeste apparence avec sa tour carrée à balustrade s'ouvre sur des murs crème n'offrant pas d'angles droits.

Le Monument (gravure de 1680)

Le plafond rectangulaire, repeint d'après le dessin original, est orné d'une couronne de fruits d'or entourant un fond bleu. L'intérieur est orné de belles **boiseries**★★ : porte finement sculptée (17ᵉ s.), chaire possédant un bel abat-voix sculpté de guirlandes fleuries et d'angelots dressés. L'orgue baroque a été utilisé par Henry Purcell. Le porte-épée, près du maître-autel, et les fonts baptismaux sont contemporains.

★**Monument** (CZ) ⊙ – Colossale colonne dorique terminée par une urne d'où jaillissent des flammes, le Monument a été élevé de 1671 à 1677 par le célèbre Wren et son collaborateur Robert Hooke (1635-1703), pour commémorer le Grand Incendie de 1666 qui prit naissance à 62 m de là (cette distance représente exactement la hauteur de la colonne). Un bas-relief de C. G. Cibber évoque la reconstruction de la Cité sous le patronage de Charles II, cependant que des inscriptions relatant les épisodes et le bilan du sinistre : l'une d'entre elles, qui attribuait l'incendie aux catholiques, a été effacée en 1831.
Un escalier de marbre noir aménagé à l'intérieur du fût de la colonne conduit à la plate-forme supérieure, ceinte d'une grille, d'où se découvre une **vue**★ sur Londres et la Tamise, maintenant réduite par la présence de tours.

Thames Street (CDZ) – Cette rue, dont l'existence remonte au début du Moyen Age, voire à l'époque romaine, suivait le mur le long de la rivière. Au 17ᵉ s., elle reliait la Garde-Robe à la Tour en passant par les quartiers des fourreurs et des marchands de vin ; elle aurait alors été bordée de 8 églises et servait d'accès de service aux châteaux et hôtels particuliers, quais, entrepôts et marchés, tandis que la voie principale longeait la Tamise. Aujourdhui, Upper et Lower Thames Street sont séparées par le Pont de Londres.
A l'Ouest du Pont de Londres se trouve la **Maison des poissonniers** (Fishmongers' Hall), dont la belle silhouette se dessine magnifiquement depuis la Tamise. D'inspiration néo-grecque (1831-1834), le bâtiment jouit d'un site unique, les reflets de l'eau mettent en valeur la riche décoration intérieure dorée (restaurée après la guerre).

★**London Bridge** (CZ) – Le **Pont de Londres** est à la fois le plus ancien et le plus moderne de la ville. Le plus ancien parce qu'il existait déjà en cet endroit un pont romain, en bois, qui fut reconstruit en pierre à la fin du 12ᵉ s. Seul pont existant jusqu'en 1750, il fut représenté par des peintres tels que Hollar au 17ᵉ s., Samuel Scott et Canaletto au 18ᵉ s. Comportant 19 arches ogivales aux supports élancés reposant sur des piles en moellons, il fut couvert, jusqu'en 1770, de maisons, de boutiques et d'une chapelle. La 7ᵉ arche à partir du Sud était munie d'un pont-levis. Inclus dans les défenses de la Cité et fermés la nuit, les corps de garde y exposaient, plantées sur une pique, les têtes des traîtres, comme le fut celle de Thomas More (1535).
Reconstruit en granit en 1831 par John Rennie, le Pont de Londres a été de nouveau démonté en 1969, en raison de son étroitesse, et vendu pour 1 million de £ aux Américains qui l'ont réédifié en Arizona.
L'ouvrage actuel, terminé en 1973, est ainsi devenu le plus moderne de Londres.

St Magnus the Martyr (CZ) ⊙ – Cette église bâtie (1671-1687) par Wren présente un élégant **clocher-porche**★ (1706) constitué d'un dôme à lanternon et flèche reposant sur un beffroi octogonal. De 1760 à 1832, le chemin conduisant au Pont de Londres passait sous la tour.
Modifiée à la fin du 18ᵉ s., la nef en berceau est portée par de fines colonnes ioniques et rythmée par les profonds ébrasements des fenêtres hautes. Une statue et un vitrail *(à droite)* représentent Magnus, seigneur des îles Orcades au 12ᵉ s. et martyr par décapitation. Remarquer le **porte-épée**★ armorié datant de 1708, à gauche du chœur, et le reliquaire du 16ᵉ-17ᵉ s., à droite de l'autel.

Old Billingsgate Market (CZ) – Un roi des Bretons, Belin (400 av. J.-C.), aurait donné son nom à Billingsgate où, depuis les temps les plus reculés, fut débarqué le poisson de Londres (on a retrouvé des traces d'un quai romain et d'un port saxon). Cependant, le marché au poisson proprement dit ne fut établi qu'en 1699 ; en effet, jusque-là, la jetée recevait aussi du charbon, du blé et le sel de Saintonge utilisé pour la conservation du poisson. La halle de l'**ancien marché de Billingsgate** fut édifiée par Howard Jones en 1876 ; une effigie figurant Britannia (la Grande-Bretagne) dominant deux dauphins décore son pignon. Depuis 1982, le marché au poisson a été transféré à India and Millwall Docks, et depuis 1990, la halle abrite des bureaux.

Custom House (DZ) – Construite de 1813 à 1817, la **Douane** a succédé à cinq édifices précédents – dont l'un édifié par Wren – qui tous furent dévastés par les flammes. La travée centrale de la façade fut ajoutée en 1825 par Robert Smirke.
A gauche, en dessous de St Mary-at-Hill, la petite **Maison des bateliers et des gabariers** (Watermen and Lightermen's Hall), bâtie en 1780, appartient à une corporation constituée à l'époque des Tudors.

★★St Dunstan-in-the-East (DZ) – De l'église reconstruite en 1821, il ne reste après les bombardements de 1941 que quelques pans de murs au milieu d'un magnifique jardin. Mais l'élégant clocher en pierre de Portland érigé par Wren demeure avec sa tour reposant sur des arcs-boutants d'une grâce aérienne.

★★St Mary-at-Hill (CZ) ⊘ – *Entrée entre les nᵒˢ 6 et 7 de St Mary-at-Hill.* Dans la rue St Mary-at-Hill d'où l'on voit le clocher de St Margaret Pattens, l'austère façade à horloge en potence et baie vénitienne de l'église Sainte-Marie-sur-la-Colline cache une architecture intérieure intéressante.

Élevée entre 1670 et 1676 par Wren, son **plan★** en croix grecque divisée en 9 travées est coiffé d'une basse coupole centrale que supportent quatre colonnes corinthiennes ; la décoration de style Adam est bleu pastel et or. Restaurée en 1843 mais endommagée par un incendie en 1988, l'église était réputée pour ses **boiseries**. Toutes n'ont pas encore été restaurées. Remarquer le couvercle des fonts baptismaux (fin 17ᵉ s.), le grand retable de chêne, la table de communion, les grilles de l'autel (début 18ᵉ s.), la galerie d'orgue, avec son lutrin et sa balustrade tournée, et, sous un massif abat-voix, la chaire décorée de guirlandes de fruits et de fleurs à laquelle on accède par un splendide escalier cintré (19ᵉ s.) de **William Gibbs Rogers**. Six beaux porte-épée en fer forgé, dorés et émaillés, ajoutent à la splendeur de l'édifice.

St Margaret Pattens (DZ) ⊘ – *Rood Lane.* Une église de bois s'élevait déjà sur le site en 1067. L'église construite par Wren de 1684 à 1687, restaurée en 1956 après les dommages de la guerre, présente une tour de pierre carrée ornée d'une balustrade portant une **flèche★** hexagonale dont la sveltesse est relevée par une girouette dorée.

Les **boiseries★** sont admirables. A l'Est, le retable du 17ᵉ s., décoré de guirlandes, de cosses de pois et de fruits, sert d'ossature à une peinture italienne de l'époque ; en face, des balustres tournés soutiennent la table de communion ; la haute stalle du bedeau domine un banc de pénitence orné d'une féroce tête de diable ; les stalles du chœur ; lutrin décoré d'un aigle finement ciselé ; chaire surmontée d'un sablier afin que chacun puisse s'assurer de la durée du sermon. Au Nord, dans la chapelle Notre-Dame, un ancien caisson de porte serti de médaillons de della Robbia et chevillé de patères à perruques (il faut savoir se garder de la chaleur !) sert de retable... L'église recèle aussi les deux seuls bancs à dais de Londres. Le monogramme « C.W. 1696 » gravé dans le dais du banc Sud serait, selon la tradition, celui de Christopher Wren lui-même. Deux porte-épée du début du 18ᵉ s. se trouvent près du chœur.

Selon Stow, c'est la présence au 15ᵉ s. de fabricants de socques dans une rue voisine qui serait à l'origine du nom Sainte-Marguerite-aux-Patins donné à l'église pour la distinguer des autres églises londoniennes dédiées à la sainte.

DE BANK A SOUTHWARK BRIDGE ⊖ *Bank ; Cannon Street*

★St Stephen Walbrook (CY) ⊘ – *Walbrook.* Dédiée à saint Étienne, cette église porte aussi le nom du ruisseau qui coulait autrefois en ces lieux. Elle abrite depuis 1953 la confrérie des Samaritains qui apporte son aide aux désespérés.

St Stephen, œuvre audacieuse (1672-1677) de Wren, présente un **dôme★** vert-de-gris qui servit peut-être d'ébauche pour celui de St-Paul. A l'Ouest, la **tour** carrée de pierre brute est surmontée d'une élégante balustrade. Le **clocher★**, carré également, en pierre de Portland, fut ajouté en 1717.

A l'intérieur, la coupole légèrement décentrée repose sur un anneau de 8 arches. Les travées sont marquées par des colonnes corinthiennes groupées de façon à produire des contrastes surprenants entre les sombres lambris de chêne et le mobilier sculpté en bois clair. L'autel monumental de travertin situé sous la coupole est l'œuvre (1986) de Henry Moore. Une *Adoration des Mages* de Cigoli surmonte la porte de la sacristie.

St Stephen Walbrook

K. Brett

Cannon Street (BYCZ) – Cette rue s'appelait au Moyen Age «Candelwriteystrete» car elle abritait les échoppes des fabricants de chandelles et de mèches, d'où la présence dans Dowgate Hill de la **Maison des fabricants de chandelles** (Tallow Chandler's Hall), reconstruite en 1670-1672 et italianisée en 1880, et de la **Maison des pelletiers** (Skinner's Hall). Bâtie à la fin du 18e s., celle-ci a été dotée d'un escalier et de boiseries en bois de santal (1670), de stucs du 18e s. et, en 1850, d'un hall décoré entre 1904 et 1910 par F. Brangwyn.

Au n° 111, insérée dans le mur de l'Overseas Chinese Banking Corporation, la **Pierre de Londres** est un bloc de calcaire qui, selon la légende, proviendrait de l'autel érigé en 800 av. J.-C. par Trojan, fondateur mythique de la Bretagne insulaire.

Cannon Street Station (BCZ) – La gare occupe le site de deux églises et de l'importante cour aux métaux des marchands de la Ligue hanséatique. Du bâtiment victorien, seules subsistent encore deux tours monumentales à côté du viaduc, bien au-dessus de la Tamise.

Élégamment intégré à la gare, le **London International Financial Futures Exchange** (LIFFE) est une bourse d'affaires où sont traitées les valeurs à long terme et les options sur les taux d'intérêt internationaux, ainsi que les obligations émises par les institutions étrangères. La place boursière est équipée d'un système informatique ultramoderne, les opérations s'effectuant sur simple signe de la main. Stratégiquement située, la place boursière londonienne comble le fossé horaire entre les deux autres capitales mondiales, New York et Tokyo. Les négociants animant la place portent, tels des jockeys, des casaques bigarrées aux couleurs de leur compagnie, permettant de les distinguer facilement de leurs collègues parmi la foule gesticulante.

St Michael Paternoster Royal (BZ) ⊙ – La tour de pierre carrée est couronnée d'une balustrade. Ajouté en 1715, le **clocher**★ adopte la forme d'une lanterne octogonale à trois niveaux, dont les angles sont ponctués par une colonne ionique surmontée d'une urne. Au-dessus, on aperçoit la flèche et la girouette de St James Garlickhythe *(voir ci-dessous)*. L'église paroissiale reconstruite par Richard Whittington à la place d'un bâtiment du milieu du 13e s. fut ensuite détruite par le Grand Incendie. Réédifiée, elle fut à nouveau fortement endommagée en juillet 1944.

Le mur Sud portant 6 fenêtres hautes et un parapet à balustres fut construit en pierre, tandis que la façade Est est bâtie en brique et pierre. Au-dessus de la porte et des fenêtres, remarquer les clefs à tête de chérubins. La chaire, le retable et le lutrin datent du 17e s. Les vitraux rouge, vert et or, représentent notamment (angle Sud-Ouest) le jeune **Whittington** avec son chat *(voir plus loin Guildhall)*. Résident du quartier, il fonda non loin de là un asile pour les pauvres et fut enterré dans l'église en 1423. La dernière partie du nom «Paternoster Royal» est dérivée de la cité viticole de La Réole (près de Bordeaux) avec laquelle commerçaient les marchands de vin. L'extrémité Ouest abrite les bureaux des Missions des marins.

St James Garlickhythe (BZ) ⊙ – La tour carrée est couronnée par une balustrade, portant à chaque angle des urnes. Le **clocher**★, ajouté en 1713, s'achève sur une lanterne carrée à trois niveaux, cantonnée de colonnes jumelées. Il est couronné d'une haute flèche à girouette. Fondée dès les 10e-11e s., l'église est dédiée à saint Jacques de Compostelle, dont l'emblème, la fameuse coquille, est visible à l'entrée de la tour. Deux plaques retracent l'histoire de l'édifice, détruit par le Grand Incendie, reconstruit entre 1676 et 1683 et endommagé pendant la guerre (1940 et 1941); sa restauration fut achevée en 1963.

De plan parfaitement symétrique, l'église fut bâtie sur un site isolé et reçut le surnom de «lanterne de Wren» en raison de l'abondance de ses fenêtres. La plupart des boiseries sont du 17e s. : noter la patère destinée à porter la perruque du pasteur. Les fonts baptismaux en marbre, ornés de têtes de chérubins, datent de la fin du 17e s. Le plafond est orné de stucs dorés. Le **porte-épée**★ frappé d'une licorne évoque le souvenir de six lords-maires et autres dignitaires médiévaux.

De l'autre côté de Upper Thames Street se dresse la **Maison des marchands de vin** (Vintners' Hall). Édifiée en 1671 et restaurée en 1948, elle abrite une salle majestueuse ornée de belles boiseries de la fin du 17e s., un escalier à balustres, une tapisserie du 15e s., un drap mortuaire du 16e s. et de la vaisselle ancienne. Le monarque, les Marchands de vin et les Teinturiers sont propriétaires des cygnes de la Tamise : les jeunes nés dans l'année sont marqués au mois de juillet lors de la cérémonie du «swan upping».

Non loin de là apparaît la silhouette discrète de **Queenhithe Dock**, entrepôts qui furent autrefois les plus importants de la ville en amont du Pont de Londres.

Après la passerelle, mais avant le tunnel, s'élève au Nord de Upper Thames Street une fine tour blanche, seul vestige de **St Mary Somerset**. Construite en 1695 par Wren et décorée de masques, elle s'élève vers une balustrade cantonnée de fleurons et d'obélisques.

DE BANK A FLEET STREET ⟷ *Mansion House ; Blackfriars*

Queen Victoria Street (BCY)

La rue, la première de la Cité à bénéficier de l'éclairage électrique, avait été percée en 1867-1871 à travers un dédale de ruelles et de nombreux bâtiments. Joignant Bank à Blackfriars, elle longe des monuments anciens et modernes.

Temple of Mithras (BY) – Découvertes en 1954 lors de la construction de l'immense Bucklersbury House qui abrite des compagnies d'assurances, les fondations de ce temple romain furent surélevées et reconstituées sur la terrasse de Temple Court. Quelques altérations de niveaux et la présence de matériaux neufs nuisent à ces ruines du 3e s. Toutefois, on distingue le plan basilical et l'emplacement des colonnes séparant les trois nefs. Les sculptures païennes trouvées pendant les fouilles sont exposées au Museum of London. Certaines rappellent le culte mystérieux de Mithra, dieu perse adoré par les Grecs et les Romains, représenté avec un bonnet phrygien et sacrifiant un jeune taureau. Les initiés devaient faire preuve d'honnêteté, de courage et de pureté.

St Mary Aldermary ⊘ – C'est la plus ancienne des églises dédiées à la Vierge mais elle fut remaniée (1681-1682) par Wren dans le style gothique Perpendiculaire. La tour (1701-1704), élevée sur des fondations romanes, comporte quatre niveaux, dont deux, datant de 1511 et 1629, furent épargnés par le feu ; elle est épaulée de quatre contreforts-colonnes cloisonnés, à pinacles terminés par des fleurons dorés en fibre de verre (1962).

L'intérieur offre de jolies voûtes (en plâtre blanc dans la nef et les bas-côtés, doré dans le chœur) de style Perpendiculaire tardif, personnalisé par Wren : les motifs centraux circulaires à rosaces et les faisceaux de nervures s'épanouissent en éventails fleuris. Parmi le mobilier du 17e s., voir les fonts baptismaux (1682), la chaire et le **porte-épée** (3e pilier Sud) en chêne sculpté de fleurs et de fruits (1682) par G. Gibbons.

Cole Abbey Presbyterian Church (BY) ⊘ – La petite tour de pierre, cantonnée d'urnes, est surmontée d'un **clocher★** octogonal, coiffé d'une **girouette** dorée figurant un trois-mâts.

C'est en 1144 que fut fondée l'abbaye St Nicolas Cole, dont l'origine du nom demeure mystérieuse. Son église fut entièrement ravagée par le Grand Incendie de 1666, puis par les bombardements de 1941. Les murs extérieurs, percés de hautes fenêtres, sont surmontés de casques en encorbellement et couronnés par une balustrade. Les boiseries datent du 17e s.

Sur le côté Sud de Queen Victoria Street se trouve le **siège de l'Armée du Salut**, imposant bâtiment de pierre construit en 1963.

College of Arms ⊘ – Ce collège héraldique remonte à 1484. Sa mission est d'étudier les problèmes de filiation ou de blason des familles anglaises et de régler les questions de préséance dans le protocole des cérémonies officielles ; il peut aussi, à titre onéreux, effectuer des recherches généalogiques. La direction en est héréditairement assurée, depuis 1672, par les ducs de Norfolk.

Le College of Arms, appelé aussi Herald's Office, est installé dans un bel édifice en brique terminé en 1688 après que le premier eut été détruit par le Grand Incendie. Les bâtiments, conçus par F. Sandford, abritent d'importantes archives et une bibliothèque riche en documents curieux, comme le « rouleau de Warwick » représentant tous les comtes de Warwick, de Richard III à la fin du 15e s., et, dressé au temps de Henri VIII, l'arbre généalogique des rois saxons.

La salle d'audience, décorée en 1707, possède une clôture sculptée de guirlandes, située derrière le trône du « Earl Marshal ».

St Benet's Welsh Church (AZ) ⊘ – A l'époque du Grand Incendie, l'église vieille de six siècles jouxtait directement Baynard Castle qui bordait la Tamise et qui fut, comme l'église, entièrement détruit. Pour le remplacer, Wren dessina un petit édifice de brique coiffé d'un toit pourvu d'un comble en croupe. Éclairé de fenêtres arrondies festonnées de pierres sculptées, le bâtiment évoque la Hollande. Le château voisin ne fut pas reconstruit. La tour de brique rouge foncé, haute de deux étages, aux chaînages de pierres blanches, est couronnée d'une coupole, d'une lanterne et une flèche.

L'intérieur se divise en galeries, réparties de part et d'autre de la tour et supportées par des colonnes corinthiennes lambrissées. Au-dessous, tout est boiseries : la porte Ouest ornée de chérubins et des armes royales, un banc de communion à balustres, une table ornée et un haut retable.

British Telecom Museum – *Fermé pour cause de transfert.* Des télégraphes, des appareils téléphoniques, des standards, etc., retracent le développement des télécommunications depuis les inventions de Bell, Edison et Marconi jusqu'aux applications de la technologie moderne : transmission par fibres optiques, impulsions à micro-ondes, satellites, systèmes électronique et numérique.

Dans l'avant-cour de Baynard House, un grand pilier sculpté par R. Kindersley (1980) illustre les *Sept âges de l'homme*.

St Andrew-by-the-Wardrobe (AY) ⊘ – Cet édifice fut connu sous le nom de « St Andrew juxta Baynard Castle » après que, en 1361, la Grande Garde-Robe, qui avait le rôle d'entrepôt royal, eut quitté la Tour de Londres pour un site voisin *(plaque commémorative à Wardrobe Place)*. L'église, la Garde-Robe, le château Baynard et St Ann Blackfriars furent tous détruits par le Grand Incendie, mais seule St Andrew fut reconstruite. Les 29 et 30 décembre 1940, les flammes ravagèrent à nouveau l'édifice, n'épargnant que la tour et les murs extérieurs. Rebâti entre 1959 et 1961, il possède des voûtes et stucs d'une grande beauté. La tour carrée en briques rouges est décorée de bossages irréguliers et couronnée d'une balustrade.

Blackfriars (AYZ)

Blackfriars s'étend à l'emplacement d'un couvent de dominicains qui devaient leur nom (Frères Noirs) à l'ample manteau noir qui les enveloppait. Dans ce monastère fondé en 1276 entre le mur médiéval et un ruisseau (Fleet Ditch), le cardinal Wolsey et le cardinal Campeggio, légat du pape, négocièrent en 1529 le divorce de Catherine d'Aragon, première femme de Henri VIII : l'échec des pourparlers amorça la rupture de l'Angleterre avec Rome... et inspira à Shakespeare une célèbre scène de *Henri VIII*.

Le monastère fut dissous en 1538 et abandonné jusqu'à l'installation d'un théâtre en 1576. Une compagnie enfantine professionnelle y répétait les pièces données ensuite à la Cour. Trente ans plus tard, **James Burbage** fonda, toujours dans le cloître, un autre théâtre, détruit en 1655, où furent représentées les dernières pièces de Shakespeare et celles de Beaumont et de Fletcher.

Printing House Square – La place prit son nom quand, après le Grand Incendie, l'Imprimeur du Roi s'y établit pour publier les actes et les ordonnances, et à compter de 1666, la *London Gazette*. Le nom demeura après le départ de l'imprimeur en 1770 pour Fleet Street.

En 1784, John Walter y acheta une maison et entreprit l'année suivante la publication du *Daily Universal Register*, qui devint *The Times* le 1er janvier 1788. En 1964, un nouvel immeuble de schiste et de verre fut construit pour abriter les bureaux, que l'on transféra pourtant Gray's Inn Road en 1974 puis à Wapping en 1986 *(voir Docklands)*.

Apothecaries' Hall – *12 Blackfriars Lane*. A l'intérieur de la pittoresque **Maison des Apothicaires**, bâtie en 1632 et rhabillée vers 1670, on peut voir de remarquables panneaux de chêne, des pots à pharmacie, des chandeliers, un buste de Gédéon Delaune, protestant français émigré et apothicaire de la reine Anne de Danemark, ainsi que des portraits de Jacques Ier, Charles Ier...

Blackfriars Bridges (AZ) – Le pont routier métallique conçu par James Cubbitt en 1899 a remplacé un pont du 18e s. Le pont ferroviaire métallique de 1896 à haut parapet, décoré de blasons aux extrémités, évoque la prospérité des chemins de fer au siècle dernier.

Unilever House (AZ) – *Angle de Victoria Embankment et de New Bridge Street*. Avec son rez-de-chaussée au bossage rustique, ses sculptures, sa colonnade et ses kilomètres de couloirs, cet imposant immeuble élevé en 1931 occupe en partie le site de **Bridewell Palace**, résidence construite en 1522 par Henri VIII. Il y donna l'hospitalité à Charles Quint, venu sceller l'alliance anglaise. Après avoir servi de demeure aux ambassadeurs extraordinaires (il vit notamment passer en 1533 le train fastueux de Jean de Dinteville et de Georges de Selve, évêque de Lavaur, envoyés par François Ier au couronnement d'Anne Boleyn et peints à cette occasion par Holbein), le palais fut donné par Edouard VI à la municipalité et converti en orphelinat (200 de ses pensionnaires furent envoyés peupler l'État de Virginie en 1619), puis en maison de correction. Notoire pour ses conditions de détention désastreuses, la prison fut rasée en 1864.

Fleet Street (AY)

Ce n'est pas, comme on pourrait le croire, aux flots d'encre déversés par des journalistes expansifs que Fleet Street doit son nom, mais à un modeste cours d'eau (Fleet Ditch) issu des hauteurs de Hampstead, se jetant dans la Tamise à hauteur de Blackfriars Bridge et recouvert en 1765.

Le premier imprimeur à s'installer ici aux alentours de l'an 1500 se nommait Winkyn de Worde et avait été l'associé du fameux William Caxton. Par l'odeur de l'encre alléchés et par le goût de la bière ou du vin retenus, maints écrivains fréquentèrent par la suite ces parages. C'est ainsi que l'on vit tour à tour Ben Jonson, Pepys, Pope, Milton, Goldsmith, Samuel Johnson et Boswell s'attabler dans les tavernes et les « coffee houses » qui s'alignaient le long de la rue : c'étaient Old Devil Tavern, où l'Apollo Club présidé par Ben Jonson tenait séance, Turks Head, Cheshire Cheese, Mitre, et bien d'autres encore. Entre les imprimeries se glissaient des librairies et ce musée de cire que Madame Salmon avait inauguré dès 1763, avant Madame Tussaud.

Le premier quotidien à avoir pris son essor fut, au début du 18ᵉ s., le *Daily Courant*, mais c'est seulement vers 1810, avec l'invention des presses mécaniques et à vapeur, que la presse commença son prodigieux développement. Au milieu du siècle s'illustrèrent les « newsmen », colporteurs qui, dès 5 h du matin, se précipitaient sur les gazettes encore humides qu'ils allaient louer en ville à des clients économes : la location de chaque numéro durait une heure et coûtait un penny. Le délai écoulé, le colporteur venait chercher l'exemplaire lu pour le déposer chez un autre utilisateur ; à la fin de la journée, ils rapportaient les feuilles qui leur restaient au siège du journal, qui les réexpédiait immédiatement sur la province.

Pour la section Ouest de Fleet Street, voir Chancery Lane.

★**St Bride's** (AY) ⊘ – *Salisbury Court*. Église de la presse et « cathédrale de Fleet Street », St Bride's est dédiée à Brigitte de Kildare, l'une des patronnes de l'Irlande, qui vécut aux 5ᵉ et 6ᵉ s. : c'est la 7ᵉ église bâtie en ce lieu. Reconstruite (1670-1684) après le Grand Incendie, elle a de nouveau brûlé en 1940, mais le beau **clocher**★★ élevé de 1701 à 1703 à 69 m du sol avait pu être préservé. Un boulanger s'en inspira pour créer un gâteau de mariage (wedding cake) ; dont le succès fit bientôt sa fortune et inaugura une tradition qui perdure. Le reste de l'édifice a été restauré d'après la conception originale de Wren.

St Bride's : clocher

A l'intérieur on verra les fonts baptismaux, du 17ᵉ s., sur lesquels fut tenu Samuel Pepys ; les boiseries et le retable sont un pastiche, très réussi, de la même époque. Il est possible de visiter les fouilles pratiquées sous l'église : vestiges des sanctuaires précédents remontant au 6ᵉ s. et éléments d'époque romaine (pavement, tombes) ; cercueil en plomb du romancier Samuel Richardson (1689-1761), imprimeur à Salisbury Square et auteur du fameux best-seller *Paméla ou la Vertu récompensée* (1740).

St Bride Printing Library ⊘ et Bridewell Theatre, deux lieux célèbres outre-Manche, sont situés non loin de là, tout comme le pub victorien **Punch Tavern**, qui a gardé le nom d'un célèbre magazine qui y avait ses locaux.

Les sièges des journaux – Si les grands journaux britanniques ont dû transférer leurs bureaux vers les Docklands (*Daily Mail, Times, Financial Times, Daily Telegraph*) ou rive droite (*Daily Express, Observer*), quelques grands noms restent associés au quartier. Au n° 85, **Reuters and Press Association** occupe un immeuble conçu par Lutyens en 1935 ; au 121-8, le bâtiment de verre et de chrome préfigurant l'architecture moderne et construit par le célèbre Lord Beaverbrook pour le groupe **Express** demeure un remarquable point de repère ; au 135 s'élève l'immeuble du *Daily Telegraph*, mélange de styles érigé en 1928.

CHEAPSIDE – LUDGATE CIRCUS ⊖ *St Paul's*

Poultry (CY) – Au Nord de cette rue, les immeubles de la Midland Bank furent dessinés par Lutyens entre 1924 et 1939. Les angles sont ornés d'une sculpture de Reid Dick représentant un gros garçon menant son oie au Stocks' Market, marché réputé pour ses herbes et ses fruits frais, qui se tint non loin de là de 1282 à 1737. Les recettes de location des stands étaient affectées à l'entretien du Pont de Londres.
Dans Ironmonger Lane, la **Maison des Merciers** (Mercers' Hall) occupe depuis 1958 le site de l'ancien hôpital St Thomas of Acon.

Cheapside (BY) – Cette artère commerçante s'appelait à l'origine West Cheap, dérivé du terme anglo-saxon *ceap* signifiant « faire du troc. » Elle accueillait le marché principal de Londres, tout comme les rues adjacentes, Milk Street, Bread Street, Honey Lane, dont le nom indique le type de denrées vendues sur les étals, et plus tard des échoppes, ateliers et magasins, qui les bordaient.
Au Moyen Age s'y tenaient également de nombreux tournois dont les spectateurs, citoyens ou nobles, s'asseyaient aux fenêtres des maisons voisines. Le lord-maire et les échevins occupaient un balcon dans la tour de St Mary-le-Bow où un vitrail relate ces scènes de joute. Des trois églises que comptait Cheapside à l'époque médiévale, seule St Mary-le-Bow fut reconstruite après le Grand Incendie. Une croix d'Éléonore (*voir Trafalgar Square*) érigée en face de Wood Street en 1290 fut démolie pendant la guerre civile en 1643.

Bow Lane (BY) – *Entre Cheapside et la station de métro Mansion House, au Sud.* Successivement occupée par les bonnetiers (Hosiers' Lane), puis par les cordonniers, cette ruelle sinueuse accueille une taverne du 17ᵉ s., **Williamson's Tavern** (*Groveland Court*), jadis résidence du lord-maire (1666-1753), dotée d'un portail en fer forgé moderne.

★★St Mary-le-Bow (BY) ⊙ – La tour en saillie sur Cheapside renferme les célèbres **cloches de Bow** et supporte le majestueux **clocher★★** (1671-1680) où Wren fit appel aux cinq ordres classiques. Un dragon de cuivre long de 3 m, monté par un funambule, sert de **girouette** à 72 m du sol.

Achevé en 1673, l'édifice en pierre de Portland fut, pour plus de 8 000 £, le plus cher jamais construit par Wren qui s'inspira de la basilique de Constantin à Rome. Le poids de la voûte en berceau est porté par des piliers latéraux et diffusé aux arcs longitudinaux ainsi qu'à de petites arcades transversales, sur le modèle des grands thermes romains. L'architecte expérimenta ici un système qu'il appliqua ensuite au grand dôme de Saint-Paul.

L'église fut détruite pendant les bombardements de mai 1941, à l'exception de la tour et des murs extérieurs. L'extérieur fut restauré conformément à l'original tandis que la décoration intérieure et la toiture furent remaniées par Laurence King. Le superbe jubé est un don du peuple allemand tandis que la sculpture de bronze fut offerte par la Norvège en mémoire des combattants morts dans la Résistance. Les vitraux sont l'œuvre de John Hayward. Les orgues majestueuses ainsi que la porte d'entrée sont frappées des armes royales. Deux chaires jumelles sont utilisées lors des fameux « lunch-hour », débats à l'heure du repas au cours desquels 2 personnages publics confrontent leurs points de vue.

La **crypte** romane, construite en 1087 sur les ruines d'une église saxonne, abrite les colonnes originales à chapiteaux cubiques dont les arcs (bows) ont donné leur nom non seulement à l'église, mais aussi à la Court of Arches, instance suprême de l'archevêché de Canterbury, qui se réunit ici depuis le 12e s.

A l'Ouest de l'église s'étend un petit jardin avec la statue du capitaine John Smith (1580-1631), fondateur de Jamestown en Virginie, et l'on voit une plaque à la mémoire du poète Milton.

St Vedast's (BY) ⊙ – *Foster Lane*. Dédiée au 13e s. à saint Vaast, évêque d'Arras au 6e s., cette église fut conçue par Wren qui garda le mur Sud-Ouest, épargné par le Grand Incendie. De section carrée, la **tour** et le **clocher★** sont surmontés d'un entablement sur lequel Wren ajouta en 1697 une lanterne à triple avancée de pilastres à chacun des trois niveaux ; le tout est couronné d'une boule et d'une girouette.

L'intérieur a été entièrement refait. Sur le sol de marbre noir et blanc se dressent les bancs bien alignés sous le **plafond★** reconstitué d'après les dessins de Wren. La guirlande centrale est encadrée de corniches et de stucs argentés et dorés, car St Vedast est l'église de la Guilde des orfèvres. Noter également le retable de bois et la chaire octogonale.

Cathédrale St-Paul – *Voir St Paul's Cathedral.*

Ludgate Hill (AY) – Une plaque scellée à la culée Sud du pont ferroviaire rappelle que le premier quotidien à paraître à Londres, le *Daily Courant*, fut publié en 1702 dans une maison sise à proximité et aujourdhui disparue. A la place du pont se trouvait jadis la porte de Lud (Lud Gate), du nom du roi qui, selon la légende, construisit le premier pont.

St Martin-within-Ludgate (AY) ⊙ – L'église, qui se trouve près de l'emplacement de la porte de Lud et dont le mur Ouest suit le tracé de l'enceinte romaine, aurait été construite par le roi Cadwalla au 7e s. Elle fut certainement rebâtie en 1439 avant de disparaître dans le Grand Incendie. Wren entreprit la façade à trois baies, le clocher-porche adouci par des volutes, surmonté d'une élégante flèche à bulbe et un lanternon qui tranche, sombre et fin, sur le dôme massif de la cathédrale Saint-Paul.

L'intérieur est orné de boiseries du 17e s. et d'une remarquable clôture richement sculptée. Sous la galerie, 3 baies ont été comblées par des portes dont les **compartiments★** ont été richement sculptés par Grinling Gibbons. La double chaise des bedeaux (1690) est unique.

Ludgate Circus – La place circulaire fut réalisée en 1875. Une plaque rappelle le souvenir de Edgar Wallace (1875-1932), enfant trouvé de Greenwich devenu auteur à succès de romans noirs.

AUTOUR DU GUILDHALL ⊖ *St Paul's*

★St Margaret, Lothbury (CY) ⊙ – *De Bank, remonter Prince's Street*. Paroisse de la Banque, St Margaret a été bâtie (1686-1690) sur les plans de Wren. Sa tour de section carrée est coiffée d'une **flèche★** en forme d'obélisque que couronnent une boule dorée et une girouette.

A l'intérieur, voir le très beau travail de **sculpture sur bois★** des panneaux, bancs, clôture en chêne, chaire et retable. L'élégante **clôture★**, l'une des deux réalisées par Wren vers 1689, provient de l'église All Hallows, Upper Thames Street ; elle est divisée en 4 paires d'arcades par deux rangs de balustres ; au centre, des piliers ajourés, et, au-dessus, un grand aigle sculpté et les armes royales.

Dans la chapelle, la clôture et le retable proviennent de l'église St-Olaf *(voir ci-dessous)*. Les **fonts baptismaux**★ en marbre sont attribués à Grinling Gibbons. Le buste représentant Pierre Le Maire, chevalier mort en 1631, a été réalisé par Hubert Le Sueur au 18ᵉ s. (bas de la nef à gauche).

Gresham Street (BCY) – Cette rue porte le nom de Sir Thomas Gresham *(voir index)*, fondateur de la première université libre de Londres, le **collège Gresham**, qu'il installa dans sa résidence de Bishopsgate donnant sur Old Broad Street. L'établissement fut démoli en 1768 mais l'institution rétablie en 1843 au n° 91 Gresham Street. Les cours d'enseignement supérieur se tiennent aujourd'hui dans les nouveaux locaux du Barbican Centre, rattachés à la City University *(voir Clerkenwell)*.

Moorgate (CXY) – Cette rue tient son nom d'une ancienne porte de la Cité qui s'ouvrait, en 1415, sur des landes marécageuses (Moorfields) et fut détruite en 1760. Elle est dominée par la City of London College, édifiée en 1831. Le poète Keats naquit dans une maison située à l'emplacement du n° 83.

St Olave Jewry (BY) – La tour de pierre à deux étages est couronnée d'une belle girouette figurant un trois-mâts, provenant de l'église St Mildred de Bread Street, que Wren construisit en 1670-1676 et qui fut détruite en 1940.

St Lawrence Jewry (BY) ⊙ – Église officielle de la Corporation de la Cité depuis 1957, elle doit le qualificatif de Jewry à la proximité, autrefois, du quartier juif. Détruite en 1940 par une bombe incendiaire, dont une réplique est conservée en haut de la tour-clocher, elle fut reconstruite en 1957 selon les conceptions de Wren qui l'avait rééditée en 1677 (le premier édifice datait du 12ᵉ s.) Son clocher de pierre, cantonné d'obélisques, se termine par une flèche qui se trouve dans l'alignement de Gresham Street.

L'intérieur lumineux présente un plafond restauré dans le style de Wren. Les vitraux peints de Christopher Webb (1866-1946) contrastent avec les boiseries modernes sans prétention. Remarquer l'orgue refait d'après l'original du 17ᵉ s., les portes de fer forgé dans la chapelle du Commonwealth, et le piano de Sir Thomas Beecham.

Dick Whittington

De tous les maires de Londres, **Richard Whittington** (mort en 1423) est probablement l'un des plus originaux. Banquier des rois Henri IV et Henri V, il reçut ce dernier dans sa maison de la Cité où le repas fut servi dans de la vaisselle d'or ; au creux de la cheminée brûlait un feu de bois odoriférant dans lequel Dick jeta théâtralement une liasse de traites pour une valeur de 60 000 livres, montant de la dette du roi à son égard.

On racontait qu'il devait sa fortune à son chat. La légende faisait de lui, en réalité fils d'un châtelain du comté de Gloucester, un jeune orphelin, riche de ses seuls yeux tranquilles, qui avait été employé comme gâte-sauce dans les cuisines d'un opulent marchand de la Cité. Celui-ci, ayant armé un vaisseau, autorisa ses employés à mettre dans la cargaison ce dont ils voulaient se défaire, avec l'espoir d'en tirer profit.

Whittington n'avait que son chat, qu'il joignit, malgré les protestations griffues du greffier, à la pacotille... Après une longue navigation, le navire aborda une côte barbare dont le souverain habitait un palais envahi de souris. L'apprenant, le capitaine du vaisseau confia au roi le chat de Dick, qui débarrassa la résidence royale de tous les rongeurs. Le monarque, reconnaissant, acheta la cargaison 10 fois sa valeur marchande !

Quant à Dick, qui se trouvait sur la colline de Highgate, il entendit les cloches de St Mary-le-Bow carillonner : «Reviens, Whittington, quatre fois maire de Londres.» La prophétie se réalisa. Récompensé par le marchand, il commença son ascension sociale et fut maire en 1397, 1398, 1406 et 1419.

★**Guildhall** (BY) ⊙ – Hôtel de ville de la Cité, le Guildhall est l'émanation des Guildes dont il est la demeure. Symbole des libertés et des privilèges londoniens, il constitue à la fois un centre administratif et le théâtre de ces fastueuses cérémonies dans lesquelles les Britanniques aiment à revivre leur passé.

Situé au fond d'une cour, l'actuel hôtel de ville remonte au début du 15ᵉ s. mais a subi de profonds remaniements après le Grand Incendie de 1666 et la Seconde Guerre mondiale. Des travaux de dégagement ont mis en valeur le grand hall, dont le pignon Ouest et la toiture de tuiles roses ont été restaurés, cependant que des bâtiments joignaient en 1974 le Grand Hall à St Lawrence Jewry.

De récents travaux ont permis d'identifier le site d'un amphithéâtre romain et de mettre au jour des vestiges du quartier juif médiéval ainsi que de la chapelle du Guildhall datant du 15ᵉ s.

Le premier **maire** de Londres, Henry Fitz Aylwin, apparaît en 1192, en même temps que le statut communal accordé par le roi Jean sans Terre. Mais c'est en 1319 qu'une charte signée d'Édouard II consacre l'autonomie de la Cité par l'affirmation du rôle électif et administratif des guildes, corporations de marchands qui eurent dès lors leurs édifices particuliers. Dès cette époque, le maire incarne les libertés acquises par les bourgeois. Le terme de lord-maire apparaît en 1414 et devient usuel après 1545.

Architecture – Sa façade a été refaite en 1788-1789 par l'architecte de la ville, **George Dance le Jeune**, dans un style alliant gothique et classique, tout en conservant au centre de ses baies le **porche** d'origine (15e s.) dont la voûte est à tiercerons.

A l'intérieur, l'armature de pierre du **hall** garde, malgré les restaurations successives, un certain nombre d'éléments du 15e s.; le plafond a été reconstruit après la dernière guerre. Ses proportions (46 m de long sur 15 m de large) lui confèrent un aspect majestueux qui sied aux grands événements dont il fut et reste le cadre: grands procès du 16e s., élections, réceptions de souverains ou de chefs d'État, banquets...

Gog et Magog

Les géants de plus de 3 m qui montent la garde dans la Galerie des Musiciens sont des répliques d'après-guerre, taillées dans du tilleul par David Evans, de ceux qui étaient en place depuis 1708, eux-mêmes substituts des personnages pompeusement promenés aux 15e et 16e s. à la Saint-Jean. La légende veut qu'ils soient intervenus dans un conflit qui, en 1000 av. J.-C., opposa les anciens Bretons et les Troyens.

D'après photo Pitkin Pictorials

Gog et Magog

Cette atmosphère historique est renforcée par la présence des bannières des 12 principales corporations ou Great Livery Companies, des effigies de Gog et Magog, et de monuments commémoratifs, d'ailleurs de facture médiocre, à l'exception de celui de Lord Chatham par J. Bacon l'Aîné et d'une statue de **Churchill** par Oscar Nemon.

Crypte ⊘ – S'étendant au-dessous du Grand Hall, c'est, avec le porche, le seul vestige authentique de l'édifice du 15e s. Divisée en deux parties, elle présente de belles colonnes fasciculées en marbre de Purbeck dans sa section Est. Jolies voûtes dans la moitié Ouest restaurée en 1973.

Guildhall Library ⊘ – La bibliothèque, fondée au 15e s., est installée dans les bâtiments de 1974 à l'Ouest de la cour. Comptant plus de 140 000 volumes, elle est particulièrement fournie en ouvrages et documents sur Londres; collection d'estampes (vues londoniennes exposées par roulement), cartes et manuscrits.

★**Clock Museum** ⊘ – La bibliothèque abrite le **musée de l'Horlogerie**, fondé par l'Honorable Compagnie des Horlogers. Cinq siècles d'horlogerie sont agréablement présentés à travers 700 modèles allant des grandes horloges comtoises (grandfather clock) en bois ouvragé jusqu'aux montres bijoux et aux chronomètres du 20e s. La collection comprend notamment un bijou qui aurait appartenu à Marie Stuart et deux chronomètres Harrison *(voir Greenwich – National Maritime Museum).*

St Alban (BX) – De l'église construite par Wren en 1697-1698, seule a été épargnée la tour gothique aux contreforts élancés, couronnée d'une balustrade à pinacles dont les pignons blancs dominent les rues encombrées de véhicules.

Goldsmiths' Hall (BX) – *Foster Lane (côté Nord de Cheapside).* La guilde des orfèvres était responsable dès le 14e s. de l'essai et de la marque des objets en or et en argent. Ses collections, installées dans la **Maison des Orfèvres** (1835) de style Renaissance, comptent quelques portraits et surtout une remarquable collection d'orfèvrerie anglaise.

St Anne and St Agnes (BX) ⊘ – Mentionnée dès 1200, cette église aujourd'hui luthérienne fut reconstruite une première fois par Wren en 1676-1687 selon un plan carré, et une seconde fois après la Seconde Guerre mondiale. L'extérieur de briques rougeâtre est percé de fenêtres cintrées. La petite tour carrée de pierre stuquée est surmontée d'une autre petite tour carrée couverte par un dôme portant girouette en forme de A.

AU-DELA DU MUR DE LONDRES

★**Barbican** (BX) ⊖ *Barbican ; Moorgate*

Le projet Barbican – Barbican, l'un des quartiers de la Cité qui aient le plus souffert des bombardements durant la dernière guerre, s'étend au long de la plus grande artère dite «London Wall» parce qu'elle suit le tracé de l'enceinte dont l'origine remonte à l'époque romaine. La reconstruction du quartier a été menée suivant une formule destinée à faire école : circulation automobile au niveau inférieur, piétons et commerces au niveau supérieur *(représenté en grisé sur le plan)*, les deux niveaux étant reliés par des escaliers.

Dans cette cité futuriste, grâce à la présence de pièces d'eau, d'arbres, de jardins et de terrasses fleuries, les témoins du passé s'intègrent harmonieusement : ruines romaines et médiévales, église gothique (restaurée), maisons de corporation de 1924, 1966, 1976.

Barbican Arts Center – Un secteur culturel s'étend du Sud-Est au Nord-Ouest et comprend le Musée de Londres, proche de la Maison des Chirurgiens (Barber Surgeons' Hall) et de la moderne Maison des Sauniers (Salters' Hall) et enserrant la maison des Ferronniers (Ironmongers' Hall), le collège de jeunes filles (City of London School for Girls), et l'école de musique et d'art dramatique du Guildhall (Guildhall School of Music and Drama). Le Barbican Arts and Conferences Centre (cinq de ses dix étages sont en sous-sol), ouvert en 1982, abrite une galerie d'art (Art Gallery), une bibliothèque, un théâtre (siège de la Royal Shakespeare Company), des salles de conférences et de concert (Concert Hall, destiné au London Symphony Orchestra), des cinémas et des restaurants.

Un secteur d'affaires, à l'Est, multiplie les buildings de verre et d'acier, telle le Britannic House, édifiée en 1966 par la British Petroleum Company, qui domine de ses 35 étages une esplanade agrémentée d'un bassin.

Un secteur d'habitation est réparti au Nord-Ouest (trois tours de béton de 44 étages d'une silhouette originale) et au Sud.

★★**Museum of London** ⊙ – *Accès au niveau inférieur par London Wall.* L'entrée principale du **Musée de Londres** s'effectue par la passerelle de la Rotonde qui mène au niveau supérieur où commence, par ordre chronologique, l'histoire de Londres et de ses habitants.

La Tamise préhistorique : silex de l'âge de la pierre, poterie (2300 av. J.-C.) trouvée à Heathrow, épées de bronze (1000 av. J.-C.). Le fleuve sert une frontière entre les tribus.

Londres romaine : bouclier en bronze du 1er s., statue d'un légionnaire, marbres du temple de Mithra (tête de Sérapis, groupe de Bacchus et Silène). Au 3e s., Londinium s'entoure d'un rempart qu'elle prolonge, au 4e s., en bordure de la Tamise. Par la baie vitrée, on aperçoit des vestiges du mur de Londres.

Londres médiévale : broche saxonne en argent du 6e s., haches normandes du 11e s. Le christianisme apparaît en 597, naissance de la cathédrale Saint-Paul (604). Édouard le Confesseur fait construire Westminster. Le premier pont en pierre traverse la Tamise (1176-1209). La Peste Noire ravage la Cité (1348).

Londres des Tudors et des Stuarts : maquette de l'extension de la ville de 1550 à 1660 et du Pont de Londres, en 1600 ; costumes, bijoux, reconstitutions d'intérieurs, théâtre de Shakespeare, masque mortuaire de Cromwell (1653), clochette de pestiféré (Peste de 1665). Étonnant diorama du Grand Incendie qui détruisit la Cité, en 1666, avec un commentaire du chroniqueur Pepys, témoin du drame.

Londres des derniers Stuarts *(accès par rampe descendante)* : coupe de la nouvelle cathédrale Saint-Paul, par Wren, reconstruction de la Cité ; costumes du Londonien de 1680 ; salon de musique (musique d'ambiance) avec boiseries (1638) et plafond peint (1676).

Londres georgienne : prison du 18e s., pilori, cage de fer témoignent de la criminalité sous la dynastie des Hanovre qui connaîtra par ailleurs l'âge d'or dans le domaine des arts et des lettres (Hogarth, Reynolds, Goldsmith).

Londres au début du 19e s. et Londres impériale : modèle de péniche (1807), grand tableau de la Tamise avec ses barges ; lampe de sûreté pour mineur par Sir Humphrey Davy ; gravure du Crystal Palace, à l'exposition de 1851 ; voiture de pompier très décorée de l'exposition de 1862 (premières compagnies d'assurance en 1865) ; chapeau et tambourin de l'Armée du Salut, créée en 1878 ; téléphone de 1895 ; reconstitution d'une rue au 19e s.

Londres du 20e s. : tout un passé d'avant-guerre, Première Guerre mondiale (Zeppelin), insignes de suffragettes ; voiture de 1930 ; ascenseurs du grand magasin Selfridges (années 30) ; tramways électrifiés (1930-1952) ; premier livre de la collection Penguin, *Ariel ou la Vie de Shelley* par A. Maurois (1935) ; le Blitz (bombardement aérien) de 1940 (photographies), les Jeux Olympiques de 1948, emblème du Festival britannique de 1951.

Lord Mayor's Show

Le second samedi de novembre se déroule la célèbre procession du Lord-Maire. Au cours d'un périple à travers la Cité, qui part du Guildhall devant l'église St Lawrence Jewry, le nouveau Lord-Maire passe les troupes en revue à Mansion House, reçoit des mains du doyen une bible à St Paul's Churchyard, puis est solennellement présenté à ses administrés et aux juges des Royal Courts of Justice, chez lesquels il déjeune.

Les attelages véhiculant les effigies de bois des fondateurs mythiques de Londres, Gog et Magog, annoncent le défilé des corporations en costumes, accompagnées de leurs fanfares et de leurs chars de carnaval. Puis viennent, dans leurs landaus, les « aldermen » en perruque, robe et toque de velours noir. Fermant la marche, le Lord-Maire trône dans son somptueux carrosse du 18e s. à six chevaux, tout ruisselant de dorures, derrière lequel se tiennent les laquais à perruques poudrées. L'équipage est encadré par les hérauts, les hallebardiers, les massiers portant droit leurs masses de cristal, et les timbaliers précédant le « Maréchal de la Cité ».

Le lundi suivant, la grande salle du Guildhall accueille le grand banquet donné par le Lord-Maire et les « sheriffs » à 700 invités en tenue de gala et commençant invariablement par un consommé à la tortue : les discours qu'y prononcent le Premier ministre et les autorités ont souvent une portée politique ou économique.

Cérémonies : carrosse rutilant et doré, orné de peintures du 18e s. pour la parade annuelle du lord-maire ; porte-épée (1872) ; copies des couronnes royales et instruments du sacre, robe de couronnement de la reine Élisabeth II (1953).

Roman Fort ⊘ – *Accès par le Museum of London.* La porte Ouest du côté Nord du **fort romain** présente encore les contours d'une tourelle de guet.

St Botolph Aldersgate ⊘ – Cette église en briques brun rouge, percée de fenêtres cintrées, fut conçue par Nathaniel Wright de 1788 à 1791. Sa petite tour carrée est coiffée d'une coupole à lanterne de bois et girouette dorée. Des « améliorations » furent apportées en 1829 avec l'ajout d'un gâble en stuc sur la face Est. A l'intérieur domine le style géorgien aux rosettes en relief se détachant du plafond blanc, absides à caissons et vitraux du 19e s. Les galeries abritent deux pièces où les enfants venaient s'asseoir pendant les offices. L'un des vitraux représente le théologien John Wesley, l'autre, sur le côté Est, réalisé en 1788 par James Pierson, représente *L'Agonie au jardin des Oliviers.* La chaire marquetée repose sur un tronc de palmier sculpté. L'histoire de l'église, reconstruite à trois reprises, est retracée sur les murs. L'orgue est dû à Samuel Green.

En raison de sa situation à proximité d'une porte de la Cité, l'église fut consacrée à St Botolph, patron saxon des voyageurs.

Barbican

★**St Giles Cripplegate** ⊘ – Située près de l'emplacement de la porte du même nom, cet édifice est gothique dans son ensemble, encore que le couronnement de la tour en brique soit une adjonction du 17ᵉ s. avec des pinacles aux angles et une tourelle ajourée qui supporte une girouette. Le clocher renferme un carillon de 12 cloches. Durant ses 900 ans d'histoire, St Giles fut plusieurs fois détruite et rebâtie, notamment après les bombardements de 1940. Des arcades du 15ᵉ s. s'élèvent jusqu'à la claire-voie séparant la nef des bas-côtés. L'église conserve plusieurs monuments funéraires : dans le chœur, sépulture du poète **John Milton** (buste sculpté par John Bacon, en 1793 – mur Sud) qui vécut de 1662 à sa mort en 1674 dans Bunhill Row où il écrivit *Le Paradis perdu* ; dans le bas-côté Sud, sépulture de **Martin Frobisher**, navigateur, inhumé en 1594 ; le long du mur Sud, monument funéraire de John Speed, cartographe, mort en 1629. Le 22 août 1620, Olivier Cromwell épousa ici Élisabeth Boucher. Sont également passés à St Giles : Thomas More, Ben Jonson, Shakespeare, etc. Remarquer le très beau porte-épée, le lutrin et les fonts baptismaux en marbre, ainsi que, dans l'angle Sud-Est du chœur, les stalles et la piscine qui remontent à l'époque médiévale.

St Alphage – De l'église, il ne reste que la base de la tour du 14ᵉ s., révélée lors des bombardements de 1940.

Smithfield (AXY) ⊖ St Pauls, Barbican, Chancery Lane

Smithfield London Central Markets – L'ouverture de ce marché de la viande en gros et au détail ne date que de 1868. Auparavant, les bestiaux devaient être introduits vivants dans la Cité par la porte d'Islington. Smithfield tiendrait son nom du marché aux bestiaux saxon de «smooth field». Au Moyen Age s'y tenait la grande foire au drap de la Saint-Barthélemy, interdite à l'époque victorienne à cause des débordements qu'elle provoquait. L'esplanade servit également aux exécutions, avant que la potence ne soit transférée à Tyburn, et au supplice du feu sous Marie Tudor. Après plusieurs siècles d'existence sur le site, le marché aux bestiaux sur pieds fut transféré à Islington, Caledonian Market, en 1855. Les bâtiments de briques rouges flanqués de tours à chaque extrémité furent érigés en 1868 et agrandis depuis. Ils occupent plus de 3 ha et possèdent 24 km de rails pour suspendre jusqu'à 60 000 pièces de bœuf. Une gare ferroviaire souterraine (parc de stationnement) reliait à l'origine le marché au réseau de chemin de fer national. L'affluence est à son maximum le matin entre 5 h et 9 h.

★★**St Bartholomew the Great** ⊘ – L'église Saint-Barthélemy-le-Grand est la plus ancienne de Londres après la chapelle de la Tour. Fondée en 1123, au temps des Plantagenêts, elle faisait à l'origine partie d'un prieuré de chanoines augustins qui desservait l'hôpital voisin.

Elle est pourvue d'une tour crénelée en briques à quatre étages. Une arcade du 13ᵉ s. pratiquée sous une maison à pans de bois d'époque élisabéthaine donne accès à l'église où Hogarth fut baptisé en 1697 (fonts baptismaux du 15ᵉ s.). Avant la destruction de la nef, l'édifice mesurait 99 m de long. L'ensemble du vaisseau est roman.

On pénètre dans le transept, du 13ᵉ s., dont la voûte de croisée, renforcée par des arcs en ogive, annonce le style gothique. Près de l'actuelle entrée subsiste une porte romane fermée par des vantaux du 15ᵉ s. : elle conduisait au cloître, du début du 15ᵉ s., dont la galerie Est demeure intacte.

Le **chœur**★ (début du 12ᵉ s.), avec ses colonnes massives, ses arcs en plein cintre et son grand triforium, présente la sobre majesté propre à l'art roman. Mais sa partie supérieure a été remaniée en style gothique Perpendicular en 1405, époque à laquelle fut aménagée la charmante loggia d'où le prieur Bolton pouvait suivre les offices : cet oriel est sculpté à la base d'un tonneau percé d'une flèche évoquant le nom de Bolton (bolt : carreau d'arbalète, tun : tonneau).

A gauche du chœur, on remarque le tombeau (vers 1500) du fondateur du prieuré, Rahere. La chapelle axiale (1336, restaurée en 1897), placée sous le vocable de Notre-Dame, fut au 18ᵉ s. occupée par une imprimerie où le jeune Benjamin Franklin travailla.

St Bartholomew's Hospital ⊘ – L'hôpital Saint-Barthélemy, connu sous le nom abrégé de Barts, fondé en 1123 par Rahere comme le prieuré, a été maintes fois remanié. L'entrée principale (1702), présente une statue de Henri VIII qui donna l'hôpital à la ville de Londres en 1546. L'aile Nord (1733) édifiée par Gibbs, qui fut un temps gouverneur de l'hôpital, renferme un escalier et une salle *(fermée)* que décorent des toiles de Hogarth et des portraits par Holbein, Kneller, Lawrence et Reynolds.

St Bartholomew-the-Less – Sur les plans du milieu du 17ᵉ s., l'église Saint-Barthélemy-le-Petit, aumônerie d'hôpital du 12ᵉ s. apparaissait comme un imposant bâtiment doté d'une tour robuste. Toutefois, elle tomba tellement en ruine au 18ᵉ s. qu'elle dut être réparée par George Dance le Jeune en 1789, puis une nouvelle fois par Philip Hardwick en 1823. Des dalles funéraires dans le pavement de la sacristie remontent au 14e s. tandis que de plus récentes évoquent les noms qui ont marqué l'histoire de l'hôpital. La tour carrée du 15e s., terminée par une tourelle à coupole, est visible depuis Smithfield Market.

Giltspur Street – Au carrefour avec Cock Lane, la statue de **Fat Boy**, garçonnet joufflu en bois doré, situe une taverne du 17e s., le Pie Corner, où le Grand Incendie aurait arrêté ses ravages.

St Sepulchre-without-Newgate ⊘ – L'**église du Saint-Sépulcre**, érigée hors les murs de la Cité, reçut ce nom à l'époque des croisades pour rappeler le Saint-Sépulcre de Jérusalem. La tour de pierre restaurée, surmontée de 4 pinacles épais, comme le porche à la voûte en éventail aux bossages sculptés datent de 1450. L'intérieur somptueux est décoré d'une chaire moderne, de fonts baptismaux à couvercle octogonal orné de têtes de chérubins. Remarquer à l'entrée les fonts baptismaux de Christ Church *(voir plus loin)*, sauvés par un facteur en 1940. St Sepulchre est l'église des musiciens. Dans le bas-côté Nord, la chapelle des Musiciens renferme les cendres de Sir Henry Wood (1869-1944) ainsi que des vitraux, sièges et prie-Dieu à la mémoire des musiciens britanniques. Haendel et Mendelssohn auraient joué sur les orgues de 1670, frappées du monogramme de Charles II, que le chef d'orchestre Henry Wood tint en tant qu'assistant à l'âge de 14 ans.

On peut voir encore une pierre du Saint-Sépulcre de Jérusalem, des porte-épées, la cloche que l'on faisait tinter, à minuit, à la porte de la cellule des condamnés à mort de la prison de Newgate, une plaque en cuivre à la mémoire du capitaine John Smith, gouverneur de Virginie mort en 1631 et enterré dans l'église, les couleurs du régiment de Fusiliers royaux de la Cité de Londres.

Holborn Viaduct – Construit entre 1863 et 1869, ce viaduc relie la Cité à West End en franchissant le vallon de Holborn. Excellent exemple des constructions métalliques victoriennes, il est orné de sculptures et flanqué de lions.

Le long du viaduc, le **City Temple** ⊘, église repérable à sa haute tour carrée surmontée d'une lanterne, d'un dôme et d'une croix, est l'unique temple de l'English Free Church dans la Cité. Il fut fondé en 1567, mais n'occupa le site actuel qu'en 1874. Nombre de grands prédicateurs y sont montés en chaire, à l'instar du Dr Maude Royden, première femme à prononcer un sermon, en 1917, et du Dr Leslie Weatherhead. Les bombardements n'ont épargné que les quatre murs de l'édifice, si bien qu'aujourd'hui son extérieur mi-victorien mi-palladien contraste avec son intérieur rénové dans le style moderne.

Central Criminal Court ⊘ – Plus connu sous le nom de «the Old Bailey», c'est le troisième tribunal criminel à occuper ce lieu. Les premières salles d'audience furent édifiées en 1539 afin de protéger les juges «des périls et dangers», à savoir maladies et infections, qui les menaçaient à la fréquentation des prisons. Aujourd'hui encore, la tradition veut qu'ils portent au cou de mai à septembre des sachets de plantes séchées pour se prévenir des fièvres... Le site choisi par le Conseil Communal s'étendait à l'intérieur des anciennes lices de la Cité, à proximité de New Gate, porte de l'enceinte romaine pour les liaisons vers l'Ouest, que l'on avait agrandie au début du Moyen Age et près de laquelle avait été construite en 1180 une prison destinée à accueillir une partie des détenus de Fleet Prison, alors surpeuplée.

Bâtiment – L'édifice de granit est orné de pierres de Portland. Son entrée monumentale est soulignée par un fronton portant des allégories de la Vérité, de la Justice et l'Ange qui enregistre les bienfaits et les méfaits. Une statue de la Justice, haute de 3,60 m et tenant une balance et un glaive, se dresse au sommet du dôme de cuivre vert-de-gris (1907). Véritable emblème du ciel londonien, elle est coulée en bronze et dorée à la feuille. Contrairement à l'usage, ses yeux ne sont pas bandés. Elle est nettoyée tous les ans au mois d'août et redorée tous les 5 ans.

A l'intérieur, entièrement en marbre, un grand escalier s'élève vers deux étages de salles couvertes de fresques. Les quatre salles d'audience sont vastes, tandis que l'annexe en pierre de Portland, achevée en 1972, abrite 14 salles plus petites et modernes. L'ensemble comporte également 60 cellules destinées à accueillir les prisonniers, amenés quotidiennement des prisons de Brixton et Holloway.

Parmi les Londoniens fameux jugés à Old Bailey, on citera le quaker William Penn, fondateur de l'État de Pennsylvanie et de la ville de Philadelphie. Les charges retenues contre lui faisaient état de «prédication devant une assemblée illégale.» Une plaque commémorative rappelle le courage des jurés qui, bien qu'enfermés pendant deux jours sans nourriture, refusèrent de le condamner. Depuis cet épisode, le droit des jurés à prononcer leur verdict conformément à leur intime conviction est ancré dans la législation britannique.

General Post Office (BX) – La **Poste centrale** occupe l'ancien site du couvent des Greyfriars (1225), remplacé en 1552 par le Christ's Hospital, comme l'évoquent les plaques commémoratives apposées sur la façade. Devant le bâtiment principal (1902) se dresse la statue de Sir Rowland Hill, qui introduisit en 1840 le tarif unique d'affranchissement des lettres dans le Royaume-Uni, avec le célèbre timbre à 1 penny.

National Postal Museum ⊘ – A l'intérieur de la Poste centrale, le **musée postal**, ouvert en 1965, abrite probablement la plus grande collection de timbres-poste qui soit au monde. Avec le plus ancien, le **« 1 penny noir »** de 1840, la **collection de timbres britanniques du 19ᵉ s.** de R. M. Philips, et celle de la Poste même, qui réunit tous les timbres émis sous son contrôle en Grande-Bretagne et outre-mer depuis 1840, avec les timbres émis par les pays membres de l'Union postale universelle depuis 1878, le musée présente quelque 250 000 timbres.

★ **Christ Church** – De l'église fondée par Henri VIII en 1538 et reconstruite par Wren entre 1667 et 1691, il ne reste que la svelte tour carrée alternant étages à mur plein ou à colonnade et coiffée d'une mince tourelle décorée. Au milieu d'un jardin, elle abrite désormais un cabinet d'architectes.

CLERKENWELL

Plan p. 8-9, **FGV**
⊖ Barbican ; Farringdon

Clerkenwell doit son nom aux clercs qui, chaque année au Moyen Âge, donnaient des spectacles en dehors de la Cité, près d'une source (« well-head ») voisine, toujours visible d'une fenêtre du nᵒ 14-16 Farringdon Lane. La rue Finsbury fut nommée en l'honneur de la famille Fiennes, propriétaire du manoir local (en vieil anglais, manoir se dit bury, burh ou burg) et des landes marécageuses de **Moorfields** dont elle fit don aux Londoniens au 14ᵉ s., créant ainsi le premier espace vert public.

Le quartier possède encore quelques-uns de ces espaces verts : Finsbury Square, Finsbury Circus, Bunhill Fields et Honourable Artillery Company Fields *(voir plus bas)*. Toutefois, de vastes parcelles furent loties après l'épidémie de peste de 1665 et le Grand Incendie de 1666. Les artisans et les travailleurs à domicile, écartés de la Cité après ces catastrophes, édifièrent des baraquements et des taudis jusqu'au pied des murs de Charterhouse, du prieuré St-Jean, de l'hôpital de Bethlem (sur le tracé de l'actuelle City Road) et des autres hôpitaux environnants, dont un seul existe encore : Moorfields Eye Hospital, fondé en 1805.

Au début du 19ᵉ s., la population grouillante du quartier se composait essentiellement d'ouvriers, fréquentant les pubs alentour, dont l'Eagle Pub *(Shepherdess Walk, City Road)* est une bonne illustration.

Plusieurs grands quotidiens britanniques se sont installés à Clerkenwell, notamment le **Morning Star** (nᵒ 75 Farringdon Road), immeuble en briques et béton conçu par E. Goldfinger en 1949, et **The Guardian** (nᵒ 119 Farringdon Road).

★ **Charterhouse** ⊘ – Fondée en 1371 par Walter de Manny dont on a retrouvé la sépulture en 1947, la chartreuse de Londres s'établit hors les murs sur un terrain appartenant à l'hôpital Saint-Barthélemy, non loin du cimetière où reposaient les milliers de morts atteints par la Grande Peste de 1348.

Fidèles à la papauté, les chartreux refusèrent de reconnaître l'autorité de Henri VIII sur l'Église anglicane, et leur prieur John Houghton, démembré, eut le bras cloué à la porte du monastère, suivant la coutume féodale.

Après la dissolution des ordres religieux par Henri VIII, la chartreuse fut propriété de Lord North puis du duc de Norfolk (décapité en 1571) qui fit démolir l'église conventuelle ; elle passa en 1611 à **Thomas Sutton**, riche marchand de charbon qui la transforma en institution charitable, à la fois hospice pour 80 gentilshommes indigents et école pour 40 garçons pauvres.

Charterhouse

L'école devint très réputée, comptant parmi ses membres John Wesley, fondateur du méthodisme, l'écrivain Thackeray et le fondateur du scoutisme, Baden-Powell ; en 1872, elle fut transférée à Godalming dans le Surrey.

Endommagée par les bombes en 1941, l'ancienne chartreuse reste le siège de Suttons Hospital, maison de retraite administrée par des Frères ayant à leur tête un Maître.

L'édifice – On pénètre par un porche du 15ᵉ s. dans la Cour du Maître (Master Court). Face à l'entrée, la **Grande Salle** (Great Hall) est une belle construction du 16ᵉ s., due au duc de Norfolk, avec une belle charpente à diaphragmes, des boiseries Tudor et une cheminée en pierre sculptée (1614). La salle est utilisée comme réfectoire. Construite à la fin du 16ᵉ s., la **Grande Chambre** (Great Chamber) a été restaurée après guerre : cheminée monumentale peinte, plafonds dorés, fenêtres à résilles de plombs, mur orné de tapisseries des Flandres, d'où son autre appellation de Tapestry Room. L'antichambre ouvre sur une terrasse construite en 1571 par le duc de Norfolk au-dessus du promenoir Ouest du Grand Cloître, où l'on a découvert une porte de cellule.

Dans la tour, qui se vit dotée d'un beffroi et d'une coupole en 1614, se trouve le trésor, voûté à l'époque Tudor. Un guichet permet de voir en contrebas la chapelle d'origine où l'on découvrit en 1947 la tombe du fondateur, Sir Walter Manny, mort en 1372.

La **chapelle** occupe depuis 1614 l'ancienne salle capitulaire du 14ᵉ s. à laquelle fut alors ajoutée la nef latérale gauche et qui fut agrandie vers le Nord en 1824. Parmi le mobilier, remarquer le jubé du 17ᵉ s., la tribune d'orgue et la chaire. Monuments funéraires de Sutton (17ᵉ s.) par Nicholas Stone dans la crypte et du Dr Raine (début 19ᵉ s.), ce dernier étant l'œuvre de Flaxman. L'emplacement du grand cloître est aujourd'hui en grande partie occupé par les bâtiments d'un hôpital universitaire (St Bartholomews Medical College).

St John's Gate ⊘ – *St John's Lane*. L'ordre hospitalier de Saint-Jean-de-Jérusalem, religieux à l'origine pendant la première croisade, devint militaire au 12ᵉ s. Prieurés et commanderies installés à Chypre, Rhodes (1310) et Malte (1530) se multiplient. Le Grand Prieuré d'Angleterre, installé en 1144 à Clerkenwell, s'enrichit des biens des Templiers à leur dissolution (1312), avant d'être lui-même supprimé par Henri VIII en 1540. En 1546, un ordre royal décréta la destruction des bâtiments dont les pierres furent utilisées plus tard par le Lord Protecteur Somerset pour la construction de Somerset House *(voir index)* sur le Strand. Seule la porte fut préservée. L'ordre de St-Jean fut rétabli comme ordre protestant par une charte royale de 1888.

Corps de garde et musée – Le corps de garde du 16ᵉ s., flanqué de tours à trois étages, est l'entrée Sud du prieuré. Il fut attribué sous les règnes d'Élisabeth Iʳᵉ et de Jacques Iᵉʳ à leur Maître de cérémonies, occupé au 18ᵉ s. par une imprimerie puis transformé en taverne. En 1874, l'ordre de St-Jean le racheta.

La salle du chapitre abrite des bannières. La chambre du Conseil et la bibliothèque exposent des pots à pharmacie utilisés par l'ordre à Rhodes et Malte, des ouvrages à filigrane d'argent ou marquetés de marbre et de bois, une rare collection de plateaux maltais en argent repoussé utilisés pour déposer des gants, deux splendides pots à tabac chinois et le missel enluminé dit de Rhodes sur lequel les chevaliers prêtaient serment. Un escalier à vis du 16ᵉ s. mène à une pièce où sont regroupés insignes, médailles et monnaies frappées par l'ordre. Le musée retrace l'histoire des ambulanciers de St-Jean depuis 1887.

Église et crypte – L'église du Grand Prieuré s'étendait jadis plus loin vers l'Ouest. L'ancien chœur de brique des 16ᵉ et 18ᵉ s. est orné de bannières de chevaliers provenant de divers prieurés. Sous les voûtes basses à arêtes de la crypte du 12ᵉ s., seul vestige du prieuré d'origine, demeurent la statue d'albâtre d'un grand d'Espagne et le gisant du dernier prieur.

Clerkenwell Green – Seul le nom évoque le village où se réunissaient en plein air, aux 18ᵉ et 19ᵉ s., les travailleurs revendiquant contre les injustices sociales. Au n° 37a, une maison du 18ᵉ s. abrite la **Karl Marx Memorial Library.**

Mount Pleasant – Sur cette ancienne décharge publique appelée ironiquement le Mont Charmant se tient un des principaux bureaux de tri de la poste avec une liaison ferroviaire souterraine entre Paddington, Liverpool Street et Whitechapel.

New River Head – *Rosebery Avenue*. La Thames Water Authority (Service des eaux de la Tamise) occupe cet immeuble néo-georgien. À l'intérieur, la cheminée est attribuée à G. Gibbons et le plafond date de 1693. L'entreprise de la New River prit naissance en 1609, initiée par **Hugh Myddelton** (statue sur Islington Green – *voir à Islington*) qui fit creuser un canal pour alimenter en eau la Cité. La New River Head fut inaugurée en 1613 (les conduites d'eau étaient en bois).

Sadler's Wells Theatre – *Rosebery Avenue*. Ce théâtre porte le nom d'un constructeur, M. Sadler qui, en 1683, avait redécouvert des sources (wells) d'eau minérale. Ce fut un centre musical au 17ᵉ s., un théâtre shakespearien et classique en 1840, avec **Samuel Phelp**, puis un music-hall. Relevé de ses ruines par **Lilian Baylis** en 1931, il présente actuellement opéras et ballets.

City University – *St John Street*. Les bâtiments modernes de l'Université de la Cité encadrent le Northampton Institute (1894-1896) bâti par E. Mountford.

Companies House ⊘ – *55-71 City Road*. Le registre des sociétés datant des 130 dernières années a été transféré à Cardiff depuis 1976. Sur place, on peut consulter sur microfilms les adresses de compagnies des 7 années passées ainsi que les recettes et comptabilité de 650 000 firmes depuis 3 ans.

Wesley's Chapel and House ⊘ – *47 City Road*. Le théologien **John Wesley** posa la première pierre de cette chapelle en 1777. Il est enterré dans le cimetière voisin. À l'intérieur de la chapelle, un plafond blanc et or de style Adam, une tribune aujourd'hui supportée par sept colonnes de marbre à la place des mâts qui se trouvent maintenant dans le vestibule. Un **musée du Méthodisme** est installé dans la crypte. La maison du prédicateur est riche en souvenirs : bureau, meubles, vêtements, bibliothèques, prie-Dieu...

Bunhill Fields ⊘ – *City Road*. Bien avant 1549, qui vit le premier transfert d'ossements du charnier de St-Paul en ces lieux, Bunhill était appelé Bone Hill, c'est-à-dire la colline des ossements. De 1665, année de son acquisition par le Conseil de la Cité, à 1852, 120 000 personnes, non aglicanes pour la plupart car le terrain ne fut jamais consacré, y furent enterrées, dont Daniel Defoe (1661-1731) et le peintre William Blake (1757-1827). Dans le petit cimetière quaker adjacent repose le fondateur du groupement, George Fox (1624-1691).

État-major de l'Honourable Artillery Company – *Finsbury Barracks, Bunhill Road*. Les bâtiments furent édifiés en 1735 et 1857 sur les terrains qui servaient depuis l'époque Tudor à l'entraînement des archers.

John Wesley (1703-1791)

Quinzième enfant du révérend Samuel Wesley, John fit ses études à Charterhouse puis à Oxford. Après son ordination, il séjourna un an en Géorgie puis, de retour à Londres, entreprit, sous l'influence des Frères Moraves, de prêcher un retour aux sources de la Réforme. Parcourant des milliers de kilomètres par an pour porter la bonne parole, il assura les fondements du méthodisme par sa piété et sa charité. En 1760, il embarqua pour l'Amérique et fonda la première chapelle à New York en 1768. Il fut secondé par son frère cadet, **Charles** (1707-1788), qui revint en Angleterre en 1771. Moins charismatique que son aîné, il employa son énergie à composer les 5 500 cantiques qui servirent à rallier les esprits et à assister les missionnaires.

COURTAULD INSTITUTE OF ART★★

Plan p. 8, **EX** – Schéma : Le STRAND
⊖ Temple

L'Institut Courtauld occupe **Somerset House**, un palais inspiré du palladianisme d'Inigo Jones et donnant par une étroite façade sur le Strand. La terrasse finement sculptée est ornée d'un groupe de bronze de John Bacon surmontant un triple portique à colonnes géantes. Encadré de deux ailes latérales, le corps central, plus élaboré, abrite la suite de salons connue sous le nom de **Fine Rooms** et réputée pour ses agréables proportions et ses plafonds de stucs. Au 18e s., trois sociétés savantes : la Royal Society, la Société des Antiquaires et la Royal Academy *(voir à Piccadilly : Burlington House)* y siégeaient.

Outre l'**Institut Courtauld** ⊘, Somerset House abrite aujourd'hui des services du ministère des Finances.

Le vicomte Lee of Fareham (1868-1947) fut à l'origine de la fondation de l'institut, consacré aux beaux-arts, à l'enseignement de l'histoire de l'art sous l'égide de l'université de Harvard, et à la protection des arts. La somptueuse collection provient principalement de legs privés :
– les peintures impressionnistes et post-impressionnistes que **Samuel Courtauld** rassembla à partir de 1922 ; son discernement et son goût très sûr lui permirent d'acquérir des œuvres majeures ;
– la collection Princes' Gate du comte austro-britannique **Antoine Seilern**, spécialiste de l'influence vénitienne dans les plafonds de Rubens. Son legs comprend 32 peintures et plus de 20 dessins de Rubens, ainsi que des œuvres d'artistes flamands *(La Mise au tombeau* du Maître de Flémalle) et italiens (triptyque de Bernardo Daddi, esquisses de Tiepolo) et plusieurs toiles modernes (Cézanne, Kokoschka, Pissarro, Renoir) ; il comporte également un grand nombre de dessins ;
– les peintures italiennes de la Renaissance du **vicomte Lee of Fareham** *(La Sainte Trinité* de Botticelli, *Assassinat de saint Pierre martyr* de Bellini, et *Le Baptême du Christ* de Véronèse), complétées par des portraits flamands et anglais (Dobson, Lely, Gainsborough, Romney, Raeburn) ;

– l'immense collection de dessins de maîtres (3 500) rassemblés pour leur qualité exceptionnelle ou pour leur caractère précieux dans les années 20 par **Sir Robert Witt** (carnet d'esquisses de Gainsborough) et ses archives photographiques, acquises en 1952 ; son fils, Sir John Witt (1907-1982), a légué des aquarelles britanniques ;
– des primitifs italiens : Bernardo Daddi, Lorenzo Monaco (*Le Couronnement de la Vierge*), Fra Angelico, réunis par **Thomas Gambier-Parry** (1816-1888) ;
– la collection contemporaine du peintre et critique d'art **Roger Fry** (1866-1934), regroupant des œuvres d'artistes liés au groupe de Bloomsbury et à l'atelier Omega dans les années 30. Il légua aussi des toiles de Bonnard, Derain, Friesz, O'Connor, Rouault, Sickert et Seurat.

Quand meurt Henri VIII en 1547, le fils que lui a donné Jane Seymour lui succède sous le nom de Édouard VI. Comme il n'a que 10 ans, son oncle et tuteur, **Edward Seymour,** duc de Somerset, assure la régence avec le titre de Lord Protecteur. Trop tolérant pour les uns, trop riche pour les autres, trop démagogue pour les troisièmes, trop orgueilleux enfin, il finit par être décapité en 1552. Mais il avait eu le temps de se faire construire la première demeure Renaissance édifiée en Angleterre, Somerset House ainsi que Syon House *(voir à ce nom).*
Sous les Stuarts, Somerset House, devenue propriété royale, sera l'une des résidences des reines : Anne de Danemark, d'abord, puis **Henriette-Marie de France,** qui y fait réaliser des travaux sous la direction d'Inigo Jones et dessiner des jardins par Hubert Le Sueur. Elle réintégrera Somerset House à la Restauration et fera reprendre les travaux, interrompus en 1665 à son départ pour la France où elle meurt en 1669. Le palais est alors attribué à Catherine de Bragance, l'épouse ô combien délaissée de Charles II, qui abandonne à son tour la demeure pour regagner le Portugal en 1693. Totalement négligé ensuite, le palais Renaissance sera rasé en 1775 pour laisser place à un nouvel édifice élevé pour accueillir l'Académie Royale, l'Amirauté et la Société des Antiquaires et agrandi au 19ᵉ s.

Les collections sont présentées soit par ordre chronologique, soit par souci de contraste et de comparaison. L'ordre de la visite change en fonction de l'une ou l'autre de ces formules. La décoration intérieure est en grande partie conforme aux spécifications originales de William Chambers.

Salle 1 : art de la Renaissance, 15ᵉ et 16ᵉ s. – Le panneau incomplet de *La Sainte Famille* est attribué au Florentin **Perino del Vaga** : noter comment la chaleur du fond confère aux personnages un halo d'or et admirer l'habileté du maître à suggérer le mouvement. *La Sainte Trinité* de **Botticelli** constituait probablement le panneau central d'un retable commandé pour le couvent augustin de Sant' Elisabetta delle Convertite. L'importance donnée à saint Jean-Baptiste et à Marie-Madeleine dans le paysage désolé s'expliquerait par le fait que le couvent accueillait surtout des prostituées amendées. L'archange Raphaël tenant la main de Tobie représenterait la rédemption. *La Sainte Famille avec sainte Anne* de Lorenzo Lotto est animée par la diagonale marquant la composition, soulignant les expressions juvéniles de la Vierge et de l'enfant Jésus.
Les coffres de mariage Morelli (1472), sculptés par Zanobi di Domenico et peints par Jacopo del Sellaio et Biagio di Antonio, représentent des scènes tirées des livres II et V de l'*Histoire de Rome* de Tite-Live (panneau frontal) et les vertus masculines, la Justice et le Courage (panneaux latéraux).

Salle 2 : art italien des 16ᵉ et 17ᵒᵒᵉ s. et Rubens – Les plafonds décorés par Benjamin West et Angelica Kauffman furent transférés à Burlington House lors du déménagement de la Royal Academy en 1837.
Plusieurs œuvres de **Rubens** témoignent de son égale maîtrise à traiter des sujets historiques et religieux, des portraits et des paysages. Contrastes marquants entre la lumière et la texture, la gestuelle et l'émotion caractérisent ses compositions colorées et agitées, exagérées parfois comme l'illustrent les études du grand retable de la cathédrale d'Anvers. Le *Portrait de Baldassare Castiglione* est copié de l'original de Raphaël (Louvre). *Le Paysage au clair de lune* date de la fin de la vie de Rubens. Il appartient à Reynolds et fit l'admiration de Gainsborough et Constable.
La peinture anglaise fut également influencée par les portraits solennels, mais informels, de Van Dyck. Noter l'énergie et l'adresse avec lesquelles il rend les détails de la peau, des cheveux et des vêtements.
Beau buste en terre cuite de Charles Iᵉʳ par Roubillac.

Salle 3 : portraits du 17ᵉ s. – **William Dobson** et **Peter Lely** se distinguent dans le style introduit par Van Dyck, qu'ils illustrent de façon moderne, avec une grande attention aux costumes et aux attitudes.

Salle 4 : art italien du 18ᵉ s. – Les stucs très fins sont d'inspiration française. À l'origine, les festons encadraient des médaillons. Dans la grisaille (peinture monochrome en camaïeu gris) des plafonds surgissent des putti jouant avec des allégories des quatre éléments. D'une autre main, le panneau central représente la tête d'Apollon entourée des signes du zodiaque. Noter aussi les poignées de porte de la même période.

Les tableaux de maîtres italiens du 18e s. incluent les Vénitiens Tiepolo, Canaletto et Guardi. Tous trois excellaient dans l'art de capter la lumière et suggérer l'atmosphère d'un paysage. Les personnages de **Tiepolo** semblent flotter dans l'espace. **Canaletto** et **Guardi** affectionnaient plutôt les vues topographiques, si appréciées par les Anglais qui faisaient le «Grand Tour.» *L'ancienne Somerset House vue de la Tamise* témoigne de l'habileté de Canaletto à peindre le paysage londonien, comparé à sa Venise natale.

Salle 5 : portraits du 18e s. – La décoration a été refaite d'après des échantillons et des documents originaux de William Chambers. Le 18e s. donna naissance à une génération de portraitistes anglais de grand talent : **Gainsborough, Reynolds, Raeburn, Ramsay**, qui surent rendre la physionomie des penseurs, intellectuels, hommes politiques et aristocrates du Siècle des lumières.

Salle 6 : impressionnistes et post-impressionnistes – Le panneau central figurant *La Théorie de l'Art*, de Reynolds, a été remplacé par une copie. Les panneaux représentant la Nature, l'Histoire, l'Allégorie et la Fable sont signés Cipriani.

Magnifique collection de paysagistes de l'école de Barbizon et d'impressionnistes français : Bonnard, Boudin, Cézanne, Pissarro, Sisley, Seurat, Monet et Renoir, qui ont tous observé l'eau, que ce soit à Deauville, Argenteuil ou Annecy.

Salle 7 : arts décoratifs du 18e s. – *Deuxième étage.* Constituée par trois générations de Courtauld, huguenots français réfugiés en Angleterre à la révocation de l'édit de Nantes, la collection d'argenterie couvre l'élégant style Queen Anne, le rococo et le néoclassicisme de la fin des années 1760.

Le cabinet des médailles (acajou, bois de santal et buis – 1768) fut conçu par William Chambers pour le comte de Charlemont, un pair irlandais amateur d'art.

Salle 8 : expositions thématiques – Anciennement occupée par la Royal Academy, cette salle accueille aujourd'hui des expositions à thème d'œuvres choisies dans la vaste collection d'impressionnistes et de post-impressionnistes de l'Institut Courtauld.

Un bar aux Folies-Bergère fut peint par **Manet** à la fin de sa vie. Il représente une jeune serveuse devant un miroir où se reflète le public, apparemment plus aisé qu'elle, assistant à un spectacle de trapèze. L'esquisse du *Déjeuner sur l'herbe* (musée d'Orsay) illustre le dilemme de Manet, qui, tout en se voulant «moderne», tentait désespérément de gagner le respect du Salon. Ses personnages, habillés à la mode des années 1860, sont inspirés du *Concert champêtre* de Titien (Louvre) et du *Jugement de Pâris* gravé par Raimondi d'après Raphaël.

Proche de Manet, **Degas** fut profondément influencé par les estampes japonaises et la photographie. Dans *Deux danseuses sur une scène*, il choisit un point de vue inédit, la vue en plongée, laissant vide toute une partie du tableau. Dans *Femme à sa fenêtre*, la source de lumière vient de l'arrière-plan, obscurcissant complètement la silhouette.

Manet – *Un bar aux Folies-Bergère*

Toulouse-Lautrec utilisait l'huile comme un pastel, ce qui donnait à ses visages une lumière artificielle, presque déformée *(Souper en tête-à-tête)*, et écrasait les volumes. Il savait rendre en quelques coups de pinceau l'essence d'un objet (col de fourrure du manteau de *Jane Avril à l'entrée du Moulin-Rouge*).

Considéré comme « le père de la peinture contemporaine », **Cézanne** sait suggérer comme aucun autre l'espace et la profondeur dans ses natures mortes *(Nature morte avec Amour en plâtre)* et paysages *(Montagne Sainte-Victoire)*, en utilisant la couleur (les bleus et les verts donnent de la profondeur tandis que les rouges et les oranges donnent du relief) et en arrangeant les formes sur chaque plan. Malgré tout, ses personnages *(Les Joueurs de cartes)* conservent force et réalisme.

Les scènes tahitiennes de **Gauguin**, *Nevermore* et *Te Reriora* – qui signifie cauchemar –, présentent des personnages dans l'intimité de leur maison, en harmonie avec un mode de vie plus primitif.

On reconnaît **Van Gogh** à son style qui, tout en restant impressionniste, fait un usage plus audacieux de l'empâtement *(Pêchers en fleur)*. Dans son *Autoportrait à l'oreille bandée*, il porte une veste vert-bleu conférant à ses yeux un regard obsédant ; à l'arrière-plan, Van Gogh rend hommage aux estampes japonaises, dont il tirait son inspiration, et fait figurer un encadrement de porte bleu et un chevalet suggérant les particularités de l'espace du tableau.

Aux touches de couleurs fortes et contrastées, **Seurat** oppose de petites taches juxtaposées mécaniquement pour créer un effet de luminosité accru. Plusieurs de ses tableaux pointillistes : *Jeune Femme se poudrant*, *Pont de Courbevoie*, permettent la comparaison.

Le grand triptyque *La Saga de Prométhée* (1950) de Kokoschka fut commandé par le comte Antoine Seilern pour décorer le plafond de sa maison au n° 56 Princes Gate. L'artiste le conçut délibérément pour être regardé d'en bas. Tandis que Déméter s'emparant de la pomme personnifie la femme mûre (la Terre mère, Ève), la jeune Perséphone, sa fille, saute des bras d'Hadès.

Salles 9 et 10 : peinture et sculpture du 20ᵉ s. – Présentation informelle d'œuvres du début du siècle. Parmi les tableaux français de la **collection Fry** : *Jeune Femme dans un intérieur* de **Bonnard**, portrait de sa maîtresse et future femme, Marthe Boursin, et des toiles de **Derain**.

La décoration et l'ameublement ont constitué un des thèmes favoris des artistes de l'atelier Omega (Walter Sickert, Roger Fry et Vanessa Bell), émanation artistique du **groupe de Bloomsbury**. La collection britannique est composée d'une sélection d'œuvres, choisies par les collectionneurs plus pour leur plaisir personnel que dans le but qu'elles soient présentées dans un musée.

Salle 11 : peintures italiennes et flamandes du 14ᵉ au 16ᵉ s. – Magnifiques exemples des écoles primitives italienne et hollandaise, aux qualités de joyaux, renforcées par leurs dimensions, leurs fonds d'or et leur finalité de tableaux de dévotion. Dans *La Vierge à l'Enfant en trône* (1338) et *Crucifixion et saints* (1348), Bernardo Daddi tente de rompre avec l'iconographie byzantine en animant ses personnages d'émotions : les anges bavardent, la Vierge recule devant l'ange de l'Annonciation. Lorenzo Monaco confère poids et volume à ses personnages élégants (*Le Couronnement de la Vierge*, vers 1395).

Doués d'un grand sens de l'observation, les artistes du Nord s'attachèrent à la représentation des détails, que l'emploi de la peinture à l'huile rendait plus facile : les draperies retombent en plis fragiles et les plantes sont minutieusement rendues. Les thèmes religieux sont empreints d'une grande force d'expression chez le Maître de Flémalle (*La Mise au tombeau*, vers 1420). *Adam et Ève* de Lucas Cranach l'Ancien, ami et allié de Luther, fortement influencé par les modèles italiens diffusés par la gravure, est l'occasion représenter des nus.

En vitrine, ivoires anglais et français des 13ᵉ et 14ᵉ s. sculptés de scènes religieuses ; émaux de Limoges du 12ᵉ au 16ᵉ s. ; verres de Venise et de Bohême des 16ᵉ et 18ᵉ s. ; l'art du métal en Islam, du 13ᵉ au 15ᵉ s.

Entrée Est – Expositions temporaires de gravures, de dessins et d'aquarelles provenant des réserves ou en prêt.

Certaines galeries d'art organisent régulièrement des expositions temporaires :

- *Hayward Gallery*
- *Royal Academy*
- *Barbican Art Gallery*
- *Bankside Gallery*
- *Institute of Contemporary Arts (I.C.A.)*
- *Serpentine Gallery*
- *Whitechapel Gallery*
- *Photographers' Gallery.*

COVENT GARDEN ★

Plan p. 9, **EX**
⊖ Covent Garden

Un « beau quartier » – À l'origine jardin de couvent (Covent Garden) dépendant de l'abbaye de Westminster, le terrain devint domaine des Russell, comtes de Bedford, à la suite de la suppression des ordres monastiques sous le règne de Henri VIII.

En 1631 cependant, Francis, 4ᵉ comte de Bedford, homme d'affaires avisé, décida de bâtir sur ses terres et confia l'entreprise à l'architecte de la couronne, Inigo Jones.

Jones s'inspira à la fois de la place Royale (place des Vosges), qu'il avait pu voir lors de son séjour à Paris en 1609, et de la Piazza Grande de Livourne, en Italie, visitée six ans plus tard. Il dessina un vaste rectangle dont le côté Ouest était occupé par une église, les côtés Nord et Est étant bordés de maisons d'habitation et le côté Sud limité par les jardins de Bedford House (détruite en 1700). Prolongeant la « Piazza », des rues rectilignes déterminèrent un plan géométrique formant le premier ensemble urbain tenté à Londres par un propriétaire privé, mais sous l'égide d'une Commission des bâtiments, instituée quelques années auparavant, et dont Inigo Jones faisait d'ailleurs partie.

Dans un esprit analogue, les maisons présentèrent une éléva-

> **Lamb and Flag** – *Rose Street*. La plus ancienne taverne du quartier ouvrit ses portes en 1623.
>
> **Rules** – *34-35 Maiden Lane*. Fut ouvert en 1798 par le maître écailler Benjamin Rule et ses fils. Décoré de gravures et de caricatures ayant trait au monde du spectacle et des lois, c'est le plus vieux restaurant à huîtres de Londres.

tion uniforme. Celles, de la Piazza, édifiées par **Isaac de Caux**, collaborateur de Jones comportaient, comme à la place Royale de Paris, des arcades de pierres en bossage et des murs de briques, mais ne formaient pas pavillons et avaient des toitures moins élevées.

Construit rapidement, de 1631 à 1635, ce district résidentiel fut habité par des personnalités de la cour, de la ville et des arts parmi lesquelles le sculpteur de la couronne Hubert Le Sueur et le miniaturiste Samuel Cooper. Puis l'atmosphère changea progressivement avec la création, en 1661, par la famille Russell, d'un marché de fruits et légumes, et surtout avec la fondation, en 1663, du **Theatre Royal** de Drury Lane : Covent Garden devient le pôle d'attraction des amateurs de spectacles, de tavernes et de clubs.

Au royaume du théâtre – Au temps de Charles II, en effet, le théâtre, dont le puritanisme de Cromwell avait privé les Londoniens, redevint la « folie du jour. » Les comédiens du Roi s'installèrent au Théâtre Royal de Drury Lane, où le roi venait voir jouer la dame de ses pensées, la blonde et ravissante **Nell Gwynn**.

Au 18ᵉ s. la vocation de Covent Garden comme quartier de plaisir s'accentue avec l'ouverture, en 1731, du Royal Opera House, plus connu sous le nom de Covent Garden Theatre. Hogarth et Rowlandson ont évoqué dans leurs estampes satiriques ce monde interlope d'acteurs, de peintres, de financiers et d'aristocrates qui grouillent dans les parages de la Piazza, courant les ateliers, les salles de ventes, les théâtres de marionnettes, les cafés et les clubs.

Belles actrices d'autrefois

Eleanor « Nell » Gwynn (1650-1687) vendait des oranges devant le Theatre Royal lorsqu'elle fut remarquée par Charles II. Ne sachant ni lire ni écrire, elle jouit cependant d'une excellente réputation de comédienne et de récitante.

Sarah Siddons (1755-1831) était l'aînée d'une famille de douze enfants. Elle était grande et très belle, douée d'un regard expressif et d'un port altier rehaussant le tragique des rôles qu'elle interpréta, notamment ceux de Lady Macbeth, Desdémone, Rosalinde et Ophélie.

Dorothea Jordan (1762-1816) fit ses débuts en 1785 à Drury Lane dans *A Country Girl*. En 1790, elle devint la maîtresse du duc de Clarence, futur Guillaume IV, auquel elle donna dix enfants (les Fitz-Clarence), continuant parallèlement à jouer devant des parterres combles à Haymarket, Covent Garden ou Richmond et dans des tournées.

Les cafés les plus connus alors sont la Tom King's Coffee House, sous les arcades, et la Taverne de la Rose, Russell Street, que Hogarth a décrites la première dans une estampe appelée *Le Matin*, l'autre dans la série intitulée *La Carrière d'un roué*. Mais il y avait aussi le **Button's**, Russell Street, le **Bedford**, Bedford Street, le Shakespeare's Head et le **Piazza**, sur la Piazza, où fréquentèrent Pope, Swift, Smollett, Samuel Johnson et le grand acteur Garrick qui habitait 27 Southampton Street et emmenait Boswell sous les arcades pour lui montrer les scènes de théâtre peintes par Zoffany ; ces cafés des 17ᵉ et 18ᵉ s. ont disparu.

En 1904, le **London Coliseum**, de Sir Oswald Stoll, fut construit pour concurrencer Drury Lane. Depuis 1968, ses piliers de marbre accueillent l'Opéra national (English National Opera) où les œuvres du répertoire sont chantées en anglais.

★★**The Piazza** – Il ne reste pratiquement rien de la place qu'Inigo Jones conçut en s'inspirant de celles qu'il avait vues en Italie, sinon les maisons sises à l'Ouest de Russell Street (reconstruites).

Les ducs de Bedford, propriétaires du célèbre marché (Covent Garden Market), le vendirent à la ville en deux lots, l'un en 1913, l'autre en 1918 ; mais, en 1974, il a été transféré à Nine Elms Lane, près de Vauxhall, au Sud de la Tamise.

★**St Paul's** – *Entrée par Bedford Street ou par l'allée donant sur King Street.* Cette église a été construite en 1633 par Inigo Jones. La chronique rapporte que Francis Russell, le bailleur de fonds, dont la piété était aussi tiède que vif le sens des affaires, avait demandé à l'architecte une église très simple, « comme une grange », et Jones de rétorquer : « Eh bien, ce sera la plus belle grange d'Europe. »

De fait, Inigo Jones dessina un bâtiment très sobre, aux proportions harmonieuses, de style toscan, qui, malheureusement, brûla en 1795. L'édifice actuel, rebâti après l'incendie, reproduit fidèlement les dispositions initiales : remarquer surtout la curieuse façade aveugle, sur la place, avec son fronton triangulaire aux côtés très saillants. Ce porche, célèbre lieu de rendez-vous, servit de point de rencontre aux héros du *Pygmalion* (1912) de G. B. Shaw, le professeur Higgins et la marchande de fleurs Eliza Doolittle (la fameuse *My Fair Lady* de George Cukor).

L'édifice est connu sous le nom d'église des acteurs (Actors' Church). Beaucoup de célébrités furent ensevelies dans ses caveaux et le cimetière avoisinant : l'écrivain Samuel Butler, le sculpteur Grinling Gibbons, le peintre Peter Lely.

Covent Garden Market – Fondé par les moines avant la Réforme, le marché eut lieu jusqu'à l'aménagement de la Piazza par Inigo Jones. Officiellement autorisé en 1670 par lettres patentes, il emménagea dans de nouveaux bâtiments en 1830. Composés de trois bâtiments parallèles à colonnades, orientés Nord-Sud, les **Central Market Buildings** furent dessinés en 1832 par Charles Fowler, puis reliés par des verrières en 1872.

Jusqu'à son transfert, le marché occupait non seulement la Piazza, mais s'étendait jusque dans les rues adjacentes. De minuit à midi, le quartier regorgeait de fleurs et de fruits, grouillait de vendeurs, porteurs et acheteurs qui fréquentaient les terrasses des pubs et bloquaient les rues avec leurs camions.

Le marché aux fleurs, hanté par le souvenir d'Eliza Doolittle, est aujourd'hui occupé par des boutiques, cafés, restaurants et autres bars à vins.

Au **Jubilee Market** voisin se tiennent des marchés d'antiquités le lundi, aux puces du mardi au vendredi, d'artisanat les samedis et dimanches. Le Jubilee Hall (1904) abrite maintenant un centre de loisirs.

★**London Transport Museum** ⊙ – Le **musée des Transports** retrace deux cents ans d'histoire et de technologie. Constituée dans les années 20 et 30 par la London General Omnibus Company, la collection fut transférée en 1980 de Syon Park dans ce bâtiment de l'ancien marché aux fleurs. La construction métallique originale

Spectacle de rue à Covent Garden

ANGUS TAVERNER

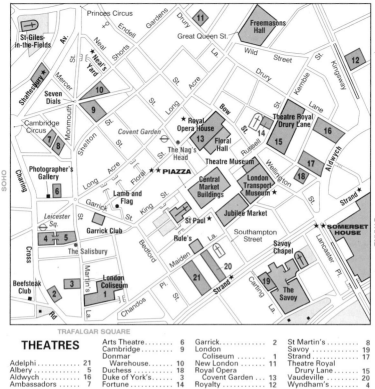

érigée vers 1860 a été complétée par deux étages de verre et d'acier. 14 expositions permanentes présentent le développement de l'un des plus anciens et des plus vastes réseaux de transport, l'impact sur Londres des tramways et trolleys, l'arrivée des autobus et la desserte des banlieues, la première rame de métro (sa conception, sa forme et son fonctionnement), et les dernières avancées technologiques sous la forme du Light Rapid Transit utilisé dans les Docklands.

On y voit une série de véhicules et d'équipements désaffectés comme l'omnibus à cheval Shillibeer de 1829-1834, le premier autobus de 1910, une motrice de métro de 1866, des distributeurs de billets, des signaux ferroviaires, un tableau de contrôle alimenté par un générateur électrique, etc. Des terminaux interactifs permettent de consulter des informations plus techniques, et projections vidéo, documentaires et photographies anciennes replacent le visiteur dans le contexte historique. Grands et petits sont invités à explorer l'intérieur des véhicules, à piloter des modèles réduits de locomotive à vapeur ou électriques.

Dans la **Harry Beck Gallery,** du nom de l'ingénieur qui dessina la première carte du métro londonien en 1931, sont présentés les plans du réseau de transports de Londres. **Ashfield Gallery,** ainsi nommée en souvenir de l'inventeur américain des transports en commun, accueille des expositions temporaires sur des sujets annexes (immigration, planification urbaine, sponsoring). La **Frank Pick Gallery** présente des expositions à thème d'affiches issues des archives du musée, riches de plus de 5 000 pièces. Elles reflètent l'évolution des modes et des goûts, commémorent de grands événements sportifs ou d'intérêt général. Parmi les artistes britanniques représentés, on remarque Graham Sutherland et Paul Nash. Frank Pick (1878-1941) entra dans la compagnie métropolitaine londonienne en 1906 et gravit tous les échelons hiérarchiques pour finalement devenir vice-président de 1933 à 1940. Il transforma le réseau londonien en un système moderne et, passionné d'esthétique, donna une véritable image à la société en créant un logo unique pour le repérage des stations et la documentation imprimée.

Theatre Museum ⊘ – Le musée du Théâtre est consacré à tous les aspects du monde du spectacle : de l'opéra à la musique populaire en passant par le cirque, les marionnettes et le music-hall. Au rez-de-chaussée, une peinture murale (un ange doré sonnant du cor) orne les loges et un ancien guichet de théâtre met dans l'ambiance. Les riches collections comprennent entre autres des archives, des portraits, des photographies et des maquettes. Dans une galerie, l'historique du spectacle est retracé.

Le musée présente aussi des expositions temporaires et comporte une galerie de peintures et un théâtre.

Theatre Royal, Drury Lane – Œuvre de **Benjamin Wyatt** (1755-1850), l'édifice actuel, terminé en 1812, est le 4ᵉ théâtre construit depuis 1663 sur cet emplacement. Le premier, détruit par un incendie, fut reconstruit par Wren en 1674. Ce second édifice connut l'âge d'or de 1747 à 1776 sous la direction du fastueux **Garrick** (1717-1779), petit-fils d'un émigré huguenot du nom de Garrigue, qui y triompha dans les rôles du répertoire shakespearien. Il fut remplacé par une 3ᵉ salle qu'inaugura en 1794 son directeur **Sheridan** avec sa pièce *L'École du scandale* et que le feu détruisit à nouveau. Kean, Macready, Phelps, Irving, Ellen Terry, Forbes Robertson y jouèrent avant que la scène ne fût investie par les comédies musicales. Le **Baddeley Cake** est une tradition de Drury Lane aussi ancienne que son fantôme. Il est acheté avec de l'argent légué par un acteur du 18ᵉ s., Robert Baddeley, et découpé sur scène après les représentations de *La Nuit des Rois*. L'esprit sort alors du mur de gauche, où, dit-on, un cadavre et un poignard furent emmurés au 19ᵉ s., et traverse la salle avant de disparaître...

Bow Street – Au 18ᵉ s., un magistrat, **Henry Fielding**, et son demi-frère John, surnommé Blind Beak, organisèrent le premier commissariat de police londonien avec des patrouilles volantes qui furent bientôt appelées Bow Street Runners (coureurs de Bow Street). Face au Royal Opera House, le bâtiment construit à la place de leur maison date de 1881. Au nᵒ 1 se trouvait un café, le Wills, fréquenté par tous les beaux esprits de la ville, aux dires de Pepys. En 1992, la police déménagea pour de nouveaux locaux à Charing Cross.

★**Royal Opera House** – Édifié de 1856 à 1858 par E. M. Barry, frère de Charles, c'est le 3ᵉ théâtre existant en ce lieu. Dans le premier théâtre, fondé en 1732 par John Rich, furent donnés les grands oratorios de Haendel. L'inauguration du 2ᵉ (dessiné par Robert Smirke), en 1809, fut marquée par les **Old Prices Riots**, émeutes dirigées contre l'augmentation du prix des places et qui forcèrent la direction à baisser les tarifs. Après un nouvel incendie en 1856, le théâtre actuel, spécialement conçu pour l'opéra et le ballet, comprend une salle de 2 000 places réputée pour la qualité de son acoustique, que vantait André Messager qui y fut chef d'orchestre. Son portique, de style corinthien, abrite une frise et des panneaux sculptés par Flaxman provenant de l'édifice précédent. Il forme un ensemble avec le **Floral Hall** contigu, construit par le même architecte, pour servir de salle de concert avec salons, et transformé pendant un siècle en marché annexe (fruits et légumes) quand le théâtre connut des difficultés financières. À l'intérieur, la décoration est blanc et or, avec des tentures rouge cramoisi et rose ; le dôme bleu est aussi un trait dominant de cet édifice.
Le Royal Opera House abrite depuis 1946 le **Sadler's Wells Ballet**, devenu dix ans plus tard par une charte de la reine **The Royal Ballet.**
Le quartier, où se trouvent des associations théâtrales, a attiré des constructeurs de nouveaux théâtres lorsque le monopole de Covent Garden et de Drury Lane fut aboli en 1843 ; ainsi, quelque 40 nouvelles salles ont vu le jour alors.

Royal Masonic Institution – *Great Queen Street.* Les francs-maçons occupent une grande partie de la rue, notamment des maisons du 18ᵉ s. (nᵒˢ 27-29) et le Freemasons Hall (1927-1933).

★**Neal's Yard** – Restaurants végétariens, magasins de produits biologiques et de médecine douce sont venus s'installer dans cette cour pittoresque, qui a su conserver son charme d'antan avec ses systèmes de levage, ses pigeonniers, ses jardinières et ses arbres décoratifs en bacs. Neal Street abrite également quelques boutiques spécialisées.

St Giles-in-the-Fields ⊘ – Reconstruite par Flitcroft en 1734 dans le style de Wren et James Gibbs, l'église possède un clocher qui rappelle celui de St Martin-in-the-Fields. La chaire du bas-côté Nord fut utilisée pendant près de 50 ans par les fondateurs du méthodisme, John et Charles Wesley.

Seven Dials – Ce carrefour populaire tire son nom d'une haute colonne dorique qui portait sur chaque face un cadran solaire. Point de rencontre de sept rues rayonnantes, elle fut érigée au début des années 1690 par Thomas Neale, mais démantelée en 1773 par une foule persuadée qu'elle cachait un trésor. Le quartier était très mal famé à l'époque et le resta jusqu'à la fin du 19ᵉ s. Une réplique est venue remplacer la colonne originale.

Participez à notre effort permanent de mise à jour.
Adressez-nous vos remarques et vos suggestions :

Cartes et Guides Michelin
46, avenue de Breteuil
75324 PARIS CEDEX 07

HYDE PARK – KENSINGTON GARDENS★★

Plan p. 6-7, **A-DXY**
Marble Arch, Queensway, Hyde Park Corner, Lancaster Gate

Hyde Park doit son nom à l'ancien manoir de Hyde, possession de l'abbaye de Westminster passée à la couronne à la Réforme et devenue réserve de chasse de Henri VIII. Le parc, ouvert au public en 1637, devint alors lieu de détente et de plaisir. Séparé en deux au 18e s., sa partie occidentale prit le nom de **Kensington Gardens** (jardins de Kensington). Cette limite qui longeait Flower Walk fut déplacée, au 19e s., pour inclure l'Albert Memorial. Actuellement, c'est le Ring, route unissant la porte Alexandra à la porte Victoria, qui sépare les deux parcs.

La guerre des Dames – Après l'austère intermède cromwellien, durant lequel Hyde Park servit de camp militaire, la société élégante fréquente le Ring, promenade circulaire où seuls les nobles ont accès : les brillants équipages de la cour y défilent, et les masques en l'envahissent certains jours, mystifiant et intriguant avec tant d'impudence qu'il faudra les interdire.

La rivalité entre **Lady Castlemaine**, favorite en titre de Charles II, et **Frances Stewart**, dont l'étoile monte au firmament de la faveur, s'y exerce alors avec fureur. Hamilton raconte que, le chevalier de Grammont ayant offert au roi un splendide carrosse à la dernière mode de France, l'une et l'autre demandèrent à l'utiliser pour la traditionnelle parade du 1er mai à Hyde Park : « Le Roi fut fort embarrassé car chacune y voulait être la première. La Castlemaine était grosse et menaçait d'accoucher avant terme si sa rivale avait la préférence. Mademoiselle Stuart protesta qu'on ne la mettrait jamais en état d'accoucher si on la refusait. Cette menace l'emporta sur l'autre et les fureurs de la Castlemaine furent telles qu'elle en pensa tenir sa parole ; et l'on tient que ce triomphe coûta quelque peu d'innocence à sa rivale... »

L'exposition de 1851 – Organisée sous le patronage du prince consort Albert, la première Exposition universelle déroula, durant six mois, ses fastes à Hyde Park, dont le mur d'enceinte était remplacé depuis peu par des grilles.

La reine Victoria l'inaugura le 1er mai 1851. « Le plus grand jour de notre histoire, le spectacle le plus beau, le plus imposant et le plus touchant qu'on ait jamais vu, et le triomphe de mon Albert bien-aimé », écrira-t-elle.

Pour la circonstance avait été élevé, entre Rotten Row et Kensington Road, un extraordinaire bâtiment de fer et de verre, que le vieux duc de Wellington, âgé de 82 ans, venait admirer, presque tous les jours, tant cet échafaudage de poutrelles et de vitres lui paraissait vertigineux. L'auteur en était **Joseph Paxton** (1801-1865), jardinier du duc de Devonshire, dont le projet avait été choisi parmi 244 autres, et notamment celui, pourtant audacieux, du Français Hector Horeau, qui avait réuni le plus de suffrages. L'édifice avait l'aspect d'une immense serre dont le plan, à nefs et transept, rappelait celui d'une cathédrale. Baptisé **Crystal Palace** par l'hebdomadaire *Punch*, il avait été entièrement construit à partir d'éléments préfabriqués, faisant de lui le prototype du bâtiment moderne.

Intérieurement sans décor mais lumineux et peint de couleurs vives, il couvrait une surface d'environ 7 ha ; sa longueur atteignait 550 m, sa largeur 125 m, sa hauteur au transept 53 m ; la portée de la nef était de 22 m, et le poids de l'armature de fer de 4 000 t. Trois grands ormes du parc avaient été englobés dans la construction, auxquels se joignirent quelques palmiers ; ces ormes avaient posé un problème en raison des moineaux qui nichaient dans leurs branches et laissaient des traces de leur présence, problème résolu par Wellington qui suggéra d'utiliser des éperviers pour les éliminer.

« L'Exposition des Produits Manufacturés de toutes les Nations » attira plus de 6 millions de visiteurs dont beaucoup couchèrent dans le parc à la belle étoile. La

Crystal Palace en 1851

157

reine Victoria la visita trente fois, allant du stand des machines avec ses gigantesques locomotives à huit essieux jusqu'à la fontaine d'opaline fonctionnant à l'eau de Cologne Jean-Marie Farina.

À la fin de l'exposition, le Crystal Palace fut démonté et transporté à Sydenham (Sud de Londres) où il fut transformé en musée des Sciences et des Arts puis en salle de concerts *(voir à Dulwich)*. Un incendie le détruisit en 1936.

HYDE PARK

Au 17e s., Pitt le Vieux disait avec justesse que l'ancien parc aux cerfs était le « poumon de Londres ». Aujourd'hui encore, ce grand parc est un lieu de détente et de liberté de parole, de rassemblement pour les défilés militaires et les salves royales et, depuis 1800, un cimetière pour chiens (Lancaster Gate). Chaque jour, les Londoniens affluent pour promener leur chien, courir, monter à cheval, ramer, nager (même s'il faut briser la glace le matin de Noël), patiner, jouer avec des bateaux télécommandés, nourrir les pigeons, etc.

Marble Arch – Cet arc de triomphe en marbre blanc fut conçu par John Nash en 1827, d'après l'arc de Constantin à Rome, pour commémorer la fin des guerres napoléoniennes. Il servit d'entrée monumentale au palais de Buckingham jusqu'à son transfert en 1850 à son emplacement actuel dans l'angle Nord-Est. Il comporte trois élégantes portes de bronze, des bas-reliefs par E. H. Baily et Westmacott.

À côté de Marble Arch coulait jadis une petite rivière, la Tyburn, désormais recouverte, sur les bords de laquelle eurent lieu les pendaisons jusqu'en 1783. Une pierre marque l'emplacement de l'orme qui servait de potence.

Speakers' Corner – Les samedis, dimanches et jours fériés, quand le temps le permet, les orateurs de plein vent viennent installer leur estrade ou leur escabelle à l'angle Nord-Est du parc, non loin de Marble Arch, à l'endroit où se trouvait jadis un arbre nommé l'arbre des Réformateurs (Reformers Tree). C'est un spectacle original que d'écouter prédications religieuses, déclamations morales, apostrophes politiques ou révolutionnaires dispensées abondamment par des tribuns au milieu d'un parterre de « cockneys »… parfois contestataires. Selon une tradition vieille de plus d'un siècle, les orateurs peuvent aborder tous les sujets qui ne sont pas contraires aux bonnes mœurs.

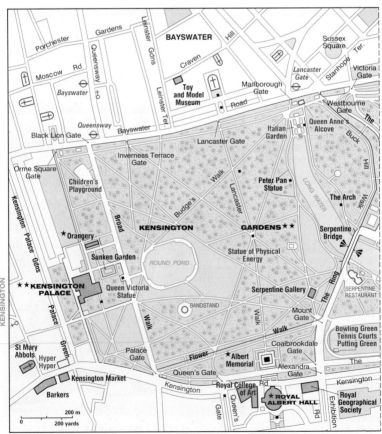

Queen Elizabeth Gate – En bas de Park Lane se dresse la porte érigée en 1993 pour célébrer le 93ᵉ anniversaire de la reine-mère Elizabeth. Les deux rangées de portes, conçues par Giuseppe Lund, viennent encadrer le lion et la licorne, sculptés par David Wynne.

À l'intérieur du parc se trouve une colossale statue d'Achille, dédiée à Wellington et fondue avec le bronze de canons pris aux Français. Cette œuvre de Westmacott, inspirée d'une statue de la Rome antique, embarrassa, en raison de sa nudité, le comité de dames anglaises qui l'avait commandée. En face, une statue du poète Byron médite sur un rocher.

Hyde Park Corner – L'entrée principale de Hyde Park, au Sud-Est, fut modifiée en 1825-1828 par la construction d'un portique à trois arches décoré de bas-reliefs, et d'un arc de triomphe, surmonté d'une colossale statue équestre du duc de Wellington, érigée par Decimus Burton dans le but de marquer la route royale menant de Kensington Palace à Hyde Park. En 1883, l'arc de triomphe fut déplacé sur son site actuel et la statue équestre transférée à Aldershot ; un quadrige la remplaça en 1912. L'actuel Wellington Monument se dresse devant l'entrée d'Apsley House *(voir Piccadilly)* ; cette statue, fondue par Boehm (1834-1890) avec le bronze d'armes saisies, représente le duc sur son cheval Copenhagen encadré par un grenadier, un highlander, un fusilier gallois et un dragon du régiment d'Inniskiling. Tournant le dos à Park Lane s'élève une statue sculptée par Derwent Wood en 1925 : *David s'appuyant sur l'épée de Goliath.* En face du Lanesborough Hotel *(voir Knightsbridge – Belgravia)* se trouvent les mémoriaux du corps de mitrailleurs (Machine Gun Corps) et de l'artillerie (Royal Artillery War Memorial).

Sur le côté Sud de Carriage Road, les **casernes** (Hyde Park Barracks) de briques rouge foncé édifiées en 1970-1971 par Basil Spence abritent la Garde à cheval et ses écuries. Les Horse Guards les quittent à cheval pour leur quartier général de Whitehall *(voir à ce nom)* quand la reine revient à Londres.

Au centre du parc se dresse l'**Hudson Bird Sanctuary**, mémorial élevé en l'honneur du naturaliste Hudson et signalé par une sculpture (1925) de Jacob Epstein représentant *Rima*, l'Esprit de la Nature. Le **Serpentine Bridge** (1826-1828) conçu par John Rennie délimite la Serpentine et Long Water et relie Hyde Park à Kensington Gardens.

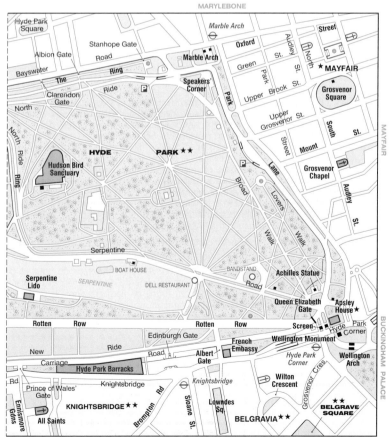

Canotage sur la Serpentine

KENSINGTON GARDENS

Ces jardins, aménagés à l'origine sur 8 ha sous la reine Marie II, ont été agrandis par la reine Anne et la reine Caroline, épouse de George II, avec l'aide du jardinier royal Henry Wise et de son successeur en 1728 Charles Bridgman, jusqu'à couvrir plus de 110 ha.

Le parc fut transformé par la construction d'un bassin octogonal, le **Round Pond**, en face des appartements d'État du palais de Kensington. Cette pièce d'eau constitua dès lors le point central du parc, d'où rayonnaient des avenues plantées de fleurs et d'arbres, rejoignant la New River (aujourd'hui Serpentine) et la Long Water jusqu'au Jardin italien (Italian Garden) et le pavillon de la reine Anne (Queen Anne's Alcove). De la même époque datent la **Grande Allée** (Broad Walk), récemment replantée, et l'**Orangerie★**, élégant bâtiment dessiné par Hawksmoor en 1705. À l'époque édouardienne fut ajouté le **jardin creux** (Sunken Garden) où des tilleuls entourent un long bassin couvert de nénuphars et entouré de beaux parterres, ainsi que la statue de *Peter Pan* (1912) à l'Ouest, l'**Arche** sculptée par Henry Moore en 1979 (retirée en 1996 pour restauration) au bord de Long Water, et l'**Allée Fleurie** (Flower Walk) qui conduit au Sud à l'Albert Memorial.

Serpentine Gallery ⊘ – Ce petit pavillon ombragé accueille des expositions d'art moderne. *Consulter la presse pour plus d'informations.*

★**Albert Memorial** – *En cours de restauration.* Symbole évocateur du goût et de l'esprit victoriens, ce mémorial surélevé sur un socle de 4 vastes degrés de granit fut élaboré par l'architecte Gilbert Scott en forme de flèche néo-gothique enrichie de mosaïques et culminant à 53 m. Une statue du prince consort Albert, en bronze doré, trône au centre, cantonnée de figures allégoriques des continents et d'une frise ornée de 169 effigies d'artistes.

★★KENSINGTON PALACE ⊘

Principale résidence royale au 18ᵉ s., le **palais de Kensington**, bâti en briques, conserve un certain charme campagnard. Il est encore propriété de la couronne.

De Guillaume III à Victoria – En 1689, après l'incendie de Whitehall, Guillaume III acquit un manoir élevé ici au début du 17ᵉ s. par le duc de Nottingham. Son site aéré et éloigné de la Tamise avait séduit le roi, asthmatique, qui ne supportait pas les brouillards du fleuve. Avec la reine Marie, il chargea donc Wren d'agrandir et aménager les bâtiments existants pour en faire un palais, à vrai dire assez modeste, puisqu'on le nomma seulement Kensington House : la tour-campanile à l'Ouest, qui servait alors d'entrée, et la façade principale au Sud sont dues au grand architecte.

Les successeurs de Guillaume, la reine Anne, George Ier et George II se plurent dans ce cadre champêtre, et ce dernier demanda à Kent de rénover le décor d'une partie des appartements. Puis après la mort de George II (1760) et l'installation de George III à Buckingham, Kensington devint la résidence des princes. C'est ainsi que le 9e enfant de George et de Charlotte, Auguste, duc de Sussex (1773-1843), s'y retira, le cœur brisé, après l'annulation, en 1794, de son mariage avec Augusta Murray. Il s'y cloîtra, élevant ses oiseaux et surveillant ses innombrables pendules qui, toutes, devaient sonner à la même heure et entonner, ensemble, marches militaires ou hymnes nationaux.

Le 5e enfant de George III, Édouard de Kent (1767-1829), vécut aussi à Kensington où naquit, en 1819, sa fille **Victoria** qui y passa son austère jeunesse.

State Apartments – L'entrée des **Grands Appartements**, ouverts dès 1899, se fait par l'escalier de la Reine (Queen's Staircase), conçu par Wren en 1691.

Queen's Apartments – On visite la galerie, le boudoir, la salle à manger, le salon et la chambre. Dans la **galerie** longue de 25 m, remarquer la corniche de **William Emmett** et les beaux miroirs encadrés de sculptures dorées par G. Gibbons, en 1691. Des portraits ornent les pièces : *Pierre le Grand* en armure par Kneller, peint à l'occasion de la visite du tsar à Londres en 1698 ; *Guillaume III* et la *Reine Marie* par Wissing ; *Anne Hyde*, première épouse de Jacques II et mère des reines Marie II et Anne par Lely, et dans le boudoir adjacent, théâtre de l'ultime querelle en 1710 de « Mrs Freeman » et de « Mrs Morley », la *Reine Anne* et *Guillaume, duc de Gloucester*, par Kneller ; dans la salle à manger, *Katherine Elliott*, nourrice de Jacques II ; dans le salon, la *Reine Anne* de profil et le Premier Jardinier de la reine, *Henry Wise*, par Kneller. Le mobilier comprend un cabinet en acajou du 18e s., un précieux cabinet marqueté de la fin du 17e s., de la porcelaine orientale (17e et 18e s.), un superbe baromètre de Thomas Tomion (vers 1695 ; le roi Guillaume III était sensible aux variations atmosphériques), et, dans la chambre, le lit d'apparat de Jacques II et un précieux cabinet marqueté de style Boulle (milieu du 17e s.).

King's Apartments – Ici commencent les salons décorés par Kent à partir de 1722. La **salle du Conseil privé** (Privy Chamber), au plafond à sujet allégorique (le roi et la reine en Mars et Minerve), donne sur la **cour de l'Horloge** (Clock Court) et sa tour à carillon. 4 tapisseries de Mortlake représentent les Saisons. L'**antichambre** (Presence Chamber) possède un plafond blanc à décor rouge et bleu dessiné par Kent en 1724 dans le style pompéien ; le dessus de cheminée du 17e s. est probablement de Gibbons.

Le **Grand Escalier** (King's Grand Staircase), semblable à celui de la Reine lors de sa construction par Wren en 1689, fut modifié une première fois en 1693 lorsque Tijou ajouta une rampe en fer forgé puis en 1696, lorsque Kent couvrit les murs et le plafond de peintures en trompe-l'œil (coupole et galerie de courtisans avec un jeune page en dehors de la balustrade).

Palais de Kensington

Longue de 29 m, la **galerie** (King's Gallery) devait accueillir les plus grands tableaux de la collection royale. Aussi la décoration sculptée fut-elle réduite à la mise en place d'une simple corniche. Le plafond (1725) relate les aventures d'Ulysse, les grisailles délicates sont dues à Francis de Valentia (1726). Au-dessus de la cheminée, un cadran (1624) relié à une girouette sur le toit donne l'orientation des vents; de part et d'autre, deux compositions s'équilibrent, *Jupiter et Antiope* par Rubens (1614) et *Une chasse au sanglier* par Snyders (1653).

Les **appartements de la reine Victoria**, de caractère plus intime, furent destinés à la duchesse de Kent et à sa fille, Victoria, en 1834. La chambre est celle où la princesse apprit à l'âge de 16 ans son accession au trône. Le salon, rénové, est fleuri de papiers peints assortis aux tentures et a conservé son ambiance victorienne (piano Erard du prince Albert). La **Chambre du conseil** (King's Council Chamber), à l'extrémité de la façade Est, abrite des souvenirs d'expositions diverses, notamment un trône indien en ivoire et le célèbre tableau de la foule se ruant à l'inauguration de Crystal Palace. Le **salon** (King's Drawing Room), dont les trois fenêtres donnent sur le parc et la pièce d'eau, est orné d'un plafond baroque, seul témoin de la décoration d'origine par Kent en 1723. Une horloge musicale (1730), appelée « Le Temple des Quatre », évoque quatre grands personnages de l'Antiquité (Alexandre, Cyrus, Ninos, Auguste).

La **salle de la Coupole** (Cupola Room) est richement ornée à l'Antique avec un plafond en trompe-l'œil simulant une coupole à caissons bleu et or. C'est ici que Victoria fut baptisée en 1819. On visite également le Salon Rouge, où la reine Victoria tint son premier conseil privé en 1837, et la pièce où elle aurait vu le jour.

Kensington Palace Gardens and Palace Green – Cette somptueuse voie privée, gardée à chaque extrémité, est bordée d'opulentes demeures victoriennes, converties en ambassades (la plus remarquable étant celle de Tchécoslovaquie, au n° 25) ou en résidences d'ambassadeurs. Les maisons furent construites au milieu du 19e s. après que les cuisines du palais eurent été vendues pour édifier le lotissement. L'écrivain W. M. Thackeray est mort en 1863 au n° 2 (ambassade d'Israël) dont il avait conçu les plans. La rue fut longtemps surnommée « Millionaires' Row » (le rayon des millionnaires).

Au Nord-Ouest, **Notting Hill Gate** est un secteur résidentiel « chic » dont les jardins privés sont séparés de Bayswater Road par des grilles où les artistes exposent leurs œuvres chaque dimanche *(voir Bayswater)*.

★**Portobello Road** – Cette rue sinueuse, autrefois simple chemin à travers champs depuis le péage de Notting Hill, s'anime le samedi, jour du marché aux puces, avec l'arrivée d'une foule en quête de souvenirs victoriens, argenterie, porcelaine, timbres et autres objets *(voir Carnet d'adresses – Shopping)*.

Mrs Freeman et Mrs Morley

C'est sous ces noms d'emprunt que la reine **Anne** et la duchesse de Marlborough signaient les lettres intimes qu'elles s'adressaient chaque jour.

Sarah Jennings (1660-1744) était une amie d'enfance de la reine avec qui on l'avait élevée. Jolie quoique de petite taille, elle tirait son charme de son opulente chevelure. Pauvre et asservie à des activités subalternes, elle s'était forgé un caractère impérieux et implacable qu'elle n'avait manifesté qu'une fois venue la fortune. Réunis par l'ambition, la cupidité et le goût de la domination, elle avait éveillé la passion d'un gentilhomme sans fortune, **John Churchill** (1650-1722), qui l'avait épousée par amour et non par intérêt alors qu'un avenir brillant se silhouettait pour lui. Si les capacités militaires de l'époux ne furent pas étrangères à l'ascension du couple, celle-ci passa cependant par les trahisons comme leur immense fortune par la pratique éhontée des pots-de-vin, des pensions et des détournements. Quand Anne monta sur le trône, John fut **duc de Marlborough** et Sarah surintendante de la maison royale et maîtresse de la garde-robe. Elle dominait outrageusement la reine, qu'elle punissait à l'occasion et dont elle connaissait tous les secrets, à commencer par son goût pour la boisson. Car Anne buvait comme un matelot : « Sa couronne, qu'elle ne jeta jamais par-dessus les moulins, lui penchait parfois sur l'oreille. »

La politique et l'intrigue s'en mêlèrent. Sarah était tout acquise aux whigs, qui manipulaient ainsi la reine, laquelle appliquait une politique qu'elle regrettait. Elle introduisit auprès d'Anne une lointaine cousine qui sut à son tour gagner la confiance de la reine mais s'aboucha avec les tories. De conciliabules en lettres politiques d'une part et d'humiliations en lassitude d'autre part, la reine se résolut à écarter les Marlborough, sans que la duchesse n'ait tenté en partant d'emporter les miroirs du palais...

L'EUROPE en une seule feuille : carte Michelin n° 970.

KENSINGTON★★

Plan p. 6, **ABXY**
⊖ High Street Kensington ; South Kensington

Village seigneurial pendant des siècles avec de vastes demeures perdues en plein champ, Kensington vit sa population croître lentement après le morcellement des domaines.

Les résidences les plus notoires furent Nottingham House, futur Kensington Palace, Holland Park House, et, sur le site de Albert Hall, Gore House, qui fut de 1836 à 1848 le domicile de l'éblouissante Lady Blessington, célèbre pour son salon littéraire où se pressaient les personnalités les plus diverses : Wellington, Thackeray, Dickens, Louis Napoléon en exil...

Kensington High Street – Riche en boutiques et grands magasins, la rue incite à la flânerie devant les vitrines des jeunes créateurs de mode, dans ses galeries commerciales ou dans les galeries tortueuses de **Kensington Market**, qui regorgent de modèles exotiques ou « dans le vent. » À côté, Barkers, à l'angle de Young Street, propose ses 7 étages de produits.

> **Scarsdale Arms** – *23A Edwardes Square.* Pub victorien datant de 1837 avec jardin.
>
> **Marquis of Lonsdale** – *281 Westbourne Grove.* Jardin.

Au bout de Young Street, **Kensington Square**, l'une des plus anciennes places de Londres, présente des maisons aussi variées que la population qui y vécut : Hortense Mancini, duchesse de Mazarin, de 1692 à 1698, et Talleyrand de 1792 à 1794 aux n°s 11-12 ; le « Diable boiteux » y tuait le temps en corrigeant les épreuves d'un roman de Mme de Flahaut... et en pêchant à la ligne dans la Tamise ! Au n° 99 (magasin BhS), **Roof Garden** ⊘ *(entrée par Derry Street)* est un jardin suspendu conçu dans les années 30 ; la fontaine est alimentée par un puits artésien.

Kensington Church Street – S'embranchant sur Kensington High Street à hauteur de **St Mary Abbots**, église reconstruite en 1872 et qui abrite le tombeau d'Elizabeth Johnston, exécuté par John Soane en 1784 d'après le sarcophage ovale de Cecilia

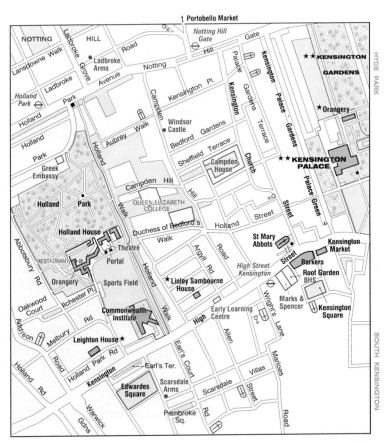

Metella, la rue gravit la colline entre deux rangées d'antiquaires où sont mêlés des boutiques de mode, une pâtisserie française, des libraires. Sur la gauche se détachent des rues parfois bordées de maisons du 18e s., comme Holland Street et Bedford Gardens.

★Linley Sambourne House ⊘ – *18 Stafford Terrace.* Edward Linley Sambourne, l'un des principaux dessinateurs du journal satirique *Punch*, s'installa dans cette maison victorienne en 1874. La décoration intérieure, presque inchangée, est due à William Morris *(voir index)* ; le mobilier inventorié en 1877 est toujours en place.
Dans la cage d'escalier se succèdent les caricatures de Sambourne et de ses contemporains. Dans les pièces surchargées, chaque centimètre carré de mur est couvert d'illustrations. L'éventail exposé dans la chambre à coucher principale porte les signatures de Millais, Frith, Alma-Tadema et Watts. La chambre à coucher de derrière est un exemple type des garçonnières édouardiennes. Les vitraux furent dessinés par Sambourne lui-même.
Noter les jardinières formant des serres miniatures, l'aquarium sur le palier, les ventilateurs intégrés dans les rosaces du plafond, les poignées de sonnette et les porte-voix à sifflets.

★Commonwealth Institute – *Kensington High Street. En cours de réaménagement.* Ouvert en 1893 par la reine Victoria, il a été réinstallé en 1962 dans un bâtiment moderne, ingénieusement aménagé. Dans les salles d'exposition, des œuvres d'art, des présentations audiovisuelles et des dioramas évoquent les paysages, les ressources naturelles et la vie des habitants des 50 pays du Commonwealth britannique.

Holland Park ⊘ – À la périphérie de Londres, Kensington possède avec Holland Park un précieux espace vert ayant fait partie, jusqu'en 1952, d'un domaine privé, Holland House, longtemps propriété de la célèbre famille Fox, dont les fils aînés portaient le titre de Lord Holland.

De grands amis de la France – Joufflu et amène, **Charles James Fox** (1719-1806) est un parangon de charme et d'intelligence au sein de la société whig qui donnait le ton à l'époque georgienne. Comme son ancêtre Charles II, il joignait à ses qualités naturelles des vices qui l'empêchèrent de jouer un rôle capital dans les affaires. Orateur de classe et fin lettré, ami dévoué, il se montre malheureusement libertin, buveur et fait des dettes au jeu.
Chef du parti whig, Fox préconise une politique libérale, négociant la paix avec les insurgés américains, luttant pour l'abolition de l'esclavage et se montrant fervent partisan de bonnes relations avec la France, révolutionnaire ou impériale.
Neveu de Charles James, **Henry Fox**, 3e baron Holland (1773-1840), lui aussi de tendances libérales, tint à Holland House un cénacle où se réunissaient députés whigs, écrivains et artistes.

La résidence – Édifiée au début du 17e s., endommagée par les bombardements, il ne subsiste d'ancien que l'aile orientale du manoir datant de Sir Henry Rich, fait comte Holland en 1624, propriétaire sous le règne de Charles Ier et exécuté en 1649 pendant la guerre civile. Ce bâtiment abrite une auberge de jeunesse. En été, la première cour sert de cadre à des concerts et des ballets.
Près du manoir, d'autres éléments architecturaux ont survécu : les arcades de la cour, les écuries abritant aujourd'hui un restaurant, l'orangerie et la glacière, et un portail exécuté par Nicolas Stone (1629) d'après Inigo Jones. Le parc a été reboisé, les jardins replantés, où se promènent des paons.

★Leighton House ⊘ – *12 Holland Park Road.* Cette maison construite en 1866 par l'orientaliste **Lord Leighton** (1830-1896), peintre victorien, président de l'Académie Royale et fervent défenseur de la

Leighton House : Arab Hall

beauté éclectique, reflète à merveille le style victorien dans son ameublement et ses aménagements. Les pièces d'habitation à l'étage contrastent avec les salles de divertissement du rez-de-chaussée. Les murs de l'**Arab Hall** sont ornés de carreaux des 13ᵉ, 16ᵉ et 17ᵉ s. provenant de voyages à Rhodes, à Damas et au Caire, présentant pour certains des motifs floraux, pour d'autres des inscriptions du Coran sous une frise d'animaux fabuleux, d'oiseaux mythologiques et de fleurs stylisées élaborées par **William de Morgan** *(voir Battersea – De Morgan Foundation)*. Sur un pavement de mosaïques se dresse une fontaine au bouillonnement cristallin, inspirée des voyages entrepris par Leighton et son ami haut en couleur, Sir Richard Burton, traducteur entre autres du Kama-Sutra. Le rouge de la salle à manger tranche particulièrement bien au début du printemps lorsque son intérieur contraste avec le vert tendre du gazon et le bleu des campanules.

Les pièces à l'étage renferment des toiles de Leighton, Burne-Jones, Millais et autres artistes du 19ᵉ s.

Edwardes Square – Nichée derrière le cinéma Odeon et l'alignement de vastes demeures de Earl's Terrace (1800-1810) s'étend cette élégante place, bordée à l'Est et à l'Ouest de maisons plus modestes à 2 étages (1811-1820) ornées de balcons et de jardins. Voisine, **Pembroke Square** est bordée sur trois côtés de demeures georgiennes avec balcons en ferronnerie.

KNIGHTSBRIDGE – BELGRAVIA★★

Plan p. 7, **CDY**
⊖ Knightsbridge, South Kensington

Né d'un village établi près d'un pont sur la Westbourne (actuellement Albert Gate), **Knightsbridge** était connu pour ses auberges, ses maisons de campagne et ses jardins d'agrément fréquentés par Pepys et ses amis. Au 18ᵉ s., miss Pitt, sœur du premier Pitt (Lord Chatham), y avait fait tracer un joli parc dont s'inspirèrent, en France, les concepteurs des nouveaux jardins anglais, et **Beaumarchais** s'y était fait construire, en 1785, sur Sloane Street un pied-à-terre pour ses fréquents séjours londoniens.

En 1813, **Benjamin Harvey** y ouvrit un magasin de nouveautés (Harvey Nichols) et **Henry Harrod** en 1849 une petite épicerie. Le quartier, habité aujourd'hui par de nombreuses personnalités du monde du spectacle, est celui où la clientèle élégante et aisée de Belgravia et de Chelsea fait ses achats.

The Bunch of Grapes – *207 Brompton Road.* Ambiance victorienne, porto et sherry tirés directement au tonneau.

Tatersalls Tavern – *Knightsbridge Green.* Souvenirs et objets liés à l'équitation.

The Grenadier – *18 Wilton Row.* Servait autrefois de mess aux officiers du duc de Wellington, qui l'aurait fréquenté lui-même.

Duke of Wellington – *63 Eaton Terrace.* Décor « Vieille Angleterre » : boiseries, portraits de Wellington (encore !) et de militaires.

Brompton Road – Le triangle délimité par Kensington Road et Brompton Road constitue un quartier résidentiel typiquement georgien, organisé autour de trois places : **Trevor Square** (1818), **Brompton Square** (1826) et **Montpelier Square★** (1837). Les demeures aux rez-de-chaussée de stuc et aux étages supérieurs de briques sont ornées de fenêtres et de portes élancées et de magnifiques balcons. Entre ces places s'insèrent un entrelacs de ruelles, des écuries et des clôtures fermant les jardinets fleuris bordées de cottages aux couleurs délavées (Rutland Street). Bien qu'aménagée peu de temps après les places, **Ennismore Gardens** présente déjà un style victorien, ses maisons de stucs possédant des porches à piliers rectangulaires. L'église **All Saints**, bâtie en style Early English, est aujourd'hui consacrée au culte orthodoxe russe.

Oratory of St Philip Neri – C'est le cardinal Newman (1801-1890), converti au catholicisme en 1845, qui introduisit en Angleterre la congrégation de l'Oratoire fondée à Rome par saint Philippe Néri en 1575. L'Oratoire de Londres, plus connu sous le nom de **Brompton Oratory**, conçu par Herbert Gribble dans un style baroque italien (1881-1884), offre une large façade (1890) à péristyle. Un dôme érigé en 1896 coiffe le transept.

L'intérieur est imposant avec de riches revêtements de marbres polychromes. Douze statues baroques grandeur nature, sculptées par l'Italien Mazzuoli (1644-1725), disciple du Bernin, et destinées à l'origine à décorer la cathédrale de Sienne, représentent les apôtres. À droite du chœur éclairé par une petite coupole, la vaste chapelle St Wilfrid, finement décorée de rinceaux dor, possède un autel baroque flamand du 18ᵉ s. Dans l'avant-cour, on voit un monument de Chavalliaud représentant le cardinal Newman en prêche.

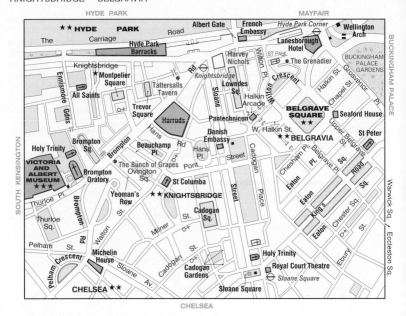

Holy Trinity Church – L'église de la Sainte Trinité, construite en 1827 et pourvue d'un chœur en 1879, est entourée d'un jardin très agréable.

Harrods – Grand magasin le plus élégant de Londres, Harrods peut fournir nimporte quoi, «même un éléphant». Sa création remonte à 1849, mais l'immeuble actuel date seulement du début du siècle : à l'intérieur, au rez-de-chaussée, les salles consacrées à l'alimentation sont un curieux et rare exemple, avec Michelin House *(voir South Kensington)*, de décoration Art nouveau à Londres.

Sloane Street – La rue, ouverte en 1773 pour joindre Khnightsbridge à Chelsea et à la Tamise, a été reconstruite peu à peu. L'ambassade du Danemark (1976-1977) fut dessinée par Ove Arup. La partie Ouest de Sloane Street remonte à la fin du 18e s. et est connue sous le nom de **Hans Town.**

St Columba's ⊙ – *Pont Street.* L'église affectée à l'Église d'Écosse fut édifiée de 1950 à 1955 par Edward Maufe ; sa tour de pierre carrée coiffée d'un dôme vert s'élève dans l'axe de Pont Street.

À la fin du 19e s., on reconstruisit en brique rouge le quartier de **Cadogan Square** et de Cadogan Gardens, depuis lors surnommé «le Pont Street hollandais» *(voir illustration en Introduction, chapitre : L'architecture).*

★★BELGRAVIA

Une opération immobilière bien menée – Au début du 19e s., on ne voyait, à l'emplacement de Belgravia, que landes, pâtures et cultures maraîchères dépendant d'un domaine de la famille Grosvenor. Puis, en 1825, le Parlement ayant acquiescé à la demande de George IV d'établir la résidence royale à Buckingham, les terrains voisins prirent de la valeur, et les Grosvenor décidèrent de louer les leurs.

Or, parmi les adjudicataires, se trouva un architecte-entrepreneur, **Thomas Cubitt** (1788-1855), simple charpentier à ses débuts, qui venait de faire bâtir à Bloomsbury. Alléché par les profits de cette première expérience réussie, il se fit, avec un certain Seth Smith, le principal promoteur du futur district de Belgravia.

Il fallait assainir et niveler le sol, marécageux ; Cubitt acheta les déblais laissés par le creusement des docks du port de Londres *(voir Docklands)* et les fit amener par la Tamise. C'est ainsi que de vulgaires gravats de l'East End furent à l'origine du nom de l'aristocratique Belgravia.

Enfin, Thomas Cubitt traça le plan de masse, spacieux et aéré, du nouveau quartier, faisant appel à son frère cadet, Lewis, et à **George Basevi**, élève de John Soane et cousin de Disraeli, pour concevoir les maisons. En 1835, l'ensemble était à peu près terminé.

★★**Belgrave Square** – La place a conservé son aspect original avec son jardin central, ses rangées de maisons construites sur les dessins de Basevi et, aux angles, ses hôtels particuliers parmi lesquels, à l'Est, Seaford House qu'habita, de 1841 à 1870, le grand homme d'État Lord John Russell. L'oncle de la reine, le duc de Kent (mort en 1942), avait sa demeure au n° 3. Bien que l'ensemble paraisse d'une grande unité, il faut noter que colonnades et portiques sur chacun des côtés présentent un dessin différent, de même que les pavillons d'angle.

Wilton Crescent – Au Nord-Ouest de Belgrave Square, l'arc formé par Wilton Crescent est bordé de « terraces » du 17ᵉ s. L'église St-Paul, de style Perpendicular, fut bâtie en 1843 par Thomas Cundy à l'emplacement des casernes de la Garde, dont la présence est rappelée par les noms de rues ou de pubs.

Lowndes Square – Édifiée sur des terrains qui ne faisaient pas partie du domaine des Grosvenor, la place fut largement reconstruite au début du 20ᵉ s.

Pantechnicon – Dans Motcomb Street, remarquer au nº 19 le bâtiment à façade dorique conçu par Seth Smith en 1830 et restauré en 1971. En face, remarquer un entrepôt analogue et des boutiques d'antiquaires dont les façades postérieures donnent sur des arcades (Halkin Arcade) et un agréable jardin.

Belgrave Square

St Peter's – Érigée en 1827, cette église de style classique a vu se dérouler de grands mariages. Après un incendie en 1988, l'intérieur a été totalement refait et l'église consacrée à nouveau en 1991 ; très beau jeu d'orgue dont on peut voir le mécanisme.

Lanesborough Hotel – *Hyde Park Corner*. Ce bâtiment élégant construit (1827-1829) par William Wilkins, à porche central et colonnes d'angle, a abrité l'hôpital Saint-Georges jusqu'en 1980.

LAMBETH

Plan p. 8-9, **EFY**
⊖ Lambeth North

L'actuel quartier de Lambeth, sur la rive Sud de la Tamise, a pour origine un village qui se développa à l'ombre d'un manoir où, depuis le 13ᵉ s., réside l'archevêque de Canterbury, primat de l'Église anglicane. Protégé par un mur crénelé, le palais de Lambeth (Lambeth Palace) est le dernier survivant des palais seigneuriaux jadis échelonnés le long de la Tamise et disparus, pour la plupart, au siècle dernier. Il est composé d'un amalgame de constructions dont les plus anciennes remontent au 13ᵉ s. : certaines datent seulement du 19ᵉ s., mais l'ensemble n'en est pas moins attachant par la diversité des bâtiments de briques rouges, à cheminées Tudor, et les souvenirs historiques qui s'y rattachent. Il est possible d'apercevoir la tour des Lollards (1435) où, selon la tradition, étaient enfermés les hérétiques (lollards signifiant bavards), et la Grande Salle avec sa charpente à diaphragmes. Le portail, magnifique, date de 1490.

Museum of Garden History ⊘ – Fondé en 1977 par le Tradescant Trust, le **musée historique des Jardins** a été aménagé dans l'église St Mary-at-Lambeth, reconstruite en 1851 et restaurée en 1981 (tour du 14ᵉ s.). On y voit une exposition d'outils de jardinage et, dans le cimetière, la reconstitution d'un jardin du 17ᵉ s. ainsi que la tombe des jardiniers du roi Charles Iᵉʳ, John Tradescant, père et fils, qui vécurent à Lambeth au 17ᵉ s. L'amiral Bligh, celui du *Bounty*, est également inhumé ici ; il vécut au nº 100 Lambeth Road.

St Thomas's Hospital – Les bâtiments rouge et blanc apparaissent tels qu'à leur construction entre 1868 et 1871. Dans les années 70, plusieurs blocs de l'aile Est furent remplacés par des immeubles de 7 à 14 étages abritant des centres de traitement, cliniques, école médicale...
Fondé au 13ᵉ s. à Southwark par les augustins, l'hôpital fut dédié à saint Thomas Becket et par la suite affecté aux mères célibataires par décision de Dick Whittington *(voir index)*. Relevant d'un ordre religieux, il fut fermé par Henri VIII puis rouvert en 1552 par le Conseil de la Cité qui l'avait acheté ; Thomas Becket n'étant

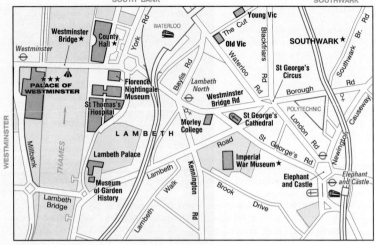

pas reconnu pour saint par l'Église anglicane, on le dédia alors à Thomas Didyme... Son histoire ensuite est celle de son déménagement pour Lambeth au 19ᵉ s., celle de la recherche médicale, de la création de l'École d'infirmières par la fondation Nightingale, celle des bombardements de septembre 1940 et juillet 1944...

Florence Nightingale Museum ☉ – *2 Lambeth Palace Road*. Ce musée retrace la vie et l'œuvre de Florence Nightingale (1820-1910), surnommée la « Dame à la lampe » (Lady of the Lamp) par les soldats britanniques qu'elle soigna durant la guerre de Crimée (1854-1856). Photographies et souvenirs, médailles, fac-similés de ses publications sur l'organisation des hôpitaux, uniforme d'infirmière (1880), etc.

Waterloo International Terminal – Hommage au grand ingénieur victorien Isambard Kingdom Brunel (1806-1859), cette nouvelle « porte de l'Europe » fut conçue par **Nicholas Grimshaw** comme un hangar simple et fonctionnel, abritant cinq nouvelles voies terminus du TGV Eurostar. Entre le rez-de-chaussée et les tunnels du métro a été intercalé un immense parc de stationnement, supportant lui-même un viaduc à deux étages le long duquel s'étendent les interminables quais. L'espace est coiffé d'une verrière dont les panneaux s'imbriquent les uns dans les autres, tels les soufflets d'un accordéon.

Westminster Bridge Road – Cette route tracée en 1750 lors de l'ouverture du premier pont de Westminster longe au Sud St Thomas's Hospital (1871). Après Christ Church, église reconstruite en 1960 (clocher de 1876), s'élève au n° 61 **Morley College,** fondé au 19ᵉ s. pour instruire des travailleurs adultes et rénové en 1958.

St George's Roman Catholic Cathedral – *Lambeth Road*. La cathédrale Saint-Georges, l'une des principales églises consacrées au culte catholique à être construite en Angleterre depuis la Réforme, fut inaugurée en 1848. Elle fut dessinée par **A. W. Pugin** (1812-1852), architecte passionné de Gothic Revival qui termina ses jours dans l'asile voisin, actuel Imperial War Museum. Détruite par les bombes lors de la dernière guerre, elle fut reconstruite par Romilly Bernard Craze et fut rouverte en 1958. Les intentions de Pugin n'ont pas été réalisées.

Intérieur – Avec la claire-voie que l'on ajouta, la nouvelle cathédrale est plus lumineuse qu'à l'origine. Des colonnes cannelées en pierre blanche supportent des arcs à lancette. Les bas-côtés sont éclairés par des baies de simple verre, les seuls vitraux ouvragés étant les joyaux aux riches rouges et bleus profonds qui se font pendants à l'Est et à l'Ouest. Seule décoration ornementée, le maître-autel au retable sculpté est couvert de dorures. Les statues de pierre sont modernes, et on peut voir quelques monuments funéraires, comme celui du cardinal Manning.

★Imperial War Museum ☉ – Le **musée de la Guerre impériale** traite sans discrimination des conflits armés auxquels la Grande-Bretagne et le Commonwealth ont participé depuis 1914, tant du point de vue militaire que civil, tant dans les rangs alliés que dans les rangs ennemis.

Histoire – Le musée consacré, selon les termes de Churchill, à l'ère de la violence fut fondé en 1917, ouvrit ses portes en 1920 dans Crystal Palace, fut transféré à South Kensington en 1924, puis dans l'actuel bâtiment en 1936. Précédemment, celui-ci était occupé par un asile d'aliénés, l'hôpital royal de Bethlem, dit aussi Bedlam (mot qui, en anglais, veut dire chahut, par extension maison de fous). Le grand corps central encadré d'ailes avait été édifié entre 1812 et 1815 ; Sydney Smirke y avait ajouté un dôme et un immense portique en 1846. L'histoire de l'institution remonte au prieuré de St Mary of Bethlehem, fondé à Bishopsgate en 1247, dissous par

Henri VIII en 1547 et remis au Conseil de la Cité qui le transforma en hôpital pour malades mentaux. En 1676, l'hôpital de Bethlem fut transféré à Moorfields avant d'occuper les bâtiments édifiés à Lambeth ; depuis 1930, il est établi à Beckenham. L'obélisque blanc, qui se dressait à l'origine à St George's Circus, rappelle Brass Crosby ; Lord-maire en 1771, il refusa de condamner un imprimeur qui avait publié des débats parlementaires et fut lui-même jeté dans le cachot de la Tour. Libéré par le peuple, il institua la publication dans la presse des interventions à la Chambre des Communes.

Salles d'exposition – Le musée ne glorifie nullement la guerre mais honore ceux qui ont servi l'Angleterre. Deux canons de marine défendent l'entrée principale. Des armes et des équipements sont présentés : véhicules de combat blindés, armes automatiques et petits calibres, maquettes, décorations, uniformes, affiches, photographies et peintures. Parmi les plus spectaculaires figurent un char Mark V, un Spitfire, la plus petite embarcation utilisée lors de l'évacuation de Dunkerque en mai 1940, le char d'infanterie Mark VIII de Churchill, le char M3A3 Grant utilisé par Montgomery durant la bataille d'El-Alamein, des films sur les tranchées et le Blitz *(10 mn)*, une simulation de vol de la RAF au-dessus de la France pour libérer des résistants en 1944... Les archives comprennent l'**acte de reddition** («le *reçu* de Montgomery », comme le nommait Churchill) des forces allemandes en Europe occidentale signé le 4 mai 1945. Les nombreux souvenirs évoquent hommes et femmes, célèbres ou inconnus, qui ont fait acte de bravoure pendant les hostilités.

La collection de peintures est riche de 10 000 œuvres ayant trait de près ou de loin à la guerre. Parmi les sujets représentés, on trouve les queues pendant le rationnement, les Londoniens dormant dans les abris du métro, les blessés... Plusieurs artistes anglais connus sont exposés, tels Augustus John, Nevinson, Paul Nash, Kennington, Moore, John Piper, Spencer, Sutherland, Topolski...

Imperial War Museum

Elephant and Castle – Le carrefour, où les routes du Sussex et du Kent se rejoignaient en direction du Pont de Londres à l'époque romaine, ne prit de nom qu'au milieu du 18e s., quand la forge du coin devint une taverne à l'enseigne de «l'Éléphant et le Château des couteliers». La construction des ponts sur la Tamise entraîna à partir du 19e s. des congestions de circulation restées célèbres. Les destructions consécutives à la guerre permirent, dans les années 50-60, de reconcevoir entièrement le quartier, qui fut reconstruit, à l'exception de l'imposante église appelée **Metropolitan Tabernacle** (1861), dont le portique à colonnes s'élève près du carrefour. En 1979, le parti travailliste (Labour Party) a transféré son quartier général de Westminster au n° 150 Walworth Road.

Pour tout ce qui fait l'objet d'un texte dans ce guide reportez-vous à l'index.

MARYLEBONE★

Entre Oxford Street et Regent's Park, le quartier de Marylebone s'étend de part et d'autre de Marylebone Lane et de Marylebone High Street; il se prolonge au-delà de Marylebone Road dans le secteur qui avoisine la gare du même nom. Il a gardé dans ses parties les plus anciennes un calme et une intimité qui en font le charme. St Marylebone, à l'origine situé en dehors de Londres, prit son nom de la première église St Mary le Bone, construite en 1400 et 1741 auprès de la rivière Tyburn qui suivait le tracé actuel de Marylebone Lane (un jardin se trouve à son emplacement). À la révocation de l'édit de Nantes, des protestants français s'y installèrent.

Baker and Oven – *10 Paddington Street*. Stalles implantées dans un agréable décor.
Henry Holland – *39 Duke Street*. Cadre georgien.
Prince Regent – *Marylebone High Street*. Atmosphère Regency.

Au début du 18e s., Edouard Harley, 2e comte d'Oxford, qui avait hérité du terrain vendu par Jacques Ier, entreprit de mettre en valeur Cavendish Square. Ainsi à la fin du siècle, St Marylebone était couvert par le plus régulier réseau de rues à Londres; chacune d'elles portait le nom d'un membre de la famille du comte ou de leurs titres ou encore de leurs propriétés. En 1756, Marylebone Road et son prolongement vers

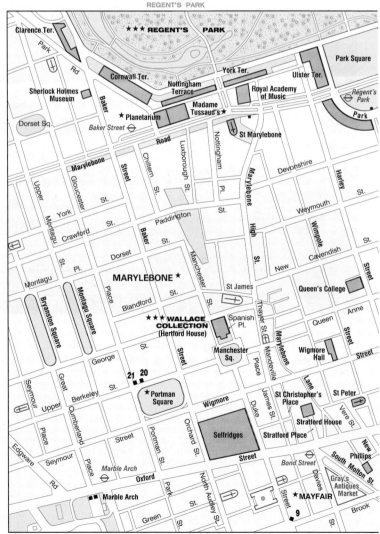

l'Est, connus alors sous le nom de New Road, furent ouverts pour relier directement la Cité à Paddington et à l'Ouest de Londres. Aujourd'hui encore, ces lieux ont conservé maintes demeures de la fin du 18e s. ou du début du 19e s., ainsi que des espaces verts qui en font un district résidentiel.

Du comte d'Artois et de quelques émigrés de sa suite – C'est un quartier neuf mais encore peu dispendieux qui accueillit, en 1799, le frère de Louis XVI en provenance du château de Holyrood à Édimbourg. Le futur Charles X s'installa Baker Street, côté Est de Portman Square, dans une maison comprenant salon, salle à manger et 5 chambres; son fils, le duc de Berry, et son cousin, le duc de Bourbon, résidaient non loin, respectivement dans George Street (n° 35) et Orchard Street. La douce amie du prince, **Mme de Polastron**, avait élu domicile dans Thayer Street.

Le gouvernement anglais allouait quelque 500 livres par mois au comte d'Artois, mais cette somme ne suffisait pas à la prodigue Altesse, qui se déplaçait dans un luxueux cabriolet... non payé. Tous les jours, le prince allait Thayer Street faire la partie de whist de la comtesse; toutes les semaines, Monseigneur tenait sa cour; de temps à autre, Son Altesse s'occupait des fondations charitables destinées aux émigrés sans ressources... Princes du sang et émigrés faisaient leurs dévotions à la **chapelle de l'Annonciation**, construite par des prêtres français sur un terrain donné par la famille Portman. Consacrée en 1799 par Monseigneur de Boisgelin, archevêque d'Aix, elle a été transformée en synagogue.

Marylebone Road – Cette route à six voies est bordée par plusieurs bâtiments dignes d'intérêt.

St Marylebone ⊘ – Achevée en 1817, cette église dessinée par Thomas Hardwick comporte une tour à trois étages terminée par des cariatides dorées supportant une coupole. Le portique corinthien à fronton fut ajouté par Nash pour améliorer l'intérêt visuel de l'église depuis Regent's Park, par rapport à l'axe que détermine York Gate. C'est ici que Robert Browning (1812-1889) épousa illicitement la poétesse Elizabeth Barrett en 1846.

Un panneau sculpté représentant des personnages des six œuvres majeures de Dickens rappelle aussi que le romancier habita une maison voisine.

Au Nord de Marylebone Road s'élève le beau bâtiment de brique rouge et de pierre (1911) de la **Royal Academy of Music**, dont le large fronton porte des figures adossées.

Manchester Square – Elle fut aménagée, la dernière des trois principales places du quartier, en 1776 par le 4e duc de Manchester qui avait acquis le terrain à la mort de la reine Anne. D'élégantes maisons georgiennes furent édifiées peu à peu vers le Sud pendant 12 ans. La demeure du duc servit ensuite de résidence à l'ambassadeur d'Espagne, qui fit construire la chapelle catholique romaine St James's non loin de là, puis à l'ambassadeur de France (Talleyrand et Guizot entre autres). En 1872, la maison fut achetée par Richard Wallace, fils naturel du marquis de Hertford, qui la rebaptisa **Hertford House** et la transforma entièrement pour accueillir ses collections (voir Wallace Collection).

St Christopher's Place – Cette ruelle piétonne est bien connue pour ses cafés et ses boutiques.

Stratford Place – Cette impasse paisible est fermée au Nord par **Stratford House** (connue aussi sous le nom de Derby House et maintenant d'Oriental Club), conçue en 1773 par R. Edwin dans le style palladien.

St Peter's ⓥ – *Vere Street.* Conçue à l'origine comme une chapelle pour les résidents de Cavendish Square, cette séduisante petite église de briques sombres (1721-1724) possède des bossages qui accentuent ses angles, une tour carrée et un beffroi ouvert.

L'intérieur étonnamment spacieux s'ouvre sur des galeries supportées par de grandes colonnes corinthiennes et un entablement massif. Dessinée par l'architecte James Gibbs, St Peter fut probablement un modèle expérimental pour St Martin-in-the-Fields *(voir Trafalgar Square)*. Collaborateur de Gibbs lors de la réalisation de *La Fontaine de Bethesda* et du *Bon Samaritain* dans le grand hall de l'hôpital Saint-Barthélemy, le peintre Hogarth plaça à St Peter la scène de mariage de *La Carrière d'un roué (voir Chancery Lane – Sir John Soane's Museum).* Les vitraux ont été dessinés par Edward Coley Burne-Jones et réalisés par William Morris & Co dans l'atelier de Queen's Square.

L'église est le siège du London Institute for Contemporary Christianity.

Wigmore Hall – Cette salle de concert, située dans la rue du même nom et réputée pour son atmosphère intimiste, accueille des récitals de musique de chambre ou de solistes.

Wimpole Street – Au n° 64 se trouve le siège de la **British Dental Association,** qui abrite une collection privée de caricatures, d'instruments et d'équipements de médecine dentaire, du 17e s. à nos jours. La poétesse Elizabeth Barrett vécut au n° 50, avant son mariage avec Robert Browning à St Marylebone en 1876; la maison fut détruite au début du siècle. Au n° 80 mourut en 1889 le romancier Wilkie Collins, précurseur du roman policier.

Cavendish Square – Tracée à partir de 1717 comme point focal au Nord d'Oxford Street, Cavendish Square, au jardin planté de majestueux platanes, conserve encore quelques constructions anciennes. Deux maisons de style palladien se trouvent sur le côté Nord (n° 11-14) et datent des années 1770; elles sont reliées par une arche due à Louis Osman (1914-1996) contre laquelle s'appuie une composition d'Epstein, *Vierge à l'Enfant* (1950). Parmi les autres maisons des 18e et 19e s., le n° 5 fut occupé en 1787 par Lord Nelson et, cent ans plus tard, par le fondateur de Regent Street Polytechnic, Quintin Hogg, mort en 1903. En 1788, Lord Byron serait né dans la maison aujourd'hui occupée par le magasin John Lewis.

Harley Street – Pratiquement chaque perron est pourvu d'une plaque de cuivre identifiant un cabinet médical. La rue est un mélange de belles demeures georgiennes et victoriennes. Florence Nightingale, fondatrice de la célèbre école d'infirmières, vécut au n° 47. Les piliers toscans du portique des n° 43 à 49 marquent l'entrée du **Queen's College,** la plus ancienne école pour filles d'Angleterre; fondée en 1848, elle forma des générations de gouvernantes.

Avant de devenir un fief des cliniques privées, Harley Street fut le domicile de nombreux personnages éminents du royaume, tels Wellington (n° 11) ou Turner (n° 64), Gladstone et Allan Ramsay.

Baker Street – *Voir à ce nom.*

MAYFAIR★

Plan p. 7, **DXY**

⊖ Bond Street ; Green Park ; Piccadilly Circus ; Oxford Circus ; Marble Arch ; Hyde Park Corner

Mayfair, le quartier le plus élégant et le plus coûteux de Londres, avec Belgravia, occupe le territoire de la paroisse St George, délimitée par Hyde Park, Oxford Street, Regent Street, Conduit Street, Bond Street et Piccadilly. C'est l'un des derniers bastions du « Tout Londres » à l'accent d'Oxford.

Au rendez-vous des célébrités – Mayfair a été urbanisé au début du 18e s. à proximité de l'endroit où se déroulait au siècle précédent la fameuse foire de Mai (May Fair), supprimée par George III en raison des débordements auxquels se livraient les participants.

À la fin du 18e s. règnent les salons, qui vont de la réunion mondaine à base de petits fours jusqu'au cercle gastronomique, comme ce Savoir-Vivre Club dont les membres, nommés « macaronis », se réunissent pour comparer différentes sortes de pâtes italiennes ! Parmi les salons mondains, le plus connu fut celui d'**Elizabeth Montagu** (1720-1800) qui, ayant perdu en 1775 un mari la laissant légataire d'une fortune considérable, put s'abandonner à ses goûts culturels. Elle fonda à Mayfair un salon littéraire qui reçut le nom de Blue Stockings' Club (Club des Bas-Bleus), et elle attira les hommes distingués de son temps, Pope, Samuel Johnson, etc. Ayant écrit une *Apologie de Shakespeare*, elle s'attira l'ire de Voltaire, contempteur du grand dramaturge dont il disait : « Ce n'est pas une merveille de trouver quelques perles dans cet énorme fumier » ; ce à quoi Elizabeth répliqua que « c'était pourtant à ce fumier que Voltaire devait son meilleur grain »... !

Au milieu du 19ᵉ s. Mayfair attirait plutôt les amateurs d'art, venus admirer les collections rassemblées dans les résidences de l'aristocratie.

Coach and Horses – *Bruton Street.* Vieille maison du 17ᵉ s.

Ye Bunch of Grapes – *16 Shepherd Market.* Décor victorien.

Grosvenor Arms – *2 Grosvenor Street.* Décor moderne très confortable.

Running Footman – *5 Charles Street.* Décor georgien.

Shepherds – *50 Hertford Street.* Décor du 18ᵉ s.

The Guinea – *Bruton Place.* Fondé avec le marché aux bestiaux en 1686.

Park Lane – Longeant Hyde Park, cette route jadis sinueuse a été transformée en une large voie express. Au Nord subsistent quelques maisons anciennes aux balcons gracieux. La plupart des résidences ont été remplacées par des grands hôtels : **Grosvenor House** (1930) s'est implanté à la place du manoir victorien du duc de Westminster ; le **Dorchester** (1930) a remplacé l'édifice du même nom datant du milieu du 19ᵉ s. ; le **London Hilton** a été construit dans les années 60 sur le site d'une ancienne « terrace » ; l'**Inn on the Park** et l'**Intercontinental** (Hamilton Place) occupent le site de la résidence du comte de Northbrook.

Grosvenor Square – Tracée à la fin du 17ᵉ s. mais construite de 1720 à 1725, cette vaste place n'a gardé que de rares échantillons de son architecture georgienne du 18ᵉ s. : au n° 9, en 1785, s'installa le premier ambassadeur américain à Londres, John Adams, plus tard président des États-Unis. Depuis lors, Grosvenor Square et ses alentours sont devenus un point d'attraction pour les citoyens américains séjournant à Londres, si bien que ce secteur est parfois désigné sous le nom de « Little America ». Au n° 20, le général Eisenhower eut son quartier général de mars à juin 1944.

Le jardin central s'étend sur 2,5 ha : l'effigie de Franklin D. Roosevelt y a remplacé une statue équestre de George Iᵉʳ ; en face, un monument aux escadrilles américaines de la Royal Air Force pendant la Seconde Guerre mondiale. Le côté Ouest du square est marqué par la masse de l'ambassade des États-Unis, bâtie en 1961 sur les plans d'Eero Saarinen, qui a essayé de concilier ici les tendances modernes avec la tradition georgienne locale.

South Audley Street – Au n° 57 de cette rue, où résidèrent Louis XVIII et le comte d'Artois au cours de la Révolution, se trouve l'armurerie Purdeys, établie depuis 1881 (écusson royal au-dessus de la porte). **Grosvenor Chapel** ⊙, de style colonial (1739), fut utilisée en 1943 comme temple protestant par les Américains. Derrière s'étend un square gazonné, aire de tranquillité qu'entourent des maisons de briques.

Churchill et Roosevelt dans Bond Street

ANGUS TAVERNER

A travers le square, la perspective s'ouvre sur l'église de l'Immaculée Conception (Church of the Immaculate Conception), église des Jésuites bâtie de 1844 à 1849 dans le style néo-gothique ; noter la peinture représentant *Saint François Xavier mourant* (chapelle à droite en entrant) et le maître-autel de Pugin.

Curzon Street – Dans cette rue commerçante comptant encore nombre de résidences du 18ᵉ s. s'éteignit Disraeli en 1881 (n° 19).

Crewe House – *15 Curzon Street*. Construite en 1730 par **Edward Shepherd** et agrandie par la suite, cette maison fut la demeure du marquis de Crewe, mort en 1945. Toujours précédée de grilles et de pelouses, cette maison est le seul exemple encore existant à Londres de ces hôtels particuliers appartenant à un gentilhomme comme on en voit habituellement dans les gravures du 18ᵉ s. Ses stucs entièrement blancs sont relevés par les courbes des fenêtres vénitiennes et la présence d'un portique carré à colonnes surmonté d'un fronton triangulaire. Presque en face, le Curzon Cinema est spécialisé dans les films étrangers.

★**Shepherd Market** – Il y règne une animation permanente grâce à la présence de petits restaurants à terrasses, de pubs, d'antiquaires et marchands de souvenirs, de boutiques d'alimentation. White Horse Street (rue du Cheval-Blanc) relie le marché à Piccadilly, et un passage voûté mène à Curzon Street.

Scotch Whisky Association – *17 Half Moon Street*. La Maison du whisky écossais, qui présentait une exposition et des dioramas expliquant la fabrication de différentes espèces de whisky à travers le monde et en particulier du « Scotch », a récemment fermé ses portes au public.

Charles Street – Nombreuses maisons du 18ᵉ s. dont certaines remaniées au cours du 19ᵉ s., telle l'English Speaking Union au n° **37**.

Berkeley Square – Le souvenir du bois de Berkeley demeure grâce aux platanes qui furent plantés en 1789. Berkeley House, construite en 1664, était tournée vers Piccadilly ; elle fut remplacée en 1733 par Devonshire House qui fut démolie au 20ᵉ s. La place elle-même fut aménagée en 1737. Le cadre architectural ancien a malheureusement à peu près disparu ; il subsiste néanmoins quelques maisons du 18ᵉ s. sur le côté Ouest avec leurs balcons en fer forgé, leurs porte-lanternes et leurs éteignoirs. La façade du n° **52** donne sur Charles Street ; le n° **50** est occupé par Maggs, une librairie spécialisée dans les ouvrages anciens et les plans ; le n° **47** fut reconstruit en 1891 ; les n°ˢ **46** et **45**, où vécut Robert Clive, gouverneur des Indes, ont des balcons à balustres au 1ᵉʳ étage.

Mount Street – Bordée vers 1880-1890 de maisons de brique, cette rue qui relie l'angle Nord-Ouest de Berkeley Square à Hyde Park offre au regard du passant de nombreuses vitrines de mobilier ancien, d'objets de verre signés Lalique, de tableaux ou de porcelaine.

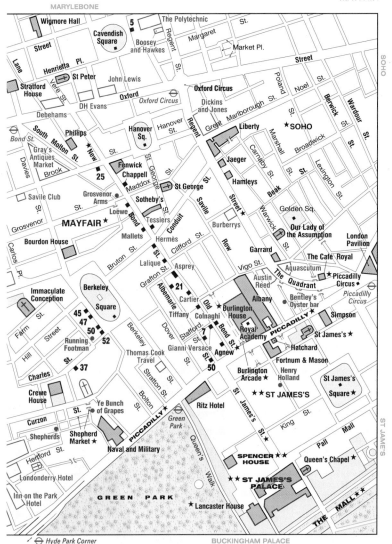

MARYLEBONE · SOHO · MAYFAIR · ST JAMES'S · Wigmore Hall · The Polytechnic · 5 · St. · Margaret · Cavendish Square · Boosey and Hawkes · Regent · Market Pl. · Street · Henrietta Pl. · St Peter · John Lewis · Oxford Circus · Poland · Noel · Street · Stratford House · Oxford · Oxford Circus · Dickins and Jones · Berwick · Wardour · St. · Debehams · DH Evans · Great Marlborough · Liberty · ★ SOHO · Broadwick · St. · Bond St. · Phillips · Hanover Sq. · Hanover St. · Regent · Jaeger · Carnaby St. · Beak · Lexington · Gray's Antiques Market · Brook · 25 · Fenwick Chappell · George · Maddox · St George · Hamleys · St. · Golden Sq. · Our Lady of the Assumption · London Pavilion · Savile Club · Grosvenor Arms · Sotheby's · Loewe · Tessiers · Conduit · Burberrys · Warwick · The Café Royal · MAYFAIR ★ · Bond · Mallets · Hermès · Garrard · Aquascutum · Piccadilly Circus · Bourdon House · Bruton · Clifford · Row · Vigo St. · The Quadrant · Piccadilly Circus · Immaculate Conception · Lalique · Asprey · Austin Reed · Bentley's Oyster bar · Berkeley · Grafton · 21 · Cartier · Albany · Simpson · 45 · Albemarle · Tiffany · Colnaghi · Burlington House · PICCADILLY · St James's ★ · 47 · Square · Old · 50 · Dover · Royal Academy · Hatchard · 52 · Running Footman · Stafford · Agnew · Fortnum & Mason · Gianni Versace · Bond · 50 · Thomas Cook Travel · Burlington Arcade ★ · Henry Holland · St James's Square · 37 · Stratton · Charles · Bolton · St James's · Crewe House · Ritz Hotel · King · Pall · Mall · Curzon · Ye Bunch of Grapes · Green Park · PICCADILLY · ★★ ST JAMES'S · Shepherds · Shepherd Market ★ · Naval and Military · Queen's · SPENCER HOUSE · Queen's Chapel · Londonderry Hotel · ★★ ST JAMES'S PALACE · Inn on the Park Hotel · GREEN PARK · Walk · ★ Lancaster House · THE MALL · ⟋ ⊖ Hyde Park Corner · BUCKINGHAM PALACE

Davies Street – Cette rue joint Berkeley Square à Oxford Street au Nord. Au n° 2 se dresse **Bourdon House**, petit manoir de 1725 abritant aujourd'hui un magasin d'antiquités (Mallett's antique dealers) ; elle se targue d'un bel intérieur du 18ᵉ s.

Gray's Antiques Market – *Voir Introduction : Shopping.*

★**Bond Street** – Sir Thomas Bond fit tracer New Bond Street en 1720. Les écrivains Sterne et Boswell, le peintre Thomas Lawrence, Nelson et Lady Hamilton y vécurent ainsi que Lord Byron et le dandy Brummel.
Encombrée de voitures (quand elle n'est pas interdite à la circulation), la rue n'a plus d'intérêt architectural. Bordée d'agences de compagnies aériennes, on y trouve aussi les boutiques élégantes : antiquités (Agnew au n° 43), couturiers (Cardin au n° 20 et Chanel au n° 26), maroquinier (Loewe), joailliers (Boucheron, Cartier, Asprey, Tiffany), cristallerie (Lalique), maroquinier (Hermès), bijoutier (Tessiers, boutique d'orfèvre à façade du 18ᵉ s.), galeries d'art **(Wildenstein** au n° 147, Partridge au n° 144), salles de vente **(Sotheby's** au n° 35, fondée en 1744, est avec Christie's et Philips' – *7 Blenheim Street* – spécialisée dans les livres, tableaux, œuvres d'art), boutiques d'antiquaires (Bond Street Antique Centre au n° 124), disques et équipement radio **(Chappell's** au n° 50), magasins de mode (Saint-Laurent Rive Gauche, Fenwick, Gianni Versace), etc.

St George's ⓥ – Construite entre 1721 et 1724, l'église avec sa tour-lanterne et son portique constitue le point de repère du quartier. À l'intérieur, décoration entièrement blanche piquetée d'or.

Hanover Square – La rue s'élargit aux abords de la place, aménagée vers 1715.

Consacrée à la peinture, la National Gallery présente, dans une ambiance à la fois sobre et raffinée, une des plus riches collections de maîtres qui soient au monde.

Les origines – La National Gallery, à l'inverse de nombreux musées européens, ne fut pas constituée à partir des collections royales mais de celle de **John Julius Angerstein** (1735-1823). À la mort de ce riche courtier maritime, ami de Sir Thomas Lawrence dont le portrait orne le vestibule principal, son fils vendit à l'État pour la somme de 57 000 £ sa collection de 38 toiles, qui comprenait notamment *Vénus et Adonis* de Titien, *Le Rapt des Sabines* de Rubens, *La Femme adultère* et *L'Adoration des bergers* de Rembrandt, 5 tableaux de Claude Lorrain, la série de Hogarth *Le Mariage à la mode* et le portrait de *Lord Heathfield* par Reynolds. Exposée dès le 10 mai 1824 dans la propre demeure de Angerstein, au 100 Pall Mall, la collection reçut 24 000 visiteurs au cours de ses 7 premiers mois d'existence.

La croissance – Après plusieurs legs, le musée dut déménager au 105 Pall Mall, tandis que William Wilkins construisait (1834-1838) un nouveau bâtiment à Trafalgar Square, à la place des anciennes Écuries royales. Destiné à constituer l'apogée architecturale de la place sans nuire à la présence de l'église St Martin-in-the-Fields, l'édifice fut conçu selon une longue enfilade de galeries étroites, de faible élévation, dont la façade, rythmée de colonnes et de pilastres, est rehaussée par un dôme central et deux tourelles au-dessus des pavillons latéraux. Pour accéder aux salles d'exposition (1er étage) depuis la rue, Wilkins imagina le grand portique central à fronton que devaient décorer des colonnes corinthiennes provenant de Carlton House, récemment détruite. Mais l'état de la pierre nécessita d'en réaliser des copies.

Le bâtiment accueillit d'abord, conjointement, la Galerie et l'Académie Royale. Mais en raison de legs successifs et d'une dotation annuelle de 10 000 £ par an permettant des achats, la place manqua vite et l'Académie déménagea pour Burlington House en 1869. Les collections augmentant régulièrement, surtout durant le directorat (1874-1894) de Sir Frederick Burton, qui fit acheter entre autres *La Vierge au Rocher* de Léonard de Vinci et le *Charles Ier* de Van Dyck, il fallut procéder à des extensions. Entre 1872 et 1876 furent construites les salles (32 à 38, 40) de l'aile orientale, entre 1884 et 1887 furent édifiées les salles prolongeant le pavillon central et remanié le hall d'entrée.

Holbein – *La Dame à l'écureuil*

Les aménagements du 20e s.

– L'extension du musée fut longtemps entravée par la présence au Nord de la caserne St-Georges, dont la destruction en 1901 permit l'agrandissement de l'aile occidentale en 1911 et de l'aile Nord en 1928 et 1975.

En 1991, après de longues controverses, fut ouverte une nouvelle aile, isolée du reste de l'édifice, l'aile Sainsbury. Conçue par l'architecte américain Robert Venturi, elle offre sur 5 niveaux des salles consacrées à l'accrochage permanent des toiles les plus anciennes ou les plus fragiles ou à des expositions temporaires, une salle de spectacles, une salle d'information, une boutique et un restaurant.

VISITE ⊘

La collection, qui comprend actuellement plus de 2 000 toiles présentées dans un ordre chronologique, inclut des œuvres des écoles italienne, flamande, allemande, hollandaise, française et espagnole, ainsi que les pièces maîtresses du 18e s. anglais. Une représentation plus large de l'école de peinture anglaise et celle de l'art du 20e s. se trouvent à la Tate Gallery.

Comment préparer la visite – Parcourir le dédale de salles d'un grand musée procure à la fois plaisir et fatigue. Si vous êtes pressé, choisissez votre période artistique favorite, localisez-la sur le plan général et visitez les galeries correspondantes. Comme les pièces de la collection changent fréquemment de salle, il est possible que les toiles de maître soient exposées ailleurs qu'indiqué ici.

Plans du musée – Disponibles gratuitement à l'entrée.

Livres – La boutique de la National Gallery vend des publications d'art générales et spécialisées, des cartes postales, diapositives et posters.

Gallery Soundtrack – Bibliothèque audio-visuelle sur CD-Rom donnant accès à des informations sur plus de 1 000 tableaux de la collection principale. Un logiciel propose également la présentation de 30 chefs-d'œuvre en plusieurs langues étrangères.

Micro Gallery – Base de données informatique contenant des informations sur chaque tableau de la collection. 12 bornes permettent d'accéder gratuitement à cette encyclopédie multimédias.

Grandes expositions – Les expositions temporaires organisées au sous-sol de l'aile Sainsbury nécessitent parfois une réservation. L'heure d'entrée figure sur le billet réservé.

Remarque importante – La National Gallery est ouverte jusqu'à 20 h le mercredi. ☎ 0171 747 2885.

Aile Sainsbury : peinture de 1260 à 1510

SALLES	ÉCOLE	ARTISTES (et quelques titres)
51-55	**italienne**	Giotto *(Pentecôte)* ; Léonard de Vinci *(La Vierge et l'Enfant avec sainte Anne et saint Jean-Baptiste,* carton, *La Vierge au Rocher)* ; Duccio ; le diptyque de Wilton (pourrait être anglais ou français) ; Masaccio *(La Vierge et l'Enfant)* ; Sassetta *(Histoire de saint François)* ; Uccello *(La Bataille de San Romano)* ; Pisanello *(Vision de saint Eustache).*
56	**flamande**	Robert Campin, que l'on identifie au Maître de Flémalle *(Madone au pare-feu)* ; Van Eyck *(Les Époux Arnolfini)* ; Van der Weyden.
57-61	**italienne**	Crivelli *(L'Annonciation avec saint Émigde)* ; Tura ; Botti-celli *(Portrait d'un jeune homme, Vénus et Mars, Nativité mystique)* ; Pollaiuolo *(Le Martyre de saint Sébastien)* ; Piero di Cosimo ; le Pérugin ; Raphaël *(Jules II)* ; Mantegna*(Prière au jardin)* ; Giovanni Bellini *(La Vierge du Pré).*
62	**flamande**	Gérard David ; Quentin Metsys ; Jérôme Bosch *(Le Couronnement d'épines).*
63	**allemande**	Albrecht Dürer *(Le Père du peintre).*
64-66	**flamande et italienne**	Hans Memling *(Triptyque de Donne)* ; Antonello da Messina *(Saint Jérôme dans son cabinet d'étude)* ; Giovanni Bellini*(Le Doge Leonardo Loredan)* ; Piero della Francesca *(Le Baptême du Christ, Saint Michel, La Nativité).*

Aile Ouest : peinture de 1510 à 1600

2	**italienne**	le Corrège *(Ecce Homo, La Madone au panier)* ; le Parmesan *(La Vision de saint Jérôme).*
4	**allemande**	Cranach l'Ancien *(Cupidon se plaignant à Vénus)* ; Holbein le Jeune *(Les Ambassadeurs)* ; Altdorfer.
5-6	**italienne**	Dosso Dossi ; Garofalo *(Madone au baldaquin)* ; Lotto ; Moretto ; Moroni.
7		le Tintoret *(Saint Georges et le dragon)* ; le Greco *(Les Marchands chassés du temple).*
8-11	**italienne**	Michel-Ange *(La Mise au tombeau,* inachevée*)* ; Sebastiano del Piombo *(La Résurrection de Lazare)* ; Bronzino *(Allégorie)* ; Titien *(Bacchus et Ariane, La Famille Vendramin)* ; Véronèse *(Darius et la famille d'Alexandre, Allégories d'Amour)* ; le Tintoret *(Le Christ lavant les pieds de ses disciples, Portrait de Vincenzo Morosini)* ; école vénitienne.
12	**flamande**	Jan Gossaert, dit Mabuse *(Les Vieux Époux)* ; Pieter Bruegell' Ancien *(L'Adoration des Mages).*
13		Fresques du Dominiquin *(Apollon poursuivant Daphné).*

Aile Nord : peinture du 17ᵉ s.

14	**hollandaise**	Terbrugghen (*Le Concert*); Frans Hals (*Jeune Homme tenant un crâne*).
15		Toiles accrochées selon la volonté de Turner, grand admirateur du Lorrain : Turner (*Soleil levant à travers la vapeur, La Fondation de Carthage par Didon*); Claude Lorrain (*L'Embarquement de la Reine de Saba, Le mariage d'Isaac et de Rébecca* dit *Le Moulin*).
16-18	**hollandaise**	Vermeer de Delft (*Dame debout à l'épinette*); Pieter de Hooch (*La Cour*); Dou; Frans Van Mieris; Samuel Van Hoogstraten (*Boîte magique : intérieur d'une maison-hollandaise*).
19-22	**française**	le Lorrain; Poussin (*L'Adoration du veau d'or, Céphale et Aurore*); Philippe de Champaigne (*Le Cardinal de Richelieu*); Le Nain (*L'Adoration des bergers*); Vouet; Joseph Parrocel.
23-28	**hollandaise**	Avercamp; Van Goyen; Van Ruysdael; Cuyp; Both; Hals (*Famille dans un paysage*); Rembrandt (*Le Festin de Balthazar, Saskia Van Ulenborch en costume arcadien, Jeune Fille se baignant dans un ruisseau, Auto portrait âgé*); Rubens (*Suzanne Lunden* ou *Le Chapeau de paille, Le Jugement de Pâris*).
29	**espagnole**	Vélasquez (*L'Hospitalité de Marthe et de Marie, Vénus au miroir, Philippe IV d'Espagne en brun et argent*); Murillo (*Les Deux Trinités*); Zurbaran.
30		Van Dyck (*Charles Iᵉʳ à cheval, Les Enfants Balbi*).
32	**italienne**	Annibal Carrache; le Caravage (*Garçon mordu par un lézard, Le Repas d'Emmaüs*); le Guerchin (*Anges pleurant le Christ mort*).

St Martin's Street

Street

Whitcomb

61 60 51

62 52

59

63 53

58 54

64

65 57 55

66 56

Rez-de-chaussée

Pall Mall East

AILE SAINSBURY

PEINTURES DE 1260 À 1510

ℹ Information

La tapisserie de la reine Mathilde à Bayeux (Calvados) raconte l'épopée de l'expédition punitive de Guillaume contre le roi Harold.

Aile Est : peinture de 1700 à 1920

33	**18ᵉ s. français**	Chardin (*Le Château de cartes, La Petite Maîtresse d'école*); Fragonard; Boucher (*Pan et Syrinx*); Lancret (*Les Quatre Âges de l'homme*); Greuze; Nattier (*Manon Balletti*); Watteau; Vernet.
34-36	**anglaise**	Reynolds (*Lord Heathfield, Anne, comtesse d'Albemarle*); Gainsborough (*Filles de l'artiste, Les Époux Andrews*); Turner (*Le «Téméraire» mené vers sa démolition, Pluie, vapeur et vitesse*); Constable (*La Charrette de foin*); Hogarth (*Le Contrat de mariage*); Stubbs (*Les Familles Melbourne et Milbanke*); Sir Thomas Lawrence (*La Reine Charlotte*); Allan Ramsay.
37-40	**italienne et espagnole**	Solimena; Giaquinto; Canaletto (*Venise : l'église de la Charité vue de la marbrerie de San Vitale*); Guardi; Tiepolo; Goya (*Le Duc de Wellington*).

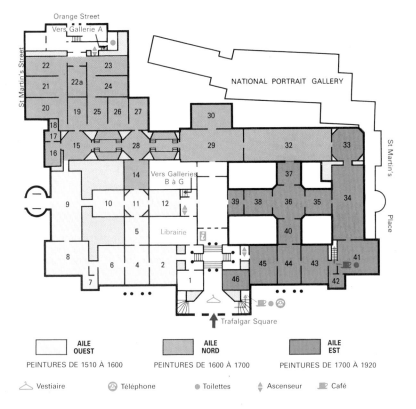

Orange Street
Vers Gallerie A

St Martin's Street

22 23
21 22a 24
20 19 25 26 27
18
17
16 15 28
14 Vers Galleries B à G
9 10 11 12
5 Librairie
8 6 4 2
7 1

NATIONAL PORTRAIT GALLERY

30
29 32 33
37
39 38 36 35 34
40
45 44 43 41
46 42

St Martin's Place

Trafalgar Square

AILE OUEST	AILE NORD	AILE EST
PEINTURES DE 1510 À 1600	PEINTURES DE 1600 À 1700	PEINTURES DE 1700 À 1920

⌐ Vestiaire   ◎ Téléphone   ● Toilettes   ⇕ Ascenseur   🖭 Café

41-46   **19ᵉ s. français :** néoclassicisme, romantisme, impressionnisme, symbolisme, etc.   David ; Ingres *(Madame Moitessier assise)* ; Delacroix *(Ovide parmi les Scythes)* ; Millet *(Le Vanneur)* ; Corot *(Vue d'Avignon, côté Ouest)* ; Géricault ; Fantin-Latour ; Puvis de Chavannes ; Daumier ; Courbet *(Les Demoiselles des bords de Seine)* ; Lépine ; Boudin ; Manet ; Pissarro *(Le Boulevard Montmartre la nuit)* ; Renoir *(Les Parapluies)* ; Monet *(La Plage de Trouville, La Tamise en aval de Westminster)* ; Degas *(Femme à sa toilette)* ; Van Gogh *(Les Tournesols)* ; Cézanne *(Les Grandes Baigneuses, La Vieille au chapelet)* ; Seurat *(Baigneurs à Asnières)* ; le Douanier Rousseau *(Orage tropical avec tigre)* ; Émile Bernard ; Braque ; Gauguin ; Redon ; Klimt ; Picasso.

NATIONAL PORTRAIT GALLERY ★★

Plan p. 7, **EV** – Schéma : TRAFALGAR SQUARE
⊖ Leicester Square

Fondé en 1856, ce **musée** ◎, installé depuis 1896 près de la National Gallery dans un édifice de la fin du 19ᵉ s. de style Renaissance italienne, abrite une extraordinaire collection de portraits de plus de 5 000 Britanniques célèbres, offrant ainsi un survol de l'histoire de la Grande-Bretagne, de Henri VII à nos jours.
Le rez-de-chaussée et le 1ᵉʳ étage sont réservés à des expositions temporaires ; la collection permanente est présentée en ordre chronologique.

Niveau 4

Henri VIII et ses prédécesseurs – Édouard IV, Richard III et Henri VII par des artistes anonymes ; **Henri VII** (1457-1509) peint quatre ans avant sa mort par le Flamand Michel Sittow. Un fragment d'une grande esquisse (1537) d'Holbein pour une peinture murale du palais de Whitehall montre un **Henri VIII** (1491-1547) dominateur et arrogant, son défunt père Henri VII, fondateur de la dynastie, à l'arrière, et trois de ses épouses : **Catherine d'Aragon**, la première, dont il divorça en 1533, **Anne Boleyn**, la seconde, décapitée en 1536, et **Catherine Parr**, la sixième, épousée en 1543. Édouard VI est peint (1546) par William Scrots (à l'extrême droite).

L'art du portrait

Art traditionnel en Angleterre, il connut son apogée au 18e s. Héritiers de Van Dyck, les maîtres incontestés sont **William Hogarth,** physionomiste féroce, **Joshua Reynolds,** à l'art aristocratique, et **Thomas Gainsborough,** observateur subtil. Cet art de la gentry anglaise et de l'éternel féminin eut pour principaux émules : George Romney, Henry Raeburn, Thomas Lawrence et John Hoppner. On est surpris par l'atmosphère toute provinciale du monde londonien des portrai-tistes, qui entretenaient entre eux une grande rivalité soutenue par d'inces-santes querelles d'admirateurs. Mais si les maîtres flamands et hollandais du 17e s. avaient eu pour souci majeur de rendre avec minutie la vie intérieure de leurs modèles, les portraitistes anglais surent leur apporter l'élégance et la grâce sans verser dans la mièvrerie.

Niveau 5 : 16e, 17e, 18e et début 19e s.

Salle 1a, b et c : les Tudors – Rowland Lockey a peint, entouré de sa famille, **Thomas More** (1489-1535), auteur et homme d'État (son ouvrage principal, *Utopia*, décrit une société conforme aux idéaux humanistes), qui fut exécuté par Henri VIII pour son opposition à l'autoproclamation du roi comme chef de l'Église anglicane. **Thomas Cranmer** (1489-1556), théologien (il est l'auteur de la Bible anglicane et d'un Livre de prières) et ardent partisan de la Réforme, fut archevêque de Canterbury sous Henri VIII et **Édouard VI.** Il périt sur le bûcher pour ne pas vouloir renier sa foi et avoir prononcé le divorce de Henri VIII et de Catherine d'Aragon, condamné par Marie Ire (1516-1558), ardente catholique qui fit exécuter 300 protestants, dont sa cousine **Jane Grey** (1537-1554), qui succéda à Édouard VI pendant neuf jours, représentée à l'âge de 10 ans vêtue d'une robe d'hiver.

Élisabeth Ire est représentée jeune après son couronnement, puis à 42 ans, enfin en 1592, le visage pâle, en costume d'apparat, les pieds sur l'Angleterre (vaste peinture de Marcus Gheeraerts. Quoique capricieuse et vaniteuse, elle fut un monarque intelligent qui vit la défaite espagnole, la conquête du Nouveau Monde, l'établissement de l'Église d'Angleterre et la floraison de la littérature. Elle fit exécuter **Marie Stuart** (1542-1587), reine d'Écosse et héritière du trône d'Angle-terre, dont le catholicisme et les complots menaçaient l'État.

Représenté avec son fils Walter, **Walter Raleigh** (1552-1618) fut un aventurier et l'un des favoris d'Élisabeth. Il participa à la répression de la révolte de l'Irlande et entreprit la colonisation de la Virginie. Disgracié sous Jacques Ier, il fut enfermé à la Tour de Londres, où il écrivit son *Histoire du Monde,* et fut exécuté après l'échec de la conquête de l'Orénoque. Une toile de 1610, attribuée à John Taylor, représente **Shakespeare** de son vivant, fait très rare. La **Conférence de Somerset House** (1604), d'une rigueur toute flamande, est une véritable galerie de portraits.

Une vitrine rassemble des **miniatures★** de Hans Eworth, Nicholas Hilliard et Isaac Oliver, regroupant autour d'**Élisabeth Ire** ses favoris, Robert Dudley (1576), Francis Drake (1581), Walter Raleigh (1585) et Robert Devereux (1596). Également d'Oliver, **Anne de Danemark,** épouse de Jacques Ier, en 1589, et son fils Henri, prince de Galles.

Salle 2 : les premiers Stuarts – Le fils de Marie Stuart, **Jacques Ier** (1566-1625), devint roi d'Écosse en 1567 puis d'Angleterre à la mort d'Élisabeth. « Le nigaud le plus prudent de la chrétienté » fut plus un homme d'étude qu'un chef. Il est peint par Daniel Mytens en 1621 et entouré de sa femme, Anne de Danemark (portrait attribué à Marcus Gheeraerts le Jeune, vers 1612) et de sa fille, **Élisabeth de Bohême,** avec son époux, Frédéric de Bohême, par Honthorst (1653).

Charles Ier (1600-1649) attira à la cour Rubens (portrait en armure de *Thomas Howard, comte d'Arundel,* en 1629) et Van Dyck (portrait de la reine, *Henriette-Marie,* fille du roi de France Henri IV et de Marie de Médicis en 1635, dans une somptueuse robe de satin vert rebrodée de perles fines).

Son adversaire, **Olivier Cromwell** (1599-1658), commença à lutter contre le roi sous les ordres du comte d'Essex. Il recruta à ses frais une troupe qui défit l'armée royale à Marston Moor (1644) puis à Naseby (1645). Après avoir fait condamner le roi, il devint Lord Protecteur de la République (Commonwealth) d'Angleterre, d'Écosse et d'Irlande. Il est représenté par Robert Walker (1649). La statue du philosophe **Francis Bacon** (1561-1626) est une copie en galvanoplastie du marbre de sa tombe.

Salle 3 : savants et intellectuels du 17e s. – Le poète **John Milton** (1608-1674) et Andrew Marvell, tous deux partisans de Cromwell, voisinent avec John Donne, Ben Jonson, Thomas Hobbes et John Evelyn.

Dans la vitrine des **miniatures,** remarquer le portrait de **Cromwell** par Samuel Cooper, qui peignait ses modèles éclairés par des chandelles pour accentuer le modelé, et ceux de **Charles Ier** par Honthorst (1628) et par Mytens (1631) et de ses enfants, **Charles II** à l'âge de 9 ans, **Jacques II** à 6 ans et **Marie,** en robe bleue, par Cornélius Johnson.

Salle 4 : la Restauration – Charles II (1630-1685), qui avait résidé en France pendant la République, malgré ses sympathies pour les catholiques et son goût pour les femmes, fut un administrateur réaliste. Il est représenté vieillissant (1680) par Thomas Hawker (noter la jeunesse des mains pour lesquelles le roi n'a pas posé). Son frère, **Jacques II** (1633-1701), représenté par Godfrey Kneller en amiral avant son accession au trône, fut incapable de rétablir la religion catholique et dut abdiquer en 1688. De Wissing (1685), **Marie de Modène**, seconde femme du roi ; autoportrait (1660) de **Peter Lely**, Hollandais qui devint peintre de la cour en 1661 ; le chroniqueur **Samuel Pepys** par John Hayls (1666) ; parmi les favorites de Charles II, la Française **Louise de Kéroualle**, peinte avec sa servante noire par Mignard (1682), l'actrice **Nell Gwynn**, toile de l'atelier de Lely.

Salle 5 : Guillaume III et Marie II, la reine Anne – Petit-fils de Charles Ier, Guillaume III d'Orange (1650-1702), peint par Lely, avait épousé sa cousine Marie II (1662-1694), fille de Jacques II, auquel ils succédèrent conjointement en 1688. Le portrait de la reine est dû à Wissing. Seconde fille de Jacques II, la **reine Anne** (1665-1714) succéda à son beau-frère en 1702. Son portrait sort de l'atelier de John Closterman. Dans la vitrine, médaillon en ivoire représentant le profil de **Christopher Wren** par le Dieppois David le Marchand, en 1723 ; les autres tableaux figurent **Isaac Newton** (1642-1727), **Grinling Gibbons**, etc.

Salle 6a : les Jacobites – Les derniers Stuarts sont représentés par **Jacques Édouard** (1688-1766), fils de Jacques II et de Marie de Modène, dit le Vieux Prétendant, et ses fils, **Charles Édouard** (1720-1788), le Jeune Prétendant, et Henri Benedict (1738-1807), dit le cardinal d'York. Portrait du vicomte Bolingbroke, partisan des Stuarts, par Jonathan Richardson ; buste en terre cuite par Rysbrack (1720-35) de George Ier, électeur de Hanovre et petit-fils de Jacques Ier, qui fut élu roi par acte du Parlement.

Salle 6 : art et science au début du 18e s. – Buste de l'architecte **Nicholas Hawksmoor**, attribué à Henry Cheere (1736) ; autoportrait de **Godfrey Kneller** (1685), peintre de la cour qui réalisa celui de **Christopher Wren** (1711) ; **Edmond Halley**, qui étudia les mouvements des comètes et prédit le retour de celle qui porte son nom, par Richard Phillips (vers 1721) ; John Fielding par Nathaniel Hone (1702) ; **Hans Sloane** par Stephen Slaughter (1736) ; **Jonathan Swift** (1667-1745), écrivain irlandais auteur des *Voyages de Gulliver*, par Charles Jervas ; Addison, Steele, Congreve, Vanbrugh.

Salle 7 : le Kit Cat Club – Les membres distingués de ce club politique et littéraire du 18e s. se réunissaient dans une taverne tenue par Christopher Cat, dont la spécialité était un délicieux pâté de viande appelé « Kit-Cats ». Durant plus de vingt ans, **Kneller** a peint les visages de ses personnages, achevés par ses assistants. Observer la dignité, une certaine nonchalance, les belles perruques ou les toques drapées.

Salle 8 : George Ier et George II – Portrait (1744) de George II (1683-1760) par Thomas Hudson ; *Une conversation de virtuoses*, de Gawen Hamilton, réunit artistes et architectes majeurs des années 1730 ; buste de Colley Cibber par l'atelier de Henry Cheere ; portrait (1754) d'**Horace Walpole** par John Giles Eccardt ; portrait (1731) d'**Alexander Pope**, poète catholique auteur de *La Boucle volée*, par Jonathan Richardson ; portrait en terre cuite de Hogarth (1741), par le sculpteur français Roubilliac.

Salle 9 : les arts du 18e s. – Autoportrait de Joshua Reynolds, qui réalisa ceux de l'écrivain Laurence Sterne (1713-1768), **Samuel Johnson** (1709-1784), James Boswell, **David Garrick** et sa femme, Eva ; Georg Haendel par Thomas Hudson ; autoportraits de Hogarth (1758), de George Stubbs (1781), de Gainsborough (1759) ; Lancelot « Capability » Brown par Nathaniel Dance (1769) ; bustes d'Alexander Pope par Rysbrack (1773), de Lawrence Sterne par Joseph Nollekens (1766), de Frederick Hervey par Christopher Hewetson, sculpteur irlandais travaillant à Rome.

Salle 10 : la lutte pour l'Amérique – James Wolfe par Joseph Wilson (1760) ; portraits de George Washington (1732-1799) par G. Stuart et de George III (1738-1820) par A. Ramsay.

Salle 11 : la Compagnie des Indes Orientales – Un des chefs-d'œuvre de Reynolds (1768) représente le jeune Hastings qui partit aux Indes en 1750 et en devint le premier gouverneur général de 1774 à 1785 ; le **capitaine Cook** (1728-1779) par J. Webber, à son troisième voyage au cap de Bonne-Espérance (1776) ; Robert Clive (1725-1774), qui fonda la puissance britannique en Inde.

Salle 12 : les guerres britanniques de 1793 à 1815 – Deux bustes de Joseph Nollekens représentant les rivaux politiques, William Pitt (1759-1806) et Charles James Fox (1749-1806) ; Edmund Burke (vers 1770) par l'atelier de Reynolds ; l'amiral Nelson (1758-1805) par W. Beechey, et sa fascinante amie, Emma Hamilton, par Romney ; le duc de Wellington par Robert Home.

Salle 13 : le mouvement romantique – John Flaxman par Romney ; autoportrait de John Opie (1785) ; l'écrivain Charles Lamb (1775-1834), auteur des *Contes tirés de Shakespeare,* par Hazlitt ; **William Blake** (1757-1827) par Phillips ; **Turner** (1838) par John Linnell ; le fermier-poète John Keats (1795-1821) par Severn ; John Clare

(1793-1864); le poète Wordsworth (1770-1850) par Haydon; **Coleridge** (1772-1837); Shelley (1792-1822); **Byron** (1788-1824) en costume gréco-albanais; masques mortuaires de Keats et de Wordsworth.

Salle 14 : sciences et révolution industrielle – Portraits d'ingénieurs des 18e et 19e s. : John McAdam inventeur d'un revêtement de chaussée (le macadam); l'Écossais James Watt qui perfectionna la machine à vapeur; George Stephenson (chemin de fer); John Wilkinson, auteur du 1er navire en fer; le duc de Bridgewater (1er canal); parmi les industriels, Josiah Wedgwood, célèbre pour ses faïences; Brunel; Telford; Owen.

Salle 15 : la Régence – Monde du théâtre et de la politique : Sarah Siddons (1787) qui tint avec succès la rampe pendant trente années; une série de personnalités peintes par Lawrence : le **Prince Régent**, futur George IV, sa femme, Caroline de Brunswick, Lord Castlereagh; par Reynolds, Maria Fitzherbert, épousée secrètement en 1795 par le prince de Galles; la Chambre des communes (1833), par George Hayter.

Niveau 3 : Victoria (16 à 24) et Édouard

Sur le palier, statue de **Victoria et Albert** en anciens Saxons, par William Theed (1868).

Salle 16 : science et technique – Michael Faraday par Thomas Phillips; Brunel par John Callcot Horsley; Charles Darwin, théoricien de l'évolution des espèces; Thomas Huxley, naturaliste, par John Collier. Portraits et photographies.

Salle 17 : exploration et Empire – Richard Burton (1875), explorateur de l'Afrique, par Frederic Leighton; Rudyard Kipling (1899) par Burne-Jones. Portraits de Baden-Powell (1903) et de la reine Victoria (1861).

Salle 18 : dessins et photographies – Dessins de Sydney Prior; portraits de diverses personnalités, dont Browning, Kingsley, Trollope et Wilde.

Salles 19 et 23 : vie publique et politique – La reine Victoria par Hayter; le prince Albert par Winterhalter. Portraits par Millais et Disraeli. Caricatures dessinées pour *Vanity Fair*.

Salle 20 : artistes, écrivains et comédiens – Charles Dickens (1839) par Daniel Maclise; les sœurs Brontë (1834) par leur frère Patrick; Elizabeth Barrett Browning et Robert Browning par Michele Gordigiani; Alfred Tennyson par Samuel Lawrence.

Salle 21 : G. F. Watts – Autoportrait et portraits, dont celui d'Ellen Terry (vers 1864), future actrice qui l'épousa à 16 ans malgré 30 ans de différence.

Salle 24 : les derniers victoriens – Gilbert, Arthur Sullivan, William Holman-Hunt, William Morris, Walter Sickert, Henry Irving, Thomas Hardy, buste de Stevenson par Hutchinson.

Salles 25 et 25a : les édouardiens – Portraits (1907) d'**Édouard VII**, fils de Victoria, par Tennyson Cole, de la reine Alexandra, de leurs trois filles (1883), les jeunes princesses Victoria, Maud et Louise, romantiques avec leurs longs cheveux, l'ombrelle et les fleurs, par Sidney P. Hall.
Buste de Joseph Conrad (1924) par Epstein; **Henry James** (Américain naturalisé anglais ayant écrit *Les Ambassadeurs* en 1903), par son ami John Singer Sargent (1913) qui peignit aussi Miss **Ellen Terry** en Lady Macbeth (1889).

Niveau 2 : 20e s.

Sur le palier, dur portrait de la reine Élisabeth II, revêtue de la cape rouge de l'ordre du Bain, par P. Annigoni (1970). Le prince et la princesse de Galles par B. Organ (1980-1981).

Salles 26 à 28 : personnalités – Quelques généraux de la Grande Guerre; Sir Winston Churchill (1927) par Walter Sickert; le vicomte Montgomery (1945) par Frank Salisbury; Augustus John (1916) par Jacob Epstein; Laurence Olivier (1950) par Peter Lambda.

Niveau 1

Après 1945 – Sir Winston Churchill (esquisse de 1954) par Graham Sutherland; Harold Wilson (1974) par Ruskin Speat; Sir Alec Guinness (1984), bronze d'Elisabeth Frink; le célèbre sculpteur Henry Moore (1962) par Marino Marini; les Beatles (1963) par Norman Parkinson.

The National Portrait Gallery, London

Sam Walsh – Portrait de Paul McCartney

Le bâtiment principal du **musée d'Histoire naturelle** ⊙, élevé par Alfred Waterhouse entre 1873 et 1880, s'il s'inspire des églises rhénanes de l'époque romane, marque surtout la volonté du 19ᵉ s. de célébrer de façon solennelle sa mission d'instruction du public. De plan symétrique, cette construction atteint 205 m de long, avec deux tours centrales surplombant une entrée arrondie ornée de voussures et de piliers décorés. La décoration générale zoomorphe a la particularité de représenter des espèces toujours vivantes (partie Ouest) et des espèces éteintes (partie Est).

Depuis 1989, le musée s'est enrichi du **musée de Géologie** qui occupait, depuis 1935, un bâtiment adjacent.

Le musée a accumulé quelque 50 millions de pièces, chiffre qui croît chaque année de 350 000 spécimens, dont 250 000 concernant le monde des insectes. Un tel développement n'aurait pas étonné **Hans Sloane** *(voir index)*, médecin du 18ᵉ s. établi à Chelsea, qui est à l'origine de cette collection (et de celle du British Museum), entreprise par la culture de plantes de la Jamaïque.

Le **Tring Zoological Museum,** dans le comté de Hertford, qui fut légué à la nation en 1938 par Lord Rothschild, accueille désormais les mammifères, insectes et la plupart des oiseaux.

LIFE GALLERIES (Galeries consacrées à la vie)

Rez-de-chaussée – La **galerie des dinosaures** *(21)* retrace l'histoire de ces créatures disparues : un circuit surélevé offre une vue rapprochée sur des squelettes suspendus au plafond ; un tableau présente quatre reptiles luttant pour la vie (effets visuels et sonores). L'exposition du **hall de biologie humaine** *(22)* explique l'activité du cerveau humain, les hormones, la reproduction, la mémoire, la vue, les couleurs, le langage. Coraux, oursins, crabes, étoiles de mer, éponges, mollusques, calmars et coquillages composent la **galerie des invertébrés marins** *(23)*. Une baleine bleue de 27 m de long domine la **galerie des mammifères** *(24)* ; les quadrupèdes et leur environnement sont commentés à travers des films et des panneaux didactiques, et illustrés par des animaux naturalisés ; la galerie supérieure évoque les cétacés. La **galerie des insectes** illustre leur diversité, leurs activités et leurs rapports avec l'homme. **Poissons et reptiles** *(10)* comprend serpents, tortues, lézards, amphibiens, crocodiles, etc. Une **classification** *(31)* présente la manière dont les scientifiques déterminent groupes, genres et espèces. La **galerie de l'écologie** *(32)* retrace les effets de l'activité humaine sur notre planète. Dans « **Creepy Crawlies** » *(33)*, des centaines de spécimens et des vidéos illustrent le monde des arthropodes. Une petite galerie expose des **fossiles** *(39)*. Des oiseaux du monde entier occupent la **galerie des oiseaux** *(40)*.

Musée d'Histoire naturelle

Premier étage – Dans la galerie Ouest, l'**origine des espèces** *(105)* évoque la théorie darwinienne de l'évolution par sélection naturelle ; le balcon adjacent est consacré aux mammifères. Le balcon Est retrace la place de l'**homme dans l'évolution** *(101)*. Dans la galerie Est : minéraux, pierres et météorites *(102 et 103)*.

Deuxième étage – Au sommet de l'escalier se trouve la coupe d'un séquoia de 1 335 ans tombé à San Francisco en 1892. La galerie est réservée à l'histoire naturelle, la flore et la faune en Grande-Bretagne *(202)* : animaux, oiseaux, plantes, poissons.

EARTH GALLERIES (Galeries consacrées à la Terre)

L'histoire de la Terre *(73)*, depuis la naissance de la planète jusqu'au monde actuel, comprend une pierre lunaire, un tremblement de terre simulé *(74)* et des cartes d'époques diverses *(82)*. Les **trésors de la Terre** *(71)* expliquent l'extraction et l'utilisation des minéraux. Les **pierres précieuses** *(72)* : diamants, rubis, saphirs, grenats, émeraudes, etc. La **Grande-Bretagne avant l'homme** *(75)* décrit la formation géologique du pays. Les **fossiles britanniques** *(81)* font l'objet d'une introduction vulgarisée et d'une exposition stratigraphique scientifique. Illustration de l'exploration et de l'exploitation des **gisements de pétrole et de gaz naturel** *(153)*. Au même étage, minéraux *(154)* et Stonehenge *(155)*. Au deuxième étage, minéraux de Grande-Bretagne *(250)*, pierres de construction *(251)*, gisements des minéraux du monde entier *(252)*.

PICCADILLY ★

Plan p. 7-8, **DEXY** – Schéma : MAYFAIR
Piccadilly Circus ; Green Park ; Hyde Park Corner

Sur une distance de 1,5 km environ, entre Piccadilly Circus et Hyde Park Corner, **Piccadilly**, qui sépare Mayfair de St Jame's, est une des voies triomphales de l'aristocratique « West End ». En effet, de luxueux magasins, des hôtels de prestige, des agences de compagnies aériennes, de somptueuses résidences, souvent transformées en clubs, font de Piccadilly la promenade la plus courue de Londres.

Piccadilly tiendrait son nom d'une maison construite à l'extrémité Sud de Great Windmill Street par un tailleur enrichi dans le commerce des « piccadils », hauts cols empesés très en faveur auprès de la jeunesse frivole du temps des Stuarts.

> **Bentley's Oyster Bar** – *11 Swallow Street.* Décor sous le signe de l'huître.
> **Rose and Crown** – *2 Old Park Lane.* Pub du 18e s.

Le côté Nord de la rue était occupé par de très grandes propriétés, loties et peu à peu envahies par les hôtels : c'est là que débarquaient, avant la construction du chemin de fer, les voyageurs de la « malle de Douvres ».

★ **Piccadilly Circus** – Ce carrefour, autrefois considéré comme le centre de l'Empire britannique, qu'il faut voir plutôt le soir, dans le scintillement d'une pléiade d'enseignes lumineuses, constitue un des centres nerveux de Londres.

Dominant un enchevêtrement de passants et de véhicules, l'**Eros** de Piccadilly Circus est en quelque sorte la mascotte de Londres, comme le Mannekenpiss est celle de Bruxelles. En fait, il s'agit de l'Ange de la Charité chrétienne, effigie de bronze doré surmontant une fontaine érigée en 1892 en commémoration des bienfaits de Lord Shaftesbury. Lors du réaménagement du carrefour, la fontaine a été déplacée et installée en face du théâtre Criterion, à l'écart de la circulation.

Encore désigné au 19e s. sous le nom de Regent Circus parce que compris dans l'aire d'urbanisme de Nash dont Regent Street était l'élément majeur, Piccadilly Circus ne présente plus le caractère architectural de cette époque.

Le côté Sud du carrefour est occupé par le **Criterion** (récemment restauré), un immeuble victorien (années 1870) dont les mosaïques sont encore visibles dans la brasserie Criterion, de même que les carreaux décoratifs du foyer du **théâtre Criterion**, une création originale située en sous-sol (1874).

Une fontaine à quatre chevaux due à Rudy Weller est située au Sud-Est de la place. Côté Nord, le **London Pavilion**, couronné de 13 sculptures de beautés victoriennes, a été réaménagé dans les années 80 pour accueillir boutiques et restaurants. Au second étage, le **Rock Circus** ⊙, propriété du musée Tussaud, brosse un panorama de l'histoire du rock n' roll.

Trocadero ⊙ – La grande salle de bal où retentissaient les valses viennoises à l'ère victorienne et édouardienne a été transformée en un complexe futuriste consacré à l'informatique, au son, à la réalité virtuelle et aux effets spéciaux.

★ **Piccadilly, côté Nord** – L'hôtel **Albany** porte le nom de son premier propriétaire, le deuxième fils de George III, Frédéric, duc d'York et d'Albany. Sa statue, perchée sur une colonne, domine le Mall *(voir Buckingham Palace)*. Accablé de dettes, le prince vendit son hôtel particulier, qu'il avait fait construire par **William Chambers**, à un promoteur. La demeure fut bientôt convertie en 69 appartements pour célibataires fortunés. Modifié en 1804 par **Henry Holland**, le bâtiment en forme de H possède sur le devant une cour d'entrée donnant sur Piccadilly. Sa façade s'organise autour d'un péristyle central avec porche. La cour arrière sur Vigo Street, décorée de stucs, est fermée par deux pavillons encadrés par un bel alignement de demeures georgiennes. L'hôtel est surtout renommé pour avoir hébergé des hommes prestigieux (Byron, Macaulay, Graham Greene). Par égard pour la tranquillité des résidents, le règlement interdit l'entrée aux chats, chiens et enfants de moins de 13 ans !

★Burlington House – En 1664, le 1ᵉʳ comte de Burlington acquit cette propriété pour y faire construire un hôtel particulier à proximité de St James's. Son descendant, le 3ᵉ Lord Burlington, architecte à ses heures, entreprit en 1715 de reconstruire la demeure dans le style palladien, en collaboration avec **Colen Campbell**. Restauré au 19ᵉ s., le bâtiment fut modifié une nouvelle fois en 1867-1873 dans le style néo-Renaissance.

En 1869, l'arrière de Burlington House fut transformé dans le style néo-gothique alors très en vogue. Ornée de tours, d'un portique et d'un porche monumentaux, cette aile de l'édifice porte une vingtaine de statues de magistrats. Affectée au siège de la London University *(voir Bloomsbury)* pendant de nombreuses année, Burlington House abrite aujourd'hui l'Académie des Beaux-Arts et le musée de l'Homme.

Royal Academy ⊙ – *Pénétrer dans la cour.* L'Académie des Beaux-Arts, fondée en 1768, occupait d'abord Somerset House *(voir Courtauld Institute of Art).* Au centre de la cour est érigée la statue du portraitiste Reynolds, son premier président. L'aile droite fut longtemps affectée à la Royal Society, ou Académie des Sciences, officiellement reconnue en 1663 et placée sous le patronage de Charles II ; le fameux Pepys en 1684 et, au début du siècle suivant, Isaac Newton comptèrent parmi ses présidents. D'autres sociétés savantes, parmi lesquelles la Société des Antiquaires, fondée en 1707, occupent l'aile gauche. Reconstruit par Smirke, le corps central est dévolu à l'Académie elle-même. Composée de 40 membres, elle organise deux expositions annuelles ; l'une, en été, est consacrée, depuis 1769, aux artistes vivants ; l'autre, hivernale, concerne l'art ancien.

Conçues par Sir Norman Foster, les galeries Sackler ont été inaugurées par la reine en 1991. Habituellement exposées dans les salles privées (Private Rooms), les collections comprennent des toiles des membres (Reynolds, Gainsborough, Constable, Turner), du mobilier 18ᵉ s., une *Madone à l'Enfant* de **Michel-Ange** et la célèbre copie de *La Cène* de **Léonard de Vinci**.

★Museum of Mankind – *Musée fermé ; en cours de transfert.* Sous l'égide du département d'ethnographie du British Museum *(voir à ce nom),* les galeries du **musée de l'Homme** présentent des expositions temporaires consacrées aux sociétés et cultures non occidentales anciennes et modernes, notamment les peuples indigènes africains, australiens, les Indiens d'Amérique du Nord et du Sud, et certains groupes ethniques d'Asie et d'Europe. Cette splendide collection réinvestira les locaux du British Museum après le transfert de la British Library.

Savile Row est le fief des célèbres tailleurs londoniens.

★Burlington Arcade – D'élégants magasins de joaillerie, bijouterie, modes, au nombre de 41, bordent ce passage Regency dont les arcades ioniques alternent avec les « bow-windows » à petits carreaux. Aménagée en 1819, Burlington Arcade reste une propriété privée que surveillent trois « beadles » (bedeaux), portant redingote et chapeau haut de forme. Les portes sont fermées le soir et le dimanche.

★Old Bond Street – Cette partie de Bond Street est bordée de commerces de luxe à la réputation bien établie et spécialisés dans la porcelaine, la **joaillerie** (Cartier, Tiffany, Boucheron au 180, Asprey au 43...), les antiquités. Après le groupe de bronze en hommage à Churchill et Eisenhower se déploie New Bond Street *(voir Mayfair).*

Albemarle Street – Durant l'émigration, l'ancienne favorite du comte d'Artois et du banquier Perregaux, Rosalie Duthé, y occupa un petit hôtel. La rue possède encore plusieurs maisons du 18ᵉ s. : le n° 7, le n° 21, occupé par le **Michael Faraday Laboratory and Museum** ⊙, et le n° 50, habité par John Murray.

Avant Ascot, à Burlington Arcade

ANGUS TAVERNER

Piccadilly, côté Sud – La partie de Piccadilly allant de St James's Church à Hatchard's fait partie du quartier St James's *(voir à ce nom)*.

Ritz Hotel – Cet hôtel de 130 chambres ouvrit ses portes le 24 mai 1906 sous la direction de César Ritz, un serveur suisse devenu entrepreneur. L'établissement connut un succès immédiat auprès des classes décadentes de la société édouardienne. L'extérieur, d'inspiration française classique, fut conçu par Mewès et Davis tandis que l'intérieur fut décoré en style Louis XVI. Parmi la clientèle régulière ont figuré des souverains (Édouard VII, le duc et la duchesse de Windsor, la reine mère Elizabeth), des milliardaires (l'Aga Khan, Onassis), des stars (Rita Hayworth) et autres célébrités (Charlie Chaplin, Winston Churchill). Dans les années 70 et 80, la réception avait toujours en réserve cravates et vestes pour les «pop stars» peu respectueuses du code vestimentaire britannique.

Les portes ornementales marquant l'entrée Nord de Green Park *(voir St James's)*, dessinées par Robert Bakewell, agrémentaient à l'origine Devonshire House, un hôtel particulier voisin détruit après la Première Guerre mondiale.

Barclays Bank – *N° 160*. Somptueuse filiale de la banque Barclays dans le plus pur style néo-classique américain dont l'intérieur exotique est tendu en rouge, noir et or. Construit en 1922 comme salle d'exposition automobile pour Wolseley Motors, l'immeuble fut racheté par la banque Barclays et transformé sous la direction de l'architecte William Curtis-Green (1875-1960).

Piccadilly côté Nord – Le côté Nord, que l'on suit à nouveau, est jalonné de majestueuses demeures georgiennes, souvent converties en clubs. Le **Naval and Military Club** *(n° 94)*, installé dans **Cambridge House**, résidence construite au 18ᵉ s. pour Lord Egremont et habitée par l'un des fils de George IV, le duc de Cambridge, de 1829 à 1850 puis par Palmerston de 1855 à 1860, est aussi connu sous le nom de «In and Out Club.» L'ancien **Cavalry Club** *(n° 127)* est fréquenté par les cavaliers, le **Royal Air Force Club** *(n° 128)* par les aviateurs.

★Apsley House ⏰ – Résidence du duc de Wellington à sa mort, Apsley House fut offerte à l'État en 1947 par le 7ᵉ duc. Elle est connue des Londoniens sous le nom de «Number One, London», sans doute parce qu'elle était la première maison importante à l'entrée de la ville.

La résidence avait été construite entre 1771 et 1778 par Robert Adam pour le Lord-chancelier Bathurst, baron Apsley. En 1807, elle fut achetée par Richard Wellesley qui la céda à son frère cadet, le 1ᵉʳ duc de Wellington, en 1817. Celui-ci en fit modifier l'aspect par Benjamin Wyatt : les murs de brique furent alors revêtus de pierre de Bath et un portique corinthien fut plaqué sur la façade principale. L'intérieur avait déjà fait l'objet d'un réaménagement et la maison avait été agrandie en 1812. Wellington faisait placer un fauteuil sur la terrasse du toit pour regarder défiler les troupes sans être vu...

★Wellington Museum – La plupart des objets exposés ont un lien étroit avec Wellington : ordres et décorations, la médaille de Waterloo en argent, 85 drapeaux tricolores de la parade du 1ᵉʳ juin 1815 à Paris. Collection personnelle d'objets rassemblés pour leur qualité et leur beauté : porcelaine, argenterie, bijoux, ordres de chevalerie, bâtons de maréchal et tabatières. De la collection de maîtres anglais, espagnols, hollandais et flamands, plus de 100 tableaux proviennent de la collection royale d'Espagne saisie par Wellington dans les fourgons du roi Joseph, frère de Napoléon, après la bataille de Vitoria (1813). Les chandeliers du 19ᵉ s. sont de fabrication anglaise.

Plate and China Room – Splendides services en porcelaine de Meissen complétant des pièces ornées de motifs exotiques et antiques, dont la mode apparut après les campagnes napoléoniennes en Afrique du Nord. Services égyptien en porcelaine de Sèvres (1812), prussien en porcelaine de Berlin (1819), saxon et autrichien. Bouclier en vermeil de Wellington, vaisselle argentée et dorée utilisée pour les grands banquets. Tabatières dorées, émaillées et incrustées.

Au sous-sol sont exposés le **masque mortuaire de Wellington**, ses uniformes et costumes, les épées portées par Napoléon et Wellington à Waterloo, un panorama de ses funérailles grandioses, un programme de la cérémonie imprimé sur soie et des caricatures parues à sa mort.

Dans l'escalier se dresse une gigantesque statue de Napoléon en Apollon, sculptée par **Canova** dans un marbre de Carrare, et s'alignent des portraits de Napoléon signés Lefèvre et Dabos, de l'impératrice Joséphine et de Pauline Bonaparte.

Au premier étage, les murs du palier sont couverts de portraits formels, signés notamment William IV, Reynolds et Lawrence. Le salon Piccadilly (Piccadilly Drawing Room) et la salle du Portique (Portico Room) ont conservé leur décor Adam d'origine. Cependant, la pièce la plus somptueuse est la **Waterloo Gallery**. Wellington avait coutume de convier chaque année les généraux à un banquet le 18 juin, date anniversaire de la bataille de Waterloo. Mais, lorsqu'il fut nommé Premier ministre, la liste des invités s'allongea tellement qu'il dut faire construire cette vaste galerie, décorée dans le style Louis-Philippe en vogue pendant toute l'ère édouardienne. Au plafond, les armes du duc sont mêlées aux insignes de l'Ordre de la Jarretière. Les fenêtres sont encadrées de miroirs coulissants, rehaussant encore l'éclat de la pièce tout en or et argent.

Les **peintures** sont dominées par le portrait de Charles Ier d'après Van Dyck et le grand portrait équestre de Wellington peint par Goya. Des études récentes aux rayons X ont révélé que ce dernier avait tout d'abord représenté Joseph Bonaparte et le remplaça au dernier moment par Wellington, le vainqueur final. Parmi les œuvres de maîtres figurent des toiles de **Murillo, Rubens,** Reynolds, Ribers, Mengs, Bruegel, **Vélasquez** *(Le Vendeur d'eau de Séville* et *Le Gentilhomme espagnol)* ainsi que la préférée du duc, *L'Agonie dans le jardin* du Corrège.

Le salon Jaune (Yellow Drawing Room) est damasquiné dans le même style que la Waterloo Gallery. Le salon Rayé (Striped Drawing Room) est consacré à *La Bataille de Waterloo* par Sir William Allan, tableau très apprécié par le duc.

Salle à manger (Dining Room) – L'étonnant portrait de George IV en kilt signé William IV trône au-dessus de la table de banquet, dressée comme jadis, avec l'illustre service portugais en argent et vermeil.

Le Duc de Fer et les Français

Au cours de sa longue existence, **Arthur Wellesley, 1er duc de Wellington** (1769-1852), malgré les aléas de la politique, tissa maints liens avec nos compatriotes. Né à Dublin, la même année que Napoléon Bonaparte (qu'il ne rencontra jamais), il séjourne un an à Angers en 1786 comme élève de l'Académie d'Équitation ; reçu chez les ducs de Praslin et de Brissac, il mène joyeuse vie tout en perfectionnant son français. En 1794, Arthur devient le beau-frère d'Hyacinthe-Gabrielle Roland, Parisienne très lancée que Richard, son frère aîné, épouse après 9 ans de vie commune et la naissance de 5 enfants (l'une de leurs filles est au nombre des aïeux de l'actuelle souveraine). En 1806, après un séjour de 9 ans aux Indes, il épouse Catherine Pakenham, fille du baron Longford. Il rencontre aux eaux de Cheltenham une aimable émigrée, la vicomtesse de Gontaut-Biron, et engage avec le **général Dumouriez** une correspondance qui se prolongera jusqu'à la mort du vainqueur de Valmy, en 1823.

Wellington combat en Espagne pendant la guerre d'Indépendance (1798-1813), et en France jusqu'à l'abdication de Napoléon en 1814. Il reçoit le titre de duc et part à Paris comme ambassadeur d'Angleterre. Sous la première Restauration, il est en très bons termes avec Louis XVIII, qui songe à le nommer maréchal de France avec le titre de duc de Brunoy.

De son côté, il offre au roi podagre, qui n'en peut mais, une meute de chiens de chasse au renard et achète à la princesse Pauline Borghèse l'hôtel du faubourg St-Honoré, aujourd'hui encore siège de l'ambassade anglaise. Il fait sa cour à la reine Hortense, va chez Talleyrand, noue des intrigues avec une chanteuse, la Grassini, et une artiste, Marie-Victoire Jaquotot.

Après Waterloo, le Duc de Fer, comme on va le surnommer, revint à Paris en tant que commandant en chef des troupes

Botte Wellington

By courtesy of the V & A

d'occupation. Son quartier général est à Mont-Saint-Martin, près de Cambrai, mais il habite souvent, place de la Concorde, l'hôtel de la Reynière, à l'emplacement de l'actuelle ambassade des États-Unis. Sa Grâce fréquente les salons de Mme Récamier et de la duchesse de Duras, courtise Mlle Mars, sympathise avec le duc de Richelieu. En 1830, à Londres, le noble duc, alors Premier ministre, entretiendra des rapports chaleureux, presque affectueux, avec **Talleyrand** que Louis-Philippe envoie comme ambassadeur. De même, c'est avec une cordiale sympathie qu'il accueille, en 1837, lors du couronnement de Victoria, son vieil adversaire d'Espagne, de Toulouse et de Waterloo, le **maréchal Soult.** Toutefois, quand on lui demande de lever son verre à l'armée française, il grommelle entre ses dents : « L'armée française, by God, ma besogne est de la battre, pas de boire à sa santé », puis boit quand même...

À sa mort, survenue à 83 ans, des funérailles grandioses eurent lieu *(voir St-Paul Cathedral).* Son corps repose dans la crypte de St-Paul, où l'on pouvait naguère voir le somptueux char funèbre qui mena sa dépouille.

REGENT'S PARK ★★★

Plan p. 7, **CDV**
⊖ Regent's Park

Le projet de Nash – Le gouvernement souhaitait transformer les terrains de Marylebone (clos par Henri VIII et partagés entre plusieurs exploitants sous la République, ils avaient été rétrocédés à la couronne en 1811) et aménager une route directe vers Westminster. Autour d'un lac au dessin tourmenté, **Nash** conçut un parc paysager, limité à l'Est, à l'Ouest et au Sud par une route, et ouvrant au Nord une perspective sur Primrose Hill et les hauteurs de Hampstead et Highgate. À la périphérie devaient être édifiés des rangs de palais qui seraient loués à des notables. Au centre du parc, une voie circulaire bordée d'immeubles auréolerait un panthéon surélevé sur une butte. Nash avait également prévu une guinguette, ou pavillon d'été, pour le prince de Galles, desservie par une large avenue (Broad Walk) dans le prolongement de Portland Place et de nombreuses villas nichées parmi les arbres. En somme, le parc devait devenir la plus belle cité-jardin qui soit.

Les contraintes – Portland Place, opération immobilière lancée avec succès par les frères Adam en 1774, consistait en un alignement de demeures, fermé au Sud par Foley House dont le propriétaire exigeait que rien ne vienne perturber sa vue. Regent's Park était séparé de Portland Place par New Road (aujourd'hui Marylebone Road), barrière psychologique divisant la zone en deux – l'intersection serait transformée en un «circus» autour de l'église St Marylebone dont on envisageait la construction. Grand admirateur de Portland Place, Nash souhaitait prolonger l'artère vers le Sud, par-delà Oxford Street et Piccadilly, jusqu'à Carlton House, résidence du roi. Au Sud d'Oxford Street, l'avenue triomphale serait bordée d'arcades à colonnades abritant des magasins et supportant des immeubles à balcons. L'aménagement d'un nouveau tout-à-l'égout était même prévu pour le centre-ville.

La réalisation – Les plans de Nash furent respectés dans leurs grandes lignes. Si la guinguette, la plupart des villas et les «crescents» Nord ne furent pas réalisés, le cercle intérieur fut aménagé en jardin botanique, aujourd'hui transformé sous le nom de **Queen Mary's Gardens**. L'ouverture vers Portland Place a été modifiée par la réalisation de l'arc ouvert de Park Crescent et l'aménagement de Park Square. Le prolongement Sud de Portland Place a été fermé par la construction du porche circulaire de l'église de Tous-les-Saints (All Souls) et du Quadrant. La réalisation du projet fut entamée en 1817 et achevée en 1825. Baptisé New Street, le parc connut un succès immédiat. La société élégante venait s'y promener à la suite du Beau Brummel, et les appartements s'arrachèrent. Le prince de Galles, devenu George IV, s'était malheureusement lassé de Carlton House qu'il fit démolir en 1829 et remplacer par Waterloo Place et Carlton House Terrace *(voir St James's)*.

Nash ne dessina de sa propre main que quelques-unes des **«terraces»★★**, maisons et boutiques, mais plusieurs de ses assistants, dont Decimus Burton, surent assurer l'homogénéité de l'ensemble avec l'assentiment du maître. D'imposantes colonnes ioniques ou corinthiennes viennent articuler les façades des bâtiments, souvent en saillie ou dotées de portiques ou de frontons décorés de statues. Des colonnes d'ordre différent forment des arcades ou encadrent portes et baies des rez-de-chaussée. Des balustrades et des alignements de balcons en ferronnerie ou en stuc courent le long des façades, les unissant en une seule et même composition.

AUTOUR DU PARC

Park Crescent – Cet hémicycle à colonnades fut conçu par Nash pour relier Portland Place à Regent's Park. Tout près s'élève une statue de **John F. Kennedy**.

Holy Trinity ⊙ – *Extrémité Nord de Euston Road.* Érigée par **Soane** en 1826, cette église est surmontée par un svelte dôme coiffant une tour carrée à balustrade et portique néo-classique. La chaire extérieure date de 1891. Les offices se déroulent dans le chœur tandis que le reste de l'édifice abrite, depuis 1955, les services de la Society for Promoting Christian Knowledge.

White House – *Albany Street.* Cet hôtel de huit étages couvert de carreaux de céramique blanche fut conçu en 1936 par R. Atkinson sur un plan en étoile.

★★LE PARC

Inner Circle – Le **Collège du Régent** (Regent's College) occupe South Villa et St John's Lodge, reconstruits et agrandis au 20ᵉ s. en briques rouges, qui appartenaient jadis au Bedford College, fondé en 1849 à Bedford Square et plus tard réuni au Royal Holloway College de Staines. **The Holme** est l'une des villas conçues par Nash. Les **jardins de la reine Mary** (Queen Mary's Gardens) furent créés à partir du jardin botanique aménagé à l'origine. Le **théâtre de plein air** donne l'été des représentations d'œuvres de Shakespeare et autres dramaturges.

La **Grande Allée** (Broad Walk) traverse le parc du Nord au Sud, le reliant d'une part à Primrose Hill et Regent's Canal, et de l'autre à Portland Place et Regent Street.

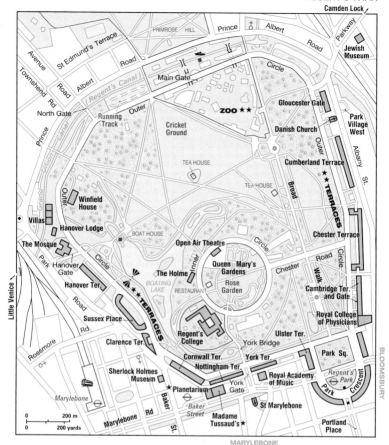

★★ Les « terraces » et Outer Circle – Les palais furent nommés d'après les titres portés par quelques-uns des 15 enfants du roi George III. Une double colonnade ionique, une balustrade et un balcon soulignent la courbe classique de **Park Crescent** (1821). Les loges doriques flanquaient autrefois des portes de fer forgé fermant l'hémicycle et le jardin. Les immeubles (1823-1824) constituant les ailes Est et Ouest de **Park Square** sont ornés d'une colonnade ionique simple.

On reconnaît **Ulster Terrace** (1824) à ses deux paires de baies accolées, disposées à chaque extrémité.

S'allongeant sur près de 330 m, soit la moitié de la largeur du parc, **York Terrace** (1821), dont la partie Ouest se nomme aujourd'hui **Nottingham Terrace**, se compose de deux blocs symétriques organisés autour de York Gate, dans l'axe de l'église St Marylebone *(voir Marylebone)*, et de quelques maisons annexes. Le corps central à portique et colonnes ioniques et doriques est flanqué de villas, ornées d'imposantes colonnes corinthiennes, tandis que les maisons de York Gate sont d'influence ionique.

Cornwall Terrace (1822) est un long bâtiment à colonnades corinthiennes, conçu pour engendrer une perspective fuyante. À travers les arbres, on aperçoit de petites maisons de briques et un vieux pub marquant l'angle de Baker Street et Park Road, ainsi que le pavillon à fenêtres cintrées et toit en ardoise. La façade du corps central et les angles de **Clarence Terrace** (1823) présentent de lourds frontons corinthiens sur arcade ionique.

Le bâtiment incurvé de **Sussex Place** (1822), qui abrite la London Graduate School of Business Studies, surprend par ses tours coiffées de dômes en forme de casque à pointe, reliées par un alignement de colonnes corinthiennes. L'extrémité sur Park Road a été reconstruite en brique en 1972. Un immeuble de brique construit en 1960 abrite le Collège royal d'obstétrique et de gynécologie ; l'aile de pierre à angles droits enveloppe l'entrée surbaissée et le hall.

Hanover Terrace (1823) se caractérise par ses frontons bleu ciel servant d'arrière-plan à une frise de plâtre et de piédestal à des statues se découpant sur le ciel. À Hanover Gate, un petit pavillon octogonal à encorbellements et niches abritant des statues est coiffé d'ardoises et d'une cheminée octogonale. Immédiatement après, la **mosquée** (1977) se distingue par son haut minaret blanc surmonté d'un dôme doré

189

et d'un fin croissant. Conçue par Sir Frederick Gibberd, elle occupe le site d'Albany Cottage, une villa dessinée par Nash. Sa façade gris clair est percée de hautes fenêtres à cinq meneaux, regroupées par quatre. Des arcades aveugles portent le tambour qui s'élève vers un gigantesque dôme doré. D'autres bâtiments modernes abritent une école et le Centre culturel islamique.

Hanover Lodge, villa du 18ᵉ s. agrandie d'une aile au 20ᵉ s., jouxte une rangée de villas modernes (1989) baptisées **Ionic Villa**, **Veneto Villa** et **Gothick Villa**. En face, en retrait de Outer Circle, **Winfield House**, maison néo-georgienne de 1936 et résidence de l'ambassadeur des États-Unis, fut érigée sur le site de St Dunstan's Lodge. Celui-ci avait été dessiné par Decimus Burton en 1825 pour le 3ᵉ marquis de Hertford *(voir index)*, qui en fit, dit-on, un harem. La partie Sud est flanquée de jardins, **Avenue Gardens**, réaménagés selon les plans élaborés par William Andrews Nesfield en 1862.

La lisière Ouest de Regent's Park est bornée au Nord par **Gloucester Gate** (1827). Le corps principal est flanqué de portiques de stuc, contrastant avec le rouge des tympans et les statues se détachant sur le ciel. L'**église danoise** ⊘ (Danish Church) (1829), de style néo-gothique, fut construite pour la communauté religieuse de l'hôpital royal St Katharine *(voir Docklands)* puis reprise par la communauté danoise en 1950 après la destruction durant la guerre de son église de Limehouse. À l'intérieur, sous le plafond à caissons, on peut voir les vitraux aux armes des reines d'Angleterre, d'Éléonore d'Aquitaine à Marie, et, représentant saint Jean-Baptiste et Moïse, deux des quatre statues de bois que sculpta au 17ᵉ s. l'artiste danois **Caius Cibber** pour l'église de Limehouse. Dehors à droite se trouve une réplique de la pierre de Jelling, pierre runique qui constitue l'une des fiertés du Danemark *(voir guide Michelin Danemark – Norvège – Suède – Finlande)*.

Derrière l'église et Gloucester Gate, **Park Village West** *(Albany Street)* présente une agréable « terrace », plus modeste, avec des cottages dans le style de Nash.

Les colonnes ioniques de la façade monumentale de **Cumberland Terrace** (1826) trouvent un écho dans les arcs intercalés. Le fronton central sculpté qui fait pendant à celui de Hanover Terrace est surmonté des statues allégoriques de l'Angleterre, des Arts et de la Science.

Chester Terrace (1825) possède la façade ininterrompue la plus longue (290 m) avec d'imposantes colonnes corinthiennes soulignant les axes du bâtiment. À chaque extrémité, des arches triomphales s'ouvrent sur la route d'accès intérieure.

Si **Cambridge Terrace** (1825) a, en même temps que les bâtiments voisins, fait l'objet d'une restauration, **Cambridge Gate** (1875) est un édifice entièrement victorien avec toits à pavillon qui occupe le site de l'ancien Colisée, grande rotonde où avaient lieu expositions et dioramas. Le bâtiment qui le jouxte accueille le **Collège royal de physique**. Édifié en 1964 par Denys Lasdun, il offre une façade à plaquettes et se prolonge par une avancée carrée avec entrée renfoncée enveloppée de verre contrastant avec la grande construction polygonale de brique brune qui coiffe le hall.

Regent's Park : Cumberland Terrace

LONDON ZOO

1 Volière de Snowdon
2 Rapaces nocturnes
3 Oryx d'Arabie
4 Okapis
5 Girafes, Zèbres
6 Chameaux
7 l'Enclos des Reptiles (en été seulement)
8 Le Monde Nocturne, Petits Mammifères
9 Binturongs
10 Loutres
11 Invertébrés
12 Pandas
13 Volière des Oiseaux d'Afrique
14 Grands Singes, Singes
15 Aquarium
16 Reptiles
17 Grues
18 Éléphants Rhinocéros noirs
19 Mangoustes
20 Oiseaux
21 Tigres sumatriens
22 Léopards
23 Lions d'Asie
24 Oiseaux d'eau
25 Pingouins
26 Faisans
27 La Loge des Oiseaux tropicaux
28 Loups
29 Pélicans
30 Gibbons
31 Perroquets
32 Flamants

★★Zoo ⊙ – La Société de zoologie de Londres fut fondée en 1826 par Stamford Raffles et Humphry Davy afin de « favoriser la recherche en zoologie et physiologie animale et d'introduire de nouvelles espèces animales ». Dans le domaine de la recherche, une collaboration s'établit entre la Société de zoologie et le personnel du zoo en matière d'anatomie. Plus tard, le Wellcome Institute of Comparative Physiology, fondé en 1962, et le Nuffield Institute of Comparative Medicine, fondé en 1964, étudièrent la physiologie reproductrice, la biochimie et les maladies affectant les habitudes alimentaires, la santé et l'agriculture.

L'introduction de nouvelles espèces animales fut inaugurée en 1828 par l'ouverture d'un jardin zoologique de 2 ha. Les quelques animaux présentés étaient surveillés par des gardes en chapeau haut de forme, redingote vert bouteille et gilet rayé. Les premiers grands félins arrivèrent après la fermeture de la ménagerie de la Tour de Londres. Quant aux girafes, débarquées sur les docks et amenées à pied à travers la Cité, elles firent leur apparition en mai 1836. Pendant la Seconde Guerre mondiale, les animaux les plus dangereux furent abattus par crainte qu'ils ne s'enfuient lors d'un bombardement.

Activités

Un **programme quotidien** est proposé aux visiteurs : **heures des repas**, heures du bain des éléphants, présentation d'animaux dans l'**Amphitheatre** et au cours de **rencontres** où les gardiens présentent les animaux dont ils ont l'entretien. Les travaux vétérinaires et scientifiques les plus récents sont exposés au **Lifewatch Centre**, où la **London Zoo Experience** retrace l'histoire du parc. Le **Discovery Centre** permet aux visiteurs de « marcher comme un chameau, entendre comme un éléphant, voler comme un oiseau et voir comme une girafe ».

Aujourd'hui, l'objectif principal du zoo est de préserver et de favoriser la reproduction d'espèces menacées et de poursuivre les recherches biologiques concernant les animaux rares. Une grande partie des animaux naissent à Regent's Park ou au Whipsnade Wild Animal Park : la Chine et l'Allemagne ont prêté deux **pandas** (Ming Ming et Bao Bao) avec l'espoir d'obtenir une descendance. Les animaux domestiques sont présentés dans le **zoo des enfants** voisin.

Bâtiments – **Decimus Burton** dessina les plans du jardin zoologique et de plusieurs bâtiments : la volière, la Tour de l'horloge (Clock Tower), le pavillon des girafes et le tunnel Est. Le **pavillon des reptiles** (1912) abrite derrière des parois de verre crocodiles, serpents, lézards, constrictors, tortues et alligators. Les sauterelles sont l'attraction du **pavillon des insectes** (1912). Les abris réservés aux animaux provenant des régions tropicales étaient, à la fin du 19e s., chauffés et fermés. Suivant l'exemple de Carl Hagenbeck au zoo de Hambourg, le zoo de Londres fit construire, en 1914, les **Mappin Terraces** qui permirent à ces animaux de vivre en plein air. Cette nouvelle formule favorisa la naissance, au Nord-Ouest de Londres, d'un parc de 202 ha, le Whipsnade Park Zoo (1931).

Le zoo de Londres a beaucoup innové dans le domaine de l'architecture. Berthold Lubetkin réalisa en 1933 l'**abri pour les grands singes** et, en 1934, le **bassin des pingouins**, nouveaux par le matériau utilisé et la forme des toboggans. Les **Cotton Terraces** furent bâties en 1963 pour présenter les ruminants d'une façon moins désuète. En 1965, Hugh Casson réaménagea le **pavillon des éléphants et rhinocéros**, et Lord Snowdon reconstruisit la **volière** qui porte désormais son nom et contient l'été près de 150 oiseaux replacés dans leur environnement naturel. En 1967, le **pavillon Charles Core** expérimenta un clair de lune artificiel, permettant de voir les petits mammifères nocturnes en activité. En 1972, le nouveau **pavillon Michael Sobel** accueillait gorilles et singes. En 1976 enfin, les **Lion Terraces** mettaient à la disposition des grands fauves un abri et une aire de verdure.

Des pensionnaires célèbres

Jumbo a donné son nom à des jouets en peluche, des barres de chocolat et des modèles d'avions. Mais savez-vous que cet éléphant africain fut donné par le Jardin des plantes de Paris au zoo de Londres en 1865 alors qu'il n'était qu'un éléphanteau maladif. En 1882, il avait tellement grandi que le public n'osait même plus accomplir les traditionnelles promenades sur son dos. Il fut alors vendu au cirque Barnum... À son départ, une foule nombreuse vint le saluer et fit des dons si importants qu'ils permirent la construction d'un nouveau pavillon pour les reptiles (aujourd'hui volière).

Winnie the Pooh (mort en 1934) était une ourse noire de Winnipeg, laissée au zoo par son propriétaire canadien, le lieutenant Colebourne, appelé au front en 1914. Elle était si bien apprivoisée que les enfants pouvaient entrer dans sa tanière lui offrir du lait et du miel. Un gorille fut baptisé **Guy Fawkes** parce qu'il arriva un 5 novembre, jour anniversaire de la Conspiration des poudres. Goldie the Golden Eagle doit sa célébrité à une escapade, qui dura une quinzaine de jours en 1965, lors de laquelle l'aigle tournait autour de sa volière, narguant les gardes comme par mépris.

Aujourd'hui, les grandes célébrités sont Chi Chi et Chia Chia, les pandas de Chine, et **Josephine**, un grand bec corné né en 1945 dans le Cheshire.

REGENT STREET

Plan p. 7, **DX**
⊖ Oxford Circus

Des colonnades doriques de Nash conçues pour unir Oxford Circus à Carlton House *(voir Regent's Park)*, seule a été épargnée l'harmonieuse courbe dessinée par le **Quadrant**. New Street, puisque tel était le nom de Regent Street à l'époque, se targuait de plusieurs chapelles et d'un théâtre. Toutefois, les magasins (bouchers, marchands de légumes et pubs étaient bannis de la rue) ne pouvant s'agrandir faute de place, on décida de démolir les façades de stuc pour les remplacer par de grands bâtiments distingués avec vitrines et plusieurs étages de vente.

Les anciens plans révèlent qu'**Oxford Street** s'appela successivement Tyburn Road, Uxbridge Road et Oxford Road. Vers 1850, la partie Sud était presque entièrement construite et Cavendish Square *(voir Marylebone)* avait été aménagée à l'emplacement de l'ancienne propriété Harley. La limite Ouest de Regent Street était marquée par une barrière de péage au croisement de Park Lane.

Portland Place – Au temps de la Régence, cette rue était l'une des plus élégantes de Londres. Fermée au Nord par des portes, elle était bordée de part et d'autre par des maisons conçues par les frères Adam. Sa largeur correspondait à celle de Foley House, grand hôtel particulier qui la terminait au Sud.

À chaque extrémité de Portland Place se dressent des statues de Lord Sister, résident de Park Crescent, et de Quintin Hogg, fondateur de Regent Street Polytechnic en 1882. Seule une maison Adam (n° 46) a échappé à la démolition. À l'angle de Weymouth Street, un haut bâtiment dont la façade et les colonnes ornées de reliefs fut érigé en 1934 à l'occasion du centenaire du **Royal Institute of British Architects** (RIBA). En 1864, Foley House fut remplacée par le **Langham Hotel**, haut immeuble victorien à toit en pavillon. La façade incurvée de la **Broadcasting House**, siège de la BBC, fut dessinée par G. Val Myer en 1931.

All Souls Church  – Cette église fut conçue par Nash comme un pivot entre Portland Place et Regent Street. Son seul ornement, un portique circulaire de hautes colonnes ioniques, surmonté d'un anneau de colonnes portant un clocher pointu, fut conçu pour être vu de la même façon quel que soit l'angle sous lequel on le regarde. Des travaux d'excavation entrepris en 1976 ont révélé une disposition inhabituelle des arcs des fondations, rehaussant le sol de plus de 40 cm. La BBC retransmet fréquemment le culte du matin depuis All Souls.

Chandos Street – Cette rue porte le nom du duc de Chandos, qui engagea ici la construction d'une somptueuse résidence, mais fut ruiné par l'explosion du *South Sea Bubble*. À l'extrémité Nord se dresse la façade superbement proportionnée de **Chandos House** (1771), aujourd'hui occupée par la Société royale de Médecine. Œuvre de l'architecte écossais Robert Adam, elle fut entièrement bâtie en pierre de Portland immaculée, avec pour seul décor, complété par des porte-lanternes et des éteignoirs, une mince frise dominant le 2ᵉ étage, un porche carré et des grilles en fer forgé.

All Souls Church, Langham Place

Oxford Circus – Oxford Street s'étend vers l'Est jusqu'à Marble Arch et les abords de Hyde Park. Rue commerçante par excellence, elle abrite le célèbre et imposant magasin Selfridges, construit en 1908 par Gordon Selfridge. D'immenses colonnes ioniques s'élançaient sur trois niveaux vers un attique à balustrade. L'entrée était protégée par un dais et les vitrines présentaient les marchandises de manière innovante.

D'autres grands magasins se succèdent : John Lewis, D. H. Evans, Debenhams et Marks and Spencer.

À l'Ouest, cette grande artère débouche sur New Oxford Street et s'étire jusqu'au siège syndical du Trade-Union Congress.

★Regent Street – Cette artère élégante, débouchant au Sud sur Piccadilly Circus et le cœur de West End, est renommée pour ses commerces et magasins : grands magasins Dickins and Jones et Liberty, boutique de mode Jaeger, de jouets Hamley's Toyshop, joaillerie Garrard, habillement « british » Aquascutum et Austin Reed, sans oublier le célèbre Café Royal.

Liberty & Co – Ce magasin fut fondé par Arthur Liberty en 1875 grâce à un prêt de 1 500 livres que lui avait accordé son futur beau-père. Baptisé promptement « Emporium » en raison de son vaste choix d'articles importés de l'Empire britannique (soieries, porcelaines japonaises), il acquit une renommée internationale après la création de son département de vêtements, sous la direction de l'architecte et créateur E. W. Godwin, grande figure de l'Esthétisme. Du mobilier fabriqué dans des ateliers de Soho venaient compléter la gamme d'articles proposés. Le magasin créa ses propres lignes de produits, copiées sur des modèles traditionnels indiens ou commandées auprès de grands créateurs comme Voysey, Butterfield ou Arthur Silver, proches de l'Esthétisme et du Mouvement Arts and Crafts. La joaillerie importait ses modèles Art nouveau du continent. Une association avec un orfèvre de Birmingham, W. H. Haseler, aboutit à la création de la ligne d'argenterie Cymric, d'étain Tudric et de couverts émaillés. Liberty avait un grand souci du savoir-faire artisanal appliqué aux tendances contemporaines, ainsi faisait-il venir des céramiques

193

d'Allemagne et de Hongrie tout en commercialisant les faïences Wedgwood, Poole ou la verrerie, soufflée selon les méthodes traditionnelles. Le succès du courant Art nouveau dura jusqu'à la déclaration de la guerre en 1914, qui entraîna un retour vers les styles Queen Anne et Tudor. Les fabrications et bijoux de Liberty continuèrent malgré tout d'être conçus dans le même esprit de défense des traditions artisanales.

Noter la magnifique colonnade sur Regent Street, dominée par la statue monumentale de Britannia entourée de trois figures de pierre. La **façade Tudor** (1924) donnant sur Great Marlborough Street fut dessinée par Edwin T et Stanley Hall, et construite avec du chêne et du teck provenant des deux dernières goélettes de la Royal Navy.

Devenu aujourd'hui un établissement à salles multiples comprenant une salle de réunion du National Sporting Club, un temple maçonnique et des salles de banquet, le **Café Royal** fut ouvert en 1863 par un couple d'émigrés bourguignons. Le petit établissement dirigé par Daniel Nichols, qui anglicisa son nom, se forgea bientôt une réputation pour l'excellence de ses vins et de ses mets. Son succès le conduisit à s'installer dans le quartier plus distingué du Quadrant. À l'avènement du Second Empire, le Café Royal fut rebaptisé, adoptant comme enseigne le N couronné et les feuilles de laurier. Vers 1890, il devint le rendez-vous des écrivains et artistes comme Oscar Wilde, Aubrey Beardsley, Whistler, George Moore...

Au Sud du Quadrant, plusieurs ruelles rejoignent Piccadilly.

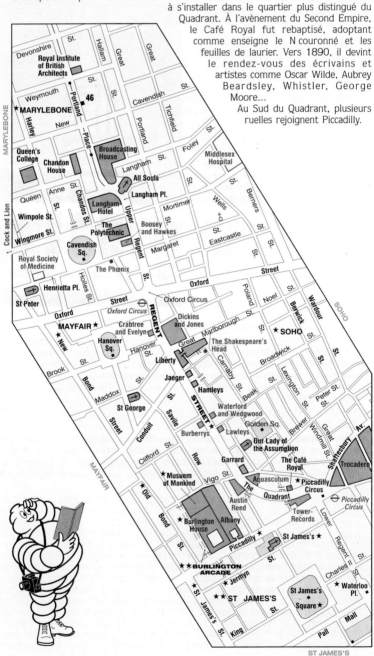

ST JAMES'S

St James's doit son nom à une léproserie, probablement fondée à la conquête normande et dédiée à saint Jacques le Mineur, chef de la communauté judéo-chrétienne de Jérusalem. Les bâtiments furent achetés par Henri VIII qui y fit construire un palais. À la restauration, Charles II fit don du domaine à son loyal serviteur Henry Jermyn, comte de Saint Albans, qui fit édifier sur les terrains voisins du palais un élégant ensemble résidentiel destiné aux membres de la cour.

Le «fondateur de West End», comme on l'a appelé depuis, organisa le quartier autour d'une place centrale d'où partaient des rues dans chaque direction ; à l'Est s'étendait un vaste marché bordé par Haymarket, au Nord se trouvait une rue commerçante, Jermyn Street, et, dans l'axe de Duke of York Street, se dressait l'église. La communauté vivait en vase clos, le parc central entouré de grilles lui étant même réservé pour la promenade.

A la chute de la dynastie Stuart, les hôtels particuliers furent repris par les clubs où, comme dans les tavernes et cafés, on se retrouvait entre gens du même monde pour discuter. Ces institutions n'accueillirent bientôt plus que des membres privilégiés qui devaient s'acquitter d'un droit d'adhésion. Ces fonds permirent aux clubs de racheter les bâtiments, d'employer un gérant et de parfaire le cadre, surtout du point de vue culinaire. Au début du 19e s., les clubs avaient la réputation d'être l'apanage des riches et des élégants, mais aussi l'antre du jeu et du vice. À la fin du siècle, leur nombre était passé à 200 dans West End. Aujourd'hui, il en reste moins de 30. S'ils étaient des lieux de réunion mondaine au 18e s., des institutions réservées au 19e s., ils jouent aujourd'hui un rôle social, défendant l'intérêt de branches particulières.

St James's est resté le quartier des messieurs : y alternent bottiers et chausseurs pour homme, chemisiers sur mesure, chapeliers, armuriers, antiquaires, marchands de vin ou de fromage, joailliers et grandes maisons d'ajudication. Bordée d'établissements bancaires et d'agences immobilières, St James's Street est toutefois restée l'adresse de huit grands clubs londoniens tandis que Pall Mall en recense cinq.

Red Lion – *2 Duke of York Street*. Miroirs et panneaux d'acajou créant une ambiance victorienne.

Red Lion – *Crown Passage*. Pub du 19e s. orné de gravures anciennes.

Cockney Pride – *Jermyn Street*. Décoré de «posters» du 19e s. ; personnel en costume de la même époque.

Golden Lion – *King Street*. Décor 1900 (glace et acajou).

★**Piccadilly côté Sud** – Les devantures des boutiques abondent de produits de luxe : soie, cuir, cachemire, tweed, vins et spiritueux, fruits et conserves, livres, porcelaine, verre et vaisselle, souvenirs militaires, parapluies et cannes, brosses à cheveux, fusils et armes à feu...

Parmi les établissements traditionnels, il convient de citer **Simpson's** (1935), un bâtiment aux élégantes proportions, simple et sophistiqué à la fois ; **Hatchard's** (n° 187), librairie fondée par John Hatchard en 1797 avec un capital de 5 livres ; **Fortnum and Mason's**, épicerie fine où les vendeurs portaient autrefois la redingote, célèbre pour son horloge musicale (1964) dont les personnages représentent les fondateurs.

★**St James's Church** ⊘ – Ce massif édifice en briques et pierres de Portland fut construit par Wren en 1676. Il possède une tour carrée à balustrade. Les murs Nord et Sud portent deux rangées de vitraux, segmentés en bas et cintrés en haut, tandis que la façade Est est ornée d'une fenêtre vénitienne. Au 19e s., de nouvelles entrées furent aménagées de part et d'autre de la tour pour remplacer l'entrée d'origine s'ouvrant dans le mur Sud.

L'intérieur est typique de Wren avec ses tribunes et sa voûte en berceau à ornements de stuc. Don de la reine Marie, fille de Jacques II, l'orgue provient de la chapelle catholique de Whitehall. Son buffet, surmonté de figures, est d'origine, tout comme l'encadrement du retable sculpté par **Grinling Gibbons** et les fonts baptismaux en marbre blanc dont le fût évoque la Tentation d'Adam et Ève. St James's est l'église paroissiale de la Royal Academy et plusieurs artistes y sont enterrés. La chaire extérieure adossée au mur Nord date de 1902.

★**Piccadilly Arcade** et Princes Arcade relient Jermyn Street à Piccadilly.

★**Jermyn Street** – Si le hammam a disparu, les boutiques pour hommes font ici florès : bottiers, selliers, maroquiniers, chapeliers, tailleurs, chemisiers, chausseurs, armuriers, marchands d'articles pour fumeurs (Dunhill au n° 50). Mais il y a aussi l'orfèvre Grima (n° 80), un parfumeur Floris (n° 89) datant de 1730, un célèbre marchand de fromages et de produits écossais, Paxton and Whitfield (n° 93), les cigares Davidoff et des hôtels comme le Cavendish qui a succédé au Brunswick où descendit, en 1846, le prince **Louis Napoléon**, futur Napoléon III, après son évasion du fort de Ham.

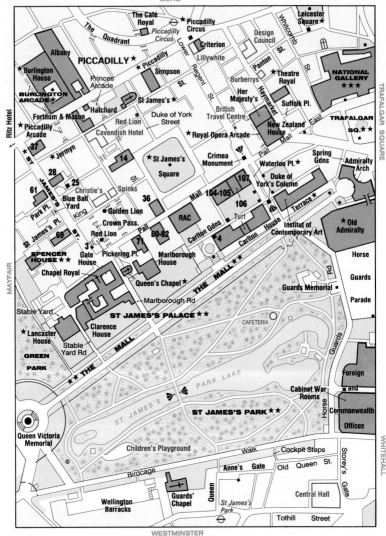

★St James's Street – C'est peut-être la rue la plus « distinguée » de Londres, chargée qu'elle est de maisons du 18ᵉ s., de clubs et de magasins d'une aristocratique élégance se cachant derrière des devantures d'une hautaine simplicité. Les immeubles les plus célèbres incluent le **White's Club** *(nᵒ 37)*, le plus vieux club de Londres, créé en 1693, sanctuaire des « tories » (conservateurs) adversaires des « whigs ». Maints Premiers ministres en firent partie ainsi que des dandys comme le beau Brummell et le comte d'Orsay. La maison date de 1788 et le fameux bow-window fut ajouté en 1811. Le **Boodle's Club** *(nᵒ 28)* fondé en 1762 réunissait à l'origine les jeunes aristocrates fortunés ayant accompli leur « Grand Tour » en Europe ; charmante façade de 1765 à baie de 1821. **The Economist** *(nᵒ 25)*, en retrait, présente une calme cour pavée cantonnée de tours de verre entourée d'immeubles (1968) abritant banque, galeries, journal.

Le **Brooks's Club** *(nᵒ 60)*, en face, est le plus connu des clubs politiques anglais ; fréquenté aux 18ᵉ et 19ᵉ s. par les ténors « whigs » (libéraux), parmi lesquels Fox et le duc de Portland qui le fondèrent en 1764, le bâtiment fut élevé en 1778 par **Henry Holland**, architecte favori du parti whig et concurrent de Robert Adam. Une étroite ruelle, **Park Place**, est cernée de maisons du 18ᵉ s. rénovées en 1830 occupées par la **Royal Overseas League** (Société royale d'outre-mer, 50 000 membres), fondée en 1910. Un peu plus loin s'ouvre un passage vers **Blue Ball Yard**, petite place où des écuries de 1742 ont été transformées en garages.

Sur **St James's Place**, Castlemaine House est un édifice moderne (1959-1960) conçu par **Denys Lasdun**. Une demeure georgienne *(nᵒ 20)* est occupée par le Royal Ocean Racing Club. Au nᵒ 27 s'élève un vaste hôtel particulier, le seul du 18ᵉ s. encore visible à Londres, Spencer House.

★★Spencer House  – Dominant Green Park, cette demeure fut construite en 1766 pour le comte Spencer. Premier exemple de style néo-classique conçu par John Vardy, disciple de William Kent, elle fut achevée par James Stuart, à qui l'on doit les décors et les détails architecturaux des pièces du premier étage. Le second comte demanda à Henry Holland d'apporter quelques modifications au rez-de-chaussée.

En 1942, au plus fort des bombardements, les décors originaux furent heureusement retirés et mis en sécurité à Althrop, propriété de campagne de la famille : quelque temps après, la maison fut sévèrement endommagée. Rachetée en 1985 par Lord Rothschild et minutieusement restaurée, elle a retrouvé aujourd'hui sa splendeur d'origine. Les tableaux, meubles et décors du 18ᵉ s. ont été restitués, prêtés ou copiés. Les tapis persans sont du 19ᵉ s.

On visite les huit pièces d'apparat, l'antichambre, la bibliothèque, la salle à manger, la pièce aux palmiers, et, à l'étage, la chambre de musique, la grande salle, la chambre de Lady Spencer et la salle des peintures, décorée dans un style néo-grec typique de Stuart. Une brochure magnifiquement illustrée donne une foule d'informations supplémentaires.

Au n° 69 de St James's Street, le **Carlton Club**, club politique conservateur fondé en 1832 par Wellington et de ce fait surnommé « Arthur's », occupe un immeuble palladien de pierre édifié vers 1820. Face au Carlton, à l'angle de King Street, se trouvait jadis l'Almack's, club le plus sélect de Londres au temps de Nelson et de Wellington. Au **74**, l'ancien Conservative Club fut bâti par **George Basevi** et **Sydney Smirke** en 1845 dans un style palladien revu et corrigé. Le n° 86, magnifique immeuble victorien, abritait jadis des clubs du 19ᵉ s. (Constitutional, Savage, National, Flyfishers).

Sur le côté opposé de la rue se succèdent **Byron House** *(nᵒˢ 7-8-9)*, immeubles de 1960 sur le site de la maison qu'habitait Byron au moment de la parution de *Childe Harold* (1811), **Lobb's** *(n° 9)*, bottier célèbre ayant chaussé les plus grandes personnalités dont il possède les formes de pieds, la boutique du 18ᵉ s. du chapelier **Lock's** *(n° 6)*, dont le fonds de commerce remonte à 1765 et qui, depuis, fournit la haute société londonienne en melons et hauts-de-forme, la boutique du 18ᵉ s. de **Berry Bros and Rubb** (n° 3), marchands de vins depuis 1730, spécialistes des sherrys et portos vieux (les clients de la maison ont leur propre réserve, vieillissant dans les caves où, en 1848, le futur Napoléon III rédigea ses proclamations au peuple français). À côté de ce sanctuaire bachique, un passage conduit à la charmante cour de **Pickering Place**, bordée de maisons du 18ᵉ s. À l'extrémité de la rue, façade avec pignons à volutes, frises et tourelle d'angle, par **Norman Shaw**.

★★St James's Palace – En 1532, le « beau manoir » construit par Henri VIII fut transformé en un palais à créneaux et échauguettes avec **pavillon d'entrée** au bas de St James's Street. Les bâtiments anciens d'origine, dont la partie Est fut détruite

St James's Palace

dans l'incendie de 1809, sont construits dans la brique brune caractéristique de l'époque Tudor. Le couronnement crénelé présente un motif en nids d'abeilles avec pierres de parement. Il entoure quatre cours intérieures : Colour, Friary, Ambassadors' et Engine Courts, toutes illuminées la nuit.

St James's fut le dernier palais royal construit dans la capitale. De nombreux souverains y sont nés ou morts. Charles Ier passa sa dernière nuit dans le poste de garde avant de traverser le parc le matin de son exécution, le 30 janvier 1649. Après l'incendie de Whitehall en 1698, St James's devint la résidence royale permanente et le resta jusqu'en 1837. Aujourd'hui résidence du prince de Galles, du duc et de la duchesse de Kent et de la princesse Alexandra, le palais conserve un rôle officiel : les proclamations sont prononcées du balcon de Friary Court et les ambassadeurs sont « accrédités auprès de la Cour de St James ». L'intérieur porte l'empreinte des décorateurs et architectes successifs : Wren, Grinling Gibbons, Hawksmoor, Kent et William Morris. Les somptueux appartements d'État contiennent des portraits en pied des souverains des dynasties Stuart et Hanovre.

Chapelle royale ⊙ – *Ambassadors' Court*. Le grand vitrail gothique, visible à droite de l'entrée du palais, illumine la chapelle et son plafond peint, longtemps attribué à Holbein. Le chœur, formé au Moyen Âge, jouit d'une grande réputation. Les choristes portent la traditionnelle soutane pourpre et or. De nombreux mariages royaux s'y déroulèrent, dont celui de la reine Victoria en 1840. Christopher Wren y épousa sa seconde épouse, Jane Fitzwilliam, en 1676.

Clarence House – *Stable Yard*. Achevée en 1825, la demeure que le duc de Clarence, frère de George IV, fit bâtir par Nash est habitée par la reine mère.

★**Lancaster House** – *Stable Yard*. Ce luxueux hôtel particulier a été édifié en 1825 pour le duc d'York, frère de George IV, par Benjamin Wyatt. Devenu propriété du duc de Sutherland, il fut réaménagé à l'intérieur par l'architecte Charles Barry, en 1858, et fastueusement décoré, si bien que la reine Victoria rendant visite à la duchesse dit un jour : « Je viens de ma maison dans votre palais. » Il est utilisé pour les réceptions officielles et comme résidence des hôtes de l'État.

Les parties les plus remarquables sont le grand escalier de Ch. Barry qui donne accès à la grande galerie où a été remonté un plafond peint par le Guerchin pour une belle église romaine. Belle vue de la façade Sud à partir du Mall.

Green Park – Théâtre de nombreux duels au 18e s., ce parc de 48 ha fut incorporé, en 1667, aux parcs royaux par Charles II qui y fit établir une glacière (monticule face au n° 119 de Piccadilly). À l'Est, belle vue sur **Spencer House**.

★**Queen's Chapel** – *Malborough Road*. Faisant jadis partie du palais St James, la chapelle de la Reine, prévue pour la fiancée espagnole de Charles Ier, fut aménagée pour l'épouse de celui-ci, **Henriette-Marie de France**.

Le sceptique Pepys s'y rendit le jour de Noël 1667 pour la messe de minuit : « La reine mère (Henriette-Marie) y assistait. Mais quelle curieuse impression je ressentis à me trouver parmi tous ces gens : ici un valet de pied, là un mendiant, une belle dame, un pauvre papiste dévot, et même quelques protestants venus pour voir le spectacle. J'avais grand-peur d'avoir les poches faites. La musique est vraiment très belle mais leur service trop frivole... Ils s'amusent et bavardent au milieu de la messe... J'ai vu que les papistes ont le bon esprit d'apporter des coussins pour s'y agenouiller ; cela me fit grand défaut... »

Inigo Jones dirigea la construction de cette chapelle, premier édifice religieux de style classique élevé en Grande-Bretagne. L'architecture, d'une sévère harmonie, est inspirée de l'antique par le truchement de Palladio, plan basilical, fronton triangulaire au relief accusé et, à l'intérieur, jadis décoré d'un retable de Jordaens, voûte de bois cintré à caissons ; buffet d'orgue par Grinling Gibbons.

Marlborough House – *Fermé au public*. Construite en 1710, sur les plans de Wren, pour Sarah, épouse du fameux **duc de Marlborough**, la résidence fut remaniée en 1771 par William Chambers et encore agrandie dans les années 1860 pour le futur Édouard VII. La demeure qui a abrité la reine Mary, veuve de George V, de 1936 à sa mort en 1953, est désormais à la disposition des nations du Commonwealth.

Les escaliers et le grand salon sont ornés de peintures murales relatant les batailles de Ramillies, Malplaquet, Blenheim gagnées par Malborough sur les troupes de Louis XIV : amère ironie, ces œuvres sont dues au Français **Louis Laguerre** (1663-1721), fils du directeur de la Ménagerie de Versailles et filleul du Roi-Soleil.

Les peintures du plafond du Grand Salon, évoquant les Arts et les Sciences, proviennent du hall du Pavillon de la Reine à Greenwich : elles ont été exécutées par l'Italien **Orazio Gentileschi** (1562-1647) qui travailla à partir de 1626 pour Charles Ier et Henriette-Marie de France. Dans ce salon, Léopold de Saxe-Cobourg reçut, en 1831, les envoyés du gouvernement provisoire belge venus lui offrir la couronne.

Pall Mall – Bordé de majestueuses façades classiques que scandent colonnes et pilastres, Pall Mall est ainsi nommé parce que l'on y pratiquait, au 17e s., le « paille-maille », jeu français d'origine italienne, analogue à notre croquet et exigeant une balle (paille : de l'italien palla) accompagnée d'un maillet (maille). C'est à Pall Mall que furent placées, en 1807, les premières lampes à gaz hydrogène existant dans le monde.

Crown Passage, en face de Marlborough House, mène au pub **Red Lion** et débouche sur King Street, où se trouvent deux des plus célèbres établissements londoniens : la salle de ventes **Christie's** (*n° 8*), fondée en 1766 par un officier de marine, James Christie, et Spinks (*n° 5*), spécialiste des médailles, monnaies et décorations.

L'**Oxford and Cambridge Club** (*n° 71*) fut fondé en 1830 par Lord Palmerston ; les anciens étudiants des deux Universités s'y rencontrent dans l'édifice bâti par les frères Smirke, architectes du British Museum. Schomberg House (*n°s 80-82*) date de 1698 ; il subsiste l'aile Ouest de cette belle demeure où **Gainsborough** vécut de 1774 à sa mort, en 1778, et où il avait monté sa propre galerie de vente . L'**Army and Navy Club** (*n° 36*) fut reconstruit en 1963 ; le **Royal Automobile Club (RAC)** est un immeuble de 1911 édifié par les constructeurs du Ritz.

★**St James's Square** – Encadrant une statue équestre de Guillaume III (1807), cette place plantée de hauts platanes est bordée au Sud et à l'Est d'immeubles de bureaux modernes et de résidences du 19ᵉ s. Les faces Nord et Est ont conservé quelques hôtels particuliers géorgiens, notamment au n° 4, un bâtiment de 1676 auquel fut ajouté en 1725 un porche ionique, de belles corniches et un long balcon en ferronnerie ; au n° 5, un édifice datant de 1751 agrandi aux 18ᵉ et 19ᵉ s. ; au n° 15, **Litchfield House**, conçue en 1765 par James Stuart dans le plus pur style néo-classique, avec balcon en fer forgé courant sur toute la façade à portique et colonnes élancées, flanquant la porte (la première maison sur ce site fut érigée en 1673 pour la belle Frances Stewart, maîtresse de Charles II et modèle de la *Britannia* sur la monnaie anglaise) ; au n° 20, une demeure dessinée par Adam en 1775 et reproduite au n° 21 ; au n° 32 résidèrent les évêques de Londres de 1771 à 1919 ; le n° 31, Norfolk House, où naquit George III, servit de quartier général à Eisenhower entre 1942 et 1944 ; le n° 14 est occupé par la **bibliothèque de Londres** (London Library – 1896) ; au n° 12, l'édifice de stuc à porche orné de colonnes toscanes serait dû à Cubitt (1836) ; aux n°s 9-10, Chatham House abrite le Royal Institute of International Affairs, fondé en 1920. Les deux bâtiments datent de 1736 et le n° 10 fut la résidence de trois Premiers ministres : Chatham (1757-1761), Derby (1837-1854) et Gladstone (1890).

Le **Reform** (*n°s 104-105 Pall Mall*), qui rassemble les sympathisants du parti libéral depuis 1832, est installé dans un « palais italien » dû à Charles Barry (puits artésien dans la cour) ; le **Travellers** (*n° 106*), remontant à 1819 et destiné aux grands voyageurs, occupe également un pastiche de palais italien de Charles Barry.

★**Waterloo Place** – Large, la rue relevait de la grande percée opérée par Nash pour relier Regent's Park à Carlton House, démolie par le roi en 1829, ce qui dégagea une vue vers le Sud sur St James's Park. Vers le Nord est érigé le **monument de Crimée**, qui évoque le souvenir des « Guards » morts pendant la campagne de Crimée (1854-1856) : il est signalé par une Victoire de bronze. L'**Athenaeum** (*n° 107 Pall Mall*), club littéraire et artistique fondé en 1824, occupe un bâtiment construit en 1830 par Decimus Burton. Sa façade sur Waterloo Place est ornée d'une statue d'Athéna (Minerve). En face, au n° 116, un édifice identique construit par Nash et modifié par Burton en 1842 héberge l'Institut des Administrateurs.

Carlton Gardens évoque les jardins de Carlton House. Quatre maisons entourant une pelouse ombragée ont abrité des ministres britanniques (au n° 1 Curzon, au n° 2 Kitchener et au n° 4 Palmerston). Cette dernière demeure, reconstruite en 1933, de style classique, a été pendant deux ans le quartier général des Forces Françaises Libres sous les ordres du **général de Gaulle** dont le bureau provisoire se trouvait auparavant à St Stephen House sur l'Embankment, au bord de la Tamise. En juin 1993 a été inaugurée, face au n° 4, une statue de bronze du chef de la France libre ; cette œuvre de l'artiste londonienne Angela Conner rejoint ici les statues d'Édouard VII, George VI, Franklin, du marquis de Curzon, ancien vice-roi des Indes, et de Frédéric, duc d'York. À l'Ouest, les marches qui ouvrent sur le Mall sont dominées par un bronze de **George VI**, par William McMillan.

Une plaque commémore l'appel diffusé le 18 juin 1940 par le général qui mettait son espoir dans la Résistance française et l'appui des Alliés : « Rien n'est perdu pour la France... Elle n'est pas seule. Elle a un vaste Empire derrière elle. Elle peut faire bloc avec l'Empire britannique qui tient la mer et continue la lutte. Elle peut, comme l'Angleterre, utiliser sans limites l'immense industrie des États-Unis... Moi, général de Gaulle, ... j'invite les officiers et les soldats français qui se trouvent en territoire britannique ou qui viendraient à s'y trouver..., les ingénieurs et les ouvriers spécialisés... à se mettre en rapport avec moi. Quoi qu'il arrive, la flamme de la résistance française ne doit pas s'éteindre et ne s'éteindra pas. »

★**Carlton House Terrace** – Adossée à St James's Park, **Carlton House** (1709) fut achetée en 1732 par Frédéric, prince de Galles, et passa en 1772 au prince Régent, qui la fit transformer par Henry Holland pour la modique somme de 800 000 livres. Bien qu'elle fût devenue la plus belle résidence de toute l'Angleterre, George IV, devenu roi, lui préféra Buckingham Palace en 1825.

Carlton House fut démolie en 1829 et le gouvernement chargea Nash, qui venait d'achever Regent's Park, de concevoir des « terraces » similaires pour St James's Park. Il n'en réalisa que deux.

Du côté Nord, les entrées, aux porches parfois regroupés par deux, sont flanquées de colonnes toscanes ou ioniques et coiffées de balcons. Le n° 1 fut la résidence de Lord Curzon. Entre les deux «terraces» trône, en haut de l'escalier qui mène au Mall, la **colonne du duc d'York**, de granit rose, représentant Frédéric, frère de George IV, commandant en chef de l'armée britannique.

Le côté Sud, donnant sur St James's Park, est plus majestueux : chaque bloc, orné de balcons reposant sur des colonnettes élancées de fer forgé peintes en blanc, comprend 31 baies, organisées autour d'un portique central à colonnes corinthiennes et de pavillons latéraux.

★**Royal Opera Arcade** – Ce magnifique passage de boutiques fut conçu par **Nash** et Repton en 1817, comme l'une des trois arcades entourant alors Royal Opera House et s'harmonisait avec les bâtiments vis-à-vis, sur Haymarket et Suffolk Place. Il abrite aujourd'hui plusieurs succursales de Farlow's, magasin spécialisé dans les articles de chasse, de pêche et de tir.

New Zealand House – *Haymarket.* Cet immeuble de 15 étages, assis sur un sous-sol de 4 niveaux, date de 1963. Le renfoncement du rez-de-chaussée forme un dais, surmonté par les surfaces vitrées à bandeaux de pierre.

Her Majesty's (The King's) – À l'angle de Haymarket et de Charles II Street s'élève ce théâtre victorien à loggias construit par Beerbohm Tree en 1897. Ancienne salle de l'Opéra italien, il accueille aujourd'hui les grandes comédies musicales.

★**Theatre Royal, Haymarket** – Il a hérité, comme Drury Lane, du privilège d'être, depuis 1720, théâtre du Roi. L'édifice actuel, bâti en 1821 par **Nash**, présente sur Haymarket une solennelle façade à portique ; l'intérieur, majestueux et élégamment décoré, a été refait en 1974. C'est dans ce théâtre que fut chanté pour la première fois, en 1823, l'air si populaire en Angleterre «Home, sweet home».

ST PANCRAS

Plan p. 7, **EV**
⊖ King's Cross-St Pancras

Ce quartier abrite trois des six principales gares de Londres. À l'Est, desservant les lignes Nord, **King's Cross** (1852) de l'architecte Lewis Cubitt, dont l'horloge fit l'attraction de l'Exposition universelle de 1851 *(voir South Kensington)*. Sa façade est masquée en grande partie par une avancée couverte, donnant accès aux quais, situés à l'arrière du bâtiment. Desservant le centre de l'Angleterre, **St Pancras** (1864) occupe un édifice néo-gothique, mélange de briques et de terre cuite italienne, conçu par George Gilbert Scott. À l'Ouest s'étend la gare de **Euston** (1837), reconstruite en 1968 pour accueillir les lignes de banlieue et du Nord-Ouest du pays. De massifs piliers noirs portent des panneaux vitrés. Dans l'avant-cour trône une statue de Robert Stephenson, ingénieur en chef de la ligne Londres-Birmingham (1838).

London Canal Museum ⊘ – *12-13 New Wharf Road.* Le musée occupe une ancienne glacière en bordure du Regent's Canal, où étaient autrefois stockés des blocs de glace naturelle venus de Norvège. Ils servaient, entre autres, à approvisionner Carlo Gatti, le plus célèbre fabricant de crèmes glacées de l'ère victorienne. Un film de 1924 illustre la vie des bateliers de l'époque. L'exposition retrace la construction des canaux d'Angleterre, le creusement du Regent's Canal, les différentes méthodes de halage et de propulsion, le déclin au 20e s. et la conversion des péniches de loisirs.

Camley Street Natural Park – Dominé par les réservoirs à gaz de King's Road, d'époque victorienne, un «îlot» de nature a été créé sur les rives du Regent's Canal. Avec des étangs, un marais, des roseaux, on souhaite attirer en ce lieu des insectes, des papillons, des oiseaux et une faune aquatique.

St Pancras' Old Church – *Pancras Road.* Édifiée au milieu du 19e s. sur un site très anciennement christianisé, elle a l'aspect d'une église de campagne et n'a gardé de l'église du 13e s. qu'une fenêtre à lancette et une pierre d'autel remontant au 7e s.

Transformé en jardin public, le cimetière servit longtemps à l'inhumation des catholiques de Londres parmi lesquels de nombreux Français émigrés dont malheureusement les tombes n'ont pas été respectées : Mgr d'Anterroches (1793) évêque de Condom ; Bigot de Sainte-Croix (1803), ministre de Louis XVI en 1792 ; Louise de Polastron (1804), égérie du comte d'Artois ; le chevalier d'Éon (1810), agent politique de Louis XV ; Violet (1819), peintre et miniaturiste.

Le Corse Paoli (1807), dont les cendres ont été ramenées en 1899 dans son village (Morsaglia), le compositeur Johann Christian Bach (1782), plus connu à l'époque que son père Jean-Sébastien, l'architecte Sir John Soane et sa femme, dont le mausolée a été conservé, furent aussi enterrés dans le cimetière.

Gare de St Pancras

British Library ⊙ – *Euston Road*. Formée en 1973, la **Bibliothèque britannique** regroupe trois bibliothèques nationales et celle du British Museum *(voir à ce nom)*. En dehors de la section de prêt et de bibliographie, l'importante **Reference Division** (ouvrages de référence) est riche de près de 10 millions de livres, 81 000 volumes étrangers et 37 000 manuscrits orientaux.

St Pancras Parish Church ⊙ – *Upper Woburn Place, Euston Road*. Bâtie de 1819 à 1822, cette curieuse église néo-classique de style « Greek Revival » conçue par William Inwood fait écho à l'Érechthéion de l'Acropole d'Athènes par les caryatides portant le toit de la sacristie, au Nord et au Sud (prévues trop grandes, il fallut les tronquer). Le clocher octogonal et la colonnade de la façade sont inspirés de la Tour des Vents de l'Agora d'Athènes.

Wellcome Trust – *183 Euston Road*. L'Institut de médecine Wellcome présente une exposition sur la recherche médicale, **Science for Life** ⊙. Des expositions thématiques expliquent à partir de la collection constituée par Henry Wellcome l'utilisation des instruments et la technologie mises en œuvre dans les interventions et traitements chirurgicaux. Reconstitution de pharmacies des 17e et 18e s. provenant de Rome, Grenade, Londres... L'immeuble, de style néo-classique, date de 1931.

CAMDEN TOWN ⊖ *Camden Town*

Roundhouse – *Chalk Farm*. Cet ancien hangar ferroviaire des années 1840 abrite la collection d'esquisses et dessins du Royal Institute of British Architects (RIBA).

Jewish Museum ⊙ – *129/131 Albert Street*. Aménagé dans Raymond Burton House, le **Musée juif** retrace l'histoire de la communauté à travers des pièces de monnaie, de l'argenterie et des objets divers. La galerie de portraits (17e au 19e s.) présente la physionomie de quelques grands noms, tandis que les personnages peints sur porcelaine (Bow, Minton, Derby et Rockingham) donnent un aperçu des traits de caractère des professionnels du vêtement. Au premier étage, la galerie d'art Alfred Rubens expose une merveilleuse collection d'objets rituels, dont une Arche d'alliance vénitienne du 16e s., un support en argent destiné à recevoir la Thora, des mantes en soie brodée et de fins récipients sculptés sur le continent. Les livres de prières et les contrats de mariage peints sur parchemin soulignent l'importance accordée au cérémonial et à la dévotion dans la culture juive.

Contrastant violemment avec les « terraces » environnantes, l'**immeuble de TV-AM** de l'architecte post-moderne T. Farrell s'élève dans Hawley Crescent.

Camden Market – *Angle de Camden High Street et Buck Street*. Alignements sans fin de vestes de cuir, boots et vêtements de moto *(voir Introduction)*.

The Stables Antique Market – Ces anciennes écuries construites vers 1840 servaient aux chevaux de halage du Regent's Canal. Rénovés dans les années 50, les spacieux bâtiments accueillent un marché pour collectionneurs (objets Art déco, vêtements des années 50 et 60, appareils et meubles d'époque) et amoureux d'antiquités. Dans la cour extérieure pavée viennent s'installer une foule de stands et de marchands.

ST PAUL'S CATHEDRAL★★★

Plan p. 8-9, **FX** – Schéma : CITY
⊖ St Paul's

Tel un phénix renaissant de ses cendres après le Grand Incendie de 1666, le dôme de la **cathédrale St-Paul** ⊙ constitue pour les Londoniens le véritable symbole de leur ville. En décembre 1940, alors que toute la Cité et les docks étaient en feu, le dôme de St-Paul s'élevait imperturbable au-dessus des flammes, redonnant espoir à toute l'Angleterre (Churchill avait donné des ordres spéciaux pour sa protection). Après plus de trois siècles, cet illustre dôme n'a rien perdu de sa majesté, même si d'immenses tours de bureaux modernes le cernent de toutes parts.
La cathédrale est l'église-mère pour les 500 paroisses qu'englobe au Nord de la Tamise le diocèse de Londres.

Old St Paul's : la cathédrale avant l'incendie – L'actuelle cathédrale est la cinquième, voire même la sixième, existant à cet endroit. Les annales font état d'un premier sanctuaire en 604. Un second édifice fut probablement élevé sous l'égide de saint Erkenwald, évêque de Londres de 675 à 685, puis ravagé par les Danois en 962. Reconstruite après l'invasion danoise, l'église fut dévastée par un incendie en 1087.
Au 13e s. fut entreprise la construction d'une immense cathédrale gothique (1240) avec une nef à 12 ouvertures, un large transept et un chœur à chevet plat. En 1221, la tour massive qui s'élevait au-dessus de la croisée fut embellie d'une flèche de plomb culminant à 164 m (frappée par la foudre, elle prit feu et fut détruite en 1561 pour ne jamais être reconstruite). En 1314, l'allongement du chevet conféra à l'édifice une longueur de 190 m d'Est en Ouest.
Mais au cours du même siècle la cathédrale fut laissée à l'abandon et même désacralisée, les tours Ouest servant de prisons tandis que les reliques et sanctuaires étaient pillés. L'évêque de Durham écrivait alors que « la nef latérale Sud était vouée à la ratichonnerie et à l'usure, la Nord à la simonie et le reste à l'hébergement de chevaux, parieurs, meurtriers, conspirateurs et brigands de tout poil ».
Jacques Ier puis Charles Ier entreprirent de remettre en état la cathédrale. Le jubé fut réparé, la nef et les murs Ouest du transept remodelés et **Inigo Jones** ajouta sur la façade Ouest un haut portique corinthien.
Durant la Guerre civile, la cathédrale fut investie par la cavalerie et à nouveau endommagée, si bien qu'à la Restauration une commission fut formée pour la remettre en état. Ses membres incluaient le jeune **Christopher Wren**, géomètre et astronome alors célèbre, mais inexpérimenté en matière d'architecture. Le 27 août 1666, il fit l'état des lieux en compagnie de son associé John Evelyn et ils projetèrent d'ajouter à St-Paul une fine coupole. Mais 6 jours plus tard éclatait le Grand Incendie qui devait entièrement ravager la cathédrale.

Après l'incendie – Six jours seulement après l'extinction des flammes, Wren soumit un plan de reconstruction de la Cité qui fut rejeté. Deux années durant, le clergé tergiversa, puis finit par inviter Wren à dessiner les plans d'une nouvelle cathédrale. Trois études successives présentées par l'architecte furent refusées derechef. En 1669, fort de sa nouvelle position de Contrôleur général des Travaux de Charles II, Wren décida d'entreprendre la construction comme « l'avait ordonné Sa Majesté ». La première pierre fut posée sans plus de cérémonie le 21 juin 1675. 32 années plus tard, il eut la satisfaction de voir son fils poser la dernière pierre, couronnant la lanterne. À sa mort en 1723, l'architecte fut enterré, comment pouvait-il en être autrement, dans sa cathédrale.

VISITE *1 h 1/2 environ*

Extérieur – C'est de l'esplanade située au Sud du monument que l'on découvre la perspective la plus spectaculaire sur son élévation. Le corps même de l'édifice fait penser à un palais à l'italienne avec son toit en terrasse que soulignent sur trois côtés, au Nord, au Sud et à l'Est, des balustres, ses baies et ses niches que séparent les pilastres, interprétation de la célèbre « travée rythmique » de l'Italien Bramante. L'étage supérieur, aveugle, joue seulement un rôle décoratif, les nefs latérales de la cathédrale étant en fait plus basses que la nef principale. On admirera enfin l'originale ordonnance du magnifique portique semi-circulaire qui donne accès au croisillon du transept.
Cet exceptionnel piédestal met en valeur le **dôme★★★**, l'un des plus parfaits au monde, admirable morceau d'architecture présentant la particularité d'avoir son tambour ceint d'une colonnade qui en allège la masse et s'allie harmonieusement avec le corps du monument, et sa gracieuse **lanterne** couronnée d'un globe et d'une croix dorés.
D'esprit baroque, la **façade principale** est d'un effet moins heureux et on peut lui reprocher l'effet discutable des deux clochetons latéraux qui en amortissent les angles. Avec ses deux volées d'escalier, ses 55 m de large, son portique à deux étages et ses colonnes accouplées, elle est cependant fort majestueuse.
Au Nord un passage donnait jadis accès à **Paternoster Row**, ruelle connue pour ses librairies et détruite par les bombardements de la dernière guerre.

PICTOR

Cathédrale St-Paul

Les élévations latérales impressionnent par les niches en trompe-l'œil encadrant les fenêtres de l'étage supérieur. Enfin, il faut remarquer le splendide programme sculptural formé par les statues et reliefs de Caius Cibber et Francis Bird, et par les guirlandes et les têtes de chérubins de Grinling Gibbons.

Plan – La cathédrale St-Paul conserve le plan traditionnel en croix latine comprenant nef, transept, chœur, bas-côtés bordés de chapelles.
La nef compte 152 m de longueur (nef de St-Pierre de Rome : 186 m) et 36 m de largeur, alors que le transept, très saillant, atteint 76 m de façade à façade. Quant au dôme, il mesure 68 m de hauteur sous voûte et 110 m de hauteur totale pour un diamètre de 31 m.

Intérieur – Riche et imposant, il est remarquable par le mouvement spatial de l'ensemble et par l'impressionnante envolée de sa grande coupole décorée par Thornhill de peintures en grisaille évoquant la vie de saint Paul.
Parsemant la cathédrale depuis seulement 1790, des monuments funéraires rappellent le souvenir des célébrités enterrées dans la crypte.
Dans la **nef**, près du bas-côté gauche, l'orgueilleux mausolée de Wellington (1) par Alfred Stevens (1857 à 1875), terminé par Tweed (1912), la statue équestre, jugée irrévérencieuse, n'ayant été admise qu'après la mort de son créateur. Sur un pilier du bas-côté droit, une peinture de W. Holman Hunt exécutée en 1900, *La Lumière du Monde* (2), représente le Christ frappant à une porte obstruée par la végétation ; un intense rayonnement intérieur se dégage de ce tableau dont la première version (1851) se trouve dans la chapelle du collège Keble à Oxford.
Dans le **transept**, statues de **Nelson** (3) par Flaxman et du peintre Reynolds (4). Sous le dôme, l'épitaphe de Wren rappelle la fameuse inscription latine qui surplombe sa tombe, dans la crypte.
À l'entrée du **chœur**, une plaque marque l'emplacement du cercueil de Churchill lors de ses funérailles, le 30 janvier 1965. Le buffet d'orgue (5) et les **stalles★★** (6) sont l'œuvre du grand sculpteur sur bois **Grinling Gibbons**. Chacune des stalles est différente de sa voisine : remarquer les expressions des chérubins et la diversité des fleurs, des fruits et des feuillages sculptés en couronnes ou en guirlandes. Les **grilles** (7) du sanctuaire réalisées par **Jean Tijou** (de 1691 à 1709) sont remarquables. À l'extrémité Est du chœur, le maître-autel de marbre est placé sous un massif baldaquin doré de l'après-guerre, réalisé d'après des études de Wren. Les dorures mettent aussi en valeur les mosaïques des verrières (19e et 20e s.) qui se prolongent vers la voûte.

Dans le **déambulatoire** Nord, avant la chapelle des Martyrs, on peut voir un graduel du 14e s., une Bible du 16e s. et les registres signés de la reine Anne à Élisabeth II lors des services d'actions de grâce. Une gracieuse sculpture de marbre (8) de **Henry Moore** (1984) représente une Vierge à l'Enfant. Dans le déambulatoire Sud, noter l'étonnante statue du poète-théologien **John Donne** (9), doyen de St-Paul de 1621 à 1631 ; drapé dans un suaire, il a été sculpté debout par Nicholas Stone, d'après une peinture faite de son vivant.

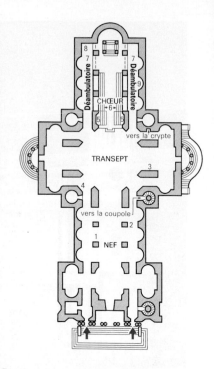

Crypte – *Accès par le croisillon Sud du transept.* Panthéon des grands personnages anglais ou étrangers, du 18e s. au 20e s., ayant contribué au renom de l'Empire britannique, la crypte s'étend sur toute la longueur de St-Paul, abritant une centaine de tombes (toutes les personnalités célébrées ici n'y sont pas enterrées). Voir spécialement :

– le **coin des artistes** (à droite de la chapelle de l'Ordre de l'Empire Britannique) où sont inhumés Reynolds, Lawrence, Turner, Millais, Hunt et Blake ;

– la tombe de **Wren** (déambulatoire Sud) marquée par une dalle de marbre noir qu'accompagne en surplomb sur le mur une dédicace lapidaire en latin portant ces mots : *Si monumentum requiris, circumspice* (Si tu cherches mon tombeau, regarde autour de toi) ;

St-Paul : coupe transversale du dôme

– le tombeau de **Wellington** (à la limite du chœur et du transept, au pied des marches), sarcophage de porphyre à l'intérieur duquel repose le corps du « duc de Fer » ; le char funèbre qui était naguère dans la crypte se trouve aujourd'hui à Stratfield Saye House dans le Hampshire ;

– le tombeau de **Nelson** (croisée du transept) ; sarcophage de marbre du 16e s., destiné à l'origine au cardinal Wolsey et renfermant le cercueil de l'amiral, façonné avec le bois du vaisseau français l'*Orient*, capturé par la flotte anglaise à Aboukir ;

– le buste de **Lawrence d'Arabie**, par Epstein (dans la rotonde Nelson, côté Nord) ;

– le mémorial de **Florence Nightingale**, albâtre délicat dans un encadrement de marbre roux (dans la rotonde Nelson, côté Est) ;

– le buste en bronze de **W. E. Henley**, par Rodin en 1903 (rotonde Nelson, côté Sud).

Dans le transept Nord est exposé le **trésor**, constitué de documents et objets appartenant en propre à la cathédrale ou provenant de paroisses du diocèse (exemplaire des statuts de la chapelle Henri VII de l'abbaye de Westminster daté de 1507, orfèvrerie allemande du 16e s.).

Montée à la coupole – *Accès depuis le bras droit du transept.* On gagne la galerie intérieure pratiquée à la base de la coupole, à 30 m du sol *(259 marches)*. C'est la **galerie des Murmures** (Whispering Gallery), ainsi nommée car on y entend d'un côté à l'autre des paroles même chuchotées. On découvre des vues vertigineuses sur le transept, la rose des vents inscrite dans le pavement au centre et, vers le haut, sur les grisailles de **Thornhill**.

Passer à la galerie extérieure *(530 marches)*, à la base du dôme. La **galerie de pierre** (Stone Gallery) offre des perspectives sur la structure de la calotte. Du chemin de ronde ou **galerie d'Or** (Golden Gallery), à la base de la lanterne, on découvre un **panorama**★★★ sur Londres et la Tamise.

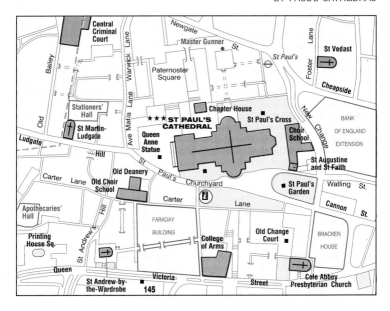

AUTOUR DE LA CATHÉDRALE

Devant l'entrée principale de la cathédrale, la **statue** de la reine Anne rappelle que c'est sous son règne que St-Paul a été terminée.

Chapter House – Édifice conçu par Wren de 1710 à 1714, en brique rouge et parement de pierre, restauré en 1957.

St Paul's Cross – Sur ce lieu de prédication célèbre depuis le 13e s. où, jusqu'au 17e s., se dressait une croix s'élève depuis 1910 une colonne surmontée par la statue de saint Paul.

Choir School – La maîtrise de la cathédrale occupe des bâtiments modernes (1967) accolés au clocher de l'église **St Augustine and St Faith**, édifiée par Wren de 1680 à 1687 et détruite en 1941. Cette tour de pierre à balustrade cantonnée d'obélisques et portant une tourelle baroque à flèche de plomb renflée à la base a été reconstruite selon les plans de Wren.

St Paul's Garden – Le jardin est agrémenté d'une sculpture de George Ehrlich, *Les Jeunes Amoureux,* et d'un bassin.

Old Change Court – Cette moderne piazza est ornée d'une statue (1973) de Michael Ayrton, *Icare.* Dans l'angle Nord-Ouest, un pavillon circulaire abrite un centre d'information touristique.

Old Deanery – *Dean's Court.* L'ancien doyenné fut édifié par Wren (1672-1673).

Old Choir School – *Angle de Carter Lane.* Le bâtiment, qui sert aujourd'hui d'Auberge de jeunesse, fut construit en 1873 et décoré de sgraffites et d'une inscription extraite de l'*Épître aux Galates,* de saint Paul.

Les funérailles du Duc de Fer

Après les obsèques de Nelson, en 1805, St-Paul fut le théâtre du sombre apparat des cérémonies organisées en l'honneur de **Wellington.**

Dans la brume froide de ce mois de décembre 1852, précédé par les hallebardiers de la Tour, l'énorme char funèbre, tiré par douze chevaux noirs, était suivi du cheval d'armes du défunt, puis de son bâton de maréchal et de ses décorations. Ensuite venaient la Cour, les parents et amis du duc, en longues théories ; huit escadrons de cavalerie et trois batteries d'artillerie fermaient la marche. À l'entrée de la cathédrale attendaient le clergé et le corps diplomatique au premier rang duquel un sosie de Napoléon attirait tous les regards : c'était **Walewski**, le fils de l'Empereur et de Marie Walewska, alors ambassadeur de France à Londres. Walewski avait hésité longtemps à assister aux obsèques du fossoyeur de son père, mais Brunnow, l'ambassadeur russe, avait triomphé de ses réticences en lui disant : « Mon cher, si cette cérémonie était destinée à ressusciter le duc, je comprendrais votre répugnance ; mais comme il ne s'agit que de l'enterrer, je ne vois pas de quoi vous pouvez vous plaindre. »

Plan p. 6, **BY** – Schéma : SOUTH KENSINGTON
⊖ South Kensington

Le **musée des Sciences** ⊙ a la vocation d'encourager l'initiative et la réceptivité dans l'apprentissage et l'éducation scientifiques. Pour réaliser cet objectif, il combine différents moyens didactiques comme l'exposition, l'interactivité et la présentation d'exposés. Une remise à jour permanente est assurée.

Le musée occupe 7 étages et il sera prochainement agrandi pour abriter une exposition sur la science, la technologie et la médecine contemporaines, intitulée **Making of the Modern World**. L'inauguration est prévue pour l'an 2000. D'ores et déjà, les visiteurs peuvent accéder aux dernières avancées technologiques grâce aux innombrables ordinateurs, maquettes en fonctionnement et autres panneaux à manettes et boutons mis à leur disposition. Des guides en costume d'époque sillonnent les couloirs, prêts à fournir informations, conseils et assistance.

Pour réussir votre visite

Attractions principales – Si vous avez peu de temps à consacrer à la visite, votre itinéraire empruntera les salles Électricité, Exploration spatiale, Transports, Optique, Histoire de la médecine, Aéronautique, Chimie, Alimentation et nutrition.

Enfants – Sections recommandées aux tout-petits : Initiation pour les enfants, Transports et Exploration spatiale, au rez-de-chaussée ; Alimentation et nutrition et Plate-forme de lancement, au 1er étage ; Aéronautique et Laboratoire de vol, au 3e étage ; quelques aspects de l'Histoire de la médecine, au 4e étage.

Expositions interactives – Des démonstrations sont proposées dans les salles Alimentation et nutrition, Plate-forme de lancement et Laboratoire de vol. Pour les horaires, se renseigner au guichet d'information.

Limitation du nombre de visiteurs – Afin de contenir l'affluence dans les salles attirant un large public, le musée a mis en place un système de billets horodatés. Se renseigner au guichet d'information.

Bibliothèque – Une bibliothèque de référence, rattachée à l'Imperial College, est mise à la disposition des étudiants et chercheurs. Se renseigner au guichet d'information ou au ☎ 0171 938 8234.

Librairie – Grand choix d'ouvrages techniques, de documentation spécialisée, d'outils didactiques et de souvenirs.

Informations générales : ☎ 0171 938 8080 ou 8008 ; Réservations (groupes) : ☎ 0171 938 8222.

NIVEAU	SALLES	CONTENU
Rez-de-chaussée	**Synopsis Gallery** *(mezzanine)*	Présentation des collections.
	Machines hydrauliques, turbines, vapeur	Machine de Boulton et Watt ; machine et chaudière de Trevithick.
	Air chaud, gaz, huile et électricité. Fusées	Expérience du pendule de Foucault démontrant la rotation de la Terre ; poudre à canon ; V2 ;
	Exploration spatiale	Cabine d'Apollo 10 ; station spatiale Mir.
	Transports, ponts et tunnels *(balcon)*	Puffing Billy (1813) ; la plus ancienne locomotive du monde, la Rocket de George Stephenson (1829) ; cycle Rover (1885) ; original de la 1re Rolls-Royce (1905).
Sous-sol	**Initiation pour les enfants**	Le feu, écluses, cuisine du 19e s.
1er étage	**Plate-forme de lancement**	Expériences et démonstrations technologiques.
	Verre	Appareils de distillation des 10e, 11e et 12e s.
	Fer et acier	Fonderies, modèle de haut fourneau.
	Plastiques	
	Télécommunications	Émetteur Marconi
	Gaz	Le forage en pleine mer.
	Agriculture	Moissonneuse Bell (1826).
	Géodésie	Théodolite de Ramsden.
	Météorologie	Baromètres, anémomètres.
	Mesure du temps	Horloge de la cathédrale de Wells, horloge de Coster (vers 1658).
	Alimentation et nutrition	

2e étage	Chimie	Représentation de l'ADN par Crick et Watson ; datation au carbone 14.
	Poids et mesures	Mesures portant le monogramme royal.
	Éclairage	Condenseur de Lacemakers.
	Imprimerie et fabrication du papier	Atelier d'imprimerie au 18e s.
	Physique et énergie nucléaire	Appareil utilisé par Thomson pour ses études sur les électrons.
	Industrie chimique du pétrole	
	Calcul	Machine à calculer de Babbage ; ordinateurs, informatique.
	Navigation	Gyrocompas, radars, cockpit d'avion de ligne.
	Ingénierie maritime	Turbines de bateaux.
	Navires	HMS *Prince*, maquettes de bateaux.
	Docks	Maquette du port de Londres.
3e étage	Optique	Hologrammes.
	Chaleur et températures	Appareil de Joule.
	Géophysique et océanographie	Sismographe de Shaw (1935).
	Photographie et cinéma	Daguerréotypes, inventions de Fox Talbot, Muybridge, Marey, Edison.
	Électricité et magnétisme	Aimant utilisé par Faraday.
	Aéronautique	Montgolfière (1783) ; aéroplane des frères Wright (1903) ; chasseurs Spitfire et Hurricane ayant participé à la bataille d'Angleterre en 1940.
	Laboratoire de vol	Pièce interactive destinée à tester les principes de vol.
4e étage	Histoire de la médecine	Trépanation néolithique, interventions médicales au cours des âges, salle d'opération d'un navire de guerre à Trafalgar, opérations à cœur ouvert des années 80.
5e étage	Sciences médicales	Acupuncture chinoise, coffre médical génois (vers 1565), matériel de Pasteur.
	Médecine vétérinaire	Écorché anatomique d'un cheval.

SOHO ★

Plan p. 7-8, **DEX**

⊖ Piccadilly Circus ; Leicester Square

Limité par Piccadilly Circus, Leicester Square, Charing Cross Road, Oxford Street et Regent Street, Soho fut considéré comme le repaire des malfaiteurs... et des Français. Aujourd'hui, c'est un endroit cosmopolite rassemblant une grande variété d'établissements de plaisir.

Soho évoque assez bien, de jour, le Londres d'antan avec ses maisons de 2 ou 3 étages, et s'anime de nuit du mouvement des noctambules. Des restaurants français, italiens, grecs, chinois, antillais, au nombre de 200 ou 300, font concurrence à toutes sortes de boutiques spécialisées dans les produits étrangers ou exotiques, épiceries fines, magasins de vin, de café et même éventaires de marchands des quatre-saisons. Quant aux théâtres, cinémas, clubs de jazz, cabarets, sex-shops, spectacles, ils sont légion.

The York Minster – *49 Dean Street*. Fréquenté par les artistes et les écrivains. Propriété de deux générations de Français, il est de ce fait surnommé le **French Pub**.

The Coach and Horses – *Angle de Greek Street et Romilly Street*. Rendez-vous de la bohème.

Un lieu d'exil – Vers 1680, Soho, dont le nom évoque le cri de rappel des chiens après l'hallali, n'était qu'un hameau avoisinant un pavillon de chasse que Wren avait édifié pour le **duc de Monmouth**, un bâtard de Charles II, qui fut décapité par Jacques II pour avoir conspiré contre la Couronne. Puis avec l'afflux des immigrés et notamment des protestants rejetés de France par la révocation de l'édit de Nantes (1685), le quartier se lotit. Les huguenots français se groupent Greek Street et Berwick Street où se fixe un noyau d'orfèvres parmi lesquels le célèbre **Paul de Lamerie**. L'église grecque se transforme alors en temple protestant français.

Au 18ᵉ s. des étrangers de toutes nationalités viennent s'ajouter aux Français, tels le peintre vénitien Canaletto qui demeura Beak Street de 1749 à 1751, le musicien Mozart en 1765, le grand séducteur Casanova, ou encore cet aventurier allemand, le **baron Neuhoff**, proclamé roi de Corse en 1736 sous le nom de Théodore Iᵉʳ et mort à Soho dans une arrière-boutique de fripier, le 5 décembre 1756. À la Révolution, un contingent d'émigrés peu fortunés s'installe à Soho où le **comte de Caumont** a monté son atelier de reliure ; une chapelle catholique française, aujourd'hui disparue, est fondée sous le vocable de la Sainte-Croix.

De 1851 à 1856, **Karl Marx** habite au n° 28 Dean Street. En 1871 arrivent les Communards exilés. La défaite française de 1940 amène des réfugiés français, belges, hollandais qui se réunissent dans les restaurants ou les pubs tenus par leurs compatriotes (le Wheeler's, au **19 Old Compton Street**, avait par exemple été fondé par un chef de Napoléon III). Plus récemment, des Chinois se sont installés à Gerrard Street, où ils célèbrent en grande pompe leur Nouvel An.

VISITE *À faire de préférence de nuit, au départ de Piccadilly Circus.*

Leicester Square – Tracé à la fin du 17ᵉ s., Leicester Square était à l'origine un jardin faisant face au manoir des Sydney, comtes de Leicester, bâti sur le côté Nord : les duellistes venaient y découdre dans l'ombre propice des fourrés.

Au 18ᵉ s. le square devint un endroit élégant où habitaient, entre autres, des artistes fortunés comme Reynolds ou Hogarth. Il était encadré de belles demeures ayant vue sur le jardin où, en 1748, Frédéric, prince de Galles, qui résidait à Leicester House, avait fait placer la statue équestre de son grand-père George Iᵉʳ. Puis, en 1789, Leicester House fut abattue et l'on pensa édifier à son emplacement un opéra dont Victor Louis, l'architecte du Grand Théâtre de Bordeaux, avait fourni les plans, mais le projet ne fut pas réalisé. Le jardin tomba dans l'abandon et le beau monde déménagea. Les demeures aristocratiques du pourtour furent transformées en hôtels, dont la plupart étaient tenus par des Français, comme l'hôtel Brunet, l'hôtel Sablonier, où logea l'écrivain Rivarol en 1794, l'hôtel de Provence... En 1851 la statue de George Iᵉʳ fut enlevée.

L'Empire, à Leicester Square

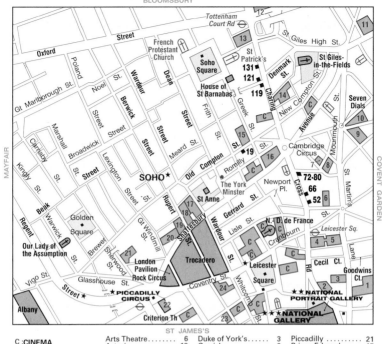

C :CINEMA

THEATRES :

Albery	5		
Ambassadors	7		
Apollo	19		
Arts Theatre	6	Duke of York's	3	Piccadilly	21
Astoria	13	Garrick	2	Prince Edward	15
Cambridge	9	Gielgud	18	Prince of Wales	24
Comedy	23	London Coliseum	1	Queen's	17
Criterion	22	Lyric	20	St Martin's	8
Dominion	12	Palace	16	Shaftesbury	11
Donmar Warehouse	10	Phœnix	14	Wyndham's	4

Aujourd'hui réservée aux piétons, la place bordée de restaurants et de salles de cinéma jouit d'une intense animation. Au centre, la fontaine élevée en 1874 à la mémoire de Shakespeare fait face à la statue de **Charlie Chaplin** de John Doubleday (1980). À la circonférence du pavage intérieur se trouvent des plaques indiquant la direction des capitales des pays du Commonwealth ; bustes de résidents célèbres – Reynolds, Newton, Hunter, Hogarth – et panneaux relatant l'histoire de la place, depuis l'époque des prés communaux jusqu'à la construction de l'Alhambra (1854), du Daly's Theatre, et surtout de l'**Empire**, qui a forgé la réputation de la place comme cœur du monde du spectacle. Au Sud du jardin central se trouve le **kiosque** de vente de places de théâtre à demi-tarif (Half-Price Ticket Booth) ; à l'angle Nord-Est, le **carillon** du Centre Suisse est visible sur la façade côté square.

Centre Charles Péguy (French Youth Centre) – *16 Leicester Square.* Centre d'accueil et de loisirs pour les jeunes de 18 à 30 ans : ciné-club, conférences, expositions, conversation en français et en anglais ; discothèque, bibliothèque, sports.

Église Notre-Dame-de-France ⊘ – *5 Leicester Place.* Sobre et élégant édifice de plan circulaire, la paroisse catholique des Français de Londres et des communautés londoniennes de langue française a été reconstruite à l'emplacement d'une église antérieure détruite durant la dernière guerre. L'intérieur est décoré de fresques (1960) de **Jean Cocteau** et d'une tapisserie d'Aubusson de Dom Robert.

Wardour Street – Symbole de l'industrie cinématographique dans les années 30, la rue est restée le siège de nombreuses maisons de production de films. L'ébéniste **Sheraton**, qui créa le style portant son nom, a habité cette rue au 18e s.
De l'église **Ste-Anne**, dédiée à Anne de Danemark et paroisse de Soho, il ne reste depuis les bombardements que la tour restaurée dominant le cimetière où repose le « roi de Corse », Théodore Ier.
Dans Berwick Street a lieu un marché de rue depuis 1778.
Dans Warwick Street, à l'écart de Regent Street, l'église **Our Lady of the Assumption** est une ancienne chapelle portugaise reconstruite en 1788. Le Golden Square voisin est orné d'une statue de George II (1753).

Stationner en ville : les mots à connaître
– *meter : parcmètre*
– *pay and display bay : emplacement de stationnement à horodateur*
– *voucher : ticket de stationnement*
– *parking ticket : contravention*
– *clamping : pose d'un sabot*
– *towing-away : mise en fourrière*

House of St Barnabas ⊙ – *À l'angle de Greek Street.* La **maison St-Barnabé**, construite vers 1750 pour la famille Beckford, est aujourd'hui un asile charitable temporaire pour femmes dans le besoin. L'extérieur n'est décoré que par deux obélisques placés à l'entrée, tandis que les pièces intérieures, qui comptent parmi les plus soignées de Londres, sont ornées de beaux stucs et d'un escalier à crinoline. Surprenante petite chapelle néo-gothique conçue en 1863.

Soho Square – Tranquille à deux pas d'Oxford Street, cette place a été tracée en 1680 au Nord du manoir du duc de Monmouth qui occupait l'emplacement compris entre Greek Street et Frith Street : elle fut ornée alors d'une fontaine surmontée d'une statue de Charles II, œuvre de Cibber.
Autour de Soho Square s'élèvent le temple protestant français de Londres et l'église catholique St-Patrick.

Charing Cross Road – Foyle's au n° **119**, Zwemmer's aux n°s **72** et **80**, Collet's aux n°s **52**, **66** et **131** et Waterstone's au n° **121** sont quelques-unes des librairies spécialisées dans les livres anciens et d'occasion qui bordent cette rue, immortalisée par Helene Hanff dans son roman *84 Charing Cross Road.*

SOUTH BANK ★

Plan p. 8-9, **EFY**
⊖ Waterloo

Le quartier de South Bank conserva un caractère rural jusqu'à la construction des ponts de Westminster et Blackfriars vers 1750. Mieux desservi par les routes et les transports publics, le village devint peu à peu une ville d'eaux, où les classes moyennes respectables possédaient des maisons de campagne. Au début du 19e s., South Bank fut investi par les promoteurs immobiliers comme Thomas Cubitt et transformé en banlieue sillonnée de petites rues avec « squares » et « terraces ».

Un quartier industriel victorien – Bien desservi par la Tamise et les chemins de fer et possédant une population ouvrière nombreuse, ce quartier attira l'implantation d'usines et d'ateliers : la fabrique de pierre de Coade (fin du 18e s.), les fonderies Doultons, la fabrique de chandelles Price (Battersea), les fabriques de vinaigre, de paniers, de brosses, les chantiers navals, brasseries, distilleries, ateliers spécialisés dans la porcelaine et la poterie, dont un produisant la célèbre delft de Lambeth. Les bombardements de la Seconde Guerre mondiale ont détruit en grande partie les rues victoriennes, les baraques ouvrières, la promenade de Lambeth et les usines, laissant la place à de nouveaux aménagements.
Riverside Walk, appelée promenade de la reine (Queen's Walk) depuis le jubilé d'argent en 1977, constitue un bon moyen d'explorer South Bank. La promenade part du County Hall et descend vers Southwark et le Pont de la Tour *(voir Tower of London: Tower Bridge).*

La pierre de Coade

Au 18e s., l'invention de cette pierre artificielle, obtenue à partir de terre cuite imperméable, permit de décorer de nombreux monuments et façades à bas prix. Le procédé de cuisson lente conférait au matériau une excellente résistance au rétrécissement et à la déformation. Fabriquée dans des moules creux, la pierre était disponible en plusieurs dimensions, permettant la création tant de sculptures monumentales que de petits motifs architecturaux. La formule avait été découverte par Mrs Eleanor Coade et resta pendant longtemps un secret bien gardé. La manufacture Coade assura la fabrication de la fameuse pierre de 1769 à 1830.

★**County Hall** – *Belvedere Road.* Siège du Conseil du Grand Londres (Greater London Council) jusqu'à son abolition en 1986 et du Service de l'enseignement de Londres intérieur (Inner London Education Authority), l'**Hôtel du Comté**, de style classique, a été édifié (1912-1922) par Ralph Knott face à la Tamise, près de l'emplacement de la manufacture de pierre de Coade. Dans les fondations, un **aquarium** ⊙ s'enfonce de deux niveaux au-dessous des eaux de la Tamise.

South Bank Lion – Cet énorme lion en pierre de Coade peint en rouge, emblème au 19e s. d'une brasserie (Lion Brewery), a été installé au pied du pont de Westminster en 1952.

Jubilee Gardens – Les jardins du Jubilé commémorent les 25 ans de règne de la reine Élisabeth II, en 1977. Un bronze (1985) de I. Walter est dédié aux Brigades internationales (1936-1939), un autre, par Alexander (1980), s'intitule *Jubilee Oracle.*

Shell Centre – Propriété de la firme pétrolière, ce bâtiment en U achevé en 1962 possède une tour de 26 étages, avec une annexe près du centre culturel. C'est l'un des plus grands ensembles de bureaux de Grande-Bretagne.

★★South Bank Arts Centre – Construit depuis la Seconde Guerre mondiale, il forme un groupe de bâtiments en pierre, en béton et en verre d'un aspect rigide et austère mais non dépourvu de grandeur ni de justesse dans les proportions. Néanmoins, les édifices, reliés par des passerelles *(en gris sur le schéma)*, sont si vigoureusement contestés que l'architecte Richard Rogers a proposé de couvrir l'ensemble d'un dais de verre.

★Royal Festival Hall – Construit en 1951 sous les auspices du Greater London Council et comptant parmi les plus réussies des réalisations architecturales spécialement conçues pour la musique, il rassemble une grande salle de concert de 3 000 places servie par une merveilleuse acoustique, une salle pour la musique de chambre, une salle de bal et un restaurant. Il fallut cependant isoler le bâtiment du bruit de la gare de Waterloo et reconcevoir la façade sur le fleuve pour y intégrer l'entrée principale et la plaquer de pierres de Portland.

Queen Elizabeth Hall and Purcell Room – En 1967, une seconde salle de concert de 1 100 places fut inaugurée en même temps qu'une troisième, la **salle Purcell** (370 places), affectée aux récitals. Leur acoustique est parfaite.

Hayward Gallery ⊘ – Destinée à recevoir des expositions temporaires, elle fut achevée en 1968. Elle a été conçue de façon à offrir sur deux niveaux 5 grands espaces d'exposition et 3 cours accueillant les sculptures.

★Museum of the Moving Image (MOMI) ⊘ – Le **musée de l'Image animée** présente l'histoire du cinéma et de la télévision depuis les premières expériences dans le domaine de l'optique, les inventions d'Edison et des frères Lumière et les films muets à l'animation moderne. Le visiteur est invité à travailler derrière une caméra ou à lire les nouvelles devant l'objectif. Chapeau et canne de Charlie Chaplin, robe de Marilyn Monroe dans *Certains l'aiment chaud*, etc.

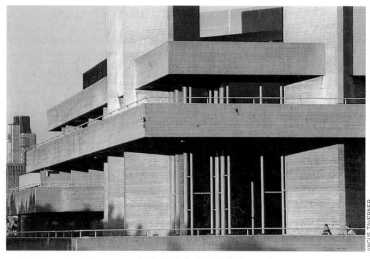

South Bank Centre, détail

National Film Theatre – Cette cinémathèque, l'une des plus importantes du monde, ouverte en 1951, reconstruite en 1957 et agrandie en 1970 comprend deux salles (466 et 162 places) et organise chaque année le Festival du Film.

★**National Theatre** ⊘ – Conçu par Denys Lasdun, il abrite trois scènes, des bars et des foyers, et ambitionne d'être un lieu de rencontre pour les amateurs de théâtre, poètes, musiciens et tous les créateurs.

Devant le théâtre se dresse une sculpture monumentale, *London Pride*, de F. Dobson, réalisée pour le Festival de 1951, et une sculpture de pierre, *Arena*, due à J. Maine (1983-84).

Waterloo Bridge – L'architecte G. G. Scott conçut en 1945 ce pont à cinq arches en pierres blanches de Portland recouvrant du béton. Il remplaça le pont construit par John Rennie qui avait été inauguré le 18 juin 1817, second anniversaire de la bataille de Waterloo.

Depuis le pont s'ouvre une **vue** splendide : par ses proportions et sa structure, l'immeuble IBM (1983) s'harmonise avec le National Theatre, du même architecte. Plus loin s'élève le bâtiment de la London Weekend Television, dominé par les tours de la maison d'édition IPC. Sur les berges du fleuve, on identifie **Gabriel's Wharf** ⊘, accueillant des ateliers d'artisans et des logements sociaux.

Au-delà de **Stamford Wharf**, dominé par la tour OXO, ancienne usine transformée en restaurant, on reconnaît la façade de Sea Containers House.

SOUTH KENSINGTON★★

Plan p. 6-7, **BY**
⊖ South Kensington

Bâti essentiellement dans la seconde moitié du 19ᵉ s., South Kensington, le quartier le plus typiquement victorien de Londres, s'étend entre Hyde Park et Chelsea. Le « royal borough » présente deux aspects, l'un résidentiel, l'autre intellectuel : le premier, au contact de Chelsea, est prodigue d'espaces verts, « crescents », « squares », jardins que bordent des maisons à portique bien alignées ; le second, à proximité d'Hyde Park, est marqué par une concentration de musées et d'institutions scientifiques ou artistiques dont plusieurs relèvent de l'Université de Londres.

★**Royal Albert Hall** – Spécifiquement victorien, mais de style Renaissance italienne, l'Albert Hall, bâti de 1867 à 1871 sur plan curviligne, présente un appareil de briques sur lequel se détache une frise de terre cuite évoquant le Triomphe des Arts et un

> **The Anglesea Arms** – *Selwood Terrace*. Pub de village ; terrasse en plein air.
> **Queen's Elm** – *241 Fulham Road*. Artistes et jeunes du quartier.

dôme métallique. Consacré à des activités extrêmement diverses, allant de la réunion politique aux concerts pop en passant par les matchs de boxe, il est pendant 8 semaines successives en été le cadre des fameux **« Proms »** ou **Promenade Concerts**, qui attirent jusqu'à 7 000 spectateurs à la fois.

Détail de la frise du Royal Albert Hall

ANGUS TAVERNER

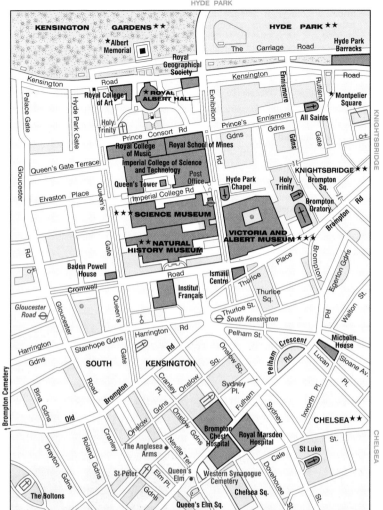

Royal College of Art – Conçu par Cadbury-Brown en 1961, cet immeuble abritant studios et ateliers possède une façade de brique brune, habillée de béton et de verre opaque et dépourvue de tout ornement. Issu de la fusion de l'École nationale de Dessin et de l'École nationale de Formation d'Art, le collège a formé un grand nombre d'artistes éminents, dans de multiples domaines.

Par opposition, le petit bâtiment adjacent offre un violent contraste. Ancien siège du **Royal College of Organists** construit par H. H. Cole en 1875, il apparaît presque surchargé d'une décoration ornementale due à F.W. Moody. Des panneaux couleur chocolat portent des motifs blanc cassé, des angelots musiciens forment une frise tandis que la porte est encadrée de guirlandes au monogramme VR.

Royal Geographical Society ⊘ – Cette institution fondée en 1830 contient une salle des cartes riche de 30 000 pièces, anciennes ou historiques. Des statues de Shackleton et Livingstone ornent le mur extérieur de cette demeure élevée en 1874 par Richard Norman Shaw.

British Library National Sound Archive – *29 Exhibition Road*. Ce bâtiment de style Queen Anne (1878) abrite une collection comprenant près d'un million de disques et plus de 45 000 heures d'enregistrements : musique, effets sonores, dialectes et autres documents relevant de l'histoire du disque.

Royal College of Music – Construit en 1893 par Sir Arthur Blumfield, ce bâtiment de brique couvert d'ardoises grises s'identifie à ses tourelles en poivrière et à ses gables élancés. Il abrite deux musées : le **Department of Portraits** et le très prisé **Museum of Instruments** ⊘ comprenant plusieurs collections d'instruments de musique, parmi lesquels une épinette de Haendel et un clavecin de Haydn.

★Imperial College of Science and Technology – Le **collège impérial des sciences et techniques** est un énorme ensemble, limité au Nord par Prince Consort Road, où il englobe le Collège royal de Musique et l'**École des Mines** (Royal School of Mines), à façade néo-georgienne (1913). Il s'étend au Sud au-delà de Imperial College Road, jouxtant le musée des Sciences. Les bâtiments d'un style néo-classique du milieu du 20e s. sont dominés par une haute tour, la **tour de la Reine** (Queen's Tower) qui faisait partie de l'ancien Institut Impérial construit de 1887 à 1893 par Collcutt, après l'Exposition coloniale de 1886.

Hyde Park Chapel – *Exhibition Road.* Construite en 1960 et surmontée d'une fine flèche de briques dorées, elle est consacrée au culte mormon.

★★★Science Museum – *Voir à ce nom.*

★★Natural History Museum – *Voir à ce nom.*

★★★Victoria and Albert Museum – *Voir à ce nom.*

Ismaili Centre – *Exhibition Road.* Ce bâtiment moderne, dont la façade recouverte de marbre gris-bleu est percée d'étroites fenêtres, sert de centre culturel et religieux islamique.

Institut français – *Cromwell Road.* Bien que construit en 1938, le bâtiment est de style Art Nouveau. Un grand nombre des étudiants de ce centre culturel et pédagogique fondé en 1910 sont anglais.

Baden Powell House ⊘ – *Angle de Queen's Gate et de Cromwell Road.* Construit en 1961, repérable par un Baden-Powell statufié sans le célèbre couvre-chef, le quartier général du mouvement scout abrite une auberge pour ses jeunes adhérents en visite et une exposition sur son fondateur.

Michelin House – *81 Fulham Road.* Inauguré en 1910, l'immeuble qu'a occupé jusqu'en 1985 la Société des pneumatiques Michelin (Michelin Tyre PLC) constitue l'un des meilleurs exemples londoniens, avec le Harrods' Meat Hall, du style Art nouveau.

Michelin House

L'entrée principale est surmontée d'une immense baie vitrée, encadrée de pilastres sculptés de trois lettres entrelacées MTC (Michelin Tyre Co) que l'on retrouve sous les frontons incurvés à roue rayonnante des façades latérales (Sloane Avenue et Lucan Place). La lettre M sert de motif central à des panneaux en bas-relief représentant des pneus et des feuillages. Au rez-de-chaussée, des tableaux de carreaux de faïence illustrent les compétitions de la Belle Époque (cycles, motos, voitures). L'un d'eux évoque la course Paris-Bordeaux de 1895, avec la 1re voiture équipée de pneus Michelin. On retrouve dans le hall intérieur les mêmes céramiques, en frise sous le plafond.

Au Sud de **Old Brompton Road**, Pelham Crescent est un harmonieux ensemble du milieu du 19e s. probablement dû à Basevi et disposé en croissant autour d'un jardin privé, tandis que **The Boltons**, aux belles maisons blanches alignées en double croissant, fut conçu par Cubitt. Entre les deux, Onslow Gardens est typique des maisons à porche proéminent sur piliers et Elm Place, abondamment fleurie, des chaumières d'artisans du milieu du siècle dernier. Le pittoresque groupe de bâtiments de style Tudor entourant **Queen's Elm Square** évoque le souvenir d'Élisabeth Ire, qui se serait abritée sous un orme (elm) lors d'un orage.

Dans le même quartier, le Lycée français, qui dépend de l'Université de Lille, dispense un enseignement de qualité à 2 500 élèves.

Royal Marsden and Brompton Chest Hospitals – L'hôpital de Royal Marsden fut construit en 1859, celui de Brompton entre 1844 et 1854. Le premier est affecté à l'Institut de recherches sur le cancer, qui inclut l'Institut de recherches Chester Beatty, le second à l'Institut cardio-pulmonaire, relevant tous deux de l'Université de Londres.

Brompton Cemetery – Cette vaste nécropole du 19e s. contient des monuments funéraires de styles variés.

Au débouché du London Bridge, sur la rive droite de la Tamise, s'étend le quartier de Southwark, qui comprend le district même et les faubourgs de Walworth, Bermondsey, Rotherhithe, Camberwell-Peckham et Dulwich *(voir Index)*.

De l'invasion romaine à la dissolution des monastères – Le village de pêcheurs établi sur cette rive marécageuse de la Tamise, à l'abri des crues redoutées, connut un rapide développement après la construction du pont romain, desservi par plusieurs routes menant au Sud de l'Angleterre. À l'époque anglo-saxonne, le pont était devenu un poste de défense contre les hordes d'envahisseurs venus par bateau et le village, fortifié, prit le nom de «sud werk» qui donna Southwark. Le sauvetage d'Ethelred par **Olaf de Norvège** devant l'invasion danoise est commémoré dans Tooley Street. À la conquête normande, Guillaume le Conquérant incendia Southwark avant de prendre Londres. Dans le premier recensement foncier de 1085, le «Domesday Book», Southwark est décrit comme un village composé d'une plage où pouvaient accoster les navires, d'une rue, d'une pêcherie de harengs et d'un prieuré. À la dissolution des monastères en 1540, le prieuré devint propriété de la Couronne. Henri VIII acheta à l'archevêque Cranmer *(voir Index)* le Great Liberty Manor, administré par l'archevêché de Canterbury depuis le 12e s. Il en fit un domaine de rapport, loué aux évêques de Winchester et aux Templiers qui y fondèrent le célèbre Paris Garden *(voir Bankside)*.

Le faubourg possédait également deux hospices, St-Thomas d'abord installé à la porte du prieuré, puis vis-à-vis, et le Lock Hospital dans Kent Street (aujourd'hui Old Kent Road), en dehors des limites de la cité médiévale (fermé en 1760).

Le marché – La population croissante de Walworth, Newington et Camberwell venait vendre ses produits au marché, qui se tint d'abord sur le Pont de Londres, puis dans High Street, et finalement sur le site actuel. **Borough Market**, le plus ancien marché londonien (13e s.) fut officiellement institué en 1756. La population de Southwark était constituée de pêcheurs et de marins. Des fabriques s'établirent, notamment une manufacture de plâtre et de mortier (1283), des ateliers de tissage, des brasseries fondées par les réfugiés hollandais, des verreries et tanneries.

En été se déroulait la Foire de Southwark, et parfois en hiver, lorsque la Tamise gelait, la Foire de givre. Le quartier était également connu pour ses théâtres, maisons closes et tavernes qui toutes n'étaient pas mal famées, puisque certaines servaient d'étapes aux voyageurs se rendant vers le Sud et les ports de la côte, ou attendant l'ouverture du pont pour entrer dans la Cité.

De la dissolution des monastères à nos jours – Henri VIII se débarrassa rapidement des domaines des monastères contre espèces sonnantes et trébuchantes. La Cité s'intéressa de plus en plus à Southwark, sans toutefois jamais faire entrer dans sa juridiction la prison du Clink ni les théâtres de Paris Garden.

Communément appelé le **Borough,** le quartier, fermé par la Tamise et appartenant en grande partie aux banquiers et affairistes de la Cité, connut une forte industrialisation après la construction des ponts, le développement des docks et l'arrivée du chemin de fer. Plusieurs asiles et maisons de charité s'y installèrent également, sous l'égide des guildes de la Cité, tels **Hopton Almshouses** *(Hopton Street)*, ensemble de cottages de brique édifié en 1752, et **Drapers' Almhouses,** érigé par la guilde des drapiers en 1820.

À la fin du 19e s., le quartier était libéré de ses prisons : le **Clink,** prison ô combien notoire, en 1780, **Marshalsea,** où le père de Dickens avait été détenu trois mois pour insolvabilité, en 1842, King's Bench en 1860, et Horsemonger Lane Jail en 1879.

> **George Inn** – *77 Borough High Street.* Auberge 17e s. avec cour et galerie.

Les bombardements de 1939-1945 furent extrêmement dévastateurs. Après une grande vague de reconstruction, Southwark présente un nouveau visage, les édifices ancestraux côtoyant les immeubles les plus modernes et chaque quartier possédant son cachet particulier.

★★ Southwark Cathedral ⊘ (St Saviour and St Mary Overie)

L'église St-Sauveur-et-Ste-Marie-au-delà-des-Eaux a obtenu le rang de cathédrale en 1905 lorsque fut fondé l'évêché de Southwark ; auparavant, elle dépendait de l'évêché de Winchester et fut desservie par des chanoines augustins jusqu'à la Réforme.

L'édifice a été réalisé au 13e s. dans le style Early English, mais remanié par la suite et la nef a même été entièrement refaite entre 1890 et 1897.

Intérieur – *Entrer par la porte Sud-Ouest.* Immédiatement à gauche : l'arcade gothique de l'église rebâtie après l'incendie de 1206. À l'extrémité Ouest du bas-côté Nord se trouvent **12 clefs de voûte** provenant de la charpente du 15e s. qui s'affaissa en 1830 :

le pélican, les tournesols et les roses héraldiques, la malice, la gloutonnerie, le mensonge, Judas englouti par le diable... À côté se trouve un bénitier de marbre noir avec un couvercle doré inséré dans le mur. Des fragments d'une arche de l'église normande sont pris dans le mur Nord. On passe devant le monument funéraire du poète John Gower (1330-1408), un ami de Chaucer, pour arriver au croisillon Nord. On peut voir d'autres vestiges normands ainsi qu'un bénitier antique derrière une porte.

Dans le croisillon Nord, remarquer une série de monuments funéraires dont les plus curieux sont ceux de la famille Austin (1633, mur de gauche), du médecin Lockyer (1672, mur du fond à gauche) et du sacristain Richard Blisse (1703, mur du fond à droite).

Depuis la croisée du transept où pend le grand lustre de cuivre (1680) entre les piliers soutenant la tour-lanterne refaite au 16ᵉ s., on a une belle perspective sur le chœur du 13ᵉ s. aux harmonieuses proportions. Le **retable** (1520), dont les statues ont été placées en 1905, semble une gloire gothique encadrée par les arcades sans ornements des bas-côtés du chœur, du triforium et de la claire-voie.

Côté Nord, deux passages mènent à la **chapelle Harvard**. John Harvard, fondateur en 1636 de la célèbre université du même nom, près de Boston (États-Unis), a été baptisé dans cette église en 1607. Plaques funéraires d'Edmond, frère de Shakespeare décédé en 1607, et du dramaturge John Fletcher, mort en 1625.

Passer ensuite dans le bas-côté Nord du chœur : contre le mur, statue en chêne du 13ᵉ s. représentant un chevalier, les jambes croisées ; en face, tombeau de Richard Humble et de ses épouses en prières (début 17ᵉ s.).

On arrive alors au vaste arrière-chœur à chevet plat, divisé en quatre chapelles, qui, bien que très restauré, reflète la sobre et élégante architecture du début du 13ᵉ s. De 1540 à 1617, il servit à la fois de tribunal, de prison, de logement, de porcherie et de boulangerie...

Revenir ensuite au transept par le bas-côté Sud du chœur : le premier monument funéraire à droite est celui de Lancelot Andrews, évêque de Winchester, membre de la Commission qui produisit la version autorisée de la Bible, mort en 1626. En face se trouve une statue romaine du dieu de la Chasse (vers 2ᵉ-3ᵉ s.), mise au jour lors de fouilles sous la cathédrale.

Dans le transept Sud (14ᵉ s.-début 15ᵉ s., avec des meneaux reconstruits de style Perpendicular) on trouve, à gauche, les armes peintes en rouge et le chapeau du cardinal Beaufort, évêque de Winchester qui prit part au procès de Jeanne d'Arc,

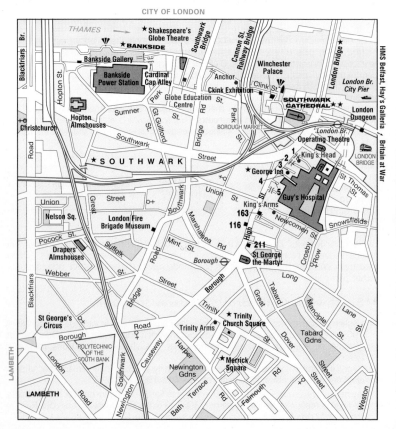

et, à droite, le gisant miniature de William Emerson, mort en 1575, haut surmonté du portrait en robe et fraise de John Bingham, sellier de la reine Élisabeth. Noter le pavement de mosaïque provenant d'une villa romaine.

Dans le bas-côté Sud, on peut voir un monument (1911) et un vitrail moderne commémorant Shakespeare.

Borough High Street

Old Operating Theatre, Museum and Herb Garret ⊘ – L'attique de l'église St-Thomas (1703) fut converti, de 1821 à 1862, en salle d'opérations avec amphithéâtre pour l'hôpital St-Thomas *(voir Lambeth)*. Cet amphithéâtre semi-circulaire est la plus ancienne salle du genre à Londres. Il est le cadre d'un musée illustrant l'histoire de la chirurgie au 19ᵉ s.

De nos jours, la chapelle est utilisée comme salle du chapitre par les chanoines de la cathédrale. Une aile des anciens bâtiments abrite un bureau de poste.

Guy's Hospital – Le libraire Thomas Guy, enrichi dans les spéculations commerciales, fonda l'hôpital en 1721 : les bâtiments d'origine sont groupés autour de l'avant-cour et de deux cours intérieures quadrangulaires. L'hôpital conserve deux statues de son fondateur : l'une en bronze (1724), par l'Anversois Scheemakers, est érigée dans l'avant-cour, l'autre, en marbre, par John Bacon le Vieux (fin 18ᵉ s.), est placée dans la chapelle de l'aile gauche. Dans une des cours, curieuse loge provenant de l'ancien Pont de Londres, reconstruit en 1760.

Cours et auberges de Southwark – Une succession de ruelles et de cours (yards) abritaient des auberges (inns) où logeaient les voyageurs arrivés à Londres après la fermeture des portes de la Cité.

King's Head Yard (1) – Connu avant la Réforme sous l'enseigne de Pope's Head, le King's Head transformé au 19ᵉ s. conserve une effigie colorée de Henri VIII, du 17ᵉ s.

White Hart Yard (2) – L'ancien pub aujourd'hui disparu fut le quartier général de Jack Cade en 1450 ; c'est là que Mr. Pickwick avait rencontré son valet Sam Weller.

★**George Inn** (**3**) ⊘ – Pittoresque auberge reconstruite en 1676 après un incendie, terminus de la poste à cheval jusqu'à la fin du siècle dernier et qui fut évoquée par Dickens dans *Little Dorrit*. Il ne reste des trois corps de bâtiments à galeries que l'aile Sud, ses pans de bois, ses galeries desservant les chambres de voyageurs et son intérieur orné de boiseries et de cuivres. On y représente Shakespeare en été et, en hiver, on y sert des repas chauds. Remarquer la cloche installée en 1797 quand une taxe de 5 shillings frappait les particuliers qui réglaient leurs montres sur les horloges publiques ! Cette décision du Parlement fut rapportée moins d'un an après...

Talbot Yard (4) – C'est de là (hostellerie Tabard) que Chaucer (1340-1400) fait partir ses pèlerins dans le prologue des *Contes de Cantorbéry*.

Queen's Head Yard (5) – Site de la Queen's Head (démolie en 1900), vendue par John Harvard avant son départ pour l'Amérique.

King's Head (1890), dans Newcomen Street, arbore les armes de George II (et non George III comme c'est inscrit), emblème massif qui décorait le pavillon Sud de l'ancien Pont de Londres.

Au 163 Borough High Street, une plaque rappelle l'existence de la **Marshalsea Prison**, qui fonctionna de 1376 à 1811. Ce pénitencier célèbre fut déplacé vers le Sud (le père de Dickens y fut incarcéré pour dettes, en 1824). La nouvelle Marshalsea disparut en 1842. Entre les deux existait depuis le 14ᵉ s., la King's Bench Prison qui devait son nom (Bench : magistrature) aux juges incarcérés. Elle fut supprimée au 18ᵉ s. Le nᵒ 116 marque le site du palais (16ᵉ s.) du duc de Suffolk dont l'épouse était la fille de Henri VII.

St George the Martyr ⊘ – Cette église bâtie en 1736, restaurée, a vu le baptême et le mariage d'une héroïne de Dickens, tout au moins dans son roman *Little Dorrit* (le personnage apparaît en petite fille coiffée d'un bonnet, dans un vitrail). La chaire est la plus haute de Londres ; le chandelier georgien et le plafond du Te Deum sont uniques.

★**Trinity Church Square** – Cette place tracée au début du 19ᵉ s. possède des lampadaires caractéristiques et une statue centrale du 14ᵉ s. qui représenterait le **roi Alfred** ; elle est censée avoir été déplacée en 1822 de Westminster Hall où elle aurait occupé une niche durant 450 ans, ce qui en ferait la plus ancienne statue de Londres. Désaffectée depuis 1975, l'église (1824) a été convertie en salle de concert pour les orchestres majeurs.

★**Merrick Square** – Cette place du début du 19ᵉ s., aux demeures plus modestes, porte le nom du marchand qui céda, en 1661, le terrain à la corporation de Trinity House, chargée de l'entretien des signaux lumineux maritimes et des secours aux marins dans le besoin.

STRAND ★

Plan p. 8-9, **EX**
⊖ Charing Cross ; Temple

Large artère commerçante reliant la Cité à Charing Cross, le Strand suivait jadis la rive de la Tamise comme l'indique son nom. Au temps des Tudors et des Stuarts, les seigneurs de la Cour y eurent leurs demeures, dont les jardins descendaient jusqu'au fleuve, avant de laisser la place aux hôtels (Strand Palace, au n° 372) et aux théâtres (Adelphi et Vaudeville).

Au 17ᵉ s., le Strand constitue la voie aristocratique dont la vogue s'accroît en proportion des calamités endurées par la Cité. Le favori en titre de Jacques Iᵉʳ et Charles Iᵉʳ, le beau et vaniteux George Villiers, duc de Buckingham, l'amoureux d'Anne d'Autriche, demeure à York House, à l'emplacement de Villiers Street. D'autres courtisans fortunés comme les comtes d'Arundel et d'Essex ont leur habitation plus en aval, à hauteur de St Clement Danes. En 1608, un luxueux magasin de modes est fondé par le comte de Salisbury, le **New Exchange**, qui disparaîtra en 1737.

Au siècle suivant, succèdent aux patriciens les boutiques alternant avec les tavernes que fréquentent Boswell et Samuel Johnson. Quelques-unes ont laissé un nom : la librairie Ackermann, célèbre pour ses estampes, le Bazar français, et l'Adelaïde Gallery qui exposait des modèles scientifiques comme le « Steam Gun », canon à vapeur tirant 420 projectiles à la minute.

The George – *213 Strand.* Confortable ambiance Vieille Angleterre.

Gordon's Wine Cellar – *Villiers Street.* Atmosphère de cellier de jadis.

Devereux – *20 Devereux Court.* Fréquenté par juristes et écrivains.

Old Caledonia – *En amont de Waterloo Bridge.* Ancien bateau à roue.

Sherlock Holmes – *10 Northumberland Street.* Atmosphère de roman policier de la Belle Époque.

Charing Cross Station Viaduct – Desservant avec Victoria Station le Sud de l'Angleterre, la gare de Charing Cross a été édifiée en 1863. À l'arrière, les bâtiments datant de 1990 ont pour point d'orgue la grande arche blanche qui couvre partiellement le viaduc ferroviaire dû à Terry Farrel. Sur l'esplanade, reconstitution approximative de la Croix d'Éléonore se trouvant à Trafalgar Square, par E. M. Barry, à qui l'on doit **l'hôtel de la gare** (1864) dont les deux étages supérieurs furent ajoutés ultérieurement. Sous le viaduc se tient, le samedi, le **marché des collectionneurs** (Charing Cross Collectors Market) : monnaies, médailles, timbres.

Hungerford Bridge – Un pont piéton longe le côté Est de la structure de poutres en treillis (1862) qui supporte la voie ferrée. Il a remplacé un pont suspendu (1845), conçu par Brunel et intégré plus tard au Clifton Suspension Bridge.

Coutts Bank – *n° 440.* L'élégant édifice vitré de la **banque Coutts** fut conçu par Frederick Gibberd dans le style de John Nash adopté pour les immeubles voisins (19ᵉ s.). La banque fut transférée à cette adresse en 1904 par Thomas Coutts.

Buckingham Street – *Côté fleuve.* Des maisons des 17ᵉ et 18ᵉ s., en brique, aux porches renforcés par des pilastres et sommés de frontons et d'encorbellements, ornent toujours les berges de la Tamise (les nᵒˢ 12, 17, 18, 20 datent des années 1670) jusqu'aux jardins du quai Victoria. Pepys vécut au n° 12 de 1679 à 1688. À l'extrémité Sud se dresse la **porte d'eau d'York** (York Water Gate), arche triple construite en pierre rustique et décorée des armes des Villiers et d'une coquille Saint-Jacques. Elle fut érigée en 1626 par Nicolas Stone, maître maçon de George Villiers, 1ᵉʳ duc de Buckingham, et, à l'époque, ses fondations plongeaient dans le fleuve.

★**Victoria Embankment Gardens** – Les jardins, où des concerts ont lieu en été, furent créés en 1864. De l'autre côté, sur le bord du fleuve, s'élève l'**Aiguille de Cléopâtre** (Cleopatra's Needle), obélisque égyptien en granit rose érigé en 1878 et offert à George IV par Méhémet Ali. Il ne s'agit pas de l'Aiguille originale, qui se trouve aujourd'hui dans Central Park à New York. L'obélisque de Londres se dressait jadis à Héliopolis, comme son jumeau de New York et comme l'obélisque de la place St-Pierre à Rome. Sans son piédestal, il mesure 21 m de hauteur (celui de New York 23,5 m, celui de Rome 25 m) et pèse 182 500 kg. Celui de Paris (23 m – 230 000 kg) provient de Louksor.

Les Adelphi – Ce quartier, dénaturé par des constructions de 1937, occupe entre le Strand et la Tamise, de Villiers Street à Adam Street, un espace restreint mais qui fut à la fin du 18ᵉ et au 19ᵉ s. une sorte de Petite Athènes, ayant la faveur des artistes.

Un projet ambitieux – À partir de 1768, les frères (en grec « Adelphoi ») **Robert, James et John Adam,** tous trois architectes, réalisèrent le quartier des Adelphi dont les rues portent encore leurs prénoms. À cet effet le duc de St Albans leur concéda un terrain en location à long terme. Ils y créèrent un ensemble urbain sur plan régulier dont les rues étaient bordées de façades analogues, typiques du style qu'ils avaient imposé.

L'élévation, à base de colonnes et de pilastres inspirés de l'antique, apparaissait un peu rigide mais était adoucie par un élégant décor de fines sculptures et de balcons de fer forgé; les intérieurs étaient aussi conçus par les trois frères, qui bâtirent en outre sur le Strand un hôtel, Adelphi Hotel (1777), où, lors de la Révolution française, logèrent maints émigrés.

Le front Sud formant terrasse sur la Tamise reposait sur d'imposantes arcades de briques délimitant, au niveau du quai (Adelphi Pier), d'immenses caves aménagées en entrepôts qui inspirèrent **Géricault** dans une des compositions les plus connues de sa «Suite anglaise». Au niveau supérieur, «Royal Terrace», ou **«Adelphi Terrace»**, était un vaste bâtiment encadré de deux ailes dont les habitants jouissaient d'une vue imprenable sur le fleuve. Cette étonnante réalisation était malheureusement vouée à l'échec: la famille Adam s'y ruina et les demeures devaient presque toutes disparaître à partir de la seconde moitié du 19e s.

Au rendez-vous des artistes – À la fin du 18e s., nombre d'artistes londoniens, tel Rowlandson, vinrent demeurer aux Adelphi, à l'instar de Robert Adam lui-même qui s'était réservé une maison Robert Street, au n° 9. Le célèbre acteur **Garrick** fut un des premiers adeptes des Adelphi. Il avait fait aménager au n° 5 une résidence de grand confort, meublée par Chippendale, où il mourut en 1779; le décor du salon est conservé au Victoria and Albert Museum.

C'est aussi à Adelphi Terrace que l'étrange **Docteur Graham** (1742-1794) avait installé en 1780 son Temple de la Santé. Le charlatan y combattait la stérilité à l'aide d'un baume ou au moyen de «lits électromagnétiques» où prenaient place les patients en traitement. Graham était assisté par une ravissante Vestina, déesse de la Santé, qui n'était autre qu'Emma Lyon, la future **Lady Hamilton**, alors égérie du portraitiste Romney.

Adam Street – Dans l'axe de John Adam Street, la maison au n° 7 est de style Adam avec des pilastres sculptés de chèvrefeuilles.

John Adam Street – La **Royal Society of Arts**, fondée en 1754 pour l'encouragement des arts et du commerce, siège au n° 8, dans une demeure (1772-1774) Adam typique. La charmante façade arrière, surmontée d'une jolie statue représentant un porteur d'eau, est visible du haut du petit escalier qui relie Durham House Street au Strand.

Robert Street – Dans la rue où demeura Robert Adam subsistent deux maisons de son époque, aux nos 1 et 3.

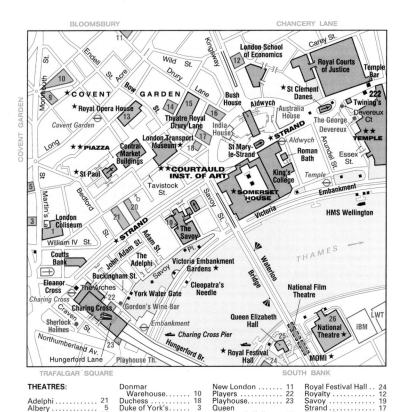

Le Savoy — Le Savoy est un complexe comprenant une chapelle, un **théâtre** construit par Richard d'Oyly Carte en 1881 pour monter les opéras de Gilbert et Sullivan, et un **hôtel** dû au même architecte.

Typiquement britannique, l'hôtel Savoy, peut-être le plus connu de Londres, reçoit les plus célèbres clients (Monet fut l'un de ceux-là) et occupe l'emplacement du **palais de Savoie** bâti en 1246 par Henri III Plantagenêt et résidence de Pierre, comte de Savoie, oncle de la reine Éléonore de Provence : le roi de France **Jean le Bon**, capturé à la bataille de Poitiers, y mourut en 1364. Le palais fut, au début du 16e s., transformé en un hospice dont subsiste la chapelle.

Queen's Chapel of the Savoy ⓥ — *Savoy Hill.* Édifiée en 1505, rebâtie en 1864 après un incendie, la chapelle de Savoie, qui a conservé son cimetière attenant, paraît minuscule à côté des massifs bâtiments voisins. Chapelle privée de la reine, elle est aussi **chapelle de l'Ordre royal de Victoria**, fondé en 1896.

À **Savoy Hill** se trouvaient les studios de la BBC de 1923 à 1932 (plaque au n° 2 de Savoy Place).

Le restaurant **Simpson's in the Strand** remplace une coffee-house, The Grand Cigar Divan, fondée en 1828 par Samuel Reiss. L'association avec John Simpson eut lieu quelque 20 ans plus tard et le Simpson's devint « l'endroit où l'on dîne sur les essieux d'un wagon. »

★★**Somerset House** — *Voir Courtauld Institute of Art.*

St Mary-le-Strand ⓥ — Bâtie par **James Gibbs** qui la termina en 1717, cette église présente un porche en rotonde, un toit en terrasse, un clocher étagé se terminant par un lanternon. À l'intérieur, son plafond à caissons est sculpté de motifs de fleurs ou de chérubins. Si l'on fait abstraction du clocher, l'ensemble a plus l'air d'un palais que d'une église.

King's College — Fondé en 1829 et rénové en 1966, ce collège s'achève, du côté de la Tamise, par un pavillon à colonnade qui prolonge la façade de Somerset House. La façade sur le Strand a été modernisée vers 1970.

Roman Bath — *5 Strand Lane.* Alimentés par une source proche, les **Bains romains** remontent peut-être à l'époque Tudor, quoique plus vraisemblablement au 17e s., et ne sont certainement pas romains. Carreaux hollandais du 17e s. avec le dessin traditionnel de Delft.

Au n° 1 Maltravers Street se trouve **Temple Place**, où durant un temps William Waldorf Astor, politicien et diplomate américain mais aussi baron du journalisme, eut sa résidence et ses bureaux. La maison, parée de pierre de Portland, possède des appartements décorés d'acajou, de cèdre, d'ébène, de porphyre, d'onyx...

Aldwych — Cet îlot en demi-lune (1905) est occupé par de massives constructions : India House, **Bush House**, abritant les services étrangers de la BBC, et Australia House. Sur Houghton Street s'est ouvert une école des Sciences politiques et économiques, la **London School of Economics**, dépendant de l'Université de Londres. Au 10 Kingsway, St Catherine's House abrite les services de l'État civil, **General Register Office**, depuis 1937.

★**St Clement Danes** ⓥ — Des Danois furent jadis enterrés en ce lieu où **Wren** construisit, en 1682, l'actuel édifice dont le clocher, refait par **Gibbs** en 1719, offre des analogies avec celui de St Mary. L'église, incendiée en 1941, a été restaurée entre 1955 et 1958 sous les auspices de la Royal Air Force dont elle est devenue le sanctuaire (735 écussons d'unités sont incrustés dans le sol). L'intérieur, très harmonieux, présente les bancs et les tribunes habituels à Wren, dont les teintes foncées contrastent avec les tons clairs des piliers et de la voûte aux stucs se détachant en blanc sur des fonds gris. Chaire de G. Gibbons.

Après bien des controverses, le mémorial du Bomber Command, de Faith Winter, a été érigé à l'extérieur en 1992.

Twinings — *n° 216.* Deux Chinois flanquant le lion de la firme Twining placés au-dessus de la porte d'entrée identifient cette minuscule boutique où l'on peut acheter du thé et visiter un petit musée.

Lloyd's Law Courts Branch — *n° 222.* La **taverne du Comte palatin** (Palsgrave's Tavern), que fréquentait Ben Jonson, devait son nom au comte palatin Frédéric, gendre de Jacques Ier et roi de Bohême. Ils sont rappelés dans la singulière décoration en faïence de Doulton de cet immeuble qui servit de restaurant au Palais de Justice à partir de 1883. Succursale bancaire depuis 1895, la charmante décoration de panneaux en noyer et séquoia date de 1886.

Wig and Pen Club ⓥ — *n° 229-230.* Le bâtiment, qui a survécu au Grand Incendie, date de 1625. Les membres de ce club sont des journalistes, des hommes d'affaires ou des hommes de loi.

Royal Courts of Justice ⓥ — Le palais de Justice est un important bâtiment, de style Perpendicular, édifié entre 1874 et 1882 à la place d'un quartier populeux. Le public a accès, lorsqu'il y a session, aux salles où siègent les juges en robe rouge à col d'hermine et grosse perruque, alors que les avocats sont en toge et petite perruque. Petite exposition sur les costumes portés par les hommes de loi.

TATE GALLERY ★★★

Depuis sa fondation en 1897 sous le nom de **Gallery of Modern British Art** (Galerie d'art moderne britannique), la **Tate Gallery** ⊘, qui a également la tâche d'archiver tout ce qui se rapporte (articles, films, vidéos, ouvrages) à l'art britannique du 20e s., a acquis quelque 16 000 peintures, sculptures et gravures ; à peu près un huitième de ces œuvres sont présentées en même temps. Afin de disposer d'espaces plus vastes, il a été décidé en avril 1994 d'aménager la centrale électrique de Bankside pour y transférer toutes les œuvres d'art contemporain, tant britanniques qu'étrangères.

Histoire – Après l'achat de la collection Angerstein et la fondation de la National Gallery en 1824, la nation acquit en une cinquantaine d'années un grand nombre de peintures grâce au **legs Chantrey**, destiné à l'achat d'œuvres d'artistes vivants, aux collections **Vernon** et **Sheepshanks** et au legs Turner (1856), riche d'environ 300 huiles et 20 000 dessins et aquarelles. Ces peintures furent réparties entre la National Gallery, le Victoria and Albert Museum et Marlborough House jusqu'à ce qu'en 1889 Henry Tate, un courtier en sucre collectionneur d'art, offrît sa collection au pays ainsi qu'une somme de 80 000 £ pour construire un bâtiment consacré à l'art britannique postérieur à 1790 sous réserve que le gouvernement fournisse le site. La Tate Gallery ouvrit en 1897 à l'emplacement de l'ancien pénitencier de Millbank.

Sir Hugh Lane (mort en 1915 dans le naufrage du *Lusitania*) fit don de 39 toiles, dont de très belles œuvres impressionnistes, afin de fonder une collection d'art moderne continental à Londres. En 1923, Samuel Courtauld fut à l'origine des achats de peintures modernes françaises ; en 1926 et 1937, le fils de Sir Joseph Duveen finança les extensions destinées à accueillir les sculptures ; en 1955, la Tate Gallery fut détachée de la National Gallery et une extension fut ouverte en 1979 avant que la galerie n'annexe l'ancien Queen Alexandra Hospital. La **Clore Gallery**, conçue par James Stirling, a été inaugurée en avril 1987 pour accueillir la collection Turner.

Renseignements pratiques

Il est conseillé de se munir d'un plan car les salles sont souvent réaménagées.
La collection historique de l'École de peinture britannique (British School of Painting) suit largement l'ordre chronologique et commence par la salle 1.
Les peintures sur papier étant très sensibles à la lumière, elles ne sont exposées que brièvement (et dans une lumière tamisée), et bien que le musée vise à l'éclectisme, il est impossible d'assurer qu'une aquarelle particulière soit présentée ; si l'on souhaite voir une œuvre précise, s'assurer au préalable auprès de la galerie qu'elle est exposée. Ceci s'applique aussi aux pièces de la Modern Art Collection qui peuvent être temporairement exposées à St Ives, en Cornouailles, ou à Liverpool.

Les salles Duveen de sculpture (*A, B* et *C* du plan)

Les très belles salles centrales, en particulier l'octogone Sackler, réunissent un remarquable ensemble de sculptures modernes et contemporaines (Rodin, Renoir, Henri Gaudier-Brzeska, Eric Gill, Henry Moore, Jacob Epstein, Barbara Hepworth) ou accueillent des expositions temporaires.

L'art britannique du 16e au 19e s.

Tableaux des époques Tudor et Stuart – Bettes (*Homme au bonnet noir*, influencé par Holbein), Eworth, Hilliard (*La reine Elisabeth Ire*), Mytens, Van Dyck, Dobson (*Endymion Porter*), Peter Lely (*Suzanne et les vieillards*) et d'intéressantes œuvres anonymes (*Les Sœurs Cholmondeley*).

Hogarth et ses contemporains – Les estampes et portraits du célèbre chroniqueur des mœurs (*Le Capitaine Coram*, illustrations pour l'*Opéra des gueux*, *La Porte de Calais*, séries du *Mariage à la mode*, *Autoportrait avec un chien*) voisinent avec les œuvres de **Francis Hayman** et de Joseph Highmore.

18e s. : L'âge de la confiance et le « grand style » – Reynolds (*Autoportrait*, *Les Sœurs Montgomery*), Gainsborough.

Paysages, aspects du naturalisme et peinture de genre – Richard Wilson, introducteur de la mode du paysage italianisant (*Le Pont de Westminster en construction*, *La Lande d'Hounslow*), Benjamin West, George Stubbs, Joseph Wright of Derby (*Sir Brooke Boothby*), Burke, Loutherbourg, Danby.

Aquarelles et estampes de 1680 à 1900 – Aux côtés d'œuvres de **William Blake** (1757-1827), inspiré par la *Divine Comédie* de Dante et les *Églogues* de Virgile, de **Samuel Palmer** (1805-1881), influencé par la poétique de Blake, et de **Richard Dadd** (1817-1886), parricide aux dessins minutieux et inquiétants (*Magistral coup d'épée* *du conteur)*, figurent les aquarelles, dans la lignée réaliste et idéaliste, de **Thomas Girtin** (1775-1802), de Constable *(Le Moulin de Flatford, L'Inauguration du pont de Waterloo)* et de David Cox (1783-1859).

Le romantisme victorien – L'époque est représentée par les courants préraphaélite et symboliste. La Tate Gallery possède entre autres œuvres de **Sir John Everett Millais** *Le Christ chez ses parents (La Boutique du menuisier)*, exposé en 1849, d'un réalisme méticuleux et à l'iconographie élaborée, et une *Ophélie* provenant de la collection personnelle de Henry Tate. De **Gabriel Rossetti**, on peut voir *Beata Beatrix* (1863), portrait posthume de sa première épouse, composition alliant allégoriquement la vie et la mort représentées par Dante et sa muse, ou *L'Enfance de la Vierge* (1849). De William Frith (1819-1909), *La Journée du Derby*, très admirée quand elle fut exposée en 1858, restitue avec réalisme et précision la célèbre course d'Epsom. Le musée possède également des toiles d'**Edward Burne-Jones** (1833-1898), remarquables par le jeu des contrastes et leurs sujets baignant dans une douce clarté.

> Vers le milieu du 19ᵉ s., la **Confrérie préraphaélite** entreprit de régénérer la peinture par un retour à l'esthétique toscane des 14ᵉ et 15ᵉ s., d'où le nom que prit le mouvement. Comme souvent en Angleterre, l'animateur de cette école était un étranger, l'Italien Gabriel Rossetti, qui s'imposa à de jeunes peintres comme Ford Madox Brown, Holman Hunt et John Everett Millais, bientôt rejoints par Burne-Jones et William Morris. Le courant fut vite théorisé par John Ruskin (reproduction de la nature avec précision, bannissement de l'habileté et rejet des enseignements académiques) puis sombra rapidement, non sans avoir impressionné un large public.

L'esthétisme – Mouvement apparu dans les années 1870-1880, il se propose de ramener les arts à leurs formes originelles, notamment en simplifiant la composition des tableaux, en soignant les harmonies de couleurs et en dessinant précisément les formes. Relèvent de ce mouvement des toiles de Sir Edward Burne-Jones *(Le Roi Cophetua et la petite mendiante)*, Lord Leighton, Sir Alfred Gilbert, George Frederick Watts, Millais, William Morris *(La Belle Iseult)*, John William Waterhouse, Arthur Hughes, Henry Wallis *(Chatterton)*, Ford Maddox Brown et Holman Hunt *(Claude et Isabelle)*.

Les influences étrangères – D'origine américaine mais installé à Londres où il peignit *Nocturne en noir et or* et *Le Vieux Pont de Battersea*, **James Whistler** (1834-1903) fut le peintre qui assimila le mieux les influences des impressionnistes, des estampes japonaises et des courants littéraires parisiens. Également américain, **John Singer Sargent** (1856-1925) travailla avec Monet et Pissarro avant de s'installer à Londres. La Tate Gallery présente *Œillet, Lis et Rose*, ainsi que *Peupliers au bord de l'Epte*, de Monet, *Coin de prairie à Eragny*, de Pissarro, *La Danseuse aux castagnettes* et *La Danseuse au tambourin*, de Renoir, et *Fermes près d'Auvers*, de Van Gogh.

20ᵉ s. : Le contexte international

France – L'art primitif inspira largement les « peintres du dimanche » que furent **le Douanier Rousseau** (1844-1910) et **Gauguin** (1848-1903), dont on peut voir ici *Moisson au Pouldu* et *Faa Iheihe*, alors que les **Nabis**, avec Édouard Vuillard *(Jeune Femme dans un intérieur)*, Bonnard *(Le Bain)*, Maurice Denis et Maillol, rejetaient tout réalisme en peinture. Le **fauvisme** est représenté par des œuvres de Derain *(Le Port de Londres)*, de Henri Matisse *(Notre-Dame, André Derain)*, de Vlaminck. **Cézanne** (1839-1906), présent ici avec *Le Jardinier*, s'oriente vers l'étude des masses que le **cubisme** devait développer ensuite.

Picasso (1881-1973), dont la Tate Gallery présente un *Nu assis*, après avoir été influencé au cours des périodes bleue et rose par le Symbolisme quant à l'emploi des couleurs, **Georges Braque** *(Clarinette et bouteille de rhum)*, Modigliani et le sculpteur Brancusi découvrent la sculpture nègre et explorent le domaine de l'abstraction à travers les études des volumes et de la ligne. De la collaboration des deux premiers naîtra le mouvement cubiste que rejoindra **Fernand Léger**, qui ne réduira pas cependant sa gamme chromatique.

La Première Guerre mondiale voit mourir le mouvement et émerger le groupe **Dada**, avec Hans Arp et Francis Picabia, qui, rejoints par des artistes tels Max Ernst, Giorgio De Chirico, René Magritte *(Le Dormeur téméraire)*, Dalí *(La Métamorphose de Narcisse)*, Miró, Penrose, seront ensuite les initiateurs du **surréalisme**.

Le futurisme italien – Ce mouvement artistique se développe au moment où la France voit l'éclosion du cubisme. Il s'inspire de la civilisation industrielle moderne et dérive du divisionnisme par ses recherches sur la décomposition de la couleur et de la forme. Ses représentants principaux furent Giacomo Balla (1871-1958), Umberto Boccioni (1882-1916), Carlo Carrà (1881-1966) et Gino Severini (1883-1966).

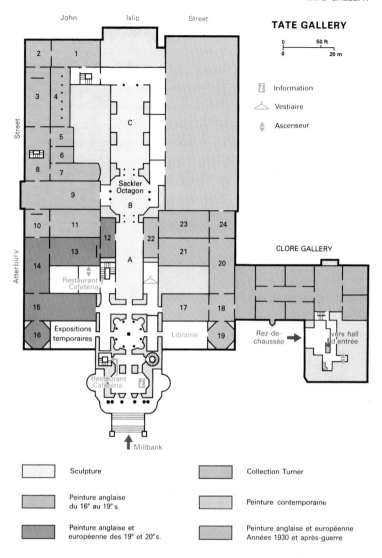

TATE GALLERY

	Sculpture			Collection Turner
	Peinture anglaise du 16ᵉ au 19ᵉ s.			Peinture contemporaine
	Peinture anglaise et européenne des 19ᵉ et 20ᵉ s.			Peinture anglaise et européenne Années 1930 et après-guerre

L'expressionisme allemand – Le mouvement, qui s'inspire des idées de Gauguin et du fauvisme, naît aussi au début du 20ᵉ s. et dure jusque dans les années 30. Initié par le groupe **Die Brücke,** qui inclut Ernest Kirchner *(Baigneurs à Moritzburg),* Erich Heckel, Karl Schmidt-Rottluff, il fut rejoint par Emil Nolde, le Norvégien Edvard Munch *(L'Enfant malade),* l'Autrichien Oskar Kokoschka et le mouvement **Der Blaue Reiter** fondé à Munich par Marc, Kandinsky, Macke, Campendonk et Klee.

L'art abstrait – Rejetant toute représentation mimétique du monde, l'artiste s'attache à obtenir la forme la plus épurée et à fonder son langage sur la fonction expressive et symbolique de la couleur et sur le rythme produit par les rapports entre les formes pures. Kandinsky fut le premier théoricien de cette tendance *(Du spirituel dans l'art,* 1912) alors que le groupe hollandais **De Stijl,** dont faisait partie Piet Mondrian (1872-1944), s'engage dans l'abstraction géométrique absolue. C'est dans le même sens qu'en Russie Casimir Malevitch (1878-1935) crée le **suprématisme,** alors que Vladimir Tatline (1885-1953) et Alexandre Rodtchenko (1891-1956) fondent le **constructivisme** en prônant un art orienté vers la production d'objets utilitaires et «construits».

L'art en Grande-Bretagne après la Première Guerre mondiale – On note de l'intérêt pour l'art abstrait chez **Ben Nicholson** *(Nature morte),* Barbara Hepworth (sculptures) et **Henry Moore** (sculptures), qui rejoignirent en 1933 le groupe **Unit One,** proche du surréalisme, qu'avait fondé Paul Nash *(Paysage de rêve).* De la même façon, **John Piper,** après une expérience abstraite *(Abstract Painting),* est

223

Mouvements et artistes principaux du 20e s.

Les couleurs dégradées indiquent l'origine et l'influence des mouvements.

Première Guerre mondiale — Seconde Guerre mondiale

1re vague d'émigration vers les USA — 2e vague d'émigration vers les USA

1900 · 10 · 20 · 30 · 33 · 40 · 50 · 60 · 70 · 80

VAN GOGH

ART NÈGRE

IMPRESSIONNISME
RENOIR MONET SIGNAC
DEGAS

RODIN
BOURDELLE

GAUGUIN

ENSOR
HODLER
MUNCH

SYMBOLISME
PUVIS DE CHAVANNES
MOREAU REDON
KLIMT KHNOPFF

NABIS
DENIS VUILLARD
BONNARD MAILLOL

CÉZANNE ROUSSEAU

**NÉO ET POST
IMPRESSIONNISME**

FAUVISME
MATISSE ROUAULT
DERAIN
VLAMINCK
VAN DONGEN
DUFY

KUBIN

EXPRESSIONNISME
BARLACH MARCKS
SCHMIDT-ROTTLUFF
BECKMANN
HECKEL
KOKOSCHKA

BRÜCKE
KIRCHNER BLAUE
NOLDE REITER
MARC MACKE
LEHMBRUCK SCHIELE

PERMEKE

SOLANA
CHAGALL

SOUTINE

Nlle OBJECTIVITÉ
DIX HUBBUCH
GROSZ SCHAD

BOMBERG

VORTICISME
LEWIS EPSTEIN

CUBISME
PICASSO LÉGER ARCHIPENKO
BRAQUE ZADKINE BRANCUSI
DELAUNAY GRIS LAURENS
MODIGLIANI

LE FAUCONNIER
GLEIZES GONZALEZ
LIPCHITZ MARINI
GIACOMETTI

DADA
ARP PICABIA ERNST MAN RAY MIRÓ DALI MATTA
DUCHAMP DE CHIRICO MAGRITTE

SURRÉALISME

MOORE
HEPWORTH
NASH

UNIT ONE

FUTURISME
CARRA SEVERINI DEPERO DOTTORI
BOCCIONI BALLA FILLIA
KUPKA RUSSELL MAGNELLI

DE PISIS

FONTANA

CORRENTE
BIROLLI
SASSU

MAFAI

RICHTER

DE STAËL
BAZAINE

ESTÈVE

VASARELY

TANGUY

CORRENTE

ABSTRACTION-CRÉATION
VANTONGERLOO
HÉLION HERBIN

GENÈSE DE L'ABSTRACTION
KANDINSKY VAN DOESBURG

NÉO-PLASTICISME
MONDRIAN

BILL
MOHOLY-NAGY NICHOLSON

SUPRÉMATISME
MALEVITCH LISSITZKY

CONSTRUCTIVISME
LARIONOV GABO PEVSNER
TATLINE

BAUHAUS
ITTEN KLEE
SCHLEMMER ALBERS
BRAUNER

MURALISME

RÉALISME SOCIALISTE

NÉO-CONSTRUCTIVISME
MARTIN HILL

COBRA
APPEL
ALECHINSKY
CONSTANT
BACON
SUTHERLAND
FREUD

POP ART
PAOLOZZI OLDENBURG
BLAKE LICHTENSTEIN WARHOL
HOCKNEY ROSENQUIST
KIEFER

Nlle FIGURATION
BASELITZ CHIA
GUSTON
SCHNABEL

NÉO-EXPRESSION.
FETTING LUPERTZ
MIDDENDORF

TRANSAVANTGARDE
CLEMENTE PALADINO

FIGURATION LIBRE
HARING COMBAS

ERRO
BASQUIAT
RICHTER
GAROUSTE

NEW DADA
JOHNS RAUSCHENBERG
ROTELLA DEL PEZZO

HYPERRÉALISME
ESTES CLOSE

Nveau RÉALISME
KLEIN ARMAN CÉSAR RAYNAUD
SPOERRI

ART CINÉTIQUE
TINGUELY SOTO BURY
LOUIS NOLAND KELLY

OP-ART

LAND ART
CHRISTO LONG DE MARIA

SUPPORTS-SURFACES
VIALLAT DEZEUZE CANE
BUREN MOSSET

ART MINIMAL
STELLA ANDRÉ JUDD LEWITT SERRA
COX

NEWMAN REINHART

EXPRESSIONNISME ABSTRAIT
POLLOCK DE KOONING
MOTHERWELL HOFMANN
ROTHKO KLINE STILL

CARO
COHEN SCULLY

HALLEY TAAFE

PRINCE LEVINE
GRAHAM DURHAM
LEROY VENET

HAACKE BEUYS BOLTANSKI
HESSE CRAIG-MARTIN

NEW EUROPEAN SCULPTURE
PENONE FABRO DEACON CRAGG

ART AND LANGUAGE
FLANAGAN DYE HILLIARD

ART POVERA
KOUNELLIS MERZ

ART CONCEPTUEL
MORRIS KOSUTH GILBERT & GEORGE
BROODTHAERS

ART INFORMEL
WOLS FAUTRIER RIOPELLE
SOULAGES
TÀPIES BURRI

ART BRUT
DUBUFFET
PASMORE
BAERTLING

Mouvement d'origine européenne
Mouvement d'origine américaine

224

devenu l'un des représentants les plus importants du **néo-romantisme** anglais avec ce même Nash et **Graham Sutherland** (1903-1980), inspiré aussi par le surréalisme et par l'art de William Blake *(Accès au sentier, des dessins de guerre, Origines du sol, Somerset Maugham)*.

Inversement, **Victor Pasmore**, après une période néo-impressionniste, s'est tourné après la Seconde Guerre mondiale vers l'art abstrait et utilise la technique des collages *(Construction synthétique, noir et blanc)*.

Le **réalisme** marque un retour aux valeurs traditionnelles en opposition à l'éclatement marqué entre les différentes tendances artistiques de l'après-guerre. Au réalisme préraphaélite de **Stanley Spencer** *(Double portrait de nu)* s'oppose celui, inquiétant par les déformations introduites, de Lucian Freud et de **Francis Bacon** *(Trois Études pour des figures à la base d'une crucifixion)*, créateurs de la **Nouvelle Figuration**.

Au début des années 50, un débat en Angleterre sur la communication de masse est à l'origine du **pop art**, créé par l'Independant Group auquel appartenaient Eduardo Paolozzi et Richard Hamilton *(Intérieur II)*. En 1961, le mouvement connut une seconde période avec Peter Blake, David Hockney ou Allen Jones, tous formés au Royal College of Arts, et fut suivi en Amérique par Lichtenstein, Oldenburg, Warhol.

Clore Gallery : La collection Turner

Turner légua une grande partie (100) de ses toiles à la nation, en demandant qu'une galerie particulière leur soit consacrée. Cette volonté fut contestée par ses héritiers et au terme de nombreuses tractations la Tate reçut quelque 300 peintures à l'huile ainsi que 19 000 aquarelles et dessins pour lesquels elle dut mobiliser trois galeries temporaires et six salles permanentes.

De nombreuses recherches ont été menées pour analyser le génie de Turner : des influences aussi variées que celles de Poussin, du Lorrain, de Vernet, des maîtres hollandais du 17ᵉ s., de Salvator Rosa, de Wilson et de Lambert ont été pressenties puisque son œuvre embrasse aussi bien des sujets historiques *(Hannibal et son armée franchissant les Alpes)* que classiques *(Le Déclin de l'Empire carthaginois)* ou topographiques *(Londres vue de Greenwich)*. Peut-être faut-il simplement se contenter d'admirer ses toiles pour la sensation du vent ou du soleil qu'elles suggèrent *(Naufrage)*, pour la réalité ou l'imaginaire qu'elles dépeignent *(Lever de soleil à Norham Castle, Le Pèlerinage d'Harold)*, pour le talent artistique et la technique qu'elles attestent, ou encore pour leur couleur, leur luminosité, le mouvement qu'elles ébauchent et l'atmosphère poétique qui s'en dégage.

Esquisses et projets : *Autoportrait* (1800). Œuvres qu'il réalisa lors de ses séjours à Petworth et East Cowes : *La Jetée de Brighton*. L'idéal classique : toiles illustrant son admiration pour Claude Lorrain avant sa première visite en Italie en 1819. Italie et Venise : *Le Pont des Soupirs, Le Palais des Doges* et *La Douane de mer*. Les œuvres plus tardives : paysages marins et pêche à la baleine *(Naufrage)*.

J.M.W. Turner : *L'Incendie du Parlement*

*Créez vos propres itinéraires
à l'aide du plan situant les principales curiosités.*

TOWER OF LONDON ★★★

TOUR DE LONDRES – Plan p. 9-10, **HJXY**
⊖ Tower Hill.

Lourde de souvenirs cruels, de soupirs et de sang, la Tour de Londres dresse au bord de la Tamise ses murs austères que gardent les « Yeomen » en habit Tudor, tandis qu'à l'abri de la double enceinte, au cœur de la forteresse, étincellent les « joyaux de la Couronne ».

UN PEU D'HISTOIRE

Construction et agrandissements – Après la conquête de l'Angleterre par les Normands en 1066, le nouveau roi, **Guillaume le Conquérant**, décida de s'établir à Londres, qui était déjà une ville importante, et d'en renforcer les défenses par trois tours dont l'une fut édifiée en bois, à partir de 1067, à la jonction de l'enceinte romaine et de la Tamise.

En 1078, Guillaume Ier décida de construire, en pierre, un palais qui serait aussi une forteresse commandant le cours du fleuve. Il confia le projet au moine normand Gundulph qui utilisa d'abord un calcaire de Caen puis un matériau plus sombre du Kent. Sous **Richard Ier**, au 12e s., s'élève une première enceinte dominée par la tour de la Cloche (Bell Tower), à l'Ouest. Au 13e s., **Henri III** continue les fortifications, pourvues de onze tours, et embellit son palais, au Sud du donjon. Son fils, Édouard Ier, termine la première enceinte avec la tour Beauchamp et prévoit une nouvelle enceinte extérieure avec six tours sur le fleuve, des douves en eau, un système d'écluses et de herses. Édouard II, au 14e s., fait percer une porte d'eau privée sous une nouvelle tour portant le nom de Cradle.

Au 16e s., deux bastions renforcent les angles Nord-Est et Nord-Ouest. Au 17e s., le palais médiéval est détruit, mais la Tour et les enceintes subsistent. L'ensemble connaît divers usages conjoints : garnison et arsenal, c'est aussi une prison d'État regroupant l'**Hôtel de la Monnaie** (il fonctionnera sur le site de 1300 à 1812 et jouera jusqu'en 1640 le rôle de coffre-fort pour les marchands de la Cité), la **Ménagerie royale** (de 1235 à 1834), l'**Armurerie royale** (répartie par Charles II entre la Tour et le château de Windsor, elle est aujourd'hui, pour une large part, au Royal Armoury Museum de Leeds) et l'**Hôtel des joyaux de la Couronne.** Des bâtiments de service vinrent s'ajouter aux constructions médiévales.

Le grand fossé fut asséché par le duc de Wellington, en 1843, pour raison de salubrité. Actuellement, la Tour abrite un arsenal militaire, des musées d'armes et surtout le fabuleux Trésor Royal. L'ensemble couvre 7 hectares.

Une geôle bien remplie – Prison d'État jusqu'au siècle dernier et durant les deux dernières guerres, la forteresse a vu passer maints prisonniers illustres. Plusieurs eurent la tête coupée à la hache et fichée à l'entrée du Pont de Londres :
– en 1347, les fameux « Bourgeois de Calais » ;
– en 1356-1360, le roi de France **Jean le Bon**, fait prisonnier par le Prince Noir à la bataille de Poitiers, mort au palais de Savoie ;
– en 1415, le père du futur Louis XII, **Charles d'Orléans**, aussi mauvais général que charmant poète, capturé par les Anglais à Azincourt et détenu durant vingt-cinq ans dont douze longues années à la Tour où il écrivit son œuvre poétique ;
– en 1386-1389, un autre poète, mais cette fois anglais, **Geoffrey Chaucer**, le satirique auteur des *Contes de Cantorbéry*, victime des représailles des moines qu'il avait attaqués ; il composa dans la Tour son *Testament de l'Amour* ;
– en 1406-1423, **Jacques Ier**, poète, futur roi d'Écosse ;
– en 1466 et en 1471 le fondateur du collège d'Eton, **Henri VI**, mari de Marguerite d'Anjou. D'une douceur angélique mais faible de corps et d'esprit, il fut enfermé dans la Tour par son rival de la guerre des Deux Roses, son cousin le duc d'York ; il y subit avec une infinie patience les brutalités de ses gardiens à qui il disait seulement : « Vous avez tort de frapper ainsi un roi consacré. » Finalement son cousin le fit étrangler et se fit couronner sous le nom d'**Édouard IV;**
– en 1477, le duc de Clarence, frère dudit Édouard IV, qui lui fit demander à quelle sauce il voulait être mangé : « Je veux être noyé dans un tonneau de vin de Malvoisie » répondit le duc. Il en fut ainsi...
– en 1483 les **enfants d'Édouard IV**, que leur oncle Richard fit étouffer par ses sbires pour pouvoir ceindre la couronne ; cet épisode fut popularisé en France par une toile de Paul Delaroche qui inspira la mode de la coiffure « Aux enfants d'Édouard » ;
– en 1534-1535, le chancelier **Thomas More**, fidèle à la foi catholique, qui monta sur l'échafaud en disant qu'il mourait « fidèle serviteur du roi mais surtout de Dieu » ;
– en 1536, **Anne Boleyn**, qui eut la tête tranchée à l'épée et, en 1542, Catherine Howard, respectivement 2e et 5e femme de Henri VIII, décapitées pour adultère ;
– en 1554, **Jane Grey**, la reine de 9 jours, usurpatrice du trône de Marie Tudor, qui la fit arrêter et décapiter, alors qu'elle était âgée seulement de 17 ans ;
– en 1601, Robert Devereux, favori d'Élisabeth Ire ;
– en 1745-1747, **Lord Lovat**, chef de rébellion, fut le dernier à passer par le billot ;
– en 1941, l'Allemand Rudolf Hess, l'un des derniers prisonniers de la Tour.

Us et coutumes – Commandée par un gouverneur dépendant lui-même d'un « connétable de la Tour » (le 1er duc de Wellington assura cette fonction en 1835), la forteresse est placée sous la vigilance d'une quarantaine de **« Yeoman Warders »**, jadis recrutés parmi les petits propriétaires (yeomen) campagnards et de nos jours parmi les vétérans de l'armée. Les « Yeomen », armés d'un hallebarde, revêtent encore l'uniforme Tudor à chapeau rond et le costume bleu ou rouge pour les cérémonies, timbré des initiales du souverain régnant, pour l'instant ER (Elizabeth Regina). On les appelle « Beefeater » (mangeur de bœuf) mais ce nom dériverait en fait du vieux français « buffetier », gardien du buffet royal.

La **cérémonie des Clés** (Ceremony of the Keys) a lieu chaque soir depuis l'époque de Henri III *(admission sur demande écrite préalable)*. À 21 h 50, l'escorte comprenant quatre gardes, à bonnets de fourrure, se tient sous l'arche de la Tour sanglante. À 21 h 52, le portier en chef quitte la Tour du Mot de passe (toujours en vigueur, il est changé tous les jours) avec les **Clés de la Tour** et une lanterne d'artilleur. Après la fermeture des trois premières portes, l'escorte revenant par le Chemin d'Eau (Water Lane) est interpellée par la sentinelle de la tour Wakefield, baïonnette au canon : « Halte-là ! » Le sergent aussitôt ordonne : « Escorte des Clés, halte ! ». Puis s'engage le dialogue suivant : « Qui vive ? – Les Clés – À qui sont les Clés ? – À la Reine Élisabeth. – Passez, Clés de la Reine Élisabeth. Tout va bien ». Devant la caserne Waterloo, alors que l'horloge égrenne les dix coups de l'heure, le clairon sonne la retraite. Lanterne et clés sont ramenées par le portier en chef à la Maison de la Reine pour y passer la nuit en toute sécurité.

Les salves royales, **Royal Salutes**, sont tirées à partir du quai *(à 13 h)* par quatre canons : 62 coups lors du couronnement et de l'anniversaire du souverain, 41 coups à l'ouverture du Parlement ou pour une naissance royale.

VISITE ⊘

Compter 3 h dans le cadre des visites guidées complètes sous la conduite d'un Yeoman Warder.

Tours d'entrée – Une première tour aujourd'hui disparue (emplacement marqué par des pierres du pavage), la Tour du Lion, accueillait la ménagerie fondée par Henri III après avoir reçu de Saint Louis un éléphant en 1255, de l'empereur trois

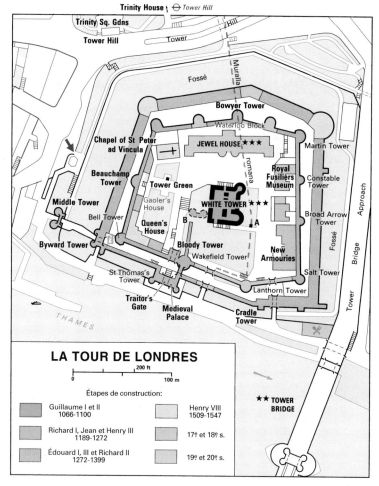

LA TOUR DE LONDRES

200 ft
0   100 m

Étapes de construction :

Guillaume I et II 1066-1100

Richard I, Jean et Henry III 1189-1272

Édouard I, III et Richard II 1272-1399

Henry VIII 1509-1547

17ᵉ et 18ᵉ s.

19ᵉ et 20ᵉ s.

Trinity House | ⊖ *Tower Hill*
Trinity Sq. Gdns
Tower Hill
Tower
Hill
Fossé
Muralla
Bowyer Tower
Waterloo Block
Chapel of St Peter ad Vincula
JEWEL HOUSE ★★★
Martin Tower
Beauchamp Tower
romana
Royal Fusiliers Museum
Constable Tower
Tower Green
Gaoler's House
WHITE TOWER ★★★
Approach
Middle Tower
Bell Tower
B   A
Broad Arrow Tower
Byward Tower
Queen's House
Bloody Tower
New Armouries
Fossé
Bridge
St Thomas's Tower
Wakefield Tower
Salt Tower
Lanthorn Tower
Tower
Traitor's Gate
Medieval Palace
Cradle Tower
THAMES
★★ TOWER BRIDGE

léopards et du roi de Norvège un ours polaire. La **Tour du Milieu** (Middle Tower), élevée au 13ᵉ s. (reconstruite au 18ᵉ s.), jouait le rôle d'un châtelet commandant le pont de pierre franchissant le fossé, asséché et mis en herbe au 19ᵉ s. La **Tour du Mot de passe** (Byward Tower), du 13ᵉ s. mais remaniée au siècle suivant, abrite le mécanisme de levage de la herse.

On laisse à gauche la partie comprise entre les deux enceintes *(ne se visite pas)* et on passe au pied de la **Tour de la Cloche** (Bell Tower), du 12ᵉ s., où furent enfermés Thomas More et l'évêque Fisher sous Henri VIII, puis la future reine Élisabeth Iʳᵉ, soupçonnée par sa demi-sœur, Marie Tudor, de vouloir s'emparer de la couronne.

Passer, à gauche, sous la Tour sanglante, pour pénétrer dans l'enceinte principale et accéder à la tour par un escalier situé près de la maison de la Reine.

Bloody Tower – C'est au 1ᵉʳ étage de cette tour des 13ᵉ-14ᵉ s. qu'auraient été assassinés les enfants d'Édouard IV, en 1485. La tour n'a acquis son nom de **Tour sanglante** qu'au 16ᵉ s., probablement après le suicide d'Henry Percy, 8ᵉ comte de Northumberland. **Walter Raleigh**, le célèbre marin et favori de la reine Élisabeth Iʳᵉ, y fut incarcéré avant sa décapitation (1618). Herse et pavement d'origine.

En descendant de la tour, se diriger vers la chapelle en laissant à gauche un secteur fermé à la visite où s'élèvent la **Maison de la Reine** (Queen's House), résidence du gouverneur de la Tour, et la maison du Geôlier (Gaoler's House), où fut détenu le nazi **Rudolf Hess**.

Beauchamp Tower – Construite au début du 13ᵉ s., la Tour Beauchamp *(prononcer Bitchamme)* comprend trois niveaux desservis par un escalier à vis. Les murs de la salle du 1ᵉʳ étage portent des graffiti tracés par les prisonniers.

Tower Green – Près de la chapelle, la **pelouse** était le site des exécutions. Un espace limité de chaînes marque l'endroit où se trouvait le billot, renouvelé à chaque mise à mort. Une plaque porte les noms de 7 des plus célèbres victimes (Robert Devereux fut la dernière en 1601), qui eurent le col tranché ici.

Des fouilles entre la pelouse et le donjon ont révélé la présence **(B)** des fondations de l'enceinte du 13ᵉ s. et d'une porte nommée Coldharbour Gate.

Chapel Royal of St Peter ad Vincula – Placée sous un vocable tout à fait en rapport avec la nature des lieux, la **chapelle St-Pierre-aux-Liens** fut reconstruite sous Henri VIII et restaurée au siècle dernier. Elle reçut les corps suppliciés de Thomas More, Anne Boleyn, Jane Grey, le Protecteur Somerset, Lord Lovat. Noter les fonts baptismaux Tudor et les sculptures de Grinling Gibbons. *On peut visiter l'intérieur au cours des visites accompagnées.*

★★★**Joyaux de la Couronne** – En 1971, ils ont été transférés dans l'ancienne caserne Waterloo, renommée pour la circonstance **Maison des joyaux** (Jewel House), qui avait été construite en 1845 à l'emplacement du Grand Magasin de 1688 détruit par un incendie en 1841.

Les joyaux de la Couronne, tous authentiques, sont presque tous associés aux cérémonies du Couronnement. Les insignes de la royauté (Regalia) sont rarement antérieurs au 17ᵉ s., la république de Cromwell ayant vendu ou détruit ceux qui avaient servi au sacre de Charles Iᵉʳ. La **Cuiller de vermeil** (12ᵉ s.), où l'on recueillait l'huile sainte de l'onction, et son **Ampoule d'or** en forme d'aigle (corps de l'oiseau du 14ᵉ s., ailes et socle de 1661) échappèrent à la destruction.

Le couronnement

Le jour du sacre, les emblèmes de la royauté sont transportés à l'abbaye de Westminster où le souverain arrive, portant la tenue cramoisie des Pairs. Sa robe rouge ôtée, il reçoit l'onction sur les paumes, la poitrine et le front. Il revêt ensuite la tunique blanche, le manteau broché d'or et la ceinture. Le grand chambellan touche les talons (ou les mains s'il s'agit d'une reine) avec les **éperons d'or**, attributs de la chevalerie comme la grande **épée d'apparat**, présentée par l'archevêque. Les **Bracelets** de Sincérité et de Sagesse sont passés aux bras du souverain qui reçoit aussi le manteau royal et l'étole brodée d'or, renouvelée à chaque couronnement. Le **Globe** surmonté d'une croix, emblème de la Terre dominée par la chrétienté, est tenu dans la main droite puis remis sur l'autel tandis que l'archevêque glisse à l'index royal l'**Anneau** du couronnement puis tend le **Sceptre à la croix**, insigne du pouvoir et de la justice ; le **Bâton à la colombe** tenu de la main gauche rappelle le rôle d'équité et de miséricorde. L'instant est venu de poser la lourde **Couronne de saint Édouard** sur la tête du monarque tandis que montent les acclamations : « Dieu protège le roi (ou la reine) ». Les trompettes sonnent, 62 coups de canons retentissent à la Tour. Après la dernière bénédiction, Sa Majesté se retire pour se parer de la cape de velours violet et ceindre la **couronne d'État**, plus légère.

Dans les salles servant d'antichambre, décorées des armoiries des souverains britanniques de Guillaume le Conquérant à Élisabeth II, la projection sur murs d'écrans de la cérémonie du sacre de l'actuelle souveraine, dans une ambiance qui n'est pas sans rappeler celle des parcs d'attractions, fait patienter le visiteur.

Les objets du sacre et la vaisselle d'apparat sont répartis dans quelques salles successives. On verra notamment un immense Wine Cooler en vermeil (1824), remarquable par son décor d'animaux multiples, servait à rafraîchir le vin, une épée d'État de 1678, le sceptre de Charles II, la masse (bâton de cérémonie) de la reine Anne, 16 trompettes d'argent des 18e et 19e s., des costumes de l'ordre du Bain (rouge), de la Jarretière (bleu), du Chardon (vert) et les robes du couronnement d'Élisabeth II (tunique, étole, cape impériale).

Les **joyaux de la Couronne** sont présentés dans une longue vitrine *(on peut les admirer de près en empruntant le trottoir roulant ou en circulant plus librement à la galerie supérieure)*, dans l'ordre d'utilisation lors du couronnement. Les couronnes sont portées sur des toques de velours bordées d'hermine depuis Édouard III (1327).

L'**épée d'apparat**, à poignée et fourreau en or massif, merveilleux travail d'orfèvrerie créé pour le couronnement de George IV (1821), est incrustée de diamants, rubis, saphirs, émeraudes aux emblèmes des trois royaumes (rose, chardon, trèfle).

La **couronne de saint Édouard** évoque le roi saxon Édouard le Confesseur. En or massif, elle a été faite pour Charles II en 1661 à partir d'une ancienne couronne qui aurait été celle du Confesseur. Des perles d'argent soulignent les quatre arches et le bandeau, sertis de pierres précieuses et de brillants.

La **couronne impériale d'État**, conçue pour Victoria en 1838, a été refaite en 1937 pour George VI. Portée au sortir de l'abbaye et lors de cérémonies d'apparat comme l'ouverture du Parlement, elle est ornée d'un énorme spinelle rouge appelé «**rubis du Prince Noir**» (14e s.). Cette pierre aurait été donnée au prince par le roi de Castille Pierre le Cruel après la bataille de Najera (1367) et arborée par Henri V sur son casque à la bataille d'Azincourt. Au-dessous scintille un diamant de 317 carats, la 2e des quatre Étoiles d'Afrique taillées dans le **Cullinan** (3 106 carats) offert à Édouard VII en 1907. Au centre de la croix terminale brille le **saphir** que saint Édouard portait en anneau tandis qu'à l'arrière du bandeau à deux rangs de perles scintille le grand **saphir des Stuarts** que Jacques II aurait emporté en France lors de sa fuite. La couronne comporte **3 733 pierres précieuses**.

La couronne de la reine mère Elizabeth, créée pour le couronnement de George VI en 1937, porte, sur une armature élégante à quatre branches coudées, le célèbre **Koh-I-Noor** (Montagne de Lumière) ; ce diamant à l'origine pesait 1 000 carats. Retaillé à 800, puis à 600, enfin à 108 carats, et connu depuis le 13e s., il aurait un pouvoir maléfique sur les hommes, bénéfique sur les femmes qui le possèdent.

Le **sceptre royal**, orné d'une émeraude carrée au centre de la croix de diamants, comprend l'**Étoile d'Afrique**, le plus gros diamant du monde (530 carats), provenant aussi de la taille du Cullinan.

La **petite couronne de la Reine Victoria**, tout endiamantée, fut réalisée en 1877 pour la reine qui jugeait la couronne d'État trop encombrante. Elle présente une forme héraldique Tudor, en dôme.

Le **Globe** du souverain (1661), ornement le plus sacré de la Regalia, est en or, cerclé de perles fines et de pierres précieuses avec une croix posée sur une améthyste ; le Globe de petite dimension est celui de la reine Marie II, qui fut couronnée en même temps que Guillaume III. Les **bagues** du couronnement, croix de 5 rubis sur saphir cerclé de diamants, ont été conçues pour Guillaume IV (1831) et, la plus petite, pour Victoria (1838).

La **couronne Impériale des Indes**, portée par George V à Delhi, en 1911 (la couronne d'État ne devant pas quitter le sol britannique), comporte 6 000 diamants.

Noter aussi les **couronne et diadème de Marie de Modène** (1685), les vases sacrés en vermeil, les fonts baptismaux, la vaisselle d'apparat (fontaines et salières).

Présentée indépendamment, la **couronne de la reine Mary**, gracieuse avec ses huit branches remontées en ogive, fut exécutée en 1911 pour la reine à l'occasion du sacre de George V. Elle possède deux bijoux amovibles, au sommet la **3e Étoile d'Afrique** en forme de poire (95 carats) et, sur le bandeau frontal, la **4e Étoile d'Afrique** (65 carats), la plus petite des quatre, taillée en carré ; au-dessus de cette dernière le cabochon est en cristal de Bohême.

★★★**White Tower** – La tour, l'une des premières fortifications de cette taille à être construite en Europe occidentale, fut commencée par Guillaume Ier en 1078 et achevée 20 ans plus tard par Guillaume II le Roux. Le massif donjon de plan presque carré (35 m sur 29 m) à 4 étages, d'une hauteur totale de 28 m et comportant une muraille de 3 à 4 m d'épaisseur en pierre brute du Kent plaquée de pierre de Portland, est cantonné de tourelles d'angles coiffées au 17e s. de coupoles à bulbe. Il prit le nom de **Tour Blanche** en 1241 après que Henri III l'eut fait blanchir à la chaux. Au 17e s., il fit l'objet de restaurations et fut alors doté, à l'exception de la face Sud, de fenêtres plus grandes. Chaque étage intérieur est partagé en deux pièces de dimensions inégales.

★★**Chapel of St John the Evangelist** – *Entrée sur le côté Sud.* Située au second étage de la Tour et s'élevant sur deux niveaux, « la plus ancienne église d'Angleterre » constitue un pur exemple de style roman normand. 12 puissants piliers ronds à chapiteaux encore frustes, connus sous le nom des « 12 Apôtres », séparent la nef se terminant par un cul-de-four des bas-côtés et du déambulatoire à voûtes d'arêtes supportant une galerie. La décoration peinte et le jubé ont disparu.

Dans cette chapelle austère, au Moyen Age, les monarques passaient une nuit de veille avant leur couronnement ; le corps de Henri VI (tué selon la légende dans la tour Wakefield) y fut exposé en 1471.

Royal Armouries Collection – *La collection des armureries royales est en cours de réorganisation afin d'être présentée dans la Tour Blanche. La description faite ici tient compte de la situation prévue à l'achèvement du réaménagement en 1998.* L'histoire de la Tour Blanche est intimement liée à celle de la collection des armureries royales, car la Tour servit de dépôt d'armes pendant des siècles. La première organisation des armureries royales commence avec **Henri VIII**, dont on expose les armes personnelles et l'arsenal privé. Entre les 15ᵉ et 19ᵉ s., l'armement de la nation releva du Bureau d'Artillerie (Office of Ordnance), qui supervisait la conception, la fabrication et les tests effectués sur les armes et assurait également la maintenance des fortifications et des garnisons dans le royaume. Outre les armes et les armures, un grand nombre de tableaux, de gravures et des éléments de documentation étayent l'exposition.

La collection inclut aussi un large éventail d'armes plus petites, dont plusieurs, terrifiantes, proviennent apparemment de l'Armada (1588) ; des trophées plus importants, canons et mortiers par exemple, pris sur différents champs de bataille, côtoient des gravures sur bois et différents objets, dont des instruments de torture de facture étrangère, offerts à la Tour au 19ᵉ s. pour y être exposés.

La Tour Blanche

Une série de portraits du 17ᵉ s. réunit, sous le nom de **Line of Kings**, les rois d'Angleterre revêtus de leurs atours personnels ou de leurs armures.

Royal Fusiliers Regimental Museum ⊙ – *Versement d'un droit d'entrée propre.* Le **musée du régiment des Fusiliers** retrace l'histoire de ce régiment, créé par Jacques II en 1685 et muni alors d'un nouveau mousquet à silex, appelé « fuzil », d'où le nom initial de « Royal Regiment of Fuzileers ». En 1881, il devint régiment de la Cité de Londres avec le privilège de traverser la ville baïonnette au canon et fusionna en 1968 avec les autres Fusiliers anglais. Présentation de drapeaux, de documents, de tableaux, de médailles et d'effets.

On peut redescendre vers l'enceinte intérieure soit directement et voir à droite, au pied du donjon, la trace du mur romain qui fermait la ville et quelques restes **(A)** de la tour de la Garde-Robe (Wardrobe Tower), érigée sur le site d'un bastion romain, soit en empruntant les remparts Est.

East Wall Walk – La promenade permet de passer, du Nord au Sud, par la **Tour Martin**, qui abrita un temps les joyaux de la couronne où, après avoir en partie fait l'objet d'une tentative de vol en 1671, ils furent menacés par l'incendie de 1841 parti de la **Tour Bowyer** à l'Ouest, la **Tour du Connétable** (Constable Tower, 1240, reconstruite au 19ᵉ s.), la **Tour du Sceau de l'État** (Broad Arrow Tower, 1240, meublée à l'image d'un logement de chevalier du 13ᵉ s.) et la **Tour du Sel** (Salt Tower, 1240).

Se diriger vers les restes de l'enceinte de Henri III.

Dans l'angle formé par l'enceinte intérieure et celle de Henri III, au pied de la Tour Wakefield, se trouvent les volières où sont nourris les fameux **corbeaux** (ravens) de la Tour de Londres. Sinistres et gras, ils font l'objet des soins attentifs du Maître des Corbeaux, car, selon la croyance populaire, le jour où ils disparaîtront, la Tour s'effondrera.

Les corbeaux

Depuis Charles II, six corbeaux se trouvent en permanence à la Tour et deux autres sont mis en réserve. Pour les empêcher de s'envoler, le Maître des Corbeaux leur coupe une aile : cette opération indolore déséquilibre leur vol et les retient d'aller loin. Chacun d'entre eux est identifié par une bague de couleur. Le plus vieux résident, Jim Crow, atteignit l'âge canonique de 44 ans ; occasionnellement, des corbeaux ont été renvoyés pour « comportement inadmissible ». Ainsi, Corbeau George fut envoyé au Welsh Mountain Zoo car il ne cessait de se percher sur les antennes de télévision.

Le Maître des Corbeaux

© Crown Copyright HRP

Revenir vers l'enceinte extérieure au niveau de la Tour sanglante et, par un escalier latéral, monter sur les remparts et aux tours subsistantes du palais médiéval.

St Thomas's Tower and Traitors' Gate – La **tour St-Thomas**, du 13ᵉ s., formait châtelet au-dessus de la porte d'eau sur la Tamise, accès principal à la Tour quand la Tamise était la voie de communication la plus utilisée de Londres. Celle-ci ne prit le nom de **Porte des Traîtres** que plus tard, quand elle fut utilisée comme accès secret pour introduire des prisonniers d'État dans le lieu de leur détention.
Dans la tour, la Grande Chambre (Magna Camera) aurait été celle d'Édouard Iᵉʳ. De minutieuses recherches ont permis de rétablir l'aspect de cette pièce, d'où le roi aurait soumis les Gallois et entrepris d'étendre sa puissance sur le territoire français. La pièce suivante (Aula) était celle où le roi jouait sans doute aux échecs et prenait ses repas.

Wakefield Tower – Dans cette tour élevée en 1240, où les joyaux de la Couronne furent conservés de 1856 à 1939 et de 1945 à 1971, a été reconstituée la salle du trône, octogonale. Une reproduction du trône, inspirée du Trône du Couronnement de l'abbaye de Westminster, voisine avec une couronne allemande, un candé-labre, des commodes françaises en chêne et un paravent de chapelle ; la tourelle d'angle abrite un petit oratoire où Henri VI aurait été assassiné sur ordre d'Édouard IV alors qu'il était occupé à ses dévotions.

Lanthorn Tower – Par les remparts, on gagne cette tour édifiée au 13e s., démolie en 1776, puis reconstruite en 1883. Sur fond de musique du 13e s. y sont présentés de rares objets quotidiens de l'époque d'Edouard Ier.

Henry III's Watergate – Une entrée sur le fleuve fut installée à l'Est de la tour Wakefield au 13e s. à l'usage privé du roi.

Cradle Tower – Une porte, donnant sur la Tamise, fut percée ici (1348-1355) pour assurer au roi une entrée privée.

ENVIRONS

★★Tower Bridge ⊘ – La silhouette néo-gothique et le pont-levis du **Pont de la Tour** sont connus du monde entier. Construit de 1886 à 1894 par John Wolfe Barry et Horace Jones, sa longueur totale atteint 805 m.

Reliées aux rives de la Tamise par deux ponts suspendus, les massives tours gothiques qui constituent l'armature de l'ouvrage sont unies entre elles par un pont routier formant pont-levis et, à l'étage supérieur, par une passerelle pour piétons offrant des **vues★★** impressionnantes sur la Tour de Londres et le cours de la Tamise.

R. Besse/MICHELIN

Le pont routier comporte deux tabliers basculant pour livrer passage aux navires. La manœuvre ne dure qu'une minute et demie et s'effectue plusieurs fois par jour : en 1952, un autobus se trouvait sur le pont quand celui-ci s'ouvrit et le lourd véhicule ne dut son salut qu'à la vitesse de son élan qui lui permit de franchir le vide. Le mécanisme de levage hydraulique n'est jamais tombé en panne ; depuis 1977 il a été remplacé par un système hydro-électrique.

Depuis 1992, les tours et la salle de levage abritent un **musée didactique**. À partir de la tour Nord, le visiteur est guidé à travers une exposition relatant la conception et la construction du pont.

Tower Bridge

Dans le passage supérieur, des bornes interactives illustrent les modifications du paysage londonien. La salle de levage permet de voir fonctionner la machinerie originale. En amont de Tower Bridge est ancré depuis 1971 le croiseur **HMS Belfast** de 11 500 t qui se distingua au cours de la Seconde Guerre mondiale *(voir Southwark)*.

Trinity Square Gardens – Un quadrilatère de pierre marque l'emplacement de l'**échafaud et de la potence** où, de 1455 à 1747, 75 condamnés furent exécutés en présence de foules immenses. Les **Monuments à la Marine marchande** (Mercantile Marine Memorials) furent érigés à la mémoire des marins morts durant les deux conflits mondiaux : 1914-1918 par Lutyens, 1939-1945 par Maufe. On y trouve aussi une section du mur de la Cité, une stèle funéraire romaine (original au British Museum), une statue présumée de l'empereur Trajan, et les vestiges d'une porte de tour. Dans la partie Nord du parc s'élève **Trinity House**, immeuble restauré du 18e s., siège de la Corporation of Trinity House, fondée par Henri VIII en 1514 pour le sauvetage des navires et la protection des marins.

Old Royal Mint – *Tower Hill*. Comme dans la plupart des pays d'Europe, plusieurs monnaies avaient cours en Angleterre au Moyen Âge. Ce n'est que sous Henri VIII que la monnaie devint unique dans l'ensemble du royaume. L'**Hôtel Royal des Monnaies**, installé dans la Tour au 16e s., fut transféré en 1811 dans cet immeuble de style classique, avant d'être implanté en 1968 dans le Sud du pays de Galles. Le site du Royal Mint a été réaménagé et des fouilles ont permis de dégager les restes d'une abbaye cistercienne du 14ᵉ s.

All Hallows-by-the-Tower ⊘ – Appelée aussi All Hallows Barking, l'**église de Tous-les-Saints**, dépendant de l'abbaye de Barking (Sussex), fut fondée par un roi saxon (680) sur l'emplacement d'une maison romaine (2ᵉ s.). Elle vit maints enterrements de prisonniers de la Tour voisine. Le clocher érigé en 1651, rare exemple d'architecture à la Cromwell, d'où Pepys assista au Grand Incendie, a été surmonté, en 1958, d'une flèche de bronze qui est donc la seule de la Cité à ne pas être l'œuvre de Wren.

Reconstruite en 1957, l'église présente à l'intérieur des voûtes bétonnées en arc surbaissé. Le mur Sud de la tour est percé de la seule arche anglo-saxonne (675) que conserve la Cité. Des sculptures modernes ont été groupées dans le bas-côté Sud. Le baptistère présente un magnifique **couvercle de fonts baptismaux**★★ en citronnier (offert en 1681) attribué à Grinling Gibbons : deux chérubins entourent une pyramide de fleurs et de fruits que survole une colombe. Parmi les 18 **plaques funéraires**★ datant de 1389 à 1591, huit peuvent être reproduites par frottement *(sur demande préalable, matériel fourni)*. Voir aussi le porte-épée, les modèles réduits de bateaux dans la chapelle des Mariniers, et la chapelle de l'association **Toc H**, qui confère à l'église une atmosphère spécifique.

Dans la crypte, on peut voir des vestiges anciens : fragments de pavement romain, poteries, croix saxonne du 11ᵉ s., monument de l'archevêque Laud, acte de baptême de William Penn (23 septembre 1644), fondateur de la Pennsylvanie, et acte de mariage (1794) de John Quincy Adams, 6ᵉ président des États-Unis.

Un nouveau concept d'aide au voyage

Que vous souhaitiez connaître une simple distance ou visualiser un itinéraire détaillé, disposer de toutes les précisions sur un hôtel, un restaurant ou un camping, les Services de Tourisme Michelin mettent désormais à votre disposition une rubrique couplant toutes ces informations dans leur univers Internet

http ://www.michelin-travel.com

TRAFALGAR SQUARE★★

Carte p. 8, **EX**
⊖ Charing Cross

Cette place célèbre la bataille remportée par Nelson à Trafalgar, le 20 octobre 1805, et la gloire de l'empire colonial britannique. Rendez-vous des touristes et des pigeons qui n'hésitent pas à prendre les premiers pour perchoirs, elle sert de forum aux meetings politiques, parfois agités, et aux rassemblements qui ont lieu, à Noël autour du sapin norvégien, à la St-Sylvestre en attendant le carillon de Big Ben.

Vers le Nord s'étire sur toute sa longueur la glorieuse institution qu'est la **National Gallery** *(voir à ce nom)* ; à l'Est se dresse **South Africa House**, conçue par Herbert Baker en 1933, où des piquets de grève revendiquaient la libération de Nelson Mandela et la fin de l'apartheid ; en face se trouve **Canada House**, édifice classique en pierre ocre de Bath (1824-1827), qui avait été conçue par Robert Smirke pour abriter le Collège royal de Médecine (Royal College of Physicians).

Enjambant le Mall (la porte centrale est appelée Porte du Souverain), **Admiralty Arch** est un monument érigé à la gloire du pouvoir britannique sur l'emplacement de jardins fleuristes fréquentés au 17ᵉ s. par Pepys. Cette masse incurvée, édifiée par Sir Aston Webb de 1906 à 1911, tire son nom des bâtiments dépendant de l'Amirauté, situés sur le côté Sud de la place.

Création – La place avait été dessinée par Nash en 1820 pour constituer un espace ouvert à la limite de Charing Cross (*ceirring*, du terme anglo-saxon signifiant courbe). Là, le Strand, allant de la Cité vers l'Ouest, virait vers le Sud pour rejoindre King Street (Whitehall). La section Est de Pall Mall fut réalisée, St Martin's Lane fut redressée et Charing Cross Road fut dessinée vers 1880. Vingt ans plus tard, la place fut achevée par Charles Barry, qui construisit également la terrasse Nord précédant la National Gallery.

Monuments – Le centre du carrefour, légèrement en contrebas de Trafalgar Square, est marqué par la **statue équestre de Charles Iᵉʳ**, décapité le 30 janvier 1649. Cette effigie de bronze est l'œuvre du sculpteur français **Hubert Le Sueur**, venu en Angleterre en 1625 à la suite de Henriette-Marie de France. Fondue en 1633 pour Covent Garden (date et signature sous le sabot avant gauche), mais non érigée lorsque éclata la guerre civile, la statue fut découverte en 1655 dans la crypte de St-Paul par les hommes de Cromwell, vendue à un chaudronnier nommé Rivet pour être détruite. L'artisan cependant réussit à dissimuler l'œuvre qui reparut à l'époque de la Restauration des Stuarts et fut solennellement installée en 1674 à la

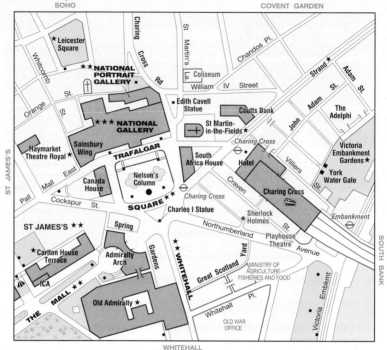

place qu'elle occupe encore, sur un piédestal en pierre de Portland sculpté d'armes et de trophées, d'après un dessin de Wren. L'endroit constitue le point kilométrique 0 du réseau routier britannique.

Les 44 m de la **colonne de Nelson** (Nelson's Column), terminée en 1843, de style corinthien en granit, sont surmontés de la statue de **Nelson**, qui mesure 5,30 m. Le piédestal s'orne de quatre bas-reliefs en bronze fondus avec des canons pris aux Français. Les quatre faces évoquent, de façon très expressive, les batailles du cap St-Vincent (1797), d'Aboukir (1798), de Copenhague, et la mort de Nelson à bord du *Victory* le jour de la bataille de Trafalgar.

Tapis au pied de la colonne, les quatre lions de bronze modelés par **Landseer** furent ajoutés en 1867; les fontaines datent seulement de 1939.

Au fond de la place, contre le mur de la terrasse Nord, se trouvent les étalons de longueur impériaux et des bustes d'amiraux du 20e s. La **statue équestre de George IV,** œuvre de Chantrey initialement destinée à Marble Arch *(voir Hyde Park),* fut installée au Nord-Est de la place en 1843. Dans l'angle Sud, deux généraux du 19e s. occupent des socles.

Sur le pourtour de la place, devant la National Gallery, statues en bronze de **Jacques II,** d'après Grinling Gibbons, et de **Washington**, d'après Houdon (marbre original en Virginie, à Richmond) et Henry Irving; sur St Martin's Place, statue de l'infirmière **Edith Cavell.**

★St Martin-in-the-Fields ⊙ – L'église **St-Martin-des-Champs** fut construite par **Gibbs** de 1722 à 1726 sur le site de deux églises antérieures, édifiées en 1222 puis en 1544, et dégagée par Barry du carcan d'habitations qui l'enserraient. Elle apparaît comme un édifice baroque d'aspect élégant mais manquant un peu d'unité. Son clocher-pagode, au profil sinueux, s'achève sur une lanterne octogonale surmontée par une flèche en obélisque concave. Il contraste avec le corps principal de l'édifice, conçu comme un temple antique à péristyle dont le fronton triangulaire est décoré des armoiries royales, le palais de Buckingham se situant sur le territoire paroissial. Ceinturé de vastes tribunes suivant la formule de Wren, l'intérieur est de proportions et de décor harmonieux avec un soupçon de rococo (la décoration de stuc est due à deux Italiens, Artari et Bugatti) qui n'est pas sans charme. On pourra voir la maquette de l'église conçue par Gibbs, la chaire de Grinling Gibbons, et le buste de l'architecte, œuvre de Rysbrack.

Célèbre non seulement par son architecture mais également comme refuge pour les sans-abri depuis les années 30, l'église a aussi donné son nom à un orchestre de chambre mondialement connu, la très réputée **Academy of St-Martin-in-the-Fields,** qui perpétue une longue tradition de concerts classiques.

Dans la crypte sont installés une boutique, une cafétéria bon marché et le **London Brass Rubbing Centre** ⊙, qui possède des répliques de plaques tombales en cuivre provenant aussi bien d'églises du royaume que de l'étranger.

Dans la cour intérieure au Nord se tient un marché d'artisanat très vivant.

VICTORIA AND ALBERT MUSEUM ★★★

Plan p. 7, **CY** – Schéma : SOUTH KENSINGTON
⊖South Kensington

Le Victoria and Albert Museum ⊙, musée national des Arts décoratifs en Grande-Bretagne, fut érigé pour accueillir les œuvres qui avaient été créées pour l'Exposition universelle de 1851 *(voir South Kensington)*. En 1857, la collection fut transférée de Marlborough House au South Kensington Museum, installé dans un bâtiment du nom de Brompton Boilers ; plus tard (1899), le musée fut renommé en l'honneur de la reine, qui posa la première pierre de l'édifice actuel en brique, projet lancé à l'initiative du prince Albert. Constituée par les nombreux objets accumulés par la Government School of Design in Ornamental Art à Somerset House, la collection disparate des débuts allait rapidement s'enrichir de nouvelles acquisitions pour réunir aujourd'hui (4 millions d'objets, 10 km de galeries) les Beaux-Arts et les arts appliqués de tous les pays, de tous les styles et de toutes les périodes.

L'**aile Henry Cole** (1867-1871), située sur Exhibition Road et érigée à la mémoire de l'éminent fonctionnaire qui avait initié l'Exposition universelle, correspond à l'ancien bâtiment Huxley, conçu par le général Henry Scott comme salle de cours pour des institutions d'éducation scientifique.

Outre les locaux de South Kensington, le Victoria and Albert Museum gère également trois annexes : le Wellington Museum à Apsley House *(voir Piccadilly)*, le Museum of Childhood (musée de l'Enfance) à Bethnal Green *(voir East End)* et le Theatre Museum à Covent Garden *(voir à ce nom)*.

Remarque – Ce grand établissement reste fidèle à sa vocation didactique originelle, en fournissant d'importantes collections d'études aux spécialistes, historiens, artistes, collectionneurs et scientifiques. Son département de conservation a été créé en 1960. Toutefois, pour le profane, la taille même de ce bâtiment peut être décourageante ; il est donc recommandé de choisir les salles présentant un intérêt personnel et de revenir ensuite sur les autres sections. C'est pourquoi les différents départements sont présentés ici conformément à l'organisation centrale du musée, et le visiteur peut se renseigner auprès des conservateurs concernés.

Collection britannique
Arts décoratifs 1500 – 1750 : *niveau inférieur B – 52 à 58*
Art décoratifs 1750 – 1900 : *niveau C – 118 à 126*
Art décoratifs 20ᵉ s. : *niveau B – 70 à 74*

Collection européenne
Art italien 1400 – 1500 : *niveau A – 11 à 20*
Arts décoratifs européens 1500 – 1600 : *niveau A – 21*
Europe du Nord, Arts décoratifs 1100 – 1450 : *niveau A – 22 à 24*
Art espagnol : *niveau A – 25*
Europe du Nord, Arts décoratifs 1450 – 1550 : *niveau A – 26 à 29*
Arts décoratifs européens et américains 1800 – 1900 : *niveau inférieur A – 8 à 9*
Collection d'études du 20ᵉ s. : *niveau B – 103 à 106*
Costumes européens : *niveau A – 40, et niveau B inférieur – 52*
Costumes folkloriques européens : *niveau B – 96 et 99*
Galerie d'ornementations européennes : *aile Henry Cole – 217 à 221*
Peinture européenne : *aile Henry Cole – 403 et 417 à 421*
Gravures européennes : *aile Henry Cole – 207 à 209*
Contrefaçons : *niveau A – 46*
Bibliothèque nationale des Arts : *niveau B -77 à 78*

Collection orientale
Art chinois : *niveau A – 44*
Art indien, salle Nehru : *niveau A – 41*
Monde islamique 700 – 1800 : *niveau A – 42*
Art japonais, salle Toshiba : *niveau A – 45*
Art coréen, salle Samsung : *niveau A – 47g*

ART OCCIDENTAL

Sculpture

La collection nationale de sculptures européennes post-classiques s'étend du début du christianisme à 1914 (les œuvres ultérieures sont exposées à la Tate Gallery – *voir à ce nom*).

Ivoires – *Niveau A : 43 ; niveau B inférieur : 62.* À l'origine, l'ivoire pouvait être travaillé dans une défense d'éléphant, de morse, d'élan ou d'hippopotame, ou dans une corne de rhinocéros, pour réaliser des images précieuses transportables et des mascottes. Aux amulettes, premières icônes religieuses chrétiennes, aux coffrets et aux ciboires carolingiens, ainsi qu'aux reliures de manuscrits illustrées succédèrent les magnifiques figurines gothiques du 13ᵉ s. La sculpture de l'ivoire atteignit son apogée en France vers 1300 (articles de toilette profanes) avant d'amorcer son déclin au milieu du 15ᵉ s.; elle connut un bref regain d'intérêt au 17ᵉ s., en particulier dans les portraits, pour finalement n'être utilisée qu'occasionnellement pour une incrustation ou dans une parure de meuble.

★★★**Points forts de la section de sculpture** – Autel allemand en ambre; buste de Henri VII par Torrigiano; *Esclave* de Michel-Ange, *Le Christ remettant les clefs à saint Pierre* de Donatello; *Neptune* du Bernin; les bustes de Houdon (Voltaire); *G. F. Haendel* de Roubillac, provenant des jardins de Vauxhall.

Sculpture de la Renaissance – *Niveau A : 12 à 20; niveau B inférieur : 63 à 64.* De nombreux maîtres italiens sont présents, et l'on peut admirer le travail de différents matériaux (cire, terre cuite, bronze, marbre) : Giovanni Pisano (*Christ en croix*, vers 1300), **Donatello** (*Madone Chellini*, 1456; *Le Christ remettant les clefs à saint Pierre*, vers 1430 – salle 16), Ghiberti, Rossellino, Della Robbia (*Adoration des Mages*, début du 16ᵉ s.), Sansovino, **Cellini**, Torrigiano, Lombardo, Riccio (*Cavalier criant*), Jean Bologne (*Samson tuant un Philistin*, vers 1562), Le Bernin (*Neptune et un Triton*)... L'œuvre la plus prisée est peut-être *L'Esclave* de **Michel-Ange**, modèle en cire d'un personnage qui devait orner le tombeau du pape Jules II.
Il est intéressant de comparer les critères stylistiques à propos du modelage, du geste, de l'expression, de la texture, de la perspective, de l'échelle et des canons de beauté qui différenciaient les écoles italienne, française, flamande, germanique et espagnole. Ceci se vérifie particulièrement dans les compositions et les portraits religieux (De Fries, Le Bernin, Le Sueur, Roubillac) Parmi les œuvres plus tardives figurent celles de Canova, Barye, Flaxman *(Niveau A – 50)*, Rodin *(Aile Henry Cole – 419)*.
Les **médailles** font également partie de cette grande section qui arbore des exemplaires notoires de Pisanello, l'éminent médailleur de la Renaissance.

Cours des moulages – *Niveau A : 46a (Italie) et b (Europe du Nord).* Dans un cadre typiquement victorien (1868-1873), cette collection réunit des moulages réalisés entre 1860 et 1880 au profit des étudiants des Beaux-Arts qui ne pouvaient pas se permettre de partir à l'étranger; ils sont encore très utiles dans la mesure où les originaux ont souffert de la pollution : la *Colonne trajane* (113 apr. J.-C.), les portes en bronze de Ghiberti au baptistère à Florence; la statue de *Saint Georges* par Donatello; *David, Moïse* et *Esclave mourant* par Michel-Ange.

Gravures, dessins et tableaux

Outre les supports classiques de la gravure et de l'aquarelle, cette collection réunit d'autres supports graphiques tels que le croquis, le papier peint, les plats à la mode, les affiches, les photographies, les emballages, les coffrets, les meubles peints, les bannières décorées ou stylisées par des artistes tels que Botticelli, Crivelli, Tintoret, Becafumi...

★★★**Points forts** – Les cartons de Raphaël; la collection de peintures et d'aquarelles de John Constable, le *Portrait de Madame de Pompadour* par Boucher.

Gravures – *Aile Henry Cole : 207 à 209 et 503.* Cette collection réunit des illustrations de texte (gravures sur bois, gravures, estampes, gravures sur linoléum, lithographie, sérigraphie) et des planches de motifs pour tous les arts décoratifs (armure, céramique, mobilier, argent, bijoux). Les artistes vont de Rembrandt *(Vierge à l'Enfant avec chat et serpent)* au post-impressionniste Kitaj.

Collection nationale d'aquarelles – *403, 417 à 421.* Études et dessins topographiques et architecturaux (John Vanbrugh, Frith, Henri Fuseli, Lanseer, C. F. A. Voysey, Henri More, Paul Nash, Stanley Spencer, Joseph Albers, professeur au Bauhaus, Helen Chadwick).

Collection nationale des portraits miniatures – Depuis la fondation de la Tate Gallery, le Victoria and Albert Museum a limité l'acquisition de ses miniatures : Hans Holbein *(Anne de Clèves)*, Nicholas Hilliard, Isaac Olivier *(Fillette de quatre ans tenant une pomme; Fillette de cinq ans tenant un œillet)*.

Legs – Le **don Sheepshank**★★ *(Aile Henry Cole : 419)*, l'un des legs de tableaux les plus anciens (1857), se compose d'œuvres à l'huile de l'époque et d'aquarelles : Turner, Blake, Palmer, Waterhouse. Ces œuvres attiraient de grandes foules au musée lorsque les salles étaient éclairées au gaz, le lundi soir.
Les pièces de la collection de facture européenne ont fait partie de dons de la part de collectionneurs comme **John Jones** *(Niveau A inférieur : 1 à 7* – Rococo français du 18ᵉ s.: *Portrait de Madame de Pompadour,* par Boucher), Rev. C.H. Towsend (peinture suisse du milieu du 19ᵉ s.) et **C.A. Ionides** (peinture française des 18ᵉ et 19ᵉ s. : Ingres, Delacroix, Courbet, Daumier, école de Barbizon, Degas... *aile Henry Cole 403, 417 à 421*).

Cartons de Raphaël – *Niveau A : 48a.* Ils avaient été commandés en 1515 par le pape Léon X pour exécuter les tapisseries de la chapelle Sixtine ; ils représentent les vies des apôtres Pierre et Paul. Ces sept cartons furent achetés par Charles Ier en 1623 pour servir de modèle aux ateliers de tapisserie Mortlake ; en 1699, Christopher Wren les fit encadrer afin de les accrocher à Hampton Court ; ils sont actuellement la propriété de Sa Majesté la reine qui les a confiés au musée.

Collection de John Constable – *Aile Henry Cole – 603, 606, 620, 621.* La plus grande collection au monde des œuvres de Constable, offerte en 1888 par la fille de l'artiste, Isabel, comprend des toiles montrées aux expositions estivales de la Royal Academy et illustre la technique de l'artiste en exposant ses croquis au crayon, ses aquarelles et ses peintures à l'huile qui préfiguraient l'œuvre finale : *L'Écluse de Dedham,* la *Cathédrale de Salisbury, Construction d'un bateau.*

Hiérarchie des sujets artistiques – 300 toiles sont accrochées dans le grand escalier de l'aile Henry Cole, selon une hiérarchie arrêtée par Sir Joshua Reynolds, premier président de l'Académie royale. On débute par des études et des copies des maîtres anciens, la base de l'académisme et de l'instruction (donc le moins important), puis on monte à travers les paysages et la peinture de genre jusqu'aux sujets historiques et religieux.

Remarque – Les expositions temporaires se tiennent généralement dans la salle des gravures *(aile Henry Cole – 503) :* se renseigner auprès du bureau d'informations.

Mobilier et décors

Cette fabuleuse collection s'étend du Moyen Âge à aujourd'hui et provient d'Europe, du Moyen-Orient et d'Amérique. De nombreuses pièces prêtées à des manoirs peuvent ainsi être admirées dans leur cadre original.

★★★**Points forts** – Grand lit de Ware ; instruments de musique ; les virginals de la reine Élisabeth Ire ; les reliefs de Grinling Gibbons *(Crucifixion, Lapidation de saint Étienne) ;* la collection Jones : commode française du 18e s., secrétaire, lit ; boudoir de Mme de Sérilly (meuble de musique et table de travail de Marie-Antoinette) ; clavecin de Taskin ; coffret à bijoux de Riesener ; cabinet des miroirs italien du 18e s. ; salle ovale italienne (vers 1780) ; 5 colonnes en lapis-lazzuli, illustrant les cinq ordres d'architecture, réalisées pour Marie-Antoinette ; salle William Morris ; bureau de Frank Lloyd Wright.

Mobilier britannique 1500-1900 – *Niveau B inférieur : 52 à 58 ; Niveau C : 118 à 126.* Peu de meubles datent de la période antérieure au 16e s., si ce n'est quelques coffres et sièges disparates. La pièce la plus remarquable de cette période est vraisemblablement le **grand lit de Ware** en chêne sculpté : mentionné par Shakespeare dans *La Nuit des rois,* ce lit devint l'attraction de l'auberge White Hart, populaire hôtellerie située sur la route de Londres à Cambridge.

La **collection du 18e s.** est particulièrement intéressante puisque les œuvres des grands ébénistes comme **Chippendale, Sheraton** et Hepplewhite, et des décorateurs et architectes d'intérieur **William Kent, Robert Adam** (cabinet Kimbolton) et **William Chambers** peuvent être comparées pour apprécier la variété et le savoir-faire de cette époque. Parmi les principaux intérieurs reconstitués figurent : Cliffords Inn (vers 1687) ; Henrietta Place (vers 1725) par James Gibbs ; une demeure de Hatton Garden (vers 1730) ; le salon de musique de Norfolk House (1756) ; une pièce de Wotton-under-Edge (intérieur provincial rococo) ; la bibliothèque de Croome Court (1760) et le salon de verre de Northumberland House (années 1700) ; une salle du prieuré de Lee (1785) en style Revival.

La section consacrée au 19e s. abrite l'une des collections de mobilier les plus riches ; elle regroupe les divers styles vus lors des différentes expositions universelles (Londres : 1851 ; Paris : 1867, 1900). Beaucoup de ces objets, conçus pour être exposés et non pour servir à un usage quotidien, traduisent l'éclectisme des goûts et le talent des ébénistes de l'époque victorienne. Parmi les pièces marquantes figurent une armoire de **Pugin,** un cabinet en bois peint dans le style Medieval Revival réalisé par **Burgess,** un cabinet d'Ernest **Gimson,** un paravent peint, conçu par **Vanessa Bell,** attestant l'influence de Matisse, un buffet rectiligne en acajou, incrusté d'ébène, très fin, d'inspiration japonaise, signé E. W. **Godwin** et une chaise en chêne, Art nouveau, conçue par l'architecte C. F. A. Voysey.

Mobilier européen – Cette collection regroupe deux sections, l'une couvrant la période 1400-1600 *(Niveau A : 12-27)* et l'autre la période 1600-1800 *(Niveau A inférieur : 1-7).* La salle 21 est consacrée aux superbes objets italiens du 16e s., dont une série de chaises très finement peintes et sculptées. Fabuleux secrétaire allemand incrusté d'os (vers 1600) ; fin cabinet en ébène, orné de montures d'argent, provenant d'Augsbourg (vers 1600) ; un cabinet réalisé par l'un des ébénistes favoris de Napoléon, Jacob.

Collections américaine et européenne 1800-1900 – *Niveau inférieur A 8-9.* Cette collection du 19e s. a été achetée entièrement neuve par le musée. Elle comprend un trône d'Hoffmeister, un fauteuil en noyer style Art nouveau de Louis Majorelle, un éblouissant ensemble bureau et chaise en marqueterie, style pré-Art Déco.

VICTORIA AND

- Galeries principales
- Galeries secondaires
- Expositions temporaires
- Fermé au public

LEVEL B
NIVEAU B

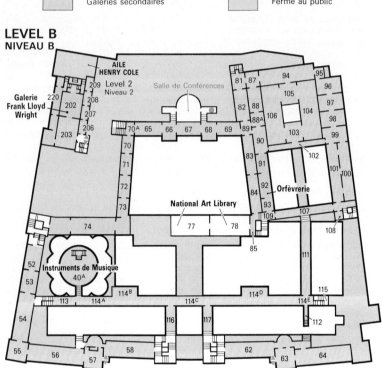

AILE HENRY COLE
Level 2
Niveau 2

Salle de Conférences

Galerie Frank Lloyd Wright

209 · 220 · 202 · 208 · 207 · 203 · 206

81 · 87 · 94 · 95
82 · 88 · 105 · 96
88A · 106 · 104 · 97
89 · 103 · 98
70A · 65 · 66 · 67 · 68 · 69
90 · 102 · 99
70
71
83 · 91 · 101 · 100
72
92 · Orfèvrerie
84 · 93
73
109 · 107
74
85 · 108
111
Instruments de Musique
40A
52 · 53
114B · 115
113 · 114A · 114C · 114D · 114E
54 · 116 · 117 · 112
55 · 56 · 58 · 62 · 63 · 64
57

LEVEL A
NIVEAU A

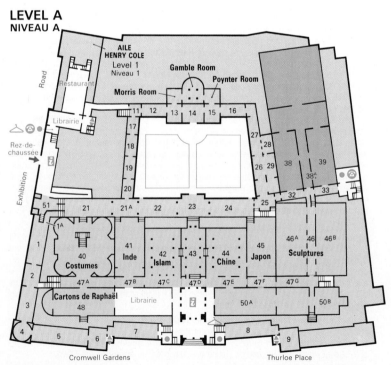

AILE HENRY COLE
Level 1
Niveau 1

Road
Restaurant
Librairie

Gamble Room
Morris Room
Poynter Room

Rez-de-chaussée

Exhibition

11 · 12 · 13 · 14 · 15 · 16
17 · 27 · 28
18 · 38 · 39
19 · 26 · 29 · 38A
20 · 32 · 33
51 · 21 · 21A · 22 · 23 · 24 · 25
1A
1 · 41 · 45 · 46A · 46 · 46B
40 · Inde · 42 · 43 · 44 · Japon · Sculptures
Costumes · Islam · Chine
2 · 47A · 47B · 47C · 47D · 47E · 47F · 47G
3 · Cartons de Raphaël · Librairie · 50A · 50B
48
4 · 5 · 6 · 7 · 8 · 9

Cromwell Gardens · Thurloe Place

238

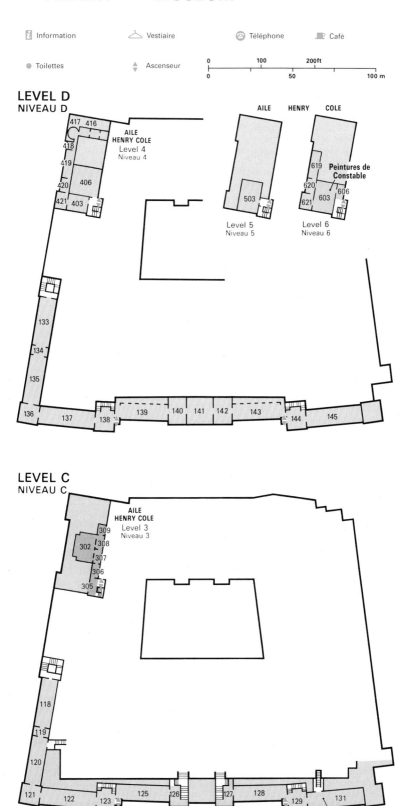

ALBERT MUSEUM

- 🛈 Information
- ⌒ Vestiaire
- ◎ Téléphone
- ☕ Café
- ● Toilettes
- ⇕ Ascenseur

LEVEL D
NIVEAU D

AILE HENRY COLE

417 416

AILE HENRY COLE
Level 4
Niveau 4

418
419
420
421
406
403

503

Level 5
Niveau 5

619
620
621
603
606

Peintures de Constable

Level 6
Niveau 6

133
134
135
136 137 138 139 140 141 142 143 144 145

LEVEL C
NIVEAU C

AILE HENRY COLE
Level 3
Niveau 3

309
302 308
307
306
305

118
119
120
121 122 123 125 126 127 128 129 131

Verres et Cristaux

Salles Morris, Gamble et Poynter – *Niveau A : au-delà de 13-15.* Trois salles, qui servirent de restaurant jusqu'en 1939, auxquelles furent ajoutées, à partir de 1866, carreaux et rôtissoire en fer et cuivre conçus par Edward Poynter, vitraux et céramiques de Gamble, papier peint et vitraux de William Morris et Burne-Jones, mobilier de Philip Webb. D'autres meubles signés de la société Morris sont exposés au niveau C : 118-119.

Frank Lloyd Wright Gallery – *Aile Henry Cole : 202.* Considéré par certains comme le plus grand architecte américain, Wright (1867-1959) conçut sa propre maison et l'immeuble Larking, ainsi que le mobilier adéquat. Sa popularité en tant que décorateur intérieur résulte de son association avec la Chicago Arts and Crafts Society (vers 1897) qui s'était fait l'écho des idées et des objectifs du mouvement britannique Arts and Crafts.
La salle présente des meubles, des œuvres en métal, des vitraux, des gravures, des livres et dessins. Entre 1936 et 1937, il conçut le bureau (7 m x 8 m) de Edgar J. Kaufman, directeur d'un grand magasin de Pittsburg et grand admirateur et principal commanditaire de Wright dans les dernières années de sa longue carrière.

Collection d'études du 20ᵉ s. – *Niveau B : 70-74 ; 103-106.* Le mobilier britannique qui date de la période antérieure à 1960 est présenté dans la salle 74. Les salles 103 à 106, dans lesquelles sont exposés les meubles de 1960 à 1991, sont souvent réaménagées. On peut y voir des pièces signées Le Corbusier, Koloman Moser, Eileen Gray et Frank Lloyd Wright.

Instruments de musique – *Niveau B : 40a ; Niveau B inférieur : 52.* La sélection des instruments d'Occident s'est opérée sur des critères esthétiques plus que sur leur qualité musicale. C'est pourquoi certains sont placés avec d'autres meubles de la même époque pour reconstituer un intérieur.

Étoffes et vêtements

La collection d'étoffes, l'une des plus riches au monde, couvre une période de 5 000 ans et s'applique à l'Europe, aux Proche et Moyen-Orient et à l'Asie centrale. La collection de vêtements (fin du 15ᵉ s. à 1990) met en évidence les innovations de chaque époque et l'influence de la technologie sur l'évolution de la mode et de la lingerie.

★★★**Points forts** – Les salles consacrées au costume ne laisseront pas indifférents ceux qui s'intéressent de près ou de loin aux mouvements de la mode ; la Textile Study Collection est un havre pour les brodeurs, les couturiers et tous les professionnels de la mode.

Tissus – *Niveau B : 100.* Les premiers échantillons remontent au temps des pharaons et proviennent des tombes égyptiennes. L'Antiquité gréco-romaine, les débuts de la chrétienté, le monde copte, l'Empire byzantin et ses soieries, l'aube de l'Islam au Proche-Orient sont également représentés. Les soies tissées d'Italie (13ᵉ-15ᵉ s.) attestent l'évolution des formes ; les somptueux vêtements en soie et en velours datent de la Renaissance ; de magnifiques tissus d'ameublement du 17ᵉ s. rappellent les peintures de Titien et de Véronèse. Dans les années 1650, la France commença à fabriquer des soieries à Lyon. Les principales manufactures britanniques étaient situées à Spitalfields, à Manchester, à Macclesfield et à Norwich *(niveau inférieur B : 57 ; niveau B : 100 ; niveau C : 125).*
Des articles provenant de l'Exposition universelle de 1851 (tissus et tentures de William Morris ; châles de Paris, Norwich, Paisley) fournissent un échantillonnage complet de produits tissés du 19ᵉ s.

Broderie – *Niveau B : 101.* Aux 13ᵉ et 14ᵉ s., la broderie ecclésiastique **« opus anglicanum »** (chasubles de Clare, chapes de Syon) jouissait d'un immense renom qu'elle devait au pape Innocent V : en 1246, ayant remarqué la qualité des vêtements d'évêques anglais, il en commanda quelques-uns pour son usage personnel. Le tissu, en général de soie ou de satin, est tramé de fils d'or couché et brodé de silhouettes exécutées au point de piqûre avec des fils de soie et inspirées des illustrations des manuscrits. Vers le milieu du 14ᵉ s., la décoration prend le pas sur les silhouettes et les dessins sont de plus en plus stylisés ; la production diminua avec la Réforme.
Dans le domaine de la broderie d'Europe occidentale après 1500, une large place est accordée à la production anglaise, avec les fameuses **tentures d'Oxburgh** (toile de lin brodée au point de croix avec des fils de soie), dont les motifs ornementaux (animaux et oiseaux exotiques, fleurs, bêtes sauvages) furent travaillés par Marie Stuart ou Bess de Hardwick, comtesse de Shrewsbury, et avec le **tapis de table de Bradford**, à la merveilleuse bordure illustrant le style de vie de la fin du 16ᵉ s.

Dentelle – *Niveau B : 96.* La dentelle italienne et celle des Flandres (fin du 15ᵉ s.) sont bien représentées. Elles ornaient les habits de cérémonie, les cols et les fraises, les tissus religieux et profanes. Les machines fabriquant la dentelle inventées (1808-1809) par John Heathcote furent incapables de rivaliser avec les ouvrages faits main.

Tapisseries – *Niveau B : 94 ; niveau A : 22-24.* Les **tapisseries des chasses de Devonshire** (Gothic Hunting) réalisées au 15ᵉ s. pour les ducs de Devonshire font partie des chefs-d'œuvre de la collection ; elles furent probablement tissées à Arras vers 1430. Sont également à remarquer des exemplaires des ateliers londoniens de Mortlake, de Soho, de Lambeth et de Fulham, fondés (1750-1755) par un ancien employé de la manufacture française de la Savonnerie et achetés par Claude Passavant, associé de Thomas Whitby connu pour sa fabrique de tapis d'Axminster. On trouve également des exemplaires du continent, en provenance des manufactures des Gobelins et d'Aubusson (Alexander Calder : *Feuilles d'automne,* 1971).

Tapis – *Niveau A : 42 et 33 (escaliers).* Le point fort de cette section est sans aucun doute le tapis de mosquée d'Ardabil, le plus grand tapis persan du monde (1540, 30 millions de nœuds, pile de laine sur trame de soie – *niveau A : 42*). Les autres pièces (9ᵉ s.-20ᵉ s.) illustrent les styles d'Iran, de Turquie, du Turkestan, de l'Inde, d'Afrique du Nord, d'Amérique et d'Europe.

Tissus imprimés – *Niveau B : 100-101.* Au 16ᵉ s., le coton était importé d'Inde sous la forme de chintz (cinq couleurs, imprimé par bloc de bois) et de calicot (peint, imprimé et décoré au pochoir), mais il était soumis à des taxes afin de protéger les industries nationales de la laine et de la soie. Les premières techniques d'impression au bloc de bois avec des teintures de garance (noir, rouge, pourpre et ocre) évoluèrent grâce à l'utilisation de l'indigo (bleu) et de la gaude (jaune) vers 1750. Les motifs naturalistes furent introduits au milieu du 18ᵉ s. À partir de 1752, l'utilisation des plaques de cuivre en Irlande, étendue à l'Angleterre en 1756 et à la France en 1770 (avec Oberkampf à Jouy), facilita la réalisation de motifs complexes monochromes (rouges, sépia et indigo) sur fond blanc. En 1783, un Écossais obtint un brevet pour l'impression au rouleau métallique, ce qui simplifia encore davantage le processus de fabrication ; William Morris et le mouvement Arts and Crafts s'essayèrent aux couleurs crues et aux motifs modernes et soulignèrent l'importance de la conception et du savoir-faire dans la production textile industrielle.

Le **patchwork** est exposé au niveau B, salle 102.

Habillement – *Niveau A : 40.* Cette splendide collection retrace les évolutions de la confection pour hommes, dames et enfants depuis le 16ᵉ s. L'exposition commence par une rare chemise en lin des années 1540. Le 17ᵉ s. se distingue par les costumes les plus onéreux : lourds manteaux, pourpoints, justaucorps... On trouve ensuite les vêtements du 18ᵉ s. que l'on observe sur les portraits de cette époque : jupes à cerceau, costumes de cour en soie brodée ou en velours ; les robes néoclassiques aux bordures et aux assemblages les plus complexes semblent être de bon ton à cette époque éprise d'éclectisme (manteau de cour des années 1740, polonaise des années 1770, robe-châle des années 1790).

La fin du 19ᵉ et le début du 20ᵉ s. sont marqués essentiellement par la collection (1905-1920) de Miss Heather Firbank et celle (années 20) constituée par le célèbre photographe de mode Cecil Beaton. Des modèles plus récents (1960-1990) ont été acquis par un comité spécial dirigé à une époque par Jean Muir. Parmi les couturiers, merveilleux ou originaux, représentés ici figurent Fortuny (robe de Delphes), Worth, Poiret, Schiaparelli, Dior, Chanel, Norman Hartnell, Balenciaga, Balmain, Saint-Laurent, Galliano, Versace, Mary Quant, Karl Lagerfeld, Zandra Rhodes, Caroline Charles, Vivienne Westwood, Issey Miyake, Rifat Ozbek, et, pour les accessoires : Shilling (chapellerie féminine), Vuitton (bagagerie), Ferragamo (chaussures), stylos Montblanc, baladeurs Sony, agendas Filofax, sans oublier les gants, les éventails, les parapluies et les parasols, les cannes, les chaussettes et les bas, les sacs et les bourses, les mouchoirs et les cravates, les peignes et les épingles à chapeau...

Céramiques et cristaux

À l'origine (19ᵉ s.), cette collection fut constituée d'objets réunis pour servir à l'amélioration des modèles britanniques. Des exemplaires du reste de l'Europe, de Chine et de l'Islam ont été acquis depuis.

La salle des céramiques retrace l'histoire de la poterie et de la porcelaine à l'échelle mondiale. Poteries grecques et romaines, pièces du Proche-Orient, découverte de l'étain blanc ; objets de l'Espagne des Maures, majolique de l'Italie de la Renaissance, pièces d'Allemagne, de Turquie et de Perse. Les poteries et la porcelaine chinoises et japonaises incitèrent les Européens non seulement à copier les élégantes formes de ces vases exotiques mais aussi à reproduire la délicate texture blanche de la porcelaine dans des équivalents à pâte dure et tendre.

★★★**Points forts** – Chèvre de Meissen conçue par Kaendler pour le palais japonais de Dresde ; pièces sublimes et rares commandées par Cosme de Médicis, grand-duc de Toscane (années 1570) ; grand plat en Delft réalisé par Christian Wilhelm, fondateur de la poterie de Pickleherring à Southwark ; poteries de Palissy et de Saint-Porchaire ; verres du Vénitien Verzelini, qui exerça à Londres au 16ᵉ s.

Porcelaine – *Niveau D : 139-145*. La salle 139 expose une remarquable collection léguée en 1884 par Lady Charlotte **Schreiber** comprenant des pièces sorties des ateliers de Chelsea, de Bow, de Derby et de Worcester, et des poteries du Staffordshire. La porcelaine britannique est exposée au niveau D : 139-140 ; la porcelaine européenne au niveau D : 142 ; les manufactures françaises au niveau A inférieur ; les céramiques d'Extrême-Orient au niveau D : 143-145.

Poterie – *Niveau D : 134-138.*

Faïence enduite de glaçure stannifère – L'application de glaçure blanche à la poterie cuite en biscuit s'inspira de la porcelaine chinoise et fut perfectionnée au 9ᵉ s., à Bagdad, pour gagner ensuite l'Espagne et l'Italie (13ᵉ s.). Après un bain dans

Porcelaine de Chelsea : la leçon de musique

la glaçure (étain et oxyde de plomb mélangés à du silicate de potasse), on peut décorer de couleurs résistant aux températures élevées et vernir par application d'une glaçure au plomb. La majolique italienne, la faïence française, le Delft des Pays-Bas et d'Angleterre utilisent des variantes de cette technique.

Grès cérame – Cette matière très dure, dense, sonore, d'un gris ou d'un rouge opaques, non poreuse, s'obtient à partir de l'argile et du feldspath cuits à de très hautes températures (1 200-1 400 °C). Inventée en Chine, cette technique se développa en Rhénanie. Les premiers types de glaçure au sel furent réalisés en jetant du sel dans un four lors de la combustion : la chaleur brise le composé chimique et libère le gaz chloré alors que le sodium se combine avec les silicates dans la poterie pour former une fine glaçure.

Le potier le plus notoire avant Wedgwood fut peut-être **John Dwight** (vers 1635-1703). Il instaura la poterie à Fulham et perfectionna l'usage du grès cérame pour les figurines (portraits très fins de sa fille défunte et du prince Rupert) et pour de la vaisselle à usage domestique (bouteilles, théières). **Josiah Wedgwood** (1730-1795) produisit une grande quantité de pièces tout en sachant s'adapter à l'évolution des goûts de la classe moyenne ; il fut le pionnier de la production en masse de pièces inspirées de l'Antiquité (vaisselle d'Étrurie, vaisselle de jaspe et de basalte noir imitant les motifs romains ; faïence de couleur crème, appelée faïence de la Reine (Queen's ware) une fois obtenue l'approbation royale – *niveau C : 121, 123*). Ses premiers ateliers (1759), rapidement relayés par d'autres, contribuèrent à asseoir la réputation des poteries du Staffordshire.

Poterie d'art – Elle évolua à la fin du 19ᵉ s. sous l'impulsion du mouvement Arts and Crafts finissant. William De Morgan et les frères Martin mirent au point plusieurs techniques. C'est ainsi que se développa l'**Atelier de poterie** (Studio Pottery) anglais *(niveau D : 137)*, incarné par Bernard Leach et Lucie Rie et représenté en Scandinavie par Stig Lindberg, en Amérique par Rudy Autio. Son influence se manifeste encore aujourd'hui.

Les **carreaux**, hormis les collections espagnole et islamique, sont présentés de façon à faciliter la comparaison *(niveau D : 141)*. À côté de la **faïence** et de la porcelaine française, à l'étage inférieur *(salles 127 et 128)* sont exposés les **émaux** *(niveau A : 43 ; niveau B : 89)* de Limoges.

Cristaux – *Niveau C : 131*. À l'instar des artistes, les artisans se copiaient : l'impact du verre soufflé de Venise s'étendit aux Pays-Bas et à l'Angleterre. Une importante industrie du cristal se développa à Nailsea, Newcastle-upon-Tyne, et obtint ses lettres de noblesse avec George Ravenscroft (1632-1683), le plus célèbre des souffleurs de verre anglais et l'inventeur du «flint-glass», obtenu par adjonction d'oxyde de plomb.

Le verre européen reste essentiellement fonctionnel jusqu'au milieu du 19ᵉ s., et les techniques employées reposaient alors sur la taille au diamant, la gravure à l'acide, le moulage, le grain irisé et brillant (Lalique, Tiffany, Dale Chihuly). Récemment, le musée a fait l'acquisition d'un certain nombre de pièces d'origine nationale et étrangère. *L'Histoire du verre*, intégrant les informations du Corning Museum of Glass de New York, est disponible sur ordinateur dans la salle.

Vitrail – *Niveau B : 111 et 117*. Vitraux anglais et européens, de l'époque médiévale au 19ᵉ s. Remarquables vitraux allemands des 15ᵉ et 16ᵉ s. Un rare panneau conçu par Frank Lloyd Wright est exposé dans l'aile Henry Cole.

Métal ouvragé et joyaux

Il s'agit probablement de la collection la plus diversifiée qui soit. Couvrant toutes les époques, de 2000 av. J.-C. au 20ᵉ s., elle comprend une grande sélection d'objets (bijoux, montres, coutellerie, assiette, mortiers, boîtes à biscuits britanniques) constitués de différents matériaux : platine, or, argent, cuivre, laiton, bronze, fer, étain, plomb, alliages et plastique.

★★★ Points forts – Salles de joaillerie ; nef Burghley ; coupe de Nuremberg ; collection d'horloges, de cadrans solaires, de montres, exposée avec les instruments de musique *(niveau B : 40a)*.

Trésors médiévaux et vaisselle religieuse – *Niveau A : 43 ; Niveau B : 83-84*. Dès les premiers âges, l'artisanat s'est consacré aux objets liturgiques (chandelier de Gloucester du 12ᵉ s., reliquaire d'Eltenberg, encensoir de l'abbaye de Ramsey, coupe de Studley, ciboire de Swinburne) ; de nombreuses pièces ont disparu lors de la Réforme alors que les objets profanes commençaient à susciter l'intérêt (coffret de Valence).

Argenterie – *Niveau B 65-69*. L'Angleterre peut se flatter de posséder une longue tradition d'orfèvrerie, encouragée à Londres par la Worshipful Company of Gold-smiths *(voir la City)*. Remarquer l'aspect très ouvragé de la **coupe de grâce Howard** (connue aussi sous le nom de coupe de Thomas-a-Becket), incrustée de perles et de grenats, et la salière Vyvyan. Les œuvres signées Paul de Lamerie (somptueux surtout de table Newdigate), Robert Adam (élégantes saucières), Pugin, William Burgess, Christopher Dresser, C. R. Ashbee, Harold Stabler, marquent les temps forts du mécénat et des mouvements esthétiques. Le développement de l'assiette de Sheffield comme alternative à l'argent massif répondait à de très hauts critères de qualité *(niveau B : 82)*. La collection léguée par le Dr. Hildburgh comporte d'importantes pièces profanes européennes (allemandes et espagnoles) du 15ᵉ au 17ᵉ s. De rares exemplaires d'argenterie française comprennent le trésor de Rouen du 14ᵉ s., et, la **nef Burghley**, de 1528, à bord de laquelle Tristan et Iseult jouent aux échecs alors qu'ils suivent une croisière entre l'Irlande et la Cornouailles : conçue pour être une salière, sa place sur une table lors d'un banquet marquait la place des invités d'honneur. La croix de Bergame est peut-être la pièce italienne la plus exceptionnelle (vers 1390). On peut également admirer des pièces d'argenterie émaillée russe.

Ferronnerie – *Niveau B : 113-114*. Belle sélection de verrous, grilles en fer forgé, balustrades, pare-feu et enseignes illustrant la richesse et l'art de la ferronnerie à travers les âges. La collection comprend également des horloges (exposées dans la salle des instruments de musique), des timbales d'étain, des couverts *(niveau B : 81)*, des armes et des armures *(niveau B : 88a et 90)*.

Galerie des joyaux – *Niveau B : 91-93*. La collection présente aussi bien des broches de Saxe et des parures en or et argent incrustées d'émaux et de pierres précieuses que d'exquis bijoux en acier et des pièces modernes en plastique aux couleurs psychédéliques. Remarquer le bijou de l'Armada, en or émaillé, serti de diamants et de rubis entourant un portrait miniature d'Élisabeth Iʳᵉ sur vélin.
La broche représentant une tête de poisson, signée Simon Costin (1988), faite d'une véritable tête de brème rouge, séchée et conservée dans du formol, cerclée d'or à 18 carats et décorée d'un œil (de puma) en verre, de perles en verre vénitien, d'émaux et de peinture à l'eau, vernie au polyuréthanne, est une réplique de l'original, dévoré par les rats dans l'atelier de l'artiste *(niveau B : 102)*.

Bibliothèque nationale des arts – *Niveau B : 77-78*. L'intégralité des publications représente, avec les manuscrits et les œuvres autographes, quelque 300 000 ouvrages sur l'architecture, la sculpture, la topographie, le théâtre, la mode, l'héraldique, l'imprimerie et la reliure.

ART ORIENTAL

Extrême-Orient

60 000 objets en provenance de Chine, de Corée et du Japon constituent cette collection.

Art chinois (galerie T.T. Tsui) – *Niveau A : 44*. Les plus anciens objets ont été découverts sur des sites funéraires (5000 – 1700 av. J.-C.) : parmi eux figurent des objets rituels, des sceaux, des cylindres, des disques de jade, arborant des motifs des plus complexes. La première culture historique de la Chine est associée à l'âge du bronze sous la dynastie Shang (1700 av. J.-C.), alors que le métal était synonyme de grande richesse et de luxe.

La dynastie **Han** (206 av. J.-C.-220 apr. J.-C.) marqua de toute évidence une période de sophistication artistique, comme l'attestent les peintures et les reliefs funéraires, la poterie et le jade ciselé.

Sous la dynastie **Tang** (618-960), l'art poursuivit son épanouissement. De magnifiques objets, dont des animaux admirablement ciselés (chameaux et chevaux), d'élégants récipients en argent et en or, des brûleurs d'encens, des jattes funéraires, des repose-tête et les premiers exemplaires de porcelaine blanche ont été trouvés dans les tombes.

Entre 960 et 1278, la période **Song** témoigne de l'évolution des formes en céramique, illustrée par les porcelaines impériales Ru et Guan, et des styles de broderie des costumes rituels. L'arrivée de la dynastie mongole **Yuan** (1279-1368), animée d'une ambition politique qui eut pour écho une certaine audace technique et une évolution de la peinture et de la céramique, vit la mise au point de la porcelaine vernie peinte en bleu. La dynastie **Ming** (1368-1644), célèbre pour avoir édifié la Cité interdite de Pékin, vit l'apogée d'un mobilier simple mais stylisé (lit à baldaquin, 1650), de soieries fabuleuses et de tapisseries très complexes, brodées d'oiseaux et d'animaux exotiques, de dragons et de fleurs.

Les costumes chinois citadins et campagnards du 20ᵉ s. de la collection Valery Garett sont exposés au niveau B : 98.

Art chinois d'exportation – *Niveau A : 47e et f.* Sous la dynastie Qing (1644-1911), les échanges commerciaux avec l'Occident se développèrent et le marché européen de l'art engendra la fabrication d'objets spécifiques à ce commerce : vues de villes côtières, meubles laqués, délicieux objets d'ivoire ciselé, vaisselle de porcelaine (cuvette à barbe), étoffes de soie peintes et éventails décoratifs.

Art coréen (galerie Samsung) – La collection principale date de la dynastie Koryo (918-1392), qui constitua l'un des points culminants de l'évolution artistique de la Corée (vase en bronze incrusté d'argent ; peinture or et couleurs sur soie de Bouddha Samantabadhra). La céramique semble être la meilleure illustration du sens de la perfection artistique qui caractérise cette époque : formes épurées, économie de décoration, harmonie des couleurs et délicatesse de la glaçure. Après les ravages causés par l'invasion mongole (13ᵉ s.), la dynastie **Choson** (1392-1910) émergea, et, avec elle, le monde des arts connut un nouvel élan, comme pour défier la menace chinoise.

Art japonais (galerie Toshiba) – *Niveau A : 45.* L'introduction du bouddhisme à la cour Asuka (552-645) favorisa l'épanouissement artistique du Japon. La dynastie suivante (645-794), établie à **Nara,** cultiva les relations avec la Chine et intégra les influences Tang dans la fabrication de la céramique et dans le travail du métal. La période de **Heian** (794-1185), installée à Heian-kyô (Kyôto), vit le développement des arts et de la culture, poursuivi sous le shogunat de la période de Kamakura (1185-1333). Les peintures et les sculptures de Bouddha atteignirent alors un degré de raffinement exceptionnel.

La généralisation des fameux rituels de la cérémonie du thé durant les 16ᵉ et 17ᵉ s. encouragea la création d'une production spécifiquement japonaise, tant pour la porcelaine que pour le mobilier, spécialement conçu pour le marché européen : **coffret Van Diemen** et **cabinet Mazarin**. C'est pendant la période d'Edo (1615-1868) que la production de porcelaine, la gravure sur bois (pièces réunies vers 1860 par des artistes comme Monet, Degas et Whistler), la fabrication d'objets en laque à usage domestique (ustensiles pour le pique-nique, la cérémonie de l'encens ou l'écriture), l'art folklorique, le travail des tissus et des accessoires atteignirent des niveaux d'ingéniosité extraordinaires.

Remarque – Le paravent à six panneaux de la période Momoyama (début du 17e s.) décrit l'arrivée de marchands européens au Japon.

Inde et Sud-Est asiatique

Des pièces venues de l'Inde, du Pakistan, du Bangladesh, du Sri Lanka, du Tibet, du Népal, du Bhoutan et des Hymalayas, de la Birmanie, de la Thaïlande, du Cambodge, du Vietnam, de la Malaisie et de l'Indonésie sont réunies ici pour donner au visiteur une vue d'ensemble de l'Asie du Sud-Est.

★★★Points forts – Coffret sri lankais de Robinson ; coffre de voyage du Gujerat serti de nacre ; Tigre du sultan Tippoo ; trône en or du maharaja Ranjît Singh (1780-1839), célèbre pour avoir unifié la communauté sikh et dont la succession engendra des désordres qui furent à l'origine de la guerre du Pendjab.

Art indien de 1550 à 1900 (galerie Nehru) – Le sous-continent, aussi vaste et varié culturellement que l'Europe, a connu à travers les âges une grande diversité d'expression artistique. La collection du musée est la plus riche et la plus complète au monde, et son origine remonte au 18ᵉ s., quand les Européens commencèrent à apprécier les arts décoratifs indiens. La terre cuite (les plus anciennes figurines de femmes), la pierre (esprits *yakshan*), le bronze, le bois, le stuc et l'ivoire sont autant de matériaux travaillés pour honorer les divinités hindoues, bouddhiques et jaïn, éclipsées à certaines époques par l'islam du Nord et du Deccan (13ᵉ s.).

Au 16ᵉ s., les empereurs moghols établirent leur cour et se révélèrent de grands mécènes. Lorsque leur empire s'effondra, les royaumes régionaux furent assujettis à des sociétés commerciales européennes telles que la Compagnie anglaise des Indes orientales. En 1857, le pouvoir fut transféré au gouvernement britannique et l'Empire institué, jusqu'à la proclamation de l'indépendance en 1957.

Le département est organisé en sept sections. Celles consacrées à l'**Inde hindoue, bouddhiste et jaïn** ont pour points forts des œuvres figuratives stylisées : un exceptionnel Bouddha en bronze doré du 11ᵉ-12ᵉ s., dont la belle tête, parée de la couronne des monarques, obéit à une stricte iconographie ; un souriant *yakshi* (esprit des arbres) ; un taureau sacré Nandi ; des ascètes ; des danseuses.

Les sections consacrées à l'**Inde moghole, râjput et britannique** évoquent l'époque moghole, les sultanats du Deccan, les guerriers râjput du Nord, les relations indo-européennes. L'Inde du Nord fut dominée par des sultans musulmans à partir du 13ᵉ s. En 1525, le prince Bâber envahit Delhi et fonda l'Empire moghol ; ses successeurs maintinrent la paix, étendirent leurs territoires et encouragèrent les beaux-arts, ainsi que les arts décoratifs et appliqués (fabuleux manuscrits enluminés : *Akbarnama*, *Mémoires* de Jahangir, *Bhagavata Purana*, *Harivamsa*, merveilleuses sculptures et tapis venus de Perse orientale). Les expositions présentent à la fois des armes et armures et des vêtements, mais aussi des paravents sculptés, des objets Bidri, du chintz et de la mousseline, des tapis, des broderies d'or et d'argent, des parures de bijoux uniques, incrustées d'émaux, de pierres précieuses et semi-précieuses.

Le Tigre de Tippoo

Cet automate en bois peint représente un tigre déchirant un officier de la Compagnie anglaise des Indes orientales. Le corps du tigre contient un orgue miniature qui simule les rugissements du fauve et les cris de la victime. Les Français l'avaient offert pour son amusement à leur allié Tippoo Sahib, sultan du Mysore, qui avait chassé les Anglais de son royaume. Mais en 1799 le souverain fut tué en défendant Seringapatam et l'objet, pris par les Anglais, devint l'une des attractions principales du musée de la Compagnie à Londres. Keats y fait allusion dans un poème satirique intitulé *The Cap and Bells*.

M. Kitcatt

Népal et Tibet – Les régions de l'Himalaya témoignent d'une relation au bouddhisme très ancienne et très forte. Bouddha serait né à Lumbini (Sud du Népal) et la religion, née au Tibet, résulte de l'assimilation des influences indiennes (8ᵉ-13ᵉ s.) à une religion animiste indigène assez complexe du nom de Bön. Les arts de la région mariaient les motifs de l'Inde, de la Chine, du Cachemire et du Népal avec ceux de l'Asie centrale. L'influence de l'Inde orientale fut plus marquée au Népal (styles Gupta, post-Gupta et Pala, du 4ᵉ au 12ᵉ s.). Les artistes et les artisans les plus doués semblent être issus de la communauté Newar qui servait les patriciens hindous et bouddhistes. Cette dualité se reflète dans une forme artistique distincte, symbiose de l'imaginaire et de l'iconographie.

Asie du Sud-Est – Cette région, décrite par Ptolémée (2ᵉ s. apr. J.-C.) comme l'Inde d'au-delà du Gange fut unifiée par la culture brahmane du sanskrit qui était encouragée par les prêtres érudits et la classe dominante. Elle fut toutefois modulée par les traditions locales qui découlaient des pratiques indiennes. Le patrimoine artistique est celui d'Angkor au Cambodge, de Pagan en Birmanie, de Sukhotai en Thaïlande et des communautés complexes du centre et de l'Est de Java. La tolérance religieuse fut à l'origine d'une diversité des styles : culte indien de Shiva, Vishnu et Harihara, bouddhisme mahayana et hindouisme. Le renouveau du bouddhisme d'Hinayana, tel qu'il se pratique aujourd'hui, fut promu par les moines sri lankais qui se considéraient comme les gardiens du culte authentique et œuvraient comme missionnaires. L'iconographie est embellie par les influences glanées sur les routes commerciales entre la Chine et la Perse.

Collection islamique

La foi islamique repose sur les enseignements dispensés par le prophète Mahomet (mort en 632), consignés dans le Coran. De La Mecque et de Médine, où elles unifièrent un certain nombre de factions tribales, les armées conquièrent la Syrie, l'Égypte, une partie des empires byzantin et sassanide comprenant l'Irak et l'Iran. Plus tard, de l'Espagne à l'Asie centrale, les pays furent acquis à l'hégémonie islamique et l'expression artistique soumise à des préceptes rigoureux (orientation de la mosquée vers La Mecque, prohibition des représentations humaine et animale, accent mis sur le mot Allah), ce qui suscita un enrichissement de la calligraphie, de la céramique, des tapis, de la décoration des lampes et du mobilier ciselé et incrusté. Placées dans le contexte profane, ces lois étaient moins rigides. Toutefois, les objets restaient fonctionnels (poteries engobées et vernies, boîtes ciselées, écritoires, tapis et tentures, accessoires ou récipients en bronze).

★★★**Points forts** – **Aiguière égyptienne en cristal de roche** (vers 1000), sculptée à partir d'un seul bloc de pierre et probablement le plus sublime exemple d'ingéniosité; **gobelet** syrien en verre décoré d'émail, dit La chance d'Edenhall (Luck of Edenhall), qui aurait été rapporté en Europe par les croisés; **tapis d'Ardabil** (voir plus haut : Tapis); **tapis de Chelsea**, persan de style classique et très élaboré.

Pour connaître le détail des expositions et événements culturels à Londres, consultez les programmes publiés le jeudi dans Time Out ou le vendredi dans l'Evening Standard.

WALLACE COLLECTION★★★

Plan p. 7, **DX** – Schéma : MARYLEBONE
⊖ Bond Street.

Dans Marylebone se cache Manchester Square dont le cadre architectural fut réalisé par le 4e duc de Manchester en 1776. Sur le côté Nord de cette place aux maisons georgiennes, une demeure cossue, **Hertford House**, anciennement Manchester House, qui fit office d'ambassade d'Espagne de 1791 à 1795 puis de France de 1834 à 1851, abrite la **collection Wallace** ⊘. La résidence fut modifiée entre 1872 et 1875 par Thomas Ambler : les ailes Est et Ouest flanquant la façade principale furent rasées et trois bâtiments fermant une cour intérieure édifiées à l'arrière.

Une famille de collectionneurs – Issus du Lord Protecteur et duc de Somerset **Édouard Seymour**, frère de Jane (épouse infortunée de Henri VIII), les **marquis de Hertford** *(prononcer Harford)* accumulèrent au cours des siècles les objets d'art. Le premier marquis, Francis Seymour-Conway (1719-1794), ambassadeur en France sous Louis XV, avait acheté des peintures hollandaises et fait appel à Reynolds pour le portrait de ses filles. Le 2e marquis, Francis Ingram Seymour-Conway (1743-1822), ambassadeur à Berlin puis à Vienne, avait acquis les portraits de Mrs Robinson par Romney et Nelly O'Brien par Reynolds.
Francis-Charles Seymour (1777-1842), 3e marquis, mène une existence si agitée qu'il inspirera à Thackeray le personnage du sinistre marquis de Steyne dans *La Foire aux vanités*. Ayant épousé, en 1798, une belle et riche héritière, Maria Fagnani, il est interné à Verdun en 1803, à la suite de la rupture du traité d'Amiens, et libéré en 1806 après tractation entre Fox et Talleyrand. Il se partage entre Paris, où il mène joyeuse vie, et Londres, où il rassemble et classe ses collections : peintures hollandaises du 17e s., mobilier et porcelaines de Sèvres du 18e s., portrait de Mrs Robinson (Perdita), celui-ci par Gainsborough.
Mais c'est **Richard, 4e marquis de Hertford** (1800-1870), qui va donner une impulsion décisive à la future collection Wallace. Installé à Paris en 1835 au 2, rue Laffitte *(démoli – voir guide Vert Michelin Paris)*, à l'angle du boulevard des Italiens, il réside également au château de Bagatelle, dans le bois de Boulogne, surtout à partir de 1848. Il mène une existence retirée en compagnie de son fils naturel, Richard, qu'il a eu à Londres en 1818 d'une Mrs Wallace, née Agnès Jackson, avec laquelle il vit maritalement. Par contre, son frère puîné, **Henri Seymour** (1805-1859), le fondateur du Jockey Club, se dépense en excentricités qui lui vaudront le surnom (controversé) de « Milord l'Arsouille. » Richard, de goûts plus traditionnels que son frère Henri, achète

des chefs-d'œuvre du 18e s. français : peintures de Watteau, Boucher et Fragonard, tapisseries, porcelaines de Sèvres et superbes meubles des 17e et 18e s., notamment de **Boulle, Cressent** et **Riesener**. Décédé le 25 août 1870 et enterré au cimetière du Père-Lachaise dans le même tombeau que son frère l'Arsouille, disparu 11 ans plus tôt, il laisse sa fortune et ses collections à son fils Richard.

Richard Wallace (1818-1890), très mondain, fréquente aussi volontiers les ateliers de Meissonier, Decamps, Horace Vernet auxquels il achète des toiles. Philanthrope, il subventionne l'achat d'ambulances militaires lors de la guerre franco-allemande, fonde à Levallois, en 1875, l'hôpital Hertford et dote la ville de Paris de 50 fontaines publiques d'eau potable dessinées par Ch. A. Lebourg, les fontaines Wallace. Marié à une Française, Amélie Castelneau, il se retire à Londres et descend à Hertford House, où il a emporté ses collections pour les mettre à l'abri de la Commune. Il recherche les majoliques, les émaux de Limoges (15e et 16e s.) et des bronzes du Moyen Âge et de la Renaissance. Revenu mourir à Paris le 20 juillet 1890, il est également enseveli au Père-Lachaise. Sa veuve hérite des collections et les offre à la nation anglaise, qui acquiert alors Hertford House ; cette demeure devient en 1900 un musée.

VISITE

Vestibule – *La Tente arabe* (1866) par Landseer, achetée à Édouard VII pour 7 800 £, le prix le plus haut jamais payé pour un des tableaux de la collection.

Salle 1 et corridor adjacent – L'ancienne pièce réservée au petit déjeuner abrite aujourd'hui la librairie et le magasin de cartes postales.

Salle 2 – La salle de billard est actuellement décorée du mobilier de l'époque de Louis XIV (1638-1715) et de la Régence (1715-1723) : portrait de Louis XIV et de sa famille ; bustes de Coysevox, sculpteur du Roi dès 1666 ; copies des chevaux de Marly d'après Coustou ; coffres incrustés montés sur des pieds (vers 1820) ; armoire et encrier de Boulle.

Salle 3 – L'ancienne salle à manger contient des objets d'art de l'époque de **Louis XV** (1715-1774) et de celle de **Louis XVI** (1754-1793) : fabuleux chandelier en cristal et tentures ; toiles signées par le maître de la nature morte, **Oudry** *(Le Loup mort* et *Le Chevreuil mort)* et par le portraitiste de la bonne société, **Nattier** *(Mademoiselle de Clermont en sultane)* ; charmant secrétaire de **Carlin** (1776) et une table à pupitre (1783), avec tiroirs, chandeliers et pupitre de lecture dissimulé à l'intérieur, placage de bois de rose et plaques de porcelaine de Sèvres, décorées d'extraordinaires compositions florales de roses et de liserons, réalisées par Bouillat.

Salle 4 – L'arrière-salle de réception est meublée en style Louis XV rococo ; les sièges estampillés Georges Jacob sont recouverts de tapisseries de Beauvais ; beau chandelier de Caffieri ; magnifique porcelaine de Sèvres par Duplessis père (vers 1695-1774) et le peintre Dodin ; quatre dessus-de-portes par Oudry.

La pendule astronomique sophistiquée possède plusieurs cadrans : celui du haut est réglé sur l'heure de Greenwich (aiguille d'acier bleu) et donne l'heure solaire (aiguille dorée) ; le cadran central montre le passage du soleil à travers les constellations du zodiaque, le mois lunaire, la longitude et les phases de la lune ainsi que l'heure en tout lieu de l'hémisphère Nord (carte gravée sur plaque circulaire) ; les deux cadrans inférieurs montrent le lever et le coucher du soleil *(à gauche)* et de la lune *(à droite)*.

Salle 5 – La salle de réception est décorée des portraits anglais du 18e et du 19e s., signés Reynolds, Hoppner *(Georges IV, prince de Galles),* Lawrence *(Comtesse de Blessington) ;* les émaux sont de Henry Bone. La pièce est ornée de splendides rideaux carmin et d'un chandelier Caffieri, d'une paire de meubles d'angle par Joubert (1773), d'époustouflants rafraîchissoirs de Sèvres *bleu céleste* provenant du service de 800 pièces réalisé (1778-1779) pour l'impératrice Catherine II de Russie.

Salles 6 et 7 – Les salons Canaletto et du 16e siècle recèlent des œuvres des époques médiévale, Renaissance et baroque qui faisaient partie pour la plupart des collections du directeur des Beaux-Arts de Napoléon III, le comte de Nieuwerkerke et vicomte de Tauzia : *Éléonore de Tolède,* de l'atelier du Bronzino (1503-1572) ; figurines sculptées

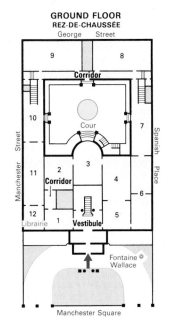

GROUND FLOOR
REZ-DE-CHAUSSÉE

George   Street

Manchester Street

Spanish Place

Corridor

Cour

Corridor

Librairie   Vestibule

Fontaine Wallace

Manchester Square

des écoles italienne et flamande (bronze, buis, ivoire) ; miniatures de cire *(vitrine 2) ;* fragments de manuscrits enluminés des 14ᵉ et 15ᵉ s. *(vitrine 3) ;* émaux de Limoges ; assiette en argent ciselé ; verre de Venise et lampe syrienne de mosquée (vers 1350) ; fragments de peintures de Vicenzo Foppa *(Le Jeune Cicéron lisant),* de Memling et de Crivelli.

Jusqu'en 1937, l'ancien fumoir était décoré de carreaux Minton de style Iznick. Les vitrines contiennent de rares médailles de Jean-François de Gonzague **(Pisanello),** de Sigismond Malatesta, d'Érasme **(Matsys)** et de l'empereur Charles Quint **(Dürer)** ; des bijoux de la Renaissance incluant certaines des premières pièces serties de pierres précieuses à facettes et de perles baroques en pendentifs ; une magnifique ceinture française, incrustée d'émaux représentant des scènes de chasse et des illustrations de fables ; de la faïence et des grès cérame de **Bernard Palissy** (1510-1590) ; des plats hispano-mauresques ; de la majolique et de la céramique vernie italiennes *(l'exposition se poursuit dans le corridor).* Remarquer aussi le fabuleux trophée équestre et l'élégante aiguière d'argent.

Salles 8, 9, 10 – D'extraordinaires armes européennes permettent de prendre toute la mesure d'une époque révolue ; elles appartenaient en grande partie à la collection de Sir Samuel Meyrick. Les expositions suivent l'ordre chronologique : salle 10, Moyen Âge et Renaissance ; salle 9, Renaissance ; salle 8, 16ᵉ-19ᵉ s. Parmi les pièces remarquables figurent des rapières, des dagues, des épées décorées, des armes à feu, des arbalètes incrustées, des pistolets, des flasques de poudre, des armures et des boucliers en acier ciselé, des casques gravés, des cottes de maille, des armures équestres et des harnachements en velours rouge. Des catalogues détaillés peuvent être consultés sur place.

Salle 11 – Armes orientales avec manches en jade ciselé, sertis de pierres précieuses, armures et œuvres d'art ; peintures orientalistes françaises du 19ᵉ s. traduisant un penchant pour l'Afrique du Nord et le Moyen-Orient provoqué par les campagnes napoléoniennes.

Salle 12 – L'ancienne salle du gardien est consacrée à la peinture anglaise et française des années 1820 et 1830, en particulier aux œuvres de **Richard Parkes Bonnington** (1801/2-1828), qui partagea un temps un atelier avec Delacroix : paysages chatoyants, sujets historiques romantiques.

Escalier – La **rampe** de fer forgé et de cuivre Louis XV est ciselée et décorée d'un entrelacs de L et de tournesols. Exécutée pour la Banque royale de Paris en 1719-1720 et envoyée à la casse en 1868, elle fut sauvée par le 4ᵉ marquis et adaptée par Richard Wallace à l'escalier de marbre actuel. Les murs portent de grandes compositions de Boucher : *Lever* et *Coucher du soleil,* compositions à thème mythologique qui décoraient jadis le château de Bellevue de Mme de Pompadour, et *Pastorale d'automne* et *Pastorale d'été,* illustrant des pantomimes de Favart.

Salle 13 – Le boudoir de Lady Wallace arbore des peintures reflétant le culte cher au 18ᵉ s. pour la sensibilité, répandu par les écrits de Rousseau et de Richardson : peintures de genre de Greuze (*La Veuve inconsolable, Le Miroir brisé* et *Innocence,* la toile française du 18ᵉ s. la plus onéreuse acquise par le 4ᵉ marquis) et des toiles de fantaisie de Reynolds (*Miss Jane Bowles* et *Jeune fille à la fraise,* dont il était particulièrement fier). Table de travail de l'impératrice Joséphine par Weisweiler, ornée de plaques de Wedgwood.

Corridor – Collection exceptionnelle de **tabatières★** en or peintes sur émail ou laquées, ornées de pierres précieuses, de porcelaine de Sèvres, de nacre et d'écaille de tortue ; almanach perpétuel de Louis XV en quatre sections (1741-1742) pour enregistrer les jours de la semaine, les phases de la lune, les jours de fête et des saints, les signes du zodiaque. L'extravagant service à écrire, à déjeuner et de toilette, de 55 pièces, date de 1757-1773.

Salle 14 – Le bureau de Sir Richard Wallace rassemble du mobilier marqueté de **Boulle** (armoire dont le panneau de gauche représente *Apollon et Daphné* et le panneau de droite *Le supplice de Marsyas*) ; miroir de toilette et table à écrire ; piédestal d'horloge aux quatre figures représentant les quatre continents ; toiles attribuées à Drost, disciple de Rembrandt *(Le Valet ingrat),* et au portraitiste de la société hollandaise, Van der Helst.

Salle 15 – Le salon ovale est la seule pièce qui ait gardé sa cheminée d'origine. Outre les peintures du 18ᵉ s. (tableau historique de Greuze, *Le Comte d'Espagnac* ou *Le Garçon en manteau rouge,* de Mme Vigée-Lebrun, la charmante toile de Fragonard *Petit Garçon en Pierrot*), il est orné de deux bustes en marbre de **Houdon,** sculptés alors qu'il se trouvait au zénith de sa carrière, et meublé d'un bureau à cylindre de **Riesener** et de deux chaises pour dames par **Boulard.** De très fines appliques, copies de celles qui avaient été réalisées pour Versailles et les appartements de Marie-Antoinette à Saint-Cloud, éclairent la pièce.

Salles 16 et 17 – Les grands et petits salons sont ornés de vues splendides de Venise par **Guardi** et **Canaletto**. Porcelaine tendre de Sèvres (rare encrier avec globes terrestre et céleste; service de toilette) ornant le mobilier Louis XV. Remarquer le trumeau dans la salle 16, et, salle 17, le magnifique cartouche de **Charles Cressent** (1685-1768) représentant *L'Amour vainqueur du Temps*.

Salle 18 – Les petites peintures de chevalet flamandes et hollandaises du 17ᵉ s. ornent les murs du salon Est. La plus frappante est la composition florale de Van Huysun : peinte sur le vif pendant plusieurs mois, elle comporte des fleurs de saisons différentes. Noter aussi le travail complexe exécuté sur la partie arrière du miroir de toilette de Boulle.

Salles 19, 20, 21 – Dans la salle 19, construite pour recevoir la collection d'armes orientales, un bureau de Boulle complète une paire de dessertes du même artiste. Parmi les peintures hollandaises du 17ᵉ s. figurent les paysages boisés de **Ruisdael**, ceux de ses élèves **Hobbema**, Wijnants et Everdingen, également disciple de Rembrandt; les marines idylliques et les scènes au bord de l'eau de Willem **Van de Velde** le Jeune et **Cuyp**; esquisses à l'huile de Rubens; scènes de genre de **Steen** (*Le Baptême* est une satire de la folie humaine), Metsu et De Hooch.

Salle 22 – La galerie est décorée des plus grandes toiles du 17ᵉ s. et des peintures de maîtres : *Persée et Andromède* de **Titien** (peinte en 1554 pour Philippe II d'Espagne et acquise ensuite par Van Dyck); *La Sainte Famille, Paysage avec arc-en-ciel* et *Le Christ accusant Pierre* (remarquer le jeu des couleurs entre la toile de fond et les visages pour marquer le contraste entre la vieillesse et la jeunesse), de **Rubens**; *L'Annonciation, L'Adoration des Bergers, Le Mariage de la Vierge* et un beau portrait d'*Un échevin de Paris*, de Philippe de Champaigne; plusieurs peintures religieuses de **Murillo**; *Danse de la vie humaine* de Poussin est un paysage grandiose inspiré par Ovide; les portraits de **Velasquez** *(Femme avec un éventail, Don Balthasar Carlos)*, **Rembrandt** *(Titus, fils de l'artiste)*, **Van Dyck** (portraits formels de son ami *Philippe le Roy* et de sa femme *Marie de Raet* avec leurs chiens), **Gainsborough** (*Miss Haverfield*, petite fille avec un large chapeau à ruban et des chaussons rouges; *Mrs Robinson, Perdita* (1781), actrice qui dans le rôle de Perdita dans *Un conte d'hiver*

A.C. Boulle : cabinet

de Shakespeare enchanta le prince régent); **Lawrence** (*George IV* dont le portrait est agrémenté d'une table Boulle et d'un encrier chrysocale); **Reynolds** (*Nelly O', Brien*, une courtisane bien connue; *Perdita, Mrs Carnac*); le portrait le plus fameux est celui d'un modèle inconnu, *Cavalier riant*, de Franz Hals.

Salle 23 – Peinture française et miniatures du 19ᵉ s. : peintures d'histoire de Scheffer, Delacroix (*L'Exécution du doge Marino Faliero*), Delaroche, Couture, Prudhon, Decamps; scènes de genre tirées de l'histoire récente par Meissonier, Vernet, Augustin et Isabey, spécialiste des portraits miniature de Napoléon, de l'impératrice Joséphine, de la cour impériale et de la monarchie des Bourbons (dans les vitrines centrales).

Salle 24 – L'ancien cabinet de toilette des Wallace est orné d'un beau mobilier français du 18ᵉ s. : table de toilette et bureau avec quatre tiroirs, une surface pour écrire en cuir et un miroir de toilette d'**Œben**; jeu de tiroirs de Gaudreaux avec deux superbes dragons comme montures; deux secrétaires à abattants par **Riesener** pour Marie-Antoinette (pour Versailles et le Petit Trianon)
Parmi les paysages rococo peints par **Watteau** figurent *La Toilette, La Partie de Musique, Halte au cours d'une chasse, Fête dans un parc, La Leçon de musique, Gilles* (en fait portrait d'un ami marchand de verre, Pierre Sirois); **Lancret**, *La Belle Grecque* et *Mademoiselle de Camargo* (célèbre danseuse espagnole qui fit ses débuts à Paris en 1726); de **Fragonard**, *Souvenir, L'Escarpolette*. Portrait miniature de **Holbein** par Lucas Horenbout.

Salle 25 – La chambre à coucher de Lady Wallace est décorée comme il se doit dans un style féminin datant du 18ᵉ s., avec des brûle-parfum signés Gouthière (à remarquer les serpents retombant librement et les masques de satyre souriant), la fameuse pendule d'Avignon et les délicats tableaux du peintre favori de Madame de Pompadour, **François Boucher** (1703-1770) : *Mme de Pompadour ; Le Jugement de Pâris*.

Chaque année,
le guide Rouge Michelin Great Britain and Ireland
révise sa sélection d'hôtels et de restaurants

– agréables, tranquilles, isolés ;

– offrant une vue exceptionnelle, intéressante, étendue ;

– possédant un court de tennis, une piscine, une salle de remise en forme ;

– un jardin de repos…

Tout compte fait, le guide de l'année, c'est une économie.

WESTMINSTER★★★

Plan p. 7-8, **DEY**
⊖Westminster

Le quartier de Westminster inclut les deux principales institutions de l'État : l'abbaye de Westminster *(voir Westminster Abbey)*, où ont lieu les couronnements et les mariages royaux, et le palais de Westminster (Palace of Westminster), siège des deux chambres du Parlement.

Le quartier acquit ce nom (qui signifie la cathédrale Ouest) pour éviter toute confusion avec la cathédrale St-Paul, située à l'Est, lorsque Édouard le Confesseur fit reconstruire l'abbatiale sur Thorney Island ; il fit ériger également le palais royal vers 1060 et la paroisse de St Margaret à proximité de l'abbaye.

UN PEU D'HISTOIRE

Le palais royal de Westminster – Guillaume le Conquérant s'installa en 1066, à l'occasion de son couronnement à l'abbaye de Westminster, dans le palais élevé par son prédécesseur. Son fils, Guillaume II le Roux, fit élever la Grande Salle (Great Hall), la plus grande d'Europe, constituant ainsi le noyau du palais royal qui, au 14ᵉ s., rassemblait en outre :
– la chapelle St-Étienne, construite à la fin du 13ᵉ s. à l'extrémité de la Grande Salle et s'élevant sur deux étages à l'image de la Sainte-Chapelle de Paris ;
– le cloître St-Étienne, contigu à la chapelle et réservé aux chanoines desservants ;
– le logis royal bordant le côté Est de la cour intérieure (Old Palace Yard), distribué en une antichambre pour les repas, à l'emplacement actuel de la statue de Richard Cœur de Lion, la chambre du roi et celle de la reine ;
– des jardins regardant la Tamise avec dépendances et logis des officiers royaux ;
– une enceinte rectangulaire, entourée de fossés, dans laquelle était intégrée la façade Nord de la Grande Salle flanquée de tours à merlons ; une des tours d'angle, au Nord-Ouest, dite Jewel Tower, abritait le Trésor et la Garde-Robe du souverain.
Le palais fut résidence royale jusqu'en 1512, date à laquelle Henri VIII, le trouvant inconfortable, s'installa dans les meubles de son chancelier, Wolsey, à Whitehall ; quant aux chanoines, ils partirent en 1547 à la suite de la Réforme.

Le Parlement hier – Au temps des rois normands et angevins, on ne parlait encore que du Grand Conseil, composé de prélats et des nobles titulaires des grandes charges, qui tenaient séance ici ou là, à la requête de leur souverain.
Le terme Parlement apparaît vers 1240 et, dès 1265, deux chevaliers par comté et deux bourgeois par cité prenaient part aux délibérations, mais seulement à titre consultatif. Puis, à partir de 1322, chevaliers et bourgeois se réunirent à part en une assemblée qui devait devenir la Chambre des Communes et obtint le privilège de voter les impôts. Cette Chambre siégea jusqu'au 16ᵉ s. soit dans la Painted Chamber du roi, soit, quand celui-ci résidait au palais, dans l'abbaye de Westminster ; la Chambre des Lords, issue du Grand Conseil, tenait séance dans la White Chamber.
Après le départ de Henri VIII et des chanoines, les Communes s'emparèrent de la chapelle pour y tenir leurs réunions, alors que la crypte et le cloître devenaient des entrepôts et que la tour du Trésor recevait des bureaux. Les Lords continuaient à occuper la White Chamber, la Cour de Justice, la Grande Salle, et la chancellerie de l'Échiquier (administration des Finances), les bâtiments adjacents.
Au 17ᵉ s. les Communes parvinrent au faîte de leur puissance, le Long Parlement, qui siégea de 1640 à 1653, osant défier la monarchie avec la formation d'une armée dirigée contre Charles Iᵉʳ. La suprématie du Parlement sur la couronne allait d'ailleurs se concrétiser plus tard par une Déclaration des Droits signée en 1689 par Guillaume d'Orange et la reine Marie : ce document, avec l'Acte d'Établissement (Act of Settlement) de 1701 réglant l'ordre de succession au trône, allait régir les rapports du législatif et de l'exécutif jusqu'à nos jours.
En 1834, un grand incendie détruisit la quasi-totalité du palais, épargnant toutefois le Grand Hall, la crypte St-Étienne et la tour du Trésor : le spectacle attira une nombreuse assistance parmi laquelle des peintres comme Turner, Constable et D. Roberts qui relatèrent la scène dans leurs tableaux.
Terminée en 1860, la reconstruction s'effectua sous la direction de **Charles Barry** (1795-1860), assisté d'un architecte ornemaniste à la luxuriante imagination, **Augustus Pugin** (1812-1852). L'ensemble réalisé, un pastiche gothique typique de l'époque victorienne, est un spectaculaire exemple d'édifice conçu pour accueillir un parlement avec les dégagements nécessaires tant au cérémonial royal qu'à l'usage interne, tout en s'harmonisant avec les bâtiments médiévaux existants. Mille salles, une centaine d'escaliers, 11 km de couloirs répartis sur 3 ha 1/2 témoignent de la hauteur de conception du maître d'œuvre.
Durant la dernière guerre, le palais du Parlement a été endommagé par les bombes allemandes qui mirent le feu à la Chambre des Communes.

Le Parlement aujourd'hui – L'Angleterre contemporaine vit sous le régime de la monarchie parlementaire... sans Constitution ! La reine règne mais ne gouverne pas, et l'élément législatif est constitué par un Parlement qui comprend une Chambre Haute (Chambre des Lords) et une Chambre Basse (Chambre des Communes).

Organe de réflexion, la Chambre des Lords ne conserve guère comme pouvoir que la prérogative de retarder d'un an une loi votée par la Chambre des Communes, et encore à condition qu'il ne s'agisse pas d'une loi de finances, auquel cas le délai est réduit à un mois.

La Chambre des Communes vote les lois *(bills)*, dont le gouvernement a l'initiative, et elle interpelle le gouvernement par le truchement de questions orales. À cette occasion s'engagent des débats mettant aux prises de très honorables gentlemen ; cependant, même s'ils sont vifs, le ton reste courtois car les antagonistes échangent leurs arguments par l'intermédiaire du président *(speaker)*. En novembre, la reine ouvre la session dans l'enceinte de la Chambre des Lords par la lecture du discours du Trône, sorte de programme de gouvernement qu'a rédigé le Premier ministre.

EXTÉRIEUR

★**Clock Tower (Big Ben)** – La **tour de l'Horloge,** ou tour St-Étienne, haute de 96 m fut achevée en 1858-1859 en remplacement d'une tour de l'ancien palais, détruite en 1707. À l'intérieur se trouvent de luxueuses cellules où fut détenue en 1902 Emmeline Pankhurst, chef du mouvement militant pour le vote des femmes.

Au sommet, une horloge à quatre cadrans de 7 m de diamètre est associée à une cloche pesant 13 tonnes, familièrement appelée **Big Ben,** probablement en souvenir du corpulent Benjamin Hall, Premier Commissaire aux travaux en 1859. D'une régularité éprouvée, le mécanisme n'a connu de panne qu'après 117 années, en 1976, pour usure métallique... Le surnom finit par désigner la tour elle-même, au sommet de laquelle éclatent de nuit les feux d'un phare lorsque le Parlement est en séance.

New and Old Palace Yards – À travers les grilles de la **nouvelle cour** du palais, où étaient autrefois exposés au pilori les condamnés, on peut admirer la fontaine du Jubilé (1977) où, sous une couronne dorée, se cabrent des animaux héraldiques.

L'**ancienne cour** intérieure du palais royal, maintenant bordée à l'Est par les services administratifs de la Chambre des Lords, réunit un **Olivier Cromwell** statufié en orateur par Hamo Thorneycroft en face de Charles Ier, dont la tête en miniature est taillée au-dessus de la petite porte Nord-Est de l'église St Margaret ; plus au Sud, statue équestre (19e s.) de Richard Cœur de Lion.

★**Victoria Tower** – Plus haute (102,5 m) que la tour de l'Horloge, la tour Victoria fut élevée pour abriter les archives du Parlement, précédemment conservées dans la tour du Trésor et sauvées de l'incendie en 1834. Le **bureau des archives de la Chambre des Lords** ⊘ (House of Lords Record Office) contient actuellement 3 millions de documents jalonnant l'histoire du royaume.

Palais de Westminster

Victoria Tower Gardens – Dominés par la tour Victoria, les jardins s'étendent le long de la Tamise. On peut y voir une copie en bronze du célèbre groupe de Rodin, *Les Bourgeois de Calais*, non loin d'une statue élancée de la suffragette Emmeline Pankhurst.

Jewel Tower ⊘ – Ancienne tour d'angle de l'enceinte élevée en 1365 pour protéger le palais royal, la **tour du Trésor** abrita jusqu'en 1621 la garde-robe et les joyaux de la couronne, de 1626 à 1864, les archives du Parlement, de 1864 à 1938, le bureau des Poids et Mesures. Restaurée, elle recèle désormais des documents relatifs à l'histoire de l'ancien palais et une collection d'objets domestiques, surtout du 17ᵉ s., trouvés dans les fossés. Contiguë à la tour, sculpture (1964) de Henry Moore dans Abingdon Garden...

INTÉRIEUR

Visite guidée uniquement sur demande auprès d'un membre du Parlement.

★**Westminster Hall** – De dimensions imposantes (73 m de long, 21 m de large, 27 m de haut au faîte), la **Grande Salle** de Westminster serait la plus vaste au monde sans support de colonnes. Sa magnifique **charpente à diaphragmes**★★★ en chêne, peut-être la plus belle de tous les temps, fut conçue entre 1394 et 1402 par Henry Yevele, maître-maçon, et Hugh Herland, maître-charpentier, sur commande de Richard II. Elle est particulièrement digne d'admiration : remarquer surtout les blochets, segments de poutre horizontaux dont les extrémités sont sculptées d'anges aux ailes déployées, tenant les écus aux armes de Richard II. Les arcs doubleaux ont été réparés en 1820 avec des bois provenant de vieux vaisseaux de ligne. L'ensemble a été restauré (1914-1923) et quatre travées furent refaites après les bombardements de 1941.

Westminster Hall fut d'abord, à la manière des basiliques romaines, utilisée comme lieu d'assemblée et comme tribunal. La Cour suprême y siégea jusqu'en 1822, et quelques-uns des plus grands événements de l'histoire d'Angleterre s'y sont déroulés : la déchéance de Richard II, celui-là même qui l'avait restaurée, y fut déclarée, Charles Iᵉʳ y fut condamné à mort (plaque commémorative sur les degrés de l'escalier) et Cromwell y fut proclamé Lord-protecteur ; parmi les procès qui y furent jugés, on peut citer ceux de Thomas More, Robert Devereux, comte d'Essex, Guy Fawkes, auteur de la conspiration des Poudres, Strafford, chancelier de Charles Iᵉʳ, Byron, accusé d'avoir tué Chatsworth en duel.

La salle est éclairée à chaque extrémité par 9 fenêtres de style Perpendicular. La fenêtre Sud a été déplacée par Barry au 19ᵉ s. de façon à créer l'arche, flanquée de 6 statues (14ᵉ s.) des premiers rois anglais, sous laquelle Barry inséra une spectaculaire volée de marches vers le **porche St Stephen**.

St Stephen's Crypt – Édifiée à la fin du 13ᵉ s. sous le roi Édouard Iᵉʳ, la crypte St-Étienne était alors une chapelle basse destinée aux serviteurs du palais. Elle sert aujourd'hui de chapelle sous le nom de **chapelle St Mary** pour les membres des deux Chambres : des baptêmes et des mariages y sont célébrés à l'occasion. Remarquer la belle voûte à liernes (arcs complémentaires des ogives), qui serait la plus ancienne de ce genre à Londres.

St Stephen's Hall – Ce long et étroit corridor servant d'accès public au vestibule central est une reconstitution approximative de la chapelle St-Étienne (13ᵉ-14ᵉ s.), qui abrita la Chambre des Communes jusqu'en 1834. À l'extrémité, le hall est décoré de deux arcs superposés; la mosaïque de l'arc supérieur représente saint Étienne entre les rois Étienne et Édouard le Confesseur. Les plaques de cuivre au sol marquent les limites de l'ancienne Chambre.

★**Central Lobby** – De plan octogonal, le majestueux **vestibule central**, dont les voûtes gothiques compartimentées atteignent 23 m de haut, constitue le point central d'où l'on accède à l'une et l'autre Chambres, à la galerie Saint-Étienne et aux étages supérieurs où sont situées bibliothèques et salles de commissions. C'est dans ce lieu intégralement conçu par Pugin que les membres du Parlement conversent entre eux, ou reçoivent journalistes, amis et visiteurs. Mosaïques des saints protecteurs de l'Angleterre et statues d'hommes d'État anglais du 19ᵉ s.

Commons Lobby – Détruit en 1941, le **vestibule des Communes** fut doté lors de sa reconstruction d'un arc édifié avec des pierres de l'ancienne salle, rongées par le feu : Churchill Arch. De part et d'autre de cet accès à la Chambre des Communes ont été placées les statues de Lloyd George et de Churchill lui-même.

★**House of Commons** – Anéantie par un raid aérien allemand dans la nuit du 10 mai 1941, la **Chambre des Communes** a été reconstruite dans un style gothique dénué de faste et inaugurée le 26 octobre 1950. L'architecte a respecté les dimensions d'origine : 23 m de long, 14 m de large et 12,50 m de haut. Bien que la Chambre compte 651 membres, 346 places seulement sont aménagées dans l'enceinte et 91 dans les galeries latérales. Cette limitation a pour effet de ne pas transformer la Chambre en foire d'empoigne et de favoriser les discussions en comité, considérées comme plus efficaces.

Derrière le fauteuil du président, placé sous un dais à l'extrémité Nord, est suspendu un sac destiné à recevoir les pétitions publiques. Devant, les sièges des secrétaires (clerks) font face à la table sur laquelle sont déposées la masse d'armes, symbole de l'autorité royale, et les casiers des dépêches. Les bandes rouges disposées de part et d'autre du tapis vert, distantes de la longueur de deux épées tendues, marquent la limite que les députés ne doivent pas franchir lorsqu'ils s'adressent à la Chambre. Les bancs, traditionnellement tendus de vert depuis le début du 18ᵉ s, sont occupés, à la droite du président, par le gouvernement et la majorité, à sa gauche par le « shadow cabinet » (cabinet fantôme) et l'opposition.

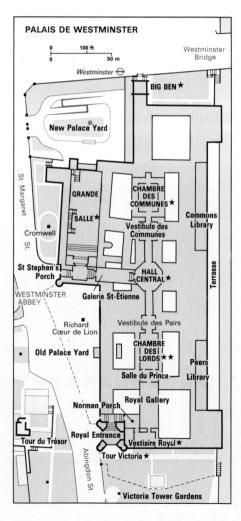

PALAIS DE WESTMINSTER

Westminster Bridge

Westminster

BIG BEN ★

New Palace Yard

St Margaret St.

GRANDE SALLE ★

CHAMBRE DES COMMUNES ★

Commons Library

Vestibule des Communes

Cromwell St.

St Stephen's Porch

WESTMINSTER ABBEY

HALL CENTRAL ★

Terrasse

Galerie St-Étienne

Richard Cœur de Lion

Vestibule des Pairs

Old Palace Yard

CHAMBRE DES LORDS ★★

Peers Library

Salle du Prince

Royal Gallery

Norman Porch

Tour du Trésor

Royal Entrance

Abingdon St.

Vestiaire Royal ★

Tour Victoria ★

Victoria Tower Gardens

Lors des votes, les députés se rendent dans la salle de scrutin en passant à droite du président s'ils se prononcent pour le oui, à gauche s'ils votent non.

Les séances commencent par une sorte de procession conduite par un huissier précédant le sergent d'armes porteur de la masse. Suivent le président coiffé d'une lourde perruque à rouleaux et vêtu d'une robe dont la traîne est soutenue par un chambellan, le chapelain et enfin le secrétaire. Puis l'huissier annonce : « Mr Speaker in the chair », et le chapelain dit les prières.

Bibliothèques – Ces oasis de silence regardant le fleuve sont réservées aux membres des deux chambres. La bibliothèque des Lords (Peers' Library), remarquablement décorée par Pugin, conserve l'ordre d'exécution de Charles Ier signé de Cromwell et du Conseil.

Terrasse – Réservée également aux membres du Parlement et à leurs invités, c'est un endroit particulièrement flatteur pour prendre le thé…

★★**House of Lords** – Longue de 30 m, large de 14 m, haute de 14 m, la Chambre des Lords, sans doute la plus richement décorée du palais, témoigne de l'exubérante imagination néo-gothique de Pugin. Elle est garnie, dans le sens de la longueur, de banquettes de maroquin rouge (couleur royale) chargées de recevoir les quelque 850 lords (ou pairs) que compte la Chambre Haute (mais, comme aux Communes, ils ne peuvent prendre place tous en même temps) ; certaines, munies d'accoudoirs, sont dévolues aux évêques, dont l'un est chargé de dire une prière au début de chaque séance.

À l'extrémité Sud, un dais ouvragé comme une dentelle et doré comme une châsse surmonte le trône royal qu'occupe la reine, accompagnée de sa famille, le jour de l'ouverture. En avant du trône, une sorte de pouf sert de siège au Lord-chancelier, président de la Chambre Haute Ce siège bizarre, dit « woolsack », particulièrement inconfortable dit-on, rappelle en effet les sacs de laine sur lesquels s'asseyaient jadis les conseillers du roi.

À l'autre extrémité se trouve la barre derrière laquelle se tiennent les membres des Communes, sommés de venir entendre le discours du trône lors de l'ouverture de chaque session du Parlement en novembre. Entre les fenêtres sont placées les statues des 18 barons témoins à la signature de la Grande Charte par le roi Jean.

C'est dans cette salle imposante que, de 1941 à 1950, siégèrent les Communes et que Winston Churchill prononça la plupart de ses discours de guerre.

Royal Gallery – Longue de 33 m, la galerie royale est empruntée par la reine et sa suite se rendant à la Chambre des Lords. Elle est décorée de fresques de Daniel Maclise, et de statues en bronze doré des monarques – du roi Alfred à la reine Anne – et des portraits de tous les souverains depuis George Ier. Dans la **chambre du prince** (Prince's Chamber) qui lui fait suite sont accrochés les portraits des monarques Tudor et de leurs épouses, y compris les six femmes de Henri VIII.

★**Robing Room** – Richement décorée par Pugin, la salle du vestiaire est celle où la reine revêt les insignes de sa fonction pour la cérémonie du discours du Trône. Les Lords, ayant cédé leur local aux Communes à la suite des bombardements allemands, y siégèrent de 1941 à 1950. Remarquer

Chaque année, avant l'ouverture annuelle du Parlement, les Yeomen de la Garde fouillent les caves de la Chambre des Lords, à la recherche de barils de poudre. Cette tradition est scrupuleusement suivie depuis 1641, année où on craignit que les catholiques ne renouvellent la conspiration des Poudres.

la cheminée et le trône que surmonte une broderie faite en 1856 pour la reine Victoria ; des bas-reliefs et des fresques illustrent la légende du roi Arthur.

L'entrée royale – Lors de cérémonies telles que l'ouverture de la session du Parlement, la reine rencontre les hauts dignitaires de l'État à l'entrée de la tour Victoria. Le cortège défile entre deux rangées de Gardes de la Maison de la Reine, placés sur la volée de l'escalier menant au **porche normand** (Norman Porch). Celui-ci est ainsi nommé parce qu'il était initialement prévu de le décorer de fresques et de statues évoquant les rois normands ; de style Perpendicular, il comporte de jolies voûtes conçues par Pugin.

AUTRES CURIOSITÉS

★**St Margaret's Church** ⊘ – Cette église paroissiale et parlementaire fut érigée par Édouard le Confesseur. Au milieu du 14e s., le négoce de la laine s'établit à Westminster à proximité de l'emplacement de la tour de l'Horloge. La prospérité qui en résulta permit de reconstruire l'église qui se trouvait dans un état de délabrement avancé. Un troisième édifice (1488-1523), à peine achevé à l'époque de la Réforme, aurait été démoli et la pierre utilisée pour le palais du Protecteur Somerset dans le Strand si les paroissiens, armés d'arcs, de bâtons et de massues, n'avaient terrorisé et mis en fuite les ouvriers… La majeure partie de l'église apparaît de style Perpendicular tardif en raison de la restauration radicale qu'opéra Gilbert Scott au milieu du 19e s.

Si St Margaret est l'église de la Chambre des Communes, ce n'est point tant parce que le palais de Westminster est situé dans la paroisse qu'en raison d'une tradition inaugurée le dimanche des Rameaux 1614 : les membres des Communes ayant décidé de recevoir ensemble pour la première fois la communion, ils préférèrent, étant puritains, l'église à l'abbaye.

Chaque année au mois de novembre, un **jardin du Souvenir**, composé de coquelicots commémoratifs, fleurit dans la cour de l'église.

Intérieur – Il contient de riches monuments funéraires Tudor : Blanche Parry, première dame de chambre de la reine Élisabeth Ire *(sur la droite du porche en entrant)*, les statues de Thomas Arnway (mort en 1603) et de sa femme, dont les donations étaient destinées à des prêts aux jeunes désireux de monter une affaire, celle de Richard Montpesson, un Yeoman mort en 1577 à 94 ans, agenouillé devant la tombe de sa femme. Deux plaques *(près de la porte Est)* et des fragments de vitraux *(aile Nord)* ont été posés à la mémoire de **Caxton**, enterré dans l'ancien cimetière. Walter Raleigh, exécuté dans l'ancienne cour du palais le 29 octobre 1618 et enterré sous le maître-autel, est commémoré par une plaque près de la porte Est et dans le vitrail Ouest, offert par des citoyens des Etats-Unis à la fin du 19e s. Le retable taillé dans du tilleul (1753) s'inspire du *Souper d'Emmaüs* de Titien. Le vitrail Est fut réalisé en Flandres en 1501, à la demande des Rois Catholiques, Ferdinand d'Aragon et Isabelle de Castille, pour célébrer le mariage de leur petite-fille Catherine avec le prince Arthur. Lorsque le vitrail arriva, Arthur était décédé et la jeune veuve fiancée au futur Henri VIII : le vitrail fut expédié loin de Londres... Et ce n'est qu'en 1758 qu'il fut rapporté, lorsque la Chambre des Communes l'eut racheté pour 400 guinées et offert à l'église.

★Westminster Bridge – L'actuel Pont de Westminster, constitué par sept arches de fonte, d'une longueur de 353 m, a été reconstruit de 1856 à 1862 par l'ingénieur Thomas Page. L'ouvrage précédent, très admiré, avait été édifié de 1736 à 1750 sur les plans de l'ingénieur suisse Labeylie ; il comportait des guérites et, grande innovation, des lanternes ; Canaletto l'a représenté dans une toile célèbre, et il resta, durant un demi-siècle encore, le seul pont de Londres avec le London Bridge. Wordsworth l'a chanté dans l'un de ses sonnets, en 1803.

Westminster Bridge est aujourdhui bien connu des touristes pour la belle **vue** qu'il offre sur le palais de Westminster. Remarquer au premier plan, à droite, la résidence du président de la Chambre des Communes alors qu'à l'arrière-plan se détachent, de droite à gauche, la tour de l'Horloge, la tour centrale et la tour Victoria.

De la rive droite, en amont du pont, on découvre une autre vue, non moins réputée, que Claude Monet a évoquée, à travers le brouillard, dans une toile célèbre. Remarquer, sur la rive gauche, le groupe en bronze sculpté par Th. Thornicroft en 1902, représentant **Boadicée** sur son char, reine des Icéniens, célèbre pour sa révolte contre les Romains et qui, vaincue, s'empoisonna en 61.

Parliament Square – Dessinée par Charles Barry (1795-1860), remaniée en 1950, la Place du Parlement forme une agréable pelouse carrée, ornée de statues d'hommes d'État de l'époque victorienne (vicomte **Palmerston** par Thomas Woslner, en 1876) et de bronzes plus récents, le maréchal **Smuts** par Jacob Epstein et surtout le magnifique **Churchill**, puissamment campé par Ivor Roberts Jones, en 1973.

The Sanctuary – L'abbaye disposait jadis d'un droit d'asile qui s'étendait sur une surface considérable. Aussi ses abords furent-ils rapidement envahis de demeures sordides et les vagabonds, voleurs et criminels abusèrent de l'immunité à un point tel qu'elle fut d'abord restreinte avant d'être définitivement abolie sous Jacques Ier. Le nom de **refuge** (Sanctuary) est cependant resté associé à la place qui s'étend devant l'abbaye.

Le corps de garde où Sir Walter Raleigh passa sa dernière nuit avant son exécution et où Richard Lovelace écrivit le vers « Les murs de pierre ne font pas une prison, ni les barreaux de fer une cage », fut démoli en 1776. À sa place se dresse une colonne en granite rouge, érigée à la mémoire des élèves de l'École de Westminster *(voir ci-dessous)* qui périrent au cours de la révolte des cipayes et de la guerre de Crimée.

À proximité, de l'autre côté de Great Smith Street, se trouvait l'aumônerie où le riche marchand de tissus **William Caxton** installa en 1476 son imprimerie sous le nom d'édition « William Caxton in the Abbey of Westminster » (il édita *Les Contes de Cantorbéry* de Chaucer, *La Mort d'Arthur* de Malory et les *Fables* d'Ésope).

Les immeubles dessinés par Sir Gilbert Scott, précédés d'une arche que l'on emprunte pour aller au jardin du Doyen *(voir Westminster Abbey)*, contrastent ostensiblement avec leurs vis-à-vis, le **Queen Elizabeth II Conference Centre**, qui date des années 70, et le **Central Hall**, conçu par Rickards et Lanchester en 1912. Celui-ci, prévu pour servir d'église méthodiste et coiffé du troisième dôme de Londres, sert aujourd'hui de centre d'examens et accueille des manifestations publiques.

Queen Anne's Gate – Derrière ces édifices modernes, flanquée à gauche des bâtiments du ministère de l'Intérieur (Home Office), se trouve une rue en L bordée de maisons résidentielles en briques ocre brunies par le temps, qui remontent au règne de la reine Anne (1704). Les fenêtres carrées à guillotine sont protégées par une ligne continue d'avant-toits et soutenues par de larges assises de pierre. Plusieurs porches à pilastres sont sommés d'un fronton plat en bois et décorés de riches sculptures et de suspensions. Un masque blanc de satyre placé au-dessus des fenêtres du rez-de-chaussée et du premier étage poinçonne chaque maison. Une statue de la reine Anne représentée jeune femme se dresse entre deux fausses fenêtres et un mur bas *(n° 15, coté Sud)*.

Cockpit Steps – Ces escaliers qui permettent aujourd'hui d'accéder à Birdcage Walk et St James's Park *(voir Buckingham Palace)* donnaient accès à l'époque de Whitehall Palace à l'arène où se déroulaient les combats de coqs.

Old Queen Street – La rue comprend plusieurs maisons du 18e s., dont l'une *(n° 28)* est protégée par un fronton arrondi avec des encorbellements.

VICTORIA

Victoria Street – Cette rue fut tracée en 1862 pour relier le Parlement à la gare Victoria. C'est aujourd'hui une artère du 20e s., aux immeubles de verre et d'acier, de béton ou de pierre, qui abritent des services gouvernementaux et des compagnies internationales. Côté Nord, situé dans un ancien cimetière ombragé par des platanes, un monument aux suffragettes fut érigé par E. Russel en 1974. Parmi les bâtiments proches se trouve **New Scotland Yard** (1967), le siège des transports londoniens (1927-1929) par Charles Holden avec un groupe d'Epstein et des reliefs d'Eric Gill, de Henry Moore et d'autres ; **Caxton Hall** (1878) eut son heure de gloire comme bureau d'enregistrement des mariages ; l'ancienne **Blewcoat Charity School** *(Buckingham Street)*, charmant bâtiment de brique rouge érigé en 1709 pour abriter l'école fondée en 1688 est aujourd'hui propriété du National Trust *(magasin)*. À l'extrémité Ouest de la rue se dresse **Little Ben**, modèle réduit de son aînée

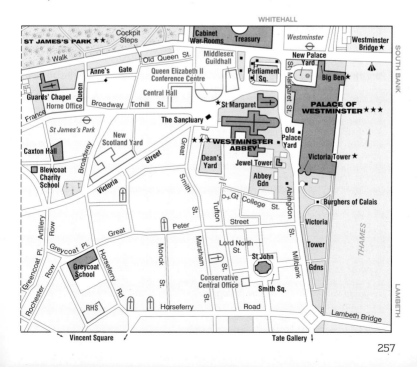

(9 m). La **gare Victoria** fut construite vers 1870 sur le site du canal Grosvenor ; les bâtiments actuels datent du début du 20ᵉ s. L'hôtel Grosvenor (1860-1861) fut conçu par J. T. Knowles. Sur Stag Place, un grand cerf en bronze marque l'emplacement d'une brasserie fermée en 1959.

★**Westminster Cathedral** ⊙ – Située en retrait de Victoria Street, cette remarquable cathédrale catholique romaine de style néo-byzantin s'ouvre sur une place moderne, **Ashley Place**. En 1884, lorsque le cardinal Manning acheta les terres, les terres étaient livrées à l'abandon : selon les archives les plus anciennes, le terrain, marécageux, avait servi à l'installation d'un marché par les bénédictins de l'abbaye de Westminster. Après la Réforme, on y installa un labyrinthe, puis un jardin, une arène pour courses de taureaux, une maison de correction et enfin une prison où, sous la République, on retint 1 500 Écossais faits prisonniers à la bataille de Worcester en 1651 en attendant leur déportation.

Bien que la mode fût alors au néo-gothique, le cardinal Manning et son successeur, le cardinal Vaughan, optèrent pour une architecture inspirée d'un style en usage aux débuts de la chrétienté et, vraisemblablement, se démarquant de l'abbaye de Westminster. L'architecte **J. F. Bentley** voyagea longuement en Italie avant de proposer ses plans pour un édifice italo-byzantin. La construction commença en 1895 et fut achevée en 1903. Le bâtiment (110 m de long x 48 m de large) se distingue par son **campanile** (82 m) terminé par un dôme.

Intérieur – Au premier coup d'œil, on ressent une impression d'immensité et d'harmonie. La nef, la plus large d'Angleterre, est coiffée de trois coupoles. La décoration ne fut pas achevée. Au-dessus des parties basses et des piliers habillés de marbre et de granit se dressent des murs de briques nus qui auraient dû être tapissés de mosaïques. Sous son baldaquin supporté par des colonnes de marbre jaune, l'autel est dominé par un crucifix suspendu. Les piliers principaux portent les 14 stations du chemin de croix sculptées par Eric Gill.

La dépouille du martyre anglais John Southworth, pendu, noyé et écartelé à Tyburn en 1654, repose dans la deuxième chapelle, située dans l'aile Nord. Le transept Sud recèle une *Vierge à l'Enfant* en albâtre du début du 15ᵉ s., sculptée par l'École de Nottingham ; placée à l'origine dans l'abbaye de Westminster, elle fut envoyée en France peu après et revint ici en 1955. On voit aussi un bronze de Giacomo Manzù, *Sainte Thérèse de Lisieux*, et un chrisme exécuté en clous à tête plate par David Partridge.

Greycoat School – *Greycoat Place*. La Westminster Charity School, fondée en 1698, doit son surnom à l'uniforme gris que portaient les élèves. Sa sobriété toute puritaine, telle qu'elle apparaît sur les figurines de bois placées dans des niches, contraste avec les éclatantes couleurs des armoiries royales peintes sur le fronton de stuc. Un établissement existant à proximité en 1633, dont les élèves étaient en uniforme vert, a laissé son nom à Greencoat Place.

Vincent Square – Cette grande place fut aménagée en 1810 pour fournir des terrains de jeux à Westminster School *(voir Westminster Abbey)*. Sur le côté Nord-Est, le bâtiment (1804) de la **Société royale d'Horticulture** (Royal Horticultural Society), prolongé par le New Horticultural Hall (1923-1928), accueille les manifestations florales chaque mois *(ouvert aux gens qui ne sont pas membres)*. Sa bibliothèque, la Lindley Library, fondée en 1886, possède 50 000 volumes dont certains datent de 1514 et de très rares dessins botaniques.

Smith Square – La place, les quatre rues qui en partent et les rues plus au Nord sont bordées de résidences georgiennes. Elle est aujourd'hui liée à la vie politique du pays dans la mesure où nombreux sont les députés à résider dans le quartier et parce que, dans l'angle Sud-Ouest, se trouve le **quartier général du parti conservateur** (Conservative Central Office).

Au centre se trouve l'**église St John**, grand édifice baroque édifié (1714-1728) par Thomas Archer et converti en salle de concert. Elle est éclairée par des vitraux vénitiens (à l'Est et à l'Ouest) et dotée de grands portiques (Nord et Sud) dont les piliers massifs soutiennent des frontons ouverts. Ses quatre tours furent comparées par la reine Anne à des marchepieds renversés, d'où son surnom de « marchepied de la reine Anne » (Queen's Anne Footstool). Particulièrement endommagé par les bombardements, l'intérieur (grandes colonnes corinthiennes, chandelier du 18ᵉ s.) a été restauré.

Londres vous plaît.
Vous désirez en savoir plus sur la Grande-Bretagne ?
*Le **guide Vert Michelin Grande-Bretagne** devrait répondre à votre curiosité :*
– les grands faits historiques ;
– l'originalité de l'art au Royaume-Uni ;
– les principales curiosités du Royaume-Uni.

WESTMINSTER ABBEY ★★★

Plan p. 8, **EY** – Schéma : WESTMINSTER
⊖ Westminster

Nécropole des souverains, panthéon des gloires nationales, chef-d'œuvre de l'art gothique, l'**abbaye de Westminster**, dressant ses tours jumelles dans le ciel londonien, reste depuis des siècles le théâtre des grandes cérémonies monarchiques, qui en font le symbole de la tradition britannique.

UN PEU D'HISTOIRE

Construction – L'origine de l'abbaye serait une chapelle dédiée à saint Pierre que le roi saxon Sebert aurait fait construire au 7e s. sur une île de la Tamise nommée Thorney Island. Afin d'en faire le lieu de sa sépulture, **Édouard le Confesseur** fit reconstruire l'édifice en pierre de Caen sur le modèle de Jumièges, en Normandie. Ses restes y furent déposés une semaine après la consécration de l'édifice, le 28 décembre 1065. Un an plus tard, Guillaume Ier s'y faisait couronner le jour de Noël.

En 1220, inspiré par le style gothique qui s'épanouissait à Amiens et à Reims, le pieux **Henri III** Plantagenêt (mort en 1272) décida d'élever un bâtiment digne du roi Édouard, qui avait été canonisé en 1163. La nouvelle église fut consacrée en 1269. Le maître d'œuvre, Henri de Reims, s'inspira des formules de l'art gothique français, notamment pour le plan de l'abbatiale, à déambulatoire et chapelles rayonnantes.

À la fin du siècle, l'extrémité Est, le transept, le chœur et le chapitre étaient achevés, mais les travaux furent alors interrompus, et ce n'est qu'au 14e s. que la nef fut achevée par Henry Yevele, maître d'œuvre d'Édouard III et auteur de la nef de Canterbury. Au début du 16e s. la chapelle de la Vierge, dans l'axe du chœur, était détruite et remplacée, dans le style Perpendicular alors à l'honneur, par la fameuse chapelle **Henri VII**, plus vaste. Au début du 18e s. enfin, sur les indications de **Wren**, son adjoint, **Hawksmoor**, achevait les tours de la façade.

Rôle et cérémonies – Alors que les pèlerins venaient nombreux au tombeau de saint Édouard, l'abbaye de Westminster était desservie par une communauté de 50 moines bénédictins, que la Réforme chassa en 1540.

C'est Élisabeth Ire qui devait donner à Westminster, en 1560, le statut qu'elle a toujours, en établissant par une charte l'Église collégiale de Saint-Pierre, siège d'un chapitre de douze chanoines placé sous l'autorité d'un doyen relevant de la couronne, et en rétablissant le Collège St-Pierre, généralement connu sous le nom d'école de Westminster, qui occupa les bâtiments monastiques.

Si elle n'est plus un but de pèlerinage, l'abbaye garde pourtant toute sa primauté de sanctuaire privilégié de la monarchie où se déroulent, depuis Guillaume le Conquérant, les sacres des souverains, les intronisations des chevaliers du Bain, les fastes des noces et des deuils princiers. Tous les deux ans, le Jeudi saint, la cérémonie du Royal Maundy Thursday rappelle le lavement des pieds des apôtres par le Christ : la reine y distribue aux pauvres, suivant une coutume remontant à Édouard III, des bourses garnies soit de pièces d'argent frappées à cette occasion, soit de pièces de cuivre dont le nombre correspond à l'âge de la souveraine.

L'ÉGLISE ⊘

Se placer du côté Nord, le long des parterres où au début du siècle paissaient encore des moutons. On discerne les composantes de l'édifice, bâti en pierre de Caen et de Reigate : à gauche, la vaste chapelle Henri VII (32 m de long), construite hors œuvre au début du 16e s. ; le transept et la nef gothique du 14e s., avec le portail dit porche de Salomon refait aux 18e et 19e s. ; la façade aux deux tours achevées dans un style gothique bâtard au 18e s.

Cloches – Douze cloches carillonnent, entre 12 h et 13 h généralement, lors des grandes occasions et lors des 25 jours de festivités et de commémoration dont les 25, 26 et 28 décembre, le 1er janvier, à Pâques, le dimanche de Pentecôte ainsi que le jour officiel de l'anniversaire de la reine.

Pénétrer dans l'église par la porte principale de la façade pour visiter la nef.

Malgré ses dimensions imposantes (abbatiale : 156 m de long ; nef : 21 m de large, 31 m de haut ; hauteur jusqu'au sommet de la lanterne : 45 m), l'abbaye de Westminster ne donne pas cette impression à l'intérieur car la perspective du vaisseau est tronquée par la clôture du chœur. Aussi la découverte de toutes les parties de l'édifice en est-elle d'autant plus étonnante.

Intérieur – C'est au Moyen Âge que l'on a commencé à ériger des **monuments** à la mémoire des héros nationaux. Les plus anciens se trouvent surtout dans les chapelles situées à l'Est du maître-autel. Si certains bustes, très expressifs, ont été réalisés à partir de masques mortuaires, d'autres ne prétendent pas être fidèles à l'image des défunts. À partir du 18e s., toute inhumation dans l'abbaye donna lieu à l'érection d'un mémorial, ce qui provoqua une inflation de monuments, sculptés par les grands artistes des 18e et 19e s., dont Roubillac, les Bacon, Flaxman, Le Sueur, Westmacott, Chantrey. L'autorisation de reposer dans l'abbaye ou d'avoir une plaque commémorative à son nom est accordée par le doyen.

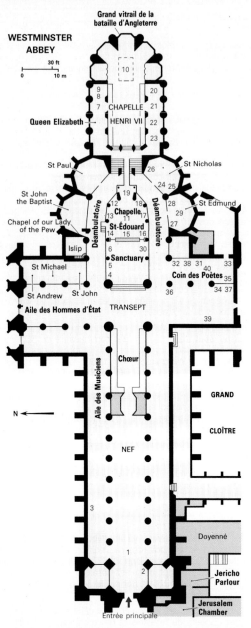

WESTMINSTER ABBEY

Grand vitrail de la bataille d'Angleterre

CHAPELLE HENRI VII

Queen Elizabeth

St Paul · St Nicholas

St John the Baptist

Chapel of our Lady of the Pew

Déambulatoire · Déambulatoire

Chapelle St-Édouard

St Edmund

Islip

Sanctuary

St Michael

St Andrew · St John

Coin des Poètes

Aile des Hommes d'État

TRANSEPT

Chœur

GRAND

CLOÎTRE

Aile des Musiciens

N ←

NEF

Doyenné

Jericho Parlour

Jerusalem Chamber

Entrée principale

Nef et bas-côtés – Admirer les proportions harmonieuses de la nef centrale, étroite et élancée, avec ses arcs aigus, son triforium d'une dimension inusitée et ses voûtes sexpartites culminant à 31 m. La verrière date de 1735. Le nettoyage de la maçonnerie de la voûte et le dorage des clefs de voûte sont récents. Remarquer le très beau vitrail de l'extrémité Ouest, œuvre de James Thornhill (1676-1734), représentant Abraham, Isaac, Jacob et 14 prophètes.

Au-dessus du portail central, monument par Westmacott à William Pitt (1759-1806) ayant, enchaînée à ses pieds, la Révolution française sous les traits de l'Anarchie. Immédiatement à l'entrée de la nef et au centre, la tombe du **Soldat Inconnu** (**1**), enseveli sous le dallage en 1920, est entourée de coquelicots des Flandres. Contre le premier pilier à droite, **portrait de Richard II** (**2**), le plus ancien portrait de souverain anglais, attribué à André Beauneveu qui séjourna à Londres en 1398. Au sol, plaque de marbre vert honorant la mémoire de Winston Churchill et le 25e anniversaire de la bataille d'Angleterre.

Contre le bas-côté Nord, tombe de Ben Jonson (**3**) (1572-1637), auteur de Volpone, enterré debout;

la plaque d'origine est murale depuis 1821 pour en préserver l'inscription « O Rare Ben Johnson », écrit par erreur avec un « h ».

Au centre de la nef, tombe de Livingstone (1813-1873), célèbre explorateur de l'Afrique. Juste avant l'entrée de la visite payante, à droite, monument à Newton (1642-1727) qui est enseveli à proximité.

Aile des Musiciens – Tombeaux et monuments commémoratifs de musiciens célèbres, dont Orlando Gibbons, John Blow et Henry Purcell, tous organistes de Westminster.

Transept Nord – Il est également connu sous le nom d'Aile des hommes d'État, car il contient de nombreux tombeaux et mémoriaux de grandes figures nationales : amiral Peter Warren, par Roubilliac (18e s.), William Pitt (comte Chatham), Castlereagh, George Canning, Palmerston, Disraeli... Tombes des deux Pitt; monument commémoratif au fameux capitaine Cook, par John Bacon Jr (1806).

Chœur – Il est précédé d'un jubé (1834), de la tribune d'orgues, où les instruments (Shrider, 1730) se font face, et entouré de stalles du 19e s.. Il ne reste, en effet, plus rien du chœur antérieur à la Réforme et en particulier des stalles du 13e s. qu'il abritait.

Sanctuaire — Séparé du chœur par le carré du transept, c'est là que se déroule le **couronnement** des souverains. Le précieux pavement italien du 13e s. (école des Cosmates, célèbres pour leurs ensembles de marbres) est protégé par des tapis. Le maître-autel est placé devant un jubé dessiné par G. Scott en 1867. À droite est tendue une tapisserie du 16e s. derrière un grand retable du 15e s. d'une rare beauté. Au-delà, un haut **banc de clergé** (sedilia) à baldaquin (**30**) du 13e s. est décoré de personnages royaux, vraisemblablement Henri II et Édouard Ier.

Sur la gauche se trouvent trois tombeaux gothiques à gisant : Aveline de Lancastre (**4**), réputée pour sa beauté et décédée en 1274 ; Aymar de Valence (**5**), comte de Pembroke et cousin d'Édouard Ier, décédé en 1324 ; Edmond de Lancastre (**6**), fils d'Henri III et mari d'Aveline (leur mariage en 1269 fut le premier célébré à Westminster).

Déambulatoire Nord – Sur le côté droit, des échancrures permettent d'apercevoir les petits personnages royaux dorés ornant le tombeau d'Edmond de Lancastre. En face, fermée par un écran de pierre ajouré, la chapelle Islip abrite les restes de l'abbé John Islip, favori de Henri VII et Henri VIII, dont le nom est évoqué dans le vitrail et dans les sculptures de la frise par un rébus (un œil *(eye)* et une bouture *(slip)* que serre une main). Par un étroit passage où, dans l'épaisseur du mur, une niche dite **chapelle N.-D.-du-Banc** recèle une copie moderne en albâtre d'une *Vierge à l'Enfant* (original à la cathédrale de Westminster), on accède à la chapelle St-Jean-Baptiste, où reposent plusieurs abbés de Westminster et Thomas Ruthal, évêque de Durham. Dans l'angle de droite de la chapelle St-Paul : tombeau de Lord Cottington, confident de Charles Ier, et de sa femme, morte en 1633, dont le buste est de Hubert Le Sueur.

Chapelle Henri-VII

Chapelle de la reine Élisabeth – Dans l'aile Nord de la chapelle Henri VII, un baldaquin du 17e s. à dix colonnes noires et chapiteaux dorés surmonte le gisant (**7**) de marbre blanc d'Élisabeth Ire (1603). Dans le même caveau est inhumée sa demi-sœur, la catholique Marie Tudor (1558). Au fond de la chapelle, le Coin des Innocents rassemble le monument (**8**) de deux filles de Jacques Ier, Sophie, morte à 3 jours en 1606 (reflet du bébé dans un miroir), et Marie, morte à 2 ans (1607), représentée allongée sur un coude, ainsi que le petit sarcophage (**9**) contenant les restes présumés des enfants d'Édouard, assassinés en 1483 à la Tour.

★★★**Chapelle Henri VII** – Édifiée de 1503 à 1519 sur ordre de Henri VII, cette magnifique chapelle est un des meilleurs exemples du style Perpendicular, qui correspond au style flamboyant continental. Les piliers, découpés en colonnettes, supportent de magnifiques voûtes en éventail à clef pendante séparées par un réseau de nervures très légères ; cet ensemble splendide, décoré d'emblèmes Tudor, est exalté par des niches à dais ajourés abritant des statues et par d'immenses baies découpées de lancettes.

L'entrée s'orne de grilles de bronze, probablement dues à Thomas Ducheman, portant les armoiries royales : rose rouge des Lancastre, rose blanche des York, herse des Beaufort, léopards anglais, lys français, faucon enchaîné d'Édouard IV, père de la reine Élisabeth d'York.

Séparant nef et bas-côtés, les stalles de chêne, aux miséricordes historiées finement travaillées, sont affectées aux chevaliers de l'Ordre du Bain, rétabli en 1725 par George Ier. C'est ici que sont intronisés les nouveaux chevaliers.

Sous l'autel restauré, de style Renaissance, orné d'une *Madone à la Cerise* peinte par B. Vivarini (1480), un caveau abrite les restes du jeune roi Édouard VI (1553), fils d'Henri VIII et Jane Seymour. Derrière l'autel, le superbe monument (**10**) exécuté par Pietro Torrigiani de 1512 à 1518 pour Henri VII et sa femme, Élisabeth d'York, dont les gisants de bronze doré reposent côte à côte, est masqué par une puissante grille

Autour du monument, 5 chapelles rayonnantes se succèdent. Dans la première à gauche se trouve le tombeau du duc de Buckingham, favori de Charles Ier, assassiné en 1628, et de sa famille (monument par Le Sueur et statuettes par Nicholas Stone). Dans l'axe de la chapelle Henri VII, la chapelle RAF, présente un grand vitrail (1947) à la gloire des aviateurs de la Royal Air Force tués pendant la bataille d'Angleterre. De la chapelle suivante, où se trouve le tombeau du duc de Montpensier, le plus jeune fils de Philippe-Égalité, mort en émigration en 1807, on a une belle vue sur les voûtes de la chapelle Henri VII et les étendards chatoyants des chevaliers de l'Ordre du Bain. Dans la 5e chapelle, le monument des ducs de Richmond, aux colossales Vertus de bronze et surmonté d'une Renommée, est l'œuvre (vers 1630) de Hubert Le Sueur.

★★**Chapelle d'Édouard le Confesseur** – Pour pénétrer dans la chapelle, également appelée chapelle des Rois, il faut emprunter une passerelle et traverser un oratoire où repose Henri V (**19**), mort en 1422, le héros d'Azincourt, roi de 1413 à 1422. Son gisant, taillé dans le chêne et mutilé par des voleurs en 1546 (la tête, les mains et les insignes royaux étaient en argent), est aujourd'hui reconstitué en résine synthétique (1970). Les restes de sa femme, Catherine de Valois, après bien des vicissitudes, se trouvent depuis 1878 dans une chapelle située au-dessus de cet oratoire.

Au centre, le **tombeau de saint Édouard** (**11**), mort en 1066, est entouré de ceux de cinq rois et de trois reines. La châsse dorée du saint, détruite à la Réforme et refaite en 1557, repose sur un magnifique piédestal en marbre, creusé d'arches trilobées et incrusté de mosaïques et de porphyre, dû à Pierre le Romain (1269), émule des Cosmates.

En tournant de la droite vers la gauche, on trouve les sépultures d'**Éléonore de Castille** (**12**), première femme d'Édouard Ier qu'elle accompagna à la croisade. Son gisant, dû à William Torel en 1291, est protégé par une superbe grille en fer forgé. C'est en l'honneur de cette reine que furent érigées dans la ville les Croix d'Éléonore. Le gisant de bronze de Henri III (**13**), père d'Édouard Ier, également par William Torel, repose sur un double sarcophage italien incrusté de mosaïque subsistant par endroits. **Édouard Ier** (**14**), vainqueur des Écossais auxquels il confisqua la Pierre de Scone, repose sous une simple dalle nue.

Devant la **clôture de pierre** sculptée, terminée en 1441, qui sépare la chapelle du sanctuaire, et au centre, le **trône du Couronnement** (**15**), est une simple cathèdre en bois autrefois peinte et dorée décorée par maître Walter, de Durham, en 1301. Dans la partie inférieure était logée la Pierre de Scone, symbole du pouvoir royal écossais, gardée au monastère de Scone depuis 846 et ramenée par Édouard Ier en 1296 ; la Pierre a été récemment restituée à l'Écosse. Le support aux quatre lions a été ajouté par la suite. Depuis 1308, tous les souverains anglais, à l'exception d'Édouard V et Édouard VII, ont été couronnés sur ce trône que l'on déplace dans le sanctuaire pour la circonstance.

On voit ensuite les tombeaux de Richard II et de Anne de Bohême (**16**), et d'Édouard III (**17**), dont le gisant de bronze est étendu sur un monument de marbre creusé de niches abritant les statuettes de bronze de 6 de ses 14 enfants. Le soubassement porte les écussons aux armes d'Angleterre et de saint Georges *(visibles du déambulatoire Sud).* Son épouse, Philippine de Hainaut (**18**), qui intercéda en faveur des Bourgeois de Calais, est sculptée dans le marbre blanc (jadis peint et doré). La base du monument, en forme de retable, est l'œuvre du sculpteur Hennequin de Liège.

Bas-côté droit de la chapelle Henry VII – Un simple caveau (**20**) accueille Charles II, Guillaume III d'Orange (le seul Orange à ne pas être inhumé en Hollande) et sa femme Marie II, la reine Anne et son mari, Georges de Danemark. Trois mausolées surmontés de gisants occupent le centre de l'aile. Un chef-d'œuvre (**21**) de **Torrigiano** est érigé à la mémoire de Margaret Beaufort, mère de Henri VII morte en 1509, coulée dans le bronze doré en vêtement de veuve sur socle de marbre noir. **Marie Stuart** (**22**), reine de France et d'Écosse, mère de Jacques Ier décapitée en 1587, finement sculptée dans un marbre blanc, repose sous un baldaquin plus grand que celui de sa rivale, Élisabeth ; à ses pieds, un lion coloré porte la couronne d'Écosse. Quatre obélisques encadrent le sarcophage (**23**) de marbre de Margaret Douglas, comtesse de Lennox, nièce de Henri VIII et grand-mère paternelle de Jacques Ier. Les reliefs représentent ses enfants priant pour son repos éternel autour du gisant d'albâtre peint.

Déambulatoire Sud – La chapelle St-Nicolas, séparée du déambulatoire par une cloison de pierre ajourée, contient plusieurs monuments Tudor : à droite, gisant (**24**) de Philippa Mohun, duchesse d'York (1431) et caveau des Percy, ducs de Northumberland (**25**) ; sur le mur de gauche, une arche richement décorée (**26**) abrite Anne, duchesse de Somerset, veuve du Lord-Protecteur (1587). Au centre, un tombeau de marbre blanc du 17e s. porte les gisants en costume d'époque de George Villiers (1605), apparenté au duc de Buckingham, et sa 2e femme, Mary Beaumont (1632), dus au ciseau de Nicholas Stone.

La chapelle St-Edmond, derrière une belle clôture médiévale en bois, abrite plusieurs sépultures gothiques : à droite, Guillaume de Valence, comte de Pembroke (**27**), tué en 1296 près de Bayonne (l'effigie en cuivre ciselé était enrichie d'émaux de Limoges qui ont disparu par nombre) ; à gauche, John of Eltham (**28**), second fils d'Édouard II, mort en 1337 à 19 ans (gisant d'albâtre) ; à côté, près de leur oncle, deux minuscules gisants d'albâtre abritent deux des enfants d'Édouard III, Guillaume de Windsor (1348) et Blanche (1342) ; au centre, Éléonore de Bohun, épouse du duc de Gloucester, 7e fils d'Édouard III, repose sous une plaque de cuivre finement gravée placée sous un triple dais (**29**).

Sur le côté Nord du déambulatoire se trouve le tombeau du roi Sebert, adossé au sanctuaire, et le dos peint du banc de clergé (**30**).

★**Coin des Poètes (Poets' Corner)** – Cette partie du bras droit du transept réunit un grand nombre d'artistes britaniques. La tombe de Geoffrey Chaucer (**31**), mort en 1400, auteur des célèbres *Contes de Cantorbéry*, voisine avec les mausolées de Dryden (**32**), de Ben Jonson (**33**), de Milton (**35**), auteur du *Paradis Perdu*, mort en 1674, et une statue de Longfellow (**38**). Sur le sol, une pierre gravée rappelle le destin tragique de Lord Byron, à côté de plaques dédiées à Lewis Carroll (**40**) et Henry James.

« *On a observé qu'une reine française n'a jamais apporté grand bonheur à l'Angleterre* » écrivaient les protestants anglais lors des négociations de mariage entre le roi Charles Ier et Henriette-Marie de France. Si **Aliénor d'Aquitaine** (1122-1204), duchesse d'Aquitaine et comtesse de Poitou, apporta ses domaines en dot à Henri II Plantagenêt, comte d'Anjou, roi d'Angleterre en 1154, elle fut aussi la mère des turbulents rois Richard Cœur de Lion et Jean sans Terre, dont la rivalité ruina momentanément l'Angleterre. Ce même Jean enleva et épousa **Isabelle d'Angoulême** (1186-1246), fiancée au comte de la Marche. Pour châtier le ravisseur, Philippe II Auguste lui confisqua ses fiefs français... et la guerre s'ensuivit. Henri III épousa **Éléonore de Provence** (morte en 1292) et appela au pouvoir les parents de son épouse, ce qui mécontenta fort les Anglais et provoqua la révolte de Simon de Montfort. En épousant **Isabelle de France** (1292-1358), Edouard II se condamnait à mort (elle fut complice du meurtre du roi) et précipitait l'Angleterre vers cette guerre que le mariage de **Catherine de Valois** (1401-1438) avec le roi Henri V allait prolonger jusqu'à durer Cent Ans. Celle-ci à peine achevée, **Marguerite d'Anjou** (1430-1482), épouse d'Henri VI, vit sous sa régence le royaume s'embraser à nouveau et se déchirer avec la guerre des Deux-Roses. Enfin, **Henriette-Marie de France** (1609-1669) vécut un règne troublé par une nouvelle guerre civile avant que son époux ne soit décapité.

Marguerite de France, 2e épouse d'Édouard Ier, et Isabelle de Valois, 2e épouse de Richard II, vécurent trop peu en Angleterre pour lui porter malheur... Et la seule à reposer à Westminster est Catherine de Valois qui, veuve de Henri V, se remaria avec un Gallois, Owen Tudor, et fut la grand-mère de Henri VII.

En contournant la première colonne, on trouve dans l'autre partie du croisillon une statue de **Shakespeare** (**34**), appuyé sur un socle orné de trois têtes royales (Élisabeth Ire, Henri V et Richard II) et tenant à la main un texte de *La Tempête*. À sa gauche, statue de Robert Burns (**37**), et, contre le mur opposé, de Joseph Addison (**39**). On peut voir dans le voisinage les plaques tombales de Robert Adam (1792), Chambers (1796), Wyatt (1813), ainsi que la statue de Haendel (visage modelé en 1761 d'après son masque mortuaire), les tombes de Charles Dickens (1870), Thomas Hardy (1928) et Rudyard Kipling (1936). Sur le pilier, à la limite du déambulatoire et du sanctuaire, un bronze réaliste (1957) commémore William Blake, peintre et poète mort en 1827 (**36**).

BÂTIMENTS ABBATIAUX

Great Cloister — Le **Grand cloître** remonte aux 13e et 14e s. mais a subi des remaniements au 19e s. Sous les dalles sont enterrés des personnages éminents, abbés ou musiciens ; parmi ces derniers, **Clementi** (1752-1832), surnommé « le père du pianoforte », dans la galerie Sud, et **Humphrey** (1647-1674), élève de Lulli à Paris, dans la galerie Est.

Dans la **galerie Est**, une arche double surmontée d'un grand arc orné d'une frise figurant l'Arbre de Jessé s'ouvre sur un passage pratiqué vers le dortoir des moines. Il mène à la salle capitulaire où l'on accède par quelques marches.

Chapter House ⊘ — Avant la visite, on peut par une porte à gauche entrer dans la chapelle Sainte-Foy **(St Faith Chapel)**, réservée à la méditation. Cette ancienne sacristie fait partie du transept Sud de l'église. L'autel est surmonté d'une fresque (13e s.) qui s'inscrit sous une arche tronquée. La sainte apparaît portant l'instrument de son martyre, le gril.

La **salle capitulaire**, construite sur plan octogonal, fut terminée en 1253. Elle présente d'harmonieuses voûtes à liernes et tiercerons (belles clefs de voûte historiées) retombant sur un pilier central à huit colonnettes ; cet ensemble a été remanié avec élégance par Gilbert Scott, de 1866 à 1872, et restauré après les dommages causés par la Seconde Guerre mondiale.

Conçu pour une assemblée de 80 moines assis sur le banc de pierre qui fait le tour de la salle, l'abbé se tenant sur le côté Est et le roi contre le pilier central, ce chapitre fut utilisé aussi par le Parlement comme **Chambre des communes** de 1257 à 1547.

Le pavement d'origine (1259), recouvert en 1540 d'un plancher retiré au 19e s., a relativement bien conservé son brillant et ses coloris. Les carreaux sont ornés de quadrilobes, de lions ou de griffons, en particulier dans la partie Sud.

Des peintures murales subsistent par places sous l'arcature trilobée qui court au-dessous des 6 immenses verrières du 19e s. dont les écussons multicolores se détachent sur le fond de grisaille. Un moine de l'abbaye, Jean de Northampton, en serait l'auteur (1390 à 1404), les fresques du registre inférieur étant postérieures de un siècle. Les thèmes principaux sont l'Apocalypse, interrompue à l'Est par le Jugement dernier.

De très belles sculptures (vers 1253) traitant l'Annonciation surplombent l'entrée ; le Christ entre l'archange Gabriel et Marie fut placé par Gilbert Scott.

Abbey Library ⊘ – Installée dans l'ancien dortoir des moines orné d'une belle charpente du 15e-16e s., la **bibliothèque** possède de précieux manuscrits, incunables, bibles et livres anciens. On peut voir entre autres le missel Litlyngton du 14e s., un bestiaire du 13e s. et le plus ancien document de la collection, la charte d'Offa, roi de Mercie, qui date de 785.

Chapel of the Pyx ⊘ – Cette crypte romane très fruste, construite au 11e s. sous le dortoir des moines, occupe deux des huit travées primitives. Au 13e s., elle reçut le Trésor du monastère, et, après la Dissolution, devint Trésor royal, véritable chambre forte abritant les coffres, ou pyxides (d'où son nom). On peut y admirer aujourd'hui les objets liturgiques d'orfèvrerie de l'abbaye et de l'église St Margaret (coffre à chapes médiéval, chasuble tissée de fils d'or).

Abbey Museum ⊘ – Dans le prolongement de la galerie Est du grand cloître, par un obscur passage voûté, on gagne l'entrée de cet intéressant musée, aménagé depuis 1908 sous les voûtes blanchies de la crypte romane dans une partie isolée au 12e s. de la Pyx Chamber. Six travées supportées par des piliers trapus abritent des documents historiques, des reproductions des insignes royaux, de la vaisselle d'or et des effigies de souverains et de personnalités, en bois, en cire ou en plâtre, utilisées lors de funérailles. On remarquera celles d'Édouard III, de Catherine de Valois, de **Charles II** (en costume de l'Ordre de la Jarretière), de Catherine, fille naturelle de Jacques II et épouse de John Sheffield, le constructeur du palais de Buckingham, de Frances Stewart (duchesse de Richmond et modèle de Britannia), de **Nelson**.

Abbey Garden ⊘ – Cette oasis de calme au cœur de Westminster fut tracée voici 900 ans ; le jardin est entouré par les bâtiments de la Westminster School.

Jericho and Jerusalem Chambers – *Non accessibles au public.* Toutes deux sont situées dans les logements du doyen. Les murs du parloir Jéricho portent des panneaux à plis de serviette datant du début du 16ᵉ s. Henri IV décéda dans la salle Jérusalem, en 1413.

Dean's Yard – Le côté Est des bâtiments, médiévaux et georgiens, est percé d'une arche basse qui marque l'entrée de **Westminster School** *(privée)*. Celle-ci s'étend vers l'Est, de la petite cour du Doyen jusqu'au Palladian College (milieu 17ᵉ s.), incorporant une partie de la maison du prieur (12ᵉ et 13ᵉ s.) et la Grande Salle (fin 11ᵉ s.), qui faisait jadis partie du dortoir du monastère et fut jusqu'en 1884 la seule salle de classe. Sur le côté Sud, **Church House** (1940) abrite une grande salle circulaire (Convocation Hall) où se tient le synode général de l'Église d'Angleterre. Sur le côté Ouest se trouvent des bureaux de parlementaires et la Westminster Abbey Choir School. La porte Nord (North Gate), encadrée par les bâtiments de Sanctuary, a été dessinée par Sir Gilbert Scott.

WHITEHALL ★★

Plan p. 9, **EY**
⊖ Westminster ; Charing Cross

Siège du gouvernement et de l'administration britanniques, Whitehall a l'apparence d'une voie triomphale, à l'atmosphère un peu compassée, reliant Westminster à Charing Cross. C'est l'une des rares perspectives urbaines de Londres, tracée sur le site du palais de Whitehall, presque totalement détruit en 1698 par un incendie.

Le palais de Whitehall – En 1529, **Henri VIII** s'appropria le palais londonien de Wolsey, autant par commodité que par concupiscence. L'origine de la propriété remonte au milieu du 13ᵉ s, quand elle fut léguée à l'évêché de York ; en 1514, Wolsey la fit sienne, la remania, l'agrandit, l'enrichit et l'arrondit jusqu'à lui faire couvrir 5 ha. Henri VIII étendit le domaine de Charing Cross à Westminster Hall et de la Tamise au parc St James. En 1996, des archéologues ont trouvé sous le ministère de la Défense une sorte de hammam sophistiqué, équipé d'un chauffage et décoré de carreaux de facture anglaise.

Les premiers propriétaires de Whitehall avaient épargné une parcelle de terrain qui portait le nom d'Écosse, car, jusqu'au 16ᵉ s., elle avait été le site d'un palais des rois écossais. Au fil de l'urbanisation, on nomma certaines rues Little, Great **Scotland Yard**, etc. Lorsque fut constituée en 1829 la police métropolitaine, c'est dans cette rue qu'elle s'installa. Sa réputation était à ce point liée à cette domiciliation qu'elle la garda lorsqu'elle déménagea vers 1890 pour Embankment, et, plus tard, en 1967, à Victoria Street.

Après Henri VIII, les Stuarts et les Tudors continuèrent à vivre dans cette demeure et y apportèrent des modifications, mais Guillaume III et Marie II, ne l'appréciant guère, achetèrent Kensington. Un incendie désastreux en 1698 la livra à l'abandon. Il n'en subsiste aujourd'hui que des pans de murs et des fenêtres Tudor derrière le Old Treasury (visibles de Downing Street), l'extrémité de Queen Mary's Terrace, un quai et des escaliers construits en 1661 par Wren (angle Nord-Est du ministère de la Défense) ainsi que la très décorative Banqueting House *(voir ci-dessous)*.

Old Home Office, Foreign and Commonwealth Offices and Treasury – Les deux bâtiments de style italo-victorien (1868-1873 et 1898-1912) de l'**ancien ministère de l'Intérieur** et des **ministères des Affaires étrangères, du Commonwealth et des Finances** sont surtout connus pour la porte des Finances

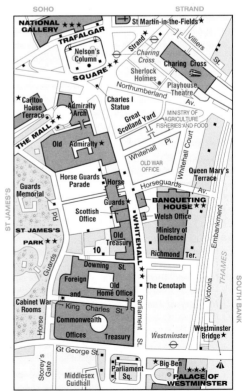

(Treasury door) sur Great George Street, à partir de laquelle le chancelier se rend au Parlement lors du vote du budget (Budget Day), et pour le balcon de l'ancien Home Office, où les membres de la famille royale assistent aux cérémonies du Souvenir (Remembrance Day).

Cabinet War Rooms ⊘ – *Clive steps, King Charles Street*. L'abri, qui avait été installé pour protéger Winston Churchill, son cabinet de guerre et les chefs d'État-major contre les attaques aériennes, fut le quartier général de la guerre de 1939 à 1945. Parmi les dix-neuf pièces à visiter, on remarquera la salle des séances (Cabinet Room), consacrée aux réunions filmées sur la sécurité et l'action nationale, la salle du téléphone transatlantique (Transatlantic Telephone Room), chambre secrète pour les tête-à-tête stratégiques et les communications directes avec la Maison-Blanche, la salle des cartes (Map Room), tapissée de cartes marquées d'épingles et de bouts de ficelle colorés, la salle du Premier ministre (Prime Minister's Room) et celle où Churchill faisait ses interventions directes auprès de la nation. Parmi les autres témoignages de l'arsenal bureaucratique de l'époque figurent les téléphones de couleur, les bureaux fonctionnels et les lits en fer, les notices détaillées et les instructions imprimées. Sous une cage d'escalier du bâtiment principal, les étais mis en place par la Marine pour éviter un effondrement des locaux en cas de bombardement et le tunnel qui devait mener à l'annexe de la salle des cartes, s'il ne s'était pas écroulé dans les locaux du commandant de camp, sont restés tels.

Sir Winston Leonard Spencer Churchill (1874-1965)

Churchill fut peut-être le plus charismatique des hommes d'État britanniques : ses discours, diffusés dans le monde entier par la BBC, rallièrent aussi bien les militaires au combat que les civils de son pays, ceux de l'Europe occupée, les prisonniers, les espions, ses amis et ses ennemis... Ses accès de colère et d'impatience restent gravés dans les mémoires, mais son intelligence, son dévouement à la patrie et son éloquence remarquable ne sauraient être oubliés.

Son carnet scolaire (à l'âge de neuf ans) portait l'appréciation suivante : « très mauvais... il dérange tout le monde et s'attire toujours des ennuis » – on est loin de l'excellent élève qu'il allait devenir à Harrow, du brillant soldat, du chef qu'il allait être pendant la guerre.

Il avait adopté un mode de vie tout à fait personnel, régi par ses goûts et ses habitudes. Réveillé en général vers 8 h 30, il animait une réunion de son lit pendant toute la matinée, jusqu'à l'heure de son bain, puis déjeunait et faisait une sieste. Il lui arrivait de se doucher à nouveau avant d'aller dîner au-dehors et de revenir régler des affaires jusque tard dans la nuit. Il préférait manger au champagne et ne cessait pratiquement pas de fumer des cigares.

Son ombre continue de planer dans les Cabinet War Rooms alors que sa silhouette caractéristique veille sur la Chambre des Communes depuis Parliament Square.

Le Cénotaphe – D'une grande simplicité, cette stèle de Lutyens a été érigée en 1919 à la mémoire des soldats anglais morts au cours de la Première Guerre mondiale. Un service (Remembrance Day) auquel assiste la reine y est célébré chaque année *(le dimanche le plus proche du 11 novembre, à 11 h)*.

Downing Street – Un certain George Downing, diplomate et général opportuniste de la République puis de la Restauration, fit bâtir ici 4 ou 5 maisons vers 1680. Au siècle suivant, Boswell y habita quelque temps.

À l'extrémité de la rue, en cul-de-sac et que l'on peut interdire facilement en cas de besoin, on repère à droite une modeste maison de briques, du 18e s., veillée par quelques « bobbies » : c'est le fameux « 10 Downing Street », résidence officielle du Premier ministre depuis que Robert Walpole s'y fut installé en 1731. Elle abrite la **salle de séance** (Cabinet Room) et un escalier où sont suspendus les portraits des résidents successifs. Le n° 11 héberge le Chancelier de l'Échiquier (ministre des Finances).

Richmond Terrace – Cette « terrace » a été conçue par Thomas Chawner en 1822. La façade a été restaurée et les « Fine Rooms » rétablies.

Ministry of Defence – Devant cet édifice monolithique se dresse effrontément le petit bronze de **Sir Walter Raleigh**, qui fut décapité à proximité. À ses côtés, **Monty**, bronze de 3 m de haut réalisé par Oscar Nemon et dévoilé en 1980, représente le Field Marshal Lord Montgomery of Alamein.

Old Treasury – L'ancien **ministère des Finances** date du 16e s. mais la façade actuelle fut réalisée en 1845 par Barry qui utilisa les colonnes que Soane avait conçues. Cette réalisation marquait le début de la période de construction de bâtiments officiels qui a continué jusqu'au 20e s.

Scottish Office et Welsh Office – Les **Dover** et **Gwydyr Houses** du 18ᵉ s., qui portent le nom de leurs propriétaires du 19ᵉ s., s'ouvrent sur la rue. Le dernier édifice a pour seule ornementation une fenêtre vénitienne surmontant une porte triptyque, et le premier un grand écran avec un porche en promontoire dessiné en 1787 par Henry Holland pour le propriétaire de l'époque, Frédéric, duc d'York.

★★**Banqueting House** ⊘ – Unique et glorieux vestige du palais de Whitehall, Banqueting House, chef-d'œuvre d'Inigo Jones, dresse en face des Horse Guards sa noble façade à l'italienne. Transformé en chapelle en 1724 sous le règne de George Iᵉʳ de Hanovre, le bâtiment fut affecté en 1890 à l'United Service Institute qui y exposa ses collections militaires, fonds actuels du musée de l'Armée de Chelsea.

Extérieur – Du côté Ouest de Whitehall se découvre une bonne vue de la façade. Inspirée de Palladio, son élévation comporte des colonnes à ordres superposés, ionique et corinthien, que surmontent des balustres ; cependant, **Inigo Jones** y a apporté sa note personnelle en omettant la traditionnelle porte centrale, ce qui donne plus de majesté à l'ensemble. Les soubassements forment une sorte de crypte voûtée que le collaborateur d'Inigo Jones, le Dieppois Isaac de Caux, aménagea de 1624 à 1626 pour en faire une grotte tapissée de coquilles et agrémentée de jeux d'eau. Cette grotte fut ensuite convertie en cellier. Au pied de l'escalier du Grand Hall, l'attention est attirée par la tête colossale, en bronze, de Jacques Iᵉʳ par Hubert Le Sueur, qui a vraisemblablement utilisé le buste qu'il avait modelé pour le catafalque du roi.

Intérieur – Le Grand Hall, superbe salle divisée en sept travées par des pilastres, mesure 34 m de long sur 17 de large et 17 de haut, constituant ainsi un volume en double cube d'après une formule mise à l'honneur par Palladio. Comme à l'extérieur, la superposition des ordres dénote l'influence italienne, de même que la galerie en balcon qui fait le tour de la pièce. Sur le côté Sud se trouvait le dais surmontant le trône royal, qui est reconstitué.

Chef-d'œuvre de Rubens, le **plafond** a été commandé en 1629 par Charles Iᵉʳ et mis en place en 1635. Le maître d'Anvers reçut en paiement la somme de 3 000 livres et le titre de chevalier. Admirablement mis en valeur par l'architecture de Jones, il représente l'*Apothéose de Jacques Iᵉʳ*, que l'on reconnaît, dans le panneau central, s'élevant aux cieux. Remarquer aussi, dans le panneau Nord, une composition symbolisant l'union de l'Angleterre et de l'Écosse, tandis que le panneau Sud évoque les bienfaits du souverain qui tend les bras à la Paix et à l'Abondance, cependant que des anges s'apprêtent à le couronner.

★**Horse Guards** ⊘ – L'édifice fut construit au 18ᵉ s. sur les plans de **William Kent** avec deux ailes en retour, encadrant une cour où a lieu en hiver la relève de la Garde. Le bâtiment central, surmonté d'une tour-horloge, est percé de trois arches donnant

Quand Banqueting House joue son rôle officiel...

sur l'immense place de Horse Guards Parade où a lieu en été la relève de la Garde et où se déroule le Salut aux couleurs (Trooping the Colour), qui marque l'anniversaire officiel de la reine.

Quartier général des Horse Guards, il joue le rôle d'entrée officielle du palais de Buckingham. C'est pourquoi tous les hommes d'État en visite officielle à Londres y sont accueillis et des sentinelles y montent la garde. Quand la reine est à Londres, les factions sont assurées par un officier, un caporal major (pour tenir le standard), deux sous-officiers et dix hommes de troupe ; c'est la Grande Garde (Long guard). En l'absence de la reine, la petite garde s'effectue sans officier ni caporal major. Ce sont les cavaliers de la Maison Royale (Household Cavalry Mounted Regiment) qui sont en charge de cette mission. La garde est relevée toutes les heures *(de 10 h à 16 h)* par des sentinelles casquées et cuirassées d'argent, deux sur des chevaux à robe noire, côté Whitehall, deux à pied, côté Horse Guards Parade.

On voit alternativement :
— les **Life Guards** à tunique rouge et plumet blanc, chabraque blanche pour les chevaux des simples soldats, noire pour ceux des officiers. La formation de ce régiment date de 1659 ;
— les **Blue and Royal Guards** à tunique bleue et plumet rouge, chabraque noire pour tous les chevaux. Les « Blue » ont été réunis aux « Royal », en 1969.

Il arrive qu'en septembre, pendant l'entraînement des troupes de la Household Cavalry, les gardes soient remplacés par ceux du **King's Troop Royal Horse Artillery** dont l'uniforme est différent : veste à brandebourg et haute coiffe à plumet.

Horse Guards Parade — Sur cette vaste esplanade donnant sur St James's Park on remarque, près du Horse Guards, des statues équestres des maréchaux Wolseley et Roberts et deux étranges canons. L'un est turc (1524) et fut pris en Égypte en 1801 ; son affût porte un sphinx à l'arrière et des crocodiles en relief sur les côtés. L'autre, un mortier enlevé aux Français lors du siège de Cadix en 1812, a été placé sur un dragon ailé pour servir de monument commémoratif des victoires de Wellington en Espagne. À l'Ouest, sur le fond d'arbres du parc, se détache le **Guards' Memorial**, élevé en 1926 en l'honneur des troupes tombées pendant la Première Guerre mondiale.

★**Old Admiralty** — Un portique classique, élevé en 1760 sur les dessins de Robert Adam, précède la cour au fond de laquelle s'élève l'hôtel de l'Amirauté (ministère de la Marine), du début du 18e s., occupé par le Premier Lord de l'Amirauté : c'est dans cet hôtel que le comte de Sandwich inventa le « sandwich » qui lui permettait de ne pas interrompre sa partie de cartes.

Flanders poppies...

« *Mais pour n'aimer qu'les coqu'licots, Et n'aimer qu'çà...* », il faut avoir la retenue des Britanniques, qui, lors des cérémonies du Remembrance Day, ne fleurissent leurs monuments qu'avec ces simples fleurs rouges en tissu. Leur seule vue suffit à faire surgir dans les mémoires des images de ces plaines flamandes où sont restés tant de dormeurs du val...

Le devoir d'abord...

Kew Gardens, la Pagode

Quartiers périphériques

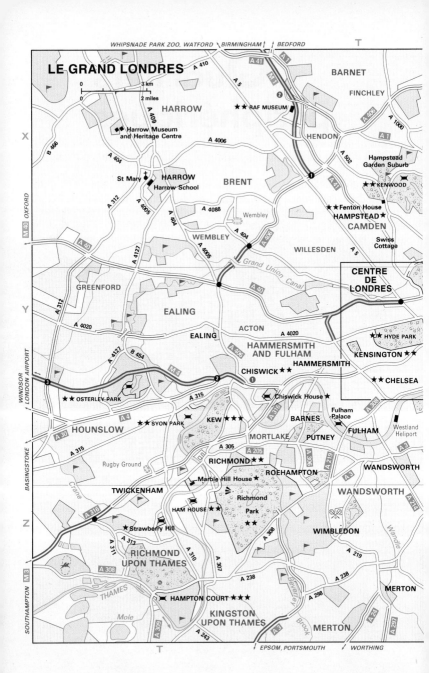

LE GRAND LONDRES

Souvent monotone en ses faubourgs (suburbs), l'immense banlieue londonienne, née sous le règne de Victoria et maintenant intégrée à la ville, conserve cependant, surtout au voisinage de la Tamise, des châteaux et des parcs agréables.

Si vous souhaitez limiter vos visites aux plus beaux de ces monuments sans y consacrer une trop grande partie du temps dont vous disposez pour votre séjour à Londres, nous vous suggérons d'effectuer, sur une journée, l'une des excursions suivantes :

– la visite du musée de la Marine, de l'ancien Observatoire et du trois-mâts *Cutty Sark*, à **Greenwich**, combinée avec celle des **Docklands**. Vous pouvez alors quitter le centre de la ville par vedette fluviale jusqu'à Greenwich, où des bus vous emmèneront de Greenwich Pier à l'ancien palais (départs du quai chaque demi-heure ; le circuit passe par le musée de l'Éventail, le parc de Greenwich et l'Observatoire. Tarifs : adultes, 1 £ ; enfants, 50 p). De retour au quai, le passage dans les Docklands se fait rapidement en empruntant le tunnel piéton sous la Tamise, et l'on pourra revenir des Docklands vers la Cité par le DLR ;

– la visite des jardins de **Kew** et du palais de **Hampton Court**, où vous pourrez également vous rendre par vedette fluviale et revenir par le même mode de transport.

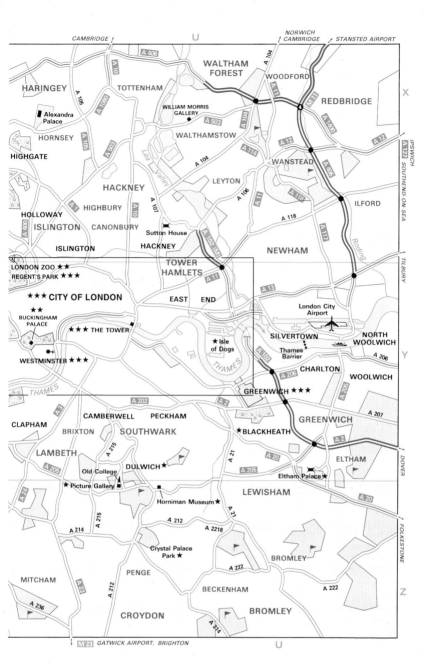

Services fluviaux

La société Westminster-Greenwich Thames Passenger Boat Services (☎ 0171 930 4097) assure des services quotidiens (durée 45 mn, départs chaque demi-heure) entre Westminster Pier et **Greenwich** de 10 h 30 à 16 ou 17 h selon la saison.

Catamaran Cruisers (☎ 0171 839 3572/2349) fait la navette entre la Tour (Tower Pier) et Greenwich toute l'année entre 11 h et 16 h 30 (départs chaque 20 mn, durée 30 mn). Des services partent également de Charing Cross Pier toutes les demi-heures entre 10 h 30 et 16 h.

Les retours sont assurés selon les mêmes fréquences par les mêmes compagnies.

On peut aller à **Kew** ou à **Hampton Court** tous les jours toute l'année à partir de Westminster Pier en empruntant les vedettes de la société WPSA (☎ 0171 930 4721/2062). Les départs pour Kew ont lieu à 10 h 15, 10 h 30, 11 h, 11 h 15, 12 h, 14 h et 15 h (dernier retour à 16 h 30) ; le trajet s'effectue en 1 h 30. Les départs pour Hampton Court ont lieu quant à eux à 10 h 30, 11 h 15, 12 h et 12 h 30.

L'été, des services vers ces deux sites ont lieu depuis Richmond.

Voir aussi au chapitre des Renseignements Pratiques : Visiter Londres - Croisières et services fluviaux.

BATTERSEA

Plan p. 7, **CDZ**
Gares : Battersea Park, au départ de Victoria ;
Queenstown Road, au départ de Waterloo

Jadis estimée pour ses asperges et célèbre pour son pont de bois sur la Tamise, que peignirent à l'envi Turner et Whistler, Battersea n'est plus qu'un vieux faubourg industriel qui connaît un début de rénovation (**Marco Polo House**, siège du quotidien *The Observer*). Aucun Londonien n'en ignore le nom en raison de la présence, sur son territoire, d'une centrale thermique (1932-1934) aux gigantesques cheminées, désaffectée en 1983 et que l'on envisage de convertir en complexe de loisirs, et d'un important refuge pour chiens et chats (Battersea Dog's Home). Les noms des rues évoquent la famille Saint John Bolingbroke et ses successeurs, les comtes Spencer, Lords of the Manor depuis 1763.

Un précurseur de l'Entente cordiale

Né et mort à Battersea, Henry Saint John, vicomte **Bolingbroke** (1678-1751), l'un des chefs du parti tory, négocia en 1713 le traité d'Utrecht à Paris, où Rigaud fit son portrait. Il avait alors ménagé les intérêts de ses adversaires whigs, si bien que, lors de leur retour au pouvoir à l'avènement de George Ier de Hanovre, le noble vicomte dut s'exiler à deux reprises en France, résidant notamment au château de la Source à Olivet, près d'Orléans, et au château de Chanteloup, proche d'Amboise. En France, il rencontra **Claire Deschamps de Marcilly**, issue d'une famille fameuse de tout temps pour le charme de ses éléments féminins. Veuve du marquis de Villette, un cousin de Mme de Maintenon, elle fit la conquête de Bolingbroke qui l'épousa. Rentré à Battersea, celui-ci se livra sans contrainte à la boisson mais se consacra aussi à son œuvre littéraire, recevant en son manoir de Bolingbroke, proche de l'église St Mary, de nombreux écrivains tels Pope, qui y écrivit son *Essai sur l'homme*, Swift et **Voltaire**, dont il avait fait la connaissance au château de la Source.

L'ancienne église de Battersea : St Mary's Church ⊘ – *Battersea Church Road*. L'édifice actuel avec sa flèche conique en cuivre vert date de 1775 et le portique de 1823. La fenêtre Est, du 14e s., inclut un remplage et un vitrail orné de blasons du 17e s. Les fenêtres des nefs latérales évoquent les personnages célèbres liés au quartier : le botaniste William Curtis (18e s.), enterré ici, William Blake, qui s'y maria, et Turner, qui peignit la rivière depuis la sacristie. Amusantes épitaphes et monuments funéraires de la famille Saint John.

De Morgan Foundation ⊘ – *Battersea Church Road*. **Old Battersea House**, demeure de brique à étage avec combles en croupe et entrée à fronton, construite en 1699 par Sir Walter Saint John, abrite aujourd'hui la collection de céramiques de la **fondation de Morgan**, réunie par William de Morgan, qui fut associé au mouvement Arts and Crafts, ainsi que des tableaux et dessins d'Evelyn de Morgan Spencer Stanhope, de Strudwick et de Cadogan Cowper.

La centrale de Battersea

Vicarage Crescent – **Devonshire House** est une demeure à deux étages du début du 18e s., avec façade en stuc, portique dorique, petits balcons en fer incurvés et portail contemporain en fer forgé. St Mary's House date de la fin du 17e s.

High Street – **The Raven,** dotée de pignons hollandais incurvés, surplombe le carrefour depuis le 17e s. **Sir Walter St John's School,** fondée en 1700, a été reconstruite aux 19e et 20e s. sur son site original dans le style gothique Tudor. Noter, à l'entrée, la devise des Saint John surmontée du casque et du faucon.

★**Albert Bridge** – Ce pont cantilever suspendu, plus attrayant avec son éclairage nocturne, a été conçu par R. W. Ordish en 1873 et modifié par Joseph Bazalgette puis renforcé par un étaiement central dans les années 70.

Battersea Bridge – Le pont ferroviaire de Battersea (1863) fut pendant long-temps le seul pont assurant une liaison ferroviaire continue entre le Nord et le Sud de l'Angleterre. La construction actuelle fut conçue par Joseph Bazalgette en 1890. La construction précédente, un pont en bois (1771) éclairé par des lampes à huile puis à gaz, inspira à Whistler son tableau *Nocturne.*

Battersea Park – Les terrains marécageux de la plaine de Battersea étaient célèbres au 16e s. pour y tirer le pigeon, ainsi que pour les foires, les courses d'ânes et les duels qui s'y déroulaient ; c'est là qu'eut lieu en 1828 celui qui opposa Wellington et Lord Winchelsea à propos du projet de loi d'émancipation des catholiques. En 1843, **Thomas Cubitt** *(voir index)* proposa d'y aménager un parc dont les travaux furent entrepris en 1846 sur les 140 ha remblayés avec la terre extraite du creusement des docks Victoria.

Agrémenté de statues modernes de Henry Moore et de Barbara Hepworth, le parc comprend un lac où l'on peut pratiquer le canotage, un jardin accessible aux handicapés et de nombreuses installations sportives. Une pagode japonaise, la Pagode de la paix, ornée de cloches dorées et de Bouddhas assis, y fut édifiée en 1985 sous l'égide de l'Organisation mondiale pour la paix.

En ville, respectez les interdictions de stationnement signalées à votre attention par les bandes de peinture jaune en bordure des trottoirs.

BERMONDSEY – ROTHERHITHE

Plan p. 9-10, **HJKY**

Jusqu'à la Réforme, Bermondsey fut connu pour sa célèbre abbaye clunisienne fondée en 1082 qui se situait entre Abbey Street, Tower Bridge Road et Grange Road. C'est là que mourut en 1437 **Catherine de Valois,** fille du roi de France Charles VI et épouse de Henri V puis d'Owen Tudor, qui fut ensevelie à Westminster. Les moines brassaient la bière au prieuré de Bermondsey, dans le village voisin de Rotherhythe. Au 18e s., il connut une certaine vogue en raison de ses sources thermales. De nombreux noms de rues se rattachent à ses activités de l'époque élisabéthaine, liées à la tannerie. Le quartier, situé sur la rive Sud de la Tamise et à l'Est de Tower Bridge, a bénéficié du plan de réaménagement des docks et compte de nombreux bureaux d'affaires *(voir Carnet d'adresses : Shopping).*

BERMONDSEY ⊖ *London Bridge ; Tower Hill*

Figurant actuellement dans la zone de protection, **Butler's Wharf** devient peu à peu un quartier résidentiel et commercial à part entière, avec ses restaurants gastrono-miques et ses bars modernes le long de la Tamise.

Design Museum ⊘ – *Shad Thames.* Ouvert en 1989 pour, d'une part, populariser et expliquer le design d'hier et d'aujourd'hui et, d'autre part, réfléchir sur celui de demain, le complexe a été présenté comme « modeste, propre, spacieux et blanc ». La galerie du 1er étage présente une sélection d'objets du monde entier. Un espace important est accordé aux expositions temporaires (durée : 6 mois). Projets archi-tecturaux et concepts originaux des objets sont confrontés aux formes issues des divers habitudes et procédés de fabrication. Des projets expérimentaux sont présen-tés ainsi que des prototypes et des modèles d'essai.

De la terrasse supérieure à ciel ouvert, réservée à la collection d'accessoires domestiques : vélos, caméras, téléviseurs, mobilier et fournitures de bureau, etc., on a une belle vue sur Tower Bridge.

★**Bramah Tea and Coffee Museum** ⊘ – *The Clove Building, Maguire Street.* Situé dans l'aire historique du négoce du thé, le musée Bramah retrace l'histoire du thé et du café, leur vogue en Angleterre, les taxes qui y furent liées, des anecdotes qui s'y rattachent. Belle collection de cafetières, de théières européennes et orientales, et de samovars.

Church of St Mary Magdalen ⊘ – *Tower Bridge Road.* Dédiée à sainte Marie-Madeleine, l'église paroissiale de Bermondsey fut fondée en 1290, reconstruite en 1691 et restaurée deux fois au 19ᵉ s. Elle conserve des chapiteaux sculptés du 12ᵉ s. provenant de l'abbaye de Bermondsey, des boiseries du 17ᵉ s., trois écussons funéraires peints avec éclat et, dans le pavement des nefs latérales, des pierres tombales témoignant du taux élevé de mortalité infantile au 18ᵉ s.

Les conversions d'entrepôts

Derrière le musée du Design, l'entrepôt Cinnamon (le premier converti en immeuble résidentiel sur Butler's Wharf) et l'entrepôt St Saviour se dresse, face à la Tamise, **China Wharf**. Achevé en 1988, cet impressionnant édifice festonné dans les tons rouge orangé et érigé dans l'eau a valu à ses architectes, le groupe CZWG, plusieurs récompenses. Cette unité, composée de 17 deux-pièces, fut conçue pour combler le vide entre les entrepôts New Concordia et Reed. Remarquer le balcon de la façade d'entrée, dit « The Great Henry ». Parmi les autres conversions remarquables d'entrepôts figurent le **David Mellor Building** *(22-24 Shad Thames)*, le moderne

Entrepôts New Concordia et China

Saffron Wharf *(18 Shad Thames)* et le **Camera Press**, en bois brut *(21-23 Queen Elizabeth Street)*. Les quatre blocs incurvés qui constituent **The Circle** *(Queen Elizabeth Street)* remplacent les écuries de la brasserie Courage. Leurs façades sont habillées de carreaux vernis bleu cobalt, les balcons opèrent un mouvement en spirale. On est loin de Jacob's Island, dont s'inspira Charles Dickens pour décrire dans *Oliver Twist* le repaire de Bill Sykes, antre du vice et de la pauvreté.

ROTHERHITHE ⊖ *Rotherhithe*

En 1013, le village servit de mouillage à Olaf III, roi de Norvège, lorsqu'il aida le roi Ethelred contre les invasions danoises. Sous le règne de Henri VIII, un arsenal y fut établi ; c'est à l'un de ses quais qu'accosta le *Mayflower* en 1621 au retour de son historique voyage. C'est de là qu'en 1838 le *Téméraire*, survivant de la bataille de Trafalgar, fut remorqué pour son dernier voyage, scène qu'immortalisa Turner *(voir National Gallery)*.

St Mary's Church ⊘ – *St Marychurch Street.* L'édifice actuel, couronné par une flèche octogonale en forme d'obélisque, date de 1715. La voûte de bois en berceau repose sur quatre piliers constitués de troncs d'arbres façonnés comme des mâts de navire et revêtus de plâtre. Les guirlandes du retable, dues à **Grinling Gibbons**, sont « signées » de cosses de pois ouvertes. La table de communion et les deux sièges d'évêque furent taillés dans le bois du *Téméraire*. Les liens avec la Marine royale sont si nombreux que l'église a le privilège d'en arborer le pavillon. Le capitaine du *Mayflower* est enterré dans le cimetière.

Brunel Engine House ⊙ – Le tunnel sous la Tamise, le premier au monde sous l'eau, fut percé entre 1824 et 1843 par **Marc Brunel** (1769-1849), un ingénieur français qui avait émigré en 1799. Un effondrement qui causa la mort de nombreux ouvriers avait provoqué une interruption des travaux pendant 7 ans. Son achève-

---

The Angel Inn – *21 Rotherhithe Street.* Pub du 18ᵉ s. avec vue sur la Tamise ; mentionné par Pepys.

Mayflower Inn – *117 Rotherhithe Street.* Il doit son nom au bateau qui emmena les premiers colons anglais en Amérique. Une ancienne licence lui permet de vendre des timbres-poste anglais et américains

---

ment fut marqué par un banquet donné sous terre et l'octroi d'un titre de chevalier à l'ingénieur. Constitué de deux tubes parallèles prévus pour le trafic de véhicules, ses accès en spirale ne furent jamais réalisés et il fut utilisé par les seuls piétons jusqu'en 1869 avant d'être intégré au réseau du métro. Il est surprenant de savoir que le système de percement mis en œuvre était le même que celui employé récemment pour percer le tunnel sous la Manche.

La **salle des machines** (1842, restaurée), qui accueillait la machinerie destinée à pomper les eaux d'infiltration, relate l'historique du projet et les techniques de forage par tunnelier à bouclier, initiées par Brunel. Il présente aussi une pompe à vapeur J & G Rennie de 1882.

Surrey Commercial Docks – Howland Great Wet Dock (grand bassin à flot Howland), premier bassin implanté sur la rive Sud en 1693, accueillait 120 navires. Devenu la principale base de baleiniers, il fut rebaptisé Greenland Dock (bassin du Groenland) en 1763. Après le déclin de la chasse à la baleine vers 1840, il reçut les navires important des produits canadiens. Les **bassins du Surrey** et les **bassins de commerce** furent réalisés en 1807, suivis des bassins de la Baltique (1809), de l'Orient (1811), d'Albion (1860). Réunis en 1864, ils furent augmentés du bassin du Canada en 1876 et de celui du Québec en 1926. Le transfert de l'appontement Mulberry est plus récent, car il fut utilisé pour réaliser les ports artificiels mis à flot en Normandie lors du débarquement.

Lavender Pond – Le bassin Lavender, partie des docks du Surrey transformée en réserve naturelle, était autrefois utilisé pour entreposer le bois d'œuvre en provenance du Canada et de la Scandinavie. La chambre des pompes a été convertie en salle de classe.

La légende en p. 4 donne la signification des signes conventionnels employés dans ce guide.

CHISWICK ★★

Plan p. 272, TY

À l'image de sa promenade, le Mall, bordée de maisons du 18ᵉ s., Chiswick a conservé son caractère d'antan lorsque le village était le refuge des Londoniens aisés, désireux de trouver le calme.

★**Chiswick House** ⊙ – *Burlington Lane.* Ce splendide domaine, naguère propriété des ducs de Devonshire, comprend une grande villa à l'italienne du 18ᵉ s. qu'entourent de vastes jardins tracés à la même époque.

Comme à Burlington House *(voir Piccadilly)*, **Richard Boyle, 3ᵉ comte de Burlington** (1695-1753), dirigea la transformation du manoir de style Jacques Iᵉʳ acquis par le 1ᵉʳ comte en 1682. Il s'inspira de la villa Capra, dite la Rotonda, édifiée par Palladio à Vicence, qu'il avait pu admirer lors de son « grand tour » européen, et y organisa de somptueuses fêtes avant que ne vînt y demeurer la fameuse Georgiana, duchesse de Devonshire (1757-1806), égérie des Whigs et, un temps, du prince régent.

Construite (1725-1729) sur un plan carré et richement décorée par le protégé du comte, **William Kent** (1686-1748), Chiswick House a peu changé depuis l'époque où le dessinateur des « Maisons royales de France », Jacques Rigaud, voyageant en Angleterre, la représentait sur toutes ses faces avec sa spectaculaire façade à péristyle précédée d'un double escalier monumental (au pied, statues de Palladio à gauche et de Inigo Jones à droite), son dôme octogonal flanqué d'obélisques et ses cheminées vénitiennes. L'aile droite, cependant, fut ajoutée en 1768 par Wyatt.

Intérieur – Au niveau inférieur, dans la galerie octogonale (située au-dessus d'une cave à vin), la bibliothèque et les vestibules sont exposés actuellement des croquis et d'autres éléments concernant la conception et la restauration de la demeure et de ses

Ph. Cajic/MICHELIN

La coupole de la salle du dôme, à Chiswick House

jardins. De la bibliothèque, on accède par une galerie à colonnades au petit salon d'été (Summer Parlour – 1717), relié à l'origine au manoir primitif. Les peintures en grisaille (1719) sont de Kneller.

À l'étage noble *(escalier à gauche de la bibliothèque)*, les appartements de réception s'ordonnent autour d'un octogone central, la **salle du dôme** (Dome saloon) dont les huit murs sont ponctués de bustes classiques alternant avec des portes aux frontons dorés ; la coupole à caissons s'élève sur un entablement ocre jusqu'à un tambour vitré. Les Salons rouge, vert et de velours bleu sont ornés de plafonds à caissons à riches dorures, de fenêtres vénitiennes et de portes à fronton, de sculptures et de cheminées. Dans le Salon bleu, les médaillons représentent Inigo Jones, par Dobson, et Pope, par Kent. Sur le côté Ouest se trouve la **galerie**, composée de trois salles : la pièce centrale, en demi-cercle oblong, communique par des arcades avec les deux pièces extrêmes, l'une circulaire, l'autre octogonale. Un jeu de miroirs en accroît la dimension et l'éclat. De la salle octogonale, on accède à l'étage supérieur – orné de colonnades corinthiennes – de la galerie reliant la bibliothèque au salon d'été.

Les jardins – Dessinés par William Kent, qui y planta les cèdres géants et modifia le plan géométrique initial, ils figurent parmi les premiers jardins « pittoresques » ornés de fabriques réalisés en Angleterre. Le canal fut modifié par une série de courbes serpentant entre les temples, les obélisques et les statues, eux-mêmes placés de façon à surprendre le promeneur. Georgiana y fit réaliser un pont par Wyatt. La serre fut probablement l'œuvre de Joseph Paxton, le concepteur des jardins de Chatsworth *(voir guide Vert Michelin Grande-Bretagne)*. Le portail monumental *(Nord-Est de la résidence)* fut réalisé par Inigo Jones en 1621 pour Beaufort House, à Chelsea, et offert en 1736 au 3ᵉ comte de Burlington par Sir Hans Sloane.

À proximité, dans le triangle bordant au Nord-Est les jardins, s'élève la maison de Hogarth, totale antithèse du goût italianisant de Kent.

★Hogarth's House ⊘ – *Hogarth Lane. En sortant de Chiswick House, remonter à gauche vers le Nord jusqu'au giratoire (Hogarth Roundabout) et tourner immédiatement à gauche vers l'Ouest dans Great West Road (A 4).*
William Hogarth était âgé de 52 ans et largement célèbre lorsqu'il acheta cette maison de brique à deux étages, qu'il appelait « sa boîte sur la Tamise » et à laquelle il fit ajouter la fenêtre en saillie située au-dessus de la porte d'entrée. Il y passait non seulement l'été mais aussi des périodes plus longues, recevant des artistes comme David Garrick.

William Hogarth (1697-1764)

Né à proximité du Bart's Hospital, Hogarth fit son apprentissage comme graveur chez un orfèvre lorsqu'il vivait à Leicester Fields (aujourd'hui Leicester Square). Éprouvant la nécessité d'un enseignement académique, il s'inscrivit à l'Académie du passage St-Martin, mais la peinture figurative officielle le laissa indifférent. Il lui préféra un style de portraits moins formel où ses modèles, issus de la classe moyenne, étaient mis en scène dans leur intérieur. Concevant ses tableaux comme des représentations théâtrales (il avait d'ailleurs illustré *L'Opéra des gueux* de John Gray), il écrivait : « Je traite mes sujets à l'instar d'un dramaturge : mon tableau est une scène et mes personnages sont les acteurs qui par leur gestuelle interprètent une pantomime. »

Son sens aigu de l'observation, son humour inné et son esprit railleur animent ses tableaux narratifs, dont les gravures qui en étaient tirées furent très prisées. Ses admirateurs identifièrent les politiciens ridiculisés par la caricature et conçurent une vive sympathie pour l'artiste qui défendait tout ce qui était anglais. Sa sensibilité aux difficultés de la vie londonienne (mortalité infantile, alcoolisme, prostitution et corruption, cruauté envers les animaux), qui transparaissait dans ses gravures, lui valut d'être nommé gouverneur de l'hôpital des enfants trouvés, institution charitable fondée par le capitaine Coram à Bloomsbury.

Ses œuvres sont exposées à la National Gallery, la Tate Gallery et au Sir John Soane Museum *(voir Chancery Lane)*.

La représentation sur un mode satirique de la vie londonienne au 18ᵉ s. lui conféra la célébrité et la demeure expose plusieurs « scènes de conversation » réunies par ses contemporains, telles *La Campagne électorale*, *Scènes londoniennes*, *Le Progrès d'Harlot*, *Le Mariage à la mode* et bien d'autres.

De l'autre côté du giratoire s'élève la **Fuller, Smith and Turner Griffin Brewery**⊙, brasserie qui fut transférée de Bedford House à Chiswick Mall.

St Nicholas Parish Church ⊙ – Le site était mentionné dès 1181 et la liste nominative des vicaires remonte à 1225, à l'exception de quelques trous. Cette église, moins imposante qu'il ne semble, possède un clocher crénelé épaulé de contreforts (1436). Le reste de l'édifice fut réalisé vers 1880, comme les vitraux très décoratifs. Le chœur a été noirci par un incendie. Cinq des huit cloches ont été accrochées en 1656, vraisemblablement sur intervention d'une paroissienne, Lady Mary Fauconberg, fille d'Olivier Cromwell ; la sépulture familiale sous le chœur accueille trois cercueils, dont le plus petit contient sans doute la dépouille décapitée de Cromwell, exhumée de l'abbaye de Westminster et sauvée de Tyburn en 1661. Dans le cimetière se trouvent les tombes de **Hogarth** (entourée d'une grille et portant l'épitaphe de David Garrick « Adieu, grand peintre de l'humanité »), de Lord Burlington, de William Kent, de **Whistler**, de Philippe de Loutherbourg et du poète italien Ugo Foscolo (exhumé et transféré à Florence).

Chiswick Square – *Burlington Lane*. De basses demeures à un seul étage (1680) bordent une avant-cour qui précède les deux étages de Boston House (1740), d'où Beck Sharp, dans le roman de Thackeray *La Foire aux vanités*, jeta son dictionnaire.

★★**Chiswick Mall** – Cette belle avenue longeant la Tamise est bordée de demeures des 18ᵉ et 19ᵉ s. dont les bow-windows et les balcons regardent la rivière. On remarque en particulier **Morton House** (1730), à deux étages avec ses fenêtres encadrées de briques rouges, **Strawberry House** (1735), avec ses deux niveaux surmontés d'une attique, son large balcon central porté par des piliers de fer et son porche à colonnes, et **Walpole House**, du 16ᵉ s. et agrandie au 17ᵉ, dont l'irrégulière façade de brique est précédée de belles grilles. C'est là que résida sur ses vieux jours Barbara Villiers, duchesse de Cleveland, l'une des favorites du roi Charles II, avant de mourir en 1709. Transformée en école au 19ᵉ s., elle compta parmi ses élèves le futur écrivain Thackeray (1811-1863).

DOCKLANDS ★

Plan p. 10-11, **JKLXYZ**

Les « Docklands » s'étirent au Sud de l'East End londonien entre la Tour de Londres et Woolwich. Sous l'égide du Docklands Joint Committee, établi dans les années 70, et de l'organisme qui lui a succédé en 1981, le **London Docklands Development Corporation** (LDDC), les docks désaffectés de Londres ont été réhabilités en une annexe moderne de la City et les communautés riveraines – Wapping, Isle of Dogs and Silvertown, quelque 50 ha situés 12 km à l'Est de Tower Bridge sur la rive Nord, Bermondsey et Rotherhithe sur la rive Sud – ont connu un nouvel essor.

Les accès vers le quartier sont assurés par une desserte ferroviaire automatisée dite légère, comparable au système VAL français, le **Docklands Light Railway** (DLR, 1987), et par une ligne de métro, la Jubilee Line.

The Town of Ramsgate – *62 Wapping High Street*. Doit son nom aux pêcheurs qui déchargeaient leurs prises ici ; est situé sur Execution Dock.

The Prospect of Whitby – *57 Wapping Wall*. Ce pub d'époque Tudor (1520) est sans doute le plus ancien des bords de la Tamise. Fréquenté par des cambrioleurs et des voleurs, il fut ensuite patronné par des gens comme Turner, Gustave Doré et un certain jardinier local qui en 1780 persuada un jeune marin revenant des Antilles de se séparer, en échange d'une gorgée de rhum, d'une plante qu'il avait rapportée et qui prit plus tard le nom de fuchsia.

Barleymow – Ancienne demeure des directeurs des docks.

WAPPING

⊖ *Tower Hill, Wapping, Shadwell* ; DLR *Tower Gateway, Shadwell, Limehouse*

Les Romains édifièrent un poste de surveillance à Wapping qui, jusqu'au 16e s., ne fut qu'un village au bord de la Tamise. Par la suite le développement urbain commença et, en 1598, Stow décrivait la rive du fleuve située à l'Est de St Katharine, comme « une rue continue... ou un passage étroit et immonde, avec des ruelles bordées de petits logis ou des cottages habités par des marins ou des marchands de victuailles ».

Autrefois, il y avait le long des berges de nombreux escaliers où les bateaux pouvaient accoster. Ces berges surpeuplées, coupées d'allées, de marches, d'appontements et de docks, ont constitué la toile de fond de romans de Charles Dickens. Connu pour ses chantiers navals, Whapping ne l'était pas moins pour son bassin d'exécution (Execution Dock) où les condamnés étaient enchaînés pour être recouverts par trois marées successives.

Les bassins de commerce – Les premiers docks implantés à Wapping furent les **London Docks**. Construits en 1805, ils réceptionnaient les importations de tabac, de riz, de vin et de cognac ; ils comptaient trois bassins : West Basin, East Basin et Shadewell Basin. Après la construction des docks Ste-Catherine, les deux blocs finirent par s'associer ; très endommagés pendant la guerre, ils furent fermés en 1969. Les bassins furent comblés et les entrepôts réaménagés en bureaux occupés depuis 1986 par News International, responsable de la publication du *Times* et du *Sunday Times*. Les entrepôts de St John's Wharf et de Gun Wharf ont été convertis en appartements de luxe.

★**St Katharine Docks** – Les docks doivent leur nom à l'hospice **St Katharine by the Tower**, communauté médiévale fondée en 1148 par la reine Mathilde, qui commerçait à partir de son quai privé. Située à l'extérieur de la Cité, où aucun immigrant ne pouvait habiter, la communauté fut bientôt dotée de son propre hôpital, de son hôtellerie et d'un établissement d'accueil de réfugiés. Les premiers à bénéficier de cet hébergement furent les Anglais contraints de quitter Calais en 1558. Suivirent ensuite les Flamands, les huguenots... Au 18e s., la colonie comptait près de 3 000 habitants. Au 19e s., le site fut vendu pour y réaliser des docks conçus par **Thomas Telford**. D'une superficie de 10 ha environ, composés de deux bassins entourés d'entrepôts, ils furent achevés en 1828.

En 1968, les bassins furent convertis en **marina** et l'on aménagea de luxueux appartements et des arcades commerciales dans un bâtiment à l'italienne conçu par Telford et rebaptisé **Ivory House**. Une partie d'une brasserie en séquoia européen, construite avant 1820, découverte sous les briques d'une vieille tonnellerie, a été remaniée en pub et restaurant sur trois niveaux sous le nom de **Dickens Inn**. Une chapelle, **Coronarium Chapel**, consacrée en juin 1977 pour commémorer l'hospice médiéval, est constituée de sept colonnes doriques en fonte provenant d'un ancien entrepôt et disposées en cercle autour de la sculpture en plastique d'une couronne illuminée.

St Katharine Docks

Autour du bassin de nouveaux bâtiments ont été édifiés : à l'Est un centre de commerce international, le **World Trade Centre**, au Nord un marché à terme de denrées (cacao, café, sucre, abats de porc, etc), la **London Commodity Exchange**, et une bourse des produits pétroliers, l'**International Petrol Exchange.**

★**Tobacco Dock** ⊘ – *The Highway*. La belle voûte de brique et la structure métallique du Skin Floor (Bourse des peaux), construit de 1811 à 1813 et transféré des docks de Londres, ont été converties en complexe de commerce et de loisirs.

À l'arrière du canal sont amarrées deux goélettes américaines : la *Sea Lark*, qui força le Blocus continental, fut désarmée en 1885 et sert aujourd'hui de cadre à l'évocation des aventures relatées par Stevenson dans *Kidnappés*, et une réplique de la *Three Sisters* (qui navigua de 1788 à 1854), dont les trois ponts sont consacrés à une histoire de la piraterie.

St George-in-the-East ⊘ – *Cannon Street Road ou Cable Street*. Cette église due à l'architecte Hawksmoor (1729) fut sérieusement endommagée en 1941. Une église moderne (1964) a été reconstruite autour du noyau du 18ᵉ s. Le clocher, avec sa lanterne octogonale à contreforts couronnée d'une balustrade et coiffée de chapiteaux sculptés, est le plus remarquable de l'East End londonien.

St Paul's Church ⊘ – *The Highway*. Elle était aux 17ᵉ et 18ᵉ s. l'église des capitaines au long cours, au nombre desquels figurait le capitaine Cook.

Old Pumping Station – L'attrayante **ancienne station de pompage**, qui fournit de l'énergie hydraulique de 1892 à 1977, est devenue le lieu de répétition et d'enregistrement de l'Académie St Martin-in-the-Fields *(voir Trafalgar Square).*

Wapping Pier – Les deux rangs parallèles de maisons du 18ᵉ s. marquant l'entrée des docks de Londres furent construits pour les fonctionnaires des docks.

River Police Boat Yard – Le bâtiment moderne abrite les 33 vedettes de la division de la **Metropolitan Special Constabulary** qui patrouille sur les 85 derniers kilomètres de la Tamise. La police fluviale fut instaurée en 1798.

St Katharine – *Butcher Row.* Dans les années 20, la communauté St Katharine, qui s'était établie à Regent's Park après la construction des docks *(voir plus haut)*, vint se réinstaller sur la Tamise dans les nouveaux bâtiments de Limehouse proches de St James' Park.

LIMEHOUSE

DLR *Limehouse*

Limehouse Basin – La Pale India Ale, bière brassée localement, était chargée au Dunbar Wharf pour l'Inde et l'Australie. Le **Regent's Canal Dock**, construit en 1820 et agrandi en 1836, 1852 puis 1865, recevait les barges allant du Regent's Canal vers la Tamise ou, via le Limehouse Cut (2 km de long), empruntant le système navigable de la Lea.

> **The Grapes** – *76 Narrow Street.* Ce pub du 18ᵉ s. apparaît sous le nom de *The Six Jolly Fellowship Porters* dans *Our Mutual Friend* de Charles Dickens.

St Anne's Limehouse ⊙ – L'église Sainte-Anne, la première édifiée (1712-1724) par Hawksmoor dans l'East End, se remarque par son clocher carré.

★ ISLE OF DOGS

DLR *West India Quay, Canary Wharf, Crossharbour, Island Gardens*

Le nom de cette langue de terre que contourne la Tamise entre Limehouse et Blackwall remonterait à Henri VIII et à Élisabeth Iʳᵉ qui y avaient établi un chenil où étaient gardés leurs chiens lorsque eux-mêmes résidaient à Greenwich. Durant des siècles, les herbages marécageux de l'endroit servirent à engraisser du bétail pour la Cité. Un simple sentier permettait d'accéder au bac de Greenwich. Au 19ᵉ s., le secteur se transforma en un district industriel populeux (dans la seconde moitié du siècle, la population passa de 5 000 à 21 000 habitants) autour de trois bassins. Après la fermeture des docks en 1980, la zone, choisie comme zone d'entreprise, fit l'objet d'un plan de développement alternatif pour la Cité.

West India Docks – L'aménagement du site commença au début du 19ᵉ s. avec la réalisation des **docks des Indes Occidentales** (Import Dock en 1802, Export Dock en 1806), destinés à recevoir le rhum et le sucre des Antilles. Premiers docks commerciaux construits à Londres, ils étaient ceints d'un haut mur de brique et surveillés par leur propre police. Les entrepôts et bâtiments divers furent conçus par George Gwilt. Le City Canal (1805), creusé pour établir un passage direct entre Blackwall et les docks de Wapping, fut remplacé par un dock en 1870.

Aujourd'hui, à l'extrémité Ouest de l'ancien dock d'importation (bassin Nord), s'élèvent les **Cannon Workshops**, ateliers appelés ainsi à cause de la présence jadis d'un canon à leur entrée. Ils accueillent divers petits commerces et ont remplacé les Quadrangle Buildings (1824), qui abri-

> **The Gun** – *27 Coldharbour.* Pub du 15ᵉ s. Lady Hamilton s'installait parfois dans la salle du haut. On raconte que son fantôme hante toujours le bâtiment qui serait relié par un passage à la demeure occupée par Nelson.

taient des bureaux, des magasins, une tonnellerie et des boutiques de construction mécanique. Au Nord se dresse **Dockmaster's House**, ancienne demeure des directeurs des docks. Le quai Nord du dock est bordé de deux **entrepôts** (1802), conçus par George Gwilt, les plus anciens entrepôts de Londres à plusieurs étages. À l'extrémité Est de ce même bassin, le nouveau **Billingsgate Market**, marché de poisson en gros qui a quitté Billingsgate *(voir City, Monument)* en 1982, s'est établi sous un chapiteau.

★★**Canary Wharf** – La responsabilité de l'ambitieux projet d'aménagement, entièrement financé par des fonds privés, incomba à Skidmore, Owings et Merrill. La rénovation urbaine s'est déclinée sur plusieurs phases, à commencer par la construction de sept édifices autour de **Cabot Square**. Conformément aux intentions, ces buildings, conçus pour exprimer la puissance des entreprises, sont dominés par la **tour** (244 m et 50 étages) de Cesar Pelli, **1 Canada Square**, qu'il décrit comme « un prisme carré coiffé d'une pyramide selon la forme traditionnelle de l'obélisque, qui représente le plus parfait archétype d'architecture verticale... il s'agit de la

Canary Wharf

quintessence du gratte-ciel ». Des critiques ont vu là un monument à l'image de l'époque « thatchérienne », qui vit aussi la faillite de bien des cabinets d'études. Tour la plus haute de Londres, elle est aussi la première à être habillée d'acier inoxydable, comme pour rappeler sa visée high-tech mais aussi pour refléter la lumière, tel un phare éclairant à des kilomètres ce plat paysage fluvial.

Des bateaux appartenant au **Maritime Trust** mouillent parfois dans les docks.

Cette rénovation a également conduit à l'ouverture d'une salle de concert, de restaurants, de pubs, de magasins et à la conception d'espaces en plein air.

Le verre bleuté de South Quay Plaza reflète les eaux tranquilles. La rapidité mise à construire cette place est remarquable : Peterborough House, qui abrite les bureaux du **Daily Telegraph**, a été érigée en 74 semaines à peine.

Millwall Docks – Le nom de Millwall évoque les moulins à vent qui bordaient jadis la rive Ouest de Isle of Dogs. Les docks furent construits en 1868 sur le site de chantiers navals antérieurs : Napier's Yard, qui avait vu le lancement en 1858 du *Great Eastern* – le plus grand paquebot du monde à l'époque – de Brunel, et Yarrows, qui fut transféré en 1904 sur la Clyde.

Mudchute Park ⊘ – Ce terrain découvert des bords du fleuve est occupé par un centre équestre et une petite ferme. Au début du 20e s., le parc fut divisé en jardins ouvriers. Son nom, dérivé de « mud » (vase), rappelle qu'il fut créé sur des remblais provenant des Millwall Docks.

Island Gardens – Ouverts en 1895 à l'initiative des commissaires du Royal Naval Hospital de Greenwich, ces jardins offrent une superbe **vue★★★** sur Greenwich et le collège de la Marine royale.

Footway Tunnel – Dans le bâtiment rond à dôme à côté du fleuve, un ascenseur et un escalier de 100 marches donnent accès à un tunnel piétonnier sous la Tamise, permettant de gagner Greenwich *(10 mn)*.

Cubitt Town – Il ne reste de l'opération immobilière financée en 1843 par un spéculateur, Sir William Cubitt, pour les manœuvres irlandais que **Christ Church** *(Manchester Road)*, une église gothique victorienne (1857).

Island History Trust ⓥ – *Island House, Roserton Street.* Archives et photographies consacrées à la vie de l'île ; journées portes ouvertes et deux festivals par an consacrés à l'histoire locale.

Glengall Bridge – Ce pont levant (1969) de style hollandais peint en bleu marque l'entrée orientale du canal de la Cité.

BLACKWALL DLR *All Saints*

Après que la reine Élisabeth Ire lui eut accordé une charte en 1600, la **Compagnie des Indes Orientales** établit un chantier naval à Blackwall où ses navires accostaient et dont le passé portuaire est attesté par la découverte, beaucoup plus récente, de vestiges de bateaux romains et vikings. Maisons et auberges s'établirent le long de Poplar High Street, rue très passante reliant Blackwall à la Cité où se trouvait le siège de la Compagnie (aujourd'hui occupé par la Lloyd ; *voir City*). La Compagnie fit construire en 1776 l'église St-Matthias (actuellement occupée par une pouponnière), dont le toit est soutenu par 7 mâts puissants, puis en 1789 le Brunswick Dock dont l'entrepôt à étages fut un important point de repère jusqu'à sa démolition en 1862. En 1806, ce dock fut incorporé aux nouveaux **East India Docks**.

Au début du 17e s., les émigrants vers l'Amérique embarquaient à Blackwall, puis, au milieu du 19e s., ceux vers l'Australie et la Nouvelle-Zélande. En 1812, la congestion était si forte sur Poplar High Street que l'on créa East India Dock Road et Commercial Road.

Les chantiers de Blackwall acquirent une grande renommée en construisant d'abord de rapides voiliers puis des navires en fer. C'est dans le dock des importations que furent construits en 1943 les unités Phoenix des ports flottants Mulberry qui prirent part au débarquement de Normandie en 1944.

Aujourd'hui, juste au-dessus du tunnel de Blackwall, de modernes immeubles amarrés à l'imprimerie du *Financial Times* s'harmonisent à l'hôtel de ville.

Les « Whitebait Dinners »

Au 19e s., Blackwall fut associée aux dîners politiques où l'on consommait une friture. Le Fox Club, auquel adhéraient les sympathisants de Charles James Fox *(voir index)*, accordait sa clientèle au Brunswick Hotel and Tavern, édifié par la Compagnie en 1835, tandis que ses opposants politiques, Sir William Pitt, Gladstone et leurs successeurs au parti whig, dînaient à Greenwich, où la tradition des « dîners de friture » s'est maintenue (Trafalgar Tavern).

Blackwall Tunnel – Le vieux tunnel (1897), construit pour les véhicules et les piétons, n'est plus utilisé que pour aller vers le Nord depuis son doublement (1963) par un nouveau tunnel, utilisé pour le trafic vers le Sud.

Imprimerie du « Financial Times » – *204 East India Dock Road.* Cet édifice, primé en 1988, fut conçu par Nicholas Grimshaw pour abriter les bureaux, les salles des clichés et les rotatives, visibles à travers la façade de verre.
À côté se dresse **Telehouse**, bastion aveugle des techniques de communication.

Reuters Docklands Centre – *Blackwell Yard.* Dans cet édifice conçu par Richard Rogers, le fonctionnel prime sur les considérations esthétiques : les vitres foncées préservent l'anonymat et assurent la sécurité. À l'instar du Lloyds Building, l'austérité de l'architecture est égayée par les couleurs des sorties de service.

Bow Creek – C'est le nom donné à l'estuaire de la Lea. Au 18e s., c'est là que s'établirent les célèbres Forges de la Tamise (Thames Ironworks), qui eurent aussi une activité de chantier naval de 1846 à 1912.

Stationnement à Londres et dans les grandes villes
Les autorités locales sont d'une très grande sévérité en matière de stationnement, et la mise en fourrière est souvent systématique en cas de non-observance des règles :
– Ne jamais s'arrêter là où le marquage au sol est en zig-zag.
– Le marquage jaune ou rouge au sol, lignes simples ou doubles, indique une interdiction de stationner.

En 967, le roi Edgar fit don à l'un de ses chevaliers du manoir de Dilwihs qui passa ensuite à l'abbaye de Bermondsey jusqu'à la Réforme et devint au 17ᵉ s. la propriété d'Edward Alleyn.

Ce faubourg de Londres a gardé son charme rural, et les maisons témoignent du passage de son statut de village au 17ᵉ s. à celui de petite ville aux 18ᵉ et 19ᵉ s., quand marchands et gentilshommes choisirent d'y résider. La rue principale, dite Dulwich Village, coupe le Green, vaste place herbue où Alleyn établit son école.

★**Dulwich College** – Son fondateur, **Edward Alleyn** (1566-1626), passait pour l'un des meilleurs acteurs de son temps, opinion que ne partageait pas cependant Shakespeare. Son mariage en 1592 avec la belle-fille de Philip Henslowe, dont les affaires touchaient au monde du théâtre et qui avait construit le Rose Playhouse, lui apporta une certaine aisance. Il se retira de la scène en 1605 et acheta le manoir de Dulwich pour la somme de 5 000 £. Sans héritier, il fonda en 1613 une institution charitable pour « 6 hommes et 6 femmes dans le dénuement et l'éducation de 12 enfants pauvres ». En 1619, celle-ci prit le nom de Chapel and College of God's Gift (chapelle et collège du Don de Dieu).

À l'extrémité Nord du triangle formé par College Road, Gallery Road et Dulwich Common, le **vieux collège** et la **chapelle** sont pourvus de portes en fer du 18ᵉ s., surmontées des armoiries de la famille Alleyn. Au centre de l'édifice blanc à deux niveaux, très délabré, qui sert de maison de retraite, se trouve le pavillon principal avec la tour d'horloge et l'entrée dans la chapelle où repose Alleyn.

★**Dulwich Picture Gallery** ⊙ – Ouverte en 1814, c'est la plus ancienne galerie publique d'Angleterre. Edward Alleyn achetait des tableaux plus pour faire preuve de son aisance qu'en connaisseur : en 1618, il paya 2 £ pour 6 portraits royaux et, plus tard, 2 £13 shillings et 4 pence pour 8 têtes couronnées supplémentaires ! À sa mort, la collection comprenait 39 toiles, dont son portrait probablement exécuté à partir de son masque mortuaire. Elle s'accrut ensuite de 80 portraits d'auteurs et acteurs, dont ceux de Michael Drayton, Richard Lovelace, **Burbage** *(voir index)* et Nat Field.

En 1811, un legs de 400 tableaux la gonfla considérablement. Un modeste professeur de langues originaire de Douai, **Noël Joseph Desenfans**, s'était établi à Londres où il était devenu le plus riche marchand de tableaux de son temps. Le roi de Pologne Stanislas II Poniatowski l'avait chargé de constituer une galerie ; mais il abdiqua en 1795, sans avoir payé les tableaux que Desenfans, après avoir tenté de les vendre, intégra à sa propre collection avant de léguer le tout à sa veuve et à son ami **Sir Francis Bourgeois** (1756-1811), peintre d'origine suisse, membre de la Royal Academy et collectionneur avisé. À son tour, Bourgeois fit don de l'ensemble à la fondation de Alleyn tandis que Mme Desenfans offrait la somme de 6 000 £ pour faire édifier par Soane une galerie qui servirait également de mausolée aux donateurs.

L'édifice – Sir John Soane reçut carte blanche pour l'édification de la galerie, qui fut inaugurée trois ans plus tard. La simplicité extérieure contraste avec l'ingénieux agencement intérieur : face à l'entrée centrale, et à distance des deux salles carrées

Dulwich Picture Gallery

K. Brett

contiguës, est érigé le petit mausolée à dôme où reposent les fondateurs, Sir Francis Bourgeois, Noël Desenfans et sa femme. Des salles oblongues et carrées aux dimensions variant subtilement s'inscrivent symétriquement à cette suite centrale. Les pièces sont habilement éclairées par la lumière du jour et les murs ont été repeints dans leur couleur rouge d'origine.

Les toiles – La collection (certaines œuvres peuvent faire l'objet d'un prêt temporaire à d'autres galeries) comprend plusieurs paysages d'**Albert Cuyp**, trois superbes **Rembrandt** dont *Jeune Fille à sa fenêtre* et *Titus, fils de l'artiste*, des paysages et pastorales des 17e et 18e s dus à **Poussin**, le Lorrain *(Jacob accompagné de Laban et ses filles, La Vendange)*, Watteau *(Le Bal champêtre)* et Lancret *(La Fête champêtre)*. Les portraits par **Gainsborough** de la famille Linley, un autoportrait et *Madame Sidon* de **Reynolds** figurent parmi les points forts de la collection qui inclut aussi des œuvres de Van Dyck *(Lady Venetia Digby, Coucher de soleil, Paysage avec un berger, Samson et Dalila)*, Téniers le Jeune, Raphaël, Tiepolo, Canaletto, Rubens *(Vénus, Mars et Cupidon, Agar sous les traits d'Hélène Fourment)*, Murillo *(Jeunes Paysans* et *La Bouquetière)*, Reni, Salvador Rosa, Le Brun *(Le Massacre des innocents)*, le Guerchin et Véronèse. Des tableaux de second ordre sont accrochés au-dessus de ceux des maîtres anciens ou modernes (Francis Bacon).

Dulwich Village – À l'extrémité Nord de la rue, sur Village Way, se dresse Pond House, une demeure à deux étages aux moulures éclatantes, avec une délicate balustrade bordant le toit à l'arrière et une porte dont l'arrondi est souligné par les courbes du portique, des escaliers et des balustrades. **The Laurels** (n° 60) et **The Hollies** (n° 62) datent de 1767. Du n° 97 au n° 105 s'aligne une « terrace » du 18e s., les deux dernières maisons datant du milieu du siècle.

College Road – Dans cette rue prolongeant Dulwich Village, on remarque aux nos 15 et 17, maisons jumelles bâties vers 1765, les premières plaques d'incendie de la Sun Insurance. Bell Cottage (n° 23), rare exemple des petites maisons blanches à auvent si fréquentes jadis dans la localité, contraste avec les briques rouges de Bell House (n° 27), qui date de 1767. Pickwick Cottage (n° 31) est censé être la retraite envisagée par Dickens pour son héros. Le nouveau **Dulwich College**, fort de près de 1 400 élèves, occupe des bâtiments élevés par Charles Barry de 1866 à 1870 dans le style Renaissance italienne. En face, un groupe de maisonnettes, Pond Cottages, certaines à auvent, ont vue sur un étang, Mill Pond. Plus bas, **Toll Gate** fut le dernier octroi en service à Londres.

Kingswood House ⊙ – *Seeley Drive*. Cette demeure crénelée de pierre brute construite au 19e s. sur le modèle seigneurial présente un intérieur de style Jacques Ier qui accueille une bibliothèque et un centre de loisirs.

★**Horniman Museum and Gardens** ⊙ – *London Road, Forest Hill*. Fondé par le négociant de thé et député Frederick John Horniman (1835-1906) et construit en 1901 par Harrison Townsend dans le style Art nouveau, ce musée, dont la façade est animée d'une mosaïque d'Anning Bell, est consacré à l'ethnologie (masques tribaux, bouddhas), à la zoologie (aquarium) et aux instruments de musique (luths, cornemuses). Les jardins constituent un agréable parc.

Church of the Resurrection – *Kirkdale, Upper Sydenham*. L'église catholique de la Résurrection édifiée en 1974 par Reid ressemble, avec ses fenêtres à lancette et ses contreforts, à une forteresse basse de brique jaune. Au-dessus du simple portail de bois, un relief en plomb et bronze de Stephen Sykes représente Jésus montrant ses blessures.

Flèche de St-Antholin – *Dartmouth Road, Forest Hill*. Dans le jardin de Roundhill se dresse une flèche de pierre surmontée d'une girouette représentant une tête de dragon. Elle provient de l'église St-Antholin, construite par Wren dans la Cité, Watling Street, et détruite en 1874. Achetée par un imprimeur pour orner son domaine, elle s'élève près d'un cèdre, au centre d'un ensemble immobilier moderne.

★**Crystal Palace Park** – *Upper Sydenham*. Couvrant une surface de 80 ha sur les hauteurs qui bordent Sydenham, le parc doit son nom au gigantesque édifice de verre et de fer construit par Joseph Paxton à Hyde Park pour l'Exposition Universelle de 1851 *(voir South Kensington)*. Remonté ici en 1854, le palais accueillit toutes sortes de spectacles avant d'être anéanti par le feu en 1936. Deux châteaux d'eau construits par Brunel, qui avaient échappé au désastre, furent détruits 5 ans plus tard afin de ne pas servir de points de repère aux bombardiers allemands.

Aujourd'hui, le parc est occupé par le **National Sports Centre** ⊙, complexe sportif construit selon les critères olympiques, et propose de multiples activités pour tous les âges : visite d'une cour de ferme, parc d'attractions, canotage sur le lac dont les îles sont peuplées de reproductions d'animaux préhistoriques, concerts en été, etc. Le relais de télévision appartient au paysage familier des Londoniens.

Bonne route avec 3615 MICHELIN (1,29 F/mn).
Économie en temps, en argent, gain en sécurité.

L'East End londonien comprend les Docklands *(voir à ce nom)*, quartiers de la rive Nord du fleuve, et les districts s'étendant au-delà vers le Nord. Spitalfields, Whitechapel, Stepney, Mile End et Bethnal Green, dont la population n'a cessé de croître aux 17e, 18e et 19e s. avec leur développement commercial et industriel, devinrent synonymes de surpeuplement et de misère.

Le développement urbain – Quelques manoirs étaient déjà enregistrés au grand cadastre (Domesday Book) décrété par Guillaume le Conquérant. Au 12e s., les petites communautés situées à l'Est de la Cité groupaient 800 âmes, et la zone comprise entre la Lea à l'Est et les collines de Hackney au Nord, confiée à un gouverneur, reçut le nom de Tower Hamlets.

L'installation d'artisans (menuisiers, maçons et constructeurs de bateaux) accrut la population qui fut multipliée ensuite par la venue progressive de 10 000 anciens esclaves qui se réfugièrent sur les rives du fleuve pour être débardeurs. Au 16e s. s'installèrent des tanneurs et serruriers hollandais. La surpopulation fut ensuite exacerbée par l'arrivée de plusieurs vagues de réfugiés : huguenots français (on en compta 13 000 pour la seule année 1687), Irlandais, juifs, Chinois (ces derniers s'installèrent près de Limehouse Causeway). Jusqu'au 19e s., les logis servaient aussi d'ateliers et les conditions de vie étaient épouvantables. Au 20e s., la plupart des taudis furent détruits et remplacés par des immeubles à loyer modéré plus modernes, où s'installèrent des immigrants venus d'Inde, du Pakistan et du Bangladesh.

Les institutions charitables – Plusieurs institutions nationales et philanthropiques célèbres ont vu le jour dans l'East End. C'est à Stepney que fut fondé en 1874 le premier foyer pour enfants du **Dr Barnardo**, construit en 1874, à Toynbee Hall *(Commercial Street)* que fut institué en 1884 le premier **campus universitaire**, sur Trinity Green *(Mile End Road)* que l'**Armée du salut** fit ses débuts.

Le **London Hospital**, maintenant éclaté sur trois sites, fut créé en 1740 dans une taverne de Cheapside par un jeune chirurgien, John Harrison, et six de ses confrères. Ce fut d'abord une infirmerie installée dans une maison proche de Bunhill Fields *(voir Clerkenwell)* qui déménagea ensuite pour Prestcot Street, à Wapping, puis à Whitechapel en 1757. Un matériel ancien est exposé dans la crypte de l'église de l'ancien hôpital, St Augustine with St Philip.

> L'**Armée du salut**, créée en 1865, reposait à l'origine sur une organisation strictement militaire. Elle rejette tous les sacrements et met en exergue l'aspect moral de la chrétienté ; agressive et directe dans ses méthodes de recrutement, elle enrôle ses membres au cours de réunions en plein air orchestrées autour de cuivres et de bannières. Son action se limite toutefois au domaine social et au secours des personnes sans ressources ni domicile. Elle prend soin des animaux, organise des soupes populaires, gère des foyers de travailleurs, des asiles de nuit, des hôpitaux et des écoles.

La communauté juive – Installée en 1850 autour de Petticoat Lane, elle s'accrut rapidement vers 1880 avec la venue de 100 000 Russes et Polonais et d'environ 20 000 Allemands, Autrichiens, Hollandais et Roumains. En 1914, l'East End comptait la communauté juive la plus importante d'Angleterre. Depuis, avec leur dispersion dans d'autres faubourgs londoniens et leur diminution en nombre, les juifs ont vu disparaître leur école, la Jew's Free School, ainsi que leur société de secours, le Jewish Care, qui avait succédé au Jewish Board of Guardians, fondé en 1859 pour venir en aide aux immigrants. L'un des rares témoins de leur présence est le **cimetière** de Brady Street, où est enterré Nathan Mayer Rothschild.

SHOREDITCH ⬌ *Old Street ; Shoreditch*

Sous le règne d'Élisabeth Ire, alors que les prestations théâtrales étaient mal vues et fréquemment interdites par les autorités de la Cité, Shoreditch accueillait beaucoup de gens de théâtre. Le premier théâtre d'Angleterre, **The Theatre**, y fut fondé en 1576 dans l'ancien prieuré de Holywell par **James Burbage** (mort en 1597), un menuisier qui devint directeur de la troupe de Lord Leicester et fonda également le **Little Curtain** dont le nom lui fut inspiré par le rideau de l'enceinte. En 1597, le Theatre fut détruit sur les ordres du Conseil Privé et les matériaux furent utilisés par le fils de James, Cuthbert (mort en 1635), pour construire le **Globe** *(voir Bankside)* sur la rive Sud en 1599. Son autre fils, **Richard Burbage** (mort en 1619), fut le premier acteur à interpréter *Richard III* et *Hamlet*. Tous trois reposent dans le cimetière de l'église St-Leonard.

St Leonard's Church ⏱ – *119 Shoreditch High Street*. L'église paroissiale St-Léonard à la flèche élancée a été construite au 18e s. Dans son enceinte furent inhumés William Somers (mort en 1560), l'un des bouffons de Henri VIII, Richard

Tarleton (mort en 1588), l'un des comédiens de la reine Élisabeth, James Burbage et ses fils Cuthbert et Richard, Gabriel Spenser (mort en 1598), acteur du Rose Theatre tué par Ben Jonson *(voir index)*, William Sly (mort en 1608) et Richard Cowley (mort en 1619), comédiens au Globe Theatre.

★**Geffrye Museum** ⊘ – *Kingsland Road.* Installé dans un hospice érigé (1712-1719) par la corporation des ferronniers grâce à un legs de Sir Robert Geffrye, Lord-Maire de Londres en 1685 décédé en 1704, ce musée a pour mission d'illustrer la vie quotidienne de la classe moyenne britannique du 16ᵉ au 20ᵉ s. par la reconstitution d'intérieurs, permettant ainsi de suivre l'évolution des styles sur toute cette période.

L'aile gauche du bâtiment principal expose les meubles de la période Tudor au début du 18ᵉ s., l'aile droite du 18ᵉ s. aux années 50. À noter le cabinet de curiosités de John Evelyn, les façades georgiennes de boutiques, et l'atelier de menuiserie, avec son établi, ses outils et sa cuisine.

WHITECHAPEL ⊖ *Aldgate East*

Le miroitant **Sedgwick Centre** (1986) abrite un centre de conférences, un complexe sportif et le théâtre Chaucer.

Whitechapel Art Gallery ⊘ – *Whitechapel Road.* L'édifice élevé en 1901 par Harrison Townsend est surmonté de deux tourelles d'angle. On y présente des œuvres d'artistes contemporains encore inconnus. C'est ici qu'exposèrent pour la première fois Barbara Hepworth et David Hockney.

Passmore Edwards Library – La **bibliothèque** Passmore Edwards fut construite dans le style « Arts and Crafts » *(voir Introduction, L'Art, rubrique : Architecture).* Dans l'entrée, un panneau carrelé représente le marché au Foin de Whitechapel (Whitechapel Hay Market), qui se tint durant plus de 3 siècles avant d'être aboli en 1928.

Whitechapel Bell Foundry – *34 Whitechapel Road.* La **fonderie de cloches** de Whitechapel, dont l'activité remonte aux premières années du 15ᵉ s., occupe l'endroit depuis 1738. Du fait du Grand Feu de 1666 et de la Seconde Guerre mondiale, elle a fondu et refondu les cloches de St Mary-le-Bow, St Clement Dane's et... Big Ben.

BETHNAL GREEN ⊖ *Shoreditch, Bethnal Green*

St Matthew's Church – *St Matthew's Road.* L'**église** paroissiale de Bethnal Green fut édifiée de 1743 à 1746 par George Dance et l'intérieur remodelé par Knightly entre 1859 et 1861. À l'angle Sud-Ouest du cimetière se dresse la maison du gardien (1826).

St John's Church ⊘ – *Cambridge Heath Road.* La tour Ouest de cette église conçue (1825-1828) par Sir John Soane est un repère bien apparent malgré sa faible hauteur. L'étage carré de l'horloge, reposant sur un tambour à arcades aveugles, est surmonté d'une coupole à girouette.

Bethnal Green Museum of Childhood ⊘ – *Cambridge Heath Road.* Le **musée de l'Enfance** de Bethnal Green accueille les collections de jouets, poupées, jeux, soldats de plomb, etc., du Victoria and Albert Museum ainsi que des vêtements d'enfants, des tableaux, des photographies, des livres, toutes sortes d'objets se rapportant à l'enfance. Les touristes français seront particulièrement intéressés par les deux **maquettes de jardins chinois** offertes à Joséphine sous le Consulat puis capturées par la flotte anglaise, et par de curieuses collections de boîtes confectionnées sous l'Empire par des soldats français prisonniers.

Le bâtiment, qui est le plus ancien témoignage de ces constructions pré-fabriquées de fer et de verre chères à Paxton, fut à l'origine édifié pour accueillir l'Exposition de 1851 et remonté ici en 1872.

Mile End Road – **Trinity Almshouses** (hospice de la Trinité) fut bâti en 1695 pour « 28 capitaines de vaisseau ou de frégate dans la gêne » ou leurs veuves. Il est composé de cottages identiques s'alignant sur trois des côtés d'un rectangle planté d'arbres. Sur Trinity Green s'élève une statue (1979) de William Booth, fondateur et général de l'Armée du salut, érigée lors du 150ᵉ anniversaire de sa naissance sur le site où se déroulèrent ses premiers meetings.

STEPNEY ⊖ *Stepney Green ;* DLR *Limehouse*

St Dunstan and All Saints Church ⊘ – *Belgrave Street.* Le site fut occupé par une église dès les débuts de la christianisation de l'Angleterre ; celle-ci fut dédiée à saint Dunstan, évêque de Londres au 10ᵉ s., après sa canonisation. L'édifice, comme quelques monuments à l'intérieur, date du 13ᵉ s. Le registre paroissial, qui remonte au début du 16ᵉ s., sert aussi à l'enregistrement des naissances survenues en mer ; aussi l'église est-elle connue également sous le nom de Church of the High Seas.

Ragged School Museum ⊘ – *46 Copperfield Road.* Deux entrepôts victoriens près du Regent's Canal, un temps occupés par l'une des **écoles** gratuites fondées **pour les enfants pauvres** par le Dr Barnardo, abritent aujourd'hui un petit musée consacré à ces établissements et à leur fondateur.

ELTHAM PALACE ★

Plan p. 273, **UY**
Gares : Eltham ou Mottingham au départ de London Bridge

Au Sud d'Eltham, au fond d'une petite rue (Court Yard), se niche un manoir historique aux contrastes très marqués. À 15 km à vol d'oiseau du pont de Londres, le domaine d'Eltham devint en 1086 propriété de Eudes, évêque de Bayeux et demi-frère de Guillaume le Conquérant. En 1295, le manoir fut acheté par Bek, évêque de Durham, qui le céda au prince de Galles, futur Édouard II, premier d'une série de monarques à préférer cette demeure au château de Windsor, trop exposé aux courants d'air. Au 14ᵉ s., le chroniqueur Froissart présentait Eltham comme un « très somptueux palais ». Édouard IV y ajouta la Grande Salle en 1479-1480 et Henri VI fit construire des appartements royaux dont ne subsistent que les fondations. Henri VIII, qui résida à Eltham jusqu'à son installation à Greenwich, y reçut Érasme. Pendant la république de Cromwell, le palais, selon John Evelyn, tomba en ruine et fut évalué à 2 754 £ comme matériau de construction. Pratiquement abandonné à la fin du 18ᵉ s. et au 19ᵉ s., il servit de modèle de « folie romantique » pour des toiles de Turner et de Girtin.

En 1931, Eltham Palace fut loué à Stephen Courtauld (1883-1967), frère de Samuel *(voir Courtauld Institute of Art)*, qui restaura la Grande Salle et se fit construire une maison de campagne typique des années 30. Lorsque la famille Courtauld s'installa en Écosse, la place fut occupée par l'armée (1945-1992) avant de passer entre les mains de l'English Heritage.

★ **Le palais** ⊙ – On y accède par un pont de pierre enjambant les douves regorgeant de poisson. À droite de Tudor House se trouvait la chapelle et, selon l'expression de Henri VIII, « My Lord Chancellor's lodging » *(34-38 Courtyard)*, résidence occasionnelle du cardinal Wolsey, qui fut installé lord-chancelier dans la chapelle d'Eltham.

Le **Great Hall** (34 m de long, 12 m de large et 19 m de haut à son faîte) est fait de brique parementée de pierre. Son titre de gloire est sa **charpente de châtaignier** dont la partie centrale hexagonale à diaphragmes aurait servi pour évacuer la fumée de la vaste cheminée. Elle fut probablement construite par le maître maçon Thomas Jordan et par le charpentier Edmund Gravely. Les fenêtres, placées très haut, permettent d'isoler les parties inférieures à l'aide de tapisseries. Le retable en bois fut installé dans les années 30. Au-delà de l'estrade se trouvaient autrefois les appartements séparés du roi et de la reine.

Courtauld House – Les architectes John Seely et Paul Paget se virent confier la tâche de réaménager le site. Les cinq pièces principales ainsi que les chambres à l'étage se trouvent dans l'aile Sud et s'étendent vers l'Est, dans l'alignement de la Grande Salle. L'aile consacrée aux logements de service forme un angle avec le hall d'entrée.

Tout le confort moderne est installé : éclairage à l'américaine, chauffage central électrique dans les chambres, pendules synchronisées et système de haut-parleurs audible partout. Toutefois, la qualité unique de la décoration, typique des années 30, est particulièrement remarquable. Comme dans les cabines d'un bateau de croisière, les murs des chambres principales sont recouverts d'un placage de bois élégamment travaillé : bois de tremble couleur dorée, sycomore patiné par le vent, érable en œil d'oiseau, châtaignier du Japon, acajou de l'Inde...

On remarquera surtout le hall d'entrée, avec ses panneaux vénitiens et suédois et ses reliefs illustrant *Alice au pays des merveilles* entre les fenêtres ; la légendaire volière de Mme Courtauld ; sa salle de bains équipée d'un bassin en onyx, de robinets plaqués or et d'une alcôve décorée de mosaïques en feuilles d'or (dessinée par Peter Malacrida, décorateur à la mode à l'époque) ; dans son boudoir, la carte en patchwork de cuir représentant le premier aéroport londonien, à Croydon, où les points cardinaux sont figurés par un Esquimau, un Chinois, un guerrier africain et un chef indien ; la salle à manger, avec son plafond à caissons carrés décorés à la feuille d'argent ; différentes portes dont les panneaux furent commandés à Narini qui étudia les animaux au zoo de Londres ; la cheminée en marbre noir encadrée de rubans de nacre et d'une grille Art Déco polie.

Jardins – Joliment dessinés et plantés par les Courtauld, ils arborent de magnifiques arbres et des parterres de fleurs odoriférantes (seringa, glycine, chèvrefeuille et roses). Les visiteurs sont chaleureusement accueillis dans le manoir (comme l'illustre la silhouette sur la porte d'entrée).

Well Hall – *Well Hall Road, 800 m au Nord.* Cette propriété fut la résidence de la famille Roper, descendant de Thomas More *(voir Index)*, jusqu'en 1733. Il reste aujourd'hui le site de la demeure médiévale entourée de douves et dotée d'un pont du 16ᵉ s., une grange Tudor *(restaurant et galerie d'art)* et le Pleasaunce, jardin entouré d'un vieux mur de briques rouges.

En Grande-Bretagne, le stationnement en centre-ville est fréquemment interdit : utilisez les nombreux « Car Park » à proximité.

FULHAM

Plan p. 272, **TY**
⊖ Putney Bridge

Longtemps connu comme résidence d'été des évêques de Londres puis, au 19ᵉ s., comme « le verger et le jardin potager du Nord de la Tamise », Fulham est un ancien village situé face à Putney auquel le relie le **Putney Bridge,** pont où se donne le départ de la célèbre compétition annuelle d'aviron entre les huit d'Oxford et de Cambridge. En aval du pont, **Hurlingham House,** demeure du 18ᵉ s. entourée d'arbres aujourd'hui occupée par un club privé, est le dernier témoin des vastes propriétés qui bordaient autrefois les rives du fleuve.

Depuis 1973, Fulham est le siège du **Charing Cross Hospital** *(Fulham Palace Road),* qui a quitté le Strand pour des locaux modernes aux lignes pures.

Fulham Palace ⊙ – *Bishop's Avenue.* Ce **palais** aux apparences de modeste manoir Tudor fut la résidence d'été officielle des évêques de Londres de 704 à 1973. L'entrée du 16ᵉ s. accède à la cour intérieure (1480-1525) ornée d'une fontaine centrale (1885). La chapelle (1866) ajoutée sur le côté Sud par William Butterfield imite le style Tudor.

Le **musée** occupe, dans l'aile Est, la salle à manger et la bibliothèque (à l'origine une chapelle). Il retrace l'histoire du site, des bâtiments et des jardins par le biais de trouvailles archéologiques, de souvenirs et de portraits, et évoque le rôle religieux et politique des évêques de Londres.

Les **jardins** sont constitués de pelouses ombragées par des hêtres pourpres et un chêne vert très ancien, probablement planté par l'évêque Grindal, qui envoyait des raisins à Élisabeth Iʳᵉ. Le premier magnolia d'Europe et plusieurs espèces exotiques y furent plantés par l'évêque Compton. L'ancien jardin potager contient des haies de hêtres, un jardin d'herbes aromatiques et la **promenade des glycines,** qui entoure l'ancienne serre à treilles, ainsi que des haies taillées. Les douves (1,6 km), comblées dans les années 20, datent peut-être de la période romaine. On a relevé des traces d'installations préhistorique et romaine.

Fulham Palace

All Saints Church ⊙ – *Church Gate, à la tête Nord de Putney Bridge.* L'église paroissiale de Fulham sert de repère depuis le 14ᵉ s. en ce point de la Tamise. Sa tour carrée en pierre du Kent fait pendant à celle de l'église de Putney sur la rive Sud. La nef fut reconstruite en style Perpendicular au 19ᵉ s.

L'église a conservé un grand nombre de monuments et de plaques funéraires en cuivre. On remarquera dans le chœur les pierres tombales de William Rumbold, messager de Charles Iᵉʳ lors de la guerre civile, et de Thomas Carlos dont les armoiries, un chêne et trois couronnes, furent conférées à son père pour s'être dissimulé dans le chêne de Boscobel en compagnie de Charles II après la bataille de Worcester en 1651. 14 évêques de Londres sont enterrés dans le cimetière ombragé par une haie d'ifs.

Près de l'église se dresse **Powell Almshouses,** maison de retraite du 19ᵉ s. à un étage et au toit pointu. Ce bâtiment en forme de L abrite un paisible jardin.

GREENWICH ★★★

Plans p. 9, **KZ**, et p. 273, **UY**
Gare : Greenwich, à partir de Waterloo, Charing Cross,
London Bridge ou Cannon Street
DLR : Island Gardens (rive Nord)
Vedettes fluviales : voir au chapitre des Renseignements pratiques

Cette petite ville est connue dans le monde entier, car son nom évoque le méridien et l'heure auxquels elle a donné son nom. L'ancien Observatoire royal s'élève sur une colline dominant un parc attrayant descendant vers la Tamise. Greenwich est en outre intimement liée à la Marine royale et à l'histoire de la marine britannique, et a servi de résidence royale comme l'atteste la délicieuse Maison de la Reine.

Outre un marché d'antiquités bien connu *(voir Carnet d'adresses : Shopping)*, on y trouve d'autres antiquaires et des boutiques vendant des livres d'occasion.

Un tunnel pour piétons sous la Tamise *(ascenseur ou 100 marches)* conduit les visiteurs à Isle of Dogs *(10 mn)*, d'où ils peuvent admirer une remarquable **vue** ★★ du palais de Greenwich, reproduite par Canaletto en 1750 sur une toile figurant maintenant dans la collection du National Maritime Museum.

Cutty Sark Tavern – *Ballast Quay*. Intérieur avec boiseries georgiennes.

Trafalgar Tavern – *Park Row*. Pub de 1837 (restauré) célèbre pour ses fritures ; balcons sur la Tamise.

Yacht Tavern – *Crane Street*. Agréable terrasse sur la Tamise.

Plume of Feathers – *Park Vista*. Petit « café » du 18e s.

Un séjour royal – Greenwich fut domaine royal dès le règne du roi Alfred. En 1428, Humphrey, duc de Gloucester, frère de Henri V, fit clôturer le parc et transforma le manoir en un château baptisé **Bella Court**. C'est lui encore qui fit ériger une tour fortifiée sur la colline afin de guetter l'arrivée d'envahisseurs par la Tamise ou par la route de Douvres. À sa mort en 1447, l'épouse de Henri VI, Marguerite d'Anjou, annexa le château, l'embellit et le rebaptisa **Placentia**.

Le palais Tudor – Les Tudors préférèrent Greenwich à toute autre résidence royale. Henri VIII, qui y était né, fit agrandir le palais qu'il dota d'une lice et d'une armurerie dont la production allait rivaliser avec celles de Milan et de Nuremberg. C'est là que naissent ses filles, les futures Marie Ire en 1516 et Élisabeth Ire en 1533, c'est là qu'il épouse sa 5e femme, Anne de Clèves, en 1540, mais c'est là aussi que mourra son unique fils et successeur, Édouard VI.

Résidence palladienne – Pour aussi somptueux qu'ait été le palais Tudor, le roi Jacques Ier n'en confia pas moins à **Inigo Jones** en 1615 la construction d'un pavillon destiné à la reine, Anne de Danemark. L'architecte, qui avait déjà démontré son esprit inventif, entreprit d'édifier une demeure inspirée des palais construits par Palladio en Italie. La mort de la reine en 1619 mit momentanément un terme aux travaux qui reprirent cependant en 1629 après que Charles Ier eut offert le château à son épouse, **Henriette-Marie de France**. Celle-ci surveilla attentivement la décoration intérieure et le pavillon fut achevé en 1635, comme l'atteste la présence de cette date et du monogramme de la reine sur la façade Nord.

Durant la République, le palais Tudor fut dépouillé et utilisé comme caserne et comme prison. À la Restauration, seul le Pavillon de la Reine était encore intact et Henriette-Marie s'y réinstalla. Charles II, qui n'aimait pas le palais et trouvait le Pavillon trop petit, fit détruire les bâtiments Tudor et confia à John Webb, gendre et élève d'Inigo Jones, la réalisation d'un Pavillon du Roi afin de faire de Greenwich un **« pretty palace »** (joli palais) qui serait agrémenté d'autres constructions. Mais le manque de fonds entraîna bientôt l'arrêt des travaux, et seuls furent édifiés l'Observatoire et le Pavillon, connu sous le nom de King Charles Block à l'École Navale.

D'hôpital à école navale – Les travaux reprirent à Greenwich lorsque Guillaume III et Marie II, qui préféraient résider à Hampton Court, accordèrent en 1694 une charte pour l'établissement d'un Hôtel des Invalides de la Marine à l'image de l'Hôtel des Invalides de l'Armée de Chelsea et confièrent à **Christopher Wren** le contrôle des travaux. Les pavillons de la reine et du roi ayant été intégrés au projet à la demande de la reine Marie, Wren conçut un ensemble où, en préservant la perspective dégagée par la démolition du palais Tudor, trois bâtiments supplémentaires symétriques, King William Block au Sud-Ouest, Queen Mary Block au Sud-Est et Queen Anne Block au Nord-Est (sous lequel se trouve une crypte, seul vestige du palais Tudor ; *fermée au public*), font pendant au King Charles Block. Complétant le grandiose projet, des dômes s'élèvent au-dessus du réfectoire (King William Block) et de la chapelle (Queen Mary Block). Il fallut plus de 50 ans pour mener à bien le projet qui nécessita de modifier le cours de la Tamise. Vanbrugh, Hawksmoor, Colin Campbell, Ripley, James Stuart l'« Athénien » y participèrent... John Evelyn écrivit dans son journal que le 30 juin 1696 il « posait la première pierre des fondations à cinq heures du soir... Mr Flamsteed, astronome du roi, vérifiant l'heure exacte sur ses instruments ». Si en juin 1704 il notait que le Royal Hospital commençait à «accueillir des marins blessés et épuisés», dès 1703 il relevait, en tant que trésorier, que le coût de l'édifice s'élevait à 89 364 livres 14 shillings et 8 pence (la liste des donateurs à l'entrée de Painted Hall indique que le roi avait donné 6 000 £, la reine 1 000 £ et Evelyn 2 000 £).

En 1873, les bâtiments furent transformés pour devenir le Royal Naval College. En 1807, Queen's House fut agrandie de colonnades et de deux ailes pour accueillir la Royal Hospital School avant d'être intégrée au National Maritime Museum en 1937.

★★**Royal Naval College**  – Quand en 1873 l'Amirauté fit du Royal Hospital un foyer d'instruction scientifique, la vapeur et l'acier venaient juste de remplacer la voile et le bois. Aujourd'hui, l'École Navale enseigne aussi bien la défense côtière que la physique atomique aux officiers (dont le prince de Galles) des États membres du pacte de l'Atlantique Nord.

★**Painted Hall** – Cette salle, destinée à servir de réfectoire et surmontée d'un dôme pour faire pendant à celui de la chapelle, fut achevée en 1703. C'est là que fut exposé en 1805 le corps de Nelson avant ses funérailles à St-Paul. Le vestibule et la pièce même furent décorés par Sir **James Thornhill** dans un style baroque exubérant de brillantes scènes allégoriques.

★**Chapelle** – Après un incendie en 1779, sa décoration fut refaite par Stuart l'«Athénien» et William Newton dans des tons pastel Wedgwood. De délicates guirlandes rococo et des rosettes lambrissées ornent la partie supérieure des murs et le plafond. Les consoles et les solives sont masquées par les stucs. Dans l'abside, un retable de Benjamin West (1738-1820), qui tailla aussi les médaillons en pierre de Scone décorant la chaire faite avec la hune d'un vaisseau à trois ponts, représente *Saint Paul après le naufrage à Malte*.

★★★**National Maritime Museum**  – Les fabuleuses collections (pièces précieuses, instruments rares, trésors et reliques) du **Musée de la Marine nationale** illustrent l'histoire navale de la Grande-Bretagne. Le développement de la puissance maritime britannique y est retracé depuis la flotte de Henri VIII jusqu'à la guerre des Malouines au 20e s. en passant par les grands voyages d'exploration. Le musée occupe le Pavillon de la Reine, les deux ailes ajoutées en 1807 et des bâtiments édifiés à l'Ouest (Neptune Court, en cours de rénovation, et Nelson Court, récemment rénové).

All Hands Gallery – Cet espace nautique pour les 7-12 ans explique comment les signaux en Morse sont transmis par la lumière ou le son, à quel point il est difficile pour un navire en mouvement de tirer au canon vers une cible quelconque ou pour un cargo de transférer une cargaison à partir d'une plate-forme flottante. Elle montre aussi les contraintes de la vie en mer, notamment les difficultés à préserver la qualité de la nourriture. Cette «navigation à travers les âges» comprend une incursion à bord du *Maiden*, dans les mêmes conditions qu'au cours de la course autour du Monde, où l'on voit comment obtenir des voiles un aérodynamisme maximum et utiliser des outils de navigation électroniques ultra-perfectionnés.

20C Sea Power – Une batterie de moniteurs montre les conditions de vie à bord des navires modernes ou comment les pilotes utilisent les données de navigation informatiques fournies par des phares automatisés et des balises flottantes.

Royal Naval College et Queen's House

Informations pratiques

D'importants travaux de rénovation transformeront Neptune Court qui sera prête à Pâques 1999 pour accueillir 11 nouvelles galeries et exposer une partie des 2 500 maquettes de navires, 4 000 tableaux, 50 000 cartes, 750 000 croquis et les magnifiques barques royales... Les expositions consacrées à l'**énergie sur mer au 20ᵉ s.** et à **Nelson**, ainsi que la galerie interactive **All Hands** seront accessibles en permanence. Si vous êtes à la recherche d'un objet ou d'un instrument particulier, il est souhaitable de s'assurer à l'avance auprès du musée (☎ 0181 858 44 22) qu'il est bien exposé.
Si vous venez avec des enfants, visitez d'abord l'Observatoire royal.

Nelson – Les campagnes militaires d'Horatio Nelson lors de la Révolution française, ses batailles avec Napoléon et l'amiral lui-même sont illustrés par des tableaux, des portraits, des uniformes, des journaux de bord, des armes, des cartes et des instruments de navigation ainsi que par une magnifique collection de souvenirs en porcelaine et des objets personnels, tels la tunique qu'il portait à Trafalgar, son mobilier de cabine et celui de sa maison de Merton.
Au fond des jardins, on voit un cadran solaire et le mât du *Great Britain* (1863).

★★**Queen's House** ⊘ – *Fermé jusqu'au 1ᵉʳ décembre 1999.* L'élégante villa se distingue par sa couleur blanche, son bel escalier en fer à cheval descendant de la terrasse sur la façade Nord et sa loggia sur le côté Sud, face au parc.
L'intérieur, décoré avec soin de brocarts restaurés (1984-1990) dans leur état de 1662 après le rétablissement de Charles II Stuart, est aménagé selon le protocole du 17ᵉ s. (Presence Chamber, Anteroom, Privy Chamber, Bedroom, Closets, etc.). Le bois peint imite le marbre, et de beaux portraits – Lely, Mytens, *Inigo Jones* par Hogarth (1757) et par William Dobson quelques années avant sa mort en 1763 – y sont exposés à côté de marines datant de la fin du 16ᵉ s. au début du 18ᵉ s.
Au sous-sol, dans une salle voûtée aux murs de brique, une série de panneaux écrits est présentée à la façon d'une **pantomime du 17ᵉ s.** Des vitrines de verre abritent des objets du **trésor** du musée : instruments d'astronomie, mappemondes, épées de parade, médailles, bols à punch et argenterie en argent massif.
Tulip Stairs, escalier à vis sans noyau (1630), tire son nom des motifs de tulipes de sa balustrade en fer forgé.
Une galerie autour du **Great Hall** permet une belle vue d'ensemble sur le splendide dallage de marbre noir et blanc réalisé (1637) par Nicholas Stone. La salle, de forme cubique (13 m), présente un décor blanc et or s'élevant jusqu'aux solives dorées du plafond qui auraient autrefois encadré les panneaux peints représentant *La Paix entourée des Muses et des Arts libéraux.* Les originaux de Gentileschi, transférés à Marlborough House au 18ᵉ s. et taillés aux dimensions de leur nouvelle demeure, sont ici remplacés par des reproductions.
Les **appartements du roi** sont meublés avec parcimonie alors que la **suite de la reine** est somptueusement parée de tentures, de tapisseries d'Eltham Lodge ou de damas et de brocatelle spécialement tissés pour elle.

Le premier chronomètre de marine de J. Harrison

★**Old Royal Observatory** ⊙ – En 1675, Charles II ordonna à Christopher Wren de « construire un petit observatoire dans notre parc de Greenwich (afin de) trouver la longitude des lieux pour perfectionner la navigation et l'astronomie ». Wren, ancien astronome, construisit une maison de brique rouge à chaînages de pierre, surmontée d'une balustrade et de petits dômes à pans « pour servir d'habitation à l'observateur et ajouter une certaine pompe ». John Flamsteed ayant été désigné astronome royal, la maison reçut le nom de Flamsteed House.

Une annexe, **Meridian Building**, fut construite avec le même matériau au milieu du 18e s. pour abriter la **collection** ★★ grandissante d'instruments de l'observatoire.

À la porte d'entrée principale se trouvent des horloges indiquant l'heure dans le monde, une horloge avec un cadran de 24 heures ainsi que les étalons de mesure britanniques. La **visite** commence dans la cour du méridien où le méridien de Greenwich, de longitude zéro, est matérialisé par un rail de cuivre.

Sur la façade Sud de Flamsteed House se trouvent des cadrans solaires. Au sommet de l'un des petits dômes du toit, une boule rouge mise en place en 1833 monte peu à peu en haut d'un mât pour en tomber brusquement à 13 h 00 précises (temps GMT), permettant ainsi aux navigateurs sur la Tamise de régler leurs montres avec précision.

Les premières salles de **Flamsteed House** évoquent la fondation et les objectifs de l'observatoire, les diverses interprétations de la position des étoiles chez les peuples primitifs ainsi que les étapes de découverte de l'univers céleste par l'homme. L'**Octagon Room**, haute de plafond et joliment proportionnée, a été restaurée et réaménagée dans son état d'origine.

L'autre présentation retrace l'histoire du calcul de la latitude et de la longitude : le prix de 20 000 £ offert par le Parlement à toute personne qui trouverait un moyen sûr de déterminer la position en mer d'un bateau, l'octroi de ce prix en 1773 à John Harrison pour le chronomètre de marine H-1, les habitudes des cartographes à placer le méridien zéro à leur convenance (Greenwich, Paris ou les îles Canaries), l'adoption progressive du mode de lecture britannique avec la publication annuelle à partir de 1767 du *Nautical Almanack*, dont l'emploi combiné avec celui du chronomètre de marine et du sextant amena les marins à calculer leur position par rapport au méridien de Greenwich, adopté comme méridien d'origine en 1884 lors de la Meridian Conference de Washington.

Dans **Meridian Building**, on peut voir notamment une collection de **télescopes** de toutes les tailles et, sous le dôme, le plus grand télescope à réfraction (71 cm) de Grande-Bretagne (vidéo sur l'atterrissage sur la lune).

Diverses conférences sur la lune et les étoiles sont proposées *(monter 42 marches)* au **Planetarium** ⊙ à différentes heures.

Greenwich Park – Entouré d'une palissade en 1433 et clos d'un mur sous les Stuarts, le parc est le plus ancien domaine royal clôturé. Sur près de 90 ha, ses avenues de châtaigniers et ses vastes pelouses s'élèvent vers une colline culminant à 52 m au-dessus de la Tamise et couronnée par l'ancien observatoire royal et le monument du **général Wolfe**. La pente en contrebas de l'Observatoire conserve des traces des grandes perspectives tracées par Le Nôtre en 1662.

Au-delà de la villa romaine et de Great Cross Avenue se trouve le **jardin fleuriste** (flower garden), agrémenté de cèdres du Liban centenaires, d'un étang et de quelques daims.

Côté Est du parc – Dans Park Vista se trouvent au n° 13 **Manor House**, demeure du début du 18ᵉ s. simple et à deux niveaux, au n° 33, en ruine, le **presbytère** (Vicarage) du 18ᵉ s. comprenant des parties Tudor, et Plume of Feathers, un pub du 18ᵉ s. Plus loin, au bout de Maze Hill, se dresse **Vanbrugh Castle**, caricature de forteresse médiévale. Elle fut construite et habitée (1717-1726) par Sir John Vanbrugh, architecte et dramaturge, alors qu'il occupait le poste de contrôleur au Royal Hospital de Greenwich. Ses tours gothiques, ses tourelles, ses hautes parois et ses crénelures précédèrent Strawberry Hill *(voir Twickenham)* de près de 30 ans.

★**Ranger's House** ⊙ – *Chesterfield Walk.* Cette demeure était à l'origine une petite villa de brique surmontée d'une balustrade autour du toit et pourvue de marches accédant à une façade de pierre décorée d'un masque. Des ailes arrondies de brique

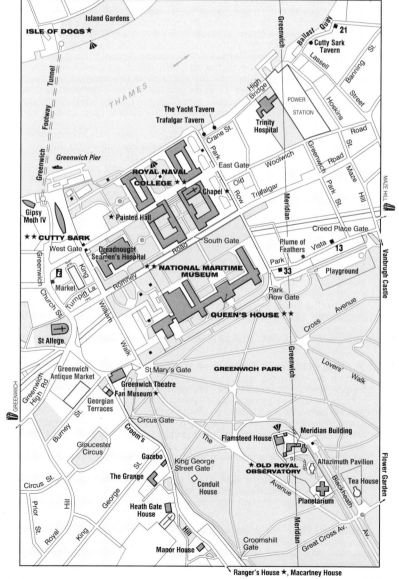

blonde furent ajoutées à l'époque où Philip Stanhope, 4e comte de Chesterfield (1694-1773), politicien, diplomate et homme d'esprit, en était propriétaire. La galerie Sud fut alors réalisée. Longue de 25 m, elle est ornée d'un plafond compartimenté et éclairée par 3 bow-windows dont le propriétaire, satisfait, disait : «Toutes les trois différentes, et les meilleures perspectives au monde. » Les jardins ont conservé toute leur beauté.

Résidence de 1815 à 1902 du garde du parc de Greenwich (d'où son nom actuel), elle sert maintenant de musée. Exposée dans la galerie, la **Suffolk Collection**, constituée par les ducs de Suffolk, comprend 53 tableaux dont une série impressionnante de portraits en pied de la famille dans les plus élégantes parures de l'époque par William Larkin (vers 1620).

Les salles lambrissées du rez-de-chaussée et du premier étage abritent la **Dolmetsch Collection of Musical Instruments** : épinette (1709), luth, clavicorde, flûte et clavecin. Remarquer la vue typographique de Croom's Hill par T. Hofland.

Installé dans l'ancienne remise aux carrosses, l'**Architectural Study Centre** présente une collection, commencée en 1905, d'objets récupérés dans des bâtiments londoniens convertis ou démolis : objets de fer forgé ou de fonte, céramique (tuiles en faïence de Delft et terres cuites), briques, ornements de plâtre, travaux d'ébénisterie, imposants, verres, escaliers (celui en colimaçon du marché de Covent Garden), plaques de rues.

Croom's Hill – Cette voie existait déjà au 15e s., lorsque le parc fut clôturé, et devint ainsi sa limite naturelle à l'Ouest. **Macartney House** *(appartements privés)* est un grand bâtiment de brique patinée et de pierre, construit au petit bonheur, couvert d'un toit à balustrade et orné de hautes fenêtres arrondies donnant sur les jardins et sur Ranger's House. Il fut construit par le maréchal-ferrant de Charles II, Andrew Snape, « esprit très inventif » selon John Evelyn, qui en 1674 soulagea le domaine royal des arpents nécessaires à la création de son domaine. **Manor House**, faite de briques rouges, est typique de 1697, même son porche couronné d'un motif en forme de coquillage finement sculpté. **Heath Gate House** est un manoir de taille relativement peu élevée, décoré de grandes lucarnes à gables et de pilastres montés sur des tasseaux supportant l'étage supérieur. Cette demeure des années 1630 est un exemple rare d'habitation aussi ancienne dont les murs extérieurs ne soient pas altérés.

Sur le côté Est, du n° 3 au n° 11, se trouve une rangée de modestes logements dont la façade arrière est bardée de bois. **The Grange**, édifice du 17e avec des additions du 18e s., s'élève sur un site qui, selon la tradition, fut offert à l'abbaye de Ghent en 818 par une fille d'Alfred le Grand. Un petit pavillon d'observation carré (1672) orné d'un toit pyramidal et d'un plafond de plâtre sculpté surplombe la route et le parc. **Gloucester Circus**, légèrement à l'écart de la rue, conçu par Michel Scarle dans les années 1700, a conservé sur ses côtés Est et Sud quelques-unes de ses demeures d'origine. Les n°s 6 à 12 de Croom's Hill, alignés en «terrace» georgienne, datent de 1721 à 1723. Le poète C. Day Lewis vécut au n° 6 de 1968 à 1972 et les n°s 10 et 12 abritent le musée de l'éventail, **Fan Museum** ★ ⊙, magnifique musée qui en possède quelque 2 000 exemplaires. Des expositions permanentes expliquent tout à propos des éventails : méthode et matériaux de fabrication, types, origines. Des expositions temporaires, renouvelées 3 fois par an, sont organisées selon les thèmes d'inspiration de leur décoration et des démonstrations (fabrication, conservation et restauration) sont effectuées dans la boutique. Le jardin est décoré d'une terrasse en forme d'éventail, d'un bassin, de plantations ordonnancées à la japonaise et d'une reconstitution d'orangerie georgienne.

Au bout de Croom's Hill, à l'angle de la rue, se trouve le **Greenwich Theatre**, construit en 1968 dans les murs d'un music-hall victorien.

St Alfege's Church ⊙ – Sur le site où Alphège, archevêque de Canterbury, subit le martyre des mains des envahisseurs danois en 1012, une église fut érigée qui compta Henri VII et la reine parmi ses fidèles et vit le baptême de Henri VIII. Le père de la musique sacrée anglaise, **Thomas Tallis**, y tint l'orgue pendant 40 ans (console dans le coin Sud-Ouest) et y fut enterré.

Après l'effondrement de cette église, une autre, quelque peu lugubre mais ornée d'un élégant portique de style dorique, fut édifiée (1718) par **Nicholas Hawksmoor**, à l'exception du clocher, construit par John James. Bien que la travée intérieure mesure 22 m sur 30 m, il n'y a aucun pilier. Les peintures murales *(extrémité Est)* sont de Thornhill et les sculptures de Grinling Gibbons. Elle eut pour paroissiens le **général Wolfe** (1727-1759), commandant de l'armée britannique lors de la conquête du Québec, qui y est inhumé, Lavinia Fenton, qui inspira le personnage de Polly Pachum dans *L'Opéra des gueux*, et John Julius Angerstein.

Greenwich Pier – Sur le **quai de Greenwich**, un pavillon arrondi, ayant son pendant sur la rive Nord de la Tamise, donne accès au tunnel piéton vers l'Isle of Dogs. Tout proches, deux bateaux au passé historique ont trouvé ici leur ultime refuge et n'affrontent plus que les tempêtes des visiteurs.

★★Cutty Sark ⊘ – Sorti en 1869 des chantiers navals de Dumbarton en Écosse, ce majestueux trois-mâts était destiné à l'importation du thé de Chine. Il devint rapidement célèbre en raison de sa rapidité : sa meilleure course en une journée, ses 10 000 m² de voile entièrement déployés, fut de 580 km. Après l'ouverture du canal de Suez, concurrencée par les bateaux à vapeur, la *Cutty Sark* assura le transport de laine d'Australie. Il fallait compter 70 jours à l'aller et 80 au retour à pleine charge (5 000 balles de laine) pour accomplir le périlleux voyage comprenant le franchissement du cap Horn. Vendu à une compagnie portugaise en 1895, le navire revint en Angleterre en 1922 et fut converti en navire-école avant d'être transféré à Greenwich en 1954, mis en cale sèche et transformé en une sorte de musée nautique.

Cutty Sark

La *Cutty Sark* renferme des papiers, des tableaux, des souvenirs et des modèles réduits illustrant l'histoire du commerce maritime effectué par des voiliers *(voir aussi Bermondsey, Bramah Tea and Coffee Museum)* et sa propre histoire. Dans les cales basses se trouve une magnifique collection de figures de proue du 19ᵉ s. aux couleurs vives, dont la proue originale du bateau, représentant Nannie, « séduisante jeune fille » du poème de l'Écossais Robert Burns intitulé *Tam O'Shanter*, portant une tunique courte dite « cutty sark » expliquant son nom.

Gipsy Moth IV ⊘ – Le ketch (11 t, 28 m) sur lequel Sir Francis Chichester fit le tour du monde en solitaire en 1966-1967 est amarré à proximité et semble incroyablement petit.

DEPTFORD Gare : *Deptford à partir de London Bridge*

Le village en bordure de la Tamise se développa pendant le règne de Henri VIII autour d'un chantier naval d'où sortirent plusieurs des vaisseaux constituant la flotte qui devait vaincre ensuite l'Invincible Armada (1588). C'est à Deptford qu'en 1581 la reine Élisabeth Iʳᵉ monta à bord du *Golden Hind* pour anoblir Francis Drake après son tour du monde et qu'en 1593 Christopher Marlowe fut poignardé lors

---

En aval de la Tamise

On envisage de redynamiser cette zone pour les célébrations de l'an 2000 et d'en améliorer la desserte depuis le centre de Londres en prolongeant les lignes de métro. Cette opération modifiera sans aucun doute sa physionomie car, en raison de son éloignement, on a jusqu'alors travaillé à la seule préservation de son héritage historique.

The Trafalgar Tavern (1837) rappelle les personnalités et les événements importants de l'époque de Nelson. Les balcons en fer forgé du bar et du restaurant donnent sur la Tamise. Au début du 19ᵉ s., la taverne vit se réunir les ministres libéraux lors de dîners de fritures *(voir aussi Docklands, Blackwall)* et fut décrite dans *Our Mutual Friend* par Dickens qui avait l'habitude d'y retrouver Thackeray et Cruikshank. Édifiée entre la Tamise et l'étroite et ancienne Crane Street, **The Yacht Tavern** a au moins un siècle d'existence de plus. **Trinity Hospital** (fondé en 1613) est un petit bâtiment aux murs blancs et au toit crénelé présentant d'imposants pignons.

Ballast Quay est constitué d'un alignement d'élégantes maisons géorgiennes du début du 17ᵉ s. (remarquer les traces – 1695 – du domaine de Sir John Morden, un marchand de la Cité, fondateur du Morden College à Blackheath).

Cutty Sark Tavern fut reconstruite en 1804 à l'emplacement d'une auberge antérieure et à l'autre extrémité de la rue, au n° 21, s'élève le solide Bureau du capitaine du port (Harbourmaster's Office) qui, de 1840 à 1890 environ, contrôla l'entrée des charbonniers dans le port de Londres.

d'une rixe dans une taverne. Pendant une brève période en 1698, le futur tsar Pierre le Grand vint s'y former à la construction navale en simple apprenti. John Evelyn, qui habitait Sayes Court où il cultivait un délicieux jardin, l'eut à regret pour locataire car le souverain russe n'était guère accommodant. Les chantiers navals cessèrent leur activité en 1869.

St Paul's Church ⊙ – *Est de Deptford High Street.* Construite par Thomas Archer de 1712 à 1730, l'église St-Paul possède un haut portique semi-circulaire en pierre portant un imposant clocher ; à l'intérieur, de grandes colonnes à chapiteaux corinthiens ornés de dorures soutiennent le plafond en plâtre richement sculpté surmontant une longue galerie.

St Nicholas's Church ⊙ – *Au coin de Deptford Green et de Stowage Lane.* L'église St-Nicolas s'élève sur un site occupé par les églises paroissiales de Deptford depuis l'époque saxonne. À l'intérieur, reconstruit après la Seconde Guerre mondiale, on peut admirer deux œuvres d'un paroissien du 17e s., **Grinling Gibbons** *(voir index)* : le retable orné de feuilles, de fleurs, de fruits et des monogrammes et armoiries de Guillaume III et Marie II, ainsi qu'un étrange relief, exécuté antérieurement, connu sous le nom de *Valley of Dry Bones* (La vallée des ossements desséchés). Le pupitre, de style Jacques Ier, est soutenu par un chérubin qui aurait été la figure de proue d'un navire.

Les crânes couronnés de lauriers des piliers du portail étaient à l'origine surmontés d'os disposés en croix, et, comme nombre de corsaires embarquaient à Deptford, on dit que ces sculptures ont inspiré le traditionnel drapeau noir orné d'un crâne et de tibias. Fait plus honorable, l'église, longtemps associée à Sir Francis Drake et à ses descendants et liée à l'histoire navale, a le privilège d'arborer le pavillon de la Marine anglaise, la White Ensign. Christopher Marlowe y est enterré, « assassiné par Francis Frezer le 1er juin 1593 », dit la plaque commémorative sur le mur Ouest...

HACKNEY

Plan p. 273, **UX**
Gares : Hackney Ground ; Hackney Downs

Au 16e s., Hackney était un village de campagne où les riches marchands de la Cité possédaient des résidences secondaires, loin de l'agitation de la ville. Au siècle suivant, la localité était réputée pour ses établissements d'enseignement, fréquentés en si grand nombre par les jeunes filles que Hackney fut appelée l'« Université des Arts féminins » et que Samuel Pepys, en fin connaisseur, recommandait d'en visiter l'église pour y admirer ces jeunes personnes...

Sutton House ⊙ – Probablement construite vers 1535 par Ralph Sadleir, qui devint ensuite le principal secrétaire d'État de Henri VIII, la demeure, avec ses pignons et ses fenêtres à meneau, était alors le type de la maison de brique quand la plupart des édifices présentaient des colombages. Au début du 18e s., les toits à pignon furent supprimés pour permettre la réalisation de pièces supplémentaires couvertes d'un toit à balustrade, les fenêtres à guillotine mises en place et une deuxième entrée créée dans l'aile Ouest.

À l'intérieur, où le vestibule présente l'une des **fenêtres Tudor à meneau horizontal** d'origine, des **lambris de chêne** (début du 16e s.) sculptés à plis de serviette décorent le petit salon dont le manteau de cheminée d'origine est orné de pilastres cannelés Renaissance. Dans l'**escalier peint**, remarquer les armoiries peintes à l'huile directement sur le plâtre, sur des socles les animaux portant des écussons et la frise travaillée en trompe-l'œil. La petite chambre est lambrissée en chêne de la Baltique. En 1951, la maison reçut son nom en souvenir de Sir Thomas Sutton (mort en 1611), fondateur de Charterhouse School *(voir Clerkenwell)*, qui habita à proximité.

La ville – Une tour en pierre est le seul vestige de l'église St-Augustin. L'église actuelle, **St John-at-Hackney**, fut édifiée vers 1700.

Hackney Empire – Ce théâtre (1901), œuvre de Frank Matcham, est un bel exemple des scènes de variétés, populaires au début du siècle. L'auditorium rococo est réputé pour son excellente acoustique.

Hackney Museum – *Reading Lane. Fermé pour cause de transfert.* Consacré à l'histoire locale, il a pour pièce maîtresse un grand **canot anglo-saxon** taillé vers 900 dans un tronc de chêne et abandonné durant une invasion viking.

Dalston – Ce quartier situé à l'Ouest d'Hackney est connu pour une église, **Holy Trinity Church** ⊙ *(Beechwood Road)*, construite en 1849, que l'on appelle aussi église des clowns. C'est là en effet que chaque premier dimanche de février est célébré un service à la mémoire de **Joseph Grimaldi** (1779-1837), le plus célèbre clown anglais et le premier à s'être grimé, qui vécut à Islington. Il est enterré dans le cimetière de l'église St James de Pentonville, quartier au Sud d'Islington ; cette église ayant été détruite, le service se déroule désormais à Dalston.

HAM HOUSE★★

Plan p. 272, **TZ**
Gare : Twickenham, à partir de Waterloo

Ham House connut ses heures de gloire avec **Elizabeth Dysart, duchesse de Lauderdale**, « femme d'une grande beauté mais de bien d'autres talents… d'une merveilleuse rapidité d'entendement et d'une conversation étonnante de vivacité… (qui) avait étudié… les mathématiques et la philosophie, mais… qui était animée d'une ambition sans relâche, d'une folie dépensière et d'une avidité sans limites ; elle était excessive dans ses amitiés et plus encore dans ses inimitiés ». Son père, William Murray, 1er comte de Dysart, fut dit-on le bouc émissaire des fautes du prince Charles, le futur Charles Ier. Elizabeth, quant à elle, passe pour avoir été un temps la maîtresse d'Olivier Cromwell. Elle épousa en premières noces Sir Lyonel Tollemache, premier des comtes de Dysart à être propriétaire de Ham House jusqu'à sa cession au National Trust. Son second époux, comte puis duc de Lauderdale, jouit d'un immense crédit à la restauration des Stuarts et se révéla un personnage ambitieux et dépravé. Un double portrait de Peter Lely, *Both ye Graces in one picture*, situé dans la galerie en rotonde, les représente : l'âge accuse les traits de la duchesse dont on peut admirer un portrait plus ancien sur le même pan de mur.

Les Lauderdale, au dire de leurs contemporains, « menaient grand train ». Ils agrandirent leur demeure, élevée en 1610 dans le plus pur style Jacques Ier, dont ils modifièrent la façade afin de conférer au toit une ligne horizontale. La famille ayant toujours inventorié et gardé meubles, peintures et tentures et établi des mémoires lors des modifications architecturales et décoratives, on a pu reconstituer la demeure dans son état de 1678, lorsque, selon John Evelyn, elle était « meublée comme celle d'un grand prince ». Les jardins ont été redessinés d'après les plans du 17e s.

VISITE ⊙

Extérieur – L'entrée principale donne accès à la cour au fond de laquelle se dresse la demeure à deux étages sous son toit surbaissé. La façade de brique à parements de pierre présente cinq baies centrales en retrait entre des fenêtres carrées à pans coupés typiques du style Jacques Ier. L'avant-cour, avec son allégorie de **Father Thames** en pierre de Coade par John Bacon, date de 1800.

Intérieur – Les peintures font revivre ici l'époque de Charles II, avec le triomphe des Cavaliers, les dames de la cour, jeunes, blondes, délicates de teint et à l'innocence incertaine. Le mobilier, les portes, leurs chambranles, les cheminées et les plafonds révèlent l'habileté des artisans de l'époque, souvent hollandais (les Hollandais étaient nombreux à s'être installés bien avant l'accession au trône de Guillaume III). Les plafonds, remarquables, témoignent de l'évolution du travail du plâtre, des ornements géométriques aux guirlandes en passant par les tympans (comparer les pièces d'origine situées au Nord à celles du Sud, plus tardives).

Rez-de-chaussée – On pénètre dans l'édifice par le Grand Hall, rendu plus impressionnant par sa galerie en rotonde (Round Gallery) au plafond décoré de stucs par Kinsman (1637) et ornée de portraits de Lely ; ceux du bas, exécutés par Kneller et Reynolds aux 17e et 18e s., représentent des membres de la famille Dysart.

Long Gallery, Ham House

Dans la salle à manger (Marble Dining Room) dont le parquet fut remplacé par des dalles de marbre au 18e s., on remarquera surtout les tentures de cuir doré et les dessertes (1679) en bois de cèdre, les lambris dorés et veinés artificiellement, ce qui était en vogue à l'époque, et la garniture de cheminée en argent, considérée comme très ostentatoire par les contemporains. La chambre à coucher de la duchesse se distingue par ses tentures en damas; dans la chambre jaune, ou Volury Room, le lit (noter les pieds sculptés de chérubins) est tendu de violet et de jaune; dans le boudoir (White Closet), un secrétaire en bois plaqué sculpté de motifs d'huîtres et une représentation de la façade Sud de la demeure en 1683 *(au-dessus de la cheminée)*. Dans la chapelle, le parement d'autel en « velours cramoisi avec de l'or et de l'argent » est d'origine.

Le **Grand escalier** en chêne (1637) s'élève au centre d'une cage quadrangulaire dorée; sa balustrade avec ses trophées en relief d'une audacieuse facture est d'une beauté unique.

Premier étage – Les appartements de Lady Maynard renferment des tapisseries flamandes du 17e s., d'après Poussin, au-dessous d'une frise de bois et de portraits de famille.

Le musée (Museum Room) montre des exemples d'éclatants tissus d'ameublement d'époque, un nécessaire de toilette du 18e s., un livre de prières de 1625, des livres de comptes et des factures relatives aux transformations apportées à la maison, ainsi que l'inventaire de 1679 (qui permit de reconstituer le décor des pièces), tandis que le Cabinet des miniatures expose une collection d'œuvres exécutées par Hilliard, Oliver et Cooper.

Le salon Nord (North Drawing Room) est somptueux. La passion des Lauderdale pour le luxe et la parade s'y traduit par la corniche en stuc et le riche plafond (1637) qui surmontent les murs ornés de tentures de soie anglaise (tissées dans les anciens ateliers de Mortlake, à Soho), ainsi que par des boiseries, des portes et des chambranles sculptés et dorés; les meubles sont ouvragés, dorés et richement tapissés; la très exubérante cheminée est de style baroque... Aussi opulente se révèle la suite de la Reine, ornementée de riches plafonds aux guirlandes de stuc de la fin du 17e s., de lambris veinés et de guirlandes en bois sculpté au-dessus des cheminées; parmi les meubles, des écrans orientaux, des sièges laqués anglais, un petit cabinet chinois sur un support doré et des tapisseries du 18e s. Dans le boudoir au décor chargé, avec son plafond peint et ses tentures de soie brochée, on notera une « chaise de repos » sculptée.

HAMPSTEAD★★ – HIGHGATE

Plan p. 272 et 273, **TUX**
⊖ Hampstead

Dès le 18e s., les Londoniens aisés eurent une résidence champêtre à Hampstead, rendu célèbre par la découverte de sources ferrugineuses. Le village attirait aussi les artistes et les écrivains, tel Keats qui composa son *Ode au rossignol* dans le jardin de Wentworth Place, connue maintenant sous le nom de Keats House.

Quartier Ouest – Par **Church Row** au bel alignement de maisons georgiennes (1720) en briques brunes, on parvient à **St John's Church** ⊙ (1747), en briques blondes avec une tour crénelée d'aspect médiéval surmontée d'une flèche élancée. Elle fut agrandie deux fois au 19e s. pour répondre aux besoins d'une population toujours croissante. Dans sa partie Ouest, la rue est coupée par plusieurs rues évoquant **Frognal,** un manoir aujourd'hui disparu. Dans ce secteur s'élèvent University College School, de style néo-georgien, la maison de Kate Greenaway *(39 Frognal)*, construite en 1885 par Norman Shaw selon la description du livre pour enfants, et Sun House *(9 Frognal Way)*, édifiée en 1935 par Maxwell Fry.

Face à l'église, on remonte **Holly Walk** en longeant le nouveau cimetière pour passer devant les maisons (1814) à deux étages, badigeonnées de vert et de rose, de Prospect Place et les délicieux cottages (1813) de Benham's Place. On atteint Holly Place, petite « terrace » (1816) flanquant l'église **St Mary,** l'une des premières églises catholiques construites à Londres. Fondée par un réfugié français, l'abbé Morel, elle tranche par sa blancheur sur les murs qui l'enserrent.

Des escaliers et des allées descendent vers Heath Street et Mount Vernon Junction, carrefour dominé par le lourd édifice de l'Institut national de recherches médicales (1880-1903). Au carrefour, sur Holly Bush Hill, la maison restaurée du peintre Romney, **Romney House,** bâtie en 1797, présente des murs à colombage.

★★**Fenton House** ⊙ – Une grille, dessinée par **Tijou** (1707), permet d'accéder à une maison de briques rouges (1693), l'une des plus belles de Hampstead, outre qu'elle en est la plus ancienne et la plus vaste. La façade Est, avec son porche en retrait, est moins attrayante que la façade Sud avec ses sept baies abritées sous un toit en croupe orné d'un fronton central. Le grand escalier en pin est d'origine, avec ses balustres torses et sa large main courante. Il nous est parvenu intact, ainsi que

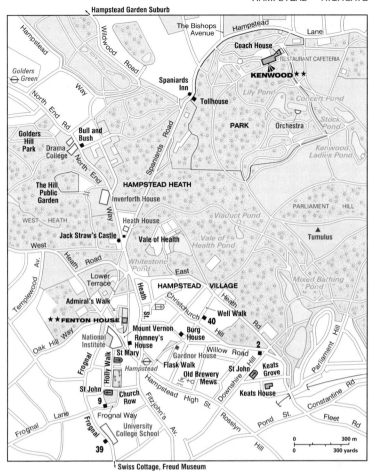

Hampstead Garden Suburb

Swiss Cottage, Freud Museum

quelques chambranles de portes, boiseries et cheminées. En 1793, la maison fut achetée par un marchand de Riga, Philip Fenton, dont elle porte le nom ; en 1952, elle fut léguée au National Trust.

Collections – Le mobilier et les tableaux entourent les porcelaines anglaises, allemandes et françaises du 18ᵉ s. et mettent en valeur la collection Benton-Fletcher d'anciens **instruments à clavier** – au nombre de 18 – réalisés entre 1540 et 1805, que complètent un clavecin flamand du début du 17ᵉ s. prêté par Sa Majesté la Reine mère, un clavicorde d'Arnold Dolmetsch (1925) et quelques instruments à cordes. Des concerts sont fréquemment organisés.

Au rez-de-chaussée, on peut admirer des clavecins (l'un anglais de 1770, l'autre flamand de 1612), la plus grande partie des collections de porcelaines anglaises (Bristol, Plymouth, Chelsea, Bow, Worcester), des pièces d'origine allemande, ainsi qu'une salle consacrée à l'Orient (porcelaines, trumeau en laque, émaux) ; sur le palier, sujets du Staffordshire et petite horloge de parquet signée Trubshaw.

Le premier étage abrite des figurines allemandes, des théières, mais aussi une porcelaine de Worcester vert pomme dans un cabinet en bois satiné de l'Inde (la pièce la plus importante de la collection, dans le salon), des porcelaines de Chine bleu et blanc des 17ᵉ et 18ᵉ s., un clavecin anglais du 18ᵉ s., des épinettes (italienne du 16ᵉ s., anglaise du début du 18ᵉ s., virginal du 17ᵉ s.) dont on verra d'autres modèles au dernier étage. On notera les tableaux à l'aiguille du 17ᵉ s. (Rockingham Room), les représentations d'oiseaux et de fleurs exécutées par Samuel Dixon, artiste du 18ᵉ s. (Porcelain Room), et les œuvres de William Nicholson (Dining Room).

Admiral's Walk – Cette voie permet de gagner Admiral's House, construite dans un style résolument naval dans la première moitié du 18ᵉ s. par Matthew Burton (1715-1795), amiral haut en couleur. Sir George Gilbert Scott l'habita de 1854 à 1864 sans y apporter de modification. Toute proche, Grove Lodge, blanche elle aussi, probablement plus ancienne, fut la demeure de **John Galsworthy** de 1918 à sa mort en 1933. C'est là qu'il écrivit la totalité de sa *Saga des Forsyte*, à l'exception de la première partie. Lower Terrace, au bout d'Admiral's Walk, fut la demeure de Constable de 1821 à 1825 avant son départ pour Well Walk.

Quartier Est – On peut voir de belles maisons Regency à Downshire Hill en partant vers l'Est, du bas de Hampstead High Street. **Flask Walk,** qui débute par une voie piétonne avec un pub victorien et une boutique de thé, se dirige vers l'Est en passant Gardnor House (1736), agrémentée à l'arrière d'une baie en rotonde sur toute sa hauteur, avant de se terminer dans New End Square.

Burgh House ⊘ – Cette noble demeure, avec sa terrasse exposée au Sud, a sans doute été construite par des Quakers en 1703, époque où Hampstead devint un lieu de thermalisme réputé. Un médecin local, le Dr William Gibbons, y habita vers 1720 ; la grille en fer forgé porte ses initiales. La maison tire son nom du Révérend Allaison Burgh, pasteur de St Lawrence Jewry dans la Cité, et devenu si impopulaire que ses paroissiens adressèrent une pétition à la reine Victoria afin de le démettre de ses fonctions. De 1934 à 1937, Rudyard Kipling vint souvent dans cette maison que louaient sa fille et son gendre.

Les pièces lambrissées servent maintenant à des récitals de musique et de poésie, à des expositions d'artistes locaux et au Hampstead Museum. L'une des salles est consacrée au peintre John Constable *(voir index)*. Des informations sur l'histoire et l'environnement de Hampstead sont proposées à la boutique.

C'est au n° 40 de Well Walk que vécut **John Constable**, de 1826 jusqu'à sa mort. Christchurch Hill, avec ses cottages d'époque georgienne, mène à l'église érigée au milieu du 19e s., dont on aperçoit la flèche à des kilomètres à la ronde.

2 Willow Road ⊘ – Ernö **Goldfinger**, né en Hongrie en 1902, se rendit à Paris en 1920 et étudia l'architecture à l'École des Beaux-Arts. Avec quelques-uns de ses compagnons d'études, il persuada Auguste Perret, pionnier du béton armé et du «rationalisme structurel», de fonder un atelier. À Paris, il épousa l'étonnante Ursula Blackwell, qui se lança alors dans la peinture sous la direction d'Amédée Ozenfant, ancien collaborateur de Le Corbusier.

Les trois maisons qu'ils ont élevées à la place de bâtiments en ruine, bien qu'initialement très controversées, sont de conception discrète, moderne et fonctionnelle, et parfaitement adaptées à leur voisinage de constructions georgiennes en briques rouges. À l'intérieur, l'espace central est spacieux, aéré, clair, pratique, confortable, riche d'une foule de souvenirs, d'œuvres d'art collectionnées par le couple (Ernst, Penrose, Miller, Picasso) et d'objets personnels (y compris une baignoire d'étonnantes dimensions !). Au centre, une cage d'escalier, axe principal de l'édifice, donne accès aux étages ; couleurs et matières y ont également toute leur importance.

L'église **St John** dresse le dôme de son clocher, son fronton classique, son large bandeau et son portique quadrangulaire à la fourche de **Keats Grove.**

Keats' House – Deux modestes maisons jumelées de style Regency partagent un même jardin. Connues sous le nom de Wentworth Place, elles furent bâties entre 1815 et 1816 par deux amis dont Keats et son frère firent bientôt la connaissance. En 1818, Keats vint habiter chez son ami Brown dans la maison de gauche ; peu après, Mrs Brawne et ses enfants louèrent la maison de droite. C'est dans ce jardin qu'il devait trouver l'inspiration de ses poèmes. Il voyagea, se lia avec Fanny Brawne, tomba malade. En septembre 1820, il partit en Italie afin d'y passer l'hiver et

Keats' House, Hampstead

mourut en février 1821. « Sa courte existence », selon les termes d'Edmund Blunden, « fut d'une rare intensité ; elle méritait à bien des titres qu'on la consignât ». Des documents sont maintenant réunis, surtout dans la pièce dite Chester Room, extension bâtie en 1838-1839 au moment de l'acquisition de la deuxième maison. À peu de chose près, les pièces d'origine sont encore meublées telles que les ont connues Keats et Fanny Brawne.

Keats Memorial Library *(ouverte aux étudiants sur rendez-vous uniquement)* se trouve juste à côté dans la bibliothèque locale.

Hampstead Heath – Les landes de Hampstead faisaient partie des terres du manoir, et les lavandières y étendaient leur linge à blanchir au 18ᵉ s. ; le site est depuis des temps immémoriaux un lieu de divertissement très populaire *(grandes foires les lundis de Pâques et des vacances de printemps et d'été)*.

Whitestone Pond – L'étang de la Pierre blanche et la borne dont il tire son nom occupent le point culminant de Londres (144 m). Le mât qui s'élance, dit-on, à l'emplacement d'une ancienne balise de l'Armada relaie l'émetteur situé au Sud de la rivière, à Blackheath, sur Shooter's Hill, que l'on aperçoit par temps clair et plus distinctement encore de nuit. Aux 18ᵉ et 19ᵉ s., les télégraphes de l'armée et de l'amirauté se dressaient sur Telegraph Hill, à l'Ouest.

Jack Straw's Castle – Il est fait mention pour la première fois en 1713 de cette auberge blanche remarquable par ses bardeaux et reconstruite entre 1962 et 1964. Il semble qu'elle ait servi de point de ralliement aux partisans de la révolte paysanne de 1381, alors en chemin pour rejoindre Jack Straw à Highbury et Wat Tyler au centre de Londres.

Isolée au carrefour des deux routes, Heath House, sobre manoir de briques sombres du début du 18ᵉ s., tire sa notoriété de sa situation stratégique et des visiteurs qu'accueillait aux 18ᵉ et 19ᵉ s. son propriétaire d'alors, le Quaker abolitionniste Samuel Hoare : William Wilberforce, Elizabeth Fry, ainsi que les hommes politiques en vue.

Vale of Health – The Vale, ensemble de cottages de la fin du 18ᵉ et du début du 19ᵉ s. et de maisons de la période victorienne auxquels se sont ajoutés quelques immeubles modernes, bâtis dans un creux de lande et reliés par un lacis de routes étroites et de chemins, a été, au fil du temps, le lieu de résidence de Leigh Hunt, des frères Harmsworth, de Rabintranath Tagore, de D. H. Lawrence, d'Edgar Wallace et de Compton Mackenzie. La « vallée saine » doit son nom, croit-on, au fait que la région fut épargnée par la peste de 1665.

À l'Ouest de North End Way s'élève Inverforth House, reconstruite en 1914 et actuellement annexe de l'hôpital de Manor House. Sa longue pergola, restaurée tout récemment, drapée de gracieuses glycines, de roses et de frondaisons, fait désormais partie d'un jardin public, **Hill Public Garden**, qui s'ordonne sur un terrain en pente. Tout proche, à la lisière Nord de West Heath, s'étend **Golders Hill Park**, avec ses pelouses paysagées et ses arbustes qui descendent en pente douce vers deux plans d'eau, le long d'enclos remplis d'oiseaux et d'animaux.

Bull and Bush – Ce bâtiment des années 20, qui exhibe une enseigne d'auberge moderne, des peintures de Florrie Forde datant du début de siècle et une phrase tirée d'un air de music-hall *(... Down at the old Bull and Bush...)*, passe pour occuper l'emplacement d'une ferme du 17ᵉ s. Au 18ᵉ s., celle-ci servit, brièvement, de retraite campagnarde à Hogarth, puis de taverne que fréquentèrent des peintres tels que Joshua Reynolds, Gainsborough, Constable, Romney... En face s'élève une maison de briques à gables (devenue Centre d'art dramatique) où vécut Anna Pavlova de 1921 à 1931.

Spaniards Inn – L'Auberge des Espagnols, dressant sa façade de brique blanchie sur la route reliant Hampstead Heath à Highgate, fut célèbre au 18ᵉ s. À son emplacement s'élevait au 17ᵉ s., dit-on, la résidence de l'ambassadeur d'Espagne. Une grille la reliait au petit bureau d'octroi **(Tollhouse)** qui signalait l'entrée du parc de l'évêque de Londres. En 1780, les émeutiers de Gordon, farouches antipapistes, après avoir mis à sac la résidence de Lord Mansfield à Bloomsbury, se dirigèrent vers Kenwood *(voir à ce nom)* pour lui faire subir le même sort. S'étant arrêtés à l'auberge pour demander le chemin, le patron les retint en leur versant à boire, et la milice eut le temps d'arriver à Kenwood.

HIGHGATE ⊖ *Archway, Highgate*

Colline verdoyante au 16ᵉ s., Highgate attire dès le 17ᵉ s. de riches marchands qui y font construire leurs résidences d'été. En dehors de rares constructions modernes, le village, centré sur Pond Square et High Street, a su garder au 20ᵉ s. son caractère champêtre.

Pond Square – De petites maisons bordent les trois côtés du triangle irrégulier d'où les étangs disparurent vers 1860. Au Sud, le long de **South Grove**, se succèdent Church House (n° 10), du début du 18ᵉ s., la maison accueillant la Société littéraire et scientifique de Highgate (n° 11) et Moreton House (n° 14), maison de brique de

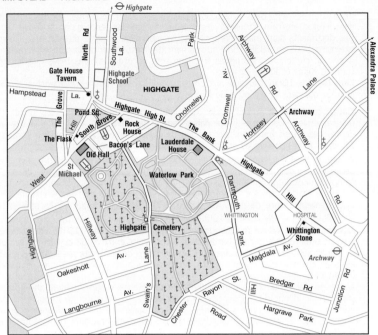

1715. En face, **Rock House** (n° 6) garde ses fenêtres en saillie du 18ᵉ s. **Old Hall,** faite de simple brique à la fin du 17ᵉ s., est coiffée d'une balustrade blanche ajourée. À l'angle avec Highgate West Hill, **The Flask** (1721) est un pub de style campagnard. Au Nord de Pond Square, à l'entrée de **North Road,** s'élève l'école de Highgate, fondée en 1565 et reconstruite en 1866. En face s'alignent des maisons georgiennes identiques (nᵒˢ 1 à 11) de la fin du 18ᵉ s., suivies de maisons de la même période (nᵒˢ 15, 17, 19, 47 et 49). Plus loin, les blocs d'appartements de Highpoint One et Highpoint Two, dessinés par **Lubetkin** et Tecton en 1936 et 1938, furent qualifiés de « cités-jardins à la verticale » par Le Corbusier.

The Grove – Le « Bosquet » est une large avenue plantée d'arbres bordée de belles « terraces » des 17ᵉ et 18ᵉ s. en brique rose. Certaines façades sont marquées d'une couronne, emblème de l'Imperial Insurance Company. Coleridge, poète romantique ami des frères Wedgwood, passa ses dernières années au n° 3, cherchant dans l'opium un remède à ses souffrances.

Highgate Cemetery ⓥ – *Swain's Lane.* Il est coupé en deux parties par la rue. Dans Eastern Cemetery reposent la femme de lettres George Eliot (1819-1880), Karl Marx (1818-1883), dont le buste énergique a été sculpté en 1956 par Laurence Bradshaw, et le philosophe Spencer (1820-1903). Western Cemetery, ouvert en 1838, contient quelques monuments funéraires remarquables et les tombes de Michael Faraday (1791-1867), de Charles Cruft, qui créa les spectacles de chiens en 1886, et de Gabriel et Christina Rossetti *(voir index).*

Highgate High Street – La Grand'rue est bordée de boutiques et de pubs **(Gate House Tavern).** Remarquer le n° 23, Englefield House, avec ses fenêtres qui se rétrécissent et sa frise, et le groupe du n° 17 au n° 21, du début du 18ᵉ s.

Highgate Hill – À l'intérieur de **Waterlow Park** s'élève **Lauderdale House** (actuellement centre culturel), gentilhommière du 16ᵉ s. remaniée au 18ᵉ en petite maison de campagne. Cette propriété du duc de Lauderdale fut louée vers 1676 à l'actrice **Nell Gwynn.** On dit que, réclamant en vain qu'un titre fût accordé au fils, le futur duc de Saint-Albans alors âgé de 6 ans, qu'elle avait eu du roi Charles II, elle menaça de le laisser tomber par une fenêtre tant que le père n'aurait pas dit : « Sauvez le comte de Burford. »

En face, **The Bank** est un groupe (nᵒˢ 110, 108 et 106) de maisons de brique surélevé du début du 18ᵉ s. avec entrées ornées de pilastres toscans. Le n° 104, dit Cromwell House pour une raison indéterminée, édifié au 16ᵉ s. avec de larges baies et une tourelle (ajoutée en 1638), a été restauré en 1865.

À l'Ouest se trouve l'**Archway,** un viaduc emprunté par la route A 1 et enjambant Hornsey Lane, dont la structure d'origine conçue par John Nash fut remplacée en 1897 par une construction métallique d'Alexander Binnie.

Whittington Hospital s'est développé à partir du « Leper Spytell », une léproserie construite en 1473. **Whittington Stone** (1821), un chat de marbre, marque l'emplacement où, selon la tradition, **Dick Whittington** *(voir index)* aurait entendu les cloches de Bow lui enjoindre de « s'en revenir ».

Alexandra Palace ⊙ – ↔ *Wood Green*. Situé sur une colline dans un parc couvrant une superficie de 194 ha, l'édifice fut construit en 1873 pour faire pendant au Crystal Palace *(voir Dulwich)* au Sud mais fut détruit à deux reprises par le feu (1873 et 1980). Le Grand Hall, avec sa belle voûte vitrée en berceau et une magnifique rosace, le Hall Ouest et Palm Court ont fait l'objet d'une restauration complète. Ils accueillent des expositions, des concerts et des compétitions sportives. On jouit de belles vues de Londres à l'horizon.

HAMPTON COURT ★★★

Plan p. 272, **TZ**
Gare : Hampton Court au départ de Waterloo
Vedettes fluviales : voir au chapitre des Renseignements pratiques

En amont de Londres, sur la rive gauche de la Tamise, le palais royal de Hampton Court fut du 16e au 18e s. l'une des résidences préférées des souverains britanniques. Il dresse ses murs de briques au-dessus d'un beau parc à la française, lumineux et fleuri.

Travailler pour le roi d'Angleterre... – Fils d'un boucher d'Ipswich, **Thomas Wolsey** (1471-1530) était devenu le favori de Henri VIII. Il parvint à assumer simultanément les fonctions de ministre, de cardinal et de légat du pape, ce qui lui permit de tenir les rênes des pouvoirs temporel et spirituel. Cela lui avait d'ailleurs quelque peu enflé la tête, et ses missives aux souverains étrangers il écrivait sans vergogne : « Moi et le Roi... » Vaniteux Thomas, cardinal Wolsey !
En 1514, fraîchement promu archevêque d'York, il acheta aux chevaliers de Saint-Jean-de-Jérusalem le prieuré de Hampton Court, dont ses médecins lui vantaient l'air salubre. Le nouveau propriétaire fit alors construire un somptueux palais ne comptant pas moins de 1 000 chambres où s'affairaient les 400 serviteurs, dont 16 chapelains, que comptait sa maison. Les bâtiments, encore de style gothique mais de décor Renaissance, s'ordonnaient autour de 5 cours intérieures. D'immenses cuisines alimentaient les invités des fêtes sardanapalesques bientôt organisées en ces lieux. Fastueux Thomas, cardinal Wolsey !
Cependant, Wolsey eut la malencontreuse idée de convier son maître à quelques-unes de ces agapes. Et le roi, séduit et insatiable, n'eut de cesse que son ministre, auquel il avait déjà subtilisé une autre résidence, York House (baptisée plus tard Whitehall), lui offrît Hampton Court... Pauvre Thomas, cardinal Wolsey !
Quand Henri VIII voulut se séparer de Catherine d'Aragon, il chargea son Lord-Chancelier d'obtenir l'autorisation papale. Wolsey n'y parvenant pas, le roi aurait bien voulu s'approprier sa tête pour la ficher au sommet du pont de Londres. Hélas ! cet espoir devait être déçu, car le cardinal s'empressa de rendre son âme à Dieu... et à sa mort on s'aperçut qu'il portait un cilice. Surprenant Thomas, cardinal Wolsey !

Résidence royale – **Henri VIII** se plut dans sa conquête qu'il aménagea pour son confort et celui de ses femmes, la troublante **Anne Boleyn** qui avait passé sa jeunesse à la cour des Valois, **Jane Seymour** qui mourut ici même d'une fièvre puerpérale après avoir donné le jour au futur Édouard VI, et **Catherine Howard**. C'est lui qui fit édifier la chapelle et la Grande Salle où il prenait ses repas.
Après les Tudors, les Stuarts résidèrent à Hampton Court où l'épouse de Jacques Ier, Anne de Danemark, passa de vie à trépas. Leur fils, **Charles Ier**, y coula une lune de miel assombrie d'orages avec sa jeune épouse de 16 ans, **Henriette-Marie de France**, alors que la peste terrorisait Londres et que la duchesse de Chevreuse scandalisait les puritains en traversant la Tamise à la nage. Une marée de chefs-d'œuvre envahit alors Hampton Court : grandes décorations de Mantegna, cartons de tapisserie dus à Raphaël, la *Vénus* de Titien et l'*Antiope* du Corrège, aujourd'hui au Louvre, bien d'autres encore.
Pendant la période républicaine, Cromwell se réserva la résidence de Hampton Court, ce qui évita les destructions dans le palais.
Enfin les Orange puis les Hanovre y passèrent la belle saison jusque vers 1760, époque à laquelle Windsor eut la préférence. **Guillaume III** et **Marie II**, de 1689 à 1702, firent reconstruire les ailes Sud et Est par **Wren**, qui avait d'ailleurs son domicile à proximité, à Old Court House. Le plan, l'élévation et même la décoration intérieure des nouveaux bâtiments furent inspirés par l'exemple de Versailles à Wren, qui remania aussi **Fountain Court★** (Cour de la Fontaine), l'ancienne Cour verte du cloître de Henri VIII. Au-dessus des arcades de pierre s'alignent les hautes baies des appartements d'apparat, surmontées à l'Est et au Nord d'un étage de fenêtres rondes cernées de couronnes sculptées. Sur le côté Sud, ajouté par Wren, les oculi sont obstrués de médaillons peints en grisaille illustrant les travaux d'Hercule. Un dernier étage s'ouvre sur des fenêtres carrées, sauf sur le côté Ouest terminé par une balustrade. L'ensemble de brique et de pierre blanche séduit par son ordonnance et sa grâce.
En 1838, la reine Victoria fit ouvrir au public les appartements d'apparat, les jardins et Bushy Park.

Hampton Court

★★★ Le palais ⊘

L'entrée principale, **Trophy Gates** (Portes du Trophée), construite sous le règne de George II, est ornée du lion et de la licorne. Des douves et un **pont** avaient été construits par Henri VIII ; en 1910, le pont, qui avait été enfoui lors du comblement des douves par Charles II, fut dégagé, rénové et décoré d'animaux héraldiques. Le Grand pavillon d'entrée **(Great Gatehouse)** construit par Wolsey fut flanqué d'ailes en retour en 1536. Sous une loggia centrale apparaissent les **armes de Henri VIII**. Le pavillon est orné de **médaillons** représentant des empereurs romains, achetés par Wolsey en 1521 au prix de 6 guinées pièce. Au fond de la Première Cour (Base Court), où l'on peut voir les armoiries de Wolsey surmontées de son chapeau de cardinal et le monogramme d'Élisabeth Iʳᵉ, la Porte Anne Boleyn **(Anne Boleyn's Gateway)**, également décorée des armes de Henri VIII, est un pavillon à tourelle embelli durant leur courte vie commune. La cour suivante, Clock Court, ou Cour de l'Horloge, doit son nom à l'**horloge astronomique** que Henri VIII y avait fait placer en 1540 et qui se trouve aujourd'hui à St James's Palace.

La visite intérieure du palais est répartie en 6 visites différentes.

Tudor Royal Lodgings – *30 mn. Entrée par Anne Boleyn's Gateway.*
La Grande Salle (**Great Hall – 1**) des appartements Tudor, édifiée par Henri VIII entre 1531 et 1536, longue de 32 m, large de 12 m et haute de 18 m, présente une magnifique charpente à diaphragmes. Sous les hautes baies aux vitraux d'époque victorienne sont tendues des tapisseries flamandes illustrant l'*Histoire d'Abraham*, exécutées par Bernard Van Orley vers 1540. À l'extrémité Ouest de la salle se trouve la galerie des musiciens (Minstrels' Gallery).
Des trophées de chasse ornent la Salle des Cornes (**Horn Room – 2**) qui, ayant directement accès aux cuisines par un escalier, servait autrefois de salle de service.
La Grande salle de garde (**Great Watching Chamber – 3**), construite en 1535-1536 à l'entrée d'appartements d'apparat (détruits), possède un beau plafond cloisonné à bossages peints des armoiries et devises des familles Tudor et Seymour. Les tapisseries flamandes illustrant *Les Vices* et *Les Vertus* furent probablement achetées par Wolsey en 1522.
Le fantôme de Catherine Howard, 5ᵉ femme de Henri VIII, hanterait la galerie (**Haunted Gallery – 4**) qui donne sur la cour de la Cuisine ronde (Round Kitchen Court). Les tapisseries flamandes du 16ᵉ s. proviennent de la collection de la reine Élisabeth Iʳᵉ. De là, on accède au Balcon royal (**Royal Pew – 5**), dont Sir James Thornhill décora le plafond, galerie réalisée pour la reine Anne et ouvrant sur la chapelle royale (**Chapel Royal – 6**). Construite par Wolsey, elle fut transformée par

Henri VIII qui y fit réaliser le somptueux plafond voûté de bois serti d'éventails et les clefs pendantes dorées. **Gibbons** sculpta le retable encadré de piliers corinthiens et d'un fronton surbaissé conçus par **Wren**.

Queen's State Apartments – *45 mn. Entrée par Clock Court.*

Lors des cérémonies, on accédait aux **Grands appartements de la reine** par l'Escalier de la Reine (**Queen's Staircase – 7**), dont la magnifique rampe en fer forgé est l'œuvre de **Tijou**, la lanterne celle de Benjamin Goodison et les peintures des murs et du plafond celle de Kent (1735). Le mur Ouest est décoré d'une allégorie (1628) de Honthorst représentant Jupiter et Junon sous les traits de Charles Ier et de Henriette-Marie et Apollon sous ceux du duc de Buckingham. La salle des gardes de la reine (**Queen's Guard Chamber – 8**) contient une monumentale cheminée sculptée par Grinling Gibbons. L'antichambre de la reine (**Queen's Presence Chamber – 9**) présente du mobilier (1714) exécuté pour la reine Anne et des tableaux du Tintoret *(Les Neuf Muses)*, de Gentileschi et de Vasari. Le plafond est dû à Sir John Vanbrugh et les sculptures à Gibbons. La salle du Grand Couvert (**Public Dining Room – 10**), précédée d'un vestibule et décorée par Vanbrugh vers 1716 pour le futur George II, devait être un salon de musique. Les armes royales du fronton de la cheminée sont l'œuvre de Gibbons. Tableaux de Sebastiano Ricci, Pietro Liberi et Knapton *(Augusta, princesse de Galles, et sa famille)*.

La salle d'audience de la reine (**Queen's Audience Chamber – 11**) est ornée de tapisseries du 16e s. représentant des scènes de la vie d'Abraham et contient le trône à baldaquin. Portraits des *Duc et duchesse de Brunswick* et de *Anne de Danemark*. Le salon de la reine (**Queen's Drawing Room – 12**) est décoré de fresques (1703-1705) de Verrio commandées par la reine Anne, représentée en déesse de la Justice, au plafond, ou recevant les hommages, sur le mur Ouest. Son mari, le prince Georges de Danemark, figure en amiral de la flotte sur le mur Nord, tandis que sur le mur Sud Cupidon est emporté par des chevaux marins. De la baie centrale, magnifique **perspective★** sur le jardin de la Grande Fontaine. Dans la chambre de la reine (**Queen's Bedroom – 13**), au-dessus du lit d'apparat, de chaises et de tabourets du début du 17e s. en damas cramoisi, une allégorie de Sir James Thornhill décore le plafond; portrait de *La Reine Anne enfant*, par Lely. La galerie de la reine (**Queen's Gallery – 14**) est tendue de tapisseries du début du 18e s. représentant des scènes de la vie d'Alexandre le Grand et de cartons de Carlo Cignani (1628-1719). Cheminée en marbre de John Nost; sculptures de Gibbons. Dans la pièce voisine, le boudoir de la reine Mary (**Queen's Mary Closet – 15**), les murs sont couverts de brocart.

Georgian Rooms – *30 mn. Entrée par Fountain Court.*

Contrastant avec les appartements d'apparat, les **salles georgiennes** sont des appartements privés plus intimes, restaurés dans leur état de 1737.

La chapelle privée de la reine (**Queen's Private Chapel – 16**), achevée en 1716, possède une coupole éclairée par une lanterne; peintures religieuses de Fetti. Le cabinet de toilette (**Bathing Closet – 17**) donne accès à la salle à manger privée (**Private Dining Room – 18**) ornée, entre autres, d'œuvres de Pellegrini. Le service en argent massif est un prêt privé. Un deuxième cabinet (**19**) ouvre sur la chambre privée de la reine (**Queen's Private Chamber – 20**) où sont accrochées des toiles de Ruysdael, Breughel et Van de Velde. *Moines au couvent* était l'un des tableaux préférés de la reine.

Le cabinet de toilette du roi (**King's Private Dressing Room – 21**) contient un petit lit du début du 18e s. et mène à la chambre du roi George II (**George II's Private Chamber – 22**), remarquable pour ses tentures en papier soufflé (1730), où se trouve le célèbre portrait du *Cardinal de Richelieu* par Philippe de Champaigne. Un petit vestibule (**23**) donne accès à la galerie des cartons (**Cartoon Gallery – 24**). Elle fut conçue par Wren pour recevoir les cartons de tapisserie dessinés (1515) par Raphaël et dépeignant les Actes des Apôtres. Acquis en 1623 par Charles Ier, ils sont exposés aujourd'hui au Victoria et Albert Museum et remplacés ici par des copies. Un autre vestibule (**25**) permet de passer dans la galerie de communication (**26**) qui relie les Grands appartements du roi à ceux de la reine. Accueillant autrefois les cartons de Mantegna maintenant exposés dans la Basse Orangerie, la galerie réunit maintenant les fameuses *Beautés de Windsor*, ces belles dames de la cour de Charles II peintes par Lely.

La visite des appartements privés s'achève par le cabinet du cardinal Wolsey (**Wolsey's Closet – 27**), qui a conservé son aspect d'origine (boiseries sculptées, panneaux peints, frise ornée des blasons des Tudors, devise du cardinal inscrite sous la corniche) et par la **suite Cumberland (28)**, dessinée par William Kent en 1732 pour le 3e fils de George II (plafonds moulurés, portraits des enfants royaux et tableaux de Ricci, des Carrache, de Giordano, etc.).

King's Apartments – *45 mn. Entrée par Clock Court.*

Les Grands appartements du roi furent aménagés entre 1689 et 1700 pour Guillaume III. Endommagés par un incendie en 1986, ils ont été restaurés.

On accède aux appartements par l'Escalier du roi (**King's Staircase – 29**), décoré de scènes allégoriques peintes par Verrio vers 1700 et orné d'une rampe stylisée forgée par Tijou. Dans la salle des gardes (**King's Guard Chamber – 30**), l'armurier de Guillaume III, John Harris, a réuni et disposé au-dessus des boiseries blondes plus de 3 000 armes.

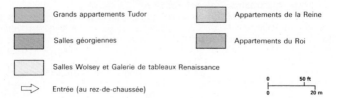

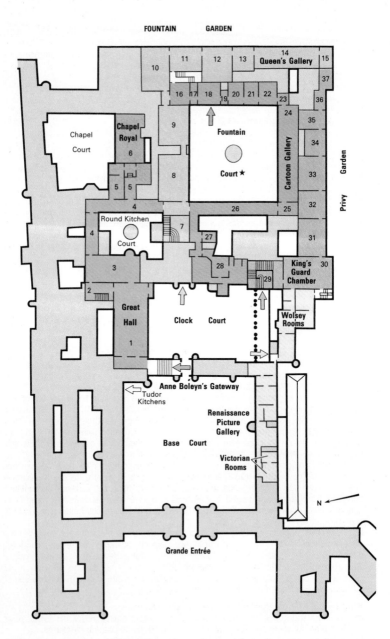

GRANDS APPARTEMENTS

FIRST FLOOR (1er étage)

- Grands appartements Tudor
- Salles géorgiennes
- Salles Wolsey et Galerie de tableaux Renaissance
- Entrée (au rez-de-chaussée)
- Appartements de la Reine
- Appartements du Roi

0   50 ft
0   20 m

FOUNTAIN   GARDEN

10
11   12   13
14
Queen's Gallery   15
37
16 17 18   19   20 21 22   23
36
Chapel Court
Chapel Royal   6
9
Fountain
24
35
34
5   5
8
Court ★
Cartoon Gallery
33
32
4
Round Kitchen   7
Court
26
25
31
4
3
27
28
King's Guard Chamber   30
29
2
Great Hall   1
Clock   Court
Wolsey Rooms

Privy Garden

Anne Boleyn's Gateway
Tudor Kitchens

Renaissance Picture Gallery

Base   Court
Victorian Rooms

N

Grande Entrée

Vous prendrez plus d'intérêt à la visite des monuments si vous avez lu en introduction le chapitre sur l'art.

Dans la première antichambre (**First Presence Chamber – 31**), dont les chambranles en chêne et les guirlandes en bois de citronnier proviennent des ateliers de Gibbons, se trouve sous un dais le trône de Guillaume III. Portraits du roi par Kneller (1701) et du *Marquis de Hamilton* par Mytens. La deuxième antichambre (**Second Presence Chamber – 32**), plus petite, servait parfois de salle à manger. Remarquer les trumeaux et le portrait de *Christian IV de Danemark*. La salle d'audience (**King's Audience Chamber – 33**), avec le baldaquin d'apparat et des sièges du 17e s., offre une vue sur le jardin privé. Portrait d'Élisabeth de Bohême, sœur de Charles Ier, par Honthorst.

Dans le salon du roi (**King's Drawing Room – 34**), un remarquable travail de sculpture (guirlandes, chérubins et oiseaux) ciselé par Gibbons surmonte la cheminée. Le plafond de la chambre d'apparat (**King's State Bedroom – 35**) fut décoré par Verrio. Ornée de tapisseries du 16e s. appartenant à la série consacrée à Abraham, la pièce n'était utilisée que pour le lever et le coucher officiels et publics, car le roi dormait en fait dans la pièce voisine, son cabinet de toilette (**King's Dressing Room – 36**), tendu de taffetas jaune. Remarquer au plafond la fresque de Verrio : *Mars sur les genoux de Vénus*. Le cabinet de travail (King's Writing Closet – **37**) contient encore le bureau sur lequel le roi signait les documents importants. Le miroir situé au-dessus de la cheminée lui permettait d'avoir une vue sur toute l'enfilade de pièces.

Au rez-de-chaussée, les **appartements privés** du roi sont ornés de portraits de courtisans par Kneller, Lely et Rigaud. On y voit aussi des plans du palais, un service de toilette (vers 1670) de Pierre Prévost, des tableaux des écoles italienne et hollandaise, du mobilier. L'**Orangerie** permet d'abriter l'hiver les orangers en bacs placés sur la terrasse. Le salon de chêne (**Oak Room**) est pourvu de rayonnages et d'un bureau tandis que la **salle à manger** regroupe les *Beautés de Hampton Court*, portraits de dames de la cour de Marie II, par Kneller.

Wolsey Rooms and Renaissance Picture Gallery – *30 mn. Entrée par Clock Court.*

Les **salles Wolsey**, probablement mises à la disposition des invités plutôt qu'utilisées par le cardinal lui-même, sont ornées de boiseries du 16e s. sculptées en serviettes et de simples panneaux postérieurs. La décoration très élaborée des plafonds est ponctuée de blasons aux armes du cardinal. Ces salles servent aujourd'hui à exposer les **tableaux Renaissance** de la collection de Sa Majesté la reine Élisabeth II, collection qui comprend notamment un groupe de famille, *Henri VIII et ses enfants*, un portrait posthume de *Jane Seymour* d'après Holbein, les portraits de *Charles Ier et Henriette-Marie* et *Charles Ier en Prince de Galles* par Mytens. Parmi les nombreux chefs-d'œuvre présentés, on peut admirer *Le Camp du Drap d'or*, les portraits d'*Élisabeth Ière*, de *Henri VIII*, de *François Ier* et de *Édouard VI* attribués à William Scrots, ainsi que des toiles du Tintoret, de Titien, de Lotto, de Bronzino, de Bassano, de Dosso Dossi, du Corrège *(Sainte Catherine)*, de Salviati, du Parmesan *(Minerve)*, de Quentin Metsys *(Érasme)*, de Cranach *(Le Jugement de Pâris)*, de Breughel l'Ancien *(Le Massacre des innocents)*, de Hans Baldung.
Deux salles victoriennes sont meublées et décorées dans le style des années 1840.

Tudor Kitchens – *45 mn. Entrée par Clock Court.*

Les cuisines du 16e s. sont les plus vastes et les plus complètes de cette époque à subsister encore. Elles occupaient un personnel fort de 230 serviteurs pour préparer deux fois par jour les repas des 600 courtisans et officiers qui suivaient la cour dans ses déplacements. Actuellement, elles sont aménagées comme lors du festin de la Saint-Jean de 1542.
La visite commence par la cave (**maquette** des cuisines), située sous la Grande Salle, se poursuit par les portes principales où étaient livrés les produits et passe par la **boucherie**, le bâtiment des bouillons (**Boiling House**) où les pièces de viande étaient cuites à l'eau, le garde-manger (**Flesh Larder**) et la cour des poissons (**Fish Court**), qui était au cœur des cuisines, pour gagner les grandes cuisines où les broches étaient tournées par les « galopins » et où les sauces étaient préparées sur des fourneaux fonctionnant au charbon de bois. Les plats étaient ensuite dressés ou emportés vers la salle de service (**Servery**).
La cave à vin est l'une des trois où Henri VIII conservait le vin importé et la bière anglaise, brassée sur place ; chaque année, la cour consommait 700 000 l de bière et 300 barriques de vin.

★★★ Les jardins

Leurs 20 ha portent la marque de leurs auteurs, les monarques Tudor, Stuart, Orange, et leurs paysagistes et grands jardiniers. Au cours des années, plusieurs parties ont été créées, puis supprimées ; les parterres bordés de buis des 17e et 18e s. se sont transformés en pelouses ou en zones boisées au fil des modes. De même, on planta de nouvelles espèces.
Dans le jardin d'agrément entouré de murs que le cardinal Wolsey composa entre la façade Sud et la rivière, Henri VIII fit aménager le jardin du plan d'eau (Pond Garden) et le jardin privé (Privy Garden).

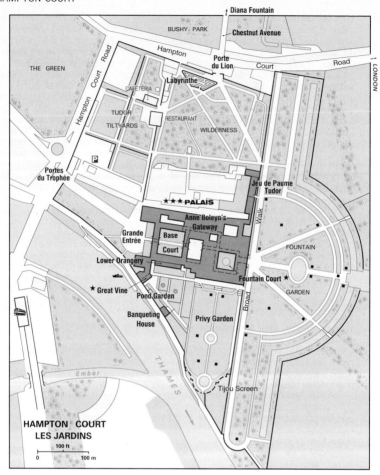

HAMPTON COURT
LES JARDINS

100 ft
0   100 m

Privy Garden – Il naquit sous la forme de quadrilatères de pelouse cernés de poudre de brique colorée et de sable, parsemés d'animaux héraldiques dressés sur des colonnes et d'arbres taillés en topiaire. Un belvédère fut construit sur une butte élevée au bord de la rivière ; on y accédait par une rampe en spirale bordée des « bêtes royales » aux vives couleurs. Une grille d'accès s'ouvrait aux visiteurs qui, à l'époque, arrivaient généralement par bateau. Entre 1599 et 1659, le jardin héraldique fut remplacé par quatre plans de pelouse décorés de délicates statues et les animaux des armoiries royales furent transférés dans la cour d'entrée principale ; quant à la butte, elle fut arasée, la terre récupérée servant au remblai des terrasses qui aujourd'hui flanquent le jardin.

Sous Charles II, le terrain que dominait la façade Est fut aménagé à la française, selon le style de Le Nôtre, alors en vogue. Des tilleuls en demi-lune délimitaient trois allées qui formaient une patte d'oie ; l'axe central était représenté par un canal (Long Water) qui perçait les rangées d'arbres.

Les jardins actuels ont été redessinés selon leur plan de 1702. Pour l'essentiel, ils étaient alors l'œuvre de Guillaume III, un passionné de jardins, et de Marie II, « particulièrement versée en plantes exotiques », goût qui la conduisit à envoyer des botanistes en Virginie et aux Canaries.

Côté Sud – **Knot Garden**, un savant entrelacs velouté de buis nains ou de touffes de thym enserrant des massifs de fleurs, fut replanté au 20ᵉ s. dans son enclos élisabéthain d'origine. Le chiffre royal **ER 1568** est gravé sur les parements de pierre des baies de la **façade Sud** ouvrant sur ce jardin. La tourelle octogonale au dôme couvert de plaques de plomb date du 16ᵉ s.

La Basse Orangerie **(Lower Orangery)**, bâtiment aux lignes sobres érigé par Wren, abrite désormais les cartons de Mantegna (1431-1506) – peut-être les plus anciennes toiles existantes – acquis par Charles Iᵉʳ. Les neuf immenses tableaux du *Triomphe de César* représentant le triomphal cortège forment un ensemble s'achevant sur un César au visage vieilli et terreux, dressé sur son char.

La **grande treille** ★ (Great Vine) donne chaque année 500 à 600 grappes de raisin noir de Hambourg *(en vente de fin août à début septembre)*. Plantée en 1768 par «Capability» Brown pour George III, elle fait aujourd'hui 2 m de circonférence. L'imposante glycine qui pousse près de la serre (Vine House) remonte à 1840.

Le **jardin du plan d'eau** (Pond Garden) fut conçu dans un pur style Stuart.

Banqueting House, attribuée à William Talman, présente une importante salle baroque, Painted Room, par Verrio.

Le jardin privé, **Privy Garden**, était réservé au monarque et à ses invités. Chaque roi ou reine en a modifié le dessin pour se conformer aux modes successives. La dernière grande transformation eut lieu à l'époque de Guillaume et de Marie, lorsqu'on y ajouta la charmille de la reine et la terrasse; la galerie d'eau Tudor fut alors détruite et le jardin, prolongé jusqu'à la rivière, était protégé du chemin de halage par douze panneaux de fer forgé délicatement ouvragés et ornés par Jean Tijou d'emblèmes anglais, gallois, écossais et irlandais. La complexe broderie centrale fut ornementale d'ifs pyramidaux et de houx taillés en boule. Vers la fin du 18e s., les plantations se firent moins strictes, les statues disparurent et les arbres conservèrent leur pousse naturelle. Les jardins ont aujourd'hui retrouvé leur splendeur d'antan, que vient parachever l'allée couverte.

Côté Est – En sculptant l'entablement (1694-1696) de la façade Est du château, Caius Cibber combina le chiffre de Guillaume et de Marie avec une couronne, des sceptres et des trompettes.

Wren et la reine Caroline sont à l'origine de la grande allée, **Broad Walk**, conçue pour séparer le jardin privé du jardin des Fontaines, **Fountain Garden**, créé sous Guillaume III de façon à réduire la longueur du canal sans supprimer les allées en étoile tracées par Charles II. Treize fontaines furent mises en place parmi des haies de buis nains (une mode hollandaise), des ifs en forme d'obélisque et des houx blancs taillés en boule disposés en rigoureuses volutes. Sous la reine Anne, on supprima huit fontaines périphériques et on remplaça les arabesques de buis nains par de l'herbe et du gravier. À l'époque de la reine Caroline, l'ensemble de fontaines fut ramené à l'unique pièce restante. Au 20e s., les ifs, qui avaient poussé librement au siècle précédent, furent taillés dans la forme conique que l'on observe aujourd'hui, afin de dégager les massifs de fleurs et les vues spectaculaires qu'offre la façade Est. Les deux demi-cercles de tilleuls furent replantés dans les années 1980.

Passionné de jeu de paume, Henri VIII fit construire pour pratiquer ce jeu le bâtiment connu aujourd'hui sous le nom de **Tudor Tennis Court**, qui sert encore; les fenêtres sont du 18e s.

Côté Nord – Henri VIII était également grand amateur de tournois, aussi fit-il édifier, flanquées de six tours d'observation dont une seule nous est parvenue, des lices désignées maintenant sous le nom de **Tudor Tiltyards**. Ce sont désormais des roseraies closes.

La partie sauvage, dite **Wilderness**, où se trouve un **labyrinthe** (Maze) triangulaire datant de 1714, représente de nos jours 3,5 ha de surface boisée. Le site, occupé à l'origine par le verger de Henri VIII, fut ordonnancé par Guillaume III qui y introduisit des espaliers, des haies de buis, des houx et des ifs taillés, ainsi qu'un autre labyrinthe, circulaire.

Les portes du lion, **Lion Gates**, faisaient partie du grand projet de Wren concernant une nouvelle entrée Nord et la façade du château.

L'allée de châtaigniers, **Chesnut Avenue**, qui traverse la partie touffue du parc (Bushy Park) remonte également aux travaux de Wren. Quatre rangs de tilleuls bordent la double rangée de châtaigniers (274 arbres plantés à 14 m d'intervalle, sur plus de 1,5 km) qui forment un ensemble particulièrement impressionnant au moment de la floraison, à la mi-mai. La **Fontaine de Diane** fut commandée par Charles II à Francisco Fenelli pour le jardin privé. Au Nord-Ouest de la fontaine, le jardin boisé, **Woodland Garden**, s'étend sur 40 ha où rhododendrons et azalées de toutes nuances fleurissent sous les arbres de part et d'autre du cours d'eau, refuge du gibier d'eau et d'un cygne noir. Le parc boisé fut d'abord un enclos à cerfs créé par Charles Ier; le monarque fit également détourner un affluent de la rivière Colne pour créer la rivière Longford (14 km).

Hampton Court Green

Face aux portes du palais, le Green est une vaste pelouse se prolongeant jusqu'au pont et bordée au Sud de demeures anciennes. Aux 17e et 18e s., celles-ci étaient habitées par des familiers de la Cour. Citons **Old Court House**, qui fut de 1706 à 1723 la demeure de Sir **Christopher Wren**, Paper House, Court Cottage, **Faraday House**, où Michael Faraday (1791-1867), le célèbre physicien qui découvrit l'induction électromagnétique et la dynamo et énonça les lois de l'électrolyse, vécut sa retraite à partir de 1858, Cardinal House et, cachés derrière les deux dernières maisons, **King's Store Studio**, petit édifice carré à bardeaux blancs, et Old Office House avec son comble en croupe. Face au Green s'allongent les Écuries royales **(Royal Mews)**, édifiées en brique autour d'une cour.

ISLINGTON

Dans *Londres sortant de la Ville* ou la *Marche des briques et du mortier*, le caricaturiste du 19e s. **Cruikshank**, qui vivait à Highbury Terrace, croqua les nouveaux bâtisseurs-urbanistes, tel Thomas Cubitt, qui créaient places et «terraces», mais aussi des rues plus modestes bientôt peuplées d'ouvriers employés dans les nouvelles usines de l'industrie légère. Envahissant le voisinage, la population passa de 10 000 âmes en 1801 à 283 000 en 1881 et 335 000 en 1901. Au 20e s., Islington et surtout Angel étaient devenus synonymes de bas quartiers, de misère noire et écrasante, de gamins hilares et bruyants, de pubs mal famés, de marché (Caledonian, ou Cally, Market) et de gloires du Collins Music Hall éclairées au gaz.

Les reconstructions de l'après-guerre et le ravalement ont rendu aux «terraces» et aux places leur sage alignement, en particulier à **Duncan Terrace**, à **Colebrooke Row** (construit en 1761) et à **Charlton Place**, caractérisées par leurs lanterneaux et leurs portes flanquées de colonnes toscanes, ou par les demi-lunes de leurs encadrements de porte, de leurs fenêtres du rez-de-chaussée et par leurs étroits balcons en fer forgé. Les taudis furent quant à eux largement remplacés par des immeubles de quatre à huit niveaux en brique, rappel du passé local quand Islington était le siège d'une grande briqueterie londonienne.

Angel – Cinq grands axes aboutissent au carrefour qui doit son nom à l'Angel Inn, auberge qui s'y dressait autrefois.

Crafts Council Gallery ⊘ – *44a Pentonville Road*. Le Conseil artisanal, organisme financé par l'État, consacre son activité au soutien et à la promotion d'une solide tradition d'arts décoratifs et appliqués. Hormis la revue qu'il publie, il organise d'importantes expositions de travaux contemporains (la Foire artisanale de Chelsea) et historiques issus de ses propres collections. Sa librairie et son répertoire de diapositives constituent une source complémentaire d'informations. Il occupe la chapelle des Dissidents, aujourd'hui désaffectée, connue sous le nom de Claremont Hall (1818-1819).

Islington – «Ce village agréablement situé», selon la description qu'en donne John Strype (1643-1737), devint une banlieue au 17e s. lorsque la population dut fuir devant l'épidémie de peste (1665) et l'incendie (1666) qui ravagèrent la capitale. Les plus aisés emménagèrent à Islington, tandis que les pauvres, soit environ 300 000 personnes, bâtirent baraques et taudis dans Finsbury et Moorfields. Islington devint un lieu à la mode : des terrasses de salons de thé s'installaient autour des puits (Clerkenwell, Sadler's Well, etc.). Des tavernes jalonnaient les anciennes routes du Nord, très fréquentées jusqu'à l'avènement du chemin de fer par fermiers et bouviers qui emmenaient leur bétail vers le Sud. Les animaux se reposaient dans des enclos proches du village, bientôt connu comme l'une des «laiteries» de Londres, avant de descendre St John Street vers Smithfield ou, plus tard aux 19e et 20e s., jusqu'au Caledonian Market.

Camden Passage – *Upper Street*. Pittoresque ruelle aux nombreuses boutiques (qui ont gagné les rues voisines), magasins d'antiquités et galeries, avec des restaurants, deux pubs victoriens et un tout récent «village» de style georgien ; spécialisée dans les pièces Art nouveau, les porcelaines de Sèvres et l'argenterie.

Business Design Centre – *Entre Upper Street et Liverpool Road*. L'ancien **Royal Agricultural Hall** (1862), immense salle aux piliers de fonte, successivement utilisé pour accueillir le Salon de l'Agriculture, des carrousels militaires, des meetings, des courses de taureaux et des expositions canines, a été restauré et modernisé pour abriter des expositions commerciales.

Islington Green – Au centre de cette vaste pelouse triangulaire est érigée une statue à la mémoire de Sir Hugh Myddelton *(voir index)*. Au Nord s'élevait autrefois le Collins Music Hall, disparu au milieu de ce siècle.

The Little Angel Theatre ⊘ – *Dagmar Passage*. Jadis siège d'une association anti-alcoolique, l'édifice situé au Nord de l'église St Mary est depuis 1961 un théâtre fréquenté consacré aux marionnettes.

Canonbury – Cet ancien hameau est sillonné de rues et de places le long desquelles s'alignent en «terraces» des maisons du 19e s. **Canonbury Square★**, où habitèrent George Orwell et Francis Bacon, en est avec ses belles proportions le plus parfait exemple. Canonbury Grove, avec ses cottages dominant un bras de décharge du fleuve, et Alwynne Road, avec ses villas du 19e s. et ses maisons jumelles édifiées à l'ombre de ses grands platanes, ne manquent pas de charme.

Canonbury Tower – Cette tour carrée de brique rouge est le seul vestige d'un manoir du 16e s. qui fut la résidence de campagne de Sir John Spencer, Lord-Maire de Londres et propriétaire de Crosby House. Elle est entourée de bâtiments des 18e et 19e s. dont le plus imposant est **Canonbury House**, demeure à étage et fronton dont le porche central est encadré de colonnes ioniques. La tour est aujourd'hui allouée à une compagnie dramatique, le Tower Theatre.

KENWOOD ★★

Le domaine de Ken (ou Caen) Wood fut illustré au début du 17e s. par l'imprimeur du roi, John Hill, et au 18e s. surtout par **William Murray**, fils cadet d'un pair d'Écosse, qui l'acquit en 1754 et devint deux ans plus tard ministre de la Justice de George III. Créé en 1756 comte de Mansfield, il fut le champion de l'abolition de l'esclavage. En 1764, il chargea l'architecte écossais **Robert Adam** d'agrandir et embellir la demeure où il mourut en 1793. À l'extrême fin du siècle, David Murray, son neveu, fit ajouter, côté cour, deux ailes en retour et, à l'Est, les écuries et les communs.

Le legs Iveagh – En 1925, Kenwood fut acheté par **Edward Cecil Guinness**, comte d'Iveagh et propriétaire de la brasserie mondialement connue, qui, le mobilier ayant été vendu auparavant, y installa la remarquable collection de tableaux qu'il avait constituée à la fin du 19e s. À sa mort deux ans plus tard, il légua le domaine à la nation.

VISITE ⊘

Extérieur – Tout blanc du stuc dont il est revêtu, le château règne sur une harmonieuse étendue de pelouses, de bois et d'étangs. Son élégante architecture ionique témoigne, par sa sobriété inspirée de l'antique, du style Adam : admirer le portique de l'entrée, remarquable par la pureté de ses lignes, et, sur le parc, le majestueux pavillon central, finement décoré de pilastres à palmettes et de guirlandes en spirale et flanqué d'ailes surbaissées. C'est également Adam qui remodela la façade de l'Orangerie, à l'Ouest, et conçut la bibliothèque, à l'Est, pour équilibrer le bâtiment.

Kenwood House : la bibliothèque

Intérieur – Bien conçu dans sa distribution, il présente des pièces adaptées à leur usage où des meubles du 18ᵉ s. recréent le décor d'origine (quelques meubles originaux de Lord Murray ont même été rachetés).

Les pièces du pavillon central, exposées au midi, faisaient partie de la demeure d'origine. Elles furent agrémentées par Adam de cheminées de marbre blanc, de lambris et de frises. Le boudoir, où se tenait la domesticité, communique avec la belle orangerie, qui a conservé sa corniche du 18ᵉ s. Dans les ailes nouvelles se trouvent le salon de musique et la salle à manger, ornée d'une gracieuse frise et communiquant avec le hall de marbre.

★★**Bibliothèque** – Faisant pendant au boudoir et à l'orangerie, la pièce qu'Adam conçut comme pièce de réception, richement décorée des motifs chers à son concepteur, est peinte dans les tons bleu et vieux rose réchampis de blanc et d'or. La salle oblongue à plafond courbe se termine par deux absides, séparées de la partie centrale par une solive portée par des colonnes corinthiennes cannelées, où s'alignent des rayonnages. Des niches cintrées, dans lesquelles s'adaptent trois miroirs, flanquent les cheminées et reflètent la lumière des trois vastes baies en vis-à-vis.

★★**Peintures** – Dans la salle à manger sont accrochés un Rembrandt, *Autoportrait âgé*, le vigoureux *Homme à la canne* de Frans Hals, la *Joueuse de guitare*, à délicate carnation, de Vermeer et des œuvres de Bol, Rubens, Cuyp et Crome. Dans le petit salon se trouvent des marines de Van de Velde et un Turner tandis que le vestibule est surtout consacré à Angelica Kauffmann. Les portraitistes anglais peuplent les autres pièces : portraits de femmes, dont *Mary, comtesse Howe* en robe rose à dentelles et chapeau plat, de Gainsborough, *Lady Hamilton*, de Romney, et de sensibles portraits d'enfants, dont on détachera *Sir George Sinclair*, ami de Byron au collège de Harrow, de Raeburn, *Les Enfants Brummell* (le plus jeune deviendra le célèbre « Beau Brummell », arbitre des élégances et ami de George IV), de Reynolds, et *Miss Murray*, de Lawrence. Dans l'orangerie et la salle du petit déjeuner, on verra des toiles d'un caractère inhabituel chez Gainsborough, *La Charrette pour le marché*, *La Lutte de deux petits bergers avec chiens* et la dramatique *Chiens poursuivant un renard*. Remarquer encore le portrait de *J. J. Merlin*, dans le salon de musique, et celui du *Comte de Mansfield, ministre de la Justice*, créateur de Kenwood, par John Jackson.

Coach House – Dans les communs, où se trouve un restaurant, on verra notamment la berline familiale du 19ᵉ s. qui emmenait jusqu'à 15 personnes.

*Dans les **guides Michelin**,*
les cartes et les plans de villes sont orientés le Nord en haut.

KEW ★★★

Plan p. 272, **TY**
⊖ Kew Gardens

Au temps des Tudors et des Stuarts, le hameau de Kew possédait une chapelle construite en 1522 où venaient se recueillir les courtisans ; elle fut remplacée par l'église Ste-Anne. Au 17ᵉ s., un riche marchand de Londres, Samuel Fortrey, fils d'un réfugié hollandais, fit construire une belle demeure, **Dutch House**, qui devint résidence royale au siècle suivant.

Les George au vert – La famille royale acquit deux domaines voisins, Old Deer Park, à Richmond, et White House. Le premier, acheté en 1721 par le futur George II et son épouse Caroline de Brandebourg, fut rebaptisé **Richmond Lodge**. En 1730, le prince de Galles Frédéric, leur fils, qui n'était pas dans les meilleurs termes avec ses parents, acheta **White House**, distante d'un peu plus de 1 km. Avec son épouse, Augusta de Saxe-Gotha, il fit reconstruire la demeure sur un site aujourd'hui repéré par un cadran solaire. Frédéric mourut en 1751, avant son père, et Augusta continua de résider à White House, se consacrant à l'embellissement du parc où **William Chambers** (1723-1796) réalisa un jardin du style dit « anglo-chinois » avec ses fabriques, ponts, temples, pavillons et pagodes, bientôt adopté par toute l'Europe.

En 1760, George III succéda à son grand-père et épousa l'année suivante Charlotte de Mecklembourg-Strelitz. 15 enfants devaient naître de cette fructueuse union... Aussi, Richmond Lodge se révélant vite trop petit, la famille emménagea-t-elle à la mort d'Augusta en 1772 à White House, où l'on s'aperçut que ce n'était guère plus grand... En 1773, le roi acheta alors **Dutch House**, toute proche, pour y loger le prince de Galles, futur George IV, et son frère cadet. Mais toujours insatisfait de ces dispositions, il prit le parti de faire édifier au bord de la Tamise une nouvelle demeure d'aspect gothique dont il confia les plans à **James Wyatt**. Connue sous le nom de **Castellated House** (Maison crénelée), elle ne fut jamais achevée ; mais comme Richmond Lodge avait été démolie pour faire place à un observatoire et que White House avait connu le même sort, le nouveau palais fut occupé par la reine Charlotte jusqu'à sa mort en 1810 avant d'être converti en musée en 1899.

KEW GARDENS

BRENTFORD

Kew Bridge Steam Museum

Green Dragon La.

Kew Bridge Rd

Kew Bridge

Musical Museum

High Street

THAMES

Thames Rd

Kew Bridge

Kew Pier

N

200 m
200 yards

0

Époques de floraison
des principales plantations

◆ Printemps   ◆ Été

◆ Automne-Hiver

Herbarium and Library

Sir Joseph Banks Building

Pavillon des Arums

Entrée principale

Kew Green

St Anne

Kew Gardens Gallery

Kew Road

Priory Road

Gloucester Rd

Mortlake Rd

KEW

Lilas

Aconits d'hiver

★★ KEW PALACE

Queen's Garden

Broad Walk

Filmy Fern House

Orangery

★ Orangery

RESTAURANT

Brentford Gate

Cycad House

Bouleaux

CAFETERIA

Narcisses

Lilas

Cèdres

Avenue

Peupliers

Walk

Hêtres

Magnolias

Frênes

Mont des Pommiers sauvages

Serre des Nénuphars

Roseraie

Princesses

Walk

Charmes

Jardin des Azalées

Frênes

Frênes

Noisetiers

Frênes

Hêtres

Vallon des Rhododendrons

Jardin des Bambous

Hêtres

Aulnes

Walk

Hollow

Chênes

Riverside

Walk

Châtaigniers

Chestnut Av.

Genévriers

LAKE

Boathouse

Cèdres

Sapins

Walk

Campanules

Walk

Princess of Wales Conservatory

Jardin d'eau

Pavillon Alpin

Jardin de rocaille

Roses

Plantes herbacées

Cumberland Gate

Kew Road

Temple of Aeolus

★★ PALM HOUSE

Cerisiers du Japon

Queen's Beasts

The Pond

Broad Walk

CAMPANILE

Temple of Arethusa

Victoria Gate

Lichfield Rd

General Museum

Broomfield Rd

◆ Kew Gardens

Cerisiers du Japon

Hamamélis

Mûriers

King William's Temple

Vista

Temple of Bellona

Unicorn Gate (femme)

Branstone Rd

Magnolias

Camélias

Tilleuls

Flagstaff

Temperate House

★ Temperate House

Érables

Marianne North Gallery

Ruined Arch

Australian House

Woodland

Holly

Roses

Arbres fruitiers et arbustes

Pagoda Av.

SALON DE THE

Kew Road

Lion Gate

QUEEN CHARLOTTE'S COTTAGE GROUNDS

Campanules

Saules

Pins

Vista

Queen Charlotte's Cottage

Cèdres

Pins

Nénuphars

Campanules

Lys

Sequoias

Avenue

Cyprès

Oak

Rhododendrons

Roses

Hortensias

Groseilliers

Mélèzes

Thuyas

Azalées

Japanese Gateway

★ Pagoda

Cedar

Roses

Jardin des Bruyères

Acacia Av.

Hawthorn

Noyers

OLD DEER PARK

★★★ROYAL BOTANIC GARDENS ⊙

Les **jardins botaniques royaux** sont un pur plaisir. Le saule pleureur ou le pin, isolés ou en groupe, ravissent le visiteur en toute saison par leur couleur et leur forme. Le néophyte pourra reconnaître les fleurs et arbrisseaux classiques et admirer les délicates variétés exotiques pendant que l'amateur de jardin pourra vérifier ses connaissances grâce aux fiches signalétiques qui jalonnent les 120 ha de ce jardin, superbe vitrine de laboratoires engagés dans l'identification des plantes et du matériel végétal du monde entier et dans la recherche agronomique.

Le conservatoire du plus grand herbier du monde, un musée du bois, une biblio-thèque botanique de plus de 100 000 volumes et un établissement de formation des jardiniers se trouvent également sur le domaine. Sa longue tradition d'amé-nagement esthétique et d'étude botanique fut inaugurée par la princesse Augusta qui créa un jardin botanique au Sud de l'Orangerie et fit passer la superficie totale de 3 à 50 ha. Lorsqu'il s'installa à White House, le prince Frédéric engagea William Kent non seulement pour reconstruire la maison mais aussi pour dessiner le jardin. À la mort du prince, la princesse Augusta, sur les conseils du comte de Bute, politicien médiocre mais botaniste émérite, engagea William Aiton, chef jardinier de 1759 à 1793, Écossais qui avait travaillé au Chelsea Physic Garden. Avec son fils, qui lui succéda de 1793 à 1841, et **Joseph Banks** (mort en 1820), explorateur et botaniste distingué, ils furent à l'origine de la collection de plantes du monde entier, dont 5 500 espèces différentes étaient réunies dès 1789 à des fins de recherche et d'acclimatation.

À la mort de la princesse Augusta en 1772, George III réunit les jardins de Kew et de Richmond Lodge et les fit réaménager par « Capability » Brown. Le palais, l'orangerie, le cottage de la reine Charlotte et la Pagode sont autant de témoignages de cette époque.

La serre aux palmiers

Ph. Gajic/MICHELIN

Jardins – *Les saisons de floraison des principales plantations figurent sur le plan ci-contre.* De nombreuses essences rares, dont certaines âgées de plus de 200 ans, ont été déracinées lors de l'orage d'octobre 1987, mais les dommages ont été réparés en grande partie.

★★**Palm House** – Conçue par **Decimus Burton** et par Richard Turner dans une optique purement fonctionnelle (110 m de long, 3 m de haut au niveau des ailes et 6 m au centre), la **serre aux palmiers**, toute de fer et de verre, fut érigée en 4 ans (1844-1848). Elle accueille des plantes tropicales utiles (café, cacao) et ornementales. Les lézards coureurs du Chili ont été cédés à Kew par les services des Douanes après avoir été introduits illégalement en Grande-Bretagne.
À l'Ouest de la serre s'étend un jardin de roses semi-circulaire tandis que l'étang, à l'Est, est gardé par les Queen's Beasts, répliques en pierre des animaux héraldiques conçus par James Woodward pour orner l'extérieur de l'abbaye de Westminster lors du couronnement de la reine en 1953.

★**Temperate House** – Également réalisé par Burton, mais vingt ans plus tard, le **jardin d'hiver** avec ses arêtes en cimier, ses surfaces octogonales, ses ailes et son ornementation est typique du style architectural de l'époque victorienne. Les camélias s'y épanouissent dans la forêt tropicale, parmi les dragonniers.

Alpine House – Pyramide de verre construite en 1981 d'où l'eau de pluie ruisselle dans les douves qui l'entourent, le **jardin alpin** reconstitue un paysage de rochers avec un parterre réfrigéré.
D'autres serres spécialisées – Aroid House (aracées), Fern Houses (fougères), Tropical Waterlily House (nymphéacées tropicales), Australian House (jardin australien) – abritent des plantes grimpantes des forêts tropicales, des cactus, des calebasses et des caroncules, des mimosas et des eucalyptus.

Princess of Wales Tropical Conservatory – La **serre tropicale** est une structure moderne de verre et d'acier en forme de diamant qui réunit dix milieux tropicaux, de la mangrove au désert. Elle constitue un panorama végétal allant des fougères et des orchidées aux plantes carnivores et de rocaille (cactus et plantes grasses disposés dans le diorama du désert Mohave). En 1996, un arum géant qui fleurit tous les trente ans suscita un grand intérêt public : cette espèce originaire de Sumatra n'avait fleuri à Kew qu'en 1889, 1926 et 1963.

Marianne North Gallery – Dans un édifice conçu en 1882 à l'intention de Marianne North par son ami l'architecte James Ferguson sont exposées les peintures de plantes et d'insectes qu'elle réalisa, ainsi que des scènes glanées au cours de ses voyages à l'étranger.

Sir Joseph Banks Building – Dans ce bâtiment se déroule un spectacle multimédia, Thread of Life Exhibition, qui relate la remarquable histoire de la cellulose *(première représentation à 10 h).*

★★**Kew Palace (Dutch House)** ⊘ – Conçu comme les maisons hollandaises, l'édifice aux briques rouge foncé de Samuel Fortrey présente des pignons à attiques et gables, remarquables par la richesse et la diversité des formes, des découpes et du moulage des briques. Fortrey en immortalisa la construction en gravant au-dessus de la porte de la façade principale son monogramme et la date 1631.
À l'arrière se trouve le **Jardin de la reine**, jardin à la française agrémenté d'allées de cytises et de charmes, avec un pavillon-belvédère et des plantes du 17ᵉ s.
L'intérieur de la résidence, décoré par George III et Charlotte, est caractéristique d'une petite maison de campagne georgienne. Toutes les pièces du rez-de-chaussée sont lambrissées : la salle à manger dans les tons clairs chers au 18ᵉ s., la salle du petit déjeuner dans le style du début du 17ᵉ s. et l'antichambre de la bibliothèque retapissée de lin comme au 16ᵉ s. À l'étage, hormis le salon de la reine, blanc et or et meublé de chaises au dossier en forme de lyre, les pièces sont tapissées d'un nouveau papier mural inspiré des portraits de famille réalisés par Gainsborough et Zoffany. Dans les salles du roi, remarquer le papier gaufré ocre brun de l'antichambre et celui de la chambre, aux tons brun roux et motifs vert foncé s'harmonisant avec les tentures. Au rez-de-chaussée sont exposés dans la salle des pages des souvenirs appartenant à la famille royale : hochets à filigrane d'argent, jetons d'alphabet, boîtes à tabac, listes de dettes de jeu du prince Frédéric, code utilisé par la reine pour les cordons de sonnette...

Queen Charlotte's Cottage ⊘ – La **chaumière** de la reine Charlotte est représentative des constructions «rustiques» de l'époque (1772). Elle fut conçue par la reine elle-même, qui l'utilisait lors de pique-niques.

Autres édifices et monuments – Des fabriques que fit construire la princesse Augusta on retiendra surtout l'**Orangerie**★ (1761) et la **Pagode**★ (1761), dont les 10 niveaux s'élèvent à 50 m mais qui est désormais privée des dragons dorés à clochette qui la terminaient, car durant la Seconde Guerre mondiale elle servit de cible d'entraînement aux forces aériennes britanniques.

La **porte principale** (Main Gate), réalisée en 1848 par Decimus Burton, a perdu son lion et sa licorne d'origine, qui ornent maintenant la porte située sur Kew Road. Le **musée de Botanique générale** (General Museum) près de l'étang remplace depuis 1858 un précédent musée, le premier au monde (1847) consacré à la botanique. La **porte japonaise★** (Japanese Gateway) est un pavillon réalisé pour l'Exposition anglo-japonaise de 1912 et remonté ici.

AUTRES CURIOSITÉS

Kew Village – Les plus belles demeures du Green, vaste triangle vert, sont situées près de la porte principale des jardins. Surplombant la berge Nord de la Tamise se dresse l'**Herbarium** (qui rassemble 5 millions de plantes sèches et abrite une bibliothèque), édifice georgien de deux étages pourvu d'une vaste annexe et suivi d'une ligne irrégulière de maisons (n°s 61 à 83) de brique aux baies à pans coupés, aux balcons à auvent, aux portes arrondies et aux fenêtres dans des alcôves cintrées... Sur le côté le plus éloigné de la porte s'allonge un rang de « cottages » autrefois royaux. Le n° 37, Cambridge Cottage, abrite aujourd'hui le **musée du Bois** (Wood Museum) et une galerie, Kew Gardens Gallery *(entrée par les jardins)*.

St Anne's Church – Sa façade, tournée vers l'Ouest, est agrémentée d'un fronton triangulaire et d'un péristyle et couronnée d'un clocher. La nef et le chœur furent construits entre 1710 et 1714 à l'emplacement de la chapelle du 16ᵉ s. En 1770, on ajouta à l'église une aile Nord. Le mobilier fut alors offert par George III qui, en 1805, fit construire la galerie royale (remarquer les belles armoiries de la reine Anne). Dans le cimetière fleuri de roses reposent Gainsborough (mort en 1788) et Zoffany (mort en 1810).

Public Record Office – *Ruskin Avenue*. Le Domesday Book *(voir index)*, le testament de Shakespeare, les confessions de Guy Fawkes, les cartes du capitaine Cook, les chroniques de Bligh sur la mutinerie du *Bounty* sont quelques-uns des précieux documents (chartes, cartes, sceaux, rapports, registres) confiés avec des coffres anciens (dont le Million Bank aux multiples verrous) aux **Archives nationales**, créées en 1838 et installées autrefois dans Chancery Lane. Dans les nouveaux locaux, les fragiles documents sont conservés dans un environnement où température et humidité sont contrôlées.

Kew Bridge – Le pont du 18ᵉ s., connu aussi sous le nom de pont du roi Édouard VII (King Edward VII's Bridge), fut remplacé en 1903 par Wolfe Barry et Brereton qui installèrent la structure actuelle, composée de trois arches en pierre.

BRENTFORD

Kew Bridge Steam Museum ⊙ – *Entrée sur Green Dragon Lane*. Ce musée, installé dans une ancienne station de pompage et consacré à l'approvisionnement en eau, constitue en soi une illustration des idées fondamentales de James Watt. On y voit six machines à balancier fabriquées entre 1820 et 1938 et un modèle de la dernière pompe à eau fonctionnant à la vapeur, utilisée jusqu'en 1983. Une infinie diversité de moteurs à vapeur et d'engins de traction, une roue à eau (1702), une forge, un atelier et une collection de reliques concernant l'approvisionnement en eau de Londres complètent cette exposition. La cheminée qui se dresse à l'extérieur est un repère géographique de près de 60 m.

Musical Museum ⊙ – *368 High Street*. Une église néogothique du 19ᵉ s., à l'acoustique excellente, abrite une collection de 200 instruments de musique mécaniques (des pianos mécaniques, des orgues de Barbarie, un wurlitzer...).

Boston Manor ⊙ – ⊖ *Boston Manor*. La construction de cette résidence de briques rouges fut commencée en 1623 par Lady Mary Read qui avait reçu le domaine de Sir Thomas Gresham *(voir Osterley Park)* lors de son mariage avec le beau-fils de celui-ci. Le magnifique plafond en plâtre mouluré dans la chambre d'apparat date de 1623 ; la cage d'escalier avec sa balustrade en trompe-l'œil est d'époque également. En 1670, James Clitherow acheta la propriété et y ajouta l'imposant entablement, les architraves des fenêtres et le portail du jardin, qu'il remodela en y plantant des cèdres et en y creusant un lac.

*Dans la collection des **guides Verts Michelin**, utilisez les guides des grandes métropoles : Berlin, Bruxelles, Londres, New York, Paris, Rome, Venise, Vienne.*

Osterley est l'une des manifestations les plus élaborées de l'art de **Robert Adam** qui en a conçu chaque pièce. La décoration est restée intacte : les plafonds, les murs, les embrasures de portes, les portes, les tapis, les miroirs, le mobilier, jusqu'aux chaises, qui occupent exactement la place prévue par Adam.

Lieu de villégiature pour « messieurs » de la Cité – En 1562, **Sir Thomas Gresham** acheta le manoir d'Osterley et fit immédiatement construire une maison de campagne adjacente au vieux manoir, bâtisse de brique rouge de style Tudor datant de la fin du 15ᵉ s. encadrant sur trois côtés une cour. Lorsque la demeure fut achevée, la reine Élisabeth Iʳᵉ honora son financier d'une visite (1576). À la mort de ce dernier, la propriété revint à son beau-fils, Sir William Read, époux de la propriétaire de Boston Manor *(voir à Kew : Brentford)*.

En 1711, le manoir fut acheté par **Francis Child**, grand personnage de la Cité également, mais ce vieux banquier n'en fit jamais sa résidence. Son petit-fils et héritier, également prénommé Francis, entreprit en 1756 les transformations qui ne s'achevèrent que vingt ans plus tard, alors que la maison était devenue la propriété de la petite-nièce de Francis Child, Sarah Sophia, qui en 1804 épousa l'héritier du titre de comte de Jersey. En 1773, **Horace Walpole** écrivait : « La vieille bâtisse est à ce point embellie et enrichie qu'elle fera pâlir d'envie toutes les Percies et tous les Seymours de Sion... Il y a un hall, une bibliothèque, une salle de petit déjeuner, une salle à manger, tous *chefs d'œuvre* d'Adam, une galerie de 40 mètres de long, et un salon digne d'Ève avant sa Chute. » Osterley fut offerte à la nation par le 9ᵉ comte de Jersey en 1949.

Francis Child, fils d'un drapier du Wiltshire, vint chercher fortune à Londres dans les années 1650, y parvint, fut anobli et élu Lord-Maire en 1698, et devint le banquier de Charles II, de Nell Gwynn, de Pepys, de John Churchill, futur duc de Marlborough, de Guillaume III et de Marie II... Après son apprentissage, il fut engagé par un orfèvre dont il épousa la fille et hérita de la fortune et de l'affaire de la famille, qu'il adapta aux méthodes de l'époque. Au temps des Tudors et des Stuarts, l'argent et l'or se gagnaient rapidement grâce au développement des échanges commerciaux mais étaient aussi aisément dérobés ! Les dépôts à la Tour de Londres étant eux-mêmes vulnérables (Charles Iᵉʳ fit saisir 130 000 £ en 1640 dans les chambres fortes !), les marchands se mirent à placer leurs lingots chez les orfèvres pour une période fixe. C'est ainsi que, sous l'égide de Francis Child, ces derniers se mirent à prêter de l'argent avec intérêts et devinrent les premiers banquiers de la Cité. On peut encore reconnaître les locaux de la **Child's Bank** « à l'enseigne de la fleur du souci », utilisée à une époque où les immeubles n'étaient pas numérotés (nº 1 Fleet Street – *voir à Chancery Lane : Fleet Street)*.

VISITE ⊙

La demeure – La forme carrée de la demeure de Sir Thomas Gresham, avec ses quatre tourelles d'angle, subsiste bien qu'elle ait été agrandie et intégrée au 18ᵉ s. à une nouvelle construction en briques et pierres d'angles de William Chambers, le premier des deux architectes à avoir participé à cette transformation. En outre, Chambers réduisit la cour pour permettre la construction d'un hall et d'une rotonde et réalisa la galerie et la salle du petit déjeuner avant d'être remplacé en 1761 par Robert Adam, l'architecte le plus en vogue de l'époque. Celui-ci contribua à l'aménagement extérieur en concevant le grand portique théâtral à six colonnes de la façade principale et l'escalier en fer à cheval, ouvré au fer forgé et au laiton (1770), de la façade postérieure.

Les appartements – L'intérieur est remarquable par son décor Adam et par son plan combinant les grandes salles d'apparat au centre avec les pièces plus intimes réparties dans les ailes en retour.

L'immense hall, à double abside comme à Syon House *(voir à ce nom)*, est pourvu d'un plafond à compartiments décoré de motifs floraux faisant écho aux deux tonalités du marbre du pavement. Adam y a tout pensé, jusqu'aux poignées de porte, à l'exception des statues classiques qui flanquent les cheminées.

Quitter le hall par la porte à droite de l'entrée et gagner le fond du couloir.

Le plafond de la **salle du petit déjeuner** (Breakfast Room) est de Chambers, les entablements et les trumeaux d'Adam. La pièce est peinte d'un vigoureux jaune citron contrastant avec les touches de bleu éclairant les détails ornementaux. Les fauteuils-lyre en acajou sont probablement de John Linnell.

Le mobilier (fauteuils-lyre, bureau) de la **bibliothèque** (Library), peinte en blanc crémeux pour mettre en valeur les reliures de cuir des livres et les panneaux peints, a été entièrement réalisé vers 1775 par ce même Linnell.

Le lit d'apparat d'Osterley

© National Trust Photographic Library: Bill Batten

L'**escalier**, commencé par Chambers, est orné d'une balustrade et de panneaux décoratifs dus à Adam qui a également dessiné les trois lampes placées entre les colonnes corinthiennes.

En haut de l'escalier, tourner à droite.

La **chambre d'apparat**, ou chambre jaune (Yellow Taffeta Bedchamber), tendue de taffetas peint, est ornée de miroirs dorés. Le lit à baldaquin est signé Adam (1779).

Au sommet de l'escalier s'ouvre une suite de pièces plus sobres conçues par Chambers pour les Child. Aucun des meubles du **cabinet de toilette** (Dressing Room) de M. Child n'est d'origine mais ils datent pour la plupart du milieu du 18ᵉ s. Les rideaux et le tour de lit de la **chambre** ont été tissés dans un coton importé de l'Inde vers 1760. La coiffeuse laquée et le cabinet français d'ébène faisaient partie des meubles des années 1760. La corniche, les volets et les portes du **cabinet de toilette** de Mme Child sont de Chambers. Le manteau de cheminée et le miroir sont de Linnell. Les seules pièces d'origine sont le cabinet laqué japonais du 17ᵉ s. et la porcelaine chinoise du 18ᵉ s.

Redescendre et tourner à droite.

La **salle à manger** a été entièrement conçue par Adam : les motifs de la décoration du plafond, rose et vert, en particulier les chèvrefeuilles et les ananas, sont les plus typiques ; selon la coutume du 18ᵉ s., les chaises en acajou, au dossier en forme de lyre, sont rangées contre le mur.

La légère et aérienne **galerie** avec sa vue magnifique sur le jardin est l'œuvre de Chambers. Les cheminées de marbre, les embrasures de portes classiques et la vaisselle chinoise du 18ᵉ s., les meubles laqués et la délicate frise rococo contrastent avec la combinaison d'ocre et de vert introduite par Adam. Comme au 18ᵉ s., la pièce peu meublée (le sofa à cinq places est d'Adam) est parée de tableaux. Les trumeaux et les girandoles, ornées de guirlandes et portées par des sirènes nonchalantes, sont également signés d'Adam.

Le **salon**, quelque peu surchargé de dorures, présente un plafond à caissons bas et lourd, ponctué de patères fleuries et de plumes d'autruche. Le rose pâle et le vert tendre, l'or et le rouge réchampissent la corniche et répondent au tapis (fabriqué à Moorfields) tandis que les motifs des embrasures de porte font écho à ceux de la cheminée et à la marqueterie des deux commodes demi-lune. Les sofas et les chaises datent du début du style néo-classique français. Les trumeaux et les brûleurs de parfums sont français.

Dans la **salle des tapisseries**, les motifs Adam du plafond et de la cheminée semblent un peu fades au regard de la richesse des tapisseries des Gobelins spécialement tissées pour cette pièce. Elles sont signées et datées (1775) de Jacques Neilson, artiste d'origine écossaise, responsable des ateliers de Paris de 1751 à 1788. Remarquer les médaillons de Boucher, sertis d'or sur fond cramoisi, *Les Amours des Dieux*, séparés par des urnes fleuries, des guirlandes, des cupidons...

La **chambre à coucher d'apparat** se décline dans des coloris vert tendre. Au-dessus du miroir de la cheminée (le premier réalisé en Angleterre selon un inventaire effectué en 1782), sur le huitième lambrequin, figure le cimier des Child, un aigle tenant une vipère dans son bec. Les chaises dorées dont les dossiers ovales s'appuient sur des sphinx inclinés sont au nombre des plus gracieuses créations (1777) d'Adam. À l'origine, les murs étaient tendus de velours vert.

Le **cabinet de toilette étrusque** (Etruscan Dressing Room), préfigurant la mode pour l'art antique, s'inspire de thèmes décoratifs grecs qu'Adam croyait étrusques et atteste du soin dont il faisait preuve. Les chaises elles-mêmes, quoique non conformes de ligne, s'accordent aux couleurs et aux motifs. D'après l'inventaire de 1782, c'est ici qu'était installé le bureau de dame laqué réalisé par Chippendale en 1773, association qui n'était pas pour choquer les goûts du 18ᵉ s.

Dans la salle d'exposition (Demonstration Room) sont accrochés des plans et des dessins de la demeure et de ses jardins, dont ceux réalisés par Adam lui-même. Les seules toiles provenant de la collection de tableaux originale sont deux vues d'Osterley au 18ᵉ s. *(dans le couloir vers le hall).*

Le parc – Les **écuries** (Stables) furent bâties en 1577 par Sir Thomas Gresham et réadaptées au début du 18ᵉ s. À l'Ouest de la demeure, le **jardin d'agrément** (Pleasure Grounds) est en cours de réaménagement afin de lui restituer son état d'antan. Chambers y édifia un temple dorique dédié au dieu Pan et Adam y traça un jardin semi-circulaire vers 1780. Les cèdres de la pelouse Sud furent plantés vers 1760 et le chapelet d'étangs creusé vers 1750.

PUTNEY – WANDWORTH

Plan p. 272, **TY**
⊖ Putney Bridge, East Putney

L'église St Mary de Putney vit en 1647 se réunir autour de la table de communion le conseil de guerre d'Olivier Cromwell. Ce fut là le seul événement marquant de l'histoire de ce petit village des bords de la Tamise avant que l'arrivée du rail au 19ᵉ s. n'en amenât l'urbanisation, que la construction d'un pont de bois à péage en 1729 n'avait pas provoquée. La vie locale, depuis longtemps associée à des activités nautiques, n'en fut pas modifiée pour autant, et les clubs d'aviron demeurèrent à Putney où se déroule chaque année depuis 1845 sur près de 7 km la célèbre **course de bateau** opposant les Universités d'Oxford et de Cambridge.

La course Oxford-Cambridge

Putney Bridge – Le départ de la course Oxford-Cambridge a lieu en amont du pont de Putney qui fut construit en granit de Cornouailles par Joseph Bazalgette en 1884 pour remplacer le pont à péage établi en 1729.

St Mary's Parish Church – L'église paroissiale Ste-Marie, située près du pont de Putney, après avoir brûlé en 1973 a été restaurée et rendue au culte en 1982. Une chapelle du 16ᵉ s. et le clocher du 15ᵉ s. avaient été préservés lors d'une reconstruction précédente en 1836.

Lower Richmond Road – À l'entrée de la rue, qui commence à la tête Sud du pont, s'élève entre la rue et la voie de desserte des péniches accueillant les clubs d'aviron, une demeure du 18ᵉ s., **Winchester House.** La rue, ponctuée de pubs tels le **White Lion**, orné de deux caryatides en figure de proue, le **Duke's Head**, de style georgien, et le **Spencer Arms**, à gables du 19ᵉ s., s'écarte du fleuve pour s'enfoncer parmi les boutiques d'antiquaires et les petites maisons victoriennes avant de s'achever sur un ancien pré communal, Lower Common, où est érigée **All Saints Church** (1874, *ouverte uniquement pendant les offices*), intéressante pour ses vitraux de Burne-Jones.

La grand'rue – Dans l'axe du pont, qu'elle relie à la gare, c'est une voie animée. La partie Nord, **Putney High Street**, est bordée tantôt de maisons de style Tudor tel Old Spotted Horse, pub orné de gargouilles, tantôt de hautes façades du 19ᵉ s. Dans la section suivante, **Putney Hill**, The Pines, au nᵒ 11, est une monstrueuse maison victorienne grise où vécut le poète Swinburne (1837-1909) tandis qu'au nᵒ 28A une villa georgienne badigeonnée de rose forme une tache de couleur.

Wandsworth – Jusqu'au 19ᵉ s., c'était un village du Surrey à l'Est de Putney s'étirant sur les berges d'un affluent de la Tamise, la Wandle, dont les eaux poissonneuses actionnaient des moulins et faisaient vivre une population d'artisans (potiers, imprimeurs, chaudronniers). Au 17ᵉ s., vinrent s'y joindre des tisseurs de soie et des chapeliers, pour la plupart réfugiés français. La présence de leurs échoppes est rappelée par le nom d'un parc, Factory Gardens, comme est évoquée leur origine huguenote par le nom Huguenot Place donné à la place située entre Trinity Road et Wandsworth Common North Side. À côté de l'église Ste-Marie-Madeleine *(42 Wandsworth Common)*, le **cimetière des Huguenots** (Huguenot Burial Ground) contient des tombes de 1697.

L'église paroissiale de Tous les Saints, **All Saints Church,** édifice du 18ᵉ s. doté d'ajouts du 19ᵉ s., s'élève sur un site antique alors que St Ann's Church *(St Ann's Hill)*, ironiquement appelée « le poivrier » (Pepperpot church), date des années 1820. La Friends' Meeting House (1778) se trouve à l'emplacement d'un ancien bâtiment

> Les huguenots s'étaient spécialisés dans la confection de chapeaux, notamment ceux de cardinaux. Leur réputation de savoir-faire et leur art dans l'emploi des teintures étaient tels que l'on disait que seul un cardinal pourvu d'un chapeau rouge de Wandsworth était assuré de ne pas avoir le visage de la même couleur en cas de pluie.

(1697) pourvu de son propre cimetière. Dans Wandsworth Plain, **« 1723 House »** est un alignement de six maisons à deux étages, avec de courtes volées d'escaliers accédant aux portes à fronton sur pilastres corinthiens. Au bout de la même rue, Armoury Way rappelle qu'à l'époque Tudor chaque paroisse possédait une armurerie. Selon une opinion émise en 1851, **Wandsworth Prison** *(Heathfield Road)* n'a « rien à offrir à l'œil ».

Aujourd'hui la bière de **Young's Ram Brewery** ⊘ *(High Street)* est toujours livrée aux pubs situés dans un rayon de 6 km sur des carrioles tirées par de magnifiques chevaux de trait noirs.

RICHMOND ★★

Plan p. 272, **TY**

⊖ Richmond ; Gare : Richmond à partir de Waterloo Station

Richmond, où se trouve ce que l'on considère comme le plus beau « green » urbain d'Angleterre, s'est développé, d'abord sous le nom de Shene (beau), autour d'une modeste résidence royale d'été dont les Tudors allaient faire un palais. Avec la Restauration, le village vit se multiplier les résidences des courtisans en raison de sa proximité avec Windsor, Hampton Court et Kew. Dans le sillage des courtisans suivirent les diplomates, les hommes politiques, les intellectuels, les écoles huppées. Avec l'avènement du chemin de fer en 1840 arrivèrent les bourgeois nantis.

À l'Est de la rue principale existent encore des témoignages de cette expansion : **Church of St Mary Magdalene,** église paroissiale du 16ᵉ s. avec une tour carrée en pierre, des plaques commémoratives et des monuments, des demeures du 18ᵉ s. (Ormond et Halford Roads), des cottages du 19ᵉ s. (Waterloo Place), The Vineyard,

> **Cricketers** – *The Green*. Pub connu en 1770 sous le nom de « The Cricket Players » (Les joueurs de cricket).
>
> **Roebuck** – *130 Richmond Hill*. Ancienne auberge (1738) avec vue sur la Tamise.
>
> **Three Pigeons** – *87 Petersham Street*. Pub de 1735 avec jardin au bord de l'eau.

Durant la Révolution française, Richmond fut le refuge d'émigrés désireux de jouir du calme et du bon air. Châteaubriand y passa l'été 1799 et le publiciste Mallet du Pan y mourut en 1801 (on voit encore sa tombe au cimetière).

voie dont le nom remonte aux 16e et 17e s. quand les raisins locaux étaient renommés, et les hospices (reconstruits) fondés au 17e s. par la reine Élisabeth Ire et les évêques Duppa et Michel. Dans Paradise Road s'élève Hogarth House (1748) où vécurent de 1915 à 1924 Leonard et **Virginia Woolf**, qui y fondèrent les éditions Hogarth Press.

Richmond Palace – La première résidence, un manoir érigé au 12e s. puis agrandi et embelli par Edouard III qui y mourut en 1377, eut la faveur de Richard II du vivant de son épouse, Anne de Bohême, mais elle fut démolie à la mort de celle-ci en 1394. La construction du deuxième palais commença avec Henri V mais ne fut achevée que quarante ans après sa mort, sous Edouard IV. Celui-ci en fit don, avec le manoir royal de Shene, à son épouse, Elizabeth Woodville, qui se le vit confisquer par Henri VII ; en 1499, il fut ravagé par un incendie. **Henri VII**, parcimonieux là où son fils fut si prodigue, ne fit pas moins reconstruire somptueusement le palais et abandonna le nom de Shene pour celui de Richmond, « car son père et lui-même étaient comtes de Rychmonde » (dans le Yorkshire). Le château, qui était donc le troisième sur le site et allait être le dernier, répondait rigoureusement aux normes du style Tudor : les dépendances de brique rouge, dont subsiste aujourd'hui le pavillon d'entrée, entouraient une première cour extérieure (à l'emplacement de l'actuelle Old Palace Yard). Une deuxième entrée permettait de passer dans la cour intérieure, flanquée d'une Grande Salle de pierre coiffée d'un toit en plomb.

Le logis privé qui comprenait les pièces d'apparat entourait une autre cour. Des tours surmontées de dômes et des tourelles couronnaient l'édifice qui, avec ses cours, couvrait 4 ha et était de loin le plus beau du royaume. Henri VII et Élisabeth Ire y moururent, ainsi que, en 1612, le prince Henri, fils aîné de Jacques Ier, qui fit ajouter une galerie pour accueillir l'importante collection de toiles royale. Son frère cadet, devenu le roi Charles Ier, l'habita également, en particulier lors de la peste de 1625. Après l'exécution du roi en 1649, le palais fut vidé de son contenu, que l'on vendit en totalité avec la collection de tableaux. Dès le 18e s., ce n'était plus qu'un souvenir et des demeures privées, telles Old Palace, Gatehouse, Wardrobe, Trumpeters, s'élevèrent sur ses ruines.

Richmond Green – Le Green, qui adopte approximativement la forme d'un losange, fut d'abord le théâtre des joutes des Tudors avant d'être utilisé à partir du milieu du 17e s. pour la pratique du cricket. Le **théâtre**, dont la façade regarde Little Green, fut conçu par Frank Matcham en 1889 et rénové en 1991 en respectant plus ou moins son aspect original.

Sur le côté Sud-Est du Green se succèdent des maisons des 17e et 18e s. et deux allées étroites débouchant sur George Street. Dans l'angle Sud, Paved Court est le siège de deux pubs, le Cricketers et le Prince's Head ; derrière, d'étroites voies piétonnes offrent leurs petites échoppes.

Sur le côté Sud-Ouest, **Old Palace Terrace** (1692-1700) aligne six maisonnettes de brique à un étage et porche rectiligne construit par John Powell, qui vécut au n° 32. Deux autres demeures, **Oak House** et **Old Palace Place**, datent de 1700. Sur le site de **Old Friars** (1687) s'élevait autrefois un monastère fondé en 1500 par Henri VII ; la résidence fut agrandie au 18e s. pour inclure une salle de concert.

Richmond Theatre

Ph. Gajic/MICHELIN

Toujours en longeant le Green par le Sud, on atteint une célèbre rangée de maisons, **Maids of Honour Row★★★**. Cet ensemble de quatre maisons de deux étages, ornées de pilastres et à porches décorés de frises, précédées de grilles ouvragées, fut édifié en 1724 à la demande du futur George II pour «loger les dames d'honneur de la princesse de Galles». La brique est patinée et les proportions de ces demeures sont parfaites. Deux autres demeures retiennent l'attention : **Old Palace**, avec ses fenêtres en saillie et son porche central dont la plupart des briques proviennent du palais d'Henri VII, s'apparente à un château féodal ; **Gatehouse** est le porche extérieur original du palais (remarquer les armoiries restaurées de Henri VII au-dessus de l'arche).

Dans l'angle Ouest du Green s'ouvre Old Palace Yard, adorable place triangulaire sur laquelle donnent **The Wardrobe**, dont on remarquera les murs Tudor à motifs géométriques bleus incorporés à l'édifice élevé au début du 18ᵉ s. et le portail en fer forgé très finement travaillé, et **Trumpeters' House★**. Vers 1701, on aménagea cette demeure à partir des vestiges de la porte intérieure du palais. La façade principale, que l'on entrevoit du chemin longeant la Tamise, regarde le jardin. Le colossal portique à fronton soutenu par des paires de colonnes était autrefois gardé par des statues de trompettes qui ont donné son nom à la résidence, occupée pendant une courte période, de 1848 à 1849, par Metternich.

Les berges de la Tamise – Old Palace Lane, bordée de modestes cottages du 19ᵉ s., relie l'angle Ouest du Green au fleuve. À l'extrémité du chemin, dans l'enceinte du vieux palais, **Asgill House★** fut élevée vers 1760 par le banquier et Lord-Maire Charles Asgill pour y passer ses week-ends et ses vacances d'été. Construction de pierre blonde aux lignes horizontales marquées et dotée d'une haute baie centrale, elle fut l'une des dernières réalisée avec façade vers la Tamise.

Prendre le chemin de halage et au-delà de Friars Lane emprunter Whittaker Avenue vers Hill Street.

Museum of Richmond ⊙ – *Old Town Hall, Hill Street.* Installé dans l'ancien hôtel de ville, le musée relate l'histoire de Richmond, Ham, Petersham et Kew ; maquette de ce qu'était Richmond Palace en 1562.
L'édifice est flanqué d'un nouveau complexe (1988) abritant bureaux, boutiques et restaurants, conçu par Q. Terry et harmonieusement intégré aux édifices voisins.

★★**Richmond Bridge** – Ce pont de pierre à cinq arches et parapet classique fut réalisé en 1774 par James Paine pour remplacer l'ancien bac et élargi en 1937. Un péage fut prélevé jusqu'au 19ᵉ s. À la tête Nord s'élève un obélisque à usage de borne milliaire. Un escalier permet de redescendre vers le chemin de halage, cadre d'une belle promenade le long du fleuve en aval des Terrace Gardens (parc situé à flanc de coteau entre Petersham Road et Richmond Hill).

Richmond Hill – La **vue★★** sur Richmond, que maints artistes immortalisèrent à l'instar de Turner et Reynolds, est de plus en plus belle au fur et à mesure que l'on remonte cette avenue très pentue, bordée de magasins d'antiquités et d'alignements de maisons à balcons.
Sur la rive Ouest de la rue, deux belles résidences regardent le fleuve en direction de Marble Hill : **The Wick** (1775), dont on peut apercevoir les grandes baies au-dessus des murs de Nightingale Lane, et **Wick House** (1772), construite par William Chambers pour Joshua Reynolds. Au sommet de la rue, Ancaster House, édifice de brique à grands bow-windows bâti en 1772 sur des plans de Robert Adam, est maintenant une annexe du Foyer de l'Étoile et de la Jarretière (Star and Garter Home). Cette institution destinée à accueillir les militaires, marins et aviateurs invalides, occupe, en face, depuis 1924 un immeuble néo-georgien édifié sur le site d'une auberge célèbre aux 18ᵉ et 19ᵉ s. dont elle a gardé le nom.
Tout au bout de la rue, le parc de Richmond s'ouvre par une porte datée de 1700 et attribuée à «Capability» Brown.

★★**Richmond Park** – Ancienne réserve royale de chasse dont Charles Iᵉʳ fit clôturer les 904 ha en 1637, c'est le parc royal le plus vaste de l'agglomération londonienne et le plus fameux pour la diversité des **espèces naturelles** qu'il recèle : hardes de cerfs et de daims, **chênes** majestueux et arbrisseaux à floraison printanière (rhododendrons) de la pépinière Isabella.
Par beau temps, du sommet du mont Henri VIII (Henry VIII Mound, élevé dit-on pour permettre au roi de surveiller le terrain), un **panorama★★★** saisissant s'étend du château de Windsor au dôme de la cathédrale St-Paul, embrassant la Tour de télécommunications, la centrale de Battersea et Canary Wharf.
Quelques résidences parsèment le parc. Le cottage d'un taupier fut transformé vers 1800 par John Soane pour réaliser au centre d'un jardin boisé et fermé d'un mur, **Pembroke Lodge** *(cafétéria)*, pleine de coins et de recoins. La maison fut habitée par Lord John Russell (1792-1878), Premier ministre de 1846 à 1851 puis en 1865 et 1866, et par son petit-fils, le philosophe Bertrand Russell (1872-1970), prix Nobel de littérature en 1950. Thatched House Lodge est l'actuelle résidence de la cousine de la reine, la princesse Alexandra. White Lodge, rendez-vous de chasse construit par George II en 1727, est occupé depuis 1955 par la division junior de l'école nationale de danse, la Royal Ballet School.

ROYAL AIR FORCE MUSEUM★★

Plan p. 272, **TX**
⊖ Colindale ; Bus : 226 (arrêt dans Edgware Road)

Situé dans Grahame Park Way, le **musée de l'Armée de l'air,** filiale du musée de la Guerre (Imperial War Museum ⊘ – *voir à Lambeth)* consacrée à l'histoire de l'aviation et de la R.A.F., occupe plusieurs hangars de l'ancien terrain de Hendon, berceau de l'aviation britannique où Grahame-White avait établi son école de pilotage avant la Première Guerre mondiale.

Galeries d'histoire – *1ᵉʳ étage.* La présentation récapitule l'histoire aérienne anglaise, avec les premiers vols en ballon et en biplan, les premiers trophées (dont les deux trophées Michelin de l'Empire britannique décernés aux pilotes anglais parcourant la plus longue distance à bord d'avions anglais ; le premier fut accordé en 1910 à Moore-Barbazon pour un parcours d'une trentaine de kilomètres), les uniformes et les équipements.

World War I Hall – Ce bâtiment contient une collection unique des **principaux types d'appareils,** présentés dans l'ordre d'ancienneté, depuis un monoplan Blériot de 1909 jusqu'aux chasseurs supersoniques en passant par les hélicoptères. Un simulateur de vol offre trois programmes, dont l'un met le pilote dans les conditions connues à bord d'un Dog-fight de 1918.

Bombardier Lancaster

Bomber Command Hall – Le **hangar des bombardiers** regroupe les appareils utilisés par les forces aériennes des États belligérants lors de la Seconde Guerre mondiale. On y remarque notamment un Lancaster, un Heinkel He 162A-2, un Wellington et une forteresse volante B 17. Des documents illustrent la présence en Angleterre de l'armée de l'Air américaine et l'histoire de l'usine aéronautique militaire de Farnborough.

Battle of Britain Experience – Le vaste hangar élevé en 1978 pour évoquer la bataille d'Angleterre (juillet 1940-mai 1941) présente d'abord des documents consacrés aux accords de Munich, à la déclaration de guerre et à l'évacuation. Les forces engagées dans la bataille sont représentées par des appareils britanniques (Spitfire, Hurricane, etc.) et allemands (Junkers 87 et 88, Messerschmitt) et évoquées à travers uniformes, documents, médailles, etc.

ST JOHN'S WOOD

Plan p. 4 et 5, **BCV**
⊖ St John's Wood

St John's Wood a connu une expansion rapide dans la première moitié du 19ᵉ s. La localité doit son nom aux chevaliers de l'ordre des hospitaliers de Saint-Jean-de-Jérusalem (les futurs chevaliers de l'ordre de Malte), qui y possédaient un domaine au Moyen Âge. Elle perdit son aspect rural avec le développement de Marylebone. À proximité de Regent's Park, dont Nash avait initié l'urbanisation, et peu éloignée de la Cité et de Westminster (6 km), elle retint l'intérêt des résidents nantis de Belgravia (qui y installèrent leurs maîtresses). Les urbanistes, renonçant aux styles urbains traditionnels, érigèrent des villas à l'italienne, dotées de larges avant-toits et souvent jumelées. Au début du 19ᵉ s., dans le sillage du peintre Edwin Landseer (1802-1873), qui emménagea dans St John's Road en 1824, vinrent les artistes, tels Laurens Alma-Tadema (1836-1912) et W. R. Frith (mort en 1909).
Aujourd'hui, les villas ont disparu pour la plupart au profit d'immeubles et de maisons de style néo-georgien et la petite High Street a été modernisée.

St John's Wood Church ⊙ – *Prince Albert Road.* Comme l'église paroissiale de Marylebone *(voir à ce nom)*, l'église St-Jean-des-Bois (1813) est due à Thomas Hardwick et présente également un petit clocher à dôme.

Lord's Cricket Ground ⊙ – *St John's Wood Road.* Le Lord's est un club privé réservé aux messieurs. Le meilleur moyen de se familiariser avec le **terrain de cricket**, son histoire et son aura est de visiter le saint des saints, la fameuse Long Room du pavillon (qui n'est accessible aux membres du club que pendant les matchs !), le « vrai » terrain de tennis, le **musée du club** (fondé à la mémoire des joueurs qui perdirent la vie pendant la Première Guerre mondiale, il présente les fameuses **« Ashes »**, des portraits, des tenues de jeu, des souvenirs), la boutique et la tribune (Mound Stand) où a lieu la remise des trophées. La bibliothèque renferme certainement les archives les plus complètes à propos du cricket, même si les premiers documents ont été détruits dans un incendie en 1825.

Installé à l'origine à Islington, le club déménagea pour Marylebone en 1787 après que Thomas Lord y eut loué un terrain (à l'emplacement actuel de Dorset Square) et prit alors le nom de **Marylebone Cricket Club** (MCC). Le premier match sur ce terrain opposa le MCC à l'équipe du comté d'Essex, le 1ᵉʳ juin 1787. En 1811, le sacro-saint gazon fut celui d'un pré qui disparut dans le lit du Regent's Canal lors de son creusement et Lord transféra pour la troisième fois le sanctuaire sur le terrain – acheté cette fois pour éviter tout nouveau déménagement – de Saint John's Wood.

Les installations furent inaugurées le 22 juin 1814 lors d'un match contre l'équipe du comté d'Hertford. Les premiers matchs internationaux au Lord's eurent lieu en 1884. La porte principale fut érigée en 1923 à la mémoire de **William Gilbert Grace**, le légendaire W. G. qui mourut en 1915 à 67 ans (il avait participé à son dernier match l'année précédente) et dont on peut voir « la tête qui parle » au musée.

La tribune d'honneur, **Mound Stand**, combine plusieurs techniques de construction : au niveau du sol, la tribune de brique édifiée en 1898 par les frères Verity a été maintenue (1985-1987) sous un tablier d'acier monté en porte-à-faux sur des consoles et couvert par une sorte de tente au toit de PVC. Selon les directives du MCC, l'architecte, Hopkins, a séparé les terrasses publiques des tribunes des parrainers (l'une d'elles est réservée au milliardaire américain Paul Getty junior, qui a financé pour moitié les travaux) et de la promenade supérieure, réservée aux membres du club et aux actionnaires.

The Ashes

C'est le nom donné au **trophée** que se disputent les équipes anglaise et australienne au cours de grands matchs bisannuels *(voir Carnet d'adresses – Sports)*. En 1882, l'équipe australienne remporta pour la première fois un match face à l'équipe d'Angleterre. Le désespoir des Anglais fut tel (leur cricket était mort !) qu'ils brûlèrent une paire de piquets de guichet. Ce sont les précieuses cendres (ashes) de ces poteaux, contenues dans une urne, qui constituent depuis l'enjeu du grand match (test match). Quel que soit le vainqueur, le trophée reste en permanence au Lord's.

Tournoi de cricket au Lord's

ANGUS TAVERNER

Juste au coin du Lord's et en haut de Grove End Road, derrière le croisement avec **Abbey Road**, se trouve le fameux passage clouté immortalisé par l'album des Beatles intitulé Abbey Road et enregistré dans les studios d'EMI, à proximité.

Saatchi Gallery ⊘ – *98a Boundary Road* – ⊖ *St John's Wood, Swiss Cottage, Kilburn.* Installée dans un entrepôt reconverti, la galerie est consacrée à des expositions temporaires d'œuvres d'art moderne faisant partie de la collection Saatchi, en se concentrant tout particulièrement sur les jeunes artistes britanniques (Damien Hirst, Marc Quin, Rachel Whiteread, Richard Wilson). La collection comprend des toiles et des sculptures de Keifer, Andy Warhol, Malcolm Morley, Carl Andre et Frank Stella entre autres.

SWISS COTTAGE ⊖ *Swiss Cottage*

Le **chalet suisse,** auberge la plus moderne de son temps, fut construit en 1840 et donna son nom à la petite localité qui commençait alors à se développer entre Hampstead et St John's Wood. Les transports en commun (le métro y fut établi en 1868) transformèrent cette banlieue victorienne, aujourd'hui dotée d'immeubles d'habitation modernes. Le chalet, plus coloré qu'une scène de théâtre, existe encore (pub et restaurant) au centre du quartier. Les bâtiments attrayants bien qu'irréguliers du **Swiss Cottage Civic Centre** (*Avenue Road, près de la station de métro Swiss Cottage*), conçus par **Sir Basil Spence**, comprennent une bibliothèque et une piscine, inaugurées en 1964. Un bâtiment temporaire abrite le Hampstead Theatre Club.

Freud Museum ⊘ – *20 Maresfield Gardens.* La maison où Sigmund Freud, après avoir quitté Vienne pour échapper aux persécutions des nazis, vécut de 1938 à sa mort en 1939 a été transformée en musée consacré à sa vie, à son œuvre et à l'histoire de la psychanalyse. On peut voir au rez-de-chaussée son cabinet de travail, sa bibliothèque et le célèbre divan ainsi que sa collection de livres, de tableaux et d'**antiquités★★**, préservée par sa fille Anna.

SILVERTOWN – NORTH WOOLWICH
Plan p. 273, **UY**
Gares : Silvertown, North Woolwich au départ de Stratford East

Silvertown doit son nom à une ancienne manufacture de caoutchouc fondée en 1852, la S. W. Silver & Co. Le quartier est connu pour ses **docks royaux :** le dock Victoria, mis en service en 1855, le dock Albert, le premier équipé de l'éclairage électrique, inauguré en 1880 au nom de la reine Victoria par son troisième fils, le duc de Connaught, et le dock Roi George V, achevé en 1921. Sa physionomie change peu à peu avec les programmes de réaménagement des docks.

Lyle Park – Ce petit parc tourné vers le fleuve fut créé pour ses employés par une raffinerie de sucre adjacente, Tate & Lyle.

Thames Flood Barrier – *Centre d'accueil situé sur la rive Sud (voir Woolwich – Charlton).* Un petit parc sur la rive Nord offre une belle **vue** sur ce tour de force de l'ingénierie moderne. La partie Sud-Est de l'Angleterre s'enfonçant lentement, la construction d'un barrage protégeant Londres des marées, en particulier des grandes marées d'équinoxe, s'imposait.

St Mark's Church – Cette église fut élevée en 1862 par Teulon. Aujourd'hui désaffectée, elle devrait accueillir un musée victorien.

London City Airport – À sa mise en service en 1987 pour faciliter la desserte aérienne de la Cité vers les grandes capitales européennes, cet aéroport était le premier au monde à présenter une piste courte, établie entre le Royal Albert Dock et le King George V Dock. Les jets l'utilisent depuis 1992.

North Woolwich Old Railway Station Museum ⊘ – L'ancienne gare de Woolwich Nord, construite en 1847 dans le style italianisant, abrite maintenant un musée consacré à l'histoire de la ligne ferroviaire desservant l'Est de l'Angleterre, la Great Eastern Railway.

Royal Victoria Gardens – Les anciens jardins de Woolwich Nord ofrent des vues sur le barrage de la Tamise et sur le bac reliant les deux rives. Un tunnel piéton permet de traverser le fleuve quand le bac ne fonctionne pas.

SYON PARK★★

Un patronage artistique – À l'intérieur de la demeure sont réunis les portraits par Gainsborough, Reynolds, Van Dyck, Mytens, Lely ou des artistes inconnus de l'école anglaise du 16ᵉ s. des hommes et des femmes qui l'érigèrent et de leurs royaux protecteurs. Deux hommes y œuvrèrent essentiellement : au 16ᵉ s., le Lord Protecteur, **Edward Seymour**, duc de Somerset, frère de Jane, 3ᵉ épouse de Henri VIII, et, au 18ᵉ s., Hugh Percy, 1ᵉʳ duc de Northumberland.

En 1547, Somerset, régent du royaume à la mort de Henri VIII, se fit accorder le site d'un ancien monastère par son neveu Édouard VI et y fit élever un manoir Tudor de plan carré à cour centrale où il reçut le monarque en 1550. Il en dessina aussi les jardins, qui comprenaient le premier jardin à plantes médicinales d'Angleterre... Mais en 1552, il fut accusé de conspiration et exécuté.

Au cours des deux siècles suivants, Syon, dont les propriétaires successifs conspirèrent et intriguèrent, allait vivre au rythme des remous politiques. Le château et la régence avaient été donnés au «tombeur» de Somerset, John Dudley, qui, à la mort d'Édouard VI, tenta de porter au trône sa belle-fille, Jane Grey ; arrêté sur ordre de Marie Iʳᵉ, il fut décapité (1553). Le manoir passa alors aux Percy, comtes de Northumberland : l'un fut exécuté pour avoir soutenu Marie Stuart, reine d'Écosse (1572), un second fut trouvé mort dans la tour (1585), un autre fut jeté en prison pour avoir participé à la Conspiration des Poudres (1605)... Avec le mariage en 1682 d'Elizabeth Percy et de Charles Seymour, 6ᵉ duc de Somerset, Syon revint entre les mains d'un descendant de son premier propriétaire. Au 18ᵉ s., les nouveaux héritiers, le duc et la duchesse de Northumberland, estimèrent que la demeure et ses jardins devaient être rénovés de toute urgence : la conception des plans incomba à **Robert Adam** et à «**Capability**» **Brown**.

★★SYON HOUSE ⊙

Des jardins de Kew, sur la rive opposée, on peut voir se découper sur le ciel le lion des Northumberland et sa queue déployée qui surmontent la colonnade de la façade Est de Syon House ; un deuxième animal, également inspiré de Michel-Ange, couronne la porte du Lion, gracieux écran dressé par Adam sur London Road. L'austère façade principale ne laisse en rien augurer de la richesse de la décoration intérieure.

Intérieur – C'est dans le **grand vestibule** (Great Hall) que Adam se révèle au sommet de son art : le haut plafond répond aux motifs du pavement de marbre blanc et noir ; les absides à chaque extrémité abritent les statues de l'*Apollon du Belvédère* et du *Gladiateur mourant*.

Le sombre éclat de l'**antichambre** (Ante-room) est provoqué par ses lourdes dorures, ses rouges, ses bleus et ses jaunes, la marqueterie de marbre du dallage et les colonnes de marbre vert (découvertes à Rome dans le Tibre) qui soulignent trois des faces de la pièce et précèdent la quatrième pour former un carré. Adam y fit poser des statues dorées.

La **salle à manger** (State Dining Room), première pièce remodelée par Adam, présente comme le grand vestibule une double abside à colonnes. Des copies de statues antiques placées dans les profondes niches de gauche se reflètent dans les miroirs. La frise, la corniche, le plafond, les demi-coupoles décorées, les splendides portes formaient un magnifique écrin pour les banquets donnés à la fin du 18ᵉ s. par le duc et la duchesse.

Le **salon rouge** (Red Drawing Room), tapissé d'une soie écarlate de Spitalfields fleurie de roses d'or blanc, s'orne d'un splendide tapis exécuté en 1769 à Moorfields, de portes à pilastres et panneaux d'ivoire dorés à la poudre d'or, d'un plafond doré piqué de médaillons peints de Cipriani. Mais le trait dominant de la pièce est la réunion de nombreux portraits des Stuarts : Charles Iᵉʳ par Lely, sa femme Henriette-Marie par Van Dyck, sa sœur Élisabeth de Bohême par Van Honthorst, son frère aîné Henri par Van Somer, ses filles Marie d'Orange par Hanneman, Henriette d'Orléans par Mignard et Élisabeth par Lely, ses fils Charles II, avec son épouse Catherine de Bragance, par Huysmans et Jacques II, alors duc d'York, par Lely. Les élégantes tables décorées de mosaïque sont remarquables.

La **grande galerie** (Long Gallery) de la demeure Tudor fut transformée par Adam en salle où se retiraient les dames (pas trop loin toutefois de la salle à manger pour pouvoir profiter des paillardises masculines après le repas !). Longue de plus de 40 m pour 4,20 m de large, elle présente un plafond décoré de lignes entrecroisées, des pilastres groupés, des niches, des miroirs, disposés de façon à atténuer la longueur totale. Les pièces les plus remarquables du mobilier, conçu pour l'essentiel par Adam, sont les commodes plaquées de Chippendale.

Dans le **cabinet des estampes** (Print Room), où se trouvent deux superbes cabinets en noyer marqueté de la fin du 17ᵉ s., sont accrochés des portraits de famille.

Syon Park : la grande serre

★**Jardins** – « Capability » Brown participa à leur remodelage, les étendant jusqu'au fleuve et y maintenant la tradition de jardin d'herbes introduite par le régent Somerset. Deux des mûriers d'origine existent encore. Connus dans le monde entier pour la variété de leurs espèces botaniques, ils furent ouverts au public en 1837. Une vaste **roseraie** *(entrée indépendante au Sud de la résidence)* éclate de couleurs de mai à août.

La **grande serre** (Great Conservatory), beau bâtiment de fonte et de pierre de Bath en demi-cercle avec un dôme central, fut édifiée entre 1820 et 1827 par Charles Fowler. Elle abrite de nombreuses cactées et un aquarium.

London Butterfly House ⊙ – Depuis 1981, les visiteurs peuvent circuler dans une serre tropicale parmi d'extraordinaires papillons et y observer toutes les étapes de leur reproduction. Une autre section présente des araignées, des sauterelles, des grillons, des fourmis et des scorpions.

Berges de la Tamise – À l'extrémité Sud de Syon Park, la tour Ouest carrée et crénelée de l'église paroissiale d'Isleworth, **Church of All Saints**, date du 15ᵉ s. Détruite par les bombardements, l'église, reconstruite en 1970, est un vaste vaisseau moderne de brique, de bois et de verre bien proportionné.

The London Apprentice – *62 Church Street, à Isleworth.* Si l'édifice compte 200 ans d'existence, le pub existe depuis plusieurs siècles. On dit que les apprentis y ont fait régulièrement étape du 16ᵉ au 19ᵉ s.

Avant de prendre la route,
consultez 3615 MICHELIN (1,29 F/mn) sur votre Minitel :
votre meilleur itinéraire,
le choix de votre hôtel, restaurant, camping,
des propositions de visites touristiques.

TWICKENHAM

Plan p. 272, **TYZ**
Gares : Twickenham, St Margaret's, Strawberry Hill à partir de Waterloo

Si de nos jours le nom de Twickenham est familier aux sportifs français en raison de son fameux stade de la Ligue de rugby, du point de vue historique la ville doit sa notoriété à **Horace Walpole** (1717-1797), ami et correspondant de Mme du Deffand, et au philosophe **Alexander Pope** (1688-1744). Twickenham est également associé au souvenir de la **famille d'Orléans** : Louis-Philippe y vécut de 1800 à 1807 puis de 1815 à 1817 ; après son abdication en 1848, trois de ses fils, plusieurs de ses petits-enfants et des sympathisants y occupèrent pas moins de 9 résidences différentes. Trois d'entre elles subsistent encore : **Bushy House,** où vécut aussi le duc de Clarence, futur Guillaume IV, d'abord avec sa maîtresse Dorothea Jordan *(voir index)* et leurs dix enfants illégitimes puis avec son épouse, Adélaïde de Saxe-Meiningen, qui y demeura jusqu'à sa mort en 1849 (propriété de la Couronne, la maison est maintenant affectée au Laboratoire national de physique) ; **Morgan House,** maintenant intégrée à l'hôpital Cassel ; et **York House.**

York House – *Richmond Road.* La famille Yorke, aux 15e et 16e s., exploitait ici une ferme. Vers 1700, ses héritiers, n'en conservant que le nom légèrement écourté, reconstruisirent la maison qui eut pour loca-

> **The Fox** – *Church Street.* Façade du 18e s.
> **The White Swan** – *Riverside.* Pub du 17e s. avec terrasse.

taires des membres de la famille royale française en exil et, plus récemment, un prince indien. Actuellement, elle abrite des services municipaux.
Une terrasse à l'arrière regarde le jardin clos. Une passerelle conduit à une cascade et à une roseraie précédant un bouquet d'arbres et une terrasse gazonnée au bord de la Tamise.

Sion Road – Cette rue longe le parc de York House et descend vers le fleuve et le bac pour Ham House *(voir Renseignements pratiques - Conditions de visite : Syon Park).* À mi-parcours, au niveau de Waterman's Lodge, pavillon arrondi, bifurque à gauche Ferry Road, bordée de cottages en plus ou moins bon état. Derrière, **Sion Row** est une « terrace » de 12 maisons à deux étages (1721) avec une corniche commune et des entrées décentrées, personnalisées par leurs porches. Au bout, parallèlement à la rivière, se dressent des maisons éparses de périodes diverses : un pub tout en angles et balcons, Ferry House avec ses deux étages de stuc blanc et son toit d'ardoise, et Riverside House, construction biscornue sous de larges avant-toits.

Orleans House Gallery ⊘ – *Orleans Road (à l'angle de Riverside, derrière Riverside House).* La propriété fut louée par Louis-Philippe de 1815 à 1817 puis, de 1848 à 1871, par son fils, le duc d'Aumale, qui commença à y rassembler les riches collections aujourd'hui présentées à Chantilly. Elle comportait alors un corps de bâtiment édifié en 1710 et un pavillon octogonal, **Octagon Room**, élevé par James Gibbs en 1720, reliés par une galerie. En 1926, résidence et galerie furent démolis et le pavillon de brique au curieux décor intérieur de stucs dans l'esprit rocaille s'est vu adjoindre une galerie d'art.

★**Marble Hill House** ⊘ – La demeure fut bâtie à partir de 1724 par Henrietta Howard, maîtresse du futur George II, avec des fonds qu'elle avait obtenus de son royal amant et le concours de l'architecte du prince, Colen Campbell. Mais ce n'est qu'en 1731 que Henrietta, devenue comtesse de Suffolk et Grande maîtresse de la Garde-robe de la reine, put pénétrer dans Marble Hill et il s'écoula encore de nombreuses années avant qu'elle ne s'y installât à demeure avec son second époux, George Berkeley. Hôtesse inlassable, elle recevait politiciens, hommes de loi et gens de lettres tels Horace Walpole et **Alexander Pope,** ses voisins. Manifestant le plus grand respect pour la nature, ce dernier avait contribué à élaborer le parc de Marble Hill, aujourd'hui disparu. En 1795, le château vit résider quelque temps Maria Fitzherbert, maîtresse que le futur George IV avait peut-être épousée.

La demeure – De style palladien, ses trois niveaux décorés de stucs sont précédés d'un porche central à fronton couvrant une entrée insignifiante. Du petit vestibule un escalier en acajou conduit directement à la grande salle cubique richement peinte de blanc et d'or, au décor sculpté et ornée de copies de tableaux de Van Dyck. La chambre de Lady Suffolk *(à gauche)* est cloisonnée par des colonnes ioniques isolant l'alcôve. Le mobilier a pu être reconstitué d'après un inventaire établi à la mort de la comtesse en 1767. Quelques pièces originales ont été retrouvées, tels le dessus de cheminée, les dessus de portes et la table sculptée de la grande salle. Belle collection de peintures du 18e s. (Hogarth, Wilson, Hayman, Kneller). Un escalier de pierre mène au second étage restauré *(accès dans le seul cadre des visites guidées)* où est exposée une collection de chinoiseries.
Les écuries *(au Nord-Est),* fermées par une « terrace » du 18e s., furent construites entre 1825 et 1827.

★**Strawberry Hill** ⊘ – *St Mary's College, Waldegrave Road.* En 1747, **Horace Walpole**, historien, collectionneur, bibliophile (15 000 volumes), littérateur qui laissa un journal et des lettres (48 volumes), acheta un modeste cottage vieux d'un demi-siècle entouré d'un vaste terrain et disposant d'une belle perspective sur la Tamise, et déclara que « les colonnes grecques et leurs beaux ornements sont si ridicules entassés dans un boudoir ou dans une maison ressemblant à une tarte au fromage (que) je vais bâtir un petit édifice gothique ».

« Un petit château gothique » – De 1748 à 1792, Walpole transforma et agrandit sa maison, ajoutant des créneaux, une tour ronde, une tourelle, un cloître et une galerie. Le **Gothic Revival** était né.

L'intérieur, particulièrement fantaisiste et inspiré de sources médiévales, fut conçu par un Comité du Goût composé de Walpole et de John Chute assistés d'abord de Richard Bentley puis de Thomas Pitt.

Il fit de sa maison le siège de **Strawberry Hill Press** et y exposa sa « profusion de raretés », qui comprenait une très belle **collection** d'émaux et de miniatures, un missel illustré par Raphaël, un portrait de Catherine d'Aragon par Holbein, mais aussi le chapeau du cardinal Wolsey. À sa mort en 1797, Walpole légua la maison à son cousin ainsi qu'une dotation annuelle de 2 000 £ pour l'entretien. Passée en 1815 à la famille Waldegrave, elle fut négligée et la collection fut dispersée en 1842. La vente, qui dura 32 jours, fut suivie par 50 000 personnes et rapporta la somme de 33 468 £. C'est Frances, comtesse Waldegrave (1821-1879), épouse du 7ᵉ comte et éminente hôtesse politique, qui restaura la maison en 1855 et y ajouta une aile pour ses réceptions.

« Jolie babiole » – L'intérieur est un fantastique rappel du passé. L'**escalier** relie les adjonctions de Walpole aux petites pièces basses de plafond du cottage d'origine ; la rampe est inspirée de celle de l'escalier de la bibliothèque de la cathédrale de Rouen. La basse cimaise de la **salle à manger** fut conçue de façon à créer un effet de hauteur. Dans la **bibliothèque**, les rayons supérieurs sont protégés par des portes de bois à arcs ajourés copiées de la clôture du chœur de l'ancienne cathédrale St-Paul. Lady Waldegrave aménagea la salle du petit déjeuner de Walpole en **boudoir turc** ; deux des miniatures (saint Ignace de Loyola et saint François-Xavier) de la collection Walpole y sont exposées.

La **chambre Holbein**, où des œuvres de ce peintre sont accrochées, présente un plafond à ogives copié du cabinet de toilette de la reine à Windsor alors que l'écran de cheminée et la cheminée sont inspirés des portes du chœur de la cathédrale de Rouen. Dans la **galerie**, le plafond en papier mâché imite les voûtes en éventail de la chapelle Henri VII de l'abbaye de Westminster. Dans le **salon rond**, dessiné par Robert Adam selon les directives de Walpole, le plafond reproduit le décor de la rosace de l'ancienne cathédrale St-Paul alors que la cheminée emprunte sa décoration au tombeau d'Édouard le Confesseur à Westminster.

Les pelouses – Le collège St-Mary et les immeubles de banlieue ont peu à peu masqué la perspective et conquis le parc que Walpole rehaussait de faons et de spécimens de l'antique race de bœufs blancs choisis pour leur couleur. Seule subsiste la **chapelle aux bois** (Chapel-in-the-Woods), pastiche en brique et pierre de Portland d'un tombeau du 16ᵉ s.

En saison, le nombre de chambres vacantes dans les hôtels est souvent limité.
Nous vous conseillons de retenir par avance.

WILLIAM MORRIS GALLERY

Plan p. 273, **UX**
⊖ Walthamstow Central

Le talentueux et érudit **William Morris** (1834-1896) incarne l'esprit de la période victorienne aussi bien par ses qualités artistiques que par ses talents de théoricien politique (libéral puis socialiste) visionnaire et énergique. Après avoir étudié la théologie à Oxford, il s'intéressa aux enseignements de Ruskin, rencontra les préraphaélites (Rossetti, Burne-Jones, Ford Madox Brown) et rejoignit le mouvement de G. E. Street qui préconisait le style néogothique en architecture. En 1859, il épousa Jane Burden et chargea son ami Philipp Webb de concevoir une maison, Red House, à Bexleyheath. Lorsqu'il entreprit de la meubler (1860), Morris eut la révélation « du délabrement avancé des arts mineurs » et décida d'y remédier. La société **Morris, Marshall, Faulkner & Co,** spécialisée dans l'agencement intérieur d'églises, connut rapidement la réussite, confirmée par des commandes officielles telles que la réalisation de salles de réception au palais St James et d'une nouvelle salle de détente au South Kensington Museum (futur Victoria & Albert Museum). En 1875, sa société prit le nom de **Morris & Co** ; en 1877, une boutique ouvrait sur Oxford Street ; en 1881, les ateliers étaient transférés à Merton Abbey, où ils fonctionnèrent jusqu'en 1940.

Morris fit appel à des techniciens et dessinateurs qui partageaient ses idées : Webb, Burne-Jones (tapisseries figuratives et peinture sur verre), George Jack (ébéniste, réalisateur de la fameuse chaise Morris), **William De Morgan** (céramiste spécialiste de la poterie mordorée). Il s'intéressa au papier peint, au vitrail, au textile imprimé, aux tapis (l'usine de Hammersmith, spécialiste du tapis noué à la main, fut inaugurée en 1880), aux tapisseries, aux meubles, aux accessoires, à la céramique... En 1890, il créa **Kelmscott Press**, spécialisée dans l'édition d'ouvrages imitant les manuscrits médiévaux. Face à la mécanisation et aux procédés industriels, il prôna les mérites de l'artisanat, le choix judicieux du matériau et l'intérêt d'une bonne conception, même pour les ustensiles domestiques les plus courants. Sa réputation et son exemple ont marqué l'éthique du design industriel du 20ᵉ s.

La **galerie** ⊘ est installée dans Water House, maison entourée de douves édifiée vers 1750, qui fut la résidence familiale des Morris de 1848 à 1856.

La vie et l'œuvre de l'artiste, la production de la société Morris & Co, spécialisée dans l'artisanat d'art, sont illustrées par le vitrail, le carrelage, le mobilier, le papier mural et la broderie, sans oublier les poésies et les ouvrages édités par Kelmscott Press.

Deux pièces présentent des travaux du groupe « Arts and Crafts » (rez-de-chaussée) et de la Century Guild (1ᵉʳ étage), fondée par Arthur MacMurdo qu'influencèrent Ruskin et Morris. Des eaux-fortes et des huiles de Frank Brangwyn sont exposées (1ᵉʳ étage) avec des peintures et des dessins de préraphaélites et de leurs contemporains.

WIMBLEDON – MERTON

Plan p. 272, **TZ**
⊖ Wimbledon

La première occupation connue de Wimbledon remonte à l'âge du fer avec la présence au Sud-Ouest du terrain communal (Common) d'une colline fortifiée appelée à tort **Camp de César**. Le village se développa avec les Saxons le long de la rue principale (High Street) et autour de l'église. Il ne connaîtra quelque renommée qu'en 1588 avec la construction, au Nord-Est de l'église, d'un manoir avec jardins en terrasse par Thomas Cecil, qui exerça ensuite la charge de Lord of the Manor et y reçut la reine Élisabeth Iʳᵉ. Le château fut ensuite propriété de la reine Henriette-Marie puis de Sir Theodore Janssen, un financier qui construisit une nouvelle demeure à l'Ouest de l'église mais fut ruiné dans l'affaire des Mers du Sud (1720). Racheté par la duchesse de Marlborough, la célèbre Sarah qui avait tant d'influence sur la reine Anne, le manoir fut détruit pour permettre la construction d'une nouvelle demeure qui était reliée aux bâtiments de service par un passage souterrain toujours existant. Le seul édifice ancien subsistant à Wimbledon est **Eagle House** (1613), dans High Street, que fit construire Robert Bell, l'un des fondateurs de la Compagnie des Indes orientales, originaire de la localité.

Wimbledon Common – En 1871, après sept ans de litige avec le comte Spencer, Lord of the Manor, qui voulait clôturer les terrains communaux (Common) et en lotir les 120 ha, on décida de les préserver dans leur état naturel. Alors que Lord Spencer prétendait qu'ils étaient marécageux et exhalaient une brume nocive, Leigh Hunt écrivait « que les ajoncs en pleine floraison faisaient un tapis d'or de cette belle étendue salubre ». Les courses de chevaux, les duels et les manœuvres militaires des premiers temps cédèrent la place aux promenades à cheval, au cricket, au rugby et au golf, un règlement préconisant même à « toute personne jouant au golf... de porter une tenue rouge ». À partir de 1860, et avant de se porter à Bisley en 1889, l'Association nationale de tir y organisa ses compétitions annuelles, allant même jusqu'à mettre à la disposition des spectateurs un omnibus.

Au 18ᵉ s., plusieurs grandes résidences furent édifiées autour du Common : **Lauriston House** (1724 – détruite en 1959, elle fut la demeure de William Wilberforce), **King's College School** (1750 – avec une grande salle adjacente en style gothic revival), **Southside House** ⊘ (Woodhayes Road – 1776), **Gothick Lodge** (Woodhayes Road – 1760 – elle appartint au capitaine Marryat vers 1820), **Crooked Billet** et **Hand-in-Hand** (pubs du 17ᵉ s.), **Chester House** (1670 – célèbre pour les fêtes dominicales du Révérend John Horne Tooke dont l'élection au Parlement en 1801 fut à l'origine de la loi conférant l'inégibilité au clergé), **Westside House** (1760), **Cannizaro House** ⊘ (1727, reconstruite en 1900 – propriété à partir de 1787 du vicomte Melville qui en dessina les jardins et y reçut William Pitt, Edmund Burke et Richard Sheridan), **Stamford House** (1720) et **The Keir** (1789). **The Round**, ou **Old Central School** (Camp Road), bâtiment octogonal construit en 1760 pour recevoir 50 élèves pauvres et méritants, est aujourd'hui intégré à une école primaire.

Wimbledon Windmill Museum ⊘ – Un moulin à vent établi sur le Common en 1817 a été converti en musée consacré à l'histoire de ces bâtiments à travers une exposition de tableaux, de maquettes et d'outils et par la visite de la machinerie.

Wimbledon Village − Les diligences partaient de l'auberge de la Rose et de la Couronne puis, plus tard, de celle à l'enseigne du Chien et du Renard, dans High Street, bien que la route au-delà de Putney Heath fût infestée de bandits de grand chemin. Dans Arthur Road, Well House date de 1761.

Wimbledon Museum ⊙ − *Ridgeway.* Le musée d'histoire locale est installé dans le local de l'ancien foyer municipal (**Village Club**), construit en 1858 pour fournir aux classes laborieuses travail et instruction.

St Mary's Church ⊙ − L'église de Wimbledon est déjà mentionnée au cadastre de Guillaume le Conquérant. Il subsiste dans le chœur quelques vestiges de l'édifice du 13ᵉ s. La nef, la tour et la flèche actuelles furent construites en 1843 par Sir Gilbert Scott. Plusieurs personnages célèbres sont enterrés dans le cimetière : William Wilberforce, Sir Theodore Janssen et J. W. Bazalgette *(voir index).* Au Nord se trouve l'ancienne cure (**Old Rectory** − 1500), la plus ancienne maison de Wimbledon. Près de l'entrée du cimetière, on peut encore voir sur un pilier attenant à une petite maison blanche, **Stag Lodge**, les gonds de la porte d'entrée du manoir.

Wimbledon Lawn Tennis Museum ⊙ − *Church Road.* Le musée du Tennis relate le développement de ce sport et comprend des sections consacrées à la tenue, au matériel et aux principaux vainqueurs du tournoi de Wimbledon, depuis ses débuts sur le terrain de Worple Road à nos jours.

Les **Internationaux de Grande-Bretagne,** créés en 1877, sont un tournoi *open,* c'est-à-dire accessible à tous les joueurs amateurs et professionnels, se déroulant générale-ment à la fin du mois de juin sur les courts du All England Lawn Tennis and Croquet Club. Le court central, visible depuis le musée, leur est exclusivement réservé ; le court n° 1 n'est utilisé que lors de réunions particulières telles que les matchs de la coupe Davis.

Polka Theatre for Children ⊙ − *240 The Broadway.* Ce théâtre pour enfants, qui propose un programme complet avec représentations et ateliers, expose aussi des poupées et dispose d'un terrain de jeux.

MERTON *Gare : Merton Park*

L'origine du village de Merton est antérieure à 1114, date à laquelle le manoir fut confié au chevalier Gilbert qui fonda en 1117 un prieuré augustin dissous en 1538. Sur un terrain connu pour avoir appartenu à Sir Walter Raleigh se dresse Eagle House, exemple parfait d'une résidence de l'époque de la reine Anne.
De 1801 à sa mort en 1805, Nelson vécut à **Merton Place,** où s'élèvent aujourd'hui les rangs de maisons de Hamilton Road, Hardy Road, Nelson Road, Victory Road et Trafalgar Road. L'arrivée du chemin de fer en 1838 mua le village en une banlieue londonienne en l'espace de 50 ans. La population passa de 4 600 habitants en 1861 à 55 000 en 1911. Des alignements uniformes de petites maisons occupent cer-taines parties du parc du manoir et le quartier de la gare.

Merton Park − En 1867, un homme d'affaires à succès, John Innes, commença à développer Merton Park, banlieue fleurie à l'origine, avec ses rues ombragées, ses haies de houx et ses demeures variées. Passionné d'agriculture, il légua sa fortune à un institut agricole qui, depuis, produit des composts et des engrais à son nom.

St Mary's Church − Cette église bâtie par Gilbert le Normand au 12ᵉ s. possède un étroit clocher couvert de bardeaux surmontant un joli comble médiéval et contient le banc d'église de Nelson et son écusson funéraire. Les vitraux de l'aile Sud, dessinés à la mémoire de John Innes, sont signés des ateliers William Morris & Co *(voir index)* qui occupèrent les locaux de l'abbaye de Merton.
À l'Ouest de l'église, **Norman Arch** est probablement le porche d'entrée (replacé ici en 1935) de l'hôtellerie du prieuré de Merton où Thomas Becket et Walter de Merton, fondateur du Merton College à Oxford, furent éduqués et où se tinrent des cours royales. C'est à Merton qu'en 1236 fut rédigée l'ordonnance de Merton, la plus ancienne loi du droit anglais.

Stationner en ville : les mots à connaître

- *meter : parcmètre*
- *pay and display bay : emplacement de stationnement à horodateur*
- *voucher : ticket de stationnement*
- *parking ticket : contravention*
- *clamping : pose d'un sabot*
- *towing-away : mise en fourrière*

Le château de Windsor, fréquenté par tous les souverains anglais, est la plus ancienne résidence royale et le plus grand château d'Angleterre. Sa construction vers 1080 fut décidée par Guillaume le Conquérant afin d'entrer dans la ligne de forteresses défensives édifiées autour de Londres. C'est pourquoi il fut bâti sur la seule colline que présentait la vallée de la Tamise, sur le plan type habituellement respecté pour tous les châteaux normands, à savoir un donjon dominant un ensemble de bâtiments élevés sur une butte artificielle, ou motte, flanqués ici de deux cours, la Basse Cour (Lower Ward) et la Cour d'Honneur (Upper Ward).

Résidence royale – Dès 1110, **Henri Ier** prit l'habitude de résider à Windsor après avoir chassé dans la forêt (remplacée par le Grand Parc). Son successeur, **Henri II**, entreprit (1165-1179) la construction d'un château royal en pierre, qu'il pourvut d'appartements officiels, aménagés dans la Basse Cour, tandis que le côté Nord de la Cour d'Honneur recevait des appartements privés plus intimes pour la famille royale. Un siècle plus tard, **Henri III** puis **Édouard III** agrandirent la résidence.

Pendant la guerre civile, les Parlementaires y emprisonnèrent les partisans du roi. **Charles II** en fit par la suite sa résidence préférée hors de Londres. Se souciant plus de son confort que de l'aspect extérieur de la forteresse, il chargea Hugh May en 1673 de procéder à des rénovations et à des aménagements, notamment à la construction de la salle St-Georges et de la chapelle. Les pièces ouvertes à tous les vents reçurent des panneaux de chêne et des décorations sculptées par Grinling Gibbons, le peintre italien Verrio décora ses plafonds (malheureusement détruits pour la plupart en 1829 par Wyatville), ornés de dorures par le Français René Coussin, et le palais devint somptueux.

Guillaume III, qui ne se plaisait qu'à Hampton Court, délaissa le château qui ne redevint au goût d'un roi qu'avec l'avènement de **George III**. Ayant déjà fait construire Queen's Lodge par William Chambers, il eut à cœur que la reine Charlotte disposât d'une retraite à Windsor et fit moderniser Frogmore, pavillon situé dans le parc. D'autres aménagements étaient prévus dans les appartements privés quand le roi fut atteint de folie, ce qui mit fin au projet.

Souhaitant rendre le château plus confortable, **George IV** fit appel à Jeffrey de Wyatville, qui exécuta des transformations imitées du gothique, ajoutant notamment des tourelles, des cheminées et des créneaux, surélevant le donjon d'une dizaine de mètres et remodelant les bâtiments pour que la nombreuse famille du roi puisse se réunir au complet. C'est cette facilité qui plut à la reine **Victoria**, qui disposait avec Windsor d'une maison capable d'accueillir sa nombreuse parentèle européenne et qui choisit d'y recevoir toutes les têtes couronnées : Louis-Philippe en 1844, Napoléon III en 1855, Victor-Emmanuel Ier d'Italie, Guillaume Ier d'Allemagne… Elle inaugura la pratique du gîte et du couvert, à laquelle procède toujours la reine Élisabeth II : les invités d'un soir peuvent passer la nuit au château. La seule adjonction apportée par la reine Victoria fut la création d'une chapelle privée, dédiée au prince Albert, décédé à Windsor le 14 décembre 1861.

Le 20e s. vit un changement d'attitude à l'égard du rôle du château. La reine Mary, épouse de **George V**, le fit restaurer avec soin et il fut ensuite choisi pour résidence des princesses Élisabeth et Margaret pendant la guerre avant de devenir la résidence principale de la famille royale. La Cour l'occupe officiellement durant tout le mois d'avril et en juin, lors de la Semaine d'Ascot, qui voit en même temps les cérémonies annuelles de l'Ordre de la Jarretière.

VISITE ⏱

Entrer dans la Cour d'Honneur par Upper Hill.

Round Tower – Surélevé par Wyatville entre 1828 et 1839, l'impressionnant donjon construit par Henri II constituait l'élément de défense principal de la forteresse. Bien qu'appelé Tour Ronde, il est en fait de forme ovale (31,5 m sur 28,5 m). Il abrite aujourd'hui les Archives royales *(fermées au public)*. De la terrasse Nord s'étend une belle **vue** sur Eton et la vallée de la Tamise.

Queen Mary's Doll's House – Réalisée par Edwin Lutyens, la maison de poupée fut offerte à la reine Mary en 1924. Exacte reconstitution à l'échelle 1/12 d'une maison de l'époque, ses équipements (eau, système électrique, ascenseurs) fonctionnent et elle est dotée de tout ce que l'on trouve dans une maison, depuis le gramophone jusqu'aux tableaux et aux livres reliés de cuir.

Un remarquable ensemble de vêtements offerts aux princesses Élisabeth et Margaret après la visite officielle du roi George VI en France en 1938, complété de malles et d'accessoires, vint ensuite emplir les armoires.

★★State Appartments – Lors des modifications apportées sous George IV, le style gothique fut utilisé pour les pièces simplement destinées au passage (vestibules, halls, escaliers) alors qu'un certain éclectisme classique était adopté pour les pièces de réception.

Le château vu de la grande allée

La **galerie**, voûtée et conçue pour être la salle d'accès principale aux appartements d'apparat, fut coupée lors de la création du Grand Escalier sous le règne de Victoria. Elle accueille aujourd'hui des expositions temporaires d'œuvres appartenant à l'Imprimerie et Bibliothèque royales. Le **musée de Chine** (China Museum) présente de fabuleuses pièces faisant partie des collections royales : Sèvres, Meissen, Copenhague, Naples, Rockingham, Worcester, encore utilisées lors de banquets.

Le **Grand escalier** accédant au premier étage est orné d'une statue grandeur nature du roi George IV, et d'une collection de trophées, d'armes et d'armures (beau modèle sorti de Greenwich pour Henri VIII) constituant un parfait avant-goût de la présentation faite dans le **Grand Vestibule**. Là sont exposés des trophées conquis à Seringapatam (1799) ou sur les champs de bataille napoléoniens.

La **salle Waterloo**, destinée à célébrer la victoire du 18 juin 1815, accueille les portraits des chefs de la coalition, tant politiques que militaires, que George IV avait commandés à Thomas Lawrence. La pièce est le cadre du lunch annuel que la reine offre aux chevaliers de la Jarretière et à leurs conjoints, de bals, de réceptions et de concerts. Les panneaux de tilleul sculptés (vers 1680) par Grinling Gibbons furent retrouvés dans la chapelle du Roi.

La **salle du trône et de la Jarretière** (Garter Throne Room) et l'**antichambre du trône** (Ante Throne Room) voient la remise de l'ordre (évoqué dans les décorations du plafond) par la reine aux nouveaux chevaliers avant leur adoubement dans la chapelle St-Georges. La **grande salle de réception** (Grand Reception Room), endommagée par le feu en 1992, reflète l'attrait de George IV pour l'art français.

Salles publiques – Le **salon du roi** (King's Drawing Room) servait sous la reine Victoria aux représentations théâtrales privées, qui exigeaient la mise en place d'une estrade dans l'alcove. Remarquer la cimaise finement sculptée et la corniche de Grinling Gibbons, les cinq tableaux de Rubens et de ses successeurs, le beau meuble Boulle qu'aurait acheté Guillaume III, le tapis offert par le shah de Perse en 1903 et la porcelaine chinoise.

La **chambre du roi** (King's Bedchamber) fut profondément altérée au cours de son histoire. La cheminée de marbre dessinée par William Chambers vient du palais de Buckingham ; le grand lit « à la polonaise », attribué à l'ébéniste français Jacob, reçut ses parures à l'occasion de la visite de Napoléon III et de l'impératrice Eugénie en 1855 ; le tapis d'Aubusson (début du 19e s.) fut offert par le général de Gaulle en 1960. Remarquer les vues de Venise par Canaletto.

Comme le souhaitait George III, le **cabinet de toilette du roi** (King's Dressing Room) est tendu de damas rouge. Au plafond, initiales de Guillaume IV. La corniche sculptée et les lambris datent de Charles II. Les murs portent plusieurs **chefs-d'œuvre**★★ : tableaux de Dürer (*Portrait d'un jeune homme*), Hans Memling,

Jean Clouet, Holbein, Andrea del Sarto, Rembrandt *(La mère de l'artiste)*, Rubens *(Portrait de l'artiste)*, Jan Steen, Van Dyck *(Trois attitudes de Charles Ier)*. Noter le bureau marqueté (vers 1680) et le cabinet (vers 1695), tous deux de Boulle.

Le **cabinet de travail du roi** (King's Closet) est également meublé de splendides pièces, françaises pour la plupart, en bois exotique (acajou et bois satiné de l'Inde) serti de panneaux laqués japonais sur piétement de bronze.

Le **salon de la reine** fut très altéré par Wyatville en 1834. Remarquer les tableaux des 16e et 17e s. : Holbein *(Sir Henry Guildford)*, Mytens, Van Somer, Dobson *(Charles II)*, Lely *(Marie II)*, et le mobilier.

Le **vestibule octogonal** (Octagon Lobby) est lambrissé de chêne orné de guirlandes de Gibbons. La **salle à manger du roi** est restée à peu près telle que l'avait voulue Charles II. Le plafond de Verrio représente des dieux au cours d'un banquet et des panneaux amoureusement travaillés sont décorés de fruits, de homards et d'oiseaux. Des guirlandes de fruits et de fleurs taillées dans le tilleul par Grinling Gibbons et Henry Phillips, d'un dessin complexe, encadrent des panneaux de chêne. Intéressant portrait de Godfrey Kneller intitulé *Le Chinois converti*.

La **salle de bal de la reine** est utilisée lors des visites de chefs d'État pour accueillir l'ensemble de leur personnel diplomatique. Trois lustres de cristal taillé réalisés pour George III pendent du plafond en plâtre de Wyatville. Les meubles en argent situés entre les fenêtres sont quelques rares exemples du goût du 17e s. pour ce genre de pièces dont bon nombre furent fondues pour financer les campagnes militaires. Portraits de Van Dyck, dont un *Charles Ier en robe d'État*.

La **salle d'attente de la reine** comme la **salle d'audience** (Queen's Presence Chamber) voisine ont gardé leur éclat du temps de Charles II. Au plafond, sous le pinceau de Verrio, la reine Catherine de Bragance monte aux cieux dans un char tiré par des cygnes. Des tapisseries des Gobelins acquises par George IV en 1825 sont encadrées de chêne sculpté. Beaux bustes sculptés par Roubillac et Coysevox. Dans la seconde pièce, utilisée comme vestiaire par les Chevaliers de la Jarretière, Catherine de Bragance sous les traits de la Justice bannit du royaume l'Envie et la Sédition.

La **salle des gardes de la reine** fut modifiée à la demande de George IV pour servir de musée des hauts faits militaires ; des répliques des drapeaux français (tricolore et à fleur de lys) y sont offertes chaque année à la reine par les actuels ducs de Wellington et de Marlborough pour prix de leurs domaines concédés perpétuellement à leurs ancêtres par la nation reconnaissante.

La **salle St-Georges** (St George's Hall), longue pièce de 55 m obtenue en transformant la chapelle et la salle de Charles II, fut décorée par Wyatville dans le style néogothique mis à la mode par Walter Scott, dont George IV était un admirateur. Détruite par l'incendie, la salle a été totalement restaurée, y compris les 700 blasons des chevaliers de la Jarretière.

Quadrangle – Un Charles II à cheval veille sur l'entrée du souverain, qui, dans l'angle Sud-Est, donne accès aux appartements privés de la reine.

Lower Ward – La plus grande partie de cette enceinte fut accordée au Collège Saint-Georges, fondé le 6 août 1348 par Édouard III et composé d'un doyen, de 12 chanoines, de 30 vicaires et de 26 « pauvres chevaliers » auxquels fut conféré l'Ordre de la Jarretière. À gauche, les logements des chevaliers militaires furent élevés au 16e s. par la reine Marie. Au fond, le corps de garde date de 1862. À droite, la chapelle St-Georges précède un ensemble de bâtiments affectés au collège et au service de la chapelle. Le cloître du fer à cheval (Horseshoe Cloister), en brique, est réservé aux clercs laïques (choristes adultes).

★★★St George's Chapel – Quartier général spirituel du Très Noble Ordre de la Jarretière, la chapelle St-Georges est également la sépulture de 10 monarques, dont Charles Ier, ramené ici après son exécution. La construction, entreprise sous Édouard IV en 1475, vit l'achèvement du chœur en 1484, celle de la nef voûtée de pierre en 1509 sous Henri VII et de l'ensemble en 1528 par Henri VIII, qui fit triompher le style Perpendicular. À l'extérieur, les nobles animaux (Royal Beasts, reconstitutions modernes) dominant les arcs-boutants de l'aile Ouest symbolisent la descendance d'Édouard III : les Lancastre au Sud, les York au Nord.

Intérieur – La **clôture d'orgue** en pierre de Coade de style gothique fut installée en 1790 en même temps que l'orgue offert à George III. L'impressionnante **verrière** Ouest représentant 75 personnages date pour partie de 1479, pour partie de 1503 ou de 1509 ou encore de 1842. Première adjonction faite depuis 1504, la **chapelle George VI** fut réalisée en 1969 à la mémoire du roi.

Quire – Pour le différencier de la chorale (choir), c'est sous ce nom qu'est connu le **chœur** de la chapelle. Il est séparé de la nef par de magnifiques portes de fer de 1478. Le beau vitrail Est commémore le prince Albert à travers des épisodes de sa vie, représentés dans la partie basse sous une *Résurrection* de Benjamin West et une *Adoration des Rois*. Le retable d'albâtre est un don du doyen et des chanoines.

Les stalles, décorées de multiples miséricordes et sculptures, furent exécutées entre 1478 et 1485 par des artisans flamands et anglais. Le côté Nord est illustré de scènes de la vie de Jésus, le côté Sud, de la Vierge et de saint Georges.

Garter Stalls – À chaque installation d'un chevalier de l'Ordre, une stalle lui est attribuée et identifiée à son nom par une plaque en émail. Il peut y exposer sa bannière, son cimier, son heaume, son manteau et son épée. D'autres stalles sont attribuées aux chevaliers militaires de Windsor (les successeurs des 24 chevaliers d'origine, ruinés par les rançons versées aux Français pour prix de leur liberté).

Mémoriaux – Ils sont élevés à la mémoire de **Napoléon III**, qui mourut en exil à Chislehurst en 1873, et de l'impératrice Eugénie, amis intimes de la reine Victoria. Statue de **Léopold Ier**, roi des Belges, oncle de Victoria et d'Albert, qui avait épousé en premières noces, avant son élection au trône de Belgique, la princesse **Charlotte Augusta**, fille et héritière de George IV, qui mourut en couches avant d'accéder au trône. Un monument à sa mémoire est érigé dans la chapelle Urswick, où sont inhumés le roi **George V** (mort en 1936) et la reine Mary (morte en 1953). Dans la chapelle Rutland *(ouverte seulement sur autorisation particulière)*, très beau tombeau (début du 16e s.) en albâtre de George Manners et de son épouse. Dans l'aile Nord, dépouillés de leurs attributs et de leurs joyaux sous la République, reposent **Édouard IV** et son épouse, Elizabeth Woodville.

Le **caveau royal**, creusé sur ordre de George III, s'étend du maître-autel à la chapelle commémorative du prince Albert. Les rois George III, George IV, Guillaume IV et nombre de leurs descendants y sont inhumés. Dans un second caveau reposent **Henri VIII**, Jane Seymour, **Charles Ier** et l'un des nombreux enfants de la reine Anne, décédé à 17 ans. Dans l'aile Sud sont enterrés le roi Édouard VII (mort en 1910), la reine Alexandra (morte en 1925), leur chien Caesar, et Henri VI, fondateur du collège d'Eton et du collège du roi à Cambridge.

Albert Memorial Chapel – Construite par Henri III en 1240, elle était à l'origine la chapelle de l'Ordre de la Jarretière à sa fondation. Laissée à l'abandon, elle fut restaurée par Henri VII pour servir de mausolée à Henri VI ; le cardinal Wolsey songeait à en faire sa dernière demeure. Des fragments de sculpture de Benedetto da Rovezzano en furent enlevés pour orner le mémorial de l'amiral Nelson à la cathédrale St-Paul. Magnifiquement embellie par George Gilbert Scott après la mort du prince Albert à 42 ans, elle apparaît comme l'expression la plus parfaite du style Revival avec ses mosaïques vénitiennes, ses panneaux de marbre et sa statuaire. Les restes du prince furent ensuite transférés à Frogmore. Remarquer les 4 chandeliers de bronze prévus d'abord pour la tombe de Henri VIII.

Home Park – Cette partie située hors de l'enceinte du château mais à l'intérieur du domaine de Windsor comprend **Frogmore House**, construite en 1684 et utilisée par plusieurs membres de la famille royale, notamment la reine Charlotte et ses filles célibataires. Elle est aujourd'hui meublée des biens accumulés par la reine Mary. À proximité s'élèvent plusieurs fabriques (ruines gothiques, maison de thé, kiosque indien de marbre blanc) et le **Mausolée royal**, construit par Victoria après la mort de son époux. Dans le **cimetière royal** (Royal Burial Ground – *fermé au public*) reposent le duc (Édouard VIII) et la duchesse de Windsor.

★**Windsor Great Park** – Ancien terrain de chasse des chefs saxons et des chevaliers du Moyen Age, le **grand parc** est relié au château par la grande allée (Long Walk) plantée d'ormes par Charles II, remplacés en grande partie par des platanes et des châtaigniers en 1945. Au sommet de la colline s'élève une statue équestre de George III, dite le **Cheval de cuivre** (Copper Horse, 1831).

Deux anciennes résidences royales se nichent dans le parc. **Royal Lodge**, retraite du roi George IV, est maintenant celle de la reine mère Elizabeth. **Cumberland Lodge** fut la demeure du duc de Cumberland, fils de George II, lorsqu'il avait la charge d'aménager le parc.

Smith's Lawn est une bande de pelouse réservée à la pratique du polo, tandis que les **Jardins de la vallée** (Valley Gardens), plantés par le duc de Cumberland, s'étendent jusqu'à un lac artificiel, le **lac de Virginie** (Virginia Water), sur les bords duquel s'élèvent des **ruines**, authentiques pierres romaines rapportées en 1817 de Leptis Magna en Libye.

Les **Jardins Savill** forment une autre zone paysagère aménagée en 1932 et pourvue d'une jolie serre en 1995. Ils sont splendides au printemps quand fleurissent les rhododendrons, les azalées, les camélias et les magnolias dont les couleurs brûlent dans une immense symphonie.

Le guide Vert London (édition en langue anglaise) s'adresse en priorité aux lecteurs anglo-saxons.
Il comprend des développements, des précisions sur certains quartiers ou monuments qui peuvent également intéresser le visiteur français.

WOOLWICH – CHARLTON

Plan p. 273, **UY**
Gare : Charlton à partir de Waterloo
Vedettes fluviales : voir au chapitre des Renseignements pratiques

Sur la rive droite de la Tamise, Woolwich (prononcer Woulidge) possédait au 14e s. le privilège d'un bac gratuit pour traverser le fleuve. Cet ancien village de pêcheurs devint sous les Tudors le plus important chantier naval du pays. C'est là qu'en 1512 fut construit le *Great Harry*, le premier quatre-mâts lancé en Angleterre. En 1717, la fonderie de canons de Moorfields y fut transférée, ce qui entraîna la constitution de l'**Arsenal royal**. C'est au cours de la Première Guerre mondiale qu'il connut le plus fort de son activité, employant alors sur ses 480 ha 80 000 hommes et femmes.

Royal Artillery Head Quarter – *Academy Road*. Le grandiose **état-major de l'artillerie royale** comprend les édifices à arcades de l'ancienne **Académie militaire royale**, fondée en 1741 et réunie à Sandhurst en 1964, et ses casernements.

Museum of Artillery in the Rotunda ⓥ – *Repository Road*. Le musée de l'Artillerie est installé dans une rotonde, édifice en forme de tente de campagne construit par Nash en 1814 dans St James's Park pour une rencontre des souverains alliés qui célébraient de façon prématurée la défaite de Napoléon. En 1819, le prince régent ordonna son transfert à Woolwich «pour abriter des curiosités militaires».
La collection d'armes permet de suivre l'évolution de l'artillerie, depuis les pièces utilisées à la bataille de Crécy jusqu'aux missiles balistiques du 20e s.

Thames Barrier ⓥ – *Unit Way*. Le barrage de la Tamise fut construit de 1972 à 1982 afin de mettre Londres à l'abri de toute menace d'inondation. La ville repose en effet sur une couche d'argile qui s'affaisse lentement pendant que bascule la Grande-Bretagne : l'Écosse et le Nord-Ouest se relèvent tandis que le Sud-Est s'enfonce d'environ 30 cm par siècle. De ce fait, le niveau moyen des marées au pont de Londres a augmenté de plus de 60 cm en 100 ans.
Le barrage se compose de 4 vannes à levage vertical (3 au Nord, 1 au Sud) et de 6 vannes pivotantes incurvées ; les 4 plus grandes ont 61 m de long et pèsent 3 300 tonnes, les 2 plus petites mesurant 31,5 m pour un poids de 900 tonnes. En temps normal, les 6 vannes centrales reposent horizontalement au fond du fleuve, encastrées dans des niches de béton, sans gêner le passage des navires. En cas de danger, les vannes latérales se ferment et les portes centrales pivotent de 90° pour se dresser verticalement dans le fleuve, dépassant alors de 4 m le niveau moyen des eaux. Chacune des 6 portes centrales est relevée par deux bras faisant saillie hors des sabots d'acier couronnant les 7 piles centrales et abritant les mécanismes hydrauliques qui les mettent en mouvement.
La salle de commande principale, sur la rive Sud, est reliée au centre d'alerte des marées situé en Écosse du Nord. Pour contenir le flot qu'arrêterait le barrage, il a également fallu surélever les berges du fleuve sur 20 km en aval. Une présentation audio-visuelle au centre d'accueil (Visitor Centre) fournit toutes explications.

K. Brett

Barrage sur la Tamise

CHARLTON

À l'Ouest de Woolwich, l'église paroissiale de Charlton, une grande maison, Bugle Horn Inn, et un relais de poste du 18ᵉ s. reconstruit, The White Swan, jalonnent la rue principale au caractère si rural qu'elle est à juste titre appelée « le village ».

St Luke's Church – *Charlton Church Lane*. Cette église de brique à tour carrée et porche à gable date pour l'essentiel de 1630, année où Sir Adam Newton la reconstruisit. Point de repère le long de la Tamise, l'aide qu'elle apporta ainsi à la navigation au 18ᵉ s. lui a conféré le privilège d'arborer le pavillon de la Marine royale à la Saint-Georges et à la Saint-Luc.

On peut voir à l'intérieur une plaque à la mémoire de maître Edward Wilkinson (mort en 1567), Commis de la bouche des rois Henri VIII et Édouard VI puis Maître queux de la reine Élisabeth, une fenêtre au Nord décorée de motifs héraldiques du 17ᵉ s., l'écusson funéraire (mur Ouest) de Spencer Perceval et de Spencer Wilson, propriétaires de Charlton House au 18ᵉ s., les armes royales de la reine Anne, ainsi qu'une plaque commémorative et un buste de Spencer Perceval, assassiné en 1812 à la Chambre des Communes alors qu'il était Premier ministre.

Charlton House ⓥ – *Charlton Road*. La demeure, plus bel exemple d'architecture Jacques Iᵉʳ existant à Londres, fut édifiée de 1607 à 1612 pour Adam Newton, doyen de Durham et précepteur du prince Henri, fils aîné de Jacques Iᵉʳ mort à 18 ans en 1612.

C'est un harmonieux bâtiment de brique rouge et de pierre construit sur un plan symétrique mais d'esprit encore gothique avec ses fenêtres à meneaux et ses tourelles à dômes. On remarque surtout l'avant-corps central formant loggia, au décor exubérant d'inspiration germanique. À l'intérieur, on remarquera les plâtres, en particulier ceux du plafond du grand salon, les cheminées, la grande galerie, et l'escalier typique à cage carrée et pilastres sculptés. Échouée sur la pelouse, la porte d'entrée d'origine à colonnes toscanes est surmontée d'un cimier ajouté au 18ᵉ s. En 1608, un mûrier fut planté à la demande du roi dans l'angle Nord-Est du jardin près du pavillon d'observation.

Les guides Verts Michelin
Paysages
Monuments
Routes touristiques, Itinéraires de visite
Géographie
Histoire, Art
Lieux de séjour
Plans de villes et de monuments
Renseignements pratiques
Une collection de guides régionaux sur la France.

Station du DLR « Canary Wharf »

Renseignements pratiques

Avant le départ

Pour organiser son voyage, rassembler la documentation nécessaire, vérifier certaines informations, s'adresser en tout premier lieu aux représentations de la **British Tourist Authority** (BTA) :

Paris – **Maison de la Grande-Bretagne,** 19, rue des Mathurins, 75009 Paris – ☎ 01 44 51 56 20 ; Fax 01 44 51 56 21. Minitel : 3615 BRITISH.
La Maison de la Grande-Bretagne (du lundi au vendredi de 9 h 30 à 18 h) regroupe le Tourisme de Grande-Bretagne (informations, conseils et librairie), le Shuttle (service de navettes d'Eurotunnel), British Rail International, Britanny Ferries, P & O European Ferries, Sealink France, Edwards & Edwards (réservation de places au théâtre ou à toute autre manifestation culturelle), et l'Union nationale des Organisations de séjours linguistiques (UNOSEL).

Bruxelles – BTA, avenue Louise 306, B 1050 Bruxelles – ☎ (02) 646 35 10 ; Fax : (02) 646 39 86.

Zurich – BTA, Limmat Quai 78, CH 8001 Zurich – ☎ (01) 261 42 77 ; Fax : (01) 251 44 56.

Toronto – BTA, 111 Avenue Road, suite 450, Toronto, Ontario M5R 3J8 – ☎ (416) 925 6326 ; Fax : (416) 961 2175.

Quand venir à Londres ?

Si Londres est à juste titre réputée pour son ciel souvent bas et gris, qu'importe ! on peut facilement se procurer des vêtements de pluie dans les grands magasins ! Au printemps, parcs et jardins éclatent de couleurs et les boutiques se préparent pour les grands événements de la saison estivale : le Grand National, la semaine d'Ascot, les régates de Henley, l'anniversaire de la reine (Trooping the Colour). À Noël, les vitrines étincellent, tandis que les rues bruissent des chants des vendeurs bénévoles œuvrant pour les institutions caritatives.

Formalités d'entrée

Papiers d'identité – Un passeport ou une carte d'identité en cours de validité sont exigés. Les ressortissants du Canada, du Liechtenstein, de Monaco et de Suisse devront, en outre, remplir la Visitor's Card.

Animaux domestiques et produits importés – L'entrée en Grande-Bretagne des animaux domestiques n'est pas autorisée ; de très sévères sanctions sont prises à l'égard des contrevenants. Il est également interdit d'introduire sur le territoire britannique tout type de drogue, des armes à feu et des munitions, des ouvrages érotiques mettant en scène des enfants, tout produit de contrefaçon ou fabriqué à partir d'espèces animales en voie de disparition, certaines plantes.

Documents pour la voiture – Outre les papiers du véhicule, il est recommandé de se munir d'une carte verte internationale. À l'arrière du véhicule, la lettre identifiant le pays d'origine est obligatoire. Le permis de conduire national suffit pour les ressortissants des pays de l'Union Européenne.

Regent Street Association

Illuminations de Noël à Regent Street

Comment se rendre à Londres

En avion

De très nombreux vols (réguliers ou charters) relient Londres à toutes les villes du continent. Se renseigner auprès de son agence de voyages habituelle.

La ville est desservie par 5 aéroports. Trois d'entre eux ne connaissent qu'un usage encore limité. **Luton,** dans le comté de Bedford, est surtout utilisé par les charters ; une liaison ferroviaire, **Thameslink,** permet de gagner les gares de St Pancras ou de King's Cross en 35 mn. Des bus (services de l'aéroport ou Green Line) ont pour terminus la gare routière de Victoria (Victoria Coach Station). **Stansted,** en Essex, de création récente, est relié au centre de Londres par le train (Skytrain en 50 mn jusqu'à la gare de Liverpool Street) et par le bus. **City Airport,** implanté au cœur de la ville, est surtout destiné à assurer des liaisons pratiques pour les hommes d'affaires de la Cité vers les grandes places financières européennes : Francfort, Paris, Zurich... Il est directement relié par des navettes aux stations de métro et de DLR les plus proches.

Gatwick, à près de 50 km au Sud de Londres, reçoit des vols internationaux, des charters et les lignes en provenance des îles Anglo-Normandes. La liaison ferroviaire **Gatwick Express** emmène à la gare Victoria en 33 mn. Le service est assuré de 1 h 05 du matin à 23 h 23 (retours depuis la gare Victoria de 00 h 05 à 11 h 32) avec des départs toutes les 15 mn aux heures de pointe (de 8 h 30 à 19 h 30 du lundi au vendredi). Prix : 8,90 £ aller simple, 17,80 £ aller et retour. Les rames du Thameslink fonctionnent également entre King's Cross et Blackfriars. Des services quotidiens de bus sont également assurés jusqu'à la gare routière Victoria (60 à 70 mn) par **National Express Speedlink** pour 7,50 £ (aller et retour : 8,50 £ pour un retour le même jour, 11 £ pour un billet à validité prolongée) entre 5 h 15 et 10 h 52. Les retours vers Gatwick ont lieu entre 6 h 35 et 23 h 25 (embarquement porte 9 à Victoria Coach Station). Pour une course en taxi, il faut compter, selon la densité de circulation, environ 1 h 30 pour un coût moyen de 55 à 60 £.

Heathrow – Le plus important et le plus proche des aéroports londoniens reçoit tous les vols de British Airways (terminal 1), les autres vols européens (terminal 2) et des lignes internationales (terminaux 3 et 4). Outre les taxis (prévoir 45 mn et 25 à 40 £), on gagne le centre de Londres par le bus ou par le métro. Deux lignes de bus (renseignements et réservations de 6 h à 20 h – ☎ 0181 897 3305 ou 0181 995 8092) fonctionnent entre l'aéroport et le centre-ville. La ligne **A1** se dirige vers la gare routière Victoria en 60 à 75 mn (6 £ aller, 10 £ aller et retour sans limitation de date) de 6 h 45 à 20 h 30 (retours de Victoria entre 5 h 45 et 20 h 30) ; départs toutes les 30 mn. La ligne **A2** vers Euston Station et Russell Square par Paddington connaît une fréquence plus grande. Les départs ont lieu toutes les 20 mn entre 5 h 30 et 21 h 10 (durée du trajet : 70 à 90 mn ; même tarif que la ligne A1).

La liaison par métro (Piccadilly Line – *voir plan du réseau en fin de volume*) est assurée de 5 h à minuit. Compter 40 à 50 mn de l'aéroport jusqu'à Piccadilly Circus ; 3,20 £. De nuit, un bus (N 87) fonctionne toutes les heures entre Heathrow et Trafalgar Square.

En bateau

La traversée peut s'effectuer (35 à 45 mn) par **aéroglisseur** à partir de Boulogne ou de Calais, ou encore par **ferry.** Parmi les nombreuses traversées possibles, signalons les lignes Roscoff-Plymouth (6 h), Cherbourg-Southampton (6 h ou 8 h de nuit), Caen-Portsmouth (6 h), Le Havre-Portsmouth (5 h 45), Dieppe-Newhaven (4 h), Calais-Douvres (1 h 40), Ostende-Douvres (4 h) et Zeebrugge-Hull (une nuit).

Pour les compagnies, les horaires et les tarifs, se renseigner auprès des agences de voyages ou s'adresser à la Maison de la Grande-Bretagne *(voir : Avant le départ)*.

En train

Grâce au **tunnel sous la Manche,** les voitures sont acheminées par navettes ferroviaires de Calais à Folkestone en 35 mn ; il n'est pas nécessaire de réserver et les billets peuvent être pris sur place au terminal de Calais-Fréthun (durée des formalités d'embarquement : 8 mn).

Le train à grande vitesse **Eurostar** relie Paris (Gare du Nord) et Bruxelles (Midi) à Londres (Waterloo International). Les plaines du Nord de la France sont traversées à 300 km/h dans un confort jusqu'à présent inégalé. 3 h (dont 20 mn dans le tunnel) suffisent pour relier le centre de Paris aux berges de la Tamise. Les billets peuvent être délivrés dans les gares ainsi que par British Rail International (☎ 01 44 51 06 02), à la Maison de la Grande-Bretagne.

Circuler dans Londres

En voiture

Que vous veniez avec votre propre voiture ou que vous en louiez une sur place (c'est possible dans les aéroports, les gares et, à Londres, dans High Street), il faut rappeler que la conduite s'effectue à gauche, ce qui n'est pas sans troubler les continentaux... Toutefois, réflexes et assurance viennent rapidement dès lors que l'on se conforme aux règles de base strictement appliquées par les conducteurs britanniques : calme, politesse et respect absolu du piéton. Il faut être particulièrement attentif aux premiers ronds-points (roundabouts) rencontrés. La circulation s'y effectue dans le sens des aiguilles d'une montre et les véhicules venant de la droite ont donc la priorité.

Dense mais assez lente, la circulation ne s'englue guère en embarras inextricables, même à Piccadilly Circus et Trafalgar Square. Le **piéton dispose de la priorité** sur les voitures lorsque, à un carrefour équipé de feux, ceux-ci clignotent à l'orange, ainsi que sur les passages zébrés de blanc (zebra crossings). Ceux-ci sont précédés de bandes blanches disposées en zigzag sur lesquelles il est **interdit de s'arrêter ou de stationner.** Les panneaux mis en place signalent les interdictions de stationnement. Certaines rues sont pourvues d'une double bande de peinture rouge qui signifie qu'il est interdit de s'arrêter sur toute leur longueur. Dans d'autres, des voies de circulation sont réservées à certaines heures aux bus et taxis ; des panneaux routiers bleus spécifient les tranches horaires.

Dans de nombreux quartiers, le **stationnement** est restreint aux seuls résidents ou soumis à paiement. Les tickets à durée limitée fournis par des distributeurs automatiques doivent être placés derrière le pare-brise côté gauche. Tout manquement peut donner lieu à une contravention (30 ou 40 £), ou à la pose d'un sabot (120 £) ou à une mise en fourrière (160 £). Il faut prendre garde au fait que les limitations de stationnement sont variables selon les quartiers et que le respect des décisions légales appartient souvent à des sociétés privées chargées à la fois de la distribution des contraventions, de la pose des sabots et de la mise en fourrière. Si vous vous rendez à Londres avec votre voiture, nous vous recommandons la plus extrême vigilance à propos du stationnement : la législation est si complexe et confuse que nombre de Londoniens eux-mêmes ne la comprennent pas...

N'oubliez pas enfin que la **ceinture de sécurité** est obligatoire, tant à l'avant qu'à l'arrière du véhicule, et que la vitesse en ville est limitée à 48 km/h.

Métro – Bus

Voir plan du métro en fin de volume.

Avant de partir, on pourra se procurer *(fournir une photo d'identité)*, au bureau du BTA, la **Visitor Travelcard,** dont la validité peut être de 2 jours (Weekend Travelcard), 7 jours (Weekly Travelcard), voire plus, ou familiale (Family Travelcard, valable pour les groupes comprenant 2 adultes et 1 à 4 enfants).

Sur place, à Londres, la **One Day Travelcard** peut être utilisée sur tout le réseau de transports en commun (métro, DLR, trains du réseau Sud-Est, et bus à l'exception des bus de nuit) du lundi au vendredi de 9 h 30 à 3 h du matin, les week-ends et jours fériés à toute heure. On peut se la procurer (3 £ pour les seules zones 1 et 2, 3,90 £ pour toutes les zones) dans les stations de métro et vendeurs accrédités.

Bus à impériale dans Oxford Street

Sinon, les tickets de métro et de bus sont vendus à l'unité dans les stations de métro (appareils automatiques) et les bus. Ils sont datés lors de l'achat et doivent être utilisés le jour même. Il ne faut pas les jeter car ils servent à nouveau à la sortie pour libérer les tourniquets. Si vous voyagez avec des enfants de moins de 5 ans, le transport est gratuit pour eux tous dans le métro, mais pour 2 enfants seulement dans les bus.

Des carnets de 10 tickets de métro valables uniquement dans les limites de la zone 1 sont en vente au prix de 10 £ dans les stations de métro, les offices de tourisme, etc. Ces tickets peuvent être utilisés également dans le DLR, mais ne peuvent l'être dans les bus ni dans les trains.

Le **Docklands Light Railway** (DLR) est un système de transport entièrement automatisé comparable au système VAL en service dans certaines villes de province françaises. Il assure la desserte du quartier des Docklands, par la convergence de 5 lignes partant de points différents : ligne A depuis Beckton, ligne B depuis Island Gardens, ligne C depuis Stratford, ligne D depuis Tower Gateway et ligne E depuis Bank. Les services y sont réduits le week-end.

Les itinéraires des lignes de **bus** sont décrits à l'intérieur des bus mêmes ainsi qu'aux arrêts, tous identifiés par un nom propre. Sur quelques lignes est assuré un service de nuit (repérable par un signe spécifique représentant un hibou perché sur un croissant de lune). Les arrêts signalés par un panneau blanc portant un logo rouge sont des points d'arrêt constants de tous les bus qui y passent, alors que ceux signalés par un panneau rouge avec le logo blanc sont facultatifs ; demander l'arrêt au conducteur.

Taxis

Pratiques, confortables, rapides, les traditionnels « cabs » londoniens travaillent habituellement en « maraude » et on les trouve en grand nombre aux aéroports et aux gares. Il existe toutefois quelques endroits dits « green refuges » (Sloane Street, Pembridge Road, Bedford Square) où on les trouve aisément. Un voyant orange sur le toit permet de savoir s'ils sont libres ou non. Le coût de la prise en charge est de 1,20 £. Les tarifs sont majorés après minuit, le week-end et les jours fériés. Le pourboire est discrétionnaire mais il convient, en général, de compter 10 % du prix de la course. La règle veut que les taxis ne sortent pas des limites du District de Police métropolitaine, qui correspond approximativement à celles du Grand Londres. Mais cette réserve n'est pas de mise lorsque l'on fait appel à un taxi non patenté.

Sociétés de radio-taxis :
Radio Taxis – ☎ 0171 272 0272.
Dial-A-Cab – ☎ 0171 253 5000.
Data Cab – ☎ 0171 727 7200.
Computer Cab – ☎ 0171 286 0286.

Pour réclamer un **objet perdu** dans un taxi patenté, on peut contacter, du lundi au vendredi entre 9 h et 16 h :
Public Carriage Office, 15 Penton Street, London N1 9PU – ☎ 0171 833 0996.

Les taxis londoniens

Les 20 000 conducteurs de taxi londoniens sont soumis à de rigoureux examens médicaux et doivent démontrer leur savoir-faire pour obtenir leur patente et pratiquer leur métier. Les taxis, connus sous le nom de « cabs », noirs et hauts sur roues, font sensation par leur apparence quelque peu désuète. Ils doivent être conformes à trois modèles différents : le Fairway 1958, le Metrocab

Le traditionnel « cab » londonien

1986 en fibre de verre autorisé à transporter 6 personnes, et la réplique moderne de l'Asquith 1930. Pourvus de deux strapontins pliants, face à la banquette arrière, et d'une vitre isolant les passagers, ils possèdent des commodités inconnues sur le continent comme cette plate-forme à bagages aménagée près du conducteur ou ce dispositif nommé « steering-lock » qui permet au véhicule de tourner presque sur lui-même.

Informations sur place

Pour faciliter votre séjour, de nombreux bureaux d'informations touristiques ou des centrales de réservation sont à votre disposition dans Londres.

Réservations de dernière heure

Si vous n'avez pas réservé de chambre à l'hôtel avant votre départ, vous pouvez procéder à cette opération à votre arrivée à Londres. Il est possible de consulter le **London Tourist Board Visitorcall** (☎ 0839 123 435), uniquement accessible sur place. Mais on peut réserver une chambre par l'intermédiaire du **Telephone Accomodation Booking Service** (TABS) ou d'une agence du London Tourist Board (LTB), installée dans les grands pôles d'arrivée de Londres.

TABS – Du lundi au vendredi de 9 h à 18 h, le samedi de 9 h à 17 h. ☎ 0171 824 884.

LTB (Waterloo International) – Dans le hall des arrivées, tous les jours de 8 h 30 à 21 h.

LTB (Heathrow) – Un bureau installé en sous-sol au point de rencontre des accès au métro et aux terminaux 1, 2 et 3 est ouvert tous les jours de 8 h à 18 h ; un second bureau aux arrivées du terminal 3 fonctionne tous les jours de 6 h à 23 h.

LTB (Victoria Station) – Dans l'avant-cour de la gare, point d'arrivée du Gatwick Express, le bureau est ouvert de Pâques à octobre tous les jours de 8 h à 19 h, le reste de l'année du lundi au samedi de 8 h à 18 h et le dimanche de 9 h à 16 h.

LTB (Liverpool Street Station) – Le bureau installé dans la station de métro est ouvert du lundi au vendredi de 8 h à 18 h, le samedi et le dimanche de 8 h 45 à 17 h 30.
Ces réservations, effectuées sans supplément de frais uniquement par carte bancaire (Visa ou Access/Mastercard), ne donnent lieu à aucun règlement ultérieur à l'hôtel.
À Heathrow et à la gare Victoria, des agences Cook permettent également de réserver une chambre dans l'hôtel de son choix.

Informations touristiques

Le London Tourist Board gère également des bureaux d'information à finalité de tourisme. Au cœur de Londres, les principaux offices sont :

British Travel Centre – *12 Regent Street, SW1.* Ouvert du lundi au vendredi de 9 h à 18 h 30, le samedi et le dimanche de 10 h à 16 h (15 h de mai à septembre).

Victoria Station Forecourt – *Voir ci-dessus, Réservations de dernière heure.*

City of London Information Centre – *St Paul's Churchyard, EC4.* Ouvert de mai à octobre tous les jours de 9 h 30 à 17 h, le reste de l'année du lundi au vendredi de 9 h 30 à 17 h et le samedi de 9 h 30 à 12 h 30. ☎ 0171 332 1456/7.

Selfridges – *Oxford Street, W1.* Installé dans le sous-sol du magasin, le bureau fonctionne selon les mêmes horaires que ce dernier.

Et, dans les quartiers périphériques :

Southwark Tourist Information Centre – *Hay's Galleria, Tooley Street, SE1.* Ouvert du lundi au vendredi de 11 h à 16 h, le samedi et le dimanche de 12 h à 16 h (téléphoner d'abord). ☎ 0171 403 8299.

Greenwich Tourist Information Centre – *46 Greenwich Church Street, SE10.* Ouvert tous les jours d'avril à septembre de 10 h à 16 h 45, le reste de l'année selon des horaires restreints. ☎ 0181 858 6376 ; Fax 0181 853 4607.

Tower Hamlets Tourist Information Centre – *107a Commercial Street, E1.* Ouvert du lundi au vendredi de 9 h 30 à 16 h 30. ☎ 0171 375 2549 ; Fax 0171 375 2539.

Islington Tourist Information Centre – *44 Duncan Street, N1.* Ouvert d'avril à octobre du lundi au samedi de 10 h (14 h le lundi) à 17 h ; fermé le samedi de 13 h 30 à 14 h 30 ; horaires restreints le reste de l'année. ☎ 0171 278 8787 ; Fax 0171 833 2193.

Richmond Tourist Information Centre – *Old Town Hall, Whittaker Avenue, Richmond TW9.* Ouvert du lundi au samedi de 9 h à 18 h (17 h le samedi) ainsi que le dimanche de 10 h 15 à 16 h 15 de mai à octobre. ☎ 0181 940 9125 ; Fax 0181 940 6899.

Twickenham Tourist Information Centre – *The Atrium, Civic Centre, York Street, Twickenham, Middlesex TW1.* Ouvert du lundi au vendredi de 9 h à 17 h 15 (17 h le vendredi). ☎ 0181 891 7272.

Renseignements par téléphone

Pour obtenir des précisions à propos des spectacles, s'informer auprès du **Phone Guide to London**, service sur répondeur actualisé chaque jour. Composer le 0839 123 puis, selon la nature de l'information recherchée :

400	Programme de la semaine	423	Pièces de théâtre
403	Expositions	424	Où emmener les enfants
407	Le dimanche à Londres	431	Visites guidées
411	Relève de la Garde	432	Services sur la Tamise
422	Concerts de musique rock et pop	480	Fêtes populaires

Visiter Londres

Réductions

En certains cas, les touristes étrangers peuvent bénéficier d'avantages tarifaires au même titre que les touristes britanniques ; se reporter aux offres hebdomadaires publiées par le magazine *Time Out*.

English Heritage – Les membres de cette organisation peuvent entrer librement dans plus de 400 sites parmi lesquels on compte les domaines londoniens de Kenwood, Chiswick House et Ranger's House. L'organisation délivre aux touristes non britanniques l'**Overseas Visitor Pass**, valable pour 14 ou 21 jours pour la somme de 12 ou 16 £ (adulte) ou de 6 ou 8 £ (enfant). Prendre contact avec English Heritage Customer Services, 429 Oxford Street, London W1R 2HD – ☎ 0171 973 3434.

London White Card – Cette carte valable pour 3 ou 7 jours, validée dans le premier endroit visité, permet l'accès illimité aux musées, galeries et expositions de Londres. Un adulte verse 15 £ pour une carte utilisable 3 jours, 25 £ pour la carte à 7 jours. Elle est disponible, y compris dans une version familiale, auprès des musées et galeries participant à la formule ou de British Airways Holidays, des Tourist Information Centres, du BTA, des grands hôtels, etc.

London for Less – Valable pour 1, 2 ou 5 personnes durant 4 ou 8 jours, cette carte permet de bénéficier de nombreuses réductions dans les hôtels, les restaurants, les pubs, les théâtres, les salles de concert, sur les communications téléphoniques et les grandes attractions. La souscription revient, par exemple, pour 2 personnes et 4 jours, à 12,95 £ et s'effectue auprès de Metropolis International (UK) Ltd, 222 Kensal Road, London W10 5BN (☎ 0181 964 4242). Le règlement s'effectue par carte de crédit et les documents d'information peuvent être adressés à domicile avant le départ ou à l'hôtel où vous descendrez à votre arrivée à Londres.

Visites guidées

De nombreux musées et galeries organisent des visites guidées et commentées *(voir au chapitre des Conditions de visite)*, mais on peut aussi se faire accompagner durant une journée ou une série de visites par des guides agréés ; se renseigner auprès des Tourist Information Centres.

Excursions en bus – Les promenades dans les bus équipés d'un étage supérieur découvert constituent (par beau temps) une excellente découverte de Londres. Ces sorties commentées (anglais, français, allemand) empruntent des itinéraires différents selon les sociétés qui les effectuent ; assurez-vous que les grands monuments sont inclus dans le circuit proposé. Si certaines promenades sont ininterrompues, il est possible parfois sur accord préalable de quitter le bus emprunté et de reprendre le suivant avec le même billet. Les points de départ se situent à la gare Victoria (soit à la station de métro, soit à Grosvenor Gardens, soit à Buckingham Palace Road), Green Park (près de l'hôtel Ritz), Piccadilly, Coventry Street, Trafalgar Square, Haymarket, Lower Regent Street, Marble Arch (sortie 7 du passage souterrain), Baker Street (à la station de métro) ou Tower Hill. Les prix varient autour de 10 £ (5 à 6 £ pour les enfants).

The Original Sightseeing Tour offre une promenade avec 20 arrêts et commentaire enregistré en 8 langues. Les départs ont lieu toutes les 10 mn entre 9 h et 18 h en été (toutes les 15 mn entre 10 h et 17 h en hiver) de la station de métro de Baker Street, du Coin des orateurs (Speaker's Corner) à Marble Arch, de la gare Victoria ou de la station de métro Piccadilly dans Haymarket.

London Pride Sightseeing propose également une sortie avec des arrêts d'une durée au choix de 1 heure 30 ou 2 heures. Il fonctionne tous les jours de 9 h à 21 h (18 h en hiver) et part de Piccadilly Circus devant le Trocadero.

Signalons enfin qu'une visite de Londres durant 2 heures et possible de jour comme de nuit en groupe de 4 personnes pour un prix de 15 £ par tête est proposée par **Black Taxi Tours of London** – ☎ 0171 289 4371 ou 0956 384 124.

Promenades pédestres

Un certain nombre de promenades sont organisées sous la conduite d'historiens, de guides professionnels, de botanistes, d'auteurs, etc. Elles ont souvent un fil conducteur autour d'un thème tel que la finance dans la Cité, le Londres légal, celui de Shakespeare, de Dickens, de Sherlock Holmes, le théâtre, les pubs, ou d'un site : Westminster, Greenwich, Regent's Canal... Se renseigner auprès du London Tourist Board ou écrire au LTB, Po Box 1708, London NW6 4LW.

Des **promenades guidées** sont organisées tous les jours à partir de l'Office de tourisme de **Greenwich** vers l'observatoire (Meridian Walk, à 12 h 15 ; durée : 1 heure ; 2,50 £) ou les édifices royaux (Royal Greenwich, à 14 h ; durée : 1 heure 30 ; 3 £).

Une promenade, **The London Ghost Walk**, est organisée indépendamment tous les jours à 8 h (départ de la sortie 1 de la station de métro Blackfriars, durée : 2 heures selon les conditions météorologiques). Se renseigner auprès de Thomas Bodie, 41 Spelman Street, London E1 – ☎ 0171 256 8973.

Itinéraires balisés – Le **Silver Jubilee Walkway**, créé en 1977 à l'occasion des 25 ans de règne de la reine Élisabeth II, est matérialisé au cœur de Londres sur 14 km par un dallage particulier de loin en loin. Les offices dépendant du LTB vendent des plans *(35 pence)* identifiant les monuments et repérant les 8 tables d'orientation situés sur le trajet.

21 panneaux explicatifs jalonnent le **London Wall Walk** dont les 2,8 km suivent le tracé du mur de la Cité entre la Tour et le Museum.

Une série de promenades a été balisée dans les Docklands à l'initiative du *Financial Times* ; se renseigner auprès du Docklands Visitor Centre.

Croisières et services fluviaux

Le cœur de Londres apparaît sous un jour nouveau quand on descend la Tamise vers Greenwich. De nombreuses compagnies assurent des services réguliers à partir de plusieurs embarcadères vers les grands pôles d'intérêt londoniens. On peut se renseigner auprès du **London Tourist Board Riverboat Information Service** (☎ 01839 123 432) ou directement auprès des compagnies.

Des liaisons quotidiennes sont assurées toute l'année notamment depuis **Westminster Pier** vers la Tour de Londres (30 mn, 3 £), Greenwich (45 mn, 4,40 £) et le barrage sur la Tamise (75 mn, 4,30 £) ; depuis **Charing Cross Pier** vers la Tour (20 mn, 3 £), Greenwich (45 mn, 4,40 £) et le barrage ; de **Tower Pier** vers Greenwich (30 mn, 3,50 £), le barrage et Westminster (20 mn, 3 £) ; de **Greenwich Pier** vers la Tour (30 mn, 3,50 £), Charing Cross (40 mn, 4,40 £) et Westminster (45 mn, 4,40 £).

On peut contacter :
– Westminster Tower Boat Trips Ltd, ☎ 0171 515 1415 ou 4948.
– London Launches, ☎ 0171 930 9033.
– Westminster-Greenwich Thames Passenger Boat Services, ☎ 0171 930 4097.
– Tidal Cruises, ☎ 0171 839 2164.
– Catamaran Cruisers, ☎ 0171 987 1185 ou 838 3573.
– Tower Pier Launches Ltd, ☎ 0171 488 0344.

De mi-avril à septembre, des services quotidiens permettent de **Westminster Pier** de gagner Putney (40 mn), Kew (1 h 30), Richmond (2 h 30 à 3 h) ou Hampton Court (3 à 4 h). Horaires et tarifs auprès de WPSA, ☎ 0171 930 4721 ou 930 2062.

Croisières de nuit – Pour participer à des croisières musicales ou des dîners-croisières, se renseigner auprès de :
– Mainstream Events : ☎ 0181 788 2669.
– Catamaran Cruisers : ☎ 0171 987 1185 ou 838 3573.

Croisières sur Regent's Canal – La **London Waterbus Company** (☎ 0171 482 2660) assure un service régulier entre Little Venice (Blomfield Road) et Camden Lock (à la hauteur de Chalk Farm Road) via le Maida Hill Tunnel et le zoo de Londres. Le service fonctionne tous les jours d'avril à octobre, de 10 h à 17 h (départs d'heure en heure de Little Venice et de Camden Lock), et uniquement les week-ends le reste de l'année (service réduit). Le passage simple coûte 3,50 £ (enfants : 2,10 £), l'aller et retour 4,50 £ (2,70). Des billets spéciaux incluent la visite au passage du zoo. L'excursion peut être prolongée par des promenades complémentaires vers la Lea, Limehouse, Brentford ou un circuit en car dans les Docklands.

Excursion sur la Tamise

Vie pratique

Urgences médicales

Il est souhaitable que les touristes originaires de pays n'appartenant pas à l'Union Européenne contractent avant leur départ pour la Grande-Bretagne une assurance en mesure de couvrir tous frais médicaux, tant consultation d'un médecin qu'intervention chirurgicale ou frais pharmaceutiques. Le remboursement est négocié avec la compagnie d'assurances en fonction de la police souscrite. Les ressortissants des pays membres de l'Union Européenne sont soumis aux accords passés entre la Grande-Bretagne et leur patrie. En général, ils bénéficient de la gratuité des soins, mais il est recommandé de se prémunir de l'imprimé E 111, que l'on obtiendra (en France) auprès de sa caisse de Sécurité sociale. Sur place, ne pas omettre de garder une photocopie d'une ordonnance médicale délivrée par un médecin anglais : elle peut être utile au médecin traitant habituel...

Secours d'urgence et services de nuit médicaux – ☏ 0181 900 1000.

Secours en cas d'accident et appel à la police ou aux pompiers – ☏ 999.

Les possesseurs de la carte **American Express** peuvent faire appel au service «Global Assist» en toute circonstance. ☏ 01222 66 55 55.

Argent

Devises – Aucune restriction n'est faite quant au montant de devises que l'on peut emporter en Grande-Bretagne. Afin de changer en monnaie étrangère l'excédent d'argent anglais dont on dispose en fin de séjour, il est préférable de procéder à une déclaration à l'entrée sur le territoire britannique.

L'unité monétaire est la **livre** britannique (GB £), subdivisée en 100 pence. En Angleterre, on utilise des pièces de 1 penny et de 2 pence, en cuivre, des pièces de 5, 10, 20, 50 pence et de 1 livre en argent, et des billets de 5, 10, 20 et 50 livres.

Banques – Elles sont pour la plupart ouvertes du lundi au vendredi de 9 h 30 à 16 h 30, à l'exception des jours fériés. Beaucoup sont équipées de distributeurs automatiques de billets (ATM) qui acceptent les cartes de crédit internationales.

Bureaux de change – Ils sont nombreux au centre de Londres, notamment dans le West End et autour de Piccadilly Circus, et le plus souvent ouverts sept jours sur sept.

Cartes de crédit – Magasins, hôtels, restaurants et stations-service acceptent presque tous les cartes American Express, Visa, Mastercard/Eurocard et Diner's Club.

En cas de perte ou de vol de votre carte, prendre contact (service 7 jours/7 et 24 h/24) :

American Express – ☏ 0171 222 9633.
Mastercard/Eurocard – ☏ 01268 534534.

Visa – ☏ 01604 230230.
Diner's Club – ☏ 0800 460800.

Téléphone

Cabines publiques – Elles fonctionnent pour la plupart au moyen de cartes (vendues pour une valeur variant de 20 à 200 unités) et certaines avec les cartes de crédit (Visa, Mastercard/Eurocard). Les cartes téléphoniques sont en vente chez les marchands de journaux et dans les bureaux de poste. Les cabines permettent d'appeler l'étranger et beaucoup peuvent aussi recevoir des appels.

Appels internationaux – Pour appeler l'étranger depuis la Grande-Bretagne, composer le 00 suivi du code du pays destinataire (Belgique : 32, Canada : 01, France : 33, Luxembourg : 352, Suisse : 41) puis du numéro du correspondant.

Pour appeler la région de Londres de l'étranger, composer le code d'appel propre à chaque pays vers l'étranger (00 depuis la France), puis l'indicatif de la Grande-Bretagne (44), celui de la région de Londres (171 ou 181) et les 7 chiffres du numéro du correspondant.

L'administration postale britannique applique des tarifs réduits aux appels internationaux entre 18 h et 8 h du matin du lundi au vendredi, à partir de 14 h le samedi et toute la journée les dimanches et jours fériés.

Albert Bridge, de nuit

Autres informations utiles

Heure – L'heure officielle est celle du méridien de Greenwich (GMT) mais la Grande-Bretagne adopte l'heure d'été (GMT + 1 heure) de fin mars à fin octobre.
Les horaires d'ouverture des magasins, musées, etc., ainsi que les heures de départ des trains, avions sont toujours indiqués en fonction de tranches de 12 heures « ante meridiem », avant midi, indiqué par l'abréviation « am », ou « post meridiem », après midi, abrégé en « pm ». Une indication 8am signifie donc 8 h alors que 8pm signifie 20 h.

Électricité – Le courant électrique est de 240 volts et les prises sont en général triples. Il est donc préférable de se munir d'un adaptateur ou de s'en procurer un à l'arrivée à Londres.

Bureaux de poste – Ils sont ouverts du lundi au vendredi de 9 h à 17 h 30. Des levées ont lieu plus tard au bureau de Leicester Square et toute la nuit ainsi que le dimanche aux centres de tri de Paddington, Nine Elms, Mount Pleasant et St-Paul.
Les timbres-poste sont en vente dans les bureaux de poste, chez les marchands de journaux et les supermarchés.
Les collectionneurs pourront faire estampiller leurs envois du cachet « Premier Jour » (First Day Cover) dans quelques bureaux de poste ou au musée de la Poste, près de St-Paul *(voir City – Smithfield)*.

Tarifs postaux – Lettre d'un poids inférieur à 20 g par avion, vers l'Europe continentale : 0,26 £ ; vers l'Amérique du Nord : 0,63 £.

Magasins – Les grands magasins et les principales boutiques sont ouverts du lundi au samedi de 9 h à 18 h. Quelques-uns procèdent à des nocturnes jusqu'à 20 h une fois par semaine (tel est le cas le mercredi dans Knightsbridge, le jeudi dans Oxford Street et Regent Street) ou ouvrent leurs portes le dimanche entre 11 h et 16 h. Les petits magasins d'alimentation indiens et arabes de Bayswater Road et Earl's Court Road sont souvent ouverts jusqu'à 20 h voire plus tard.

Achats spécifiques – Les articles britanniques les plus renommés car synonymes de qualité sont les lainages (tricots en Shetland ou en Cashmere, vêtements de tweed de Donegal ou Harris), les porcelaines (Wedgwood, Royal Doulton, Worcester) et des produits alimentaires (saumon fumé, fromage de Stilton, conserves au vinaigre – pickles) ou des boissons (thé, gin et whisky).

Objets perdus – Pour retrouver un objet perdu dans la rue, il faut s'adresser au poste de police du quartier où la perte s'est produite. Si celle-ci s'est faite dans un taxi, il faut écrire ou téléphoner au Metropolitan Police Lost Property Office, 15 Penton Street, N1 London (☎ 0171 833 0996).
Pour toute perte effectuée dans un **bus**, téléphoner : ☎ 0171 222 1234 ; dans le **métro**, se rendre en personne au London Regional Transport Lost Property Office, 200 Baker Street (ouvert du lundi au vendredi de 9 h 30 à 14 h), ou s'adresser dans une station de métro ou dans les terminaux de lignes ; dans l'un des **trains du réseau SouthEast**, par téléphone au ☎ 0171 928 5151.

Sept nouveaux **guides Verts Michelin** *:*

Barcelone et la Catalogne – Berlin – Danemark, Norvège, Suède, Finlande – Europe – Floride – Venise – Vienne

Principales Manifestations

Pour connaître les dates précises, s'adresser à l'étranger aux Offices britanniques du Tourisme ou au London Tourist Board à Londres.

Janvier

Earl's Court . . . . International Boat Show : Salon nautique international *(premier jeudi)*.

Twickenham . . . . Début du Tournoi de rugby des cinq nations.

Trafalgar Square . . . . Dépôt de fleurs au pied de la statue de Charles Ier *(fin du mois, à 11 h)*.

Février

Earl's Court . . . . Cruft's Dog Show : exposition canine.

Soho . . . . Célébration du Nouvel An chinois.

Mars

Old Town Hall, Chelsea . . . . Chelsea Antiques Fair : foire aux antiquités.

De Putney à Mortlake . . . . . Oxford and Cambridge Boat Race : compétition d'aviron entre les universités d'Oxford et de Cambridge.

Avril

Battersea Park . . . . Carnival Parade : grande parade de Pâques *(dimanche de Pâques)*.

Battersea Park . . . . Harness Horse Parade : cortège de chevaux caparaçonnés *(lundi de Pâques matin)*.

Blackheath . . . . Kite Festival : festival de cerfs-volants *(Samedi saint, dimanche et lundi de Pâques)*.

Westminster . . . . Spring Flower Show : floralies de printemps de la Société Royale d'Horticulture.

Mai

Royal Hospital, Chelsea . . . Chelsea Flower Show : floralies de Chelsea.

Wembley . . . . Finale de la Coupe de football.

Royal Hospital, Chelsea . . . Oak Apple Day Parade : défilé des pensionnaires de l'Hôpital militaire *(29 mai)*.

Juin

Horse Guards Parade, Whitehall . . . . Beating Retreat : retraite des régiments de la Maison de la Reine.

Burlington House, Piccadilly . . . . Summer Exhibition : salon d'été de la Royal Academy of Arts.

Ascot . . . . Racing Week : semaine des courses de chevaux.

Horse Guards Parade, Whitehall . . . . Trooping the Colour : anniversaire officiel de la Reine *(2e ou 3e samedi)*.

Wimbledon . . . . Lawn Tennis Championships : championnats de tennis sur gazon *(2 semaines en juin-juillet)*.

Regent's Park . . . . Théâtre en plein air.

Henley-on-Thames . . . . Royal Regatta : régates royales.

Blackheath . . . . Kite Festival : festival de cerfs-volants *(dernier dimanche)*.

Spitalfields . . . . Festival annuel de musique.

Juillet

Hampton Court . . . . Flower Show : exposition florale au palais de Hampton Court.

City . . . . Festival de la Cité de Londres.

Earl's Court . . . . Royal Tournament : carrousel militaire.

Sur la Tamise . . . . Swan Upping : recensement des cygnes.

Royal Albert Hall . . . . Début des Promenade Concerts.

Août

Westminster . . . . Summer Flower Show : floralies d'été de la Société Royale d'Horticulture.

Hyde Park . . . . Concours hippique de Westminster.

Ladbroke Grove . . . . Carnaval de Notting Hill.

Holland Park . . . . Saison de théâtre en plein air.

ANGUS TAVERNER

La journée des dames à Ascot

*Cet ouvrage, périodiquement révisé, tient compte
des conditions du tourisme connues au moment de sa rédaction.
Certains renseignements perdent de leur actualité en raison de
l'évolution incessante des aménagements et des variations du coût de la vie.
Nos lecteurs sauront le comprendre.*

Conditions de visite

Les curiosités soumises à des conditions de visite et dont le nom est accompagné du symbole ⊙ dans le corps du guide sont répertoriées ci-après à leur ordre alphabétique. Les tarifs et horaires ne peuvent être fournis qu'à titre indicatif en raison de l'évolution du coût de la vie et des modifications dont les jours et heures d'ouverture de nombreuses curiosités font fréquemment l'objet. Lorsque les conditions d'accès les plus récentes ne nous ont pas été fournies, les précédentes ont été maintenues en italique.

Les billetteries ferment généralement 30 mn avant l'heure de fermeture. Les tarifs mentionnés s'appliquent à des adultes ne bénéficiant pas de réduction. Il existe des tarifs réduits pour les familles, les enfants, les étudiants (justificatif demandé) et les personnes âgées. En règle générale, les édifices religieux ne se visitent pas pendant les offices. Bien que l'entrée soit libre, une offrande est généralement à prévoir pour l'entretien du site.

Les responsables de sites, monuments ou musées s'organisent peu à peu pour rendre la visite possible aux personnes handicapées; chaque fois que des aménagements (importants) de ce type nous sont signalés, ils sont mentionnés par le symbole &.

Abréviations – *EH : English Heritage. NT : the National Trust. Les adhérents à ces associations bénéficient de tarifs réduits à l'entrée de certains sites.*

Jours fériés – Il existe en Grande-Bretagne deux formes de jours fériés. Les « Bank holidays » sont respectés sur l'ensemble du territoire, et les musées et autres monuments seront en général fermés au public; leur fermeture lors des « Public holidays » est laissée à la discrétion des administrations gestionnaires.

Les journées fériées sont les suivantes :

New Year's Day	1er janvier
Good Friday	Vendredi saint
Easter Monday	lundi de Pâques
May Day	premier lundi de mai
Spring Bank Holiday	dernier lundi de mai
August Bank Holiday	dernier lundi d'août
Christmas Day	25 décembre
Boxing Day	26 décembre

A

ALEXANDRA Palace

Palm Court – & Visite de 9 h 30 à 17 h. ☎ 0181 365 2121; Fax 0181 883 3999.

The Grove – De début juillet à début septembre, des concerts gratuits en plein air y sont donnés le dimanche de 15 h à 17 h.

ALL HALLOWS by the Tower

Visite de 9 h 30 à 16 h. **Brass rubbing** : ouvert de 11 h à 16 h. ☎ 0171 481 2928.

ALL HALLOWS London Wall

Visite le vendredi de 11 h à 15 h 30. ☎ 0171 496 1680; Fax 071 496 1684.

ALL SAINTS Church (Fulham)

Visite les mercredis, jeudis et vendredis de 12 h à 15 h, sinon demander la clé au gardien, 7 Sir William Powell Almshouses (porte voisine). ☎ 0171 736 6301.

ALL SOULS Church

Visite du lundi au vendredi de 9 h 30 à 18 h (20 h parfois), le dimanche de 9 h à 20 h 30. ☎ 0171 580 3522; Fax 0171 436 3019.

APSLEY House

Visite de 11 h à 17 h. Fermé le lundi (sauf lundis fériés) et les 1er janvier, Vendredi saint, May Day, 24, 25 et 26 décembre. 4 £ (gratuit le 18 juin). ☎ 0171 499 5676; Fax 0171 493 6576.

Museum of ARTILLERY in the Rotunda

Visite du lundi au vendredi de 13 h à 16 h. Fermé les jours fériés. Entrée libre. Visite guidée (1 h 30) sur rendez-vous. ☎ 0181 316 5402.

B

BADEN-POWELL House

♿ Visite de 7 h à 23 h. Fermé du 24 décembre au 2 janvier. ☎ 0171 584 7031 ; Fax 0171 590 6902.

BANK OF ENGLAND

Visites sur rendez-vous en s'adressant au Visitor's Liaison Group. ☎ 0171 601 3985.

Museum – ♿ Visite du lundi au vendredi de 10 h à 17 h. Fermé aux « Public holidays ». Gratuit. Brochure en français. ☎ 0171 601 5545 ; Fax 0171 601 5808.

BANKSIDE Gallery

Visite du mardi au vendredi de 10 h à 16 h (17 h durant les expositions, 18 h le mardi), le week-end de 13 h à 17 h. 3,50 £. ☎ 0171 928 7521 ; Fax 0171 928 2820.

BANQUETING House

♿ En fonction des séances du gouvernement : visite de 10 h à 17 h. Fermé le dimanche, les jours fériés et du 24 décembre au 1er janvier. 3,50 £ (incluant l'audio-guide). ☎ 0171 930 4179.

HMS BELFAST

Visite de 10 h à 18 h (17 h de novembre à février). Dernière entrée 3/4 h avant la fermeture. Fermé les 24, 25 et 26 décembre. 4,70 £ (enfants : 2,40 £). Brochure en français. ☎ 0171 940 6300 ; Fax 0171 403 0719.

BETHNAL GREEN Museum of Childhood

Visite de 10 h (14 h 30 le dimanche) à 17 h 30. Entrée libre. Fermé le vendredi. ☎ 0181 980 2415 (renseignements par répondeur) ; Fax 0181 983 5225.

BLEWCOAT School

Boutique du National Trust et centre d'information – Visite du lundi au vendredi de 10 h à 17 h 30 (19 h le jeudi). Fermé les lundis fériés « Bank holidays » et du 25 décembre au 1er janvier. ☎ 0171 222 2877.

BOSTON Manor

Manoir – Visite de début avril à fin octobre les week-ends et lundis fériés de 14 h 30 à 17 h. Entrée libre. ☎ 0181 560 5441.

BRAMAH TEA and COFFEE Museum

♿ Visite de 10 h à 18 h. Fermé les 25 et 26 décembre. 3,50 £. Brochure en français. ☎ 0171 378 0222 ; Fax 0171 378 0219.

BRITISH LIBRARY

Galeries d'exposition – ♿ Visite de 9 h 30 (11 h le dimanche) à 18 h (17 h le week-end). L'accès aux salles de lecture n'est autorisé qu'aux possesseurs du Readers Pass. ☎ 0171 412 7222 ; Fax 0171 412 7332.

BRITISH MUSEUM

♿ Visite du lundi au samedi de 10 h à 17 h, le dimanche de 12 h à 18 h. Fermé le 1er janvier, le Vendredi saint, à May Day et du 24 au 26 décembre. Accès libre aux galeries principales, prix d'entrée variable pour les expositions temporaires. Visite guidée (1 h 30). Brochure en français. Restaurant. ☎ 0171 636 1555, 0171 580 1788 (information par répondeur) ; Fax 0171 323 8118.

BRUNEI Gallery

Visite du lundi au samedi de 10 h 30 (14 h le samedi) à 17 h. Fermé aux « Public holidays ». Prix d'entrée variable selon les expositions. ☎ 0171 637 2388 ; Fax 0171 323 6010.

BRUNEL Engine House

Visite le premier samedi du mois de 12 h à 16 h, sinon visite sur rendez-vous. 2 £.
☎ 0181 748 3545 ou 0181 318 2489 (président de la régie).

BUCKINGHAM Palace

Palais – ♿ Visite (ticket daté) de début août à fin septembre de 9 h 30 à 17 h 30 ; dernière entrée à 16 h 30. 9,50 £ (enfants : 5 £). Brochure en français. Photographie interdite. ☎ 0171 799 2331 (informations par répondeur), 0171 839 1377 (bureau d'accueil).

Royal Mews – Visite en août et septembre du lundi au jeudi de 10 h 30 à 16 h 30 ; d'avril à juillet du mardi au jeudi de 12 h à 16 h ; d'octobre à décembre du mercredi au vendredi de 12 h à 16 h. 4 £ ; billet combiné avec Queen's Gallery : 6,50 £. ☎ 0171 799 2331 (informations par répondeur).

Queen's Gallery – Visite de 9 h 30 à 16 h 30 (changements de dernière heure possibles). Fermé le Vendredi saint, les 25 et 26 décembre ainsi qu'au cours des changements d'expositions. 4 £ ; billet combiné avec la visite des Écuries royales : 6,50 £. Photographie interdite. ☎ 0171 799 2331 (informations par répondeur) ; Fax 0171 930 9781.

St James's Park

BUNHILL FIELDS

Jardins – Visite du lundi au vendredi de 7 h 30 à 19 h (16 h d'octobre à mars) ; le week-end de 9 h 30 à 16 h.

Cimetière – Écrire au Superintendent of Parks and Gardens, West Ham Park, Upton Lane, Forest Gate, E7 9PU. Brochure disponible. ☎ 0181 472 3584 ; Fax 0181 475 0893.

BURGH House

Hampstead Local History Museum – Visite du mercredi au dimanche de 12 h (14 h les jours fériés) à 17 h. Fermé du 25 décembre au 1er janvier. Entrée libre. Dépliant en français. ☎ 0171 431 0144 ; Fax 0171 435 8817.

C

CABINET WAR Rooms

♿ Visite de 9 h 30 (10 h d'octobre à mars) à 18 h (dernière entrée à 17 h 15). Fermé du 24 au 26 décembre. 4,60 £. Audioguide en français. ☎ 0171 930 6961 ; Fax 0171 839 5897.

CANNIZARO House

Jardins – Visite de 8 h (9 h les week-ends et jours fériés) au coucher du soleil (17 h à 21 h 30 selon les saisons). ☎ 0181 545 3657.

CARLYLE's House NT

Visite d'avril à octobre du mercredi au dimanche et les lundis fériés de 11 h à 17 h. Fermé le Vendredi saint. 3,20 £. Dépliant en français. ☎ 0171 352 7087.

CENTRAL CRIMINAL COURT (Old Bailey)

&. Le public est admis dans l'enceinte du tribunal lorsque les juges y ont pris place, du lundi au vendredi, approximativement de 10 h à 16 h 30 ; les séances sont interrompues pour le déjeuner.

CHARLTON House

Visite du lundi au vendredi de 9 h à 22 h, le samedi (bibliothèque seule) de 9 h à 17 h. 1,50 £. Visite guidée (1 h) pour groupes sur rendez-vous. Dépliants disponibles. ☎ 0181 856 3951 ; Fax 0181 856 4162.

CHARTERHOUSE

Visite guidée d'avril à juillet le mercredi à 14 h 15 ; sinon, visite de groupe possible après accord préalable. 3 £. Brochures disponibles. ☎ 0171 253 9503.

CHELSEA Old Church

Visite du lundi au samedi de 10 h à 13 h et de 14 h à 17 h (16 h en hiver), le dimanche entre les offices. Fermé les jours de repos du bedeau. ☎ 0171 352 7978.

CHELSEA Physic Garden

&. Visite d'avril à octobre le mercredi de 14 h à 17 h et le dimanche de 14 h à 18 h ; pendant la semaine du Chelsea Flower Show, du lundi au vendredi de 12 h à 17 h. 3,50 £. Brochure en français. Chiens non admis. ☎ 0171 352 5646 ; Fax 0171 376 3910.

CHISWICK House EH

Visite d'avril au 22 octobre tous les jours de 10 h à 18 h (17 h en octobre), le reste de l'année du mercredi au dimanche de 10 h à 16 h. Fermé du 4 au 17 janvier et du 24 au 26 décembre. 3 £. Visite guidée en anglais sur demande. Audioguide en français. ☎ 0181 995 0508.

Church of CHRIST THE KING

Visite du lundi au vendredi de 7 h à 16 h.

CITY Temple

&. Visite du lundi au vendredi. ☎ 0171 583 5532 ; Fax 0171 353 1083.

CLINK Exhibition

Visite tous les jours de 10 h à 18 h. Fermé les 25 et 26 décembre. 4 £. Visite guidée possible. ☎ 0171 378 1558 ; Fax 0171 403 5813.

COLE ABBEY Presbyterian Church

Visite sur rendez-vous. ☎ 0171 248 5213.

COLLEGE OF ARMS

Visite du lundi au vendredi de 10 h à 16 h. Fermé aux « Public holidays » et lors de cérémonies officielles. ☎ 0171 248 2762.

COMPANIES House

Visite du lundi au vendredi de 9 h à 17 h. Fermé aux « Public holidays ».

CONTEMPORARY APPLIED ARTS

&. Visite du lundi au samedi de 10 h 30 à 17 h 30. Fermé aux « Public holidays ». ☎ 0171 436 2344.

COUNTY HALL

Aquarium – &. Visite de 10 h à 18 h (19 h 30 les jours fériés). Dernière entrée 1 h avant la fermeture. 7 £ (enfants : 5 £). ☎ 0171 967 8000.

COURTAULD Institute of Art

♿ Visite de 10 h (14 h le dimanche) à 18 h. Fermé le 1ᵉʳ janvier et du 24 au 26 décembre. 4 £. ☎ 0171 873 2526 ; Fax 0171 873 2589.

CRAFTS COUNCIL Gallery

♿ Visite de 11 h (14 h le dimanche) à 18 h. Fermé le lundi et les 25 et 26 décembre. Entrée libre. Téléphoner pour connaître le programme des expositions. ☎ 0171 278 7700 ; Fax 0171 837 6891.

CRYSTAL Palace

National Sports Centre – ♿ Visite de 8 h à 22 h (20 h le samedi, 18 h le dimanche et 17 h les fêtes légales). Spectateurs : 60 p ; pratique d'un sport : prix variable (à partir de 1,95 £). Restaurant. ☎ 0181 778 0131 ou 776 7744 poste 231 (détail des manifestations) ; Fax 0181 676 8804.

Cour de ferme – Visite d'avril à septembre de 11 h à 17 h (17 h 30 les week-ends et vacances), le reste de l'année de 11 h à 15 h 30 (16 h les week-ends et vacances).

Canotage – D'avril à septembre. **Pêche** – De mi-juin à mi-mars. Contacter Crystal Palace Park, ☎ 0181 778 9496.

CUTTY SARK

Visite de 10 h (12 h le dimanche et les fêtes légales) à 18 h (17 h d'octobre à mars). Fermé du 24 au 26 décembre. 3,50 £. Brochure en français. ☎ 0181 858 3445 ; Fax 0181 853 3589.

D

DANISH Church

Visite de 9 h à 13 h et de 18 h 30 à 22 h 30. Fermé le lundi et le samedi. Clé disponible au 5 St Katharine's Precint.

DE MORGAN Foundation

Visite le mercredi après-midi sur rendez-vous uniquement. 2 £. S'adresser au 56 Bradbourne Street, London SW6 3TE. ☎ 0171 371 8385.

DESIGN Museum

♿ Visite de 11 h 30 à 18 h. 5,25 £. Visite guidée sur demande. Restaurant. ☎ 0171 378 6055 ; Fax 0171 378 6540.

DICKENS' House

Visite du lundi au vendredi de 9 h 45 à 17 h 30, le samedi de 10 h à 17 h. Fermé le 1ᵉʳ janvier. 3,50 £. Brochure en français. ☎ 0171 405 2127.

Dr JOHNSON's House

Visite du lundi au samedi de 11 h à 17 h 30 (17 h en hiver). Fermé aux « Public holidays ». Visite guidée (50 mn, 2 £) sur rendez-vous. 3 £. Brochure en français. ☎ 0171 353 3745.

DULWICH Picture Gallery

♿ Visite du mardi au vendredi de 10 h à 17 h, le samedi et les lundis fériés de 11 h à 17 h, le dimanche de 14 h à 17 h. Fermé le lundi (sauf lundis fériés). 3 £ (gratuit le vendredi). Visite guidée (1 h) : 4 £. ☎ 0181 693 5254 ; Fax 0181 693 0923.

DUTCH Church

Visite du mardi au vendredi de 11 h à 15 h. ☎ 0171 588 1684.

E

ELTHAM Palace EH

En cours de restauration. Réouverture prévue au printemps 1999.
☎ 0171 973 3434.

F

FENTON House NT

Visite d'avril à octobre du mercredi au vendredi de 14 h à 17 h 30, les week-ends et lundis fériés de 11 h à 17 h 30 ; en mars uniquement les week-ends de 14 h à 17 h. 4 £. Dépliant en français. Photographie interdite. ☎/Fax 0171 435 3471.

FLORENCE NIGHTINGALE Museum

♿ Visite du mardi au dimanche et les lundis fériés de 10 h à 17 h (dernière entrée à 16 h). Fermé les 1er janvier, Vendredi saint, dimanche de Pâques, 25, 26 et 31 décembre. 3,50 £. ☎ 0171 620 0374.

FREUD Museum

Visite du mercredi au dimanche de 12 h à 17 h. Fermé quelques jours au Nouvel An et du 24 au 26 décembre. 3 £. Brochure en français. ☎ 0171 435 2002 ; Fax 0171 431 5452.

FULHAM Palace

Musée – ♿ Visite de mars à octobre du mercredi au dimanche de 14 h à 17 h ; le reste de l'année du jeudi au dimanche et les lundis fériés de 13 h à 16 h. 50 p. Visite guidée le 2e dimanche du mois à 14 h ou sur rendez-vous : 2 £. ☎ 0171 736 3233.

FULLER, SMITH and TURNER GRIFFIN Brewery

Visite guidée sur rendez-vous les lundi, mercredi, jeudi et vendredi à 11 h, 12 h, 13 h et 14 h. 5 £. ☎ 0181 996 2000 ; Fax 0181 995 0230.

G

GABRIEL'S Wharf

Visite du mardi au dimanche de 11 h à 18 h (ateliers de fabricants d'objets design).

Museum of GARDEN HISTORY

Visite de mars à mi-décembre de 10 h 30 à 16 h (17 h le dimanche). Fermé le samedi. Offrande. Dépliant en français. ☎ 0171 261 1891 ; Fax 0171 401 8869.

GEFFRYE Museum

♿ Visite de 10 h (14 h le dimanche) à 17 h. Fermé le lundi, le 1er janvier, le Vendredi saint et du 24 au 26 décembre. Entrée libre. Visite guidée sur rendez-vous. ☎ 0171 739 9893 ; Fax 0171 729 5647.

GEORGE Inn NT

Restaurant : ouvert du lundi au vendredi et le samedi soir ; restauration au bar tous les jours. Téléphoner pour réserver au restaurant. ☎ 0171 407 2056 (pendant les heures d'ouverture) ; Fax 0171 403 6613.

GIPSY MOTH IV

Fermé à la visite jusqu'à nouvel ordre. ☎ 0181 858 3445.

GOLDEN HINDE

Visite de 10 h à 17 h. 2,30 £ (enfants : 1,50 £). ☎ 0171 403 0123.

GRAY'S INN

Hall – Ouvert aux groupes uniquement sur demande écrite auprès du Under Treasurer, Gray's Inn, 8 South Square, London WC1R 5EU.

Jardins – Ouverts du lundi au vendredi de 12 h à 14 h.

GREENWICH

Royal Naval College – Painted Hall et chapelle sont en général ouverts tous les jours de 14 h 30 à 17 h.

National Maritime Museum – ♿ Visite de 10 h à 17 h. Fermé du 24 au 26 décembre. Tarif en cours de réajustement (1998 : 5 £). Restaurant. ☎ 0181 858 4422 ; Fax 0181 312 6632.

Queen's House – Fermé jusqu'au 1ᵉʳ décembre 1999. Mêmes conditions de visite que le musée de la Marine nationale.

Old Royal Observatory – Mêmes heures de visite que le musée de la Marine nationale.

Planetarium – Projections presque chaque après-midi du lundi au vendredi, ainsi que le samedi de mai à septembre. Supplément.

GREENWICH FAN Museum

Visite du mardi au dimanche de 11 h (12 h le dimanche) à 17 h (16 h 30 en hiver). Fermé les 1ᵉʳ janvier, 24, 25 et 26 décembre. 3,50 £ ; entrée libre le mardi à partir de 14 h pour les seniors. Démonstrations de confection d'éventails le premier samedi du mois sur rendez-vous uniquement. Brochure en français. ☎ 0181 305 1441 ; Fax 0181 293 1889.

GROSVENOR Chapel

Visite du lundi au vendredi de 9 h à 17 h.

GUARDS' Museum

♿ Visite du premier lundi de février au 20 décembre de 10 h à 16 h. Fermeture possible lors de cérémonies officielles. 2 £. ☎ 0171 414 3271 ; Fax 0171 414 3411.

GUILDHALL

Visite en fonction des activités municipales tous les jours (sauf le dimanche d'octobre à avril) de 10 h à 17 h. Fermé les 1ᵉʳ janvier, Vendredi saint, lundi de Pâques, 25 et 26 décembre. ☎ 0171 332 1460 ; Fax 0171 332 1996.

Crypte – Visite guidée uniquement en s'adressant au gardien. ☎ 0171 332 1460 (du lundi au vendredi).

Bibliothèque – ♿ Visite du lundi au samedi de 9 h 30 à 17 h. Fermé aux « Public holidays » et le samedi précédant un lundi férié. ☎ 0171 332 1868 et 1870.

Clock Museum – Visite du lundi au vendredi de 9 h 30 à 16 h 45. Fermé aux « Public holidays » et certains lundis.

H

HAM House NT

Résidence – ♿ Visite d'avril à octobre du samedi au mercredi de 13 h à 17 h. 5 £. ☎ 0181 940 1950 ; Fax 0181 332 6903.

Jardins – Ouverts du samedi au mercredi de 10 h 30 à 18 h (ou au coucher du soleil). Fermés le 1ᵉʳ janvier, les 25 et 26 décembre. Entrée libre. Chiens non admis.

HAMPSTEAD, 2 Willow Road NT

Visite d'avril à octobre du mardi au samedi de 12 h à 17 h. Dernière entrée à 16 h. Fermé les jours fériés. Visite guidée (1 h) de 3/4 d'heure en 3/4 d'heure à partir de 12 h 15. 4 £. ☎ 0171 435 6166.

HAMPTON COURT

Palais et labyrinthe – ♿ Visite de 9 h 30 (10 h 15 le lundi) à 18 h (16 h 30 de mi-octobre à mi-mars). Fermé du 24 au 26 décembre. Visite guidée (1 h 30) des Grands appartements. 9,25 £; labyrinthe seul : 2,10 £. Restaurant. ☎ 0181 781 9500.

Tudor Tennis Court et Banqueting House – Mêmes horaires d'ouverture que le palais en été. Fermés en hiver.

Chapelle royale – Des services se déroulent le dimanche à 8 h 30 (messe de communion), 11 h (eucharistie chantée le 1er dimanche du mois, offices chantés les autres dimanches) et à 15 h 30 (Vêpres chantées).

HAYWARD Gallery

♿ Visite de 10 h à 18 h (20 h les mardis et mercredis). 5 £. ☎ 0171 261 0127 (information enregistrée).

HIGHGATE Cemetery

Eastern Cemetery – Ouvert tous les jours de 10 h (11 h le week-end) à 17 h (16 h de novembre à mars). Fermé les 25 et 26 décembre et pendant les inhumations. 1 £. Visite particulière sur rendez-vous. ☎ 0181 340 1834.

Western Cemetery – Visite guidée (enfants de moins de 8 ans non admis) toute l'année chaque week-end à 11 h, 12 h, 13 h, 14 h, 15 h et 16 h ainsi que de mars à novembre en semaine à 12 h, 14 h et 16 h. Dernière visite à 15 h en hiver. Fermé les 25 et 26 décembre et pendant les inhumations. 3 £; droit de photo : 2 £.

HOGARTH's House

Visite d'avril à octobre de 13 h à 17 h (18 h le week-end); de novembre à mars de 13 h à 16 h (17 h le week-end). Fermé le lundi, en janvier, le Vendredi saint et les 25 et 26 décembre. Entrée libre. Visite guidée (30 mn) en anglais sur demande. ☎ 0181 994 6757.

HOLLAND Park

Parc – Ouvert tous les jours de 8 h au coucher du soleil. Possibilité de louer des courts de tennis ou de squash. Entrée à Holland Park et Holland House : 1 £, à Kyoto Garden : 2 £. ☎ 0171 471 9813; Fax 0171 602 6130.

Théâtre de plein air – Représentations de juin à août. ☎ 0171 602 7856.

HOLY TRINITY Church
(Chelsea)

Visite du lundi au vendredi de 9 h 30 à 17 h 30, le samedi de 10 h 30 à 16 h 30. ☎ 0171 235 3383.

HOLY TRINITY Church
(Dalston)

Visite sur rendez-vous. ☎ 0171 254 5062.

HOLY TRINITY Church
(Euston Road)

Visite du lundi au vendredi de 9 h à 17 h. ☎ 0171 387 5282; Fax 0171 388 2352.

HORNIMAN Museum and Gardens

♿ Visite de 10 h 30 (14 h le dimanche) à 17 h 30. Fermé du 24 au 26 décembre. ☎ 0181 699 2339 (répondeur); Fax : 0181 291 5506.

Enseigne londonienne

HORSE GUARDS

Prise de la garde à cheval tous les jours à 11 h (10 h le dimanche), en été sur Horse Guards Parade, en hiver dans la cour. Cérémonie de fin de la garde à 16 h.

HUNTERIAN Museum

Visite du lundi au vendredi de 10 h à 17 h. Entrée libre. ☏ 0171 973 2190.

I

IMPERIAL WAR Museum

♿ Visite de 10 h à 18 h. Fermé les 24, 25 et 26 décembre. 5 £. Dépliant en français. ☏ 0171 416 5320; Fax 0171 416 5321.

INTERNATIONAL SHAKESPEARE GLOBE Centre

Shakespeare Globe Exhibition – ♿ Visite de mai à septembre de 9 h à 12 h 30 et de 14 h à 16 h; le reste de l'année de 10 h à 17 h. Fermé les 24 et 25 décembre. 5 £. ☏ 0171 902 1500; Fax 0171 902 1515.

ISLAND HISTORY Trust

Visite le mardi, le mercredi et le premier dimanche de chaque mois de 13 h 30 à 16 h 30. ☏ 0171 987 6041.

J - K

JEWISH Museum

♿ Visite du dimanche au jeudi de 10 h à 16 h. Fermé les jours de fêtes juives et aux « Public holidays ». 3 £. ☏ 0181 284 1997; Fax 0171 267 9008.

KENSINGTON Palace

♿ Visite d'avril à mi-octobre tous les jours de 10 h à 17 h (dernière entrée), le reste de l'année du mercredi au dimanche aux mêmes heures. Fermé les 1er janvier, Vendredi saint, 24, 25 et 26 décembre. Visite guidée. 7,50 £. ☏ 0171 937 9561.

KENWOOD House EH

Demeure – Visite de 10 h à 18 h (17 h en octobre, 16 h de novembre à mars). Fermé les 24 et 25 décembre. Entrée libre. Entrée aux expositions du 1er étage : 3,50 £. Audioguide disponible. Restaurant. ☏ 0181 348 1286; Fax 0171 973 3891.

Parc – Ouvert tous les jours de 8 h au coucher du soleil. De juillet à début septembre, des concerts ont lieu au bord du lac le samedi soir (☏ 0171 913 3427).

KEW

Royal Botanic Gardens – ♿ Ouverts tous les jours de 9 h 30 à 15 h 30 (18 h 30 en été, 19 h 30 le week-end). Fermé le 1er janvier et le 25 décembre. Les serres et les galeries ferment avant les jardins. 5 £. ☏ 0181 940 1171.
Visite guidée tous les jours à 11 h et 14 h à partir de la porte Victoria (Orientation Centre). 1 £. Plan en français.

Kew Palace (Dutch House) – Fermé pour restauration jusqu'en 2000.

Queen Charlotte's Cottage – Visite d'avril à septembre durant les week-ends et les jours fériés. Entrée gratuite avec le billet d'entrée aux jardins botaniques.

KEW BRIDGE STEAM Museum

Visite de 11 h à 17 h. Fermé le Vendredi saint et du 21 au 26 décembre. Les machines sont mises en action chaque week-end. 3,80 £ le week-end, 2,80 £ en semaine. Audioguide disponible. Brochure en français. ☏ 0181 568 4757.

KINGSWOOD House

Visite de 9 h à 18 h. Entrée gratuite. Visite guidée possible le mercredi de 10 h à 11 h et le jeudi de 17 h 30 à 18 h 30 sur inscription préalable. ☏ 0181 761 7329.

L

LEIGHTON House

Visite de 11 h à 17 h 30. Fermé le dimanche et tous les jours fériés. Entrée gratuite. Visite guidée le mercredi et le jeudi à 12 h : 1,50 £. Brochure en français. ☎ 0171 602 3316 ; Fax 0171 371 2467.

LINCOLN'S INN

Pelouses – Accessibles du lundi au vendredi. Fermées aux « Public holidays ».

Chapelle – Visite du lundi au vendredi de 12 h à 14 h 30.

Old Hall, New Hall and Library – Visites guidées pour groupes de 15 personnes minimum sur demande écrite auprès de Assistant Under Treasurer, Lincoln's Inn, London WC2A 3TL. 2 £ par personne.

LINLEY SAMBOURNE House

Visite de mars à octobre le mercredi de 10 h à 16 h, le dimanche de 14 h à 17 h, les autres jours sur rendez-vous (constitution de groupes d'au moins 15 personnes). 3 £. ☎ 0171 937 0663 ou 0181 994 1019 (Victorian Society).

LITTLE ANGEL Theatre

Visite pendant les week-ends et les vacances scolaires. 6 £. ☎ 0171 226 1787.

Museum of LONDON

♿ Visite de 10 h (12 h le dimanche) à 17 h 50. Fermé le lundi (sauf lundi férié). 4 £. Dépliant en français. ☎ 0171 600 3699 ; Fax 0171 600 1058 ; E-mél : info@museum-london.org.uk.

Fort romain – Visite le premier mardi du mois de 10 h 30 à 12 h, le troisième vendredi du mois de 14 h 30 à 16 h 30. Gratuit. Accès par le musée.

LONDON CANAL Museum

Visite de 10 h à 16 h 30. Fermé le lundi (sauf les lundis fériés) et les 1ᵉʳ et 2 janvier ainsi que du 24 au 26 décembre. 2, 50 £. ☎/Fax 0171 713 0836.

LONDON DUNGEON

♿ Visite de 10 h à 18 h 30 (17 h 30 d'octobre à mars) ; dernière entrée 1 h avant la fermeture. Fermé le 25 décembre. 8,95 £ (enfants : 6,50 £). Dépliant en français. ☎ 0171 403 0606 ou 0891 600 066 ; Fax 071 378 1529.

LONDON METAL EXCHANGE

Visite sur rendez-vous uniquement. ☎ 0171 264 5555 ; Fax 0171 680 0505.

LONDON SILVER VAULTS

♿ Visite du lundi au samedi de 9 h à 17 h 30 (13 h le samedi). Fermé aux « Public holidays » et du Vendredi saint au lundi de Pâques. Entrée libre. ☎ 0171 242 3844.

LONDON TOY and MODEL Museum

♿ Visite de 9 h à 17 h 30 ; dernière entrée 1 h avant la fermeture. 5,50 £ (enfants : 3,50 £). ☎ 0171 402 5222 (informations par répondeur), 0171 706 8000 (renseignements) ; Fax 0171 706 8823.

LONDON TRANSPORT Museum

♿ Visite de 10 h (11 h le vendredi) à 18 h. Dernière entrée à 17 h 15. Fermé les 24, 25 et 26 décembre. 4,95 £. Audioguide en français. ☎ 0171 379 6344 ; Fax 0171 836 4118 ; Internet : www.ltmuseum.co.uk

LORD's Cricket Ground

Visite guidée comprenant celle du musée tous les jours à 12 h et 14 h ; la visite guidée comprenant celle de la Long Room n'est effectuée que les jours où se déroulent des matchs, à 10 h. Fermé lors des matchs internationaux, des finales de Coupe, des jours d'entraînement et certains jours fériés. 5,80 £. **Musée seul** : visite permise uniquement les jours de match aux porteurs de billets d'entrée sur le terrain : 2 £. Dépliant en français. ☎ 0171 432 1033 ; Fax 0171 286 9545.

M

MADAME TUSSAUD's Waxworks

♿ Visite tous les jours de 9 h 30 (9 h en été) à 17 h 30 (dernière entrée). Fermé le 25 décembre. 9,25 £ (enfants : 6,10 £) ; billet combiné avec le Planétarium : 11,50 £ (enfants : 7,55 £). Brochures en allemand, espagnol, français, italien et japonais. ☎ 0171 935 6861 ; Fax 0171 465 0862.

Planétarium – Séances tous les jours de 11 h 30 (9 h 30 le week-end et en été) à 16 h 40. Fermé le 25 décembre. 5,85 £ (enfants : 3,85 £).

MANSION House

Visites guidées pour petits groupes seulement sur demande écrite auprès du Principal Assistant-Diary, Mansion House, London EC4 8BH. Fermé en août, à Pâques et à Noël. Entrée gratuite. ☎ 0171 626 2500.

MARBLE HILL House EH

Visite d'avril au 21 octobre tous les jours de 10 h à 18 h (17 h en octobre) ; du 22 octobre à mars du mercredi au dimanche de 10 h à 16 h. Fermé du 4 au 17 janvier et du 24 au 26 décembre. 3 £. Visite guidée (1 h) sur accord préalable. Restaurant en été. ☎ 0181 892 5115.

MICHAEL FARADAY Laboratory and Museum

Visite du lundi au vendredi de 10 h à 16 h 30. 1 £. Visite guidée sur rendez-vous : 5 £. ☎ 0171 409 2992 ; Fax 0171 629 3569.

MIDDLE TEMPLE Hall

Visite du lundi au vendredi de 10 h à 12 h et de 15 h à 16 h. Fermé aux « Public holidays » et pendant les vacances judiciaires.

MONUMENT

Visite d'avril à septembre tous les jours de 10 h (14 h les samedi et dimanche) à 17 h 40, d'octobre à mars du lundi au samedi de 9 h à 16 h. Fermé les 1er janvier, Vendredi saint, 25 et 26 décembre. 1 £ (enfants : 50 p). ☎ 0171 626 2717.

Museum of the MOVING IMAGE

♿ Visite de 10 h à 18 h (dernière entrée à 17 h). Fermé du 24 au 26 décembre. 6,25 £. Restaurant. ☎ 0171 401 2636 (renseignements enregistrés).

MUDCHUTE Park

Le parc est ouvert en permanence, la ferme de 10 h à 16 h. ☎ 0171 515 5901 ; Fax 0171 538 9530.

MUSICAL Museum

♿ Visite d'avril à octobre le week-end de 14 h à 17 h ainsi que le mercredi de 14 h à 16 h en juillet et août. 3,20 £. ☎ 0181 560 8108.

N

NATIONAL ARMY Museum

♿ Visite de 10 h à 17 h 30. Fermé les 1er janvier, Vendredi saint, May Day et 24, 25 et 26 décembre. Entrée libre. ☎ 0171 730 0717 ; Fax 0171 823 6573.

NATIONAL Gallery

♿ Visite de 10 h (12 h le dimanche) à 18 h (20 h le mercredi). Fermé les 1er janvier, Vendredi saint, 24, 25 et 26 décembre. Entrée gratuite dans les galeries principales.

Micro Gallery – Fermeture une demi-heure plus tôt que les galeries principales.

Visite guidée (1 h) du lundi au vendredi à 11 h 30 et 14 h 30, le samedi à 14 h et 15 h 30, supplémentaire le mercredi à 18 h et 18 h 30 (point de rencontre dans le vestibule de l'aile Sainsbury). Brochure et audioguide en français. Brasserie. Photographie interdite. ☎ 0171 747 2885 (renseignements).

E-mél : information@ng.london.org.uk

Michelin House, céramique

NATIONAL MARITIME Museum

♿ Visite de 10 h à 17 h. Fermé du 24 au 26 décembre. Tarifs d'entrée en révision pour 1999 (adultes : 5 £; enfants : 2,5 £ pour 1998). Restaurant. ☎ 0181 858 4422 (information 24 h sur 24 par répondeur : 0181 312 6565). Fax : 0181 312 6632.

NATIONAL PORTRAIT Gallery

♿ Visite de 10 h (12 h le dimanche) à 18 h. Fermé les 1er janvier, Vendredi saint, May Day, les 24, 25 et 26 décembre. Entrée gratuite. Audioguide en français. ☎ 0171 306 0055; Fax 0171 306 0056; Internet : www.npg.org.uk

NATIONAL POSTAL Museum

Visite du lundi au vendredi de 9 h 30 à 16 h 30. Fermé aux « Public holidays ». Entrée gratuite. ☎ 0171 239 5420; Fax 0171 600 3021.

NATIONAL Theatre

♿ Visite guidée (1 h 1/4) du lundi au samedi. 4 £. Réserver à l'avance en personne auprès de Lyttelton Information Desk (ouvert de 10 h à 11 h) ou par téléphone. ☎ 0171 452 3400.

NATURAL HISTORY Museum

♿ Visite de 10 h (11 h le dimanche) à 17 h 50. Fermé du 23 au 26 décembre. 6 £ (enfants : 3 £); entrée gratuite à partir de 16 h 30 du lundi au vendredi, à partir de 17 h le week-end et aux « Public holidays ». Restaurant. ☎ 0171 938 9123; Fax 0171 938 9267; Internet : www.nhm.ac.uk

NORTH WOOLWICH OLD RAILWAY STATION Museum

Visite d'avril à septembre du vendredi au dimanche de 14 h (10 h le samedi) à 17 h. Ouverture supplémentaire en août les lundis, mardis et mercredis de 13 h à 17 h. Les locomotives fonctionnent le 1er dimanche du mois. ☎ 0171 424 7244.

NOTRE-DAME DE FRANCE

Visite de 10 h à 18 h 30. Brochure en français. Services en français du lundi au vendredi à 12 h 15 et 18 h, le samedi à 18 h et le dimanche à 10 h et 11 h 30 (service unique à 11 h en juillet et août). ☎ 0171 437 9363; Fax 0171 437 9364

OLD OPERATING Theatre

Visite de 10 h à 16 h. Fermé certains lundis et le 25 décembre. 2,90 £. **Conférence :** le 1er dimanche de chaque mois à 14 h 30. ☎ 0171 955 4791 ; Fax 0171 378 8383.

OLD ROYAL Observatory

Visite tous les jours de 10 h à 17 h. Fermé du 24 au 26 décembre. Tarifs d'entrée en révision pour 1999 (adultes : 5 £ ; enfants : 2,5 £ pour 1998). Parking.

ORLEANS House Gallery

Pavillon – ♿ Visite du mardi au dimanche de 13 h (14 h les dimanches et jours fériés) à 17 h 30 (16 h 30 d'octobre à mars). 1 £. ☎ 0181 892 0221 ; Fax 0181 744 0501.

OSTERLEY Park NT

Demeure – ♿ Visite d'avril à octobre du mercredi au samedi de 14 h à 17 h, les dimanches et lundis fériés de 13 h à 17 h. Fermé le Vendredi saint. 4 £. Visite guidée sur rendez-vous. ☎/Fax 0181 568 7714.

P

PERCIVAL DAVID Foundation of Chinese Art

Visite du lundi au vendredi de 10 h 30 à 17 h. Fermé les lundis fériés, le Jeudi saint et les semaines de Noël et du Nouvel An. Dépliants disponibles. ☎ 0171 387 3909 ; Fax 0171 383 5163.

POLKA Theatre for Children

♿ Visite du mardi au vendredi de 9 h 30 à 16 h 30, le samedi de 11 h à 17 h 30. Fermé en septembre et le 25 décembre. ☎ 0181 543 4888 (caisse), 0181 542 4258 ; Fax 0181 542 7723.

POLLOCK'S TOY Museum and Shop

Visite du lundi au samedi de 10 h à 17 h. Fermé aux « Public holidays ». 2,50 £ (enfants : 1 £). Brochure en français. ☎ 0171 636 3452.

PRINCE HENRY's Room

Visite du lundi au samedi de 11 h à 14 h. Fermé aux « Public holidays ».

Q

QUEEN'S Chapel of the Savoy

Visite du mardi au vendredi de 11 h 30 à 15 h 30. Fermé en août et septembre ainsi qu'à certaines périodes. Visite guidée sur rendez-vous. ☎ 0171 836 7221.

QUEEN'S House

Fermé de janvier à novembre 1999. Réouverture le 1er décembre 1999.

R

RAGGED SCHOOL Museum

Visite le mercredi et le jeudi de 10 h à 17 h et le premier dimanche du mois de 14 h à 17 h. Entrée libre. ☎ 0181 980 6405.

RANGER's House EH

Visite d'avril au 22 octobre tous les jours de 10 h à 18 h (17 h en octobre) ; le reste de l'année du mercredi au dimanche de 10 h à 16 h. Fermé du 4 au 17 janvier et du 24 au 26 décembre. 2,50 £. Visite guidée sur rendez-vous ; audioguide diponible. Chiens non admis. ☎ 0181 853 0035.

RICHMOND

Museum – ♿ Visite du mardi au samedi de 11 h à 17 h ainsi que le dimanche de 13 h à 16 h de mai à octobre. 2 £. Promenade guidée (90 mn) dans Richmond tous les jours à 11 h : 2 £. ☎ 0181 332 1141.

ROCK CIRCUS

♿ Ouvert de 11 h (12 h le mardi) à 21 h (22 h les vendredis et samedis). Fermé le 25 décembre. 7,95 £ (enfants : 6 £). Brochure en français. ☎ 0171 734 7203 ; Fax 0171 734 8023.

ROMAN Bath NT

Visite sur rendez-vous de mai à septembre, le mercredi de 13 h à 17 h. 50 p. ☎ 0171 641 5264.

ROOF Garden

Visite de 9 h à 17 h. Fermé lors de réceptions privées. ☎ 0171 937 7994 ; Fax 0171 938 2774.

ROYAL Academy

♿ Visite de 10 h à 18 h. Fermé le 25 décembre. De 5 à 7 £ selon l'exposition. Restaurant. ☎ 0171 300 5760 (renseignements enregistrés) ; Fax 0171 323 8013.

ROYAL AIR FORCE Museum

♿ Visite de 10 h à 18 h. Fermé le 1er janvier et du 24 au 26 décembre. 6,50 £ ; simulateur de vol : 1,50 £. Visite guidée possible. Restaurant. ☎ 0181 205 2266 ; Fax 0181 200 1751.

ROYAL COLLEGE OF MUSIC

Musée des instruments – Visite pendant la période des cours sauf en janvier, le mercredi de 14 h à 16 h 30. 1,20 £. ☎ 0171 591 4346 ; Fax 0171 589 7740.

ROYAL COURTS OF JUSTICE

♿ Visite lors des sessions de la Cour du lundi au vendredi à partir de 9 h 30 environ jusqu'à 16 h 30. Suspension des sessions pendant la pause du déjeuner. Il est interdit d'amener des appareils photo.

ROYAL GEOGRAPHICAL SOCIETY

Salle des cartes – ♿ Visite du lundi au vendredi de 10 h à 17 h. **Bibliothèque :** du lundi au vendredi de 10 h à 17 h sur rendez-vous uniquement. ☎ 0171 591 3000 ; Fax 0171 591 3001 ; ☎ 0171 591 3060 (bibliothèque).

ROYAL HOSPITAL

Chapelle et Grand Hall – Visite de 10 h à 12 h et de 14 h à 16 h. Fermé le dimanche matin.

Musée – Visite de 10 h à 12 h et de 14 h à 16 h. Fermé le dimanche sauf l'après-midi d'avril à septembre. Dépliant en français.

S

SAATCHI Gallery

Visite du jeudi au dimanche de 12 h à 18 h. 4 £. ☎ 0171 624 8299 ; Fax 0171 624 3798.

ST ALFEGE's Church (Greenwich)

Visite les lundis, mercredis et vendredis de 12 h à 17 h (16 h en hiver). En juillet, dans le cadre du Festival de Greenwich, des concerts sont donnés par la Thomas Tallis Society.

ST ANDREW Holborn

Visite du lundi au vendredi de 8 h 30 à 16 h 30. ☎ 0171 583 7394 ; Fax 0171 583 3488.

ST ANDREW UNDERSCHAFT

Visite sur rendez-vous uniquement. Solliciter le bureau de l'église St Helen Bishopsgate (☎ 0171 283 2231).

ST ANDREW-BY-THE-WARDROBE

Visite du lundi au vendredi de 8 h à 18 h.

ST ANNE's Limehouse

Visite du lundi au vendredi de 14 h à 16 h, le samedi de 14 h à 17 h, le dimanche de 14 h 30 à 17 h 30. ☎ 0171 987 1502.

ST ANNE AND ST AGNES

Visite du lundi au vendredi de 10 h à 15 h, le dimanche toute la journée. Concerts le lundi (sauf les lundis de « Bank holiday ») et certains vendredis à 13 h 10. ☎ 0171 606 4986 ; Fax 0171 600 8984.

House of ST BARNABAS

Visite le mercredi de 14 h 30 à 16 h 15, le jeudi de 11 h à 12 h 30. Fermé à Pâques et à Noël. Offrande. ☎ 0171 437 1894.

ST BARTHOLOMEW the Great

♿ Visite du lundi au vendredi de 8 h 30 à 17 h (16 h en hiver), le samedi de 10 h 30 à 13 h 30, le dimanche de 14 h à 18 h. Fermé les lundis fériés et le lundi en août. Brochure en français. ☎ 0171 605 5171 ; Fax 0171 600 6909.

ST BARTHOLOMEW's Hospital

♿ Visite guidée incluant celle de St Bartholomew the Less, St Bartholomew the Great et Cloth Fair le vendredi à 14 h. 4 £. Brochures disponibles. ☎ 0171 601 8152 (service des archives) ; Fax 0171 606 4790.

ST BENET's Welsh Church

Visite sur rendez-vous. ☎/Fax 0171 723 3104 (cure), ☎ 0171 489 8754 (église).

ST BOTOLPH Aldersgate

Visite du mercredi au vendredi de 11 h à 15 h, les autres jours sur rendez-vous. ☎/Fax 0171 606 0684.

ST BOTOLPH Aldgate

Visite du lundi au vendredi de 10 h à 15 h 30. ☎ 0171 283 1670 ; Fax 0171 283 9302.

ST BOTOLPH-WITHOUT-BISHOPSGATE

Visite du lundi au vendredi de 8 h à 17 h. ☎ 0171 588 1053 ; Fax 0171 638 1256.

ST BRIDE Printing Library

Visite du lundi au vendredi de 9 h 30 à 17 h 30. ☎ 0171 353 4660.

ST BRIDE's

Visite du lundi au samedi de 8 h (9 h le samedi) à 17 h. Fermé aux « Public holidays ». Récitals les mardis, mercredis et vendredis à 13 h 15 sauf en août, durant l'Avent et le Carême. Entrée gratuite. Brochure en français. ☎ 0171 353 1301, 0171 583 0239 ; Fax 0171 583 4867.

ST CLEMENT Danes

Dépliant en français. ☎ 0171 242 8282. Le carillon fonctionne tous les jours à 9 h, 12 h, 15 h et 18 h (le samedi, seulement à 9 h et 18 h).

ST CLEMENT Eastcheap

Visite du lundi au vendredi de 9 h à 16 h.

ST COLUMBA's

♿ Visite du lundi au vendredi de 9 h à 17 h.

ST DUNSTAN and ALL SAINTS Church (Stepney)

Visite sur rendez-vous. ☎ 0171 791 3545.

St-Clément-des-Danois

ST DUNSTAN-IN-THE-WEST

Visite le mardi matin et le vendredi de 10 h 30 à 15 h 30, les autres jours sur rendez-vous. ☎ 0171 405 1929, 0171 607 2865.

ST EDMUND THE KING AND MARTYR

Visite du lundi au vendredi. Fermé aux « Public holidays ». ☎/Fax 0171 626 9701.

ST GEORGE the Martyr

Visite le mercredi de 12 h à 13 h 30, le jeudi (sauf les jours fériés) de 12 h à 14 h et le dimanche de 10 h à 16 h.

ST GEORGE'S (Bloomsbury)

Visite du lundi au vendredi de 9 h 30 à 17 h 30, le dimanche de 9 h à 17 h. Fermé aux « Public Holidays ».

ST GEORGE's (Hanover Square)

Visite du lundi au vendredi de 8 h 30 à 16 h. Festival Haendel en avril et mai. ☎ 0171 629 0874.

ST GEORGE-IN-THE-EAST

Visite en principe du mardi au dimanche de 9 h à 17 h. Pour confirmation, ☎ 0171 481 1345.

ST GILES Cripplegate

♿ Visite du lundi au vendredi de 9 h 45 à 17 h 15, le samedi de 9 h à 12 h. Visite guidée le mardi de 14 h à 17 h. ☎ 0171 920 0116.

ST GILES-in-the-Fields

Visite du lundi au vendredi de 9 h à 16 h. ☎ 0171 240 2532.

ST HELEN Bishopsgate

Visite du lundi au vendredi de 9 h à 17 h (entrée par le secrétariat de l'église). ☎ 0171 283 2231 ; Fax 0171 626 8184.

ST JAMES's Church

Visite tous les jours. Festival annuel de musique baroque en juin. Récitals du mercredi au vendredi à 13 h 10. Concerts la plupart du temps du jeudi au samedi à 19 h 30.

ST JAMES Garlickhythe

Visite du lundi au vendredi de 10 h à 16 h. Fermé les lundis fériés.

ST JAMES's Palace

Chapelle royale – Services d'octobre au Vendredi saint le dimanche à 8 h 30 (messe de communion) et 11 h 15 (avec chœurs).

ST JOHN's Church (Bethnal Green)

Visite le samedi de 10 h à 11 h, sinon demander la clé au presbytère, 30 Victoria Park Square, ☎ 0181 980 1742.

ST JOHN's Church (Hampstead)

Visite du lundi au samedi de 8 h 45 à 16 h 30 (16 h le samedi), le dimanche de 13 h à 17 h 30. ☎/Fax 0171 794 5808.

ST JOHN's Gate

Visite du lundi au samedi de 10 h à 17 h (16 h le samedi). Fermé aux « Public holidays ». Visite guidée (1 h) les mardi, vendredi et samedi à 11 h et 14 h 30. Offrande : 3,50 £ minimum. ☎ 0171 253 6644 ; Fax 0171 336 0587.

ST JOHN'S WOOD Church

Visite de 9 h à 18 h. Concerts. ☎/Fax 0171 586 3864.

ST KATHARINE CREE

Visite de 10 h 30 à 16 h. Fermé le samedi. ☎ 0171 283 5733.

ST LAWRENCE Jewry

Visite du lundi au vendredi de 7 h 30 à 14 h 15. Récitals de piano le lundi et d'orgue le mardi à 13 h, tous les jours en août.

ST LEONARD's Church (Shoreditch)

♿ *Visite du lundi au vendredi de 10 h à 17 h, le samedi sur demande et le dimanche de 10 h à 12 h.* ☎ *0171 739 2063.*

ST LUKE's Church

Visite du lundi au vendredi de 12 h à 14 h quand un accompagnateur est disponible. ☎ 0171 351 7365 ; Fax 0171 349 0538.

ST MAGNUS THE MARTYR

♿ Visite du mardi au vendredi de 10 h à 16 h, le dimanche de 9 h 30 à 13 h. Brochures disponibles. ☎ 0171 626 4481.

ST MARGARET's Church

Visite de 9 h 30 (13 h le dimanche) à 17 h 30.

ST MARGARET, Lothbury

Visite du lundi au vendredi de 8 h à 16 h 45. Fermé aux «Public holidays». Récitals d'orgue le jeudi à 13 h 10. ☎ 0171 606 8330 ; Fax 0171 606 1204.

ST MARGARET Pattens

Visite du lundi au vendredi de 8 h à 16 h. Fermé aux «Public holidays». ☎ 0171 623 6630.

ST MARTIN-IN-THE-FIELDS

♿ Visite de 8 h à 18 h 30. Offices avec chœurs le dimanche à 9 h 45, 11 h 30, 17 h, le mercredi à 13 h 05 et 17 h. Brochure en français. ☎ 0171 930 0089. Récitals de midi les lundis, mardis et vendredis à 13 h 05 ; entrée gratuite. Concerts en soirée du jeudi au samedi à 19 h 30 ; pour obtenir les billets, téléphoner au ☎ 0171 839 8362 ; Fax 0171 839 5163 ou s'adresser à la librairie de la crypte (ouverte du lundi au samedi de 10 h à 19 h 30).

London Brass Rubbing Centre – Ouvert tous les jours de 10 h (12 h le dimanche) à 18 h. Fermé le Vendredi saint, le 25 décembre. Pas de frais d'entrée pour l'exposition. Frottage du cuivre avec le matériel nécessaire : 1,50 £ à 11,50 £ selon les dimensions. ☎ 0171 930 9306.

ST MARTIN-WITHIN-LUDGATE

Visite de 10 h 45 à 15 h. Récitals de musique le mercredi à 13 h 15.

ST MARY's Church (ancienne église de Battersea)

Visite de juin à octobre le mardi et le mercredi de 11 h à 15 h.

ST MARY's Church (Rotherhithe)

Visite guidée sur rendez-vous. ☎ 0171 231 2465 ; Fax : 0171 394 9683.

ST MARY's Church (Wimbledon)

En général, visite en semaine de 9 h à 16 h. Fermeture possible durant les vacances scolaires.

ST MARY Abchurch

Visite du lundi au vendredi de 9 h 30 à 14 h 30. Visite guidée en français du mardi au jeudi. Récitals de musique le mardi à 13 h.

ST MARY Aldermary

Visite les mardi, jeudi et vendredi de 11 h à 15 h.

ST MARY AT HILL

Visite du lundi au vendredi de 10 h à 15 h.

ST MARY WOOLNOTH OF THE NATIVITY

Visite du lundi au vendredi. Fermé aux «Public holidays». ☎/Fax 0171 626 9701.

ST MARYLEBONE

♿ Visite du lundi au vendredi de 12 h 30 à 13 h 30. ☎ 0171 935 7315.

ST MARY-LE-BOW

Visite du lundi au vendredi de 7 h 30 à 18 h (16 h le vendredi). Brochure en français. Concerts le jeudi à 13 h 05 pendant la période de cours. ☎ 0171 248 5139 ; Fax 0171 248 0509.

ST MARY-LE-STRAND

Visite du lundi au vendredi de 11 h à 15 h 30, le dimanche de 10 h à 12 h 30. Dépliant en français. ☏ 0171 836 3126.

Church of ST MARY MAGDALEN (Bermondsey)

Visite pendant les offices le dimanche à 10 h 30 et 18 h ou sur rendez-vous. ☏ 0171 407 5273.

ST MICHAEL Paternoster Royal

Visite du lundi au vendredi de 9 h à 17 h.

ST MICHAEL's Church

Visite du lundi au vendredi de 8 h à 17 h 30.

ST NICHOLAS' Church (Chiswick)

Visite le mardi et le jeudi de 10 h à 12 h, le dimanche de 14 h 30 à 16 h 30 ; sinon demander la clef au presbytère.☏/Fax 0181 995 4717.

ST NICHOLAS'S Church (Deptford)

Visite sur rendez-vous avec le vicaire. ☏ 0181 692 2749.

ST OLAVE's Church

Visite du lundi au vendredi de 9 h à 17 h. Concerts le mercredi et le jeudi à 13 h 05. ☏ 0171 488 4318.

ST PANCRAS Parish Church

Visite le jeudi de 11 h à 14 h et le samedi de 10 h à 11 h. Brochure en français. Concert le jeudi à 13 h 15. ☏ 0171 388 1461.

ST PAUL's Cathedral

♿ Visite libre du lundi au samedi de 8 h 30 à 16 h. Les galeries sont accessibles de 10 h à 16 h. Cathédrale : 4 £ ; galeries : 3,50 £ ; billet combiné : 6 £. **Visites guidées** (durée : 1 h 1/2 à 2 h) à 11 h, 11 h 30, 13 h 30, 14 h. Audioguide, brochure et dépliant en français. ☏ 0171 236 4128 ; Fax 0171 248 3104.

ST PAUL's Church (Deptford)

Visite les mercredis, vendredis et samedis de 14 h à 16 h. ☏ 0181 692 1419 (église) ou 0181 692 0989 (presbytère).

ST PAUL's Church (Wapping)

Demander la clef au presbytère, 298 The Highway, Shadwell.

ST PETER's

Visite du lundi au vendredi de 9 h 30 à 17 h. ☏ 0171 629 3615 ; Fax 0171 629 1284.

ST PETER-UPON-CORNHILL

Visite possible sur rendez-vous. Solliciter le secrétariat de l'église St Helen Bishopsgate (☏ 0171 283 2231).

ST SEPULCHRE-WITHOUT-NEWGATE

Visite le mercredi de 12 h à 14 h.

ST STEPHEN Walbrook

Visite du lundi au vendredi de 9 h à 16 h (15 h le vendredi). Brochures disponibles. Récital d'orgue le vendredi de 12 h 30 à 13 h 30.

ST VEDAST's

Visite du lundi au vendredi de 9 h à 17 h. Fermé aux « Public holidays ». Dépliant en français.

SCIENCE Museum

♿ Visite de 10 h à 18 h. Fermé du 24 au 26 décembre. 6,50 £. Entrée gratuite à partir de 16 h 30. Brochure en français. Restaurant. ☎ 0171 938 8008; Fax 0171 938 8118.

SERPENTINE Gallery

♿ Visite lors des expositions tous les jours de 10 h à 18 h.

SHERLOCK HOLMES Museum

Visite de 9 h 30 à 18 h. 5 £ (enfants d'âge scolaire : 3 £). Brochures en français. ☎ 0171 935 8866; Fax 0171 738 1269.

SIR ALEXANDER FLEMING'S LABORATORY Museum

Visite du lundi au jeudi de 10 h à 13 h (dernière entrée 1 h avant la fermeture) ou sur accord préalable. Fermé le week-end et aux «Public holidays». Dépliant en français. 2 £. ☎ 0171 725 6528.

SIR JOHN SOANE's Museum

Visite du mardi au samedi de 10 h à 17 h; nocturne de 18 h à 21 h le premier mardi du mois. Fermé aux «Public holidays», le Vendredi saint et la veille de Noël. Entrée libre. Visite guidée possible le samedi à 14 h 30; visites de groupe sur rendez-vous uniquement. ☎ 0171 430 0175 (informations par répondeur), 0171 405 2107; Fax 0171 831 3957.

SOUTHSIDE House

Visite guidée (1 h 30) du 1ᵉʳ janvier à la Saint-Jean les lundis de vacances, mardis, jeudis et samedis à 14 h, 15 h et 16 h. 5 £. ☎ 0181 946 7643 (guides).

SOUTHWARK Cathedral

♿ Visite de 8 h à 18 h. Brochure en français. Visite guidée en français sur demande effectuée au moins 10 jours au préalable.

SPENCER House NT

♿ Visite guidée (1 h) de 20 mn en 20 mn le dimanche de 10 h 30 à 16 h 45. 6 £. Visite en français possible après accord préalable. Photographie interdite. ☎ 0171 499 8620 (renseignements enregistrés); Fax 0171 409 2952.

STRAWBERRY HILL

Visite guidée (1 h 15, enfants de moins de 14 ans non admis) de Pâques à octobre le dimanche à 14 h, 14 h 30, 15 h et 15 h 30, le reste de l'année sur rendez-vous. 4,50 £. ☎ 0181 240 4114; Fax 0181 255 6174.

SUTTON House NT

Visite de février à novembre le mercredi et le dimanche ainsi que les lundis fériés de 11 h 30 à 17 h 30, le samedi de 14 h à 17 h 30. Fermé le Vendredi saint. 1,90 £. Photographie interdite. ☎ 0181 986 2264; Fax 0181 533 0556.

Spanish and Portuguese SYNAGOGUE

Visite les lundi, mercredi, vendredi et dimanche de 11 h 30 à 13 h, le mardi de 10 h 30 à 16 h. Visite guidée le mardi et le dimanche à 11 h 30, le lundi, le mercredi et le vendredi à 12 h, sur rendez-vous pour groupes de plus de 10 personnes. Offrande : 1 £. ☎ 0171 626 1274.

SYON Park

Demeure – Visite d'avril à octobre du mercredi au dimanche et les lundis fériés de 11 h à 17 h (15 h 30 les vendredis et samedis). 5,50 £ (billet combiné demeure et jardins). ☎ 0181 560 0883; Fax 0181 568 0936.

Jardins – Ouverts tous les jours de 10 h à 18 h (ou au coucher du soleil). Fermés les 25 et 26 décembre. 2,50 £.

London Butterfly House – ♿ Visite tous les jours de 10 h à 17 h (15 h 30 en hiver). Fermé les 25 et 26 décembre. Droit d'entrée à verser. ☎ 0181 560 0378 (renseignements par répondeur) ou 0181 560 7272; Fax 0181 560 7272.
Le bac avec Ham House fonctionne tous les jours sauf le 25 décembre de 10 h à 18 h.

T

TATE Gallery

♿ Visite de 10 h (14 h le dimanche) à 17 h 50. Fermé du 24 au 26 décembre. Entrée gratuite sauf en cas d'expositions majeures. Brochure en français. Visite guidée du lundi au vendredi de la collection Turner à 11 h 30, de la collection britannique à 14 h 30 et de la collection moderne à 15 h 30 et visite guidée de l'ensemble le samedi à 15 h : 3 £. Restaurant. ☎ 0171 887 8008 (renseignements enregistrés), 0171 887 8734 ; Fax 0171 887 8007. Internet : www.tate.org.uk

TEMPLE Church

Visite tous les jours de 10 h à 16 h.

THAMES BARRIER Visitor Centre

♿ Visite du lundi au vendredi de 10 h à 17 h, les week-ends de 10 h 30 à 17 h 30. Fermé les 1er janvier, 25 et 26 décembre. 3,40 £. Exposition avec vidéo et maquette en fonctionnement. Brochure en français. ☎ 0181 305 4188 ; Fax 0181 855 2146.

THEATRE Museum

♿ Visite de 11 h à 19 h. Fermé le lundi et aux « Public holidays ». 3,50 £. Visite guidée des ateliers de costumes tous les jours. ☎ 0171 836 7891.

THOMAS CORAM Foundation for Children

♿ Visite uniquement en groupe sur accord préalable (contacter le conservateur). 2 £. Dépliants disponibles. ☎ 0171 278 2424 ; Fax 0171 837 8084.

TOBACCO Dock

En cours de réaménagement. S'informer au ☎ 0171 702 9681.

Tobacco Dock, Wapping

TOWER BRIDGE

♿ Visite d'avril à octobre de 10 h à 18 h 30 (dernière entrée à 17 h 15) ; le reste de l'année de 9 h 30 à 18 h (dernière entrée à 16 h 45). Fermé le 1er janvier, le quatrième mercredi de janvier ainsi que du 24 au 26 décembre. 5,95 £. Audioguide en français. ☎ 0171 378 1928 ; Fax 0171 357 7935.

TOWER OF LONDON

Visite toute l'année de 9 h (10 h le dimanche) à 18 h (17 h de novembre à février) ; dernière entrée 1 h avant la fermeture. Fermé le 1er janvier, du 24 au 26 décembre. 9,50 £ (enfants : 6,25 £). Visite guidée (1 h) assurée par les « Yeoman Warders » toutes les 1/2 h à partir de la Tour du Milieu (extérieurs seulement). ☎ 0171 709 0785.

Chapel of St Peter-ad-Vincula – Ouverte pour les visites guidées uniquement et lors des services (dimanche à 9 h 15 et 11 h).

Jewel House – On fait moins de queue en arrivant tôt le matin. Audioguide, brochure et dépliant en français.

Royal Fusiliers Regimental Museum : 50 p. ☏ 0171 488 5611.

TROCADERO

♿ Visite de 10 h à minuit. Fermé le 25 décembre.

VICTORIA AND ALBERT Museum

En raison de travaux de réaménagement, les salles dites britanniques (mobilier) sont fermées à la visite durant 4 années à compter du 31 juillet 1997.

♿ Visite tous les jours de 10 h (12 h le lundi) à 17 h 45. Fermé du 24 au 26 décembre. 5 £. Brochure et audioguide en français. Photographies autorisées mais sans flash ni trépied. Restaurant. ☏ 0171 938 8441 (renseignements enregistrés), ☏ 0171 938 8349 (renseignements enregistrés sur les expositions en cours), ☏ 0171 938 8500 (standard). Internet : www.vam.ac.uk

Visite guidée (1 h) : le lundi à 12 h 30, 13 h 30, 14 h 30, 15 h 30, du mardi au dimanche à 10 h 30, 11 h 30, 12 h 30, 14 h 30, 15 h 30, à partir du bureau d'information à l'entrée principale. Visites guidées de certaines sections à 12 h 30 et à 15 h 30 ; s'adresser au bureau d'information.

Conférences : du lundi au samedi à 14 h ; entrée gratuite. Entrées par Cromwell Road et Exhibition Road.

Salle d'étude (section des estampes) : du mardi au vendredi de 10 h à 16 h 30.

WALLACE Collection

♿ Visite de 10 h (14 h le dimanche) à 17 h. Fermé les 1er janvier, Vendredi saint, May Day, du 24 au 26 décembre. Entrée gratuite. Visite guidée (1 h). ☏ 0171 935 0687. Fax : 0171 224 2155.
E-mél : admin@wallcoll.demon.co.uk

WELLCOME Trust

Science for Life Exhibition – ♿ Visite de 9 h 45 à 17 h (13 h le samedi). Fermé le dimanche et aux « Public holidays ». Entrée gratuite. ☏ 0171 611 8727 (renseignements enregistrés).

WESLEY's Chapel and House

♿ (chapelle et musée seulement). Visite du lundi au samedi de 10 h à 16 h, le dimanche après l'office de 11 h jusqu'à 14 h. Fermé aux « Bank holidays » et les 25 et 26 décembre. Maison et musée : 4 £, gratuit le dimanche. ☏ 0171 253 2262.

WESTMINSTER Abbey

Nef et cloîtres – ♿ Visite de 8 h à 18 h. Entrée gratuite.

Chapelles royales, Coin des Poètes, aile des hommes d'État et chœur – Visite du lundi au vendredi de 9 h à 16 h 45, le samedi de 9 h à 14 h 45 ; dernière entrée 1 h avant la fermeture. 5 £. Audioguide (2 £) et brochure en français. ☏ 0171 222 5152 ; Fax 0171 253 2072. E-mél : press@westminster-abbey.org

Grande visite avec les bedeaux : abbaye, chapelle royale, enceinte abbatiale – Durée 1 h 1/2. D'avril à octobre du lundi au vendredi à 10 h, 10 h 30, 11 h, 14 h, 14 h 30, 15 h (sauf le vendredi), le samedi à 10 h, 11 h et 12 h 30 ; de novembre à mars, du lundi au vendredi à 10 h, 11 h, 14 h, 15 h (sauf le vendredi), le samedi, à 10 h, 11 h et 12 h 30. Supplément au prix d'entrée : 3 £.

Brass Rubbing – ♿ Ouvert du lundi au samedi, de 9 h à 17 h. Fermé le Vendredi saint. ☏ 0171 222 2085.

Chapter House EH – Visite de 10 h à 17 h 30 (16 h de novembre à mars). Fermeture possible lors de certaines manifestations officielles. Fermé le 1er janvier et du 24 au 26 décembre. 2,50 £ (billet donnant également accès à Chapel of the Pyx, Abbey Museum et Jewel Tower). ☎ 0171 222 5897.

Library – Visite de mai à septembre le mercredi de 11 h à 15 h.

Chapel of the Pyx EH – Visite tous les jours de 10 h 30 à 16 h. Pour le billet d'entrée, voir ci-dessus Chapter House. Fermeture possible lors de certaines manifestations officielles.

Abbey Museum EH – Visite tous les jours de 10 h 30 à 16 h. Pour le billet d'entrée, voir ci-dessus Chapter House.

Abbey Garden – ♿ Visite le mardi et le jeudi, de 10 h à 18 h (16 h d'octobre à mars). Fermé le Jeudi saint. Jardin : 20 p. Concerts de cuivres en juillet et août de 12 h 30 à 14 h. ☎ 0171 222 5152.

WESTMINSTER Cathedral

♿ (entrée par le collatéral Ouest). Visite de 7 h à 19 h (17 h 30 aux « Public holidays »). Audioguide. Brochure en français. **Montée au campanile** : d'avril à novembre tous les jours de 9 h à 17 h ; le reste de l'année du jeudi au dimanche de 9 h à 17 h. ☎ 0171 798 9055 ; Fax 0171 798 9090.
E-mél : bpalmer@westminstercathedral.org.uk

WESTMINSTER Palace

House of Lords Record Office – ♿ Visite du lundi au vendredi de 9 h 30 à 17 h sur rendez-vous uniquement. Fermé certains jours fériés et les deux dernières semaines de novembre. ☎ 0171 219 3074 ; Fax 0171 219 2570.

Jewel Tower EH – Visite d'avril à octobre tous les jours de 10 h à 18 h (jusqu'au coucher du soleil en octobre) ; de novembre à mars du mercredi au dimanche de 10 h à 16 h. Fermé le 1er janvier, du 24 au 26 décembre. 2,50 £ (billet donnant accès également à Chapel of the Pyx, Abbey Museum et Chapter House). Visite guidée (30 mn) possible. ☎ 0171 222 2219.

WHITECHAPEL Art Gallery

♿ Visite en période d'expositions du mardi au dimanche de 11 h à 17 h (20 h le mercredi). Entrée libre sauf lors de quelques expositions. Visite guidée presque chaque mercredi à 18 h et presque chaque dimanche à 14 h. ☎ 0171 522 7878 (renseignements par répondeur), 0171 522 7888 (informations générales du mardi au vendredi uniquement) ; Fax 0171 377 1685.

WIG AND PEN Club

Visite guidée incluant le Club, la Cour Royale de Justice et les « Inns of Court » de début avril à fin octobre, les lundis sauf s'ils sont « Public holidays » à partir de 10 h sur demande effectuée 48 h au préalable. Journée complète ou demi-journée (incluant les repas) à partir de 40 £. ☎ 0171 353 6864.

WILLIAM MORRIS Gallery

Visite du mardi au samedi et le 1er dimanche du mois de 10 h à 13 h et de 14 h à 17 h. Entrée libre. ☎ 0181 527 3782 ; Fax 0181 527 7070.

WIMBLEDON LAWN TENNIS Museum

♿ Visite du mardi au dimanche de 10 h (14 h le dimanche) à 17 h. Fermé les jours fériés en hiver ainsi que le vendredi, le samedi et le dimanche précédant les championnats internationaux. 3 £. Dépliant en français. ☎ 0181 946 6131 ; Fax 0181 944 6497.

WIMBLEDON Museum

Visite le samedi de 14 h 30 à 17 h ou sur accord préalable. Entrée gratuite. ☎ 0181 296 9914.

WIMBLEDON WINDMILL Museum

Visite de Pâques ou avril à octobre les week-ends et jours fériés de 14 h à 17 h. 1 £. ☎ 0181 947 2825.

WINDSOR Castle
🛈 Information Centre, 24 High Street – ☎ 01753 743 900

♿ Visite de 10 h à 17 h 30 (16 h de novembre à février). Dernière entrée 1 h 30 avant la fermeture. Fermé le Vendredi saint, le 14 juin et les 25 et 26 décembre. Le prix du ticket comprend l'entrée à **Queen Mary's Dolls House**, aux **State Appartments** et à **St George's Chapel** : 9,50 £. Tarif réduit le dimanche et lorsque la chapelle est fermée : 7,50 £. ☎ 01753 868 286 poste 2235.

Relève de la Garde – Tous les jours en été sauf le dimanche à 11 h, devant la Guardroom dans le Lower Ward ; le reste de l'année, un jour sur deux.

St George's Chapel – Visite de 10 h à 16 h. Fermé le dimanche.

Frogmore House – Visite uniquement certains jours de mai de 10 h à 19 h (dernière entrée à 18 h) et le week-end du August Bank Holiday de 10 h à 17 h 30. Prix d'entrée variable.

Royal Mausoleum – Visite 1 jour par an : le mercredi le plus proche du 24 mai (jour anniversaire de la reine Victoria) de 11 h à 16 h. Entrée gratuite.

Savill Gardens – &. Près de Englefield Green, sur la A 30. Visite tous les jours de 10 h à 18 h (jusqu'au coucher du soleil en octobre, jusqu'à 16 h de novembre à février). Fermé les 25 et 26 décembre. 3,80 £. Visite guidée possible après demande effectuée au moins 2 semaines plus tôt. Restaurant, vente de plantes. ☎ 01753 860 222.

WINSTON CHURCHILL'S BRITAIN AT WAR

&. Visite de 10 h à 17 h 30 (16 h 30 d'octobre à mars). Fermé les 25 et 26 décembre. 5,95 £ (enfants : 2,95 £). ☎ 0171 403 3171 ; Fax 0171 403 5104.

Y – Z

YOUNG & CO's Ram Brewery

Visite de 10 h à 18 h. Fermé le dimanche et les jours fériés. Visite guidée sur inscription préalable à 10 h, 12 h, 14 h et 16 h. Visite en nocturne sur rendez-vous. 5,50 £. ☎ 0181 875 7005 ; Fax 0181 875 7006.

ZOO

&. Visite de 10 h à 17 h 30 (16 h d'octobre à février). Dernière entrée 1 h avant la fermeture. Fermé le 25 décembre. 8 £ (enfants : 6 £ ; gratuit en dessous de 4 ans). Restaurant. ☎ 0171 722 3333 ; Fax 171 586 5743.

Index

Tower of London . . . . Monument ou curiosité.
Wren, Christopher . . . . Personnages historiques ou célèbres, termes faisant l'objet d'une explication.

L

M

381

Q

R

S

T

W

U - V

Y - Z

Notes

Plan du métro
de Londres

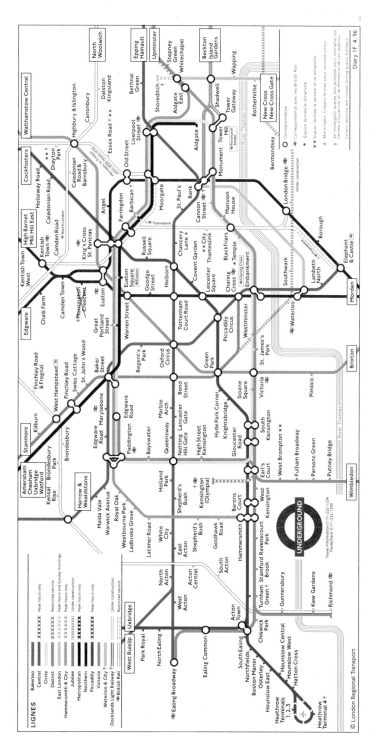

3615 et 3617 Michelin étudient vos itinéraires en France et en Europe.
Vous obtenez instantanément :
- temps de parcours
- distances
- routes à suivre
- péages
- hôtels, restaurants, terrains de camping
- sites touristiques
- informations sur le pneumatique.

3615* ET 3617 MICHELIN :
VOTRE ITINÉRAIRE
ÉTUDIÉ À L'AVANCE.**

* 3615 Michelin : 1,29 F par minute.
** itinéraires envoyés par fax.
3617 Michelin : 5,57 F par minute.

MANUFACTURE FRANÇAISE DES PNEUMATIQUES MICHELIN
Société en commandite par actions au capital de 2 000 000 000 de francs
Place des Carmes-Déchaux - 63 Clermont-Ferrand (France)
R.C.S. Clermont-Fd B 855 200 507

© Michelin et Cie, Propriétaires-Éditeurs 1997
Dépôt légal octobre 97 – ISBN 2-06-059002-7 – ISSN 0293-9436

Printed in the EU 09-98/2
Photocomposition : A.P.S., Tours
Impression et brochage : AUBIN Imprimeur à Ligugé, Poitiers

The maps and town plans in this guide are based upon the Ordnance Survey of
Great Britain with the permission of the Controller of Her Majesty's Stationery Office © 39923X

Illustration de la couverture par Nathalie BENAVIDES

Voyagez avec *Michelin*

Cartes, Plans et Atlas

Le savoir-faire cartographique Michelin, c'est toute l'information routière et touristique avec une grande clarté de lecture. Mais c'est aussi un niveau de précision du graphisme, un respect de la réalité du terrain et une actualisation annuelle des données qui font de cette collection l'indispensable compagnon de route de tout automobiliste.

Guides Rouges

Cette collection de 12 ouvrages, remis à jour chaque année, propose pour chacune des destinations couvertes, une sélection rigoureuse d'hôtels et restaurants classés par catégorie de confort. De l'auberge rustique à l'hostellerie de grand confort, chaque voyageur est sûr d'y trouver l'établissement qui lui convient.
Titres disponibles : Benelux, Deutschland, España/Portugal, Europe, France, Great Britain and Ireland, Ireland, Italia, London, Paris, Portugal, Suisse.

Guides Verts

Riche de plus de 160 titres répartis sur l'Europe et l'Amérique du Nord, la collection des Guides Verts Michelin propose au voyageur indépendant une approche culturelle, descriptive et sélective d'une ville, d'une région ou d'un pays : la hiérarchisation des principales curiosités, la précision de la cartographie, les itinéraires proposés, permettent de préparer son séjour à l'avance ; la description détaillée des sites, illustrée de nombreuses photos, les renseignements pratiques, remis à jour régulièrement, donnent sur le terrain toutes les informations nécessaires à la visite.

Guides In Your Pocket/Escapade

Conçue pour les voyageurs en escapade qui disposent de peu de temps pour découvrir l'essentiel d'une destination en France ou dans le monde, cette nouvelle collection en format de poche, offre une vue synthétique et efficace des sites et expériences à ne pas manquer.
Abondamment illustrés, sympathiques et pratiques à utiliser, les Guides Escapades donnent toutes les informations utiles sur les plans culturel et pratique pour un séjour riche et agréable. La collection bénéficie, en outre, de la fiabilité du système de cotation et de la cartographie Michelin. Cette collection est disponible en anglais sous le titre "In your pocket".

3615, 3617, 3623 et Internet

Sur le 3615 Michelin comme sur Internet, il vous suffit d'indiquer vos lieux de départ et d'arrivée et votre route est tracée… En France et dans toute l'Europe, vous obtenez en quelques secondes : le temps de parcours, les distances, les routes à suivre, les tarifs de péage… Les 3617 & 3623 Michelin vous permettent d'obtenir ces éléments reproduits sur fax ou imprimante.
Adresse site Internet Michelin : http://www.michelin-travel.com

Collection
Guides Verts
Michelin